思いを尽くして戦った冬

2023-2024
102nd ALL JAPAN HIGH SCHOOL SOCCER TOURNAMENT

令和5年度
第102回
全国高校サッカー選手権大会

主催：（公財）日本サッカー協会／民間放送43社
共催：（公財）全国高等学校体育連盟

決勝の試合開始前、1月1日に発生した令和6年能登半島地震の犠牲者の冥福を祈って1分間の黙禱が捧げられた

選手権 決勝

青森山田が2年ぶり4度目の日本一

強さと上手さを兼備。プレミアリーグとの2冠達成

青森山田 3-1 近江

▲青森山田の黒田剛前監督もスタンドで観戦。選手たちには就任1年目で町田をJ2制覇へ導いた恩師の活躍も刺激に
▼青森山田は2年前の優勝をスタンドで見た世代が日本一に。チームの新たな刺激にもなる4度目の優勝となった

▶青森山田は中盤に厚みをかけた守りで近江が得意とするドリブル、パス交換を封殺。DF菅澤はボランチの位置で好守を連発した
▲前半33分、青森山田MF福島が右足で今大会初ゴールとなる先制点。優勝をかけたプレミアリーグEAST最終節での先制ゴールに続き、勝負強さを発揮

▲近江は後半2分に鮮やかな崩しから同点ゴール。後半開始から投入された2年生MF山本が大仕事をやってのけた

本格強化8年目の近江が国立決勝で自分たちのスキルを発揮

鮮やかな崩しで同点ゴール

◀山本は「点を取った時の歓声は国立独特の雰囲気があって、良かった」。だが、勝利の歓声を聞けなかったことを悔しがった

▼本格強化8年目の近江が国立決勝で堂々の戦い。スタンドの仲間たちを興奮させた

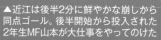

▲近江は3バックの一角を務めていたDF金山主将が後半開始から左ウイングバックへ。期待に応え、鋭い抜け出しから同点アシスト

▼後半15分、青森山田はゴールキックの流れからMF川原がスルーパス。これに反応したFW米谷（中央）がDFを振り切る

▶「GKと1対1になった時も冷静に判断できた」米谷は近江GK山崎との1対1を制す

▲最後はGK不在のゴールへ右足でシュートを流し込んだ。米谷は「全員が繋いでくれたゴールだったと思います」。5万5019人の観衆を沸かせた
◀得点ランキング首位に並ぶ5得点目。このゴールが決勝点となった

▶青森山田は得意の高速カウンターから3点目。自陣でインターセプトしたMF杉本がドリブルで一気に前進し、DF小沼ら複数の味方選手も全力疾走してサポート

▲杉本からのパスを受けたMF川原がDFを引き付けてラストパス。川原は決勝で2得点を演出

▲リターンパスを受けた杉本が左足を振り抜き、DFに当たったボールがそのままゴールへ

▼青森山田にとって大きな3点目。最後、ボールに触れた近江DF金山（10番）が天を仰ぐ

▲決勝前、7人組ダンス＆ボーカルグループ『BE:FIRST』が第102回選手権のテーマソング、『Glorious』を生熱唱

◀近江は守りの要・DF西村（5番）や運動量豊富なMF浅井（14番）がハードワークしてボールを奪い取った

▶近江を初の決勝へ導いた前田監督は教え子たちに「次の場所で過去を振り返ることなく生きていってほしい」とエール

▶優勝の瞬間、青森山田のDF山本主将が両拳を突き上げる。インターハイの早期敗退などで悩んだ時期もあったというが、「強い青森山田を取り戻す」ことを仲間と目指し続けて手にした歓喜

▲近江は過去最高成績の2回戦を大きく上回る準優勝も、悔し涙

▼青森山田の正木監督は2022年11月にコーチから監督に就任。重圧を乗り越えて摑んだ全国タイトルに涙を見せ、「頑張った選手たちに感謝したい」

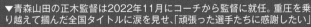

選手権 準決勝

青森山田が最近8大会で6度目の決勝進出
守護神の活躍でPK方式に勝利

市立船橋は2011年度以来の日本一に届かず

▼PK方式4人目、青森山田GK鈴木が1人目に続くビッグセーブ。正木監督が「本当に凄い」と評する守護神の活躍で決勝へ

青森山田 1 [4 PK 2] 市立船橋 1

先 青森山田		PK	市立船橋	
山本	○	1	×	太田
芝田	○	2	○	足立
菅澤	○	3	○	佐藤
小林	×	4	×	岡部
米谷	○	5		
鈴木		GK		ギマラエス(ニ)

◀青森山田は最近8大会で6度目となる決勝進出。PK方式5人目として勝利を決めたFW米谷が笑顔
▶PK方式4人目、市立船橋はギマラエス兄弟の弟、GKニコラスがシュートを止めて咆哮
▼市立船橋は準決勝敗退。名門を牽引したMF太田主将をチームメイトが慰める

青森山田が得意の先制パンチで主導権

◀前半11分、青森山田は左CKから「高さは誰にも負けない」という190㎝DF小泉が先制ヘッド

▶青森山田のMF芝田はCKで先制点をアシスト。抜群の技術力の持ち主だが、チームのためにハードワークを徹底

▶青森山田の交代出場MF後藤は相手のカウンターを阻止するシーンも。正木監督は大会を通じて「サブで出てきた子たちが本当に活躍してくれた」と評価

◀2年ぶりに国立に戻ってきた青森山田が関東勢を相手に負けじと大応援

名門・市立船橋が見せた後半の強さ

▲市立船橋は後半に両サイドバックの攻撃に参加する回数が増加。左のDF内川がクロスを上げる

◀市立船橋は後半34分、MF太田がボランチの位置からペナルティエリアへスプリント。意表を突く動きで相手の守りを切り崩し、同点アシスト

◀12年ぶりの国立で特別な応援曲、「市船ソウル」が鳴り響いた

▶市立船橋の波多監督は「粘り強く、我慢強く攻撃を組み立てて、しっかり点数を取ってくれた」と評価。一方で2点目を奪えなかったことを勝敗のポイントに挙げていた

▼市立船橋FW久保原が同点ゴール。ゴール前で動きすぎずにスペースを確保してボールを引き出し、冷静に右足を振り抜いた

選手権 準決勝

▲準決勝と決勝の両日、国立競技場で能登半島地震の支援金募金活動が行われ、166万1282円が支援金として寄付された

▶国立競技場の準決勝にも約3万人のファンが来場。その中で名門校同士が戦った

◀青森山田は注意深い守りで市立船橋FW郡司（10番、J2清水加入）を封じた。DF小林（2番）とDF小泉（5番）が挟み込んで突破を阻止

◀市立船橋は後半40分、左クロスがFW久保原に通るが、青森山田GK鈴木が決定的なシュートをストップ

▼戦後最多タイとなる6度目の優勝を目指した市立船橋。1、2年生が次回大会以降に再挑戦する

▶市立船橋DF五来が頭で相手のロングボールを跳ね返す。「堅守・市船」は伝統の守りを披露

▼前半11分、近江はMF鵜戸が先制ゴール。シュートのこぼれ球を拾うと、「あそこの角度は練習からずっとやっていた」という一撃を突き刺した

近江が初、滋賀県勢としても18年ぶりの決勝進出
攻撃的布陣で、前半に一挙3得点

堀越は決勝進出逃すも、国立で初得点

近江 3-1 堀越

◀近江は前半13分にMF山門が追加点。先制から2分後の連続得点で堀越を突き放した

◀山門はゴール前のこぼれ球を右足でシュートし、追加点。積極的な仕掛け、シュートで全3得点に絡んだ

▼近江は抜群の突破力が特長のDF金山主将を左ウイングバックとして先発させる攻撃的な陣容。その金山は2点目にかかわると、前半22分には3点目のゴールを決めた

近江が波状攻撃。堀越を呑み込む

▲近江は初の国立準決勝進出。滋賀から応援団が駆けつけた

◀近江はボランチのMF西(右)らが果敢に攻め上がり、時にペナルティエリアに5人、6人が侵入。波状攻撃で相手を呑み込んだ

▼近江MF川上らが切り替えの早い守備。特に前半は堀越をシュートゼロに封じた

▼応援も最後まで全力

▶堀越のエースFW髙谷は無得点も最後まで前線でハードワーク

▲堀越は受けに回った前半に3失点。それでも、システムを1-3-4-3へ変更した後半に盛り返して見せた

▶後半45＋4分、堀越は交代出場のFW髙木が殊勲のPK獲得

▼髙木が獲得したPKをFW中村主将が右足で決めて意地の1得点。チームの国立競技場初ゴールを挙げた

最後まで諦めない戦い
堀越が意地の1得点

◀後半、堀越は2年生DF森（奏）を前線へ上げて反撃。元FWの森は前線で力強いキープも

▲近江はDF安田らDF陣が試合終盤まで無失点を維持。相手を勢いづかせなかった

▼堀越は初の準決勝でも粘り強い戦い。敗れたものの、佐藤監督は「やってきたことが間違っていないなかったんじゃないかと感じています」

▲近江が初の決勝進出。滋賀県勢としても、2005年度大会の野洲以来、18年ぶりの決勝へ

▼堀越は2020年度大会のベスト8を超えて準決勝進出。歴史を塗り替え、3位に

開会式
選手権

▶2年ぶり出場の長崎総科大附は2022年に亡くなった小嶺忠敏前監督の麦わら帽子とともに入場行進

◀第19代応援マネージャーの藤﨑ゆみあさんが入場行進を先導

▲"美爆音"で知られる習志野高校吹奏楽部が開会式の入場行進で演奏した

▼ご臨席された高円宮妃久子殿下と田嶋幸三・日本サッカー協会会長が出場選手たちの勇姿を見守る

▶名古屋のMF田中主将が選手宣誓。「僕たちのサッカーが日本の、そして世界を照らす希望の光となるように、心を尽くし、精神を尽くし、思いを尽くしてプレーすることを誓います」

国立開幕戦は初出場校対決に
広島国際学院が高さを活かして全国大会初白星

早稲田実は大応援の後押しを受けて奮闘

広島国際学院 2 - 0 早稲田実

▲早稲田実は全国初出場。スタンドの大応援が選手たちの力に
▶前半28分、広島国際学院は左スローインから変化をつけた攻撃。クロスの折り返しをFW野見が頭でゴールへ押し込んだ
▼後半12分、広島国際学院は184㎝ MF長谷川が頭で2点目のゴール。幼稚園からともに過ごすDF藤井（海）の右ロングスローから決めた

◀早稲田実のエースFW久米は開始3分で2本の決定的なシュートを放つなど相手ゴールを脅かしたが……

▲広島国際学院のGK片渕は立ち上がりのピンチを阻止するなど好守で勝利に貢献
◀前監督でもある瀬越総監督が赴任した35年前は部員わずか8名。広島国際学院は人工芝グラウンドの完成など多くのサポートを受けて選手権1勝を挙げた

選手権1回戦

関東5チーム、関西・東海の各3チームが1回戦突破

四国4チームは初戦敗退に

▼PK方式6人目、北海GK小野寺が「思った方向に信じて思い切って跳べた」と右へ跳んでストップ。創立100周年の北海が19年ぶりの初戦突破

▶大手前高松はFW山村主将のゴールで先制も3年ぶりの白星には届かず
◀後半6分、北海FW野村（右上）が自ら獲得したPKを決めて同点

先 北海	PK	大手前高松
野村 ○	1	○ 山村
田中 ○	2	○ 西田
西脇 ○	3	○ 糸瀬
武笠 ○	4	○ 増田
栗塚 ○	5	○ 洲脇
成澤 ○	6	× 林
小野寺	GK	浦宮

北海 1 [6 PK 5] 1 大手前高松

◀日章学園の2年生FW高岡はU-17日本代表として出場したU-17W杯で4得点。だが、徹底マークにあい、無得点で初戦敗退に
▼前半23分、名古屋はDF月岡の左サイドからのロングスローをDF足立が同点ヘッド

名古屋 1 [4 PK 2] 日章学園 1

先 名古屋	PK	日章学園
原 ○	1	○ 田上
月岡 ○	2	× 高岡
太田 ○	3	○ 篠田
田中 ○	4	× 梶原
小林	GK	吉村

▼初出場の名古屋はPK方式でGK小林が2本を止め、初白星。小林は緊張感を持ってPK練習することで本番に繋げた

▲帝京長岡は交代出場のFW谷中（右）が2得点の大活躍。後半27分に同点ゴールを決め、40+2分には左足で劇的な決勝点

◀長崎総科大附は県予選で総体３位の国見を破って選手権出場。１年時にも先発しているＤＦ平山主将（右）らが奮闘も惜敗

帝京長岡 3-2 長崎総科大附

市立船橋 4-1 高川学園

▲2021年度大会3位の高川学園は初戦敗退。前半35分にMF佐藤が追撃ゴールを決めたが、チームのシュート数は2本に終わった

▶前半６分、市立船橋はＵ-18日本代表ＦＷ郡司（Ｊ２清水加入）が右足で先制点。郡司は自身初の選手権で３発デビュー

昌平 7-0 奈良育英

◀昌平は石川に代わってキャプテンマークを巻いたDF佐怒賀が奈良育英MF磯貝をブロック

▼昌平は前半11分にFW小田が先制ゴール。大怪我のためにサポートメンバーに回ったDF石川主将らと喜びを分かち合う

◀後半40＋５分、静岡学園はＭＦ高田（Ｊ２徳島加入）が左足ＦＫを直接決める。最後まで攻め続けて快勝発進

◀明徳義塾はMF一ノ瀬（右）らが思い切り良くゴールを目指すも、MF森﨑ら静岡学園の切り替えの早い守備に封じられた

静岡学園 6
明徳義塾 0

◀神戸弘陵のFW北藤は2得点。後半23分には、パス12本を繋いでの鮮やかな攻撃からゴール

▶前半18分、神戸弘陵MF木津がこぼれ球を押し込んでゴール。神戸弘陵は出場した5大会連続で初戦突破

▲仙台育英は4失点で完敗。城福監督は「コンパクトに、簡単に崩しに来るのに後手を踏んだ」と指摘

神戸弘陵 4-0 仙台育英

米子北　4
山形明正 0

▶創部38年目で全国初陣の山形明正は初戦敗退。先発のうち7人を占めた1、2年生が来年、全国1勝に挑戦

▲前半14分、米子北FW愛須（右）が先制点を喜ぶ。愛須は1人でシュート8本を放ち、2年連続となる初戦突破に貢献

前橋育英 3-1 立正大淞南

◀前橋育英は山田監督から先発に抜擢されたFWオノノジュが2得点。後半25分、こぼれ球を右足でゴールへ押し込んだ

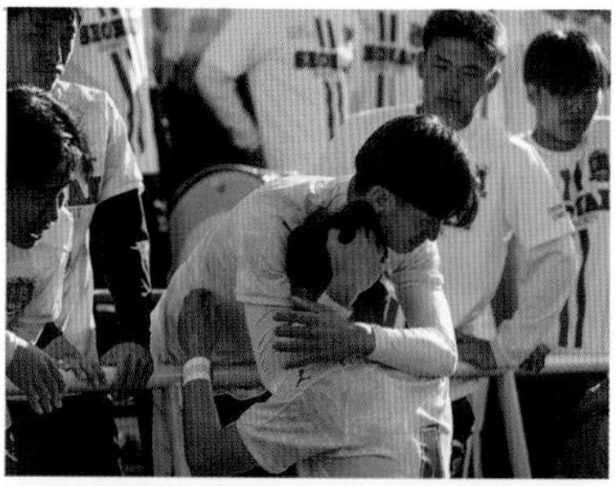

▶ピッチの選手も、ピッチ外の選手も全力を尽くした

▲立正大淞南は後半8分に3枚替え。直後の13分には左クロスから交代出場のFW大西が頭で追撃ゴールを決めた

▲東海大大阪仰星は後半6分にMF中本のスルーパスからFW水永主将が決勝点。府予選決勝で3得点のエースがチームを勝利へ導いた

◀東海大大阪仰星はGK森本を中心に無失点。後半アディショナルタイム、矢板中央はCKの好機に攻撃参加したGK大渕がシュートも

東海大大阪仰星 1
矢板中央 0

明秀日立 2
徳島市立 0

◀両校のキーマンがマッチアップ。徳島市立のMF山座（右）に明秀日立のDF長谷川がプレッシャーをかける

▲後半26分、明秀日立FW石橋が右足FKを決めて2-0。夏冬連覇を掲げた総体王者が初戦突破を果たした

初芝橋本 3-2 帝京第三

▲前半33分、初芝橋本は左クロスからFW朝野が頭で決めて3点目。このゴールが決勝点となり、初芝橋本が13年ぶりの勝利

▲帝京第三はMF辻主将が出場停止。代わりにキャプテンマークを巻いたDF大野が身体を張って戦う
▼勝者の初芝橋本は対戦相手をリスペクト。帝京第三の選手たちを勇気づけていた

◀今治東は快足FW大荒を中心にゴールを目指したが、無得点で初戦敗退

堀越 2
今治東 0

▶「ボールが来ることを信じて入り込みました」。後半24分、堀越FW伊藤が右クロスからダイビングヘッドでゴール

帝京大可児 2-1 柳ヶ浦

▼帝京大可児は2年生MF松井（24番）が決勝点。総体では登録外だったが、ボールを失わない力と逆をとる力でチャンスを摑んだ

佐賀東 1
丸岡 0

◀丸岡は185㎝の10番MF渡辺を中心に粘り強い戦いも、2年連続の1勝はならず

▼佐賀東がスタンドの応援団とともに決勝点を喜ぶ。後半40+6分にDF江頭（5番）がPKで均衡を破った

◀帝京大可児はボールを保持。守備でもFW八尋（左）ら柳ヶ浦のパワフルな攻撃を跳ね返し、逆転勝ちで初戦突破

▲18年ぶりに出場した柳ヶ浦はDF中川がチームの選手権初ゴール。敗れたものの、新たな歴史を刻んだ

選手権 2回戦

16試合中8試合がPK方式で決着

初出場の2校を含む4校が初の3回戦へ

岡山学芸館 2-1 尚志

▲尚志はボール奪取力に秀でたU-19日本代表MF神田（左）ら年代別日本代表候補、高校選抜候補を複数擁していたが、初戦敗退に

◀後半29分、岡山学芸館はMF木下がこの日2点目のゴール。前回王者がプレミアリーグEAST2位の尚志に逆転勝ち

▼岡山学芸館GK平塚が横っ飛びでキャッチ。前回大会優勝GKが強敵の前に立ちはだかった

名古屋 3
北海 0

▲北海はFW田中らがシュートを狙ったが、2004年度大会以来の3回戦に届かず

◀名古屋の10番MF原は1ゴール2アシストの活躍。躍進に貢献し、J1札幌入りを勝ち取った

▲前半40分、名古屋FW小川が相手GKをかわして左足で先制ゴール。初出場の名古屋が3回戦進出

市立船橋 1 [5 PK 4] 1 帝京長岡

先 帝京長岡		PK		市立船橋
山村	○	1	○	太田（隼）
松岡	○	2	○	足立
堀	○	3	○	佐藤
原	○	4	×	内川
谷中	×	5	○	郡司
橋本	×	6	○	宮川
小林		GK		ギマラエス（二）

◀帝京長岡は後半32分にMF水川が決めて同点。だが、2大会前と同じくPK方式で敗退に

▶市立船橋は決められれば敗戦のPK方式5人目をGKギマラエス（二）がストップ。守護神は6人目も止めて勝利へ導いた

▲星稜は交代出場のFW南が同点ゴール。後半唯一のシュートを決め切った

◀星稜はPK方式直前に投入されたGK佐藤が1人目と3人目をストップ。3回戦へ進出した

▼四日市中央工は伝統校対決に屈し、初戦敗退。MF片岡主将は「星稜の方が気持ちが強かった」

星稜 1［3 PK 0］1 四日市中央工

先 星稜	PK	四日市中央工
倉畑 ○	1	× 片岡
井田 ○	2	× 山本
南 ○	3	× 小林
佐藤	GK	松成

青森山田 1［5 PK 3］1 飯塚

先 青森山田	PK	飯塚
山本 ○	1	○ 原（翔）
芝田 ○	2	× 溝口
菅澤 ○	3	○ 岩瀬
小林 ○	4	○ 永原
齊藤 ○	5	
鈴木	GK	松﨑

▼飯塚は後半24分にFW原（翔）が先制ゴール。その後も優勝する青森山田を追い詰めたが……

▲飯塚DF藤井主将（J2岡山加入、中央）と青森山田MF芝田が競り合う。飯塚は健闘も、青森山田が初戦突破

▲後半34分、青森山田は右クロスからFW米谷が同点ヘッド。エースの執念のゴールで追いついた

広島国際学院 1［4 PK 3］静岡学園 1

先 静岡学園	PK	広島国際学院
高田 ×	1	○ 長谷川
大村 ○	2	○ 野見
井口 ×	3	× 藤井（海）
森﨑 ○	4	○ 茂田
吉村 ○	5	○ 渡邊
中村	GK	片渕

▼初出場の広島国際学院がプレミアリーグ勢の静岡学園をPK方式で破って3回戦進出。GK片渕（右）は1人目をストップ

▶静岡学園はU-18日本代表GK中村（J1東京V加入）がPK方式で1本を止めたが……静岡県勢は4大会連続でPK方式敗退に

◀広島国際学院は後半9分、後半開始から投入されたMF石川が右足シュートを決めて先制

大津 1-0 遠野

◀2021年度大会準優勝、2022年度大会3位の大津が初戦突破。前半8分にMF古川(7番)が決めた1点を守り切った

▶大津のMF碇(右)と遠野のMF昆野。両校の注目10番がボールを奪い合う

▶米子北GK尾崎は好守を連発。PK方式でも1本を止めた
▲昌平は後半40+4分に交代出場のU-16日本代表MF長(璃)が同点ヘッド。1年生の起死回生の一撃で追いつき、PK方式の末に3回戦進出

◀思いを込めた声。だが、米子北はプレミアリーグ勢対決に屈し、2回戦敗退

先 米子北		PK	昌平	
梶	×	1	×	長(準)
仲田	○	2	○	佐怒賀
藤原	×	3	○	田中(瞭)
上原	○	4	○	大谷
愛須	○	5	○	西嶋
尾崎		GK		佐々木(智)

昌平 1 [4 PK 3] 1 米子北

神村学園 2 松本国際 0

▲松本国際の反撃を粘り強い守りで封じた神村学園。DF有馬(左)は貴重な2点目のゴールも

▶松本国際は注目校相手によく食い下がったが、2019年度大会以来の勝利は果たせず

▼前半8分、神村学園はU-17日本代表MF名和田が先制点。「4回目の全国大会で、本当に得点が欲しかった」と喜んだ

▶前橋育英のU-17日本代表GK雨野がハイボールに対応。失点し、焦りもあったというチームは2回戦敗退

神戸弘陵 2
前橋育英 0

▶神戸弘陵がプレミアリーグ勢の前橋育英に快勝した。前半20分、DF藤本（5番）のゴールを応援団とともに喜ぶ

▼神戸弘陵は後半13分にもFW馬場がゴール。谷監督は「この試合でまたチームがひとつ強くなったかなと思います」

▲後半27分、同点ヘッドを決めた明秀日立DF飯田が渾身のガッツポーズ。PK方式へ持ち込み、3回戦進出を果たした

▼堅い守りを特長とする東海大大阪仰星はリードして試合を進めたが、総体王者に競り負けた

先 明秀日立	PK	東海大大阪仰星
吉田 ○	1	○ 水永
飯田 ○	2	○ 中山
石橋 ○	3	○ 櫛田
長谷川 ○	4	× 下舘
根岸 ×	5	○ 松村
山本 ○	6	○ 高山
益子 ○	7	× 加賀美
重松	GK	森本

明秀日立 1 [6 PK 5]
東海大大阪仰星 1

近江 1 [4 PK 3] 1 日大藤沢

先 日大藤沢	PK	近江
宮﨑 ×	1	○ 西村
安場 ○	2	○ 金山
諸墨 ○	3	× 川上
尾野 ○	4	○ 浅井
岡田 ×	5	○ 西
野島	GK	山崎

▼「率直に悔しい」。日大藤沢のDF尾野（J2水戸加入）は攻撃力を警戒されて初戦敗退

▼近江の前田監督はシュートシーンで力を抜けるように「ゴール前はフワッとやれと指示をしていた」。その助言通りにMF山門（左）は落ち着いて同点弾

▲近江が総体3位の日大藤沢を破り、初の3回戦進出。PK方式1人目、2年生GK山崎が流れを引き寄せるシュートストップ

明桜 2-0 名護

▶初出場の名護は後半9分、MF仲井間の左足シュートがポストに阻まれる。無得点で初戦敗退となった

▲明桜が6度目の挑戦で選手権初勝利。後半13分、右クロスからエースFW臼田が頭で貴重な追加点

堀越 0 ［8 PK 7］ 初芝橋本 0

㊥堀越	PK	初芝橋本
中村 ○	1	○ 西風
仲谷 ○	2	○ 三浦
高谷 ○	3	○ 大薗
渡辺(隼) ○	4	○ 河崎
吉荒 ○	5	○ 池田
森 ○	6	○ 増田
瀬下 ○	7	○ 坂本
竹内 ○	8	× 角野
吉富	GK	大竹野

▲初芝橋本のシュートを堀越DFが2人がかりで阻止。好ゲームはPK方式で決着

▶堀越がPK方式を制し、3回戦進出。8人目を止めたGK吉富を中心に歓喜の輪ができた

▲「奪った後のクロスはチャンスがあると話していた」（蒲原監督）という佐賀東はいずれもクロスから3得点。後半15分にはFW田口が頭で追加点

▶前半18分、帝京大可児FW加藤が右足で同点ゴール。県予選21得点のFWは全国大会でも2得点

佐賀東 3 帝京大可児 1

富山第一 2-1 京都橘

▶「選手たちが我慢しながらよく耐えてくれて」（加納監督）という富山第一が少ないチャンスをモノにして逆転勝ち

▼京都橘は前半15分にFW西川主将（左端）が先制ゴール。だが、押し込みながらも2点目を奪えなかった

▶京都橘は府予選決勝で前回大会準優勝の東山を撃破。日本一を目指したが、涙の初戦敗退に

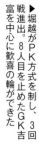

選手権 3回戦

初出場校・名古屋が前回大会王者を撃破

総体王者に勝利の近江、佐賀東も初のベスト8へ

▶名古屋は後半17分、DF月岡の右サイドからのロングスローをファーサイドのMF田中主将が左足で合わせて先制

名古屋 1 [6 PK 5] 1 岡山学芸館

▼名古屋はPK方式でGK小林が5人目と7人目をストップ。前回大会優勝校を破り、準々決勝進出を決めた

先 岡山学芸館	PK	名古屋
田邉 ○	1	○ 原
木下 ○	2	○ 月岡
田口 ○	3	○ 太田
田村 ○	4	× 田中
太田 ×	5	○ 足立
木村 ○	6	○ 齋藤
道満 ×	7	○ 川瀬
平塚	GK	小林

▲岡山学芸館は後半40分に追いついたが、PK方式で敗れて連覇の夢は潰えた

市立船橋 4
星稜 1

◀前半36分、市立船橋は右CKからMF岡部が勝ち越しヘッド。CBとして起用された2年生が武器の高さを発揮した

▶星稜は前半29分、「応援してくれる人たちのために頑張ろうと思った」というMF山口が同点ゴール

◀3回戦前日の1月1日に能登半島地震が発生。大きな被害を被った石川県の代表校・星稜にエールの横断幕
▶2回戦で敗退した日大藤沢が星稜カラーの黄色を身に着けて応援。サッカー仲間たちが協力してサポート

選手権 3回戦

◀後半22分、FW津島が右足でゴール。青森山田は津島をはじめ、交代出場の3選手がゴールを決めた

▶青森山田FW米谷は後半24分、右クロスを身体ごとゴールへ押し込み、ハットトリック達成

◀広島国際学院はDF茂田主将を中心に粘り強く戦ったが、後半に6点を奪われた

青森山田 7-0 広島国際学院

昌平 2 [5 PK 4] 2 大津

先 大津		PK		昌平
碇	○	1	○	長（準）
田辺	○	2	○	佐怒賀
古川	○	3	○	田中（瞭）
稲田	×	4	○	大谷
吉本	○	5	○	工藤
坊野		GK		佐々木（智）

◀昌平は2試合連続でPK方式勝利。相手の4人目をGK佐々木（智）が左手でストップ

▼大津は後半28分、MF碇（左端）のアシストからFW稲田が勝ち越しゴール。8強入りへ近づいたが……

▲昌平は後半38分、交代出場のMF長（璃）が右足で同点ゴール。2回戦に続き、後半終了間際の千金弾でチームを救った

▼昌平は2度のビハインドを跳ね返し、PK方式の末に過去最高成績タイとなる準々決勝進出

◀後半31分、神村学園はMF名和田がこぼれ球を拾い、DFをかわす。「かわした時点で結構、冷静だった」と左足シュートを決めて決勝点

▼後半2分、神村学園MF新垣が先制ゴール。高さを攻守で発揮した

神村学園 2
神戸弘陵 1

▶好勝負は神村学園に軍配。神村学園のFW西丸主将（右）と神戸弘陵のDF岡主将が健闘を称え合う

◀プレミアリーグ勢連破を狙う神戸弘陵は後半6分、左CKからFW石橋（瀬）が同点ヘッド

▲近江は後半8分、MF山門の左クロスが相手DFのハンドを誘発。PKを獲得し、山門が右足で決めた

▼明秀日立は後半、我慢の展開となったが、DF山本主将（左）を中心に粘り強く守った

▼近江が総体王者の明秀日立を撃破。滋賀県勢18年ぶりとなる準々決勝進出を決めた

近江 1［4 PK 2］1 明秀日立

先 明秀日立		PK	近江	
吉田	○	1	○	金山
飯田	○	2	○	西村
石橋	×	3	○	川上
長谷川	×	4	○	山門
重松		GK		山崎

◀明秀日立はPK方式で3回戦敗退。夏冬連覇には届かなかった

選手権3回戦

堀越 1
明桜 0

▶堀越が3年ぶりの準々決勝進出。前半28分、右クロスをMF仲谷がダイビングヘッドで決めて決勝点
▼明桜は全国2勝目を目指したが、惜敗。原監督は「一個一個積み上げていけたらいい」

◀明桜は後半、シュート数を前半の1本から6本へ増加。GK川村主将も攻撃に加わり、同点を目指した

佐賀東 5
富山第一 1

▼富山県代表の富山第一も能登半島地震の影響を受けた。スタンドには「がんばろう北陸」の横断幕も

▲佐賀東を背中で引っ張るMF宮川（左）と富山第一DF大居がスピード勝負
▶前半29分、佐賀東MF右近が右足で同点ゴール。右近は後半にも1得点を挙げて快勝に貢献

佐賀東の蒲原監督は「まさか5点も取れるとは思っていなかった」。チームは13度目の選手権挑戦で初のベスト8進出

選手権 準々決勝

近江と堀越が初の準決勝進出

青森山田は2年ぶり、市立船橋は12年ぶりの4強入り

▲名古屋の快進撃は準々決勝でストップ。GK小林は前半に負傷も仲間とともに最後まで戦い抜いた

市立船橋 2-1 名古屋

▲市立船橋は後半2分、DF佐藤のラストパスにFW郡司が合わせて決勝点。市立船橋は12年ぶりのベスト4進出

▼前半21分、市立船橋FW久保原が頭で先制点。ゴール前で得点嗅覚の鋭さを発揮した

◀今大会で対戦相手の脅威になり続けた名古屋の武器、ロングスロー。前半40＋2分、DF月岡（右）のロングスローがオウンゴールを誘い、1－1に

◀名古屋の2年生DF太田（左）が市立船橋のエースFW郡司をマンマークも1失点。「これがプロに行く選手なんだなと感じた」

▶堅守・市船が実力を発揮。DF五来が中心となって相手のセットプレーなどを跳ね返した

▶青森山田は前半2分にDF小沼が先制ゴール。前半19分までに3点を奪い、2年ぶりの準決勝進出を決定づけた

▶青森山田の10番MF芝田が前半19分に右足でゴール。芝田は全4得点に絡む活躍

◀前半4分、青森山田はFKの流れから追加点。DF菅澤（左）のアシストからDF小泉が「練習のイメージ通り」に決めた

青森山田 4
昌平 0

▲昌平のムードメーカー、DF田中（瞭）が左足を振り抜く。昌平は3度目の準々決勝挑戦も壁を越えられず

▲昌平の“切り札”MF西嶋は前半23分からピッチへ。積極的に仕掛け、シュートも

▼地元・埼玉代表の昌平と、優勝3度の青森山田の注目対決。多くの観衆が見守った

▼後半4分、青森山田DF小泉が自らのシュートのこぼれ球を押し込み、この試合2得点目

近江 4 - 3 神村学園

◀神村学園は2年連続の準決勝に届かず。MF大成ら先発した1、2年生を中心に来年、日本一へ再挑戦
▼後半13分、近江は右クロスからMF山本が同点ヘッド。交代出場の2年生は26分にも再び同点ヘッドを決めた

▲前半12分、近江は左クロスからMF鵜戸が右足ダイレクトでシュート。これがファーサイドのネットに吸い込まれて先制点
▶神村学園のFW西丸主将(J2仙台加入)は前回大会に続いて準々決勝で1得点。だが、国立の準決勝に戻れなかったことを悔しがった

◀神村学園は後半15分、MF名和田が直接FKを決めて勝ち越し。だが、相手の勢いを止められなかった

▲後半40+3分、左クロス後のこぼれ球をMF鵜戸が「最後は思い切って振った」と右足で決勝点。近江が強豪校を連破し、ベスト4進出

堀越 2-1 佐賀東

▼堀越は初のベスト4進出。"ボトムアップ方式"のチームリーダー、FW中村主将が前半19分にカットインからの左足シュートを鮮やかに決めた

▶堀越は終盤、相手の猛攻を受けたが、最後まで自分たちでやり切る力を発揮。1点リードを守り抜いた

▶後半27分、堀越はMF仲谷が2試合連続となるゴールを決め、2-0。ゴール前で判断を変え、マークを外してから右足シュートを決めた

◀佐賀東は同点のチャンスでクロスバー、ポストに阻まれるなど惜敗。DF田中(佑)ら下級生が来年、ベスト8超えを目指す

▶佐賀東は長短のパスを繋いで反撃。後半33分には交代出場のFW田口が左足ダイレクトで決めて1点差に迫る

▼佐賀東は判断力と技術力で勝負。惜敗もチームの歴史を塗り替えて初のベスト8

第102回全国高校サッカー選手権大会
102nd ALL JAPAN HIGH SCHOOL SOCCER TOURNAMENT

全国3842校から 憧れの聖地に立った代表48校

優勝 青森山田 総

❶青森県❷29回目❸正木昌宣❹正木昌宣❺山本虎
❻鈴木将永、小林拓斗、小沼蒼珠、山本虎、小泉佳絃、菅澤凱、谷川勇獅、川原良介、津島巧、芝田玲、米谷壮史、長谷川龍也、福島健太、杉本英誉、齊藤和祈、後藤礼智、別府育真、山下凱也、池田勇気、山口元幹、伊藤柊、関口豪、小川加偉、柿谷敦月、衣川藍斗、古川遥貴、原田慶吾、大竹尚哉、本田陽大、磯村颯

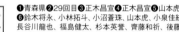

準優勝 近江 総

❶滋賀県❷ 3 回目❸前田高孝❹臼井徳典❺金山耀太
❻山崎晃輝、安田旭、里見華威、西飛勇吾、西村想大、川上隼輔、鵜戸瑛士、山門立侑、小山真尋、金山耀太、荒砂洋仁、岡本航太朗、山本諒、浅井晴孔、川地一颯、天雷樹、廣瀬脩斗、大谷結衣斗、長谷川天太、市場琉祐、中江大我、重田成輝、山上空琉、藤井陸、小出大翔、藤田准也、河野翔空、大堀陽南太、押谷武琉、山下漣

❶地区 ❷出場回数 ❸監督 ❹引率教員 ❺主将 ❻登録選手名（背番号順）※校名横に「総」マークがある高校は夏の総体出場校

3位 市立船橋 総

❶千葉県❷ 24 回目❸波多秀吾❹佐藤誓哉❺太田隼剛
❻ギマラエス ニコラス、佐藤凛音、内川遼、宮川瑛光、五来凌空、白土典汰、太田隼剛、足立陽、秦悠月、郡司璃来、佐々木裕涼、西大和、須甲優理、森駿人、久保原心優、岡部タリクカナイ颯斗、庄司光輝、伊丹俊元、井上千陽、ギマラエス ガブリエル、金子竜也、石毛翼、曽田敬信、太田瑠飛、槌谷颯人、山口大智、鶴岡寿咲、藤代俊幸、山田信悟、長野恵弥

3位 堀越

❶東京都 A ❷ 5 回目❸佐藤実❹小沢尚❺中村健太
❻吉富柊人、竹内利樹人、森章博、森奏、佐藤優真、渡辺隼大、三鴨奏太、吉荒開仁、髙谷遼太、中村健太、伊藤蒼太、篠沢祐斗、渡辺冴空、仲谷俊、鹿間翔太、谷口悠成、岩﨑晄芽、小泉翔汰、瀬下琥太郎、勘田大翔、佐藤晴翔、杉村充樹、髙木琉世、田中豪、横尾瑛人、山形潤瑛、中野昂、千葉慎之助、谷口昊成、臼田昂太郎

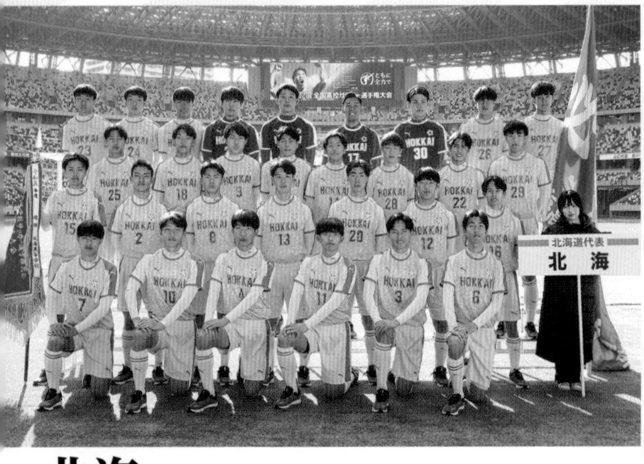

北海

❶北海道❷ 13 回目❸島谷制勝❹佐々木誠大❺川合航世
❻小野寺信、栗塚優丞、武笠健次郎、川合航世、渡部雄大、西脇雄太、中村心、成澤晏士、岡野琉之介、田中準人、野村光希、白﨑桜雅、伊藤風楽、萩野煌也、片桐涼、三橋碧翔、佐々木海、輪島丞、角田蓮、門馬直哉、大越晏路、曳地優斗、齊藤准青、水野雄大、髙橋奏翔、大貫祐基、西垣凌羽、渡部頼亜、須摩耀平、海野遥樹

遠野 総

❶岩手県❷ 30 回目❸佐藤邦祥❹工藤竜也❺畠山哉人
❻浅沼英志、田代成琉、佐々木湧太、畠山哉人、菊池遥大、戸羽輝希、馬場大瀬、高橋優成、照井颯人、昆野翔太、池口遥葵、菊池晃太、小松樹來、右近優太、今淵雄太郎、小倉悠慎、山田凉楓、高橋陵生、八重樫凌太、青山唯斗、田代謙真、福田心、菅田大誠、千葉陸、堀川桐冴、菊池大翔、渡辺隼平、谷地稜生、瀬川幹太、菊池渉

明桜 総

❶秋田県❷ 6 回目❸原美彦❹西澤拓也❺川村晃生
❻川村晃生、大木源士郎、山口滉生、廣森輝星、菅野琉空、吉田秀、中山煌斗、外山蓮、村上大河、臼田成那、加藤鳳夢、佐藤瑠耶、北川学、片岡怜央、武田大和、小松亮大、目黒琥珀、朴智晟、庄司郁哉、斉藤勇太、成田譲紀、本島隆成、山形一世、中野颯太、齊藤廉、杉本侑哉、村上尚起、近江谷厳心、鈴木雄大、成田淳煌

山形明正

❶山形県❷初出場❸石原和実❹森政聡❺松田海生
❻酒井淳平、菅原隼斗、石橋聖也、松田海生、菊地琉生、鈴木遥斗、佐々木聖渚、井上碧空、中本和志、矢口青空、末光清、杉山翔、石川隼太、青木志音、山口文也、吉田楓翔、野口弥栄、岡野來英、高橋航太、仲村渠健、及川泰我、丸山来寿、石黒友陽、中山遥叶、佐々木貴彬、山田琉月、深田音旺、寺村健太郎、石川獅恩、森晃輝

仙台育英

❶宮城県❷ 37 回目❸城福敬❹笹原義巳❺菅原颯太
❻小川陽海、渡辺留唯、玻名城元希、佐山光樹、面田凌、和久井友皓、菅原颯太、黒葛原結天、伊藤俊輔、小坂城太郎、中塚羽勇真、築山頼、菊地蓮太、野村竜瑚、高橋隼之輔、阿部聖、岡村春輝、沼舘瞳衣、仁田心明、中西大晴、内出竣介、工藤天、佐藤杜羽、佐藤裕、阿部剛己、河野宗眞、佐々木颯太、松井琢磨、糸井洸翔、三浦佳勝

尚志 総

❶福島県❷ 14 回目❸仲村浩二❹梅津知巳❺渡邉優空
❻高橋悠太、冨岡和真、高瀬大也、市川和弥、白石蓮、出来伯琉、安斎悠人、神田拓人、網代陽勇、若林来希、桜松駿、笹生悠太、高田湊人、藤川壮史、濵田昂希、角田隆太朗、小原空大、吉田尚平、山本仁、渡邉優空、大竹哩央、遠藤新太、宮城来輝、宇佐美遼、野田馨、馬場比呂、西間木晴生、矢崎レイス、大内完介、佐々木慎

明秀日立 総

❶茨城県❷ 5 回目❸萬場努❹伊藤真輝❺若田部礼
❻小泉凌輔、今野生斗、飯田朝陽、若田部礼、山本凌、大原大和、吉田裕哉、長谷川幸蔵、熊﨑瑛太、根岸隼、石橋鞘、重松陽、益子峻輔、上田柊衣、川野竜大、根橋大祐、永田一輝、樋本杷瑠、斉藤生樹、新陽樹、新井田晃佑、古館善、竹花龍生、柴田健成、河野夢叶、阿部巧実、後藤柚希、廣沢颯人、芝陸斗、伊藤綾希

前橋育英 総

❶群馬県❷ 26 回目❸山田耕介❹櫻井勉❺雨野颯真
❻雨野颯真、斉藤希明、山田佳、熊谷康正、青木蓮人、清水大幹、石井陽、松下拓夢、黒沢佑晟、山﨑勇誠、斎藤陽太、藤原優希、桒田丈翔、篠﨑遥斗、佐藤耕太、立木堯斗、中村太一、オノノジュ慶吏、織茂誠太郎、大岡航未、西野心陽、林優眞、平林尊琉、鈴木蓮大、遠藤琢馬、平良晟也、植田貴士、久保遥夢、四方田泰我、山西智也

❶地区　❷出場回数　❸監督　❹引率教員　❺主将　❻登録選手名（背番号順）※校名横に「総」マークがある高校は夏の総体出場校

矢板中央 総

❶栃木県❷ 13 回目❸髙橋健二❹金子文三❺井上拓実
❻大渕咲人、小関大翔、梶谷皇光斗、清水陽、永井健慎、小森輝星、井上拓実、山元敦琥、山下魁心、児玉聖士朗、鳥塚翔真、藤間広希、荒野壱心、平野巧、石塚遥真、伊藤翼、外山瑛人、朴大温、小針慎太郎、堀内凰希、渡部嶺斗、伊藤嘉真、香﨑青空、駒田侑太郎、小川結都、松本剛季、岡田獅央、佐藤快風、池田拓歩、高木謙心

昌平

❶埼玉県❷ 6 回目❸村松明人❹鈴木琢朗❺佐怒賀大門
❻佐々木智太郎、坂本航大、上原悠都、佐怒賀大門、田中瞭生、鈴木宏幸、土谷飛雅、大谷湊斗、小田晄平、長準喜、長璃喜、工藤聖太郎、西嶋大翔、山口豪太、鄭志錫、荻谷凌輔、三浦悠代、前田大樹、田中洸成、佐々木康城、白根翼、坂和飛空、平叶大、鈴木翔、久野大翔、玉田陸翔、本田健晋、松村優成、齋藤結斗、入江希星

早稲田実

❶東京都Ｂ❷初出場❸森泉武信❹平田直樹❺西山礼央
❻高村裕、根本渚生、若杉泰希、中嶋崇人、荒木陸、岩間一希、西山礼央、竹内太志、久米遥太、戸祭博登、スミス聡太郎、森敦彦、堀蒼、野川一聡、小野寺栄斗、宮盛朔、千本木亮磨、松下岬、井手悠暉、内藤光一、山本士文、霜田優真、地頭所大和、前田竣汰、秋山翔太、大庭翼、新井田涼介、居相太陽、古賀泰誠、伊藤勇輝

日大藤沢 総

❶神奈川県❷ 7 回目❸佐藤輝勝❹三武誉生❺佐藤春斗
❻野島佑司、坂口康生、國分唯央、宮﨑達也、尾野優日、荻原大地、佐藤春斗、諸墨清平、山上大智、安場壮志朗、岡田生都、斎藤直晴、片岡大慈、小川寧大、和田陸空、布施克真、佐藤優磨、会津恒毅、進藤匠、岩内類、松本夢己、柳沼俊太、伊藤颯飛、袴田恭大朗、小久保亮大、宮川空、宮澤朋哉、高田航、岩坪瑛太、岩藤利龍

帝京第三

❶山梨県❷ 11 回目❸相良和弘❹新井大介❺辻友翔
❻倉田琢夢、岸上樹莉、原田飛鳥、押田良翼、大野羽琉、高橋翼颯、秋間翔太、辻友翔、遊佐凜太朗、櫻井元舟、川田朔太郎、福司楓馬、加々美遥斗、来原一斗、山岡陸翔、保坂璃夢、近松煌、朝比奈漱、嶋野創太、小澤波季、岩田知希、西澤篤成、武居駿也、花崎知優、菊地勇羽、山田善己、中村健、大室敬慈、妙中大空、菱山大地

帝京長岡 総

❶新潟県❷ 10 回目❸古沢徹❹亀井照太❺堀颯汰
❻小林脩晃、松岡涼空、高萩優太、池田遼、山本圭晋、水川昌志、山村朔冬、橋本燦、新納大吾、原壮志、畑遼河、香西大河、浅井隼大、堀颯汰、阪本湊士、湯山凱仁、田中伊織、野村塁生、安部僚馬、遠藤琉晟、道菅陽斗、谷中習人、永井悠雅、稲垣純、吉竹勇人、藤本翔真、柳田夢輝、中島啓太、武内裕輔、渡邉颯

富山第一 総

❶富山県❷ 34 回目❸加納靖典❹窪田佳佑❺多賀滉人
❻魚住秀真、小西双豪、岡田駿也、福光翔太、大居優汰、多賀滉人、平田一葵、松井凜空、加藤隼也、稲垣禅太郎、川原瑠偉、曽江空海、谷川智哉、山本大心、宮本凌成、谷柊杜、菅野暖大、入江秀虎、羽根成千加、谷保健太、魚住陸斗、南宮翔太、盛田瞳二、羽根周太朗、放崎結生、須田哉寿、大村笙太、髙橋大和、村上文太、田中陽路

松本国際

❶長野県❷ 6 回目❸勝沢勝❹高橋賢司❺鈴木侑斗
❻飯田幸樹、長崎大吾朗、城元諒星、小野寺伶音、鈴木侑斗、山口颯太、宮下湊太、大津英佑、元木夏樹、久保田剛海、関泰洋、高尾一輝、金山哲平、山本湧大、下野成偉人、稲吉海斗、濱渕赳一、北西徹平、西澤康希、佐々木晄汰、米澤天良、渡邊智紀、小林健道、津久井楓雅、橋崎泰雅、栗原大河、宇留賀大希、藤森涼、伊藤翔琉、吉村大樹

星稜

❶石川県❷ 32 回目❸河合伸幸❹木原力斗❺倉畑鉄将
❻橋本育磨、井田佳佑、尾森虹太、倉畑鉄将、木村勲平、北方陽己、山口晴、天川達心、竹山開、中村滉希、南慶士郎、塩川晴也、村上颯俄、後藤空生、與野木有汰、西川太陽、佐藤竣基、吉田悠人、竹谷内諒賢、澤田拓実、丸山京佑、太村優真、門倉主至、田沼拓也、濱田流聖、髙田哩玖、高山尭大、和田翔太郎、前田勇登、守田倭

丸岡 総

❶福井県❷ 34 回目❸小阪康弘❹高倉泰希❺奥村洋武
❻山本貫太、永田俊介、河奥正流、西田陸晴、宮﨑陽、奥村風磨、奥村洋武、安嶋琉生、西村心、渡辺祥気、川下恭太郎、横山天飛、寺坂樹大、久津見颯、大藤航輝、新村柊那、清水唯太、加藤証、丸尾颯輝、髙畑友輝、西田将靖、下口叶汰、津張歩舞、杉田拓未、青木宙、小関結人、徳川莉都、白木旋理、戸田玲亜琉、富本大翔

静岡学園 総

❶静岡県❷ 14 回目❸川口修❹川口修❺中村圭佑
❻中村圭佑、井口晴斗、岩田琉唯、水野朔、大村海心、泉光太郎、庄大空、田嶋旦陽、神田奏真、高田優、志賀小政、岩本耀太、野田裕人、森﨑澄晴、宮嵜隆之介、吉村美海、有竹拓海、山縣優翔、大平青空、大木悠羽、小山顕、岡元和士、天野太陽、矢澤怜士、山口航生、提坂煌世、中村奏太、佐々木雄基、梠澤琢太、福地陣

名古屋

❶愛知県❷初出場❸山田武久❹佐久間裕❺田中響貴
❻小林航大、太田陸斗、佐藤琉輝、足立遼馬、井上款斗、田中響貴、小川怜起、川瀬陸、仲井蓮人、原康介、山本凜蔵、西田旺世、月岡陸斗、田口想太、伊藤守生、杉本成空、森柑太、齋藤力、須川堅斗、大村莉久、渡辺天真、田邉圭佑、野上遥弥、伊藤瑠晟、恒吉賢心、村谷穣、櫻井神威、柳瀬琥葵、山本悠真、服部孝太朗

❶地区　❷出場回数　❸監督　❹引率教員　❺主将　❻登録選手名（背番号順）※校名横に「総」マークがある高校は夏の総体出場校

帝京大可児 総

❶岐阜県❷ 10 回目❸仲井正剛❹川村真太朗❺吉兼伶真
❻竹内耕平、中村優慎、鷹見豪希、内山晴登、堀内祥暉、石田凱大、内藤和希、吉兼伶真、明石望来、加藤隆成、棚橋奎斗、梅本泰佑、髙田悠志、黒沢一斗、鶴見一馬、樽井蓮太朗、土田壮太、執行悠雅、山野太陽、伊藤彰一、古屋駿介、重松拓実、杉浦龍星、松井空音、緒方琉太、田中豪、角岡篤季、西澤晴、岩田快青、青木嘉宏

四日市中央工

❶三重県❷ 35 回目❸伊室陽介❹下田祐輔❺片岡空良
❻原田海誠、伊藤大起、井村英右、山本拓弥、河合晴空、田頭篤弥、小林桜輔、久保貴大、屋成柾輝、片岡空良、中島晴伶、松成立夢、松原空、西脇葉、小久保圭皓、山口叶夢、平野颯汰、杉山皇輔、坂田留仁嘉、水田佑樹、篠田啓斗、野口諒明、岩田翔暉、伊藤元太、浅野颯人、若松音冬、増田莉久、川井航、丹羽伶介、工藤悠眞

京都橘

❶京都府❷ 10 回目❸米澤一成❹福井貴子❺西川桂太
❻中浦悠大、大塚真沙渡、園田優翔、池戸柊宇、山本洸生、松本海音、西川桂太、穂積大河、増井那月、宮地陸翔、吉野歩夢、川尻修生、高橋優、早苗優介、桐原惺琉、執行隼真、久保翔大、小池陽斗、上田慶輔、山田挨瑠、櫛田武蔵、福永裕也、道倉悠聖、小野杏二、堀本隆太朗、田中暖、原田蒼真、吉田晃澄、川原大志、松本和磨

奈良育英 総

❶奈良県❷ 16 回目❸梶村卓❹鈴井浩一❺奥村央樹
❻瀧川笑玄、谷川琉希也、奥村央樹、八木涼輔、田中琥士、川上隼平、藤岡仙太郎、村田康成、井登奏汰、磯貝新之助、水流大翔、内村篤紀、水津煌人、舟越拓海、竹田秦、西村優士、植村翔輝、藤川陽太、有友瑠、中島瑞尋、阪本圭、河原鴻介、森本十真、西川仁瑛、平原颯大、吉川魁、佐藤聡祐、中嶋勇斗、堀大輔、建野遼太郎

初芝橋本 総

❶和歌山県❷ 17 回目❸阪中義博❹阪中義博❺石丸晴大
❻大竹野勇斗、坂本夢人、西風勇吾、石丸晴大、三浦晴太、深本皓太、増田晋也、池田真優、石田翔也、朝野夏輝、神戸賢、福本悠二、松岡智也、古谷仁成、大丸龍之介、山本拓夢、江田悠輝、竹内崇真、山本泰世、河崎慶二、小林亮大、吉田庵慈、馬場栄人、大薗一柊、上田颯汰、中島琉成、四元大悟、橋本耕斉、中野倖太郎、角野有右斗

東海大大阪仰星

❶大阪府❷ 6 回目❸中務雅之❹市田昌平❺水永直太朗
❻森本真幸、松川奨吾、加賀美諒、高山陸、平井大地、松村瞭、中本昇、芳田慶達、水永直太朗、中山蓮、小林旺誠、北野慶汰、櫛田泰洋、下舘拓海、辻修斗、金田陽向、森安瑛示、柳原悠翔、桃谷優吾、田守真翔、吉水慶人、西出隼、北川陽汰、横窪皇真、櫻田大翔、松田幸太朗、芝谷壽汰、山本遼、金田柊真、秋丸凜太郎

神戸弘陵学園 総

❶兵庫県❷ 12 回目❸谷純一❹濵田康佑❺岡未來
❻石橋亮斗、阪上聖恩、柴尾美那、岡未來、藤本達真、大井孝輔、佐波昂大、木津奏芽、馬場悠平、北藤朔、石橋瀬凪、歌野裕大、豆成僚、三輪桜大、松井君弥、高橋奏多、有園依咲樹、十河快斗、江崎有佑、伊柳嘉成、石濱慶人、利光陽朗、中田心響、下酔尾朔也、岡本祐次郎、井田琉汐、中邑蕾羽、中村貫志、梅原良弥、波尻駿

米子北 総

❶鳥取県❷ 19 回目❸中村真吾❹城市徳之❺上原颯太
❻尾崎巧望、梶磨佐志、藤原壮志朗、浜梶優大、城田利恩、樋渡蓮音、上原颯太、仲田堅信、鈴木颯人、森田尚人、愛須隆聖、濱口慶汰、金城正宗、小村日向、番原珠生、竹口晴陽、岡田海琴、柴野惺、田村郁颯、堀大夢、広川武寛、西尾潤星、花田涼惺、石倉亜連、熊谷弾、湯月哲大、田中太賀、久德凰雅、山本琉聖、大橋利都

立正大淞南 総

❶島根県❷ 20 回目❸野尻豪❹野尻豪❺西口大稀
❻西尾桜路、藤原楽、宮本涼矢、坂本直太郎、西口大稀、三島典征、大西侑磨、梅本虎之介、眞鍋隆聖、植田琉生、山田涼斗、廣田宗己、升井泰雅、野澤颯天、三島拓人、豊田寛太、永澤叶太、中谷瑠希、久島理功、塚田喜心、越田斗弥、大橋蒼真、藤原陸、若槻大雲、西田樹、吉田宇利、山田太樹、中井佑泰、吉村璃空、山田新

広島国際学院 総

❶広島県❷初出場❸谷﨑元樹❹瀬越徹❺茂田颯平
❻片渕竣介、藤井海地、水野雄太、茂田颯平、島川翔汰、長谷川蒼矢、渡邊雄太、谷原海都、細川陽輝、石川撞真、野見明輝、藤井蓮斗、萩野巧也、戸山晴人、髙山陽那太、本迫渉、松元清惺、福島拓哉、岩本大河、水川翔太、加藤翔正、濱田湊太、岡田康誠、大下翔希、折口隼也、上野陽光、安田咲人、松永悠斗、山本まさお、伊津遙人

高川学園 総

❶山口県❷ 29 回目❸江本孝❹河村直樹❺藤井蒼斗
❻大西勇磨、大下隼鋭、徳若侑璃、安井拓海、田邊大希、宮城太郎、沖野眞之介、佐藤大斗、山中大樹、山本吟侍、田坂大知、石原快晟、藤井蒼斗、松木汰駈斗、伊木樹海、岸本航太、三宅亮壽、松原滉雅、村田吟、行友祐翔、髙城柊哉、小坂レオンス ンクンガ、中津海蓮恩、大森風牙、栗栖海晴、藤田龍之介、岡本歩夢、鴨目心希、熊谷峻哉、託見柊威

岡山学芸館 総

❶岡山県❷ 6 回目❸高原良明❹金田泰弘❺田口裕真
❻平塚仁、道満智哉、平松伸朗、平野大樹、髙山隼磨、田村日夏汰、木下瑠己、木村奏人、太田修次郎、田口裕真、田邉望、本田世成、山河獅童、万代大和、植野柊、小林吉平、池上大慈、平本悠太、川端瑞己、香西健心、伊藤央将、幡本星音、保津太一、栃尾優斗、岸昂希、山田悠斗、今村天音、國本心夢、持永イザキ、福地煌矢

❶地区　❷出場回数　❸監督　❹引率教員　❺主将　❻登録選手名（背番号順）※校名横に「総」マークがある高校は夏の総体出場校

大手前高松

❶香川県❷３回目❸川上暢之❹大須賀幸樹❺山村音喜
❻浦宮颯太、林勇仁、正木舜、糸瀬勇哲、飯田旅人、洲脇海輝、湯浅裕翔、東山諒大、山村音喜、増田凌、西田伊織、西尾壮平、竹内蒼一朗、伊勢谷拓翔、前田乃唯、芳地大河、大谷海聖、横山功季、橋本翔希、竹本海人、堤風太、石原日向太、ドラゴ星エマヌエーレ、佐々木昊也、大西輝、頼富晴斗、境琉飛、上岡太翔、藤川遥人、大石圭杜

今治東

❶愛媛県❷３回目❸谷謙吾❹森山祐之朗❺三好康介
❻井門泰誠、三好康介、岡田瑛斗、樋口智大、越智彪乃介、西河大陸、田坂晃雅、安部日々輝、小西珀、大荒陽平、髙瀬一光、山本琉央、河上塔二郎、近藤大和、赤堀俊太朗、薦田拓大、山中太陽、倉瀬悠葵、篠原泰盛、高橋一友、大川凱斗、河上進次郎、近藤勇瑠、宮岡継弥、喜代吉三生、加藤陽城、北舛粋生、辻本惺耀、山本就太、原田真幸

徳島市立 総

❶徳島県❷ 20 回目❸河野博幸❹藤本大地❺笠原颯太
❻安藝誠一郎、瀬口竣介、川村琥太朗、山本煌大、麻植光規、池田怜以、山座拓達、原水智弘、上田寛大、笠原颯太、鈴木悠哉、山口凜太朗、好浦悠仁、藤川琉偉、尾形郁海、太田夏壽人、大佐古陸駆、森田颯佑、岸孝亮、逢坂翔雅、桝田侑汰、松山哲也、李ハソン、牛尾律貴、平尾海斗、岸大介、篠崎陸空、坂本宇壱朗、永市翔悟、岡快吏

明徳義塾

❶高知県❷９回目❸小松晃❹久保田紀久❺吉田凱
❻岡本友希、女良明日夢、大石陸、天野慈穏、下野凌空、徳能伊織、一ノ瀬隆介、坂元悠真、葛籠聖斗、吉田凱、瓜生真斗、川村空都、片岡咲翔、本間世椰、青山羅尊、メフタ ラヤン、寺田将大、諸見勇徳、岡村大、山本ナイジェル、氏原歩夢、宮本玖輪、肥田夕舞、田村應太、砂川豪毅、西山愛輝、池上太陽、仲間路夏、河村一斗、高山拓巳

飯塚

❶福岡県❷２回目❸中辻喜敬❹島田一真❺藤井葉大
❻松﨑鴻毅、深川恭伍、平田龍治、坂本海凪太、藤井葉大、永原大真、濱川晟礼、杉林夢斗、原翔聖、溝口敢大、大園治慈、堀口彩斗、久保公斗、岩瀬太津也、吉田翔亮、古川公琉、大橋翔太、新垣類、永田朔太郎、原天聖、長谷川悠衣、保科剛、藤川翔馬、川村朋也、永田虎仁朗、塚本一咲、川俣陽輝、木下宗祐、黒岩雄慎、中島誌遠

佐賀東 総

❶佐賀県❷ 13 回目❸蒲原晶昭❹杠美津司❺宮川昇太
❻中里好佑、國武優太郎、甲斐桜助、田中幹大、江頭瀬南、田中佑磨、西川葵翔、大島弘賀、宮川昇太、江口恭平、最所大星、田口大翔、甲斐巧海、中村琥道、田中玖侑、右近歩武、西川空良、後藤光輝、森田偉斗、詫間湊斗、宮﨑空夢、石川僚祐、冨永莉玖、中島魁利、橋本胡亜、小野旺星、迎惣寿、江口賢伸、森嵩翔、守屋大地

柳ヶ浦

❶大分県❷２回目❸有門寿❹松雪浩俊❺橋本琉唯
❻濱本彪駕、中川喜之輔、冨着瑠惟、木塚武、外園優心、下地里旺、池田琉生、安里皇、安里耀、橋本琉唯、曽根虎大郎、杉田凱風、小村力明、新谷敏希、冨康真樹、椎橋風仁、城拓斗、堀内惟良、篠崎晟哉、大塚一斗、八尋馳、宮地飛斗、徳丸亜色夢、前川柊太、湯浅諒、芹田幸季、佐々木凰我、松本翔汰、安部響、松浦政宗

日章学園

❶宮崎県❷17回目❸原啓太❹福島将太❺藤本晃士
❻吉村元翔、梶原壮一郎、藤本晃士、宮本大誠、阿部真大、安藤優翔、上原大昇、川越廉斗、田上遼馬、皆川春輝、篠田星凪、児玉寛汰、田實優翔、高岡伶颯、南創太、髙見秀真、井上颯耶、水田祥太朗、野呂凰晟、吉川昂我、西森和浩、小峠魅藍、吉山来希、有働嵩常、佐藤恭太郎、松本愛武、髙橋悠、中島明夢、家永偲道、佐久川友杜

大津 総

❶熊本県❷20回目❸宮崎祐介❹山城朋大❺碇明日麻
❻坊野雄大、大神優斗、田辺幸久、吉本篤史、五嶋夏生、兼松将、古川大地、嶋本悠大、山下景司、碇明日麻、稲田翼、守田龍弥、島田一杜、中村健之介、日置陽人、村上葵、舛井悠悟、徳永雄斗、新野太陽、畑拓海、須藤親太郎、濱京一郎、松田亜紋、葉石翔己、末松煌生、村上慶、松野秀亮、福島京次、山下虎太郎、岩崎天利

長崎総科大附

❶長崎県❷９回目❸定方敏和❹定方敏和❺平山零音
❻マガリェンス アルナウド、小手川蓮、浅見歓太、市丸夢人、京谷來夢、原田真之介、金城琉熙、大屋麻尋、坂本錠、宇土尊琉、甲斐智也、山口海翔、阿部紘斗、福島文輝、仲宗根惺、松下昊稀、島田俐亜武、尾島栞蓮、青木征士郎、田尻覇亜歩、新垣太一、平山零音、髙橋駿介、弓矢真叶、宮本健介、藤原悠聖、田中泰平、山﨑芽來、土屋蕾聖、秋田楓人

神村学園 総

❶鹿児島県❷11回目❸有村圭一郎❹柏野裕一❺西丸道人
❻川路陽、下川温大、中野陽斗、鈴木悠仁、難波大和、田中遥一郎、有馬康汰、高橋修斗、日高元、福島和毅、大成健人、竹内尋、西丸道人、名和田我空、吉永夢希、佐々木悠太、照屋颯大、平野あいと、平木駿、新垣陽盛、鈴木舵斗、徳村楓大、長沼政宗、吉田唯竜、寺田健太郎、樹本琉空、森元桜矢、長田誠矢、内匠遼翔、古川竣也

名護

❶沖縄県❷初出場❸比嘉洋介❹宮城一茂❺松瀬真之介
❻松瀬真之介、當山與樹、大城祐人、桃原泰空、川上獅温、比嘉隼太、比嘉秀彩、大城蒼央、仲村光羽、仲井間夏樹、松田淳人、仲本大地、比嘉悠斗、親川駿、宮平悠真、伊良波歩、棚原天夢、砂川龍之介、座間味遼大、宮城光陽、大城伶太、金城希和、小濱海吏、屋嘉宗一郎、具志堅廉十、小浜聖也、照屋瑠人、前川虹志、浦崎愛士、前川颯志

第102回全国高校サッカー選手権大会 優秀選手34名

選考／公益財団法人 全国高等学校体育連盟サッカー専門部技術委員会

DF 菅澤 凱 青森山田 3年 スガサワトキ

MF 山門立侑 近江 3年 ヤマカド リウ

DF 山本 虎 青森山田 3年 ヤマモト トラ

DF 西村想大 近江 3年 ニシムラ ソウダイ

GK 鈴木将永 青森山田 3年 スズキ ショウエイ

DF 小泉佳絃 青森山田 3年 コイズミ カイト

DF 森 奏 堀越 2年 モリ カナデ

MF 浅井晴孔 近江 3年 アサイ ハク

GK 吉富柊人 堀越 3年 ヨシトミ シュウト

FW 久保原心優 クボハラ シンユウ 市立船橋 2年

MF 芝田 玲 青森山田 3年 シバタ レイ

MF 太田隼剛 オオタ シュンゴウ 市立船橋 3年

DF 金山耀太 近江 3年 カナヤマ ヨウタ

FW
郡司璃来
市立船橋 3年
グンジ リク

MF
杉本英誉
青森山田 3年
スギモト ヒデタカ

FW
西丸道人
神村学園 3年
ニシマル ミント

FW
米谷壮史
青森山田 3年
ヨネヤ ソウジ

MF
西 飛勇吾
近江 3年
ニシ ヒュウゴ

DF
吉永夢希
神村学園 3年
ヨシナガ ユメキ

MF
長 準喜
昌平 3年
オサ ジュンキ

FW
北藤 朔
キタフジ サク 神戸弘陵 3年

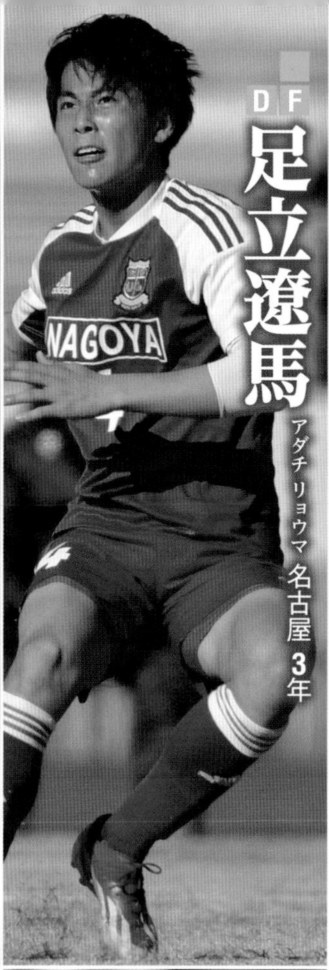

DF
足立遼馬
アダチ リョウマ 名古屋 3年

MF
吉田裕哉
明秀日立 3年 ヨシダ ユウヤ

GK
雨野颯真
前橋育英 3年 アマノ ソウマ

DF
江頭瀬南
佐賀東 2年 エガシラ セナ

FW
小田晄平
昌平 3年 オダ コウヘイ

FW
中村健太
堀越 3年 ナカムラ ケンタ

MF 名和田我空
神村学園 2年 ナワタ ガク

MF 宮川昇太
佐賀東 3年 ミヤガワ ショウタ

FW 堀 颯汰
帝京長岡 3年 ホリ ソウタ

MF 高田 優
静岡学園 3年 タカダ ユウ

DF 五嶋夏生
大津 2年 ゴトウ ナツキ

FW 臼田成那
明桜 3年 ウスダ セナ

FW 水永直太朗
東海大大阪仰星 3年 ミズナガ ナオタロウ

発刊のあいさつ

Greeting

玉生謙介

公益財団法人全国高等学校体育連盟 サッカー専門部 部長

はじめに、令和6年1月1日に起きた能登半島地震におきましては、多くの方がお亡くなりになりました。ここにご冥福をお祈り申し上げるとともに、災害に遭われ避難生活をされている方々が一日も早く日常の生活に戻られますこと、そして地域の復興を心よりお祈り申し上げます。

我々の生活に大きな影響を与えた新型コロナウイルス感染症の感染症法上の位置づけが令和5年5月8日に「2類相当」から「5類感染症」へと変わり、令和5年度の全国高体連サッカー専門部の活動もコロナ禍以前の活動へと戻りました。新型コロナウイルス感染症に対する対策等のガイドラインもなくなり、今年度の全国高等学校総合体育大会(以下、全国総体)、全国高等学校サッカー選手権大会(以下、選手権)および全日本高等学校女子サッカー選手権大会(以下、女子選手権)では辞退校が出ることなく終えることができました。コロナ禍以前は当たり前だったことも当たり前だと思わずに、感謝の気持ちを忘れずに活動を続けていきたいと思っています。

令和5年度の全国総体は北海道で行われ、男子は旭川、女子は帯広で開催されました。男子の決勝は強豪、静岡学園高校や青森山田高校を倒し勝ち上がってきた明秀日立高校と、令和元年度優勝、2回目の優勝を狙う桐光学園高校の対戦になりました。2-2で延長戦に突入も互いに譲らずPK方式での決着となり、明秀日立高校が初優勝を果たしました。女子の決勝は近年、安定した強さを見せる藤枝順心高校と初優勝を狙う聖和学園高校の対戦になり、その強さをしっかりと見せた藤枝順心高校が3-0で勝利し、2回目の優勝を果たしました。北海道で開催されることでコンディションが良い中での大会が期待されましたが、男子では大会3日目に雷雨の影響で会場やキックオフ時間の変更があり、女子では35℃を超える中での試合があるなど、地球温暖化の影響を北海道でも感じる大会となりました。来年度からサッカー競技はより良い環境を求めて全国総体のローテーション開催を離れ、男子はJヴィレッジを中心に福島県で、女子は室蘭市を中心に北海道で固定開催となります。開催県のみに負担をかけないよう、様々な面においてみんなで支え合う新しい様式での全国総体となります。

102回目を迎えた選手権は、前回50%収容だった応援団席も100%収容に戻り、コロナ禍以前の姿に完全に戻りました。国立競技場で行われた準決勝、決勝はそれぞれ3万2637人、5万5019人という大観衆の中、応援団の大声援とともに最高の雰囲気で行うことができました。決勝戦は今年度プレミアリーグ覇者の青森山田高校とその魅力的なサッカーで評判を高めた近江高校の対戦で、お互いにその良さを見せた戦いは3-1で青森山田高校が勝利して4回目の優勝を果たしました。冒頭で触れた能登半島地震が大会期間中に起き、大会に参加し勝ち上がっていた富山県代表の富山第一高校と石川県代表の星稜高校の地元応援団が応援に駆けつけることができなくなってしまいました。そこでぜひ一緒に応援したいとすでに敗退していた日大藤沢高校サッカー部員が応援団席で応援するなど、多くの方が応援団席から声援をおくってくれるという心温まるエピソードがありました。選手権の良さ、高校サッカーの良さ、スポーツの良さを感じる大会でもありました。

32回目を迎えた女子選手権は兵庫県のノエビアスタジアム神戸で決勝戦が行われ、昨年度と同じ藤枝順心高校と十文字高校の対戦になりました。3-0で勝利した藤枝順心高校は女子選手権を2連覇7度目の優勝、そして全国総体優勝との2冠を達成する素晴らしい成績を残しました。女子選手権は地域代表の32校で行っていましたが、来年度から都道府県代表47校(2年間は移行期間として配慮枠5枠を加え52校、その後、開催地枠1校で48校)で行います。今後の女子選手権、女子サッカーの発展が期待されます。

『高校サッカー年鑑』は1978年2月(1977年度)から発刊をはじめ、その年度における高校生年代のすべての大会の記録が載せられています。この年代の資料として、これだけ詳細に記録を残し一冊にまとめ、長きにわたる書籍は類を見ません。内容についても記録だけではなく、その年度にあったトピックなども含め、興味深い事柄が多く掲載されています。高体連のサッカー関係者だけでなく、高校サッカーに興味をお持ちの多くの方々に読んでいただければ幸いです。

最後になりましたが、玉稿をお寄せいただいた皆さまと発刊に携わられた関係者の方々に心から感謝申し上げます。

令和５年度
（公財）全国高体連サッカー専門部
役員

部　　長	玉生　謙介	東京都・学習院高等科
副 部 長	川人健太郎	東京都立立川高校
	古井　成知	大阪府立東住吉総合高校
	床爪　克至	東京都・文京学院大学女子高校
常任委員	沖野　大志	北海道札幌白石高校
	小林　幸大	福島県立安積高校
	川人健太郎	東京都立立川高校
	渡邉　晃	新潟県立新潟高校
	小長谷太作	静岡県立島田高校
	村井　博司	大阪府立清水谷高校
	上山　圭一	広島県立広島井口高校
	一柳　孝伸	高知県立岡豊高校
	古川　淳	福岡県立伝習館高校
総務委員長	石川　勝利	東京都立国分寺高校
技術委員長	蔵森　紀昭	東京都・成城学園高校
審判委員長	木川田博信	東京都立松原高校
記録委員長	嶋野　雅春	東京都・城西大学附属城西高校
顧　　問	鈴木　勇作	
	上野二三一	
	平山　隆造	
	大倉　健史	
	日野　聡	埼玉県・本庄第一高校
	横田　智雄	
	滝本　寛	東京都立南葛飾高校

本書の略号、記号

ポジション	GK	ゴールキーパー	SW	スイーパー
	DF	ディフェンダー	SH	サイドハーフ
	MF	ミッドフィルダー	CF	センターフォワード
	FW	フォワード	CB	センターバック
	ST	ストッパー	FP	フィールドプレーヤー
	SB	サイドバック		
キック等の種類	GK	ゴールキック	H	ヘディング
	CK	コーナーキック	～	ドリブル
	FK	フリーキック	→	ゴロパス
	PK	ペナルティキック	⇀	浮き球パス
	TI	スローイン	×	混戦
	S	シュート	★	キックオフ

都道府県役員

地域	都道府県名	加盟校数（男子／女子）	役員名	勤務校
北海道 男子 175 女子 14	北海道	175／14	沖野　大志	札幌白石
東　北 男子 294 女子 39	青　森	49／6	齋藤　康弘	五所川原
	岩　手	48／4	進藤　祐一	盛岡市立
	秋　田	28／2	髙橋　佳照	大曲工業
	山　形	41／12	今野　誉康	山形東
	宮　城	68／10	平賀　玄太	多賀城
	福　島	60／5	小林　幸大	安積
関　東 男子 1,115 女子 191	茨　城	101／10	片野　武司	牛久
	栃　木	62／14	臼井　紀仁	宇都宮白楊
	群　馬	60／17	吉澤　正	前橋西
	埼　玉	167／40	二見　元	大宮東
	東　京	317／53	川人健太郎	立川
	千　葉	165／27	菊池　功二	市立習志野
	神奈川	212／25	粉川　典史	横浜サイエンスフロンティア
	山　梨	31／5	土屋　安晴	甲府城西
北信越 男子 265 女子 20	新　潟	73／5	渡邉　晃	新潟
	長　野	81／4	金井　伸明	上田東
	富　山	41／4	上田　裕次	富山東
	石　川	41／6	野尻　直人	金沢西
	福　井	29／1	小阪　康弘	丸岡
東　海 男子 418 女子 49	静　岡	115／16	小長谷太作	島田
	愛　知	184／23	前田　幸美	南陽
	岐　阜	64／2	松野　将之	岐山
	三　重	55／8	野澤　明宏	伊賀白鳳
近　畿 男子 556 女子 67	滋　賀	51／3	前田　健	米原
	京　都	74／8	安部　俊之	莵道
	奈　良	36／4	中留　学	東大寺学園
	和歌山	31／4	清原　久雄	和歌山工業
	大　阪	204／29	村井　博司	清水谷
	兵　庫	160／19	笠原　弘樹	御影
中　国 男子 266 女子 30	岡　山	66／5	黒川　竜生	総社
	鳥　取	22／5	永林　昭	米子西
	島　根	32／1	藤田　大介	松江商業
	広　島	100／13	上山　圭一	広島井口
	山　口	46／6	大和　健一	南陽工業
四　国 男子 135 女子 18	香　川	35／2	佐々木浩児	高松東
	徳　島	26／6	村山　孝博	川島
	高　知	25／4	一柳　孝伸	岡豊
	愛　媛	49／6	藤本　賢二	小松
九　州 男子 480 女子 74	福　岡	125／15	古川　淳	伝習館
	佐　賀	35／4	田中　哲也	小城
	長　崎	51／6	渡邉　健	猶興館
	大　分	40／2	西尾　秀一	中津南
	宮　崎	41／8	増田　浩樹	五ヶ瀬中等教育
	熊　本	60／9	厚　晴仁	熊本学園大学付属
	鹿児島	70／6	鳥越美智人	甲南
	沖　縄	58／24	金城　武治	那覇西
男子 3,704 女子 502		3,704／502		

MF
太田隼剛
市立船橋

DF
山本虎
青森山田

第102回全国高校サッカー選手権大会

ベスト4主将インタビュー

聖地・国立を目指して

第102回全国高校サッカー選手権大会でベスト4まで勝ち上がったチームは、多様な顔ぶれとなった。
過去5回の優勝を数え、12年ぶりに国立競技場に帰ってきた市立船橋（千葉）。
直近10大会で7度目の4強入り、4度目の王座に挑む青森山田（青森）。
県勢として18年ぶり、同校としては初のベスト4進出を果たした近江（滋賀）。
5回目の出場にして初めて準決勝の舞台を戦う堀越（東京A）。
4人の主将たちに、高校サッカーへの想いを聞いた。

質問／嶋野雅春、池澄左千夫（全国高等学校体育連盟サッカー専門部）　構成／奥山典幸
このインタビューは、準々決勝終了後の2024年1月4日に、個別に電話取材で行いました。

DF
金山耀太
近江

FW
中村健太
堀越

市立船橋 太田隼剛 主将

選手権を夢見て憧れの市立船橋へ

――市立船橋にとっては3年ぶりの選手権出場で、4強進出。その要因を教えてください。

太田　全員が優勝という目標に向かって、日々の中で積み重ねてくることができたからだと思います。

――1回戦から準々決勝まで4試合を戦っていますが、太田くんにとってのベストゲームは?

太田　自分たちの内容としては良くはなかったんですけど、2回戦の帝京長岡戦が市船らしい戦いはできていたのかなと思います。

――後半の終盤に追いつかれてPK方式で勝利という苦しい試合展開でしたが、一番印象的な試合なのですね。

太田　相手にボールを握られる（保持される）時間帯が長くても、最後のところは全員が身体を張って守る。そして、少ないチャンスをものにする。今年のチームだけでなく、劣勢のゲームでもものにしていくのが市船だと思うので、そういう意味では自分たちらしい戦いができていました。

――準決勝の舞台となる国立競技場には、どんなイメージがありますか?

太田　昔の国立で市船が最後に優勝したとき（2011年度）の選手権決勝を見に行っていました。国立は独特な雰囲気があって、お客さんもたくさん入りますし、そういうスタジアムでのプレーはすごく憧れています。

――小さいときに見た市立船橋に入って、迎える初めての選手権。やはり特別な大会ですか?

太田　選手権で全国優勝するのを目標として、市船に入りました。1～2年生のときは選手権に出場することができなくて、本当に悔しい思いをしました。

――選手権で印象に残っている選手はいますか?

太田　12年前に市船が優勝したときの10番、和泉竜司選手（現・名古屋グランパス）ですね。

――幼稚園生のときに憧れを持ったという市立船橋に入るにあたって、ほかの選択肢はなかったですか?

太田　小学生のときは柏レイソル、中学生のときは鹿島アントラーズの下部組織でプレーしていたのでユースでプレーする選択肢もあったんですけど、どうしても市船に行きたかったので。

――3年生で市立船橋のキャプテンになって、大変なことも多かったと思います。

太田　2年生のときはゲームキャプテンをやっていたんですけど、自分だけが突っ走ってチームがひとつになりきれず、本当に苦しいシーズンでした。3年生でキャプテンになってからは「チーム力」を大切にして行動するようにしたんです。自分たちの力以上に力を出せたゲームが数多くありますし、選手権でも勝ち残ることができたので、チームがまとまったのかなと思います。

――チーム力を大切にするためにどのようなことをやっていましたか?

太田　チーム全体に声を掛けるだけではなく、一人一人にも声を掛けることを意識していました。

――キャプテンという立場から見て、チームが強くなるために必要なことを教えてください。

太田　戦術や技術も大切ですが、自分たちは球際、切り替え、運動量といったサッカーをやるうえでの基本的な部分で差が生まれると思っています。そこは練習の中で全員が厳しく求め合っています。

――高校を卒業後は、どんなサッカー人生を送りたいですか?

太田　小さい頃から夢だったプロサッカー選手になるために、フィジカル面や技術面、メンタリティの部分は大学でさらなる努力をしなきゃいけないと感じています。もう一つの夢として、海外で活躍する監督になりたいです。UEFAチャンピオンズリーグで活躍する日本人監督に憧れています。

――最後に、高校サッカーを漢字一文字で表すとしたら、どんな文字が頭に浮かびますか?

太田　「夢」です。自分も含めて、選手権に対して夢を持って高校に入ってきている人も多いと思うんです。仲間との競争や地区予選を勝ち抜いてつかめる選手権は、高校でサッカーをやっている人間だったら誰もが夢に見る場所なのかなと思ったから選びました。

青森山田 山本 虎 主将

3年生でつかんだ青森山田での夢舞台

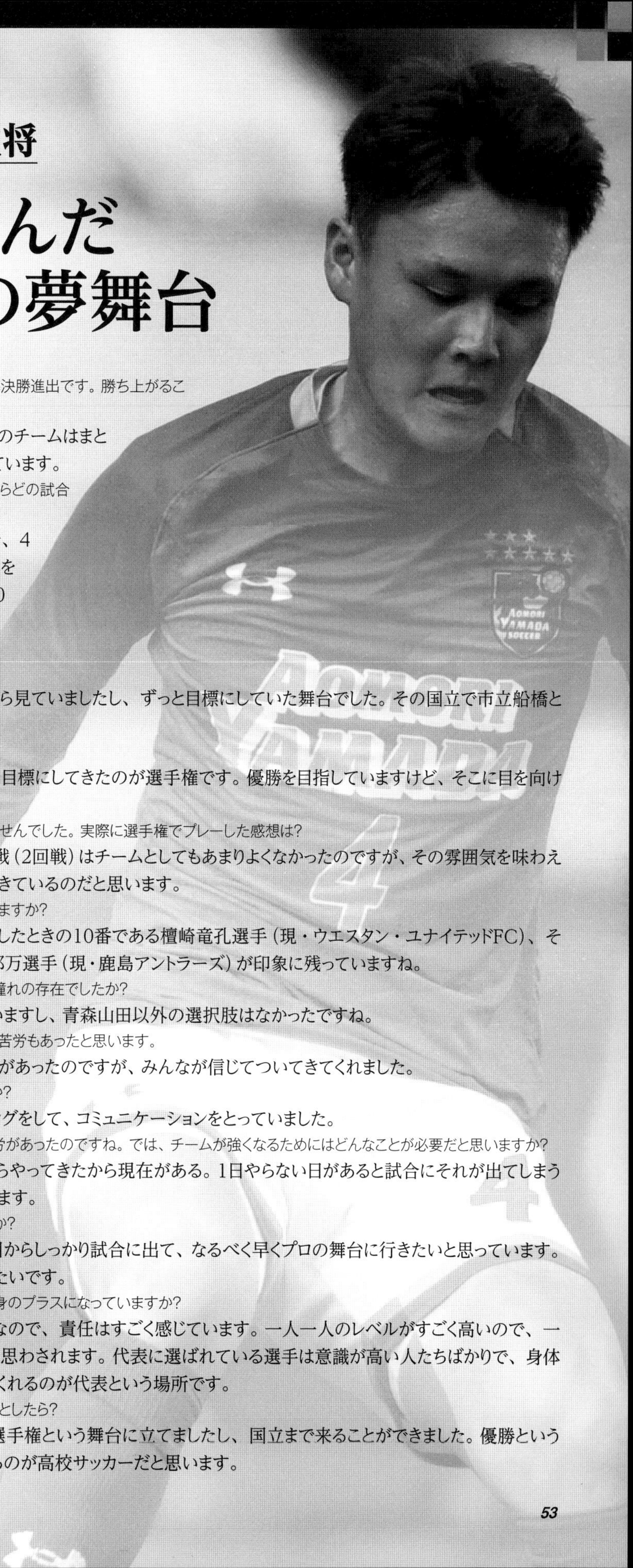

──青森山田は優勝した第100回大会以来2年ぶりの準決勝進出です。勝ち上がることができた要因はどこにあると思いますか?

山本　部員205名の団結力だと思います。今年のチームはまとまる力が強くて、みんなの応援がすごく力になっています。

──準々決勝までで今大会のベストゲームを選ぶとしたらどの試合ですか?

山本　今日(準々決勝)の昌平戦です。前半2分、4分と続けて得点を決めることができて3-0で前半を折り返せました。後半も油断せず、最終的に4-0で終わらせることができてよかったです。

──青森山田としては2年ぶりの国立競技場。どんな思いがありますか?

山本　2年前の青森山田の優勝はベンチの裏から見ていましたし、ずっと目標にしていた舞台でした。その国立で市立船橋と戦えることが、すごく嬉しいです。

──山本くんにとって選手権とはどういう大会ですか?

山本　子どもの頃からテレビで見ていた大会で、目標にしてきたのが選手権です。優勝を目指していますけど、そこに目を向けすぎず、まずは準決勝の勝利を見据えています。

──昨年度はメンバー入りしていましたが、出場はありませんでした。実際に選手権でプレーした感想は?

山本　選手権は独特の雰囲気がありました。初戦(2回戦)はチームとしてもあまりよくなかったのですが、その雰囲気を味わえたからこそ、3回戦や準々決勝ではいい試合ができているのだと思います。

──選手権と聞いて印象に残っているチームや選手はいますか?

山本　青森山田が2回目の優勝(2018年度)をしたときの10番である檀崎竜孔選手(現・ウエスタン・ユナイテッドFC)、その大会の決勝で対戦した流通経済大柏の関川郁万選手(現・鹿島アントラーズ)が印象に残っていますね。

──青森県出身の山本くんにとって、やはり青森山田は憧れの存在でしたか?

山本　そうですね。中学から青森山田に通っていますし、青森山田以外の選択肢はなかったですね。

──強豪校のキャプテンになったこの1年は、いろいろな苦労もあったと思います。

山本　一人一人が同じ方向を向けていない時期があったのですが、みんなが信じてついてきてくれました。

──うまくいっていない時期はどのようなことをしましたか?

山本　試合に負けた後には選手同士でミーティングをして、コミュニケーションをとっていました。

──1年を通してほとんど負けていない青森山田でも苦労があったのですね。では、チームが強くなるためにはどんなことが必要だと思いますか?

山本　継続力です。毎日の練習を大切にしながらやってきたから現在がある。1日やらない日があると試合にそれが出てしまうので、毎日の積み重ねがすごく大事だと思っています。

──高校を卒業後はどんなサッカー人生を送りたいですか?

山本　自分は大学に進学するんですけど、1年目からしっかり試合に出て、なるべく早くプロの舞台に行きたいと思っています。そして、できれば早いうちに海外に行って活躍したいです。

──山本くんは世代別代表にも選ばれていますが、ご自身のプラスになっていますか?

山本　その年代の代表として選ばれているわけなので、責任はすごく感じています。一人一人のレベルがすごく高いので、一緒に練習をしていると「自分も上手くなりたい」と思わされます。代表に選ばれている選手は意識が高い人たちばかりで、身体のケアなどサッカーに対しての意識を変えさせてくれるのが代表という場所です。

──最後の質問です。高校サッカーを漢字一文字で表すとしたら?

山本　「夢」ですね。小さい頃から憧れていた選手権という舞台に立てましたし、国立まで来ることができました。優勝という目標は残っていますが、夢をかなえることができるのが高校サッカーだと思います。

近江 金山耀太 主将

幸せをつかんだ近江での3年間

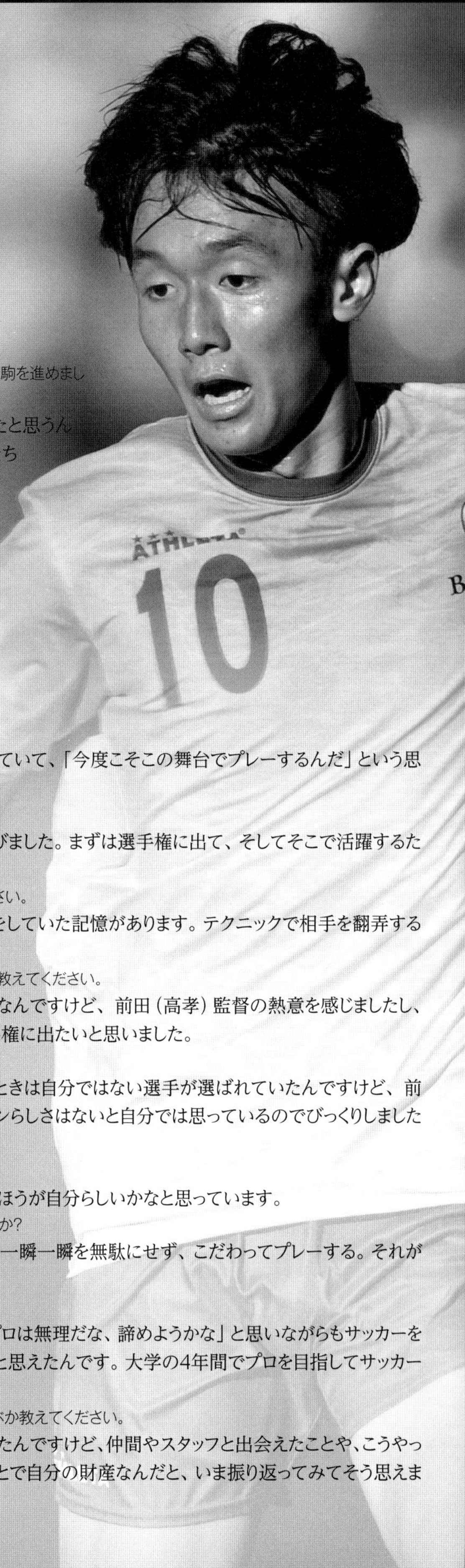

――3回目の出場となる近江は初めて2回戦を突破し、その勢いのまま準決勝まで駒を進めました。ベスト4まで来ることができた要因を教えてください。

金山　今日（準々決勝）のスタンドも神村学園のファンのほうが多かったと思うんですけど、滋賀からバスで長時間かけて応援に来てくれている仲間たちが、声をからして応援してくれました。だからこそ、自分たちはやらないといけないと燃えています。その気持ちがこの快進撃につながっていると思います。

――ここまでの3試合で近江のベストゲームを教えてください。

金山　神村学園戦です。前半は相手の技術に圧倒されて、全く自分たちのサッカーができなかったのですが、後半はそれぞれが覚悟を決めて自分たちのサッカーを表現できました。神村学園も近江も攻撃を武器にしている試合で、最後に相手より1点多く取れて本当によかったです。

――準決勝でプレーすることになる国立競技場にはどのような思いがありますか？

金山　憧れの舞台です。メンバーに入っていた昨年も開会式で行進していて、「今度こそこの舞台でプレーするんだ」という思いで今年は行進していました。

――選手権とは金山くんにとってどんな大会ですか？

金山　選手権に出たくて、地元の広島から滋賀の近江への進学を選びました。まずは選手権に出て、そしてそこで活躍するために、きつい練習も仲間たちと一緒に乗り越えることができました。

――それほど思いが強い選手権で、印象に残っているチームや選手を教えてください。

金山　4年前にベスト4に入ったときの帝京長岡はおもしろいサッカーをしていた記憶があります。テクニックで相手を翻弄するサッカーにすごく魅力を感じますね。

――まさに近江もテクニカルなサッカーを志向していますが、近江を選んだ理由を教えてください。

金山　きっかけはシーガル広島ＪＹのコーチが近江を勧めてくれたからなんですけど、前田（高孝）監督の熱意を感じましたし、選手の技術が高くておもしろい試合をしていたので、このチームで選手権に出たいと思いました。

――近江のキャプテンとしては、どんなことがたいへんでしたか？

金山　新チームが始まった際に選手たちでキャプテンを選んで、そのときは自分ではない選手が選ばれていたんですけど、前田監督から「キャプテンはお前に任せる」と指名されました。キャプテンらしさはないと自分では思っているのでびっくりしましたけど（苦笑）。

――キャプテンらしさがないと思っているのは意外でした。

金山　声でチームを鼓舞するよりかは、プレーで引っ張るキャプテンのほうが自分らしいかなと思っています。

――キャプテンという立場から、チームが強くなるために必要なことはなんでしょうか？

金山　チームのみんなが同じ方向を向いて一体感を持ち、一日一日、一瞬一瞬を無駄にせず、こだわってプレーする。それが近江で学んできたことです。

――高校を卒業してからは、どんなサッカー人生を送りたいですか？

金山　小学生のときのトレセンでまわりの選手のうまさに挫折して、「プロは無理だな、諦めようかな」と思いながらもサッカーを続けてきました。でも、近江に入ってもう一回プロを目指して頑張ろうと思えたんです。大学の4年間でプロを目指してサッカーに本気で取り組んで、いずれプロサッカー選手として活躍したいです。

――最後に、高校サッカーを漢字一文字で表すとしたら、どんな文字が思い浮かぶか教えてください。

金山　難しいですね……決まりました。「幸」です。苦しいことも多かったんですけど、仲間やスタッフと出会えたことや、こうやって選手権という大きな舞台でプレーできたこと。それはすごく幸せなことで自分の財産なんだと、いま振り返ってみてそう思えました。

堀越 中村健太 主将

堀越を強くて愛されるチームに

――堀越の最高成績だった8強の壁を破って4強入りを果たしました。歴史を塗り替えて準決勝まで来ることができた要因を教えてください。

中村　ベスト8という過去最高成績を超えたいというチームの願望、そして、堀越を応援してくれる全ての方々の思いが力になっていると思います。LINEで応援のメッセージをいただくことも多くて、中には「堀越の試合を見て感動した」と言ってくれる人もいて。自分たちのサッカーで感動してくれている人がいることが本当にうれしいですね。

――1回戦からの4試合で、中村くんとして一番手応えがあったのはどの試合ですか?

中村　初芝橋本との2回戦です。やられてもおかしくないシーンもありましたが、0-0のままPK方式までもつれて、自分たちは全員が決めて勝利することができました(PK方式8-7で勝利)。夏以降は守備に取り組んでいたのですが、無失点に抑えられてチームの成長を実感できた試合でした。

――明後日に準決勝を戦う国立競技場には、どのようなイメージがありますか?

中村　プロが試合をするところっていう漠然としたイメージを持っていたんですけど……、そこに立てるっていうことは素直にうれしいです。

――選手権とは中村くんにとってどのような大会ですか?

中村　日本代表として戦っている選手の中には、選手権に出て、そこから大学で活躍してプロになった選手もいるので、選手権はチームや自分の存在価値を上げる大会なんだと思っています。

――選手権と聞いて印象に残っているチームや選手はいますか?

中村　自分が中学1年生のとき(2018年度)に見た流通経済大柏で、関川郁万選手(現・鹿島アントラーズ)が印象的でした。高校サッカーをやりたいと思ったきっかけのひとつです。

――高校でサッカーをやるにあたって、堀越を選んだ理由を教えてください。

中村　中学生のときはFC東京U-15むさしに所属していたのですが、U-18に上がれなくて……。練習に参加させていただいた中で、堀越のサッカーが楽しいと感じたからです。

――キャプテンとして苦労したことも多かったと思います。

中村　堀越はメンバーを選手たちで決めているので、それが本当にたいへんでした。

――逆にキャプテンをやっていてよかったことは?

中村　プレー面で成長できたのはもちろん、人間としての成長も自分自身で感じています。話す力や聞く力、人の意見をしっかり引き出す力とか、そういった面で成長できたと思っています。

――キャプテンという立場で考えて、チームが強くなるために必要なことはなんでしょうか?

中村　自分たちが決めた目標に対して本気にならないとチームは強くならない。そこに尽きると思います。

――今大会の堀越でいうと、ベスト8を超えることが目標ですね。

中村　そうです。自分も毎日その目標を発信してきましたし、チームメイトにもベスト8を超えなきゃいけないっていう責任感が出てきました。

――高校を卒業後はどんなサッカー人生を送りたいですか?

中村　日本代表になって、いろいろな強いチームと戦って、倒していきたい、という目標があります。達成するためには、もっと自分の個人スキルや人間性を上げていく必要があると思っています。

――堀越の3年先輩である日野翔太選手(現・サガン鳥栖)は、U-22日本代表として2023年のアジア大会で活躍していました。

中村　同じ堀越のキャプテンという立場だった先輩が、日の丸をつけてプレーしていることに刺激を受けています。

――最後に教えてください。高校サッカーを漢字一文字で表すとしたら?

中村　「愛」です。自分がキャプテンをやる以上、強いだけじゃなくて愛されるチームにしないとダメだと思っていたんです。こうして多くの方たちから応援されて、それを実感しています。

VOICE 若きイレブンの声

北海

三橋碧翔 3年／MF

選手権は私にとって今後絶対に忘れられない経験となりました。試合当日、北海道から応援に駆けつけてくれた保護者やOB、同級生、テレビ越しに応援してくれた方々。チームのために必死に声を出し続けてくれた応援団。選手権大会を通して多くの方々に支えられているということを実感しました。すべてに感謝しています。この感謝の気持ちを忘れずに、社会に貢献できる人となるように頑張っていきます。

青森山田

山本 虎 3年／DF

今大会では初戦から苦しい戦いが続きましたが、部員205名がひとつになり最後まで仲間がスタンドで声をからしてまでも応援してくれたり、ベンチメンバーやサポートメンバーがピッチ外で洗濯や練習の準備をしてくれたり、ピッチに立てない仲間の分まで絶対優勝して恩返しをしようと話した中で優勝できて嬉しかったです。そしてこれまで支えてくれた家族には一番感謝したいです。いつも家に帰るとご飯だったり洗濯だったり、自分のために尽くしてくれた両親には優勝という形で恩返しができてよかったです。部員全員で掴んだ日本一の景色は人生の中で一番最高な景色でした。

遠野

畠山哉人 3年／DF

私たち岩手県立遠野高校は、目標としていた優勝には届きませんでしたが、インターハイでの課題を克服し、自分たちらしいサッカーをすることができました。今年度は、東北大会優勝など自信をつけたチームでしたが、全国では一勝もあげられなかったため、来年からは東北基準を捨てて全国基準で練習を積み重ねてほしいと思います。今まで支えてくださった家族や先生方、コーチ陣、そして地域の皆さん、本当にありがとうございました。

明桜

川村晃生 3年／GK

「ともに、全力で」のスローガンのもと、私たちが小さい頃に見ていた選手権大会と同様に、声出し応援が全面解禁され、多くの人たちの声援のもとでプレーできたことに感謝します。入学当初は新型コロナウイルスに左右される高校生活でした。その中でも、日々の練習、試合、寮生活を通じて、喜怒哀楽を感じながら絆を強めることができました。今大会では創部57年目にして初勝利をあげることができましたが、後輩たちにはさらに上を目指し、歴史を作ってほしいと思います。そして、これからも続く選手権大会で、新しい景色、ドラマが生まれることを期待しています。

山形明正

松田海生 3年／DF

県勢17大会ぶりの初戦突破と初のベスト8進出を目標に戦いました。結果は0-4の大敗。全国との差を見せつけられました。やはり優勝を目指す米子北高校とベスト8を目指す私達では最初から意識の違いがあるということです。優勝を目指すチームにベスト8を目指すチームが勝てるわけありません。目標をどこに置き、日々取り組んでいくのかが非常に大切な事だと実感しました。後輩には全国制覇という目標を掲げ、戦ってもらいたいです。

仙台育英

菅原颯太 3年／MF

全国高校サッカー選手権を終え、高校3年間共に切磋琢磨してきた仲間と最後、全国高校サッカー選手権に出ることができ最高の思い出ができました。また、これまで支えてくださった両親やコーチ陣の方々に感謝したいです。選手権という大きな舞台に立ちプレーしたことやこれまで様々なことがあった3年間の経験をこの先の人生で活かしていきたいと思います。

尚志

渡邉優空 3年／DF

私は福島県代表の尚志高校で選手権に出場しました。県予選で優勝して福島県代表の責任感が芽生えました。全国では両親や友人、学校、地域の方々、大会関係者などの支えがありこの舞台に立つことができたので、全国制覇することで恩返しをしたいと意気込んで臨みましたが、結果は2回戦敗退と悔しい結果に終わってしまいました。私たちの人生はこれからも続きます。この悔しさを糧に成長し尚志高校に恩返しをしたいと思いました。

明秀日立

若田部 礼 3年／DF

全国高校サッカー選手権を終えて、とても有意義な時間を過ごせました。開会式で入場行進をしている時は、今まで頑張ってきて良かったと思える瞬間でした。一方でチームとしては日本一に挑戦したもののベスト16という結果に終わり、満足のいく結果を出すことはできませんでした。私たちは沢山の方々の支えにより全国大会に出場でき、全国大会で2勝できました。楽しかっただけでなく、感謝の気持ちでいっぱいになった大会でした。

前橋育英

雨野颯真 3年／GK

今年のチームは全国大会を経験している選手が少なく、とても難しいシーズンでした。その中で、全国制覇を目標に掲げこの大会に臨みました。思うようにいかない結果となりましたが、それ以上に多くの方々が自分たちを応援してくれたことがとてもうれしく感じました。それと同時に、感謝の気持ちでいっぱいです。そして、後輩たちには自分たちにできなかった全国制覇を果たしてほしいと思います。

矢板中央

井上拓実 3年／MF

私は、矢板中央のサッカーに魅力を感じて矢板中央高校を選びました。身体を張った守備や最後まで諦めない全員サッカー、そんな戦う姿に心引かれました。周りから見れば、批判が多い戦い方なのかもしれません。それでも自分達のサッカーで日本一を獲ると信じて練習した日々の集大成を、こんな素晴らしい舞台で終えることができ、とても幸せでした。高校サッカーに関わった全ての皆さん、本当にありがとうございました。

昌平

佐怒賀大門 3年／DF

最高の仲間と共に日本一を目指した時間はとても楽しかったです。部員全員をはじめ、応援に駆けつけてくれた仲間や先生方、家族の声援が全て活力になっていました。十分すぎるほど支えてもらったので、日本一を取ることで恩返しがしたかったです。これからはそれぞれの道でさらに成長し少しでも恩返しをしていきたいです。

市立船橋

太田隼剛 3年／MF

小さい頃から憧れていた選手権の舞台は、言葉で表せないほどの衝撃でした。応援や観客の歓声は今までのサッカー人生、これからのサッカー人生においても一生記憶に残るものでした。中でも青いユニフォームに袖を通し右腕にはチームの想いを乗せた腕章を巻けたことは自分にとって誇りになりました。3年生が目標にしてきた日本一という目標は達成することはできませんでしたが、全てを出しきれたので悔いはないです。日本一は後輩に託します。

第102回高校サッカー選手権に参加して

堀越

佐藤優真 3年／DF

今大会、試合に出場することはできなかったが後悔はなく、副主将として勝つために考え全員で掴んだベスト4は感慨深いものでした。3年間たくさんの方に応援していただきました。そのため、今まで支えてくれた方に今度は自分が恩返しすると、大会が終わり決意しました。勝利だけが全てじゃない高校サッカー。ボトムアップ方式で選手を取捨選択する責任や苦悩を学んだことは今後の人生の糧になりました。様々なことを学んだ高校サッカーに感謝しています。

早稲田実

西山礼央 3年／MF

早実サッカー部は、全国という舞台でも自分たちのスタイルを貫いて勝つ、ということを目標にして臨みました。できることを一つひとつ愚直にやり、声を出してチームで戦うのが自分たちのスタイルです。これを貫くことが、OBの方々や今までサポートしてくださった全ての人への感謝にもつながると思っていました。結果という形では恩返しすることができませんでしたが、最後まで全員が早実の精神に基づいてプレーできたと思います。

日大藤沢

佐藤春斗 3年／MF

全国の舞台では不本意な結果に終わりましたが、最高の仲間と日大藤沢を背負い、戦えたことを誇りに思います。そして苦しみを共に乗り越え本気で日本一を目指せたことが、これからの私たちの人生においての礎になると確信しています。今年度成し遂げられなかった日本一への挑戦は後輩たちが達成してくれると信じています。これからも日大藤沢サッカー部の応援をよろしくお願いします。

帝京第三

辻 友翔 3年／MF

全国高校サッカー選手権大会に自分は出場できずに敗退してしまった。後悔の残る形で高校サッカーが終わってしまった。選手宣誓でも言っていたが、本当にこの舞台は目指してきた「夢舞台」であり、立ちたかったと今でも思う。ただ、勝利には届かなかったが、仲間たちが精一杯戦ってくれたことに感謝する。終わった瞬間に3年間の様々な思い出が頭の中に蘇ってきた。自分にも仲間にも「お疲れ様」と伝えたい。

帝京長岡

堀 颯汰 3年／FW

3年間で初めて全国高校サッカー選手権のピッチに立ち、高校サッカーをする人ならだれもが目標にしていた場所でプレーすることができました。結果としてはチームとしても個人としても満足いくような結果は出せませんでしたが、たくさんの方々から声援をいただき、最高の仲間が日本一と胸を張って言うことができる熱い応援のもとプレーすることができ幸せでした。この経験を活かしてこの後の進路先でも頑張っていきます。

富山第一

多賀滉人 3年／MF

富一はここ2大会初戦敗退が続いており、この悪い流れを切り10年ぶりの日本一を目指して大会に臨みました。初戦の京都橘戦、相手に先制点を取られる厳しい展開となりましたが、一人一人がチームのために走り、粘り強く戦い逆転勝利をすることができました。3回戦の佐賀東戦は立ち上がりに先制することができました。しかし、佐賀東に圧倒され1-5で自分達の高校サッカーが終わりました。選手権という憧れ続けた舞台で堂々とプレーすることができて幸せでした。

松本国際

鈴木侑斗 3年／DF

夢の全国大会。自身初となる全国の舞台は想像通りの舞台でした。多くの方々が見に来てくれて沢山の応援を背に、最高の仲間との集大成を見せられるのはとても楽しかったし幸せな時間でした。結果は悔しいものになりましたが後悔はありません。言葉では言い表せないほどのなにかを感じさせてくれた、素晴らしい大会でした。最後になりますが、大会運営にあたって尽力してくださった全ての方々に感謝しています。ありがとうございました。

星稜

倉畑鉄将 3年／DF

3年間サッカーができたこと、支援や応援をしてくれた方々、親、指導者、関係者の方たちには本当に感謝しています。最後の試合では、石川県で地震が起こり、応援団が来れない中、多くの方が応援してくださり、サッカーひとつでこんなにも日本が盛り上がり、多くの人が団結できるということにサッカーの凄さや、楽しさを感じ、感動しました。今までとは違う感覚があり、高校サッカーは本当に素晴らしいと感じることができました。

丸岡

奥村洋武 3年／FW

まず、今まで自分達を支えてきてくださった家族、指導者の方々、地域の皆さま、そして切磋琢磨してきた仲間達に感謝したいと思います。振り返れば今の3年生はコロナ禍真っ最中に高校生活がスタートしました。沢山の制限があり、うまくいかないことが何度もありました。そんな状況下でも高校サッカーを仲間達と全力で走り切ったことは人生で一番と言ってもいいほど最高の思い出です。この素晴らしい経験を次のステップに活かしていきたいです。

静岡学園

中村圭佑 3年／GK

全国制覇という目標を掲げて積み上げてきた最後の集大成で2回戦敗退で終わってしまったことは非常に残念に思います。この1年間チーム全員で助け合い戦ってきました。しかし結果を残すことができなかったのは足りないものがあったし、そこは自分も責任を感じています。応援してくださった皆さまありがとうございました。3年間、仲間には感謝の気持ちしかないです。この悔しさを次のステージでの活躍に繋げたいと思います。

名古屋

小川怜起 3年／FW

選手権の全国大会に出場するということは僕の幼い頃からの夢で、まさに夢のような出来事の連続でした。新チームが発足した時、すぐにはひとつにまとまらず、チームの歯車が噛み合わないこともありました。ミーティングを重ね、「一体感」というキーワードを大切に全員が同じ熱量で、同じ志を持って取り組んだことが実を結んだと思います。この最高の人生経験をさせてくれた最高の仲間、スタッフ、そして親に感謝したいです。

帝京大可児

吉兼伶真 3年／MF

多くの人の支えのおかげで全国選手権大会という舞台で大好きなサッカーを気持ち良くプレーすることができました。大会を終えた今、大会関係者をはじめ、応援してくれた仲間、そしてどんな時でも支えてくれた両親への感謝の気持ちでいっぱいです。チームは2回戦敗退という結果で終わってしまいましたが、3年間の高校サッカー生活はとても有意義な時間でした。超えられなかったベスト8という目標は後輩たちに託します。

VOICE 若きイレブンの声

四日市中央工

片岡空良

3年／MF

4年ぶりの全国選手権出場でした。四中工を復活させようとみんなで挑んだ大会は、初戦敗退と悔しい結果に終わってしまいました。この3年間選手権で勝つために一生懸命活動してきましたが、全国の壁はそんなに簡単なものではありませんでした。ですがあの夢の舞台で勝利を目指してみんなで闘えたことが幸せでした。自分達が達成できなかった単独優勝を後輩達が達成してくれると思いますので、これからも四中工の応援をよろしくお願いします。

近江

金山耀太

3年／DF

今シーズンの目標であった「ベスト4」を超える準優勝を成し遂げ、憧れの国立競技場で勇敢に戦えたことを誇りに思います。それはどんな時も熱い声援を送ってくれた仲間やOB、これまで支えてくださった様々な方々や家族のおかげです。振り返れば苦しいことのほうが多かった3年間でしたが、最高のチームメイト、スタッフとかけがえのない日々を過ごせたことは、自分にとって財産となりました。本当にありがとうございました。

京都橘

西川桂太

3年／FW

全国優勝という目標を掲げて1年間トレーニングを積み重ねてきましたが、まだまだ全国の壁というのは高いということを実感しました。それでもチーム全員で、目標に向かって日常を大切に積み重ねてきた日々は、かけがえのない経験で、とても楽しかったです。そして、チームのベースである人の心を動かすサッカーを、予選から本戦を通して体現することができ、多くの人に伝わったことを何より嬉しく思います。

奈良育英

奥村央樹

3年／DF

全国大会の1ヵ月前に腰を怪我しました。最初の診断では「全国には間に合わない」という結果でした。そこから、トレーナーさんやフィジカルコーチ、治療院の先生方が、僕のために動いてくださり、そのおかげで僕は最後の瞬間にピッチに立っていることができました。コンディションがなかなか上がらない中、試合で起用してくださった監督、全てのスタッフの方々には感謝しかありません。僕はこのチームのキャプテンができて、幸せでした。

初芝橋本

石丸晴大

3年／DF

幼い頃からの憧れの舞台であった選手権に出場でき、とても嬉しく思います。また、出場するにあたってたくさんの応援、支援してくださった方々に感謝したいと思います。声出し応援が可能となり本来の選手権に戻りつつある中で、最高の舞台でプレーすることができ、監督、チームメイト、応援団、初橋関係者に感謝したいと思います。このチームでキャプテンをやらせてもらったことに感謝し、次のステージでも頑張りたいと思います。

東海大大阪仰星

水永直太朗

3年／FW

誰もが目標とする憧れの舞台に出場でき、大変嬉しく思います。このような大会を開いてくださった運営の皆さま、先生方、保護者の皆さま、チームメイトがサポートをしてくれることで素晴らしい環境の中で臨めたことに感謝しています。「歴史を変えよう」と仰星ファミリーが一体となり、挑むことができました。3年間の集大成を全て発揮できたこと、素晴らしい仲間と共に戦えたことが誇りです。ご声援ありがとうございました。

神戸弘陵

岡 未來

3年／DF

たくさんのご声援ありがとうございました。僕達は日本一になると誓って挑んだ大会でした。結果はベスト16、力及ばず悔しい結果に終わりました。全国との差は最後の勝負所の部分だと感じました。決め切る力、ゴール前での身体を張った守備、この2つの部分がまだ自分達には足りないと実感しました。今年のチームには多くの1、2年生がおり、来年この舞台でリベンジしてもらいたいと思います。大会関係者の皆さま、ありがとうございました。

米子北

上原颯太

3年／MF

今までの米子北の最高記録であるベスト8を超えることと、3年間目標にしてきた全国優勝を掲げて最後の大会に挑みました。思うような結果を残すことができませんでしたが、多くの方々のおかげで楽しく高校サッカーを終えられたことに感謝しています。選手権で味わった悔しさを忘れずに今後のサッカーに繋げていきます。また1、2年生にはこの悔しさをバネに来年の選手権で良い結果を残してほしいと思っています。

立正大淞南

中谷瑠希

3年／MF

夢であった黄色のユニフォームを着て選手権に出場することが、3年間で私の明確な目標に変わりました。この選手権を通じて多くの貴重な経験をしましたが、メンバーに入れなかったチームメイトに結果で恩返しすることができず、申し訳ない気持ちでいっぱいです。ですが、最高の応援のおかげで最後まで諦めずに戦うことができました。最後の大会で最高の応援を背に素晴らしい仲間と戦うことができて幸せでした。

広島国際学院

茂田颯平

3年／DF

選手権に初めて出場して思ったことは、我々の活動はいろいろな人の協力の上で成り立っているのだということです。全国の舞台でサッカーをするのは私たちですが、サッカーをするためにはいろいろな人の協力がありました。様々な準備をしてくださった先生方。会場を運営してくださった方々。3年間支えてくれたマネージャー。近くで支えてくれた家族。応援してくれた友だちやチームメイト。本当にありがとうございました。

高川学園

藤井蒼斗

3年／DF

今年は、2年前の「第3位」という成績を超えることを目標に取り組んできました。県内では4冠を達成し、迎えた選手権。結果は初戦敗退でした。目標には届かず、後輩たちへ良い置き土産を残すことはできませんでしたが、全国の舞台で、私たちを支えてくださった方々への感謝の気持ちを胸に、堂々と戦えたと思っています。3年間、様々なことがありましたが、最高の仲間たちと喜怒哀楽を共にできたことは、私の財産です。ありがとう。

岡山学芸館

田口裕真

3年／MF

日本一を目標に1年間練習に励んできましたが、全国ベスト16という結果になりました。しかし、最後まで諦めない学芸館サッカーを全国の舞台でも魅せることができました。全員攻撃、全員守備の粘り強い学芸館のサッカーの集大成を、最後の大会でチーム全員が表現することができました。今年度もたくさんの応援、ありがとうございました。

第102回高校サッカー選手権に参加して

大手前高松

山村音喜 3年／FW

全国大会を経験し、家族やスタッフ、仲間などたくさんの人々に支えられていたことを改めて感じました。感謝してもしきれません。試合では、前半自分たちの形からチャンスを作れましたが、詰めの甘さが出てしまい追加点を奪うことができず、悔しい結果となりました。この経験を活かし、次の世代が県内三冠を達成し、必ず全国の舞台に帰ってくると思います。引き続き大手前高松サッカー部への応援、よろしくお願いします。

今治東

三好康介 3年／DF

今回、102回目を迎えた選手権に出場でき、非常に光栄に思います。1年間通して、苦しいこともたくさんありましたが、どんな時も支えてくださった先生方や家族のお陰で乗り越えることができました。また、この大好きな仲間達と選手権に出場することができ、非常に嬉しく思います。結果は残念でしたが、後輩達にはこの経験を活かして、また来年リベンジしてほしいと思います。第102回大会の開催、運営に携わってくださった皆さま、本当にありがとうございました。

徳島市立

笠原颯太 3年／FW

高校生活最後の選手権では、怪我により出場することはできませんでした。ですが、この大会を開催するにあたって関わってくださった関係者の皆さまには、感謝しかありません。自分や試合に出られなかった者の思いを背負って、必死に走ってくれた仲間にも本当に感謝しています。後輩たちにはこの選手権での悔しさを忘れずに、これからも頑張ってほしいです。

明徳義塾

吉田 凱 3年／FW

選手権を通じて、多くの方々の応援と支えに心より感謝いたします。多くの課題を残す結果でしたが、全員で最後まで諦めずに戦い抜き、プレー中はただただ楽しかったです。後輩達には再び選手権に戻ってきて勝てるよう、今大会での経験を糧に練習に取り組んでほしいです。チームの主将として苦楽を共にした仲間と全力で戦えたことは、幸せであり財産です。この貴重な経験を今後の人生に活かしていきたいと思います。本当にありがとうございました。

飯塚

永原大真 3年／MF

飯塚高校として2回目の全国高校サッカー選手権大会でしたが、自分たちの目標であった全国ベスト4を目指して52週間日々練習を積み重ねてきました。その中で、自分たちのやってきたことは、全て発揮することができ、全国の舞台でも闘えることを証明できたと思います。今回青森山田高校さんに負けた経験を活かして1、2年生がさらに力をつけた飯塚高校を全国の舞台で見せてくれると思うので、これからも応援よろしくお願いします!

佐賀東

宮川昇太 3年／MF

自分たちが全国大会に出て得られたことは、一番は自信がついたことだと思います。プリンスリーグやインターハイなどで学んだいろいろなことを、高校最後の集大成のこの大会で出せたことが大きな自信になりました。それでも自分たちの力だけではここまで辿り着くことはできなかったと思います。サポートしてくださった様々な人、スタッフ、そして今まで支えくれた家族や仲間たちに感謝を伝えたいです。

柳ヶ浦

橋本琉唯 3年／MF

たくさんの方々が柳ヶ浦に熱い声援を送ってくださったこと、チーム一同心から感謝しております。自分にとって選手権は、小さい頃からの憧れでした。新人戦では県大会で優勝したものの九州大会では結果が出ず、インターハイも勝てなくて本当に悔しかったです。だからこそ、選手権こそはという気持ちが強くなりました。3年間色々あったけど、このメンバーだから乗り越えられたと思っています。1回戦で負けたことは本当に悔しいですが、1、2年生には、また全国大会に出場して結果を残してほしいです。最後に、このチームのキャプテンとしてみんなと選手権を戦えて幸せでした。本当にありがとうございました。

日章学園

藤本晃士 3年／DF

全国制覇という目標を掲げ挑んだ今大会、初戦で名古屋高校と対戦をしました。PK方式で負けてしまい、悔しい結果に終わってしまいました。1年間チーム全員できついことや日々の練習に励んできて、チームの状態も悪くはなかったと思います。敗戦が決まった時は本当に悔しく、同時に驚きを隠すことができませんでした。この敗戦をばねに3年生はこれからのステージで頑張り、1、2年生はまた来年この雪辱を果たしてほしいと思います。

大津

碇 明日麻 3年／MF

選手権大会に3年連続出場することができ、とても嬉しく思います。昨年、一昨年の悔しさから今年こそはと臨んだ大会でしたが3回戦敗退という結果に終わってしまいました。悔しい思いもありますが、それ以上に支えてくれた方々への感謝の気持ちが大きいです。高校サッカーでたくさんのことを経験し、多くのことを学ぶことができました。これからプロの世界に行きますが、大津高校のプライドを忘れず頑張っていきたいです。

長崎総科大附

平山零音 3年／DF

とても楽しい選手権大会でした。チームとしては初戦敗退となってしまい、とても悔しい結果で終わってしまいました。しかしこの最高の仲間と最高の舞台で全力で戦えたことはとても嬉しく思います。終了の笛がなった時はほんとうに涙が止まりませんでした。非常に悔しいですが、受け止めるしかありませんでした。高校サッカーは自分たちを大きく成長させてくれた最高の舞台です。夢を持って全力でやっていれば報われることがわかりました。これからも夢に向かって全力で頑張ります。高校サッカーありがとう。

神村学園

西丸道人 3年／FW

去年の選手権の準決勝で負けた時から必ず国立に戻る、国立で勝つ、去年を「超える」という明確な目標を掲げてこの1年間、個々のスキルアップや、チーム力の向上に努めてきました。そして迎えた選手権では、組織の中で輝く一人一人の個性を武器に、戦い続けました。目標には届きませんでしたが、この結果を受け止め、次のステップで活かしてそれぞれの道で輝けるようにしていきたいと思います。

名護

松瀬真之介 3年／GK

高校サッカー最後の大会である選手権大会がやってきました。3年生8名と少ない人数ですが誰一人全国大会を諦めず、全力で沖縄県予選を戦った結果、念願の初優勝をし全国大会初出場を決めることができました。名護高そして「やんばる」の歴史を変えることができて、本当に嬉しくて幸せでした。全国大会では沖縄県代表として全力を出し切り戦いましたが初戦敗退で終わってしまいました。悔しかったです。全国での初勝利を後輩に託したいと思います。

第102回全国高校サッカー選手権大会

優勝監督 手記

正木昌宣

青森山田高校サッカー部監督

「監督としての優勝で改めて沸きあがった感謝の念」

監督を引き継いで

本当に頑張った選手たちに、ただただ感謝したいです。黒田剛監督（現・J1町田監督）から私に監督が代わり、選手たちも相当不安を抱えてスタートしたと思います。その中で信頼してついてきてくれた彼らに本当に感謝しかない、というのが率直な感想です。

監督が代わって、「青森山田はどうなるのだろう」という思いで見ている方がほとんどだったと思います。ただ、今いるスタッフたちから「やりましょうよ」とすごく力強い言葉をいただいてスタートしての一年間でした。そういった意味で、私だけの力ではなく、スタッフみんなと選手たちで良い意味で思いを共有できたことが今回の優勝に繋がっていると思います。

コーチとしての過去3度の優勝も、監督としての今回の優勝も本当に嬉しく、計4度も優勝させてもらって幸せです。コーチ時代はただただ嬉しいという感情でした。ですが、監督での今回の優勝は嬉しさ以上にホッと安堵した感情が一番大きい。そこに尽きます。

活かされた経験

初戦で対戦した飯塚は、福岡県予選で東福岡に勝って選手権に来ているという結果を見ても、本当に力のあるチームです。良い意味で緊張感を持って大会の準備ができましたし、誰に聞いても「飯塚は一筋縄ではいかない」と言われていました。空中戦、セットプレーというお互い共通するストロングポイントがあったので、押し合いやデュエルのところで絶対に負けないようにと合宿の中でも言い続けていました。

相手は想像以上に縦に速く、フィジカルの部分でも競ってきていた印象があります。加えて、どうしても初戦やプレミアリーグチャンピオンとして見られることの重圧もあり、選手たちの動きも硬いものでした。それでも、動きが悪い中でもしっかり我慢して我慢して、同点に追いついてPK方式で勝つという、ベースとしてやってきた「最後まで諦めない」ところが初戦から出せたと思います。プレミアリーグでも最後に追いついたり、逆転したりするゲームを何試合も行えていたので、その経験が活きたと思います。

広島国際学院との3回戦は、明秀日立に3回戦で敗れたインターハイの経験が活きた試合でした。インターハイも、選手権も、実績を見ると、3回戦で静岡学園と対戦することが予想される状況でした。ともにそうはなりませんでしたが、初出場の広島国際学院が静岡学園に勝つには必ず理由があったわけで、その点をきっちりと分析して、冷静に対応できた点がインターハイとは違いました。

前半、良い形で1点入って、その後ちょっとホッとしたのか、青森山田のベースとする部分に取り組まなかったところがあったので、今大会初めてハーフタイムに厳しめに話したのがこの試合でした。青森山田がキチッとやるべきことをやらないと、次にも繋がらない。よく、黒田前監督が「大会は生き物だ」「悪い流れで行くと次の試合にも影響が出る」と言っていたのを覚えていたので、「勝つだけじゃなく、どういう勝ち方で、最後どういうイメージで次の試合に臨めるかというところまでやらないと上は見えないぞ」と厳しめに話した結果、後半の6ゴールに繋がったと思います。具体的に何かを変えたわけではなく、やるべきことを100%やった結果でした。

「大会は生き物」の教え

3回戦の後半は最後の最後までゴールを目指し、みんなで勢いをもって戦うことができました。このことが、次の準々決勝（昌平戦）の開始4分間で2得点という立ち上がりの勢いに繋がったと思います。昌平とはプレミアリーグ後期の対戦で2-2と引き分けていますが、守備を徹底しきれていないところがありました。逆に前期の対戦時はかなり良い守備から5点を奪ったので、あの時のイメージをもう一回取り戻そうと戦った準々決勝でした。ただし、昌平戦は後半に押し込まれ、少し悪い流れで準決勝に臨むことになったので、「大会は生き物だ」と今大会で改めて思いました。

正直に言うと、準決勝で対戦した市立船橋は今大会の優勝候補だと個人的に思っていました。それほど力のあるチームです。プレミアリーグ前期で対戦した時、今年度、市立船橋には勝てないかもしれない、と思ったくらいでした。この試合でも重視したのは先制点です。特に選手権のようなトーナメントでは先制点がすごく重要だと思っているので、前半にしっかり1点取れると我々が優位に試合を進められるイメージがありました。後半は相手も落ち着いて立て直してきましたが、元々青森山田は圧勝するチームではないので、粘り強く戦いながら、もしPK方式になったとしても、絶対的な守護神がいるので安心していました。PK方式において、GK鈴木はベンチから見ていても入れられる気がしません。それくらいの威圧感があります。この試合、2失点しなければPK方式で勝てる自信があったので、冷静に見ていました。そして準決勝もそうでしたが、大会全体を通して交代出場した選手たちが本当に活躍してくれた印象があり、11人だけでなく全員で戦えたことは青森山田が優位に立てた大きなポイントでした。

そして近江との決勝。選手権というのは勢いに乗ったチームが強いです。相手はハイレベルなブロックを勝ち上がってきて勢いがありました。ただ、選手たちの前日練習の時の表情や試合会場に着いてからの雰囲気を見ていて、「もう相手ではなくて自分たちだ」、「変に引き締めるよりも思い切り楽しもう」と考え、選手たちを送り出しました。

近江は立ち上がりに攻勢を仕掛けられると思っていたのではないでしょうか。でも、攻勢に出て逆にいなされ、失点するとバタついてしまいます。そこで、まずは立ち上がりの10分間、近江の流動的にボールを動かしてくるスタイルを封じる守備をしよう、まず守備で優位に立てるように、押し込まれないようにしようと話していました。次から次へと守備をしてボールを奪い、その勢いでカウンターをするために中盤を厚くしました。相手に抜かれてそのままスピードに乗られるのが一番嫌でしたので、スピードに乗せないことも意識させていました。後半、失点したシーンはスピードに乗せてしまいましたが、それ以外はほぼイメージ通りの守備ができていました。特にボランチの菅澤が本当に気を利かせて守備をしてくれましたし、芝田、福島もそうですが、同点に追いつかれてからよりしっかりと守備をした結果が良い攻撃に繋がったと感じます。

後半のゴールシーンのようなロングボールやカウンター攻撃が注目されているかもしれませんが、ボール保持率も青森山田のほうが上回りました。うまい選手たちがハードワークや点を取るための優先順位を理解して実行していたのが、今年のチームの強みだったと思います。

「3冠」という目標

今年度のチームはプレミアリーグと選手権の2冠を達成することができました。新チームスタート時にキャプテンの山本が「3冠を獲る」と大々的にマスコミの前で宣言してスタートした目標でしたが、チームは目標を曖昧にせず、本気で3冠を獲るつもりで取り組んでいたので、「すごいな」と感じさせられます。本当に自律して、みんなで協調性を持ちながらひとつの目標に向かえたことが今年のチームの真の強みでもありましたし、このチームが決勝戦を最後に終わってしまうのが本当に悲しいです。

この組織を作ってくれた黒田前監督に心から「ありがとうございます」と言いたいですし、理事長先生や校長先生、学校関係者の方々は、監督が私に代わっても今まで以上に手厚くサポートしてくださったので、感謝しかありません。また、家族はリラックスした雰囲気を作ってくれて、気持ち良く生活させてくれています。家に帰れば心が休まり、応援もしてくれます。本当に感謝です。そして、全国の高校サッカーの指導者、監督さんたちはすごいと痛感しております。そして自分も休む暇なく、すぐに次のステージが来ます。来年度、またチャレンジャーとして3冠という、とんでもない記録に挑戦したいです。

テクニカルレポート

全国高等学校体育連盟サッカー専門部
技術委員

平塚 智
千葉県立土気高等学校

2023年12月28日～2024年1月8日

102nd ALL JAPAN HIGH SCHOOL SOCCER TOURNAMENT

第102回全国高校サッカー選手権大会

（公財）日本サッカー協会　技術委員会
（公財）全国高等学校体育連盟サッカー専門部　技術委員会

1 大会概要

①大会の流れ

【期間】
2023年12月28日～2024年1月8日

【場所】
国立競技場・1都3県（東京・埼玉・千葉・神奈川）全9会場

【優勝】　青森山田（青森県）
【準優勝】近江（滋賀県）
【第3位】　市立船橋（千葉県）
**　　　　　堀越（東京都）**

第102回を迎えた「全国高校サッカー選手権大会」は、全国高等学校体育連盟サッカー専門部加盟校3842校が参加し、各都道府県予選を勝ち抜いた48代表が全国の舞台に集結し、12月28日から1月8日の決勝戦まで1都3県（東京・埼玉・千葉・神奈川）全9会場において、全47試合が行われた。

開幕戦はともに初出場である早稲田実（東京都B）と広島国際学院（広島県）の対戦となった。今や多くのチームで攻撃手段の一つとなっているロングスローから追加点を奪った広島国際学院が2-0で勝利した。29日に行われた1回戦では大会屈指のストライカーである郡司璃来を擁する市立船橋（千葉県）が郡司のハットトリックの活躍もあり高川学園（山口県）に4-1で勝利し、2回戦進出を決めた。

大晦日に行われた2回戦、前回大会王者の岡山学芸館（岡山県）とプレミアリーグEAST2位の尚志（福島県）の対戦では、開始早々にお互いのシュートがポストを叩くなど、慌ただしい立ち上がりとなったが、粘り強く戦った岡山学芸館が2-1の逆転勝利で3回戦進出を決めた。また、全16試合中8試合がPK方式での決着となり、優勝候補と言われていた静岡学園（静岡県）や日大藤沢（神奈川県）が敗れるといったトーナメントの難しさが見られた。

年が明けての3回戦、互いにプレミア

令和5年度　第102回全国高校サッカー選手権大会

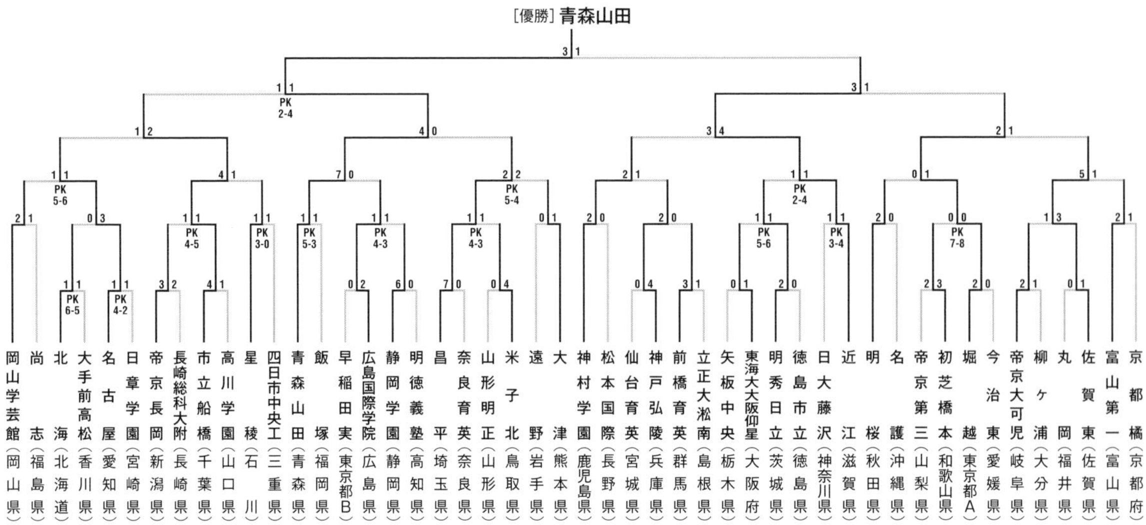

リーグに所属する昌平（埼玉県）と大津（熊本県）の注目の一戦は、前半に大津が先制点を挙げるが、その後に昌平が狭いスペースに侵入して同点ゴールを挙げたシーンは圧巻であった。その後お互いに1点ずつ追加し、PK方式の末、昌平が準々決勝に進出した。

準々決勝、神村学園（鹿児島県）と近江（滋賀県）の一戦は点の取り合いとなった。前半は風上に立った神村学園がピッチを広く使った攻撃で近江ゴール前に迫る回数を増やし、後半は近江が距離間を縮め小気味良いパスで神村学園を押し込む回数を増やした。PK方式突入かと思われた後半アディショナルタイムに、左サイドのクロスからゴール前の混戦を押し込んだ近江が4-3で勝利し、準決勝に進出した。

会場を国立競技場に移して準決勝が行われた。第1試合、今大会ではお互いに縦に速い攻撃を行っていた青森山田（青森県）と市立船橋の一戦は、開始からロングフィードと前線からのハイプレスで青森山田が押し込み、CKから先制点を挙げる。その後は青森山田がプレスラインを下げたことにより、市立船橋がボールを保持し青森山田陣内に進入する回数が増えていく。後半、市立船橋がサイド攻撃から同点ゴールを挙げるも、PK方式によって青森山田が決勝に駒を進めた。第2試合、近江と堀越（東京都A）の一戦は、前半に近江が前線の選手の近い距離間での厚みのあるコンビネーションや個の鋭い仕掛けによって、3点を奪う。後半も近江ペースは変わらないが、堀越はボールを奪ってからシンプルに前線に供給し、セカンドボールを回収してゴールに迫る回数を増やしていく。アディショナルタイムに1点を返すが、近江が3-1で勝利し、決勝へ駒を進めた。

決勝、国立競技場で5万5019人の大観衆の中、青森山田と近江の試合がキックオフされた。前線からのハードワークでプレッシャーをかけショートカウンターを狙う青森山田に対して、距離間を近く保ち相手のプレスをかいくぐる近江の対決では、1対1の攻防が随所に見られた。前半に青森山田が先制し、後半開始早々に近江が追いつくが、後半15分にオフサイドの間接FKを青森山田GK鈴木が前線にロングボールを送り、MF福島が頭でそらしたボールをMF川原がワンタッチでスルーパス、これに反応したFW米谷がGKをかわしてゴールに流し込み、決勝点を挙げた。後半25分にもCKのカウンターから追加点を挙げ、試合を決定づけた。守備陣も近江の攻撃をシュート2本に抑えるなど粘り強く対応しその後得点を許さず、4度目の選手権制覇を成し遂げた。

②トピックス

【拮抗したゲームの増加】

今大会は拮抗したゲームの多い大会となった。全47試合で2点差以内のゲームが37試合あった。PK方式となったゲームも14試合あり、前回大会の12試合、前々回大会の7試合から増加している。全国高校サッカー選手権大会は例年PK方式の多い大会といわれるが、その要因としてレギュレーション（1回戦から準々決勝まで試合時間80分、延長戦なし）が関係している。80分間（準決勝からは90分）でのスコアを見ると1-1が圧倒的に多く11試合となった。集大成の大会である選手権では攻守において他の大会以上に最後まで諦めずに戦う意識が強いため、1-0から追加点を奪う、1-0でゲームを終わらせるといったマネージメントの難しさが感じられる。拮抗したゲームにおいては試合終盤の攻防は特に見応えがあり、負荷のかかった状況で強度の高い攻防が展開されることは選手のよりよい成長に繋がる。だからこそ本来の試合時間である90分でのゲームが展開されることが望ましい。一方でトーナメントの性質上PK方式への準備も必要となる。ベスト4に進出したチームは青森山田（2試合2勝）、近江（2試合2勝）、市立船橋（2試合1勝）、堀越（1試合1勝）となり、1試合以上PK方式を勝ち抜いている。

【ロングスロー】

近年、高体連の大会ではロングスローを攻撃手段として利用するチームが増えている。今大会もロングスローを用いるチームは多数見られた。攻撃ではファーポスト付近まで投げたボールに直接合わせるパターンと、セカンドボールを回収し、二次攻撃によるクロスからゴールに迫ったり、混戦を押し込んだりするパターンが見られた。得点に至るプロセスで見るとスローインが起点となった得点は全146得点中10点であり、全得点数から考えると6%となり第99回大会以降で最も少ない数である。10点中ロングスローが起点となった得点に限定すると8点となる。ロングスローを利用するチームが増えてきた一方で、ゴールに繋がる割合は減少している傾向にある。これは各チームがロングスロー対策に取り組んできた結果といえる。ロングスローの守備では中のターゲットになる選手へのチャレンジとセカンドボールの対応がポイントとなる。そのため中の対応をゾーンで行ったり、GKが直接キャッチしてカウンターに繋げたりするなど対策を実践していた。しかしファーサイドまで投げられたボールに直接合わせた得点があるなど、CKと同等の飛距離があるボールへの対応には課題が見られた。競り合いの強さやスキルの向上が必要である。攻撃ではファーサイドまで投げ

ることのできる選手や、絶対的な高さのある選手がいる場合は有効な攻撃手段になり得る一方で、各チームの対策も進んでいる。状況に応じてクイックに近くの選手を使いクロスを上げるなどの工夫も必要となる。また、アクチュアルプレーイングタイムに影響を与えてしまう点も、今後継続的に考えていくべき内容と考える。

2 テクニカル分析

第82回全国高校サッカー選手権大会から高体連でのTSG（テクニカル・スタディ・グループ）活動が本格化されるようになり、以来20年間、様々なテーマを掲げて大会分析を行っている。近年は世界基準を見据えた高校生の育成を念頭に「Intensity & Quality（インテンシティ：プレーの強度／クオリティ：プレーの質）」をテーマに分析を行っており、TSGではインテンシティとクオリティは相乗して向上するものであること、その向上のためには日常の環境（試合、トレーニング）が大切であることを提言してきた。特に、近年のサッカーにおいては、育成年代であっても国際レベルの大会と同等の高いインテンシティでプレーすることが必須となっている。

その点も踏まえ、今大会では高いインテンシティをベースとした上でクオリティがいかに発揮されているか、をサッカーにおける4つの局面（守備／守備から攻撃の切り替え／攻撃／攻撃から守備の切り替え）のプレーを3つのゾーン（ディフェンディングサード／ミドルサード／アタッキングサード）に着目してフラットな視点で分析を行った。

①攻撃

意図的に攻撃する姿勢が見られ、特にアタッキングサードへの進入方法は意図的に行われた。優先順位を意識してロングボールを使った前進や、自陣からのビルドアップ、ミドルサードでボールを循環させることによりライン間で前向きの選手を作り出し、ゴール前まで侵入するなど、意図的にアタッキングサードまでボールを運ぶ狙いが見られた。アタッキングサードまでの進入が意図的かつ効果的に行われた一方で、アタッキングサードの質には課題が見られた。ラストパスやコントロール、クロスの質や入り方には課題が見られ、ゴール前に集結した強固な守備ブロックを崩し切れずにゴールを奪えないチームも多かった。

上位進出校においては人とボールが動くことでスペース（ライン間）を作り出して攻撃したり、サイドのスペースを有効に使い、クロスからゴールに繋げたりするなどコンパクトな守備ブロックが構築された中でもゴールを奪う手段を確立していた。また、カウンターを効果的に使い、相手守備ブロックが整う前に素早く攻撃を仕掛けゴールを奪った。

優勝した青森山田は個人での突破やSBの攻撃参加など、両サイドを起点とし、そこからの精度の高いクロスで得点を奪う方法を確立し、準優勝した近江は選手同士の距離間が良く、狭いスペースでもパスやドリブルでボールを前進させることができた。決勝に進出した2チームはカウンターによる得点力も秀でていた。さらに、市立船橋の郡司選手のような得点能力に秀でた選手の存在も上位進出には不可欠な要素であった。

◉アタッキングサードへの進入方法（ディフェンディングサード・ミドルサード）

今大会は前回大会よりショートカウンター（相手陣内で奪い10秒未満で得点に至ると定義）からの得点が7得点減少している。ボールを奪う位置や回収する位置が自陣になることが多く、攻撃では意図的にボールを前進させることが求められた。全体としてボール

【第1表】過去5大会の得点推移

	第98回（2019年度）	第99回（2020年度）	第100回（2021年度）	第101回（2022年度）	第102回（2023年度）
大会総得点	134	135	151	131	146
得点（PK・OG以外）	127	125	145	121	133
PK	4	9	4	7	8
OG	3	1	2	3	5
1試合平均得点	2.85	2.87	3.28	2.79	3.11
1試合平均得失点差	1.55	1.60	2.23	1.38	1.66

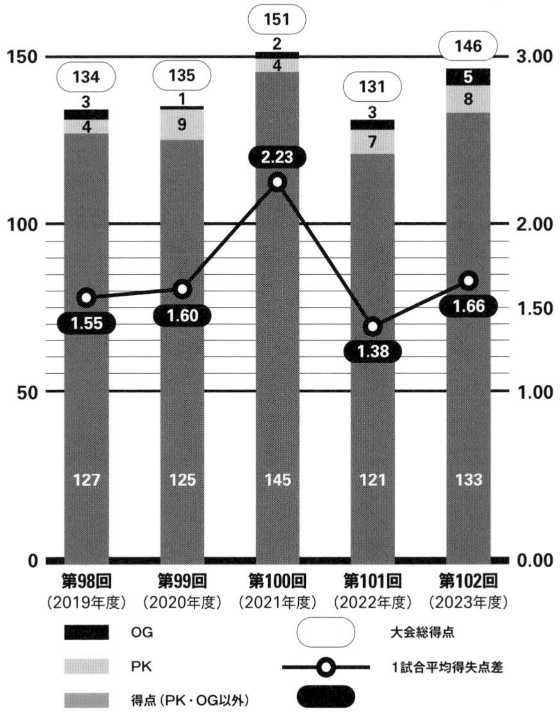

【第2表】高円宮杯 所属カテゴリ別得点数

得点チーム	相手チーム プレミア	プリンス	プリンス2部	都道府県
プレミアリーグ所属（9チーム）	12点	15点	5点	32点
プリンスリーグ所属（16チーム）	10点	17点	1点	7点
プリンスリーグ2部所属（5チーム）	4点	5点	1点	8点
都道府県リーグ所属（18チーム）	3点	10点	3点	13点

下位相手 68点

上位相手 35点

同位相手 43点

を保持しながら攻撃を組み立てる意識は高くなっている。GKも関わり、ボールを動かしながら立ち位置を変化させることで意図的に相手のバランスを崩し、広いスペースや3ラインの間にできたスペースを有効に使い攻撃を仕掛けていく場面が多く見られた。

◉アタッキングサード

今大会ではミドルサードやゴール前でコンパクトな守備ブロックを形成して守備を行うチームが多く、得点を奪うためにはカウンターで相手守備ブロックが構築される前に攻撃すること、集結した守備に対してスペースがない中でゴールに結びつけるための攻撃、の2つがポイントとなった。カウンターにおいては攻撃の開始が自陣からスタートすることが多い傾向となったが、素早く複数の人数が関わってボールを前進させる意識が高く、ゴールに繋げることができていた。一方、ゴール前に集結した守備に対する攻撃については課題が見られた。ラストパスやコントロールの質に課題がありフィニッシュに繋げられないことも多く、時間やスペースが限られた中でもフィニッシュに繋げるためのテクニックとオフザボールでの準備が求められる。

アタッキングサードでは、ボールを循環させることで相手のバランスを崩して作り出したスペースを使って攻撃することや、サイドを起点にした攻撃が有効であった。特にサイドを起点とした攻撃からは43得点が生まれており、ゴール前の守備に対しても有効な手段となった。個人での突破やSBの攻撃参加、ポケットへのランニングでペナルティエリア内に侵入し、そこからのクロスやカットバックから多くのチャンスを作り出すことができた。

②守備

チームとしての守備戦術が洗練されてきており、全体をコンパクトに保ち、バランスのとれた守備ブロックを構築するチームが増えた。ゴール前まで侵入されてもボールホルダーに対して常に制限をかけ、チャレンジ&カバーを連続しGKと連係してゴールを守れていた。時間帯別得点分布によると全146得点中、後半の得点数が82得点と後半にスコアが動くことが多かったことから、1試合を通して守備の強度を保つこと、状況に応じてどのゾーンでもバランス良く守備を行うことは課題である。

上位進出校ではコンパクトな守備ブロックから前線・中盤で連動・連係して積極的にボールを奪いにいく姿勢や、守備ブロックを構築した中でも強度を保った守備を行いカウンターに繋げるといった、どのゾーンにおいてもバランスの良い守備が見られた。エリアやボール状況に応じて「ボールを奪う」ことと「ゴールを守る」ことを的確に判断して守備を行っていた。

◉アタッキングサードの守備

大会の傾向としてはミドルサードで守備ブロックを形成して構えるチームが多い中、ボール状況に応じて前線から積極的に奪いにいく場面も見られた。GKやCBからのサイドへのパスをスイッチにしてボールを奪いにいき、連動することでボールを奪ったり、制限のかかった状態でロングボールを蹴らせたりして回収することに成功していた。

◉ミドルサードの守備

距離間を適正に保ち、コンパクトな守備ブロックを構築して守る姿勢が見られた。ボール状況に合わせたブロックが構築できていた一方で、奪いにいくスイッチが入らずに全体が意図せずに下がってしまうことでアタッキングサードまで進入されることも多かった。コンパクトな守備ブロックを構築し、ミドルサードで構えた中でも強度を保つことや全体が奪いにいくスイッチを共有し、連動して奪いにいくなど「ボールを奪う」ための守備も状況に応じて必要となる。上位進出校ではボール状況に応じて奪いにいく守備を展開し、奪うことや制限がかかった中でロングボールを蹴らせて回収し、そこからのカウンターでも多くのチャンスを作り出した。

◉ゴール前の守備

ボールを中心に集結しスペースを消してゴールを守る意識が高く見られた。ゴールを守るためには集結した中でボールホルダーに対して常に制限をかけ、チャレンジ&カバーを連続し、GKと連係して守ることが重要となる。優勝した青森山田をはじめ上位進出校では、ゴール前でも強度を保った守備を行っていた。そのような中でもサイドを起点とした攻撃やクロスの対応には課題が見られた。ドリブルやパスによってボールの位置が変わった時に、同一視野で対応できるポジションがとれず相手をフリーにしてしまう場面が多く見られた。マーカーとの距離を適正に保ち、同一視野で対応できるポジショニングで対応することが求められる。また二次攻撃を防ぐためにも、クリアした後のセカンドボールへの対応もゴールを守る上では重要なポイントとなった。

③切り替え

◉守備から攻撃

奪ったボールをチームで前進させてアタッキングサードまで進入することに成功しているチームが多く、有効な攻撃手段となった。奪った選手の前方へボールを運ぶ意識と前進させるためのサポートの距離間が良く、失うことなく前方へのパスや広いスペースへボールを運ぶことで確実にアタッキングサードへと進入することができた。前線で強度の高い守備で奪った後の質には課題が見られた。相手陣内でハードワークをした後に攻撃へと繋げる質には課題があり、ショートカウンターによる得点は減少した。

◉攻撃から守備

近年の大会ではボールを失った瞬間に素早く集結してボールを奪い返す意識が高まりを見せている。今大会でも失った瞬間にボールに近い選手が即時奪回にいく意識が見られた。しかし、グループやチーム全体が連動・連係して即時奪回にいくことができず、局面から逃がしてしまう場面が多く見られた。ボールを失った瞬間にチーム全体で奪い返す意識を共有し、ボールを中心にスペースを圧縮して局面から逃がさずに即時奪回する姿勢が求められる。また、攻撃している際のリスク管理も継続して取り組むべき課題といえる。正しいポジショニングと予測からチャレンジすること、それに合わせたカバーとプレスバックによりボールを回収することで二次攻撃に繋げることができる。

【第3表】得点に至るプロセス

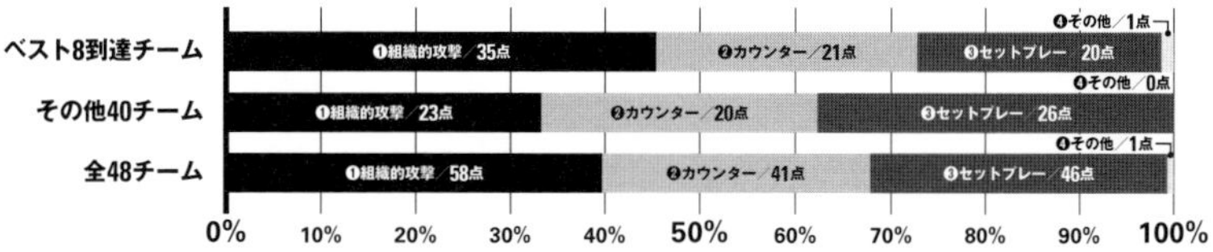

プロセス	詳細	ベスト8到達チーム		その他40チーム		全48チーム	
❶組織的攻撃	中央突破	6	35点	5	23点	11	58点
	サイド攻撃	27		16		43	
	ダイレクトプレー	-		1		1	
	ミドル・ロングシュート	2		1		3	
	その他	-		-		0	
❷カウンター	ロングカウンター	9	21点	10	20点	19	41点
	ショートカウンター	12		7		19	
	ミドル・ロングシュート	-		1		1	
	その他	-		2		2	
❸セットプレー	フリーキック	4	20点	7	26点	11	46点
	コーナーキック	7		8		15	
	スローイン	4		6		10	
	ペナルティキック	4		4		8	
	キックオフ・ゴールキック	1		-		1	
	クイックリスタート	-		1		1	
❹その他	相手のミス	1	1点	-	0点	1	1点
	上記に分類されない得点	-		-		0	
総計		77点		69点		146点	

【組織的攻撃・カウンター・セットプレーの分類】

●得点時点を起点とし、遡って最も近いアウトオブプレーからの再開時点を対象に分類する
―アウトオブプレーからの再開から10秒未満に得点に至っている時→セットプレー
―アウトオブプレーからの再開から10秒以上かけて得点に至っている時
→得点チームのボール保持開始から得点に至るまで10秒未満の時→カウンター
→得点チームのボール保持開始から得点に至るまで10秒以上の時→組織的攻撃

※注意

●シュートやパスがブロックやクリアを受けても、相手チームのボールコントロールを許さず得点チームがボールを保持し続けている場合、ボールの保持開始はさらに前のシーンまで遡る
●10秒未満／以上の基準を満たさなくとも下記のシーンに該当する場合、調査担当者の判断で分類を変更してもよいが、その旨備考に記すこと
―10秒以上15秒未満保持しているが、相手チームの守備が整わない状況で攻め込んだことで得点に至った場合→カウンター
―アウトオブプレー再開後10秒以上15秒未満保持しているが、セットプレーのためにゴール前に人数をかけたことで得点に至った場合→セットプレー

【カウンターの分類】

相手陣内でボールを奪い10秒未満で得点に至った場合→ショートカウンター
自陣内でボールを奪い10秒未満で得点に至った場合→ロングカウンター

④セットプレー

今大会のセットプレーによる得点は46得点であった。全得点の3割以上を占める数である。近年セットプレーでは各チーム様々な工夫をしており、今大会でもデザインされたセットプレーを展開していた。様々な工夫を行うことも必要であるが、やはり質の高いキックとヘディングの強さや技術によるところが大きいのが現状である。引き続きセットプレーは得点に直結する重要なプレーとしてトレーニングを積んでいくことが必要となる。スローインからの得点は10点と前回大会と大きな差は見られなかったが、各チームの攻撃の手段としてロングスローを利用するチームは多かった。ロングスローの守備では、ゾーンで守るチームやGKが直接キャッチしてカウンターに繋げるなど、守備での工夫も見られた。

⑤ゴールキーパー

❶GK全般

大会優秀選手には以下の3選手が選出された。

◉鈴木将永（青森山田／3年）189㎝
前所属：青森山田中
◉雨野颯真（前橋育英／3年）187㎝
前所属：FC杉野JY
◉吉富柊人（堀越／3年）189㎝
前所属：三菱養和SC調布JY

今大会に登録された155名の平均身長は178.3cm、各チームの初戦（1回戦または2回戦）に先発出場したGKの平均身長は179.9cmとなっており、どちらも昨年とほぼ同等であった。2022年は178.0cm、2021年は179.5cm、2020年は178.8cmであり、出場GKの平均身長は第100回大会以降、徐々に伸びている傾向にある。185cm以上のGKは20名（全体の13%は昨年と同等）のうち、出場したのは9名。また、170cm未満のGKは5名（全体の3%は昨年よりわずかに減少）のうち出場したのは1名である（途中交代で出場）。各チームのGKで登録メンバー中、最も大きな選手ではないGKが出場していたのは48チーム中26チームあり、身長も大事な要素ではあるが、チームコンセプトによってGKにどんな要素を求めるかで選手選考が行われていることがこのデータからうかがえた。ベスト8以上に進出した先発GKの平均身長は183.6cmであり、各チームの先発GKと比べて明らかに大きい。今大会においては上位に残るチームには身長の高いGKが揃いつつ、身体的な特徴だけでなく、GKとしての確かなテクニック、リーダーシップなども求められていた。

各チームの先発出場したGKの学年は3年生35名、2年生10名、1年生3名と、昨年の3年生28名、2年生20名、1年生0名と比較すると3年生のGKが増加した。また、1年生GK21名が20チームでメンバー登録（全チームの42%）されており、1年生の先発が増えたことは、高校年代の指導だけではなく、3種年代以前での専門的な指導の賜物である。

登録人数の上限である30名のうち、3名登録が35チーム、4名登録が12チーム、5名登録が1チームであった。

❷大会を通して

攻撃面では、積極的にプレーに関わり効果的に攻撃参加が行えていた。一方で、守備面では判断や安定したテクニック、DFラインとの連係に課題のあるGKも多く見られた。

◉守備

今大会では、ミドルサードで守備組織を構築するチームが多かったこともあり、前回大会よりGKの守備においてカバーの割合が減少していた。このことはDF背後の広いエリアをGKがブレイクアウェイで対応する機会が少なくなったことを意味するが、攻撃から守備への切り替えにおいて、ロングボールで一瞬の隙を突かれないようにGKは常に準備しておく必要があった。しかし、ボール状況に応じたポジションをとることができず、「出る」「出ない」の正確な判断やDFラインとの連係が上手くとれず、失点へと繋がってしまうシーンが見られた。適切なポジションをとり続け、DFラインと連係して守り続けることがプレーの結果に大きく影響していた。

また相手との1対1の状況ではブロッキングを使う選手も多く見られた。ただしフロントダイビングでボールを奪える場面でも、ブロッキングで処理しようとして失点に繋がる場面が見られた。ボールと相手と自分との距離をしっかりと見極めて適切なテクニックを発揮する必要がある。

クロスボールへの対応では、積極的にボールに挑戦する姿勢は見られるものの、ファンブルの率11%（19/166）が深刻であり、失点へ直結してしまうシーンが見られた。失点の分類の中でも27%（43/161）がクロスからの失点となり課題が多く見られた。クロスが上げられる前にボールを注視し、中への状況判断が曖昧なため、スタートポジションがボールサイド寄りになり、ファー側に上げられたボールに対して正しくステップが踏めずにキャッチができないシーンや、パンチングの技術が未熟なためピンチを回避できないシーンも少なくなかった。また、ボールに対して出ない判断をした後の細かなポジショニング修正ができずに失点に繋がるシーンも多く見られた。クロスに対して限られた時間の中で正確に判断・決断をし、DFと連係してより高いクオリティでテクニックを発揮し続けることが今後求められてくる。今大会もロングスローを取り入れるチームが多くあったが、GKを中心とした守備側の個と組織での対応力が高まっており、GKやストーンなどの配置の工夫により簡単に失点をしないチームが増えた。前々回大会、スローインからの失点は全体の10%（15/151）を占めたが、前回大会は8%（11/131）、今大会は6%（10/146）であった。FKからの失点は8%(11/146)、CKからは10%(15/146)であった。セットプレーの守備としては今後も継続して改善が必要である。相手のデザインされたセットプレーに対して、ストーンの配置やゾーンなのかマンツーマンなのかというオーガナイズ、GKのスタートポジションのバランス、相手との駆け引き(DFライン背後のスペースを牽制するポジショニングなど)、GKとFPの役割分担と連係を明確にしていくこと。プレー時には状況に適したテクニックを選択し、それを厳しいプレッシャーやボディコンタクトを受けながらでも正確に発揮することを追求していくことが引き続き大切になってくる。

【第4表】時間帯別得点分布

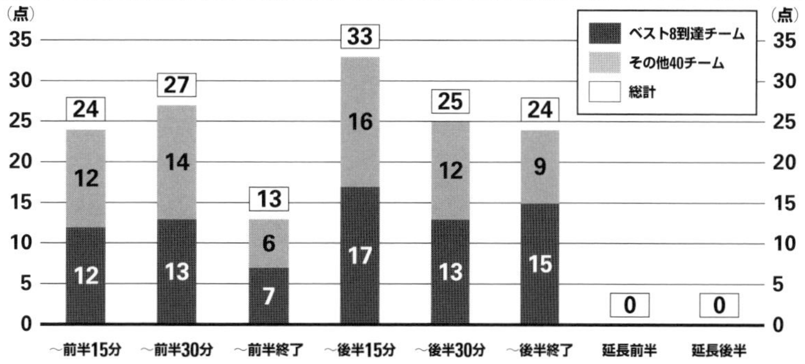

	前半			後半			延長	
	～前半15分	～前半30分	～前半終了	～後半15分	～後半30分	～後半終了	延長前半	延長後半
ベスト8到達チーム	12	13	7	17	13	15	0	0
その他40チーム	12	14	6	16	12	9	0	0
総計	24	27	13	33	25	24	0	0

シュートストップでは、相手との1対1の状況、至近距離からのシュートなど、GKにとって難しい状況からのシュートを防ぐ場面が多く見られた。また、シュートが撃たれる前のボールの移動中に細かなポジション修正をして、キッカーのシュート位置に対して的確なポジショニングから安全確実にキャッチできるなど、安定感のあるGKが多く見られた。しかし、DFと連係してシュートコースを限定することや「つかむ」「はじく」の判断やどこに「はじく」かのテクニックには課題が見られ、今後さらに向上させていきたい点である。

◉攻撃

GKからの攻撃の総回数自体は、前回大会の2559回に対して2597回と大きな変化はないものの、前回大会の成功率35%に対して今大会は41%と飛躍的に向上している。そのうちハーフウェイラインを越えたパスを選択した回数は1524回（成功率14%）、ハーフウェイライン手前へのパス・スローイングを選択した回数1073回（成功率80%）と、長いパスを多く選択する傾向は前回大会と同様である。しかし、これまでの選手権大会でハーフウェイライン手前へのパス・スローイングの成功率が80%台に到達したのは過去5年間では初めてであり、GKが攻撃の一歩目になっていることがうかがえる。GKが選択した技術別で見てみると、キャッチしてから選択する技術はサイドボレー50%（前回大会60%）、転がしてキック26%（前回大会18%）、スローイング44%（前回大会23%）という結果であった。スローイングの成功率が97%、サイドボレー（ハーフボレー含む）が10%、転がしてキックが38%であり、成功率の高いスローイングや転がしてキックを選択していることが今回の成功率向上に繋がっている。しかし、短いパスだけでなく相手のポジショニングやプレスの方法を認知し、相手DFラインの背後や高い位置の味方へ繋ぐサイドボレーや、素早い切り替えから前方へのスペースにランニングした味方に繋ぐオーバーアームスローなど、攻撃の優先順位を意識したプレーの判断やクオリティが、今後はより一層求められてくる。

【その他】

現代では守備だけではなく攻撃の部分でも多くを求められるGKという存在。事実、上記データが示すように攻撃の成功率は向上している。一方でGKがビルドアップに参加することにより、ポジショニングが自然と高くなり、不用意な自陣でのボールロストによりポジショニングを修正する時間がなく、ボールがGKの頭上を越えて失点をしてしまうシーンなど、新たな課題も見られてきている。GKだけの改善でなく、チームとしてどのように捉えていくかが今後求められている。また、勝ち進むためには守備面においても、試合全体を通して決定的なピンチをストップできるGKがやはり必要不可欠である。今大会でもGKが決定的なシュートをストップした後の5分以内に追加点や先制点をとる場面や、1点差でリードしている試合の残り5分で決定機を阻止し、チームを勝利に導いた試合が47試合中9試合（19%）確認できた。守備・攻撃両面においてマルチタスクが要求されているGKの存在は今後更に注目され、チームの勝利を引き寄せる重要なポジションであると再確認ができた大会であった。

⑥まとめ

チーム戦術が磨かれてきており、各チームのスタイルを発揮して戦おうとする姿勢が見られた。攻撃ではチームで意図的にボールを前進させてゴールを目指し、守備ではコンパクトなブロックを構築した守備が展開された。一方でボールや相手の状況を的確に判断して、その時に必要なプレーを選択していくという点には改善の余地を残している。上位進出校ではスタイルがありながらも、プレーエリアやボール・相手の状況で判断して戦術行動をとることに秀でていた。また、それを可能にする強度と質を持ち合わせていた。青森山田は攻守の目的における「ゴールを奪う」「ボールを保持する」「ボールを奪う」「ゴールを守る」ということをどのエリアにおいても高いレベルで展開し、シームレスな切り替えで攻守を繋ぐことで優勝を成し遂げた。

JFAでは日本サッカーがより発展するために、「代表強化」「ユース育成」「指導者養成」「普及」の“四位一体”を推し進めている。そのうち「ユース育成」を進めていく上での全国高校サッカー選手権大会の果たすべき役割は大きい。インテンシティとクオリティを追求できる環境を整え、自分の武器をどのような状況でもチームのために発揮できる選手を育成していくために、高校サッカーができることは何か。高校サッカーに携わる全ての方々とともに全力で取り組んでいきたい。

第102回全国高校サッカー選手権大会

Technical REPORT

ベスト16 チーム分析

（公財）全国高等学校体育連盟サッカー専門部
技術委員会

青森山田（青森県）

基本システム

1-4-1-4-1

攻撃では相手の最終ラインがハイラインの際は優先順位を意識してシンプルに縦に速い攻撃を仕掛け、そのセカンドボールを回収して相手陣に押し込む。FW⑪米谷への配球からMF⑩芝田、⑬福島が関わり、MF⑭杉本、⑧川原のドリブルやサイドからのクロスでチャンスを作る。相手がブロックを敷いて集結している際はピッチの幅を使いながらボールを動かし、バイタルエリアやポケットへの進入を目指す。SBを務めるDF②小林、③小沼は積極的に攻め上がり、攻撃のバリエーションを増やす。攻守の切り替えが早く、リスクマネジメントも徹底しているため、カウンターを受けることが少なく、二次攻撃に繋げられる。MF⑩芝田のCKやDF③小沼のロングスローなどのセットプレーも脅威である。守備は強さ、走力、高さをベースに連続してプレーすることで相手を自由にさせない。ゴール前では粘り強く、身体を張った守備を徹底する。ボランチが主な出場ポジションのDF⑥菅澤は守備範囲の広さ、対人の強さで相手の攻撃の芽を摘む。最終ラインではDF④山本、⑤小泉のヘディングやフィジカルが光り、GK①鈴木は鋭いセービングでゴールを守った。

近江（滋賀県）

基本システム

1-3-4-2-1

攻撃時は相手をよく見ながら数的優位な状況を作り出し、ピッチを広く効果的に使うことによって危険なエリアにボールを運ぶ。最前線のFW⑨小山、シャドーのMF⑭浅井、⑧山門を中心に、素早い仕掛けや連動したパスワークなど、多彩な攻撃を見せる。MF⑥川上、④西は状況判断が良く、パスやドリブルでゲームを作る。また、左CBや左ウイングを務めたDF⑩金山は効果的なスプリントとドリブルで、サイドからも中央からも突破を図り、チャンスを演出する。MF⑦鵜戸、⑰廣瀬は両サイドから攻撃に厚みを加える。攻撃から守備の局面では、素早い切り替えからボールへプレスをかけて相手に自由を与えない。全体的にセカンドボールへの反応速度が速く、前線選手の守備への貢献度は高い。深く攻め込まれた際は、DF⑤西村がGK①山崎とともに最終ラインを統率しつつ、ロングボールの対応、カバーリング能力の高さでピンチを防ぐ。攻守の切り替えが早く、チーム全体がハードワークを行う好チームであった。

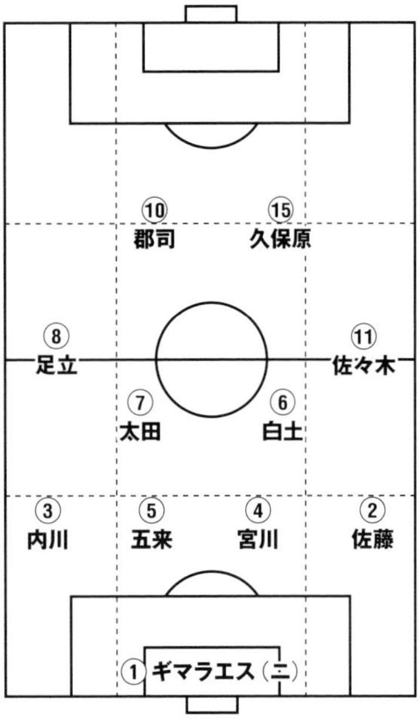

市立船橋（千葉県）

基本システム

1－4－4－2

基本システムは1-4-4-2。伝統である「球際、切り替え、運動力」は今年度のチームも徹底されており、全員がハードワークを貫いて戦う。守備では、前線から規制をかけながらブロックをコンパクトに構え、相手の縦パスに対してスイッチを入れる。DFラインには空中戦に強い選手が配置され、ロングボールやクロスをことごとくはね返す。攻撃では高いキープ力と献身性を持つFW⑮久保原を起点に多くの選手が追い越すことで、アグレッシブで厚みのある攻撃を展開する。その終着点となるFW⑩郡司は高いシュート技術と足下のテクニックだけでなく、DFに対して優位なポジションをとり、少ないチャンスを確実に決め切る狡猾さで常に相手の脅威となった。後方の選手が得点に絡むことも特徴のひとつで、右SBのDF②佐藤、左SBのDF③内川はオーバーラップを繰り返し、幾度となくゴール前に顔を出す。苦しい状況でもCKやDF②佐藤のロングスローといったセットプレーで打開し、後半からはMF⑭森がキレのあるドリブルで攻撃にアクセントを加える。チームの約束事を徹底し、勝負強さを備えた完成度の高いチームであった。

堀越（東京都A）

基本システム

1－4－1－4－1

自陣からのビルドアップでピッチを幅広く使い、DFラインと中盤でテンポ良くパスを交換してリズムを作り、前線への縦パスやロングボールを織り交ぜながら攻撃を組み立てる。GK①吉富、DF④森（奏）の正確なキックは起点として機能していた。中盤ではMF⑥渡辺（隼）を中心にボールを動かしながら、両SBが積極的に高い位置をとり、サイドから攻撃を試みる。最前線のFW⑨髙谷にボールが入れば、MF⑭仲谷が積極的にサポートにきて攻撃を展開する。右ウイングが基本のFW⑩中村は自身のスピードやクロスで何度もチャンスを創出する。ディフェンス面では一人ひとりが守備意識を高く持ち、攻撃から守備への切り替え時、積極的なプレスから即時奪回を目指す。ボールの非保持時は1-4-4-2のシステムとなり、コンパクトな3ラインを形成し、DF④森（奏）を中心にチャレンジ&カバーを繰り返す。MF⑥渡辺（隼）、⑧吉荒は豊富な運動量を武器に中盤の守備バランスを整え、またボール奪取能力も高い。個々の質が高く、攻守にわたって主導権を握ることができる好チームである。

昌平（埼玉県）

基本システム

1－4－4－2

中盤にテクニカルな選手が多く、時間を作れるMF⑧大谷、⑩長（準）と推進力のあるMF⑦土谷、⑱前田が攻撃の緩急をつける。ドリブルやショートパスを織り交ぜ、DFとMFのライン間への進入や、最終ラインの背後へのシンプルなパスなどチーム全体の空間認知能力が高い。コンビネーションプレーに自信があり、意図的に狭いスペースへ切れ込んでいくことも多い。中央を使った攻撃が多いが、状況に応じて両SBのDF③上原、⑤田中（瞭）が大外のレーンから効果的に関わることで攻撃に厚みをもたせる。アタッカーの選手層が厚く、相手や試合展開に応じて選手交代やシステム変更で劣勢を挽回する。守備面に関してはボールを保持して相手陣に押し込んだ状況から始まることが多く、前線からの素早いプレスで規制をかけ、縦に入ってくるボールに対して最終ラインの4人が強くチャレンジできる状況を作り出す。

神村学園（鹿児島県）

基本システム

1-4-4-2

高い強度と素早い攻守の切り替えでゲームを通して主導権を握る。FW⑨日高、⑬西丸が縦関係になり、相手ボランチの後ろでボールを受けて起点となるだけでなく、最終ラインの背後やサイドのスペースに流れてチャンスを作り出すなど、縦横無尽に動いて相手に的を絞らせない。両サイドのMF⑪大成、⑭名和田を起点にSBやFWが近い距離間でボールを動かし、3人目の動きやサイドチェンジなどで相手の背後へボールを送り込み、ゴールへ迫る。DF⑳新垣、MF⑩福島の巧みなボールキープから縦にパスを差し込んでDFラインを下げさせ、左SBのDF⑮吉永の精度の高いキックや、右SBのDF⑦有馬のオーバーラップからチャンスを作り出す。守備はFW⑨日高、⑬西丸が中央を切りながらプレスをかけ、サイドにボールを誘導する。縦横にコンパクトなブロックを構え、入ってきたボールに対してプレスバックやスライドで相手を囲んでボールを奪う。ロングボールに対してもDF④鈴木（悠）を中心にはね返す。

名古屋（愛知県）

基本システム

1-4-4-2

チーム全員の守備意識が高く、FW⑦小川、⑨仲井のプレスをスイッチに前線から積極的にボール奪取を狙う。GKへのバックパスも守備のスイッチにしている。1回プレスをかけて奪えない場合はミドルサードにコンパクトな陣形を組み、態勢を整えてから再度ボールを奪いにいく。相手のビルドアップに対し、SBが高い位置までなるべく出ないように守備の組織を作ることが約束事となっている。時折最終ラインのカバーリングが曖昧な場面があり、危険なシーンを作られることがあった。ボールを奪ったらFW⑦小川、⑨仲井にロングボールを配球し、セカンドボールを回収して攻撃を仕掛ける。左SHのMF⑩原を起点に、左サイドからのコンビネーションでゴールに迫る。右SHのMF㉒田邉も攻撃のアクセントとなっている。DF⑬月岡のロングスローからのフィニッシュは、得点パターンのひとつとなっている。攻撃から守備への切り替えが早く、球際で引かない姿勢もチーム全員に統一されている。対戦相手によっては1-3-4-3のシステムを採用したり、マンツーマンディフェンスを実施したりすることもある。

佐賀東（佐賀県）

基本システム

1-4-4-2

守備では基本的に前線からプレスをかけ、DF③甲斐（桜）を中心に最終ラインを高く保つ。ディフェンディングサードでは1対1の対応で粘り負けず、チャレンジ&カバーでボールを奪う。クロスボールに対するマークの管理も徹底されており、DF陣とGK①中里との連係がとれていた。攻撃はシステムを可変させながら最終ラインからビルドアップを行い、ボランチからサイドへの配球をメインに攻撃を仕掛ける。高い技術を持つMF⑧大島、⑩江口（恭）がチャンスメイクの中心となり、MF⑨宮川、⑯右近の個人での突破やコンビネーション、さらには両SBのDF⑥田中（佑）の仕掛けやDF⑤江頭のクロスから攻撃の糸口を見出そうとする。深い位置ではFW⑪最所のスピードとFW㉑宮﨑のボールキープによりゴール前に攻め込む。守備から攻撃への切り替えが早く、チャンスと見るや多くの選手が前に飛び出す動きは全選手に徹底されていた。相手や試合に応じてシステムを変更してミスマッチを作り、攻撃の活性化を図った。

広島国際学院（広島県）

基本システム
1-4-4-2

攻撃ではDFラインからFW⑪野見をターゲットとしたダイレクトプレーと、GK①片渕、DF③水野、④茂田を中心とした後方からのビルドアップを使い分けて相手陣内への進入を試みる。相手の守備ブロックを押し下げた上で、空いたスペースを有効に使ってゴールに迫る。また、中盤からサイドへのロングフィードから左SHのDF⑤島川がサイド突破を図り、相手に脅威を与える。セットプレーでは、右SBを務めるDF②藤井（海）のロングスローやMF⑦渡邊の良質なクロスから、MF⑥長谷川が高さのあるヘディングでゴールを脅かす。途中出場では、MF⑩石川がチャンスメイクによって試合の流れを引き寄せた。守備では1-4-4-2の守備ブロックを形成し、相手のボール保持やダイレクトプレーに対して的確なチャレンジ&カバーとプレスバックで堅い守備を見せる。DF④茂田の対人の強さやGK①片渕の広範囲の守備は、チームに安定感をもたらした。

明秀日立（茨城県）

基本システム
1-4-2-3-1

攻撃時は1-4-2-3-1のシステムを作り、最前線のFW⑨熊﨑が積極的にDFラインの背後を狙ってスペースを作り、攻撃の起点になる。トップ下のFW⑪石橋はドリブルを果敢に仕掛けてチャンスを作る。攻撃のパターンとしては、DFラインからロングボールを多用し、こぼれ球を拾うMF⑥大原、⑦吉田を起点にサイドに展開してクロスからゴールを目指すプレーが多く見られた。守備時は1-4-4-2に可変する。細かく守備のポジションをとり続けてボールに対してのアプローチを速め、全員で献身的にハードワークをした。特にMF⑥大原、⑦吉田は守備範囲が広く、ミドルサードではチャレンジ&カバーを徹底して相手の自由を奪った。GK⑫重松は状況に応じてポジションをとり、DFラインの背後をカバーしてコンパクトな守備に関わり続けた。また、飛び出しの判断、シュートブロックの反応も早く、決定機を何度も防いだ。

星稜（石川県）

基本システム
1-4-1-4-1

試合序盤より、ロングボールによる相手陣内でのセカンドボール回収と、アタッカーの裏抜けから攻撃を組み立てる。主な攻撃手段はカウンターや、サイド攻撃から得たCKやDF②井田のロングスローであった。細かなパスワークで前進を試みるシーンもあったが、ミドルサードでのボールロストが続くことでバックパスが増えた。しかし、GK①橋本が良いサポートから質の高いロングボールを前線に供給し、攻撃の起点となった。GK①橋本はプレーエリアが広く、守備でも相手のセットプレーに対しては高いポジションを維持してキッカーにプレッシャーを与えていた。途中出場のFW⑪南はスピードがあり、裏への飛び出しからゴールを奪うストライカーとしての素質を持つ。GK⑰佐藤は、2回戦では試合終了直前に出場し、2本のPKストップで勝利に貢献した。

明桜（秋田県）

基本システム

1-4-2-3-1

攻撃は、DFラインから前線へロングボールを送り、相手陣内でセカンドボールを回収してショートカウンターからゴールを狙う。FW⑩臼田はフィジカルの強さと推進力があり、攻撃の起点となる。FW④廣森はピッチの中央で積極的にボールに関わり、攻撃のリズムを作る。ダブルボランチのMF⑦中山、⑧外山が攻守のバランスをとることで、両ワイドのSHとSBが高い位置に進出して攻撃に厚みを加える。右SHのDF⑰目黒は相手DFの背後への抜け出しやドリブルの仕掛けで突破を図り、運動量豊富なSBであるDF⑥吉田は積極的に前線へ上がってクロスからチャンスを創出した。守備では、チーム全員の攻守の切り替えが早く、ボールを奪われた選手の素早いプレスから、セカンドDFがボールを奪って再度攻撃に転じようとする。DFラインは、対人に強い両CBのDF③山口、⑤菅野が相手に起点を作らせず、GK①川村を含めて集中した粘り強い守備を見せた。

大津（熊本県）

基本システム

1-4-4-2

攻撃ではポゼッションしながらサイドからのクロスを中心にゴールを目指し、守備ではコンパクトな陣形からアグレッシブにプレスをかけてボールを奪取する。ビルドアップ時は右SBのDF②大神が高いポジションをとり、DF③田辺、④吉本、⑤五嶋、MF⑥兼松の4人が中央でパスを交換しながら前進する。特に、DF③田辺からの縦パスが攻撃のスイッチになることが多い。MF⑩碇を起点に両サイドのアタッカーが飛び出し、そこにSBが良い距離間でサポートしてコンビネーションで相手を崩しにいく。左SHを務めるMF⑦古川のドリブルでの仕掛けは相手に脅威を与えていた。守備は、前からのプレスを基本としてコンパクトな陣形を作ってスペースを圧縮し、数的優位を作りながらボールを奪いにいく。CBのDF⑤五嶋は対人の強さ、ボランチのMF⑥兼松は恵まれた体格を活かした高さ、途中出場のMF⑮日置は豊富な運動量と優れたカバーリング能力で中央を強固にしていた。

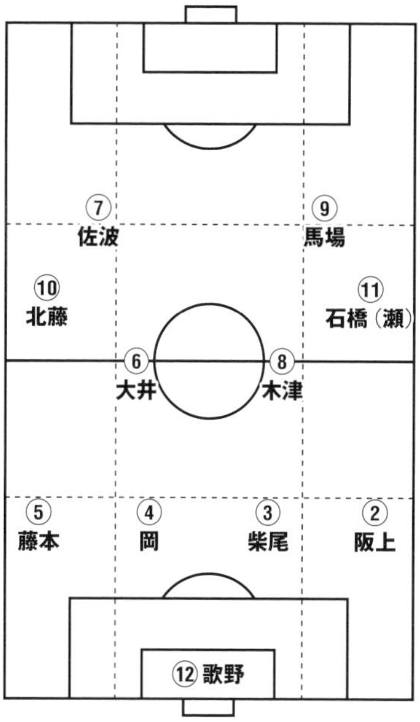

神戸弘陵（兵庫県）

基本システム

1-4-4-2

攻撃ではDFラインとMF⑥大井、⑧木津でボールを動かしながら前進を試みる。両ワイドのFW⑩北藤、⑪石橋（瀬）がサイドで起点を作り、FW⑨馬場のポストプレーを絡めながら攻撃を組み立てる。左サイドではDF⑤藤本、MF⑦佐波、FW⑩北藤が流動的にポジションチェンジを繰り返してチャンスを作り出す。相手陣に押し込んだあとはサイドで数的優位を作り出し、DFラインの突破を図る。守備ではMF⑦佐波、FW⑨馬場が相手ボランチへのパスコースを切りながらDFラインへプレスをかけ、相手の選択肢を限定して全体で連動しながらボールを奪う。全員の守備意識が高く、コンパクトに保ちながらミドルゾーンで奪い、ショートカウンターを仕掛ける。背後を狙う相手のロングボールに対してはキャプテンのDF④岡を中心に最終ラインがしっかりとはね返し、また丁寧に味方に繋いで攻撃に転じる。

岡山学芸館（岡山県）
基本システム
1-3-1-4-2

基本システムは1-3-1-4-2である。GK①平塚は高いキック精度に加え、高いハイボール処理技術で相手のセットプレーを何度も防ぐ。両サイドの選手が自陣まで下がり、5バックで守ることも特徴のひとつである。一人ひとりの守備意識が高く、ボールを奪われた後の奪い返しがFWを含めて非常に早い。奪ったボールは簡単に前線へ蹴ることなく、きちんとビルドアップをしながらゴールに迫る。攻撃では、中盤のMF⑬山河、⑩田口、FW⑪田邉の技術が高く、スイッチプレーを織り交ぜながら少ないタッチでゴール前にボールを運ぶのが特徴である。基本は中央から攻撃を組み立て、相手が中央に寄せてきたと同時に両サイドへ展開する。FW⑳香西は長身を活かしてポストプレーに努める。FW⑳香西にボールが入ると、FW⑨太田や中盤の選手が追い越して厚みのある攻撃を繰り返す。全体を通して個々のボールを扱う技術が高く、キックミスが非常に少ないチームである。

富山第一（富山県）
基本システム
1-5-2-3

攻撃は前線の3トップをターゲットとしたダイレクトプレーと、DFラインから丁寧にボールを繋ぐビルドアップを使い分ける。ビルドアップ時には1-3-4-3の立ち位置をとり、最終ラインの3人と2人のボランチでボールを動かしながら、両ウイングバックのDF⑤大居、⑬谷川を狙ったサイドチェンジで攻撃のスイッチを入れる。サイドで起点を作った後はFW⑪川原、MF⑥多賀が関わり、ボールをテンポ良く動かして突破を図る。また、FW⑩稲垣はライン間でボールを収めることが上手く、攻撃の起点となるだけでなく、自ら前を向いて決定機を作り出すこともできる。ボールロスト後は、相手陣内では即時奪回のプレスをかけ、ミドルサードでは球際で激しく戦うと同時に守備ブロックを素早く形成する。守備時は、1-5-2-3と1-5-4-1のブロックを使い分け、全員で堅い守備を見せる。DFラインはチャレンジ&カバーを徹底し、ゴール前では身体を張ったシュートブロックで得点を与えない。GK①魚住（秀）は、セットプレーやロングスローの対応では積極的に前へ出てハイボールの処理を狙う。

第102回全国高校サッカー選手権大会 技術委員メンバー

◉技術委員長
蔵森 紀昭（成城学園）

◉副技術委員長
砂金 伸（幕張総合）、髙松 慎（駒場東邦）

◉TSGチーフ
平塚 智（土気）

◉GK部門チーフ
三神 弘輔（泉）

◉千葉県・技術委員
吉田 有政（野田中央）、高橋 剛（船橋北）、佐藤 研人（松戸馬橋）、谷口 新太郎（東京学館船橋）、田中 章太郎（木更津）、上芝俊介（八千代）、唐澤 貴人（白井）、石川大志（市原八幡）、佐藤 智也（市立柏）、堤誠太郎（県立千葉）、尾張 堯映（市立柏）、菊野 将史（船橋芝山）、山中 敏一（千葉日大一）、奥寺 亮介（千葉経済大附）

◉神奈川県・技術委員
永山 晃（浅野）、鈴木 晋也（川崎市立幸）、海野 健介（県立商工）、宮澤 仁（大和）、鈴木 文人（横須賀）、森谷 周平（川崎市立橘）、粕谷 啓介（秦野）、田之畑 宗孝（川和）、箕輪 義信（向の岡工）、西澤 拓真（川和）、加藤 健太郎（足柄）、永瀬 裕記（星槎国際湘南）、井上 大生（横須賀総合）、魚住 聡（荏田）、倉知 祐秀（新羽）、池田侑人（大和西）、芝 胤（大船）

◉東京都・技術委員
石川 創人（東京農大一）、岩永 雄太（武蔵）、村永 康夫（日本学園）、竹原 康夫（高輪）、田中 康之（立川）、池村 雅行（日大三）、石部 元太（江戸川）、安田 直人（福生）、加藤 悠（東久留米総合）、菅野 悟（成蹊）、金子 翔一（創価）、栗山 孝幸（淵江）、鮫島 哲平（墨田工）、水上 竜一（南葛飾）、辻 俊次郎（忍岡）

◉埼玉県・技術委員
平尾 信之（浦和東）、田渕 常夫（熊谷）、中村 和彬（浦和東）、野木 悟志（庄和）、上田 健爾（細田学園）、横山 晃一（南稜）、大森 健司（草加）、上原 克彬（大宮南）、山田 純輝（川口市立）、石川 峻己（三郷）、久津間 岳文（川越南）、谷内 謙介（浦和北）、柏 剛史（浦和学院）、本田 祐樹（春日部東）、飯野 史人（浦和麗明）、石田 寛季（熊谷農）

◉映像
福尾 祥（アリアンテ）、手塚 大介（アリアンテ）

◉得点場面集計
森 政憲（桐朋）、田中 隆晴（保谷）

◉編集・データ分析
丸山 智久（データスタジアム株式会社）、甲斐 悠貴（データスタジアム株式会社）

第102回 全国高等学校選手権大会記録一覧

80分 PK方式（準決勝は90分 PK方式／決勝は90分 延長20分 PK方式）

第1回戦 12月28日（木） 国立競技場（晴）

（主）上村篤史　（副）田尻智計、津野洋平

早稲田実 0（0-1 / 0-1）2 広島国際学院

★（東京都B）　（広島県）

得	S	学		背		背		学	S	得
0	0	③	高村	1	GK	1	片渕	③	0	0
0	0	③	根本	2	DF	2	藤井(海)	③	1	0
0	1	②	（森）	12		3	水野	③	0	0
0	0	③	若杉	3		4	茂田	❸	0	0
0	0	③	中嶋	4		5	島川	③	1	0
0	1	③	荒木	5		19	（岩本）	③	0	0
0	0	②	スミス	11		23	岡田	③	0	0
0	0	②	（松下）	18		8	（谷原）	③	0	0
0	0	③	岩間	6	MF	6	長谷川	③	4	1
0	0	❸	西山	7		7	渡邊	③	1	0
0	1	③	戸祭	10		22	（濱田）	③	0	0
						13	萩野	③	1	0
						15	（髙山）	③	0	0
						14	戸山	③	0	0
						10	（石川）	③	0	0
0	0	①	竹内	8	FW	11	野見	③	4	1
0	1	①	（野川）	14						
0	3	③	久米	9						
0	7			6	GK	11			12	2
				6	CK	5				
				13	FK	8				
				0	PK	0				

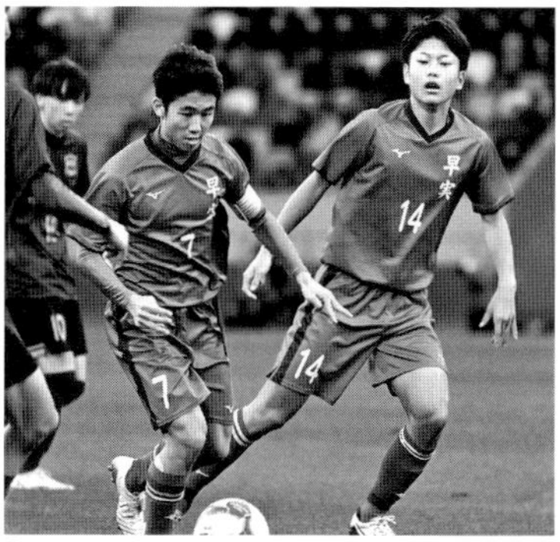

【得点経過】
前半28分〔広〕岡田→長谷川H→**野見HS**
後半12分〔広〕TI藤井（海）→**長谷川HS**

■広島国際学院が開幕戦を制して全国初勝利

初出場校同士の開幕戦。早稲田実は1-5-3-2、広島国際学院は1-4-2-3-1のシステムでスタートした。早稲田実はFW久米、竹内への配球から起点を作りシュートを試みる。広島国際学院はFW野見の相手の背後への抜け出しやDF茂田のロングボールからペナルティエリアへの侵入を目指す。前半28分、野見が決めて広島国際学院が先制。中盤でのプレッシャーの掛け合い、セカンドボールの攻防が続く中、広島国際学院が押し込む時間帯が増える。後半立ち上がりから広島国際学院はDF藤井（海）のクロスや前線のスピーディーな突破から決定機を迎えるが、早稲田実はGK高村の好守と集中を切らさない守備で耐える。しかし12分、藤井（海）のロングスローをMF長谷川が頭で合わせ、広島国際学院が追加点を奪う。諦めずに攻勢を強める早稲田実だが、茂田を中心に集中を切らさない全員守備でゴールを守った広島国際学院が、全国初勝利を掴んだ。

戦評　金子翔一（創価高校）

第1回戦 12月29日（金） ゼットエーオリプリスタジアム（晴）

（主）佐々木慎哉　（副）井出本瞭、田村陸

北海 1（0-1 / 1-0）1 大手前高松

6 PK 5

（北海道）　（香川県）★

得	S	学		背		背		学	S	得
0	0	③	小野寺	1	GK	1	浦宮	③	0	0
0	0	③	栗塚	2	DF	2	林	②	0	0
0	1	③	武笠	3		3	正木	②	0	0
0	0	❸	川合	4		5	飯田	②	0	0
0	0	②	渡部	5		8	東山	③	0	0
						6	（洲脇）	②	0	0
0	0	③	西脇	6	MF	4	糸瀬	③	0	0
0	0	③	中村	7		7	湯浅	②	0	0
0	0	③	（伊藤）	13		14	（伊勢谷）	③	0	0
0	0	③	成澤	8		24	（佐々木）	②	0	0
0	0	③	白﨑	12		10	増田	③	0	0
						11	西田	②	0	0
						17	大谷	②	3	0
						18	（横山）	③	0	0
0	1	③	田中	10	FW	9	山村	❸	1	1
1	3	③	野村	11						
1	5			4	GK	13			4	1
				6	CK	1				
				6	FK	11				
				1	PK	0				

【得点経過】
前半10分〔大〕増田→大谷S（相手GK）（こぼれ球）×**山村S**
後半 6分〔北〕**PK野村S**

▼警告
〔大〕林

■PK方式で全員成功の北海が2回戦へ

序盤から互いに積極的にプレスをかけようと試みる中、前半10分、こぼれ球をFW山村が押し込んで大手前高松が先制する。対する北海はDF渡部、川合、武笠でボールを動かし、両サイドのMF白﨑、DF栗塚がパスを引き出し、FW田中の突破によりゴールを目指す。互いに攻撃から守備への切り替えが早いだけでなく、自陣にコンパクトな陣形を作って守備をするため、決定機はなかなか生まれない。後半立ち上がりは北海が押し込む展開となり、武笠のロングスローの流れから獲得したPKをFW野村が決めて追いつく。その後も北海がリズムを掴み、左サイドからの攻撃やカウンターで好機を作るが、大手前高松GK浦宮の好セーブにより追加点を奪えない。大手前高松は選手交代で流れを変えようとしたが、うまくいかなかった。試合を優勢に進めた北海に勝ち越し点は生まれなかったものの、PK方式では全員が成功させて2回戦に進出した。

戦評　田中章太郎（木更津高校）

第1回戦 12月29日（金） ゼットエーオリプリスタジアム（晴）

（主）川勝彬史　（副）宗像瞭、山本淩

名古屋 1（1-1 / 0-0）1 日章学園

4 PK 2

★（愛知県）　（宮崎県）

得	S	学		背		背		学	S	得
0	0	③	小林	1	GK	1	吉村	③	0	0
0	0	②	佐藤	3	DF	2	梶原	③	0	0
1	1	③	足立	4		3	藤本	❸	0	0
0	1	②	井上	5		4	宮本	③	1	0
0	0	③	月岡	13		5	（阿部）	③	0	0
						20	吉川	②	0	0
						9	（田上）	③	2	0
0	1	❸	田中	6	MF	6	安藤	③	0	0
0	0	②	川瀬	8		10	皆川	③	2	1
0	2	③	原	10		24	（有働）	②	1	0
0	0	③	田邉	22		15	南	②	1	0
0	0	②	（太田）	2		22	小峠	②	0	0
0	0	③	小川	7	FW	11	篠田	③	1	0
0	1	③	仲井	9		14	高岡	②	3	0
0	0	②	（齋藤）	18						
1	6			5	GK	6			11	1
				0	CK	5				
				4	FK	10				
				0	PK	0				

【得点経過】
前半 7分〔日〕南→**皆川HS**
〃 23分〔名〕TI月岡→**足立HS**

■初出場の名古屋がPK方式を制す

互いに1-4-4-2のシステムでスタート。日章学園はU-17日本代表のFW高岡の相手の背後へのアクションやゴールに向かう推進力、得点感覚をポイントにした攻撃を試みる。前半7分には高岡のシュートのこぼれ球を拾ったMF南のクロスをMF皆川が決めて先制した。対する初出場の名古屋は整理されたポジショニングとプレスで相手の前進を阻もうとする。徐々に流れを引き寄せると、MF原の突破からチャンスを作り出す。23分にはDF月岡の驚異的な飛距離を誇るロングスローが放り込まれると、DF足立が打点の高いヘッドで決めて試合を振り出しに戻した。後半、日章学園が敵陣でボールを保持する時間が増えるが、名古屋はブロックを形成し、身体を張って守りに徹する。日章学園は22分、2選手を替えて1-5-2-3にシステム変更し、FW篠田、高岡の強みを活かしたかったが追加点を奪えずにPK方式に突入。PK方式ではGK小林が2本を止める活躍により、名古屋が2回戦に進出した。

戦評　奥寺亮介（千葉経済大附高校）

第1回戦　12月29日(金)　県立柏の葉公園総合競技場（晴）

（主）田邉裕樹　（副）原田大輔、小林章浩

帝京長岡 ★（新潟県）　**3**（1-1 / 2-1）**2**　**長崎総科大附**（長崎県）

得	S	学		背		背		学	S	得
0	0	②	小林	1	GK	12	山口	③	0	0
0	0	③	松岡	2	DF	3	淺見	③	0	0
0	0	③	高萩	3		4	市丸	③	0	0
0	1	②	池田	4		5	京谷	③	0	0
0	0	②	山本	5		22	平山	❸	0	0
0	0	②	水川	6	MF	7	金城	③	0	0
0	1	②	(新納)	9		18	(尾島)	③	1	0
0	3	③	山村	7		8	大屋	③	2	1
1	1	③	橋本	8		10	宇土	②	0	0
0	0	③	原	10		15	仲宗根	③	1	1
						9	(坂本)	②	0	0
0	0	③	畑	11	FW	11	甲斐	③	2	0
2	3	③	(谷中)	22		14	福島	③	1	0
0	3	❸	堀	14						
3	12			9	GK	9			7	2
				8	CK	7				
				6	FK	9				
				0	PK	0				

【得点経過】
前半22分〔長〕(インターセプト)**大屋～S**
〃 40+1分〔帝〕畑→**橋本S**
後半19分〔長〕甲斐→(相手GK)(こぼれ球)**仲宗根S**
〃 27分〔帝〕(インターセプト)**谷中～S**
〃 40+2分〔帝〕原→**谷中S**

▼警告
〔帝〕原
〔長〕坂本

■終了間際の決勝点で劇的な逆転勝利

帝京長岡、長崎総科大附ともに1-4-4-2のシステムで試合が始まる。長崎総科大附はロングボールを中心に、右SHで起用されたFW甲斐の推進力ある縦への突破を武器にサイド攻撃を仕掛ける。帝京長岡は最終ラインのビルドアップにMF水川が関わり、FW畑、堀に効果的な縦パスを供給する。互いに攻守の切り替えが早く、中盤でのプレー強度が高い展開でゲームが進められる中、前半22分にMF大屋のロングシュートで長崎総科大附が先制。アディショナルタイムにMF橋本が決めて帝京長岡が追いつくが、後半19分にMF仲宗根が押し込んで長崎総科大附が再びリードする。しかし27分、途中出場のFW谷中が決めて追いついた帝京長岡が攻勢を強めると、終了間際の40+2分に谷中が決勝点を奪って劇的な勝利を収めた。

戦評　高橋剛（船橋北高校）

第1回戦　12月29日(金)　県立柏の葉公園総合競技場（晴）

（主）堀善仁　（副）向井修也、岩田鉄平

市立船橋 ★（千葉県）　**4**（2-1 / 2-0）**1**　**高川学園**（山口県）

得	S	学		背		背		学	S	得
0	0	②	ギマラエス	1	GK	21	高城	①	0	0
0	1	③	佐藤	2	DF	2	大下	③	1	0
0	0	③	内川	3		7	沖野	②	0	0
0	0	③	宮川	4		13	藤井	❸	0	0
0	0	②	(岡部)	16						
0	0	③	五来	5						
0	0	③	白土	6	MF	8	佐藤	③	1	1
0	0	❸	太田	7		14	松木	②	0	0
0	0	③	(秦)	9		15	伊木	③	0	0
0	1	③	足立	8		23	中津海	②	0	0
0	0	③	(森)	14		20	(行友)	②	0	0
0	1	③	佐々木	11		25	栗栖	③	0	0
0	0	③	(須甲)	13						
3	3	③	郡司	10	FW	10	山本	③	0	0
0	0	②	(伊丹)	18		11	田坂	②	0	0
1	1	②	久保原	15		22	(小坂)	③	0	0
4	7			8	GK	7			2	1
				6	CK	7				
				13	FK	8				
				1	PK	0				

【得点経過】
前半 6分〔市〕**郡司～S**
〃 10分〔市〕**PK郡司S**
〃 35分〔高〕CK伊木→**佐藤HS**
後半 2分〔市〕(相手FP)(ミス)(インターセプト)**久保原S**
〃 21分〔市〕太田→**郡司HS**

▼警告
〔市〕太田

■エースが初戦からハットトリック

市立船橋は自陣からロングボールを入れて前線からプレスをかけ、リスクを回避して敵陣でのゲームを展開。前半6分にFW郡司が先制点を奪うと、10分には郡司がPKを決めてリードを広げる。高川学園はDF藤井を中心に落ち着きを取り戻すと、FW山本をターゲットにして両サイドを広く使って攻撃を仕掛け、35分に1点を返す。後半開始直後に市立船橋が再びリードを2点差に広げるが、その後は高川学園がボールを保持する時間帯が多くなる。DF大下、MF佐藤が高い位置をとってサイド攻撃を繰り返すも、市立船橋DF宮川、五来の壁に阻まれてしまった。高川学園が前掛かりになった隙を逃さなかった市立船橋は21分、郡司がハットトリックを達成。地元の声援を受けた市立船橋が安定した試合運びで初戦を突破した。

戦評　宮成昇（防府西高校）

第1回戦　12月29日(金)　浦和駒場スタジアム（晴）

（主）大原謙哉　（副）長田望、眞尾龍

静岡学園 ★（静岡県）　**6**（2-0 / 4-0）**0**　**明徳義塾**（高知県）

得	S	学		背		背		学	S	得
0	0	❸	中村	1	GK	1	岡本	②	0	0
0	1	②	岩田	3	DF	2	女良	②	0	0
2	2	③	大村	5		5	下野	③	0	0
1	2	②	野田	13		8	坂元	②	0	0
0	0	③	(井口)	2		16	メフタ	②	0	0
0	1	③	吉村	16		4	(天野)	①	0	0
0	2	③	庄	7	MF	6	徳能	②	0	0
0	2	③	(泉)	6		7	一ノ瀬	③	1	0
0	1	③	田嶋	8		9	葛籠	①	1	0
0	1	③	(宮嵜)	15		3	(大石)	②	0	0
1	1	③	高田	10		11	瓜生	③	0	0
0	1	③	志賀	11		15	(青山)	③	0	0
0	3	③	(小山)	21		25	砂川	②	0	0
0	0	③	森﨑	14		19	(岡村)	③	0	0
2	5	③	神田	9	FW	10	吉田	❸	0	0
0	3	②	(大木)	20						
6	25			3	GK	10			2	0
				14	CK	2				
				15	FK	10				
				0	PK	0				

【得点経過】
前半 3分〔静〕高田→志賀→**大村S**
〃 16分〔静〕神田→**野田S**
後半10分〔静〕野田→**神田HS**
〃 13分〔静〕野田～→**神田HS**
〃 30分〔静〕CK泉→**大村HS**
〃 40+5分〔静〕**FK高田S**

■攻守に質の高さを見せた静岡学園

静岡学園は序盤からMF田嶋、志賀の突破で相手を押し込み、CKの二次攻撃から先制。ピッチを幅広く使い、多彩な攻撃で追加点を狙った。明徳義塾は中央で跳ね返して速攻を狙うも、攻撃から守備へと素早く切り替える静岡学園を押し返せない。明徳義塾が粘り強く守る展開が続くが、静岡学園がカウンターから2点目を奪った。後半も静岡学園はDFラインとMF森﨑を中心に丁寧なビルドアップで組み立て、両サイドを起点に攻め込む。MF庄の突破やDF野田の攻撃参加から決定機を作ると、FW神田が決め切り主導権を渡さない。明徳義塾は後半からシステムを変え、積極的にプレッシャーをかけたがボールの奪いどころを見出せなかった。その後も得点を重ねた静岡学園の攻守における質の高さが際立つ試合となった。

戦評　石井将貴（広陵高校）

第1回戦 12月29日(金) 埼玉スタジアム２〇〇２（晴）

（主）植松健太朗　（副）安藤康平、日比健人

昌平 7（3-0 / 4-0）0 奈良育英★

（埼玉県）　（奈良県）

得	S	学	昌平	背		背	奈良育英	学	S	得
0	0	②	佐々木(智)	1	GK	12	内村	①	0	0
						1	(瀧川)	③	0	0
0	0	②	坂本	2	DF	2	谷川	②	0	0
0	0	②	上原	3		15	竹田	②	1	0
0	2	❸	佐怒賀	4		17	植村	②	0	0
0	0	③	(坂和)	22		28	中嶋	②	0	0
0	0	③	田中(瞭)	5						
1	2	③	土谷	7	MF	5	田中	③	1	0
1	1	③	(西嶋)	13		3	(奥村)	③	0	0
0	2	②	大谷	8		6	川上	③	0	0
0	1	③	長(準)	10		11	(水流)	③	0	0
0	2	①	山口	14		7	藤岡	❸	0	0
1	3	①	(長(璃))	11		10	磯貝	③	0	0
1	6	③	小田	9	FW	18	藤川	②	0	0
1	1	③	(工藤)	12		9	(井登)	③	1	0
2	4	②	鄭	15		19	有友	②	1	0
0	1	③	(前田)	18		4	(八木)	③	0	0
7	25			13	GK	14			4	0
				5	CK	2				
				8	FK	10				
				0	PK	0				

【得点経過】

前半11分〔昌〕土谷→鄭→**小田S**

〃 25分〔昌〕鄭H→小田→**土谷S**

〃 36分〔昌〕長(準)～S×**鄭S**

後半21分〔昌〕佐怒賀→工藤H→**鄭～S**

〃 26分〔昌〕上原→**西嶋～S**

〃 33分〔昌〕大谷→**長(璃)～S**

〃 40+1分〔昌〕大谷→西嶋→前田→**工藤S**

▼警告

〔昌〕佐怒賀

■昌平が高い技術とチーム力を発揮

コンパクトな守備陣形を作って前線からプレスをかける奈良育英は、ボールを奪ったら素早くスペースを突こうとする。対する昌平は長短のパスを使い分け、ボールを保持しながら常にゴールに向かうなかで、相手の背後を狙おうとした。互いがペースを握ろうとするなか、前半11分に昌平が先制。その後も2トップを起点に攻撃を仕掛け、3-0として前半を折り返した。奈良育英はロングボールを増やし、セカンドボールを回収してゴールに迫ろうとするが、昌平の粘り強い守備と素早いプレスの前にシュートまで持ち込めない。昌平は中盤の選手の距離間が良く、テンポの良いパスワークでアタッキングサードに侵入する回数を増やした。高い技術とチーム力を発揮した昌平が後半に4点を追加し、2回戦進出を決めた。

戦評　久津間岳文（川越南高校）

第1回戦 12月29日(金) 埼玉スタジアム２〇〇２（晴）

（主）手塚優　（副）大田智寛、多田稔

山形明正 0（0-2 / 0-2）4 米子北★

（山形県）　（鳥取県）

得	S	学	山形明正	背		背	米子北	学	S	得
0	0	③	酒井	1	GK	1	尾崎	③	0	0
0	0	③	菅原	2	DF	3	藤原	③	1	1
0	0	❸	松田	4		2	(梶)	③	0	0
0	0	②	石川	13		4	浜梶	①	0	0
0	0	②	野口	17		6	(樋渡)	②	1	0
						15	番原	③	1	0
						24	石倉	③	0	0
0	1	②	矢口	10	MF	5	城田	③	3	0
0	0	②	青木	14		7	上原	❸	3	1
0	0	②	(中山)	24		8	仲田	③	1	0
0	0	②	吉田	16		20	(堀)	③	0	0
0	0	③	(末)	11		14	小村	③	2	0
0	1	②	丸山	22		19	(田村)	③	0	0
0	1	②	(岡野)	18						
0	3	①	佐々木	25						
0	0	③	中本	9	FW	10	森田	③	2	0
0	0	②	(仲村渠)	20		18	(柴野)	②	1	0
						11	愛須	③	8	2
0	6			13	GK	7			23	4
				1	CK	8				
				8	FK	9				
				0	PK	0				

【得点経過】

前半14分〔米〕城田→GK(こぼれ球)**愛須S**

〃 18分〔米〕愛須→**上原S**

後半 9分〔米〕CK城田→**藤原HS**

〃 33分〔米〕柴野→上原→**愛須S**

▼警告

〔山〕松田、岡野、菅原

■試合巧者ぶりを発揮した米子北

米子北は2トップ目がけてロングボールを入れて最終ラインを高く設定し、敵陣に押し込みながら試合を優位に進める。対する山形明正は前線に2人を残し、バイタルエリア付近に4人ずつの2ラインを設定して1-4-4-1-1の位置取りで粘り強い守備から好機を窺う。試合が動いたのは前半14分。米子北FW愛須が決めて先制に成功する。その後も強度の高い守備で相手に主導権を与えない米子北が18分に追加点を奪った。後半に盛り返したい山形明正だが、逆に米子北が9分にCKから3点目。直後に選手を3人交代して攻守ともに活性化を図り、33分には4点目を挙げて試合を締めくくった。米子北はリスクを最小限に抑える盤石な試合運びに加え、早めの交代枠使用で次戦に向けて多くの選手起用を図るなど、ベンチワークも試合巧者ぶりを発揮した展開となった。

戦評　横山晃一（南稜高校）

第1回戦 12月29日(金) ニッパツ三ツ沢球技場（晴）

（主）西田裕貴　（副）清水拓、天野和哉

仙台育英 0（0-2 / 0-2）4 神戸弘陵★

（宮城県）　（兵庫県）

得	S	学	仙台育英	背		背	神戸弘陵	学	S	得
0	0	①	小川	1	GK	12	歌野	②	0	0
0	0	③	玻名城	3	DF	2	阪上	②	0	0
0	0	②	(渡辺)	2		13	(豆成)	③	0	0
0	0	③	佐山	4		3	柴尾	③	0	0
0	0	③	面田	5		15	(松井)	③	1	0
0	0	②	(中西)	20		4	岡	❸	0	0
						5	藤本	②	0	0
0	0	③	和久井	6	MF	6	大井	③	0	0
0	0	❸	菅原	7		29	(梅原)	①	0	0
0	0	②	黒葛原	8		7	佐波	③	2	0
0	0	③	(小坂)	10		27	(中邑)	②	0	0
0	0	③	中塚	11		8	木津	②	1	1
0	0	③	(阿部)	16						
0	0	③	伊藤	9	FW	9	馬場	③	2	1
0	0	③	菊地	13		10	北藤	③	3	2
0	1	③	佐藤	24		11	石橋(瀬)	②	2	0
						24	(下酔尾)	②	0	0
0	1			9	GK	10			11	4
				1	CK	4				
				6	FK	9				
				0	PK	1				

【得点経過】

前半18分〔神〕木津→佐波→木津～→佐波S（こぼれ球）**木津S**

〃 32分〔神〕佐波～→**馬場～S**

後半23分〔神〕佐波→**北藤～S**

〃 40+3分〔神〕**PK北藤S**

▼警告

〔仙〕菅原

■高い個人技を発揮して得点を重ねる

仙台育英は1-4-4-2、神戸弘陵は1-4-3-3の布陣でスタート。仙台育英は前線からハイプレスをかけてセカンドボールを回収し、高さのあるFW伊藤、菊地にボールを供給することで好機を窺う。対する神戸弘陵はピッチを広く使いながらボールを丁寧に繋ぎ、効果的に縦パスを打ち込んでゴール前への侵入を目指す。前半18分にMF木津の得点で先制した神戸弘陵は、32分にFW馬場が追加点を決める。後半も神戸弘陵がポジションチェンジを繰り返し、FW北藤、MF木津を中心に高い個人技を発揮して相手守備を崩しにかかった。仙台育英はGK小川を中心に身体を張った守備で凌いでいたが、チャンスを作り続ける神戸弘陵は23分にペナルティエリア内でパスを受けた北藤が右足で決めて3点目。試合終了間際には北藤が自ら得たPKを決めて試合を締めくくった。

戦評　舟山哲平（松島高校）

第1回戦　12月29日（金）　ニッパツ三ツ沢球技場（晴）

（主）舟橋崇正　（副）長谷拓、佐藤廉太郎

前橋育英（群馬県） **3**（2-0 / 1-1）**1** **立正大淞南**（島根県）★

得	S	学		背		背		学	S	得
0	0	❸	雨野	1	GK	20	塚田	③	0	0
0	0	③	斉藤	2	DF	4	坂本	③	0	0
0	0	②	山田	3		5	西口	❸	1	0
0	1	②	青木	5		6	三島(典)	②	0	0
0	0	③	清水	6		10	植田	③	0	0
0	1	②	石井	7	MF	13	升井	③	0	0
1	1	③	山﨑	10		14	野澤	③	0	0
0	0	③	（織茂）	19		11	（山田）	②	0	0
0	1	③	篠﨑	14		24	（若槻）	①	0	0
0	1	①	平林	23		16	豊田	①	0	0
						18	（中谷）	③	0	0
						19	久島	③	0	0
0	5	②	佐藤	15	FW	15	三島(拓)	②	1	0
0	1	②	（黒沢）	9		17	永澤	③	2	0
2	2	②	オノノジュ	18		7	（大西）	③	1	1
0	0	②	（鈴木）	24						
3	13			5	GK	9			5	1
				3	CK	2				
				16	FK	5				
				1	PK	0				

【得点経過】
前半18分〔前〕石井→**オノノジュ～S**
〃 25分〔前〕**PK山﨑S**
後半13分〔立〕久島～→**大西HS**
〃 25分〔前〕（こぼれ球）**オノノジュS**

▼警告
〔立〕坂本、升井

■試合巧者の前橋育英が2回戦進出

互いにロングボールが多い展開が続くなか、前橋育英はMF石井、篠﨑を中心に自陣から丁寧にビルドアップしていく。右MF山﨑、左MF平林が状況に応じて内側に入り、両SBが高い位置をとり、サイド攻撃を仕掛け、前半18分に先制に成功。失点直後に立正大淞南はMF久島の突破からゴールに迫るが、前橋育英GK雨野のビッグセーブに阻まれた。25分に山﨑がPKを決めて前橋育英が追加点を挙げると、2点を追いかける立正大淞南は後半8分に3人同時に選手交代して得点を狙う。13分にFW大西がヘッドで決めて立正大淞南が1点差に詰め寄るが、25分に前橋育英が3点目を奪取。その後、立正大淞南はロングボールからチャンスを作るも、試合巧者の前橋育英が2回戦進出を決めた。

戦評　粕谷啓介（秦野高校）

第1回戦　12月29日（金）　等々力陸上競技場（晴）

（主）山口隆平　（副）荒上修人、渡部裕介

矢板中央（栃木県） **0**（0-0 / 0-1）**1** **東海大大阪仰星**（大阪府）★

得	S	学		背		背		学	S	得
0	1	③	大渕	1	GK	1	森本	③	0	0
0	0	③	小関	2	DF	3	加賀美	③	1	0
0	0	③	（香﨑）	23		5	平井	③	0	0
0	0	②	清水	4		6	松村	③	0	0
0	0	①	永井	5						
0	0	③	荒野	13						
0	0	③	（梶谷）	3						
0	0	③	小森	6	MF	4	高山	③	0	0
0	0	②	（渡部）	21		7	中本	③	1	0
0	0	❸	井上	7		8	芳田	③	1	0
0	0	③	山元	8		14	（下舘）	③	0	0
0	2	②	山下	9		10	中山	③	0	0
0	0	②	外山	17		13	櫛田	②	0	0
0	0	②	（堀内）	20						
0	1	③	児玉	10	FW	9	水永	❸	3	1
0	0	②	（朴）	18		11	小林	③	1	0
						12	（北野）	③	0	0
0	4			11	GK	11			7	1
				7	CK	3				
				10	FK	11				
				0	PK	0				

【得点経過】
後半 6分〔東〕中本→**水永S**

■集中力を切らさずに1点を守り切る

両チームともに1-4-2-3-1のシステムで、立ち上がりはシンプルに前線にロングボールを送り、セカンドボールの回収から素早い攻撃に繋げようとする。矢板中央は全体的に出足が早く、敵陣に押し込んだ状態からMF井上を中心にアグレッシブにボールを奪いにいき、二次攻撃に繋げる。自陣に押し込まれた状態になると、ゴール前にDFラインと中盤の選手でブロックを作って対応した。対する東海大大阪仰星は矢板中央のロングボールやロングスローに対し、長身のDF平井、松村を中心に跳ね返す。粘り強い守備から前線にボールを送り、推進力のあるFW水永を起点にMF中本、芳田の突破でゴールに迫ろうとする。後半6分、東海大大阪仰星は中本のスルーパスを水永が流し込み、先制に成功。1点を追う矢板中央は高さやスピードのある選手を投入して流れを変えようとする。ロングスローやセットプレーで迫力のある攻撃を見せるも、最後まで集中力を切らさなかった東海大大阪仰星が1点を守り切って2回戦に駒を進めた。

戦評　倉知祐秀（新羽高校）

第1回戦　12月29日（金）　等々力陸上競技場（晴）

（主）山岡良介　（副）塚原健、福島崇

明秀日立★（茨城県） **2**（0-0 / 2-0）**0** **徳島市立**（徳島県）

得	S	学		背		背		学	S	得
0	0	②	重松	12	GK	1	安藝	③	0	0
0	0	③	飯田	3	DF	3	川村	③	0	0
0	2	❸	山本	5		4	山本	❸	0	0
0	0	③	長谷川	8		5	麻植	③	0	0
0	0	③	（今野）	2		14	藤川	②	1	0
0	0	③	斉藤	19						
0	0	③	（永田）	17						
0	0	③	大原	6	MF	6	池田	③	1	0
0	1	③	吉田	7		24	（牛尾）	①	0	0
0	1	③	益子	13		7	山座	③	1	0
0	0	②	柴田	24		8	原水	②	1	0
0	1	②	（竹花）	23		16	（太田）	③	0	0
						12	山口	②	0	0
						2	（瀬口）	③	0	0
0	0	③	熊﨑	9	FW	11	鈴木	②	0	0
1	1	③	（根岸）	10		30	岡	②	1	0
1	4	③	石橋	11		9	（上田）	②	0	0
0	2	③	（上田）	14						
2	12			12	GK	10			5	0
				5	CK	4				
				7	FK	7				
				0	PK	0				

【得点経過】
後半16分〔明〕益子S（バー返り）**根岸HS**
〃 26分〔明〕**FK石橋S**

■総体王者の明秀日立が初戦突破

今年度の総体王者で強度の高い守備を誇る明秀日立と大会トップクラスの攻撃力を持つ徳島市立が対戦。序盤は明秀日立がコンパクトな陣形で相手にスペースを与えず、GK重松の守備範囲の広さとDF山本、飯田の身体を張った粘り強い守備でゴールを割らせない。対する徳島市立は狭いスペースでも細かいパスワークからFW岡、鈴木のコンビネーションを中心に相手ペナルティエリアに侵入した。我慢の時間帯が続いた明秀日立だが、左SB斉藤の攻撃参加と左MF益子の突破で左サイドからチャンスを作った。スコアレスのまま迎えた後半、MF吉田、大原が前線に効果的なパスを配球して攻撃を組み立てる明秀日立は、16分に途中出場のFW根岸が押し込んで先制。その後も守備の強度を落とさず、鋭いボール奪取から何度もチャンスを作り出し、26分にはFW石橋が直接FKを決めて追加点を奪った。攻守にわたり強度の高さを見せた明秀日立が勝利した。

戦評　魚住聡（荏田高校）

第1回戦 12月29日(金) 駒沢陸上競技場(晴)

(主)宇田川恭弘 (副)中村一貴、阿部史彦

帝京第三 2(0-3 / 2-0)3 初芝橋本

★(山梨県) (和歌山県)

得	S	学		背		背		学	S	得
0	0	③	近松	17	GK	1	大竹野	③	0	0
0	0	③	原田	3	DF	2	坂本	③	0	0
0	0	③	押田	4		14	(古谷)	③	0	0
0	0	❸	大野	5		3	西風	③	1	0
1	1	③	福司	12		4	石丸	❸	0	0
						5	三浦	③	1	0
0	0	③	秋間	7	MF	7	増田	③	0	0
0	1	③	(嶋野)	19		8	池田	③	0	0
0	0	③	櫻井	10		15	大丸	③	2	2
0	0	②	朝比奈	18		16	(山本)	③	0	0
0	0	③	(桒原)	14						
0	1	③	小澤	20						
0	0	②	(山岡)	15						
0	0	③	西澤	22						
1	2	③	遊佐	9	FW	10	朝野	③	3	1
						11	神戸	③	0	0
						20	(河崎)	②	0	0
						18	竹内	③	1	0
						24	(大薗)	③	1	0
2	5			7	GK	7			9	3
				3	CK	3				
				11	FK	13				
				0	PK	0				

【得点経過】

前半 5分〔初〕FK池田→三浦S(バー返り)**大丸HS**

〃 14分〔初〕FK池田→**大丸HS**

〃 33分〔初〕竹内→大丸～→**朝野HS**

後半22分〔帝〕小澤～→**福司S**

〃 35分〔帝〕小澤→嶋野→**遊佐S**

▼警告

〔初〕竹内

■前半3得点の初芝橋本が逃げ切る

開始直後の前半5分に初芝橋本がFKの流れから先制すると、14分にもFKから追加点を奪った。2点のリードを許した帝京第三はMF西澤を中心にボールを動かし始め、サイドから攻撃を組み立てる。初芝橋本は攻撃時の1-3-4-3から両ワイドがDFラインに入り、1-5-4-1を形成して5バックで対応する。帝京第三が徐々にペースを掴み始めるが、33分に初芝橋本がカウンターから追加点。後半に入ってもゲームの様相は変わらず、ボールを保持する帝京第三とカウンターを窺う初芝橋本。ボールを動かし続ける帝京第三に対し、初芝橋本はプレッシャーをかけきれずに押し込まれる形となる。22分に1点を返した帝京第三は35分に2点目を奪うが、その後は決定機を決め切れず。逃げ切った初芝橋本が2回戦進出を決めた。

戦評 井手豊(広島工業高校)

第1回戦 12月29日(金) 駒沢陸上競技場(晴)

(主)足立正輝 (副)池田元、井村友哉

堀越 2(0-0 / 2-0)0 今治東

★(東京都A) (愛媛県)

得	S	学		背		背		学	S	得
0	0	③	吉富	1	GK	1	井門	③	0	0
0	0	②	竹内	2	DF	3	岡田	②	0	0
1	2	②	森(奏)	4		4	樋口	③	0	0
0	0	②	渡辺(冴)	13		5	越智	②	0	0
0	0	①	(横尾)	25		6	西河	②	0	0
0	0	②	瀬下	19		22	河上(進)	③	0	0
						17	(山中)	②	0	0
0	1	②	渡辺(隼)	6	MF	8	安部	②	0	0
0	2	③	吉荒	8		7	(田坂)	③	0	0
0	2	②	仲谷	14		20	(高橋)	①	0	0
0	0	①	(谷口(昊))	29		18	倉瀬	①	0	0
						15	(赤堀)	③	0	0
0	3	③	髙谷	9	FW	10	大荒	③	1	0
0	2	①	(三鴨)	7		11	髙瀬	②	0	0
0	3	❸	中村	10		13	河上(塔)	③	1	0
1	1	③	伊藤	11		9	(小西)	②	0	0
0	0	②	(小泉)	18						
2	16			2	GK	10			2	0
				7	CK	2				
				12	FK	11				
				0	PK	0				

【得点経過】

後半14分〔堀〕渡辺(隼)→髙谷H→**森(奏)～S**

〃 24分〔堀〕中村～→**伊藤HS**

▼警告

〔堀〕渡辺(冴)、仲谷

▼退場

〔今〕西河

■我慢強く安定した守備で得点を許さず

堀越は1-4-3-3、今治東は1-3-4-3の布陣でスタート。堀越はボールを動かしながら両サイドを起点に押し込む時間を増やし、シュートチャンスを作り出す。一方、今治東は守備時に1-5-4-1のブロックを形成し、粘り強い守備からFW大荒を中心にカウンターを仕掛ける。両チーム、幾つかの決定機を作るが、集中した守備で得点を許さずに前半は終了。後半開始早々、退場者が出た今治東は布陣を1-4-4-1に変更する。堀越が攻勢を強めた14分、押し込んだ状態から攻め上がっていたDF森(奏)が先制点。さらに24分、FW中村のクロスにFW伊藤が頭で合わせて追加点を奪う。今治東は前半開始早々のMF安部の負傷交代や、数的不利で戦う苦しい展開の中、DF樋口を中心とした粘り強い守備から最後までゴールを目指す。しかし、堀越は森(奏)を中心に我慢強い守備で最後まで得点を許さなかった。

戦評 金子翔一(創価高校)

第1回戦 12月29日(金) 浦和駒場スタジアム(晴)

(主)友政利貴 (副)橋本真光、筒井勇気

帝京大可児 2(0-1 / 2-0)1 柳ヶ浦

(岐阜県) (大分県)★

得	S	学		背		背		学	S	得
0	0	③	竹内	1	GK	1	濱本	③	0	0
0	0	②	鷹見	3	DF	2	中川	③	1	1
0	0	③	堀内	5		22	(宮地)	③	0	0
0	1	②	石田	6		4	木塚	③	0	0
0	1	①	伊藤	20		5	外園	②	0	0
						6	下地	③	0	0
0	2	③	内藤	7	MF	7	池田	③	0	0
0	2	②	(髙田)	13		9	(安里(耀))	③	0	0
0	0	❸	吉兼	8		8	安里(皇)	②	1	0
0	0	①	(青木)	30		16	(椎橋)	③	0	0
0	1	②	明石	9		14	新谷	③	0	0
0	0	②	(鶴見)	15		13	(小村)	③	0	0
0	1	③	棚橋	11		20	大塚	②	1	0
1	1	②	松井	24		10	(橋本)	③	1	0
1	2	②	加藤	10	FW	11	曽根	❸	0	0
						21	八尋	②	4	0
2	11			5	GK	9			8	1
				9	CK	1				
				12	FK	6				
				0	PK	0				

【得点経過】

前半27分〔柳〕CK池田→外園H→(相手FP)(クリア)(こぼれ球)**中川S**

後半14分〔帝〕松井→明石→**加藤S**

〃 21分〔帝〕加藤～→**松井S**

■帝京大可児が後半2得点で逆転勝利

試合序盤、互いに攻守の切り替えが早く、ボールを奪ってから縦にスピーディーな攻撃で主導権を握ろうとする。10分を過ぎると、帝京大可児が両SBの攻撃参加と中盤の距離間をコンパクトにしたポゼッションスタイルでテンポ良くパスを回し始める。対する柳ヶ浦はFW曽根、八尋を前線に残して守備ブロックを形成。奪ったボールは前線に配球し、FW2人のコンビネーションで得点機を作る。一進一退の攻防が続くなか、前半27分に柳ヶ浦が先制する。帝京大可児は後半から投入されたFW髙田の推進力のあるドリブルやトップ下に移ったMF明石の飛び出しから好機を作り出す。前半同様、中央突破を目指す帝京大可児とカウンターを狙う柳ヶ浦という流れが続くなか、14分に帝京大可児が同点に追いつく。さらに21分、MF松井が決めて逆転に成功する。柳ヶ浦は選手交代で攻撃の活性化を図るが得点には繋がらず、帝京大可児が勝利した。

戦評 石川峻己(三郷高校)

第1回戦 12月29日(金) 味の素フィールド西が丘（晴）

（主）安川公規　（副）村田裕紀、新田守

丸岡 ★（福井県） 0 (0-0 / 0-1) 1 佐賀東（佐賀県）

得	S	学		背		背		学	S	得
0	0	③	山本	1	GK	1	中里	②	0	0
0	0	③	永田	2	DF	3	甲斐(桜)	②	0	0
0	0	③	宮﨑	5		5	江頭	②	1	1
0	0	②	奥村(風)	6		6	田中(佑)	②	0	0
0	1	③	大藤	15		18	後藤	②	0	0
0	0	③	渡辺	10	MF	8	大島	②	4	0
0	0	②	久津見	14		9	宮川	❸	0	0
0	0	③	新村	16		10	江口(恭)	③	1	0
0	0	②	(西村)	9		16	右近	③	0	0
0	2	❸	奥村(洋)	7	FW	11	最所	③	1	0
0	1	②	安嶋	8		22	(石川)	①	0	0
0	0	③	川下	11		21	宮﨑	③	0	0
						12	(田口)	③	0	0
0	4			5	GK	14			7	1
				4	CK	5				
				12	FK	20				
				0	PK	1				

【得点経過】
後半40+6分〔佐〕**PK江頭S**
▼警告
〔丸〕久津見、渡辺、大藤
〔佐〕江頭

■終了間際に生まれたPKによる決勝点

両チームとも硬さが見られる立ち上がりとなったが、徐々に丸岡が強度の高い守備からボールを奪い、押し込む時間が増えていく。カウンターやDF大藤のロングスローからゴールに迫るが、GK中里を中心とした佐賀東のコンパクトな守備を崩し切れない。一方、佐賀東は丸岡のロングボールに対してDFラインが対応。セカンドボールを回収し、FW宮﨑のポストプレーや右MF宮川の突破を起点にリズムを作るも、丸岡の粘り強い守備を前に得点までには至らなかった。後半も丸岡は粘り強い守備からゴールを目指し、佐賀東は徐々にボールを保持する時間を増やしていく。15分、丸岡はMF起用された走力のあるFW川下を前線に配置して、リズムを生み出そうとする。一方、佐賀東は19分に2トップに配置を変更し、FW石川をターゲットとして丸岡ゴールに迫った。両チームともに粘り強い守備で得点を許さずに拮抗した時間が続いたが、後半アディショナルタイムに佐賀東がPKを獲得。そのPKをDF江頭が落ち着いて決め、2回戦に進出した。

戦評　森政憲（桐朋高校）

第2回戦 12月31日(日) 県立柏の葉公園総合競技場（晴）

（主）山岡良介　（副）西田裕貴、小林拓矢

岡山学芸館 ★（岡山県） 2 (1-1 / 1-0) 1 尚志（福島県）

得	S	学		背		背		学	S	得
0	0	③	平塚	1	GK	16	角田	③	0	0
0	0	②	道満	2	DF	2	冨岡	③	1	1
0	0	③	平松	3		4	市川	③	0	0
0	1	③	平野	4		5	白石	③	1	0
						20	渡邉	❸	0	0
0	0	③	田村	6	MF	7	安斎	③	1	0
2	2	③	木下	7		8	神田	③	0	0
0	2	❸	田口	10		10	若林	③	0	0
0	0	③	山河	13		15	(濵田)	③	1	0
0	0	①	(山田)	26		14	藤川	③	2	0
						11	(桜松)	③	0	0
0	1	②	太田	9	FW	9	網代	③	1	0
0	3	③	田邉	11		12	笹生	③	2	0
0	0	②	香西	20		18	(吉田)	③	0	0
0	1	③	(木村)	8						
2	10			8	GK	8			9	1
				1	CK	4				
				11	FK	8				
				0	PK	0				

【得点経過】
前半 4分〔尚〕白石S(バー返り)×**冨岡S**
〃 35分〔岡〕山河→**木下S**
後半29分〔岡〕(インターセプト)**木下〜S**

■岡山学芸館が逆転で尚志を下す

岡山学芸館は攻撃時は1-3-5-2、守備時は1-5-3-2、対する尚志は1-4-4-2のシステムで試合に入る。互いのファーストシュートがポスト、クロスバーを叩き、慌ただしく試合が動く。前半4分に先制した尚志がペースを握ると、FW笹生へのくさびから前向きのサポートを増やして好機を作り出す。MF安斎はスピードを活かした突破、カットインからのシュートなどで違いを随所に見せた。対する岡山学芸館は素早いプレスバックで自由を与えずにボールを奪い取り、高さのあるFW太田、香西にロングボールを供給し、セカンドボールの回収からゴールに迫る。35分には左サイドのMF山河が送ったクロスをMF木下が決めて追いついた。後半に入ると、膠着状態が続いたものの、29分に木下のこの日2点目で岡山学芸館がリードを奪う。何とかゴールを奪いたい尚志だが前線に人数をかけられず。堅い守りを見せた岡山学芸館が3回戦に進出した。

戦評　上芝俊介（八千代高校）

第2回戦 12月31日(日) ゼットエーオリプリスタジアム（曇）

（主）塚原健　（副）向井修也、芦野紘太

北海（北海道） 0 (0-1 / 0-2) 3 名古屋 ★（愛知県）

得	S	学		背		背		学	S	得
0	0	③	小野寺	1	GK	1	小林	③	0	0
0	1	③	栗塚	2	DF	2	太田	②	0	0
0	0	③	武笠	3		3	佐藤	②	0	0
0	0	❸	川合	4		20	(大村)	②	0	0
0	4	②	渡部	5		4	足立	③	0	0
						5	井上	②	0	0
						13	月岡	③	1	0
0	0	③	西脇	6	MF	6	田中	❸	0	0
0	0	③	中村	7		8	川瀬	②	0	0
0	1	③	成澤	8		10	原	③	3	1
0	0	②	(輪島)	18						
0	0	③	白﨑	12						
0	0	③	(伊藤)	13						
0	1	③	田中	10	FW	7	小川	③	5	1
0	0	③	野村	11		22	(田邉)	③	0	0
						9	仲井	③	1	1
						18	(齋藤)	②	0	0
0	7			9	GK	4			10	3
				5	CK	4				
				6	FK	3				
				0	PK	0				

【得点経過】
前半40分〔名〕原→**小川S**
後半10分〔名〕小川→原→**仲井S**
〃 40+2分〔名〕**原〜S**

■カウンターから鮮やかに追加点

序盤からともに積極的にプレスをかけ、激しい球際の攻防が続いた。北海はFW田中、野村をターゲットにしたロングボールをDFラインから送り、中盤を押し上げてセカンドボールを拾って攻撃を仕掛けていく。押し込まれた名古屋だがDF太田、井上、足立を中心にロングボールを跳ね返すと、サイドや相手の背後へ展開して攻撃を試みる。前半40分、名古屋はFW小川が流し込んで先制。後半序盤はサイドからボールを運び、シュートチャンスを作る北海が押し込む展開が続く。しかし、10分、名古屋が良い形でボールを奪い、カウンターから2点目を決める。リードを広げた名古屋は1-5-4-1にシステム変更し、自陣でブロックを形成。ゴール前とDFライン背後のスペースをなくし、身体を張って守りに徹する。後半終了間際には名古屋がカウンターからダメ押し点を奪い、試合終了。集中した守備を見せた名古屋が、完封勝利で3回戦に進出した。

戦評　唐澤貴人（白井高校）

第2回戦 12月31日(日) 県立柏の葉公園総合競技場（曇のち晴）

（主）山口隆平　（副）手塚優、遠藤勇紀

帝京長岡（新潟県） **1**（0-0 / 1-1）**1** **市立船橋**（千葉県）★
4 PK 5

得	S	学		背		背		学	S	得
0	0	②	小　林	1	GK	1	ギマラエス	②	0	0
0	0	③	松　岡	2	DF	2	佐　藤	③	1	1
0	0	③	高　萩	3		3	内　川	③	0	0
0	0	②	池　田	4		4	宮　川	③	0	0
0	0	②	（香西）	12		5	五　来	③	2	0
0	0	②	山　本	5						
1	1	②	水　川	6	MF	6	白　土	③	0	0
0	0	③	（谷中）	22		7	太　田	❸	1	0
0	3	③	山　村	7		8	足　立	③	2	0
0	0	③	橋　本	8		11	佐々木	③	1	0
0	0	③	原	10		14	（森）	③	0	0
0	1	③	畑	11	FW	10	郡　司	③	1	0
0	0	②	（新納）	9		15	久保原	②	1	0
0	1	❸	堀	14						
1	6			14	GK	9			9	1
				3	CK	9				
				7	FK	8				
				0	PK	0				

【得点経過】
後半 8分〔市〕森S（相手GK）（こぼれ球）**佐藤S**
〃 32分〔帝〕山村→**水川S**

■PK方式を制した市立船橋が3回戦へ

帝京長岡は1-3-1-4-2、市立船橋は1-4-4-2に構え、それぞれが中央、サイドに数的優位を持つ布陣でスタート。前半は市立船橋ペース。2トップがサイドに流れたり、両SHが高い位置をとりながらサイドに起点を作り、さらに両SBが積極的にオーバーラップを仕掛ける。対する帝京長岡はMF水川がアンカーの位置に入り、ビルドアップで丁寧にボールを保持しながら、ワンタッチやツータッチを織り交ぜた細かいパス交換で主導権を握ろうとする。後半も同様のペースで進み、8分に市立船橋がCKの好機を得ると、デザインされたCKから最後はDF佐藤がゴールを奪った。追いかける帝京長岡はFW堀が中盤に降りてボールを受けるなど、前線の選手が流動的にポジションを変えることでチャンスメイクしていく。そして32分、中央に走り込んだ水川が同点ゴールを決める。試合は1-1のまま、突入したPK方式を制した市立船橋が3回戦に進んだ。

戦評　宮成昇（防府西高校）

第2回戦 12月31日(日) ゼットエーオリプリスタジアム（晴）

（主）宗像瞭　（副）鈴木渓、佐々木就将

星　稜★（石川県） **1**（0-0 / 1-1）**1** **四日市中央工**（三重県）
3 PK 0

得	S	学		背		背		学	S	得
0	0	②	橋　本	1	GK	12	松　成	③	0	0
0	0	③	（佐藤）	17						
0	0	③	井　田	2	DF	2	伊　藤	③	0	0
0	0	②	尾　森	3		4	山　本	③	0	0
0	0	❸	倉　畑	4		5	河　合	③	0	0
0	0	②	木　村	5		23	岩　田	③	1	0
0	1	②	北　方	6	MF	6	田　頭	③	0	0
0	0	②	山　口	7		10	片　岡	③	0	0
0	0	③	天　川	8		14	西　脇	③	0	0
0	0	②	中　村	10		9	（屋成）	③	0	0
0	0	③	（後藤）	14		16	山　口	③	1	0
0	0	②	村　上	13		17	平　野	③	3	0
0	0	②	（西川）	16						
0	0	③	竹　山	9	FW	7	小　林	③	3	0
1	1	②	（南）	11						
1	2			12	GK	8			8	0
				5	CK	6				
				11	FK	16				
				0	PK	0				

【得点経過】
後半10分〔四〕西脇→山口S（相手FP）（オウンゴール）
〃 23分〔星〕**南～S**

■途中出場のGKがPK方式で2本をストップ

星稜はMF中村を経由してボールを動かし、早いタイミングでDFラインの背後に配球し、FW竹山、MF北方の抜け出しから得点を狙う。GK橋本のロングキックもアクセントとして活用した。対する四日市中央工はFW小林、FW起用されたMF平野のスピードを活かし、DFラインからのロングボールでシンプルにゴールを狙う。中盤での球際の競り合いが激しく、セカンドボールをどちらが拾えるかがポイントとなる一進一退の攻防が続く。後半、四日市中央工は平野と左SH西脇がポジションチェンジすると、10分に西脇が突破した流れからオウンゴールを誘って先制する。細かいパスワークで前進を試みる星稜はミドルサード付近でボールを奪われるシーンが増えるが、23分にFW南が同点ゴールを叩き込んだ。その後は互いにシュートチャンスを決め切れないまま後半が終了。PK方式では途中出場したGK佐藤が2本をストップし、星稜が3回戦進出を決めた。

戦評　田中章太郎（木更津高校）

第2回戦 12月31日(日) 浦和駒場スタジアム（晴時々曇）

（主）植松健太朗　（副）清水拓、筑井諄

青森山田（青森県） **1**（0-0 / 1-1）**1** **飯　塚**（福岡県）★
5 PK 3

得	S	学		背		背		学	S	得
0	0	③	鈴　木	1	GK	1	松　﨑	③	0	0
0	0	③	小　林	2	DF	2	深　川	③	0	0
0	0	③	小　沼	3		4	坂　本	③	0	0
0	0	❸	山　本	4		5	藤　井	❸	0	0
0	0	③	小　泉	5		14	岩　瀬	③	0	0
0	0	③	菅　澤	6	MF	6	永　原	③	0	0
0	1	③	川　原	8		10	溝　口	③	0	0
0	0	③	（齊藤）	15		13	久　保	③	0	0
0	2	③	芝　田	10		19	永田(翔)	②	0	0
0	1	③	福　島	13		17	（大橋）	①	0	0
0	1	③	（津島）	9						
0	1	③	杉　本	14						
0	0	③	（後藤）	16						
1	4	③	米　谷	11	FW	9	原	③	2	1
						11	大　園	③	0	0
1	10			6	GK	14			2	1
				4	CK	4				
				10	FK	12				
				0	PK	0				

【得点経過】
後半24分〔飯〕大園→（相手FP）（クリア）×**原S**
〃 34分〔青〕後藤～→**米谷HS**

▼警告
〔飯〕永田

■追いついた青森山田がPK方式で勝利

青森山田は相手DFラインの背後へ配球し、押し込んだ位置からのロングスローでゴールをこじ開けにかかる。対する飯塚は青森山田の圧力のある攻撃に冷静に対応し、ロングスローにも的確なポジショニングからボールへアタックし、ゴールを許さない。青森山田が徐々にセカンドボールを安定して回収し始め、MF川原を起点としてサイド攻撃からゴールを目指す。飯塚は粘り強い守備からFW原、大園を中心にカウンターを仕掛け、シュートまで持ち込もうとする。後半に入ってもゲームの様相は変わらず、青森山田はロングボールで圧力のある攻撃を続け、飯塚はDF藤井を中心とした粘り強い守備からカウンターを狙う。拮抗した展開が続くなか、24分に飯塚が均衡を破る。先制を許した青森山田はDF小泉を前線に上げて攻撃の起点をより明確にすると、34分に追いつく。試合は80分で決着がつかず、PK方式により青森山田が3回戦に進出した。

戦評　石井将貴（広陵高校）

第2回戦 12月31日(日) 浦和駒場スタジアム（晴のち曇）

（主）椎野大地　（副）原崇、湯浅純一

広島国際学院（広島県） 1（0-0 / 1-1）1 **静岡学園**（静岡県）★

4 PK 3

得	S	学		背		背		学	S	得
0	0	③	片　渕	1	GK	1	中　村	❸	0	0
0	0	③	藤井(海)	2	DF	4	水　野	③	2	0
0	0	③	水　野	3		2	（井口）	③	0	0
0	0	❸	茂　田	4		5	大　村	③	0	0
0	0	③	岡　田	23		13	野　田	②	0	0
0	0	③	（髙山）	15		16	吉　村	③	1	0
0	1	③	島　川	5	MF	7	庄	③	2	1
0	0	③	長谷川	6		10	高　田	③	4	0
0	0	③	渡　邊	7		11	志　賀	③	2	0
0	0	③	萩　野	13		14	森　﨑	③	0	0
0	0	③	（岩本）	19		15	宮　嵜	③	1	0
0	0	③	戸　山	14		8	（田嶋）	③	1	0
1	1	③	（石川）	10						
0	3	③	野　見	11	FW	9	神　田	③	6	0
1	5			13	GK	4			19	1
				0	CK	8				
				9	FK	13				
				0	PK	0				

【得点経過】
後半 9分〔広〕野見～→**石川S**
〃 15分〔静〕森﨑→**庄～S**

▼警告
〔広〕藤井(海)
〔静〕野田、庄

■初出場の広島国際学院が静岡学園に勝利

静岡学園はMF高田、宮嵜が流動的にポジションを変えながらボールを引き出し、パスで攻撃のリズムを作り、試合のペースを握る。左SH志賀のスピードを活かした突破や右SB野田のクロスで決定機を演出する。対する広島国際学院は3ラインをコンパクトにした守備陣形を形成し、チャレンジ＆カバーを繰り返しながら粘り強く対応。ボールを奪ってからはFW野見、前線に入ったMF戸山へロングボールを供給し、縦に速い攻撃を仕掛けようとした。後半開始から広島国際学院はMF石川を投入すると、9分にその石川が先制点。失点した静岡学園は慌てることなくポゼッション率を高め、15分にMF庄が決めて追いつく。攻勢を強める静岡学園は個の仕掛けやコンビネーションで相手守備を崩そうとするが、広島国際学院が粘り強く対応した。互いに全力を出し切った試合は80分では決着がつかずにPK方式の末、広島国際学院に軍配が上がった。

戦評　野木悟志（庄和高校）

第2回戦 12月31日(日) 埼玉スタジアム2〇〇2（晴）

（主）舟橋崇正　（副）井手本瞭、小竹宏幸

昌　平（埼玉県） 1（0-0 / 1-1）1 **米子北**（鳥取県）★

4 PK 3

得	S	学		背		背		学	S	得
0	0	②	佐々木(智)	1	GK	1	尾　崎	③	0	0
0	0	②	坂　本	2	DF	2	梶	③	0	0
0	0	②	上　原	3		3	藤　原	③	0	0
0	1	❸	佐怒賀	4		4	浜　梶	①	0	0
0	1	③	田中(瞭)	5		6	樋　渡	②	0	0
0	0	③	土　谷	7	MF	8	仲　田	❸	0	0
1	1	①	（長(璃)）	11		14	小　村	③	1	0
0	0	②	大　谷	8		7	（上原）	③	0	0
0	3	③	長(準)	10		18	柴　野	②	1	1
0	1	③	前　田	18		24	（石倉）	③	0	0
0	1	③	（西嶋）	13		19	田　村	③	1	0
						5	（城田）	③	0	0
0	2	③	小　田	9	FW	9	鈴　木	②	3	0
0	1	③	（工藤）	12		11	（愛須）	③	0	0
0	1	②	鄭	15		10	森　田	③	2	0
0	0	②	（鈴木）	6		22	（西尾）	②	0	0
1	12			10	GK	10			8	1
				9	CK	1				
				14	FK	9				
				0	PK	0				

【得点経過】
後半 7分〔米〕TI藤原×梶→田村→仲田×鈴木S(相手FP)(こぼれ球)**柴野S**
〃 40+4分〔昌〕田中(瞭)→大谷～→田中(瞭)→**長(璃)HS**

■互いにゴールに迫り続けた好ゲーム

東西プレミアリーグ対決となった注目の一戦。両チームともに攻守の切り替えが早く、コンパクトな陣形で強度の高い粘り強い守備を見せる米子北、2トップへのくさびからゴール前への侵入を目指す昌平と、互いに持ち味を出す。一進一退の攻防が続き、前半は0-0のまま終了。後半に入ると米子北が前への圧力を増し、7分にロングスローのこぼれ球をMF柴野が詰めて先制する。リードした米子北は守備ラインを下げてブロックを作り、ショートカウンターで追加点を狙う。昌平はMF西嶋を投入して1-4-2-3-1にシステムを変更。中盤の選手がライン間で受ける回数が増え、MF長（準）が抜け出して決定機を作る。チーム全体の守備意識が高い米子北は強度の落ちない守備でゴールを守るが、攻撃の手を緩めない昌平が終了間際にMF長（璃）の得点で追いつく。互いにゴールに迫り続けた好ゲームはPK方式の末、昌平が3回戦に駒を進めた。

戦評　久津間岳文（川越南高校）

第2回戦 12月31日(日) 埼玉スタジアム2〇〇2（晴）

（主）友政利貴　（副）足立正輝、福島秀人

遠　野（岩手県）★ 0（0-1 / 0-0）1 **大　津**（熊本県）

得	S	学		背		背		学	S	得
0	0	③	浅　沼	1	GK	1	坊　野	②	0	0
0	2	③	佐々木	3	DF	2	大　神	②	1	0
0	0	❸	畠　山	4		3	田　辺	③	0	0
0	0	③	戸　羽	6		4	吉　本	③	0	0
						5	五　嶋	②	1	0
0	0	③	菊池(遥)	5	MF	6	兼　松	②	0	0
0	0	②	（今淵）	15		7	古　川	③	2	1
0	1	②	馬　場	7		8	嶋　本	②	0	0
0	1	③	高橋(優)	8		20	（畑）	②	0	0
0	0	②	（菊池(晃)）	12		10	碇	❸	0	0
0	1	③	昆　野	10		15	日　置	③	0	0
0	1	③	右　近	14		17	（舛井）	②	0	0
0	1	②	照　井	9	FW	11	稲　田	③	2	0
0	0	③	池　口	11		9	（山下）	②	0	0
0	1	③	（八重樫）	19						
0	8			11	GK	9			6	1
				6	CK	1				
				12	FK	7				
				0	PK	0				

【得点経過】
前半 8分〔大〕田辺→(相手FP)(こぼれ球)**古川S**

▼退場
〔大〕畑

■大津が序盤に奪った1点を守り切る

序盤から大津が攻勢を強めると、8分にDF田辺が左サイドから送ったクロスのこぼれ球をMF古川が豪快に蹴り込み、先制する。その後もDF大神が高いポジションをとり、MF嶋本が内側に入る1-3-4-3のようなシステムでピッチの幅を広く使い、巧みなパス回しとポジション変更でボールを前進させる。対する遠野は奪ったボールを落ち着いて保持し、相手DFラインの背後に抜け出したFW池口へのロングボールやサイド攻撃で得たCKでチャンスを作る。後半、大津は相手SBとCB間でMF日置がボールを受けて仕掛ける中央突破や、サイドからのクロスなど多彩な攻撃を見せる。遠野は前線からのアグレッシブなプレスでボールを奪い、ショートカウンターを仕掛ける。ショートパスや少ないボールタッチでの崩しで立て続けにゴールへ迫るが、フィニッシュの精度を欠いた。大津はMF兼松のスペースを消すリスクマネジメントや選手交代を使いながらインテンシティを下げず、粘り強い守備で1点を守り切り3回戦へ駒を進めた。

戦評　石田寛季（熊谷農業高校）

第2回戦 12月31日(日) ニッパツ三ツ沢球技場(晴)

(主)安藤康平 (副)宇田川恭弘、横山鮎夢

神村学園 2(2-0 / 0-0)0 松本国際

(鹿児島県)　　(長野県)★

得	S	学		背		背		学	S	得
0	0	③	川路	1	GK	12	高尾	③	0	0
0	0	②	鈴木	4	DF	2	長崎	③	0	0
0	1	③	難波	5		3	城元	③	0	0
1	1	③	有馬	7		5	鈴木	❸	0	0
0	0	③	吉永	15		22	渡邊	②	0	0
0	0	①	福島	10	MF	7	宮下	③	1	0
0	1	②	大成	11		15	(下野)	③	0	0
0	0	③	(高橋)	8		10	久保田	③	0	0
1	4	②	名和田	14		8	(大津)	③	0	0
0	0	①	(佐々木)	16		14	山本	③	0	0
0	0	②	新垣	20		11	(関)	②	0	0
0	0	③	(下川)	2		16	稲吉	②	0	0
						21	米澤	③	0	0
						20	(佐々木)	③	0	0
0	0	①	日高	9	FW	25	橋崎	③	1	0
0	0	①	(樹本)	26		9	(元木)	③	3	0
0	3	❸	西丸	13						
2	10			5	GK	6			5	0
				5	CK	1				
				9	FK	9				
				0	PK	0				

【得点経過】
前半 8分〔神〕新垣～→西丸～→**名和田S**
〃 24分〔神〕大成～→(カット)(こぼれ球)**有馬S**

■神村学園がゲームを支配して3回戦進出

神村学園は1-4-4-2を採用し、自陣からショートパスを繋ぐだけでなく、相手の背後へのロングパスやサイドチェンジを駆使して多彩な攻撃を仕掛ける。一方、松本国際は攻撃時は1-4-2-3-1、守備時は1-4-4-2のシステムを採用して自陣からダイレクトプレーを使いながらテンポ良くパスを繋いでいく。神村学園は序盤から左SB吉永、左SH名和田、ボランチのMF福島が起点となり、FW日高、西丸が相手の背後のスペースでボールを引き出してチャンスメイクしていく。8分に名和田が決めて先制すると、24分には右SB有馬が押し込んで追加点。後半に入り、松本国際はFW元木を投入して得点を狙うが、神村学園がゲームを支配する展開が続く。12分に松本国際はMF大津、佐々木を同時投入すると、佐々木の突破から徐々にゴールに迫る場面が増える。その後も松本国際がゴール前までボールを運ぶも神村学園の守備陣を崩すことができなかった。

戦評 粕谷啓介(秦野高校)

第2回戦 12月31日(日) ニッパツ三ツ沢球技場(晴)

(主)佐々木慎哉 (副)荒上修人、高田也愛

神戸弘陵 2(1-0 / 1-0)0 前橋育英

(兵庫県)　　(群馬県)★

得	S	学		背		背		学	S	得
0	0	②	歌野	12	GK	1	雨野	❸	0	0
0	0	②	阪上	2	DF	2	斉藤	③	1	0
0	0	③	柴尾	3		3	山田	②	0	0
0	1	❸	岡	4		5	青木	②	1	0
						6	清水	③	0	0
1	1	②	藤本	5	MF	7	石井	②	0	0
0	0	③	大井	6		10	山﨑	③	0	0
0	0	②	(井田)	26		20	(大岡)	①	0	0
0	0	③	佐波	7		14	篠﨑	③	1	0
0	0	②	(下酔尾)	24		23	平林	①	0	0
0	0	②	木津	8						
1	3	③	馬場	9	FW	15	佐藤	②	0	0
0	0	③	(高橋)	16		9	(黒沢)	②	0	0
0	1	③	北藤	10		18	オノノジュ	②	0	0
0	1	②	石橋(瀬)	11		11	(斎藤)	③	0	0
0	0	②	(中邑)	27						
2	7			11	GK	3			3	0
				3	CK	2				
				9	FK	6				
				0	PK	0				

【得点経過】
前半20分〔神〕FK阪上→GK(カット)(こぼれ球)馬場→**藤本HS**
後半13分〔神〕藤本→**馬場～S**

▼警告
〔神〕柴尾、井田

■ゲームをコントロールした神戸弘陵

序盤は前橋育英がボールを保持し、MF篠﨑、石井を中心にテンポ良くボールを動かし、FW佐藤、オノノジュのポストプレーを活かしながら攻撃を仕掛ける。対する神戸弘陵は最終ラインからボールを繋ぎ、左SBに入ったMF藤本がインサイドにポジションをとるなど、立ち位置を変えながらゴール前への侵入を試みる。前半20分、FKの流れから藤本が頭で押し込んで神戸弘陵が先制する。さらに後半13分、素早い切り替えから前橋育英ゴール前でボールを奪い、FW馬場が追加点を奪った。前橋育英はサイドチェンジを繰り返しながら、中央にくさびのボールを当ててチャンスを作り出す。神戸弘陵は時折見せるFW北藤、MF佐波の突破によるカウンターで脅威を与え、守備においても攻撃から守備への素早いトランジションで相手の攻撃の芽を摘み続けた。前橋育英に攻撃の起点を作らせずゲームをコントロールした神戸弘陵が勝利し、3回戦へ進出した。

戦評 舟山哲平(松島高校)

第2回戦 12月31日(日) 等々力陸上競技場(晴)

(主)原田雅士 (副)橋本真光、飯田魁

東海大大阪仰星 1(1-0 / 0-1)1 明秀日立

★(大阪府)　5 PK 6　(茨城県)

得	S	学		背		背		学	S	得
0	0	③	森本	1	GK	12	重松	②	0	0
0	0	③	加賀美	3	DF	3	飯田	③	2	1
0	0	③	平井	5		5	山本	❸	0	0
0	0	③	松村	6		8	長谷川	③	0	0
0	0	②	櫛田	13		19	斉藤	③	1	0
0	0	③	高山	4	MF	6	大原	③	0	0
0	0	③	中本	7		26	(阿部)	②	1	0
0	0	③	芳田	8		7	吉田	③	0	0
0	0	③	中山	10		11	石橋	③	0	0
0	1	❸	水永	9	FW	9	熊﨑	③	0	0
1	1	③	小林	11		10	(根岸)	③	1	0
0	0	③	(下舘)	14		13	益子	③	2	0
						24	柴田	②	1	0
						23	(竹花)	②	0	0
1	2			15	GK	5			8	1
				1	CK	7				
				9	FK	7				
				0	PK	0				

【得点経過】
前半12分〔東〕森本→**小林S**
後半27分〔明〕CK吉田→**飯田HS**

▼警告
〔明〕石橋

■守護神のPKストップで明秀日立が勝利

序盤は明秀日立がFW熊﨑、MF石橋にシンプルにボールを送り、そこを起点にサイドからの突破を狙う。対する東海大大阪仰星は長身のDF平井、松村を中心に身体を張って跳ね返す。粘り強い守備から前線にボールを送り、キープ力と推進力のあるFW水永を起点に攻撃を仕掛けようとする。東海大大阪仰星はロングボール主体の攻撃の中、GK森本のパントキックが相手ペナルティエリアまで届くと、FW小林が決めて先制。その後は明秀日立がボールを保持する展開となり、左右にボールを動かして両サイドから攻撃を仕掛け、左SHに入ったFW益子の突破や左SB斉藤の攻撃参加からペナルティエリアに侵入しようとする。CKからDF飯田が押し込んで同点とすると、その後も左サイドを中心に攻撃を仕掛けるが、集中力を切らさない東海大大阪仰星が2点目を許さずにPK方式へ。PK方式ではGK重松が7人目を止め、明秀日立が3回戦へ駒を進めた。

戦評 魚住聡(荏田高校)

第2回戦 12月31日(日) 等々力陸上競技場(曇)

(主)安川公規 (副)原田大輔、高田直人

日大藤沢(神奈川県) **1** (1-0 / 0-1) **1** **近江**(滋賀県)★

3 PK 4

得	S	学	選手	背		背	選手	学	S	得
0	0	③	野島	1	GK	1	山崎	②	0	0
0	0	③	坂口	2	DF	2	安田	③	0	0
0	0	③	國分	3		15	(川地)	③	0	0
0	1	③	(柳沼)	22		20	(市場)	①	0	0
0	0	③	宮崎	4		5	西村	③	0	0
0	0	③	尾野	5		10	金山	❸	0	0
0	1	③	荻原	6	MF	4	西	③	0	0
0	0	❸	佐藤	7		6	川上	③	0	0
0	2	③	諸墨	8		7	鵜戸	③	0	0
0	1	③	安場	10		8	山門	③	1	1
0	1	③	岡田	11		18	(大谷)	③	0	0
1	1	②	布施	16		14	浅井	③	0	0
0	0	③	(山上)	9						
					FW	9	小山	③	1	0
						11	荒砂	③	0	0
						13	(山本)	②	2	0
1	7			9	GK	9			4	1
				2	CK	6				
				16	FK	6				
				0	PK	0				

【得点経過】
前半 6分〔日〕諸墨→**布施S**
後半13分〔近〕鵜戸→(こぼれ球)**山門S**
▼警告
〔近〕西村

■後半にペースを掴んだ近江

日大藤沢は1-4-5-1のシステムを採用し、連動したプレッシングで相手の前進を許さず。前半6分には右SH布施が先制点を奪った。対する近江は1-3-6-1のシステムを採用し、FW小山、シャドーに入ったFW荒砂、MF山門を中心に高い位置からボールを奪いにいく。3バックを中心に両ウイングバックがピッチの幅を効果的に使い、アタッキングサードへの侵入を試みる。ボランチのMF西、川上は状況判断が良く、セカンドボールを回収し、攻撃に厚みをもたせた。後半は近江ペースで試合が進み、13分に山門の得点で追いつく。勢いづいた近江はテンポの良いパスと奪われた後のチーム全体での守備への切り替えから勝ち越し点を狙う。日大藤沢は途中出場のFW山上が相手の背後へのスプリントにより攻撃を活性化させた。両チームとも攻守の切り替えが早く、拮抗したゲームは同点のまま終了。PK方式では近江GK山崎が好セーブを見せて3回戦へ導いた。

戦評 西澤拓真(川和高校)

第2回戦 12月31日(日) 駒沢陸上競技場(曇)

(主)加藤正和 (副)中村一貴、永島真理

明桜(秋田県)★ **2** (0-0 / 2-0) **0** **名護**(沖縄県)

得	S	学	選手	背		背	選手	学	S	得
0	0	❸	川村	1	GK	1	松瀬	❸	0	0
0	0	②	大木	2	DF	2	當山	③	0	0
0	0	②	山口	3		3	大城(祐)	③	0	0
0	0	③	菅野	5		4	桃原	②	1	0
1	1	③	目黒	17		6	比嘉(隼)	③	0	0
						5	(川上)	②	0	0
0	1	③	中山	7	MF	8	大城(蒼)	③	0	0
0	0	③	外山	8		10	仲井間	③	3	0
0	1	③	村上	9		15	宮平	③	0	0
0	0	③	(吉田)	6		16	(伊良波)	②	0	0
0	3	②	廣森	4	FW	7	比嘉(秀)	③	0	0
0	0	②	(庄司)	19		9	仲村	①	2	0
1	5	③	臼田	10		11	松田	②	0	0
0	0	②	(片岡)	14						
0	0	③	加藤	11						
0	0	②	(北川)	13						
2	11			7	GK	16			6	0
				4	CK	3				
				5	FK	15				
				0	PK	1				

【得点経過】
後半 1分〔明〕臼田→**目黒S**
〃 13分〔明〕目黒→**臼田HS**
▼警告
〔明〕廣森、中山

■明桜が配置転換で流れを変える

明桜は1-4-2-3-1、名護はMF大城(蒼)を加えた5枚でDFラインを形成して1-5-4-1でスタート。前半中盤、明桜は中央のFW廣森と左サイドのMF村上のポジションを変更して攻撃に変化をつける。名護は攻撃時には大城(蒼)が中盤に上がり、攻撃に厚みをもたせようとするが、ボールを保持できずにポゼッション率を上げられない。前半は互いに決定機を作り出す回数も少なく、0-0のまま終えた。後半、明桜はDF吉田を投入して右SBのDF目黒を右SHに配置。すると、開始直後の1分、目黒が名護DFラインの背後を突いて先制する。名護もFW比嘉(秀)のスピードを活かした攻撃から決定機を迎えるも、決め切れずに同点に持ち込めない。1点をリードした明桜は13分、目黒が相手DFラインとGKの間にクロスを送り、FW臼田が頭で決めて2点目を奪う。試合終盤に名護はPKを獲得するが、明桜GK川村に止められ、2-0のまま試合は終了した。

戦評 井手豊(広島工業高校)

第2回戦 12月31日(日) 駒沢陸上競技場(晴)

(主)長谷拓 (副)大田智寛、柳原鉄平

初芝橋本(和歌山県) **0** (0-0 / 0-0) **0** **堀越**(東京都A)★

7 PK 8

得	S	学	選手	背		背	選手	学	S	得
0	0	③	大竹野	1	GK	1	吉富	③	0	0
0	2	③	坂本	2	DF	2	竹内	②	0	0
0	1	③	西風	3		4	森(奏)	②	0	0
0	1	❸	石丸	4		13	渡辺(冴)	②	1	0
0	0	③	(松岡)	13		19	瀬下	②	0	0
0	0	③	三浦	5						
0	0	③	増田	7	MF	6	渡辺(隼)	②	0	0
0	0	③	池田	8		8	吉荒	③	0	0
0	1	③	大丸	15		14	仲谷	②	3	0
0	0	②	(角野)	30						
0	1	③	朝野	10	FW	9	髙谷	③	1	0
0	0	②	(四元)	27		10	中村	❸	1	0
0	0	③	神戸	11		11	伊藤	③	0	0
0	0	③	(大薗)	24		18	(小泉)	②	0	0
0	0	③	竹内	18						
0	0	②	(河崎)	20						
0	6			9	GK	10			6	0
				8	CK	2				
				8	FK	8				
				0	PK	0				

■互いに集中した守備で得点を許さず

初芝橋本は1-3-4-3、堀越は1-4-3-3でスタート。初芝橋本は左サイドを中心に攻め、MF増田のドリブル突破からFW朝野がファーストシュートを放つ。その後も朝野をターゲットにロングボールを多用し、FW竹内、神戸ら前線の選手が切り替えの早い守備から圧力をかけ、セカンドボールを回収する。対する堀越は粘り強い守備で対応してゴールを守り、ビルドアップではMF仲谷が良い位置で受けて前進を狙い、セットプレーからチャンスを作る。後半に入ると、堀越は1-4-4-2にシステムを変更したことでセカンドボールの回収率が上がり、選手間の距離が改善されてパスが回るようになった。初芝橋本は前半と変わらず、左サイドを起点に攻める。守備時には5バックで対応し、交代選手を活用しながら膠着状態の打開を図った。互いにロングスローやセットプレーなどからゴール前まで迫る場面を作るが、集中した守備に跳ね返されてスコアレスのままPK方式に突入。PK方式は8人目までもつれると、最後はGK吉富がストップし、堀越が次戦へと駒を進めた。

戦評 辻俊次郎(忍岡高校)

第2回戦 12月31日(日) 味の素フィールド西が丘（晴）

（主）大原謙哉　（副）池田元、小椋正道

帝京大可児（岐阜県） 1（1-2／0-1）3 佐賀東（佐賀県）★

得	S	学		背		背		学	S	得
0	0	③	竹内	1	GK	1	中里	②	0	0
0	1	②	鷹見	3	DF	3	甲斐(桜)	②	2	1
0	0	③	堀内	5		5	江頭	②	0	0
0	0	②	石田	6		6	田中(佑)	②	0	0
0	0	①	伊藤	20		18	後藤	②	0	0
0	0	③	内藤	7	MF	8	大島	②	0	0
0	1	②	(髙田)	13		13	(甲斐(巧))	②	1	0
0	2	❸	吉兼	8		9	宮川	❸	0	0
0	0	②	明石	9		20	(詫間)	③	0	0
0	0	②	(鶴見)	15		10	江口(恭)	③	0	0
0	2	③	棚橋	11		16	右近	③	1	1
0	2	②	松井	24		2	(國武)	③	0	0
1	2	②	加藤	10	FW	11	最所	③	0	0
						22	(石川)	①	0	0
						21	宮﨑	③	0	0
						12	(田口)	③	1	1
1	10			6	GK	13			5	3
				4	CK	6				
				9	FK	7				
				0	PK	0				

【得点経過】
前半13分〔佐〕最所→**右近S**
〃 18分〔帝〕内藤→棚橋→**加藤～S**
〃 34分〔佐〕江頭→**甲斐（桜）HS**
後半15分〔佐〕宮川→田中（佑）→**田口HS**

■佐賀東が組織的な守備で逃げ切る

佐賀東は積極的に相手DF背後のスペースを狙い、帝京大可児はGK竹内を含めたビルドアップからサイドを使ってゴールを目指す。徐々に帝京大可児がDF堀内、MF吉兼、松井を起点に攻撃の時間を増やすが、佐賀東は相手のテクニカルなプレーに対して粘り強く対応。ボールを奪えばロングボールとビルドアップを使い分けながらFW宮﨑、MF宮川を起点に攻める。前半13分にMF右近が決めて佐賀東が先制も、18分にFW加藤の得点で帝京大可児が追いつく。拮抗した時間が続く中、34分に佐賀東はDF甲斐（桜）のゴールで2-1とした。後半15分に田口が追加点を奪った佐賀東は32分にDF國武を投入し、1-5-4-1にシステム変更してゴール前をより強固にする。高いテクニックをもつ帝京大可児に対して佐賀東が組織的な守備で追加点を許さず、3回戦に進出した。

戦評　森政憲（桐朋高校）

第2回戦 12月31日(日) 味の素フィールド西が丘（晴）

（主）村田裕紀　（副）川勝彬史、朝倉大翔

富山第一（富山県）★ 2（0-1／2-0）1 京都橘（京都府）

得	S	学		背		背		学	S	得
0	0	③	魚住(秀)	1	GK	1	中浦	③	0	0
0	0	③	小西	2	DF	2	大塚	③	0	0
0	0	③	(盛田)	23		3	園田	③	0	0
0	0	③	福光	4		4	池戸	③	1	0
0	1	③	大居	5		5	山本	③	0	0
0	0	③	谷川	13						
0	0	③	(入江)	18						
0	0	②	須田	26						
1	2	❸	多賀	6	MF	6	松本	③	0	0
0	0	③	松井	8		8	穂積	③	1	0
						11	吉野	②	0	0
						15	(桐原)	②	0	0
						17	久保	③	0	0
						13	(高橋)	②	1	0
0	1	③	稲垣	10	FW	7	西川	❸	2	1
0	1	③	川原	11		10	宮地	②	3	0
0	0	③	(宮本)	15						
1	1	③	谷保	20						
0	0	③	(加藤)	9						
2	6			10	GK	4			8	1
				2	CK	7				
				8	FK	5				
				1	PK	0				

【得点経過】
前半15分〔京〕TI山本→宮地H→**西川S**
後半11分〔富〕谷川→**谷保HS**
〃 35分〔富〕**PK多賀S**

■両チームが特徴を発揮して力を尽くす

京都橘がFW宮地のキープ力、FW西川の抜け出しを活かして主導権を握ると、ロングスローから先制点を奪う。さらにサイドからドリブルで運んで押し込み、好機を作り出した。富山第一も粘り強い守備で対応すると、2列目で起用されたFW稲垣を起点に左サイドから攻撃の機会を作り出す。後半に入ると、ボール保持率を高める京都橘に対し、富山第一は守備時に中盤のサイドのスペースを埋めることで安定を図る。11分にFW谷保の得点で追いついた富山第一は選手交代を行うと、1-4-3-3に布陣を変更して中盤を厚くする。両チームが追加点を狙い、攻守の切り替えが早い展開となる中、35分にPKを獲得した富山第一が逆転に成功。追いつきたい京都橘はロングボールとロングスローでゴールに迫るが、富山第一の身体を張った守備の前に得点は奪えずに試合は終了した。両チームが特徴を発揮し、力を尽くして戦った好ゲームであった。

戦評　安田直人（福生高校）

第3回戦 1月2日(火) 県立柏の葉公園総合競技場（曇）

（主）椎野大地　（副）小野裕太、井村友哉

岡山学芸館（岡山県）★ 1（0-0／1-1）1 名古屋（愛知県）
5 PK 6

得	S	学		背		背		学	S	得
0	0	③	平塚	1	GK	1	小林	③	0	0
0	0	②	道満	2	DF	2	太田	②	0	0
0	0	③	平松	3		4	足立	③	0	0
0	0	③	(持永)	29		5	井上	②	0	0
0	1	③	平野	4		13	月岡	③	0	0
0	0	③	田村	6	MF	6	田中	❸	1	1
0	3	③	木下	7		8	川瀬	②	2	0
0	0	❸	田口	10		10	原	③	0	0
0	1	③	山河	13		22	田邉	③	0	0
						18	(齋藤)	②	0	0
1	2	②	太田	9	FW	7	小川	③	2	0
0	1	③	田邉	11		9	仲井	③	0	0
0	1	②	香西	20						
0	0	③	(木村)	8						
1	9			7	GK	11			5	1
				10	CK	2				
				5	FK	7				
				0	PK	0				

【得点経過】
後半17分〔名〕TI月岡→**田中S**
〃 40分〔岡〕田口→**太田S**

■初出場の名古屋が前回王者を下す

前回王者の岡山学芸館はDFラインからFW太田、香西をターゲットにしたロングボールを送り、中盤を押し上げてFW田邉、MF田口らがセカンドボールを拾って攻撃を仕掛ける。初出場の名古屋はDF太田、井上、足立を中心に跳ね返すと、相手DFラインの背後にボールを供給し、MF原やFW小川、仲井らが絡んだ鋭いカウンターでゴールを目指した。後半も岡山学芸館が押し込む展開が続くが、DF月岡のロングスローからゴールに迫った名古屋が、17分に先制点を決める。先制した名古屋は1-5-4-1にシステム変更。自陣でブロックを形成し、身体を張った守りで跳ね返そうとする。岡山学芸館も1-4-4-2にシステム変更。サイド攻撃を増やして好機を作ると、40分に同点ゴールを決める。互いに最後の力を振り絞ってゴールを目指したが、追加点は決められずに後半が終了。PK方式ではGK小林が2本をストップし、名古屋が準々決勝進出を果たした。

戦評　唐澤貴人（白井高校）

第3回戦 1月2日（火） 県立柏の葉公園総合競技場（曇一時晴）

（主）西山貴生 （副）佐藤裕一、日比健人

市立船橋 4（2-1 / 2-0）1 星稜
（千葉県） （石川県）★

得	S	学		背		背		学	S	得
0	0	②	ギマラエス	1	GK	1	橋本	②	0	0
0	0	③	佐藤	2	DF	2	井田	③	0	0
0	0	②	（井上）	19		3	尾森	②	0	0
1	1	③	内川	3		4	倉畑	❸	0	0
0	0	③	宮川	4		5	木村	②	0	0
0	0	③	白土	6	MF	6	北方	②	1	0
0	1	❸	太田	7		7	山口	②	1	1
0	0	③	（秦）	9		21	（丸山）	①	0	0
1	1	③	足立	8		8	天川	③	2	0
0	0	③	佐々木	11		10	中村	②	0	0
1	1	③	（郡司）	10		15	（與野木）	③	0	0
0	2	③	森	14		13	村上	②	0	0
0	0	②	（伊丹）	18		16	（西川）	②	0	0
1	1	②	岡部	16						
0	0	②	久保原	15	FW	9	竹山	③	1	0
0	1	③	（須甲）	13		11	（南）	②	0	0
4	8			8	GK	7			5	1
				1	CK	2				
				10	FK	11				
				0	PK	0				

【得点経過】
前半18分〔市〕（相手FP）（クリア）**内川S**
〃 29分〔星〕天川→**山口S**
〃 36分〔市〕CK太田→**岡部HS**
後半27分〔市〕森～→**足立S**
〃 40分〔市〕（相手FP）（ミス）**郡司S**

■他校が応援する温かさも見られた一戦

両チームともに序盤から守備の強度が高く、市立船橋はMF森、星稜はMF山口、天川が速いドリブルを活かしながら好機を作る展開となる。市立船橋は前半18分、DF内川のシュートで先制。星稜も29分、GK橋本を含めたビルドアップから相手を左右に揺さぶり、最後は山口が決めて同点とする。しかし36分、MF太田のCKをMF岡部が決めて市立船橋が2-1とした。後半から市立船橋はFW郡司を投入し、前線のさらなる活性化を図る。27分にMF足立が追加点を奪うと、40分には郡司がGKとの1対1を冷静に決め、市立船橋が準々決勝に駒を進めた。前日に起きた石川県の地震の影響で応援団が来られなかった星稜サイドに、市立船橋が応援グッズを貸し、代わって他県の高校が応援するという温かさも見られたゲームとなった。

戦評 菊野将史（船橋芝山高校）

第3回戦 1月2日（火） 浦和駒場スタジアム（曇）

（主）俵元希 （副）宇治原拓也、眞尾龍

青森山田 7（1-0 / 6-0）0 広島国際学院
（青森県） （広島県）★

得	S	学		背		背		学	S	得
0	0	③	鈴木	1	GK	1	片渕	③	0	0
0	0	③	小林	2	DF	2	藤井（海）	③	0	0
0	0	②	小沼	3		3	水野	③	0	0
0	1	②	（谷川）	7		4	茂田	❸	0	0
0	0	❸	山本	4		23	岡田	③	1	0
0	0	③	小泉	5						
0	1	③	菅澤	6						
0	1	③	川原	8	MF	5	島川	③	0	0
1	3	③	（後藤）	16		19	（岩本）	③	0	0
0	0	③	芝田	10		6	長谷川	③	0	0
0	0	③	福島	13		7	渡邊	③	0	0
1	1	③	（津島）	9		13	萩野	③	0	0
0	1	③	杉本	14		14	戸山	③	0	0
0	0	②	（別府）	17		10	（石川）	③	0	0
3	3	③	米谷	11	FW	11	野見	③	1	0
1	1	③	（山下）	18						
6	12			4	GK	8			2	0
				5	CK	3				
				6	FK	12				
				0	PK	0				

【得点経過】
前半12分〔青〕TI小沼→米谷→川原～→**米谷S**
後半 3分〔青〕米谷～→杉本S（相手FP）（クリア）（相手FP）（オウンゴール）
〃 21分〔青〕CK芝田→山本HS（相手GK）（こぼれ球）**米谷S**
〃 22分〔青〕米谷→**津島～S**
〃 24分〔青〕杉本→小林→**米谷S**
〃 31分〔青〕別府→**山下HS**
〃 40+4分〔青〕津島→小泉～→**後藤S**

■7得点を奪った青森山田が力強く勝利

落ち着いて試合を進める青森山田が徐々にペースを掴む。ペナルティエリアに侵入する回数を増やすと、前半12分に左サイドから作った好機をFW米谷が決めて先制する。その後も攻撃から守備への切り替えが早い青森山田ペースで試合が続き、ほぼ広島国際学院陣内でのプレーとなる。サイドからのチャンスメイクに対し、4人以上がペナルティエリアにポジションをとる攻撃は迫力十分だった。しかし、広島国際学院はゴール前にブロックを作り、追加点を与えない。後半開始早々、広島国際学院は相手ゴールに迫る姿勢を強めるが、3分に青森山田がオウンゴールを誘発して追加点。さらにCKからの3点目を皮切りに、交代で入ったFW津島の得点を含む3ゴールを立て続けに奪い、試合を決定付ける。その後も追加点を奪った青森山田が力強く勝利した。

戦評 田渕常夫（熊谷高校）

第3回戦 1月2日（火） 浦和駒場スタジアム（雨時々晴）

（主）矢野浩平 （副）高橋悠、筒井勇気

昌平 2（1-1 / 1-1）2 大津
★（埼玉県） 5 PK 4 （熊本県）

得	S	学		背		背		学	S	得
0	0	②	佐々木（智）	1	GK	1	坊野	②	0	0
0	0	②	坂本	2	DF	2	大神	②	0	0
0	0	②	上原	3		3	田辺	③	0	0
0	0	❸	佐怒賀	4		4	吉本	③	0	0
0	0	③	田中（瞭）	5		5	五嶋	②	0	0
0	0	③	土谷	7	MF	6	兼松	②	0	0
1	1	①	（長（璃））	11		15	（日置）	③	0	0
0	3	②	大谷	8		7	古川	③	1	0
0	1	③	長（準）	10		8	嶋本	②	1	0
0	0	③	西嶋	13		10	碇	❸	1	0
0	0	③	（工藤）	12						
0	0	③	前田	18						
0	0	②	（鈴木）	6						
1	3	③	小田	9	FW	9	山下（景）	②	2	1
0	0	②	（鄭）	15		17	（舛井）	②	0	0
						11	稲田	③	2	1
2	8			8	GK	8			7	2
				6	CK	3				
				6	FK	5				
				0	PK	0				

【得点経過】
前半37分〔大〕古川→碇H×**山下（景）S**
〃 40+1分〔昌〕西嶋→前田→**小田S**
後半28分〔大〕CK古川→碇H→**稲田HS**
〃 38分〔昌〕鄭S（相手FP）×長（準）H→**長（璃）S**

▼警告
〔昌〕上原

■注目の一戦を制した昌平がベスト8へ

昌平はFW小田、トップ下のMF西嶋にボールを集めながら中盤の選手が関わり、厚みのある攻撃でゴールに迫る。対する大津は強度の高い守備からボールを奪うと、最前線に入ったMF碇の高さとキープ力を起点にしてサイド攻撃を仕掛ける。時間の経過とともにポゼッション率を高める昌平が主導権を握るが、前半37分に大津が先制。失点した昌平だったが、アディショナルタイムに追いついて前半を折り返した。後半、攻守に出足の鋭い大津がペースを握り始め、攻め込む時間帯を増やすと、28分にFW稲田が勝ち越しゴールを奪う。再び追う展開となった昌平はフレッシュな選手を投入して攻撃の活性化を試みると、終了間際にMF長（璃）が同点ゴールを奪って2-2とした。試合は80分では決着がつかずにPK方式に突入し、全員が成功した昌平が勝利を掴み取った。

戦評 野木悟志（庄和高校）

第3回戦 1月2日(火) 等々力陸上競技場(曇のち晴)

(主)石丸秀平 (副)廣瀬成昭、阿部史彦

神村学園(鹿児島県) 2(0-0 / 2-1)1 **神戸弘陵**(兵庫県)★

得	S	学		背		背		学	S	得
0	0	③	川路	1	GK	12	歌野	②	0	0
0	0	②	鈴木	4	DF	2	阪上	②	0	0
0	0	③	難波	5		3	柴尾	③	0	0
0	0	③	有馬	7		4	岡	❸	0	0
0	1	③	吉永	15		5	藤本	②	0	0
0	0	①	福島	10	MF	6	大井	③	0	0
1	2	②	名和田	14		7	佐波	③	0	0
1	2	②	新垣	20		24	(下酔尾)	②	0	0
0	0	③	(下川)	2		8	木津	②	2	0
0	0	②	吉田	24						
0	0	③	(高橋)	8						
0	0	①	日高	9	FW	9	馬場	③	3	0
0	0	②	(大成)	11		10	北藤	③	0	0
0	0	❸	西丸	13		11	石橋(瀬)	②	2	1
2	5			11	GK	2			7	1
				4	CK	6				
				8	FK	6				
				0	PK	0				

【得点経過】
後半 2分〔神村〕吉永→(こぼれ球)新垣S(こぼれ球)**新垣S**
〃 6分〔神戸〕CK北藤→**石橋(瀬)HS**
〃 31分〔神村〕CK高橋→(こぼれ球)名和田S(こぼれ球)**名和田S**

▼警告
〔神村〕新垣、有馬

■怒濤の反撃を粘り強い守備で凌ぐ

神村学園は相手を見ながらボールを動かしてピッチを幅広く使い、ライン間にできたギャップにタイミング良く前線の選手が入ると、そこを起点にゴールへ向かった。守備時には前線からボールを奪いにいき、連動したプレスから攻撃に繋げようとする。対する神戸弘陵はボール保持時は無理にスピードを上げず、前線に縦パスが入ったタイミングで攻撃のスイッチを入れる。そこから近い距離間でワンタッチを使いながら、テンポの良い攻撃でゴールに迫った。また左サイドのFW北藤は技術と速さがあり、突破から再三チャンスメイクした。後半開始早々の2分、神村学園が先制に成功するが、6分に神戸弘陵が試合を振り出しに戻す。しかし、31分に神村学園MF名和田が勝ち越しゴールを突き刺した。試合終盤、追いつきたい神戸弘陵が怒濤の攻撃を見せるも、神村学園の粘り強い守備の前に得点を奪えず、神村学園が準々決勝進出を決めた。

戦評 倉知祐秀(新羽高校)

第3回戦 1月2日(火) 等々力陸上競技場(曇のち雨)

(主)堀善仁 (副)柳田翔、筑井諄

明秀日立(茨城県) 1(1-0 / 0-1)1 **近江**(滋賀県)★
2 PK 4

得	S	学		背		背		学	S	得
0	0	②	重松	12	GK	1	山崎	②	0	0
0	1	③	飯田	3	DF	2	安田	③	0	0
0	1	❸	山本	5		15	(川地)	③	0	0
0	0	③	長谷川	8		5	西村	③	0	0
0	1	③	斉藤	19		10	金山	❸	2	0
0	0	③	大原	6	MF	4	西	③	2	0
0	0	③	吉田	7		6	川上	③	0	0
1	5	③	石橋	11		7	鵜戸	③	0	0
						8	山門	③	1	1
						14	浅井	③	0	0
						20	(市場)	①	0	0
0	0	③	熊﨑	9	FW	9	小山	③	0	0
0	2	③	(根岸)	10		13	(山本)	②	1	0
0	2	③	益子	13		11	荒砂	③	0	0
0	0	②	(阿部)	26		17	(廣瀬)	②	0	0
0	0	②	柴田	24						
0	0	②	(竹花)	23						
1	12			9	GK	12			6	1
				8	CK	3				
				12	FK	9				
				0	PK	1				

【得点経過】
前半22分〔明〕吉田→**石橋S**
後半 8分〔近〕**PK山門S**

■2試合連続PK方式を制した近江が8強入り

近江は1-3-6-1のシステムを採用し、両ウイングバックがピッチの幅を効果的に使い、ミドルサードへの侵入を図る。対する明秀日立はFW熊﨑を中心に前線からの強度の高い守備で前進を許さない。ハイプレスで得たCK、FKで得点を狙うも、GK山崎を中心とする近江の堅い守備をなかなか崩せず。明秀日立は徐々にMF大原、吉田がセカンドボールを回収し、攻撃に繋げる。22分には中央のパス交換からMF石橋がミドルシュートで先制点を奪った。後半序盤は近江が選手交代とポジションチェンジでペースを掴む。8分には相手のハンドの反則で得たPKをMF山門が決めて同点とする。勢いづく近江はボランチのMF西、川上、シャドーの山門、MF浅井の距離間の良いパス交換と相手の背後へのスプリントでゴールに迫るも、明秀日立の集中した守備の前に決定機を作れずに後半終了。PK方式では山崎が好セーブを見せ、近江が準々決勝に進出した。

戦評 西澤拓真(川和高校)

第3回戦 1月2日(火) 駒沢陸上競技場(雨)

(主)中川愛斗 (副)柳岡拓磨、多田稔

明桜★(秋田県) 0(0-1 / 0-0)1 **堀越**(東京都A)

得	S	学		背		背		学	S	得
0	0	❸	川村	1	GK	1	吉富	③	0	0
0	0	②	大木	2	DF	2	竹内	②	0	0
0	0	②	山口	3		22	(杉村)	①	0	0
0	0	③	菅野	5		4	森(奏)	②	0	0
0	1	③	吉田	6		13	渡辺(冴)	②	0	0
0	0	③	目黒	17		3	(森(章))	②	0	0
						19	瀬下	②	0	0
0	0	③	中山	7	MF	6	渡辺(隼)	②	1	0
0	0	③	外山	8		8	吉荒	③	0	0
0	0	②	(庄司)	19		16	(谷口(悠))	①	0	0
						14	仲谷	②	3	1
0	3	②	廣森	4	FW	9	髙谷	③	0	0
0	2	③	臼田	10		7	(三鴨)	①	0	0
0	0	③	加藤	11		10	中村	❸	4	0
0	1	②	(北川)	13		11	伊藤	③	1	0
						18	(小泉)	②	1	0
0	7			9	GK	5			10	1
				7	CK	2				
				7	FK	4				
				0	PK	0				

【得点経過】
前半28分〔堀〕髙谷H→中村～→**仲谷HS**

▼警告
〔堀〕吉荒

■1点を守り抜いた堀越が準々決勝進出

明桜は1-4-2-3-1のコンパクトな守備ブロックから粘り強く守り、FW臼田へのロングボールを起点にカウンターのチャンスを窺う。一方、堀越はボールを動かしながら両サイドを起点とし、ペナルティエリアへの侵入を試みようとする。前半28分、FW中村のクロスをMF仲谷が頭で合わせ、堀越が拮抗した状態を崩す先制点を奪う。同点に追いつきたい明桜は、シンプルに相手の背後を狙ってゴールを目指すが、堀越の最終ラインが冷静に対応して得点を許さない。堀越はGK吉富のロングボールや両サイドからのクロスで追加点を狙うが1-0のまま前半を折り返す。後半、堀越は前半同様に丁寧なビルドアップから前線へのくさびやFW髙谷のポストプレーから前進を試みる。明桜はボール奪取からの鋭いカウンターでFW加藤が抜け出してシュートに持ち込む。またセットプレーからも決定機を作り出すが決め切れない。堀越はDF森(奏)を中心に最後まで集中を切らさない粘り強い堅守で1点を守り抜き、準々決勝に進出した。

戦評 金子翔一(創価高校)

第3回戦 1月2日（火） 駒沢陸上競技場（雨）

（主）田邉裕樹　（副）山口大輔、岩田鉄平

佐賀東（佐賀県） 5（2-1 / 3-0）1 富山第一（富山県）★

得	S	学		背		背		学	S	得
0	0	②	中　里	1	GK	1	魚　住	③	0	0
0	0	②	甲斐(桜)	3	DF	2	小　西	③	0	0
0	0	②	江　頭	5		7	（平田）	③	0	0
0	0	②	田中(佑)	6		4	福　光	③	0	0
0	0	②	後　藤	18		5	大　居	③	1	0
						13	谷　川	③	0	0
						15	（宮本）	③	1	0
						14	山　本	③	0	0
1	1	③	西　川	7	MF	6	多　賀	❸	0	0
0	0	③	（田口）	12		8	松　井	③	1	0
0	1	②	大　島	8		28	（髙橋）	②	0	0
0	0	②	（甲斐(巧)）	13						
0	0	❸	宮　川	9						
0	0	①	（石川）	22						
0	0	③	江口(泰)	10						
2	4	③	右　近	16						
0	0	③	（詫間）	20						
1	1	③	宮　﨑	21	FW	9	加　藤	③	1	0
1	2	③	（最所）	11		19	（羽根）	③	0	0
						10	稲　垣	③	2	0
						18	（入江）	③	0	0
						11	川　原	③	0	0
5	9			6	GK	7			6	0
				3	CK	2				
				6	FK	4				
				0	PK	0				

【得点経過】

前半 5分〔富〕TI加藤→山本H(こぼれ球)稲垣S(相手GK)(クリア)(相手FP)(オウンゴール)

〃 29分〔佐〕宮川～→**右近～S**

〃 30分〔佐〕宮﨑→**西川S**

後半13分〔佐〕宮川→**宮﨑HS**

〃 16分〔佐〕宮川→(相手GK)(こぼれ球)**右近S**

〃 20分〔佐〕後藤→右近～S(相手GK)(こぼれ球)**最所S**

▼警告

〔富〕松井

■開始5分の失点にも慌てずに逆転勝利

開始5分でロングスローから失点した佐賀東だが、慌てることなく落ち着いてボールを保持。1トップにFW宮﨑を配置し、MF西川、大島の2シャドーが中央突破を試みる。富山第一は自陣では1-5-4-1、ミドルゾーンではDF、MFからサイドの選手を1列ずつ前に押し出し、1-3-4-3として攻撃に厚みをもたせる。一進一退の攻防が続く中、富山第一が攻撃布陣にシフトしようとして生まれたスペースを突いた佐賀東が立て続けに得点。2-1として前半を終える。富山第一は後半から1-4-3-3にシステム変更してゴールを目指すが、佐賀東は選手間の距離を保ち、連続したプレーで決定機を作らせない。MF宮川のクロスから得点を重ねてリードを広げた佐賀東は、安定した守備からさらに得点を加え、準々決勝に駒を進めた。

戦評　井手豊（広島工業高校）

準々決勝戦 1月4日（木） 県立柏の葉公園総合競技場（晴時々曇）

（主）酒井達矢　（副）山口大輔、田代雄大

名古屋（愛知県） 1（1-1 / 0-1）2 市立船橋（千葉県）★

得	S	学		背		背		学	S	得
0	0	③	小　林	1	GK	1	ギマラエス(ニ)	②	0	0
0	0	②	太　田	2	DF	2	佐　藤	③	0	0
0	0	③	足　立	4		3	内　川	③	0	0
0	0	②	井　上	5		5	五　来	③	0	0
0	0	③	月　岡	13						
0	3	❸	田　中	6	MF	6	白　土	③	0	0
0	0	②	川　瀬	8		7	太　田	❸	1	0
0	0	②	（大村）	20		8	足　立	③	3	0
0	0	③	原	10		14	森	③	0	0
						13	（須甲）	③	0	0
						19	（井上）	②	0	0
						16	岡　部	②	0	0
0	1	③	小　川	7	FW	10	郡　司	③	2	1
0	0	③	仲　井	9		15	久保原	②	1	1
0	0	①	（杉本）	16						
0	0	②	齋　藤	18						
0	4			3	GK	7			7	2
				3	CK	4				
				9	FK	12				
				0	PK	0				

【得点経過】

前半21分〔市〕足立HS(相手FP)(クリア)**久保原HS**

〃 40+2分〔名〕TI月岡(相手FP)(オウンゴール)

後半 2分〔市〕足立→**郡司S**

■リードした市立船橋が堅守で逃げ切る

名古屋の3バックが相手2トップに対して自由を与えることなく守備を徹底する。ウイングバックに入ったDF月岡、FW齋藤は守備時にはDFラインまで下がって5バックを形成し、攻撃時には前線まで駆け上がって攻撃に厚みを加えた。立ち上がりはカウンターを狙う展開となった市立船橋だが、ロングスローを含めたセットプレーを活かしながらペースを握ると、前半21分にFW久保原が決めて先制。名古屋は5バックで守る状態が続き、攻撃の糸口を摑めなかったが、アディショナルタイムに月岡のロングスローから同点とした。しかし後半2分、MF足立のクロスをFW郡司が決めて市立船橋が勝ち越す。リードを許した名古屋はカウンターを狙い、低い位置からでも月岡のロングスローでゴール前にシンプルに配球し、終盤はGK小林も上がってゴール前に人数をかける。しかし、市立船橋の堅い守備を崩せず。市立船橋が2-1で勝ち、準決勝に進出した。

戦評　菊野将史（船橋芝山高校）

準々決勝戦 1月4日（木） 浦和駒場スタジアム（晴）

（主）西山貴生　（副）高寺恒如、柳田翔

★青森山田（青森県） 4（3-0 / 1-0）0 昌平（埼玉県）

得	S	学		背		背		学	S	得
0	0	③	鈴　木	1	GK	1	佐々木(智)	②	0	0
0	0	③	小　林	2	DF	2	坂　本	②	1	0
1	1	②	小　沼	3		3	上　原	②	0	0
0	1	❸	山　本	4		12	（工藤）	③	0	0
2	3	③	小　泉	5		4	佐怒賀	❸	0	0
0	0	③	菅　澤	6		5	田中(瞭)	③	1	0
0	0	②	（谷川）	7						
0	1	③	川　原	8	MF	7	土　谷	③	0	0
0	0	③	（後藤）	16		14	（山口）	①	2	0
1	3	③	芝　田	10		8	大　谷	②	0	0
0	0	③	福　島	13		10	長(準)	③	0	0
0	2	③	（山下）	18		18	前　田	③	0	0
0	2	③	杉　本	14		13	（西嶋）	③	2	0
0	1	③	（津島）	9						
0	1	③	米　谷	11	FW	9	小　田	③	1	0
0	0	②	（別府）	17		15	鄭	②	0	0
						11	（長(璃)）	①	0	0
4	15			4	GK	11			7	0
				4	CK	5				
				13	FK	7				
				0	PK	0				

【得点経過】

前半 2分〔青〕芝田→**小沼S**

〃 4分〔青〕FK芝田→(相手FP)H菅澤→**小泉S**

〃 19分〔青〕米谷～→**芝田S**

後半 4分〔青〕FK芝田→山本H→小泉S×**小泉S**

▼警告

〔昌〕長(準)

■青森山田が圧巻の試合内容で勝利

プレミアリーグ同士の注目の一戦は開始早々の前半2分、DF小沼のボレーで青森山田が先制する。勢いに乗った青森山田は4分、DF小泉が追加点を奪うと、さらに19分にはMF芝田が決めて3点目を挙げる。3点を追うことになった昌平はテクニックに優れるMF西嶋を投入し、反撃の一手を打つ。30分を過ぎると徐々に昌平がボールを保持する時間が増え、さらにMF長（璃）を投入し、攻撃の勢いを強めていくが、後半4分にFKの混戦から青森山田が4点目。昌平はシステムを1-4-2-3-1に変更し、相手ライン間にポジションをとり、良い距離間でのボール保持を試みる。しかし、青森山田は連動、連係した守備でペナルティエリアへの侵入を許さず。青森山田が注目の一戦を4点差、無失点という圧巻の試合内容で勝ち切った。

戦評　上田健爾（細田学園高校）

準々決勝戦

1月4日（木）　浦和駒場スタジアム（晴）

（主）矢野浩平　（副）佐藤裕一、長田望

神村学園 3（2-1 / 1-3）4 近江★

（鹿児島県）　（滋賀県）

得	S	学	神村学園	背		背	近江	学	S	得
0	0	③	川路	1	GK	1	山崎	②	0	0
0	0	②	鈴木	4	DF	2	安田	③	0	0
0	1	③	難波	5		15	(川地)	③	0	0
0	0	③	有馬	7		5	西村	③	1	0
1	2	③	吉永	15		10	金山	❸	2	0
0	2	②	新垣	20						
0	0	①	福島	10	MF	4	西	③	1	0
0	0	②	大成	11		6	川上	③	0	0
0	0	③	(高橋)	8		7	鵜戸	③	4	2
1	4	②	名和田	14		8	山門	③	6	0
						14	浅井	③	0	0
0	1	①	日高	9	FW	9	小山	③	1	0
1	1	❸	西丸	13		17	(廣瀬)	②	1	0
						11	荒砂	③	0	0
						13	(山本)	②	3	2
3	11			7	GK	6			19	4
				1	CK	7				
				5	FK	0				
				0	PK	0				

【得点経過】
前半12分〔近〕浅井→**鵜戸S**
〃 18分〔神〕西丸→有馬→**西丸HS**
〃 22分〔神〕福島→**吉永S**
後半13分〔近〕川上→**山本HS**
〃 15分〔神〕**FK名和田S**
〃 26分〔近〕CK川上→**山本HS**
〃 40+3分〔近〕金山→廣瀬→山門S（相手FP）（こぼれ球）**鵜戸S**

■激戦に終止符を打ったワイド攻撃

序盤、神村学園はピッチを広く使った攻撃でゴール前に迫る場面を作り出す。対する近江は5バック気味に構え、相手の高精度のクロスに対応する。12分に近江が先制も、神村学園は慌てずにボールを保持して自分たちのリズムを維持し、18分にFW西丸の得点で追いつき、22分にはDF吉永が決めて逆転した。後半に入ると、攻勢を強めた近江が13分に試合を振り出しに戻す。15分にMF名和田に直接FKを決められて神村学園に突き放されるも、諦めない近江は26分に再度追いつく。さらにアディショナルタイムには試合を通して再三仕掛けてきたワイド攻撃を発動。スピード豊かに左サイドを駆け上がったDF金山のクロスをファーサイドで折り返し、最後はMF鵜戸が決めて激戦に終止符を打った。ともにゴール前で魅力的なシーンを作り出す好ゲームだった。

戦評　横山晃一（南稜高校）

準々決勝戦

1月4日（木）　県立柏の葉公園総合競技場（晴）

（主）石丸秀平　（副）畠山大介、廣瀬成昭

堀越★ 2（1-0 / 1-1）1 佐賀東

（東京都A）　（佐賀県）

得	S	学	堀越	背		背	佐賀東	学	S	得
0	0	③	吉富	1	GK	1	中里	②	0	0
0	0	②	竹内	2	DF	3	甲斐(桜)	②	0	0
0	0	②	森(奏)	4		5	江頭	②	0	0
0	0	②	渡辺(冴)	13		6	田中(佑)	②	1	0
0	0	②	瀬下	19		18	後藤	②	0	0
0	1	②	渡辺(隼)	6	MF	7	西川	③	1	0
0	1	③	吉荒	8		11	(最所)	③	1	0
0	0	①	(谷口(悠))	16		8	大島	②	3	0
1	2	②	仲谷	14		12	(田口)	③	1	1
0	0	③	(髙木)	23		9	宮川	❸	1	0
						10	江口(恭)	③	2	0
						16	右近	③	1	0
0	2	③	髙谷	9	FW	21	宮﨑	③	0	0
0	0	①	(三鴨)	7		20	(詫間)	③	1	0
1	1	❸	中村	10						
0	0	③	伊藤	11						
0	0	②	(小泉)	18						
2	7			11	GK	4			12	1
				1	CK	2				
				6	FK	8				
				0	PK	0				

【得点経過】
前半19分〔堀〕**中村～S**
後半27分〔堀〕中村→**仲谷S**
〃 33分〔佐〕右近～→**田口S**

▼警告
〔佐〕後藤

■佐賀東の猛攻を凌いだ堀越が準決勝へ

堀越はMF渡辺（隼）を経由してビルドアップをスタート。ボールを失わないように動かしながら、相手の守備のバランスが崩れたタイミングでFW髙谷、MF仲谷に縦パスを入れて攻撃の起点を作る。前線からプレスをかけてボールを奪いにいく佐賀東は、ボールを奪えばMF宮川のスピードを活かして時間をかけずにゴールを目指した。時間の経過とともに堀越がボール保持率を高めると、前半19分にFW中村が豪快に決めて先制する。後半に入ると佐賀東がペースを握り、FW宮﨑、最所のポストプレーからサイドに展開して攻撃を仕掛ける。押し込む展開が続くと、宮川をFWに移してより攻撃的な布陣でゴールを狙いにいく。流れが摑めない堀越だったが、27分に仲谷が追加点を挙げる。リードを広げられた佐賀東は攻勢を強め、33分にFW田口が押し込んで1点差とする。その後も佐賀東が猛攻を仕掛けたが、堀越が守り抜いて準決勝進出を決めた。

戦評　田中章太郎（木更津高校）

準決勝戦

1月6日（土）　国立競技場（晴）

（主）中井敏博　（副）宇治原拓也、畠山大介

市立船橋 1（0-1 / 1-0）1 青森山田★

（千葉県）　2 PK 4　（青森県）

得	S	学	市立船橋	背		背	青森山田	学	S	得
0	0	②	ギマラエス(ニ)	1	GK	1	鈴木	③	0	0
0	1	③	佐藤	2	DF	2	小林	③	0	0
0	0	③	内川	3		3	小沼	②	0	0
0	0	③	宮川	4		4	山本	❸	0	0
0	1	③	五来	5		5	小泉	③	2	1
						6	菅澤	③	0	0
0	0	③	白土	6	MF	8	川原	③	1	0
0	0	❸	太田	7		16	(後藤)	③	0	0
0	0	③	足立	8		10	芝田	③	0	0
0	1	③	佐々木	11		13	福島	③	0	0
0	0	③	(須甲)	13		9	(津島)	③	2	0
						14	杉本	③	0	0
						15	(齊藤)	③	0	0
0	2	③	郡司	10	FW	11	米谷	③	0	0
1	2	②	久保原	15						
0	0	②	(岡部)	16						
1	7			13	GK	11			5	1
				3	CK	6				
				11	FK	12				
				0	PK	0				

【得点経過】
前半11分〔青〕CK芝田→**小泉HS**
後半34分〔市〕佐藤→太田→**久保原S**

■青森山田が2年ぶりの優勝に王手

序盤から青森山田はロングフィードを使った縦に速い攻撃とハイプレスで相手を押し込み、前半11分に先制する。リードを奪うと、ミドルゾーンにDFラインを設定してプレスをかけ始める位置を後ろにずらした。対する市立船橋は時間の経過とともにボールを保持し始め、DFラインから丁寧なビルドアップで敵陣に進入。アタッキングサードまでボールを運ぶが、相手のタイトな守備をかわせずに前半を終えた。後半も試合の様相は変わらず、市立船橋がボールを保持する時間が続く。市立船橋の幅を広く使ったビルドアップに対し、スライドで対応していた青森山田だが徐々にサイド深くに運ばれ、34分に左サイドを崩されて追いつかれる。勝ち越しを狙う両チームはロングボールを入れる場面が増えるが、ともに粘り強い守備でゴールを守り、1-1のまま後半が終了。PK方式ではGK鈴木が2本を止め、青森山田が2年ぶりの優勝に王手をかけた。

戦評　井手豊（広島工業高校）

準決勝戦　1月6日（土）　国立競技場（晴）

（主）大橋侑祐　（副）田代雄大、清水拓

近江（滋賀県） **3**（3-0 / 0-1）**1** **堀越**（東京都A）★

得	S	学		背		背		学	S	得
0	0	②	山崎	1	GK	1	吉富	③	0	0
0	0	③	安田	2	DF	2	竹内	②	0	0
0	0	③	西村	5		3	（森(章)）	②	0	0
0	0	③	（里見）	3		4	森(奏)	②	1	0
1	2	❸	金山	10		13	渡辺(冴)	②	0	0
						19	瀬下	②	0	0
0	2	③	西	4	MF	6	渡辺(隼)	②	0	0
0	0	③	川上	6		8	吉荒	③	0	0
1	2	③	鵜戸	7		16	（谷口(悠)）	①	1	0
0	0	②	（天雷）	16		14	仲谷	②	0	0
1	4	③	山門	8		7	（三鴨）	①	0	0
0	0	②	（山本）	13						
0	3	③	浅井	14						
0	0	②	廣瀬	17						
0	0	③	（川地）	15						
0	2	③	小山	9	FW	9	髙谷	③	3	0
						10	中村	❸	2	1
						11	伊藤	③	0	0
						23	（髙木）	③	1	0
3	15			12	GK	10			8	1
				4	CK	5				
				4	FK	5				
				0	PK	1				

【得点経過】

前半11分〔近〕山門〜S（こぼれ球）**鵜戸S**

〃 13分〔近〕山門→鵜戸S（こぼれ球）西S（こぼれ球）**山門S**

〃 22分〔近〕小山→山門→**金山S**

後半45+4分〔堀〕**PK中村S**

▼警告

〔近〕山崎

■逃げ切った近江が初の決勝進出

序盤は両チームともに最終ラインからボールを動かしてゲームを進めようとする。前半11分、ドリブルやショートパスによる積極的な仕掛けからペナルティエリアに侵入し、MF鵜戸のシュートで近江が先制。13分にMF山門が決めてリードを広げると、22分には近い距離間で複数の選手が絡んだ厚みのある連係から3点目を奪取する。3点をリードされた堀越は前線への縦パスやロングボールからゴールへの糸口を探るが、近江はコンパクトな守備ブロックで攻撃の起点を作らせない。後半に入ると、堀越はカウンターから得点を狙うだけでなく、DF森（奏）をFWに移してロングボールから起点を作り、ゴールに迫る場面を増やす。最後まで諦めない堀越はアディショナルタイムにPKを獲得して1点を返すが試合終了。近江が3−1で勝利して初の決勝進出を果たした。

戦評　金子翔一（創価高校）

決勝戦　1月8日（月）　国立競技場（晴）

（主）川俣秀　（副）淺田武士、藤澤達也

青森山田（青森県）★ **3**（1-0 / 2-1）**1** **近江**（滋賀県）

得	S	学		背		背		学	S	得
0	0	③	鈴木	1	GK	1	山崎	②	0	0
0	2	③	小林	2	DF	2	安田	③	0	0
0	0	②	小沼	3		5	西村	③	0	0
0	0	③	（齊藤）	15		10	金山	❸	0	0
0	0	❸	山本	4						
0	0	③	小泉	5						
0	0	③	菅澤	6						
0	0	③	川原	8	MF	4	西	③	0	0
0	0	②	（谷川）	7		6	川上	③	0	0
0	1	③	芝田	10		7	鵜戸	③	0	0
1	1	③	福島	13		8	山門	③	0	0
0	1	③	（後藤）	16		14	浅井	③	1	0
0	2	③	杉本	14		11	（荒砂）	③	0	0
0	0	③	（津島）	9		17	廣瀬	②	0	0
						15	（川地）	③	0	0
1	3	③	米谷	11	FW	9	小山	③	0	0
0	0	②	（別府）	17		13	（山本）	②	1	1
2	10			5	GK	9			2	1
				4	CK	5				
				8	FK	11				
				0	PK	0				

【得点経過】

前半33分〔青〕杉本→**福島S**

後半 2分〔近〕浅井→金山→**山本S**

〃 15分〔青〕GK鈴木→福島H→川原→**米谷〜S**

〃 25分〔青〕杉本〜川原〜→杉本S（オウンゴール）

■青森山田が冷静な試合運びで4回目のV

互いにミドルゾーンにラインを設定し、コンパクトな布陣を形成し、ショートパスで攻撃を組み立てる。互いが近い距離で対峙するため、攻守の連続したプレー、1対1の攻防が繰り広げられ、拮抗した試合展開が続く。試合は前半33分に青森山田が先制。先制された近江は相手選手間にポジションをとり、ドリブルとパスで攻撃を仕掛けるが、1対1の強さで勝る青森山田が決定機を作らせない。選手交代とポジション変更で攻撃の活性化を図って後半を迎えた近江は、2分にDF金山のクロスをMF山本が決めて追いつく。ボールを持たれる展開が続いた青森山田だが15分に勝ち越すと、25分にはカウンターから3点目。近江は2トップに変更して前線に関わる人数を増やすが、青森山田DFラインの球際の強さにラストパスの精度を欠いて得点を奪えない。同点とされても慌てず、冷静にゲームをコントロールした青森山田が2年ぶり4回目の優勝を決めた。

戦評　井手豊（広島工業高校）

全国高校選手権大会
【地区大会記録】

北海道

●決勝トーナメント

北海

旭川実、帯広北、根室、函館大有斗、北星学園大附、駒大苫小牧、旭川志峯、滝川西、苫小牧中央、クラーク記念国際、岩見沢緑陵、札幌第一、札幌大谷、北海、北照、網走南ケ丘、札幌平岸、北海道栄、釧路北陽、北海道文教大附、札幌光星、大谷室蘭、稚内大谷、帯広緑陽、とわの森三愛、伊達開来、札幌創成

【函館地区】

函館大有斗

市立函館、函館西、七飯、函館高専、合同A※、合同B※、函館工、函館大有斗、函館中部、函館大柏稜、合同C※、函館商、函館大谷

※合同A＝八雲・函館ラ・サール
※合同B＝上磯・南茅部・江差
※合同C＝檜山北・函館水産・知内

【小樽地区】

●１次リーグ

A	北　照	小樽潮陵	合 同 ※	順位
北　照		4－0	9－0	1
小樽潮陵	0－4		2－2	2
合 同 ※	0－9	2－2		3

B	小樽水産	倶 知 安	小樽桜陽	順位
小樽水産		3－4	1－2	3
倶 知 安	4－3		0－2	2
小樽桜陽	2－1	2－0		1

※合同＝岩内・小樽未来創造・蘭越

〈決勝トーナメント〉

北照

北照、倶知安、小樽潮陵、小樽桜陽

【札幌地区】

札幌平岸

札幌東、札幌西陵、札幌旭丘、札幌啓成、石狩翔陽、札幌平岸、札幌稲雲、札幌北陵、札幌手稲

とわの森三愛

とわの森三愛、札幌白石、札幌静修、札幌啓北商、北海道科学大高、札幌丘珠、札幌新川、札幌工、札幌国際情報

クラーク記念国際

東海大札幌、札幌平岡、北海学園札幌、札幌清田、クラーク記念国際、札幌東陵、札幌開成、立命館慶祥、合同※

札幌光星

札幌光星、札幌琴似工、石狩南、札幌龍谷学園、札幌南、札幌西、江別、札幌月寒

北星学園大附

北星学園大附（不戦勝）、札幌東豊、札幌藻岩、札幌新陽、札幌英藍、大麻、札幌北、札幌山の手

※合同＝北海道朝鮮・札幌厚別・白陵

【北空知地区】

滝川西

滝川、滝川西

【旭川地区】

旭川志峯

旭川志峯、留萌、旭川商、旭川南、旭川工、旭川高専、旭川龍谷、旭川明成、富良野、旭川西、旭川永嶺、旭川東、旭川農、旭川北

【苫小牧地区】

A	苫小牧中央	苫小牧東	苫小牧高専	苫小牧南	順位
苫小牧中央		1－0	5－0	10－0	1
苫小牧東	0－1		7－0	12－0	2
苫小牧高専	0－5	0－7		2－1	3
苫小牧南	0－10	0－12	1－2		4

B	苫小牧工	静　内	北海道栄	合 同 ※	順位
苫小牧工		4－0	1－3	6－0	2
静　内	0－4		1－8	5－0	3
北海道栄	3－1	8－1		12－1	1
合 同 ※	0－6	0－5	1－12		4

※合同＝浦河・鵡川・静内農

〈代表決定戦〉

苫小牧中央：苫小牧中央、苫小牧工
北海道栄：苫小牧東、北海道栄

【十勝地区】

帯広緑陽

帯広大谷、帯広三条、合同A※、白樺学園、芽室、帯広工、幕別清陵、帯広柏葉、音更、合同B※、帯広緑陽

※合同A＝帯広農・帯広南商
※合同B＝上士幌・清水・鹿追

【宗谷・道北地区】

	稚　内	稚内大谷	合 同 ※	順位
稚　内		0－6	2－2	3
稚内大谷	6－0		4－0	1
合 同 ※	2－2	0－4		2

※合同＝枝幸・利尻・名寄

【空知地区】

	岩見沢緑陵	岩見沢東	合 同 ※	順位
岩見沢緑陵		0－0	3－0	1
岩見沢東	0－0		1－4	3
合 同 ※	0－3	4－1		2

※合同＝岩見沢農・岩見沢西・長沼

【室蘭地区】

伊達開来

伊達開来、登別青嶺、合同※、室蘭清水丘、室蘭栄

※合同＝室蘭工・室蘭東翔

【釧路地区】

釧路北陽

釧路北陽、釧路工、武修館、釧路明輝、釧路湖陵、釧路江南

【根室地区】

	根　室	中 標 津	別海・羅臼	順位
根　室		1－3	5－0	1
中 標 津	3－1		2－4	2
別海・羅臼	0－5	4－2		3

【オホーツク地区】

網走南ケ丘

網走南ケ丘、北見工、網走桂陽、合同A※、遠軽、合同B※、北見北斗

※合同A＝紋別・北見柏陽・佐呂間
※合同B＝北見緑陵・津別

【千歳地区】

●１次リーグ

A	北海道文教大附	恵 庭 北	千　歳	順位
北海道文教大附		10－0	9－1	1
恵 庭 北	0－10		1－3	3
千　歳	1－9	3－1		2

B	恵 庭 南	北 広 島	北広島西	札幌日大	順位
恵 庭 南		3－1	6－1	1－1	1
北 広 島	1－3		5－2	0－1	3
北広島西	1－6	2－5		0－3	4
札幌日大	1－1	1－0	3－0		2

〈決勝トーナメント〉

北海道文教大附

北海道文教大附、札幌日大、千歳、恵庭南

青森県

●決勝トーナメント

青森山田

青森山田、八戸北、向陵、八戸西、青森北、八戸工大二、青森西、弘前工、八戸工大一、八戸学院野辺地西、青森、三沢商、弘前中央、三沢、東奥学園、青森工、三本木農恵拓、弘前南、東奥義塾、弘前実、五所川原工科、青森南、三本木、八戸学院光星

●１次トーナメント

弘前工：合同A※、弘前工、合同B※
青森北：青森商、八戸高専、青森北
三本木：五所川原農林、三本木
東奥学園：東奥学園、弘前
青森西：八戸東、青森西
八戸工大二：八戸工大二、合同C※
青森：合同D※、青森
青森南：十和田工、青森南
弘前南：八戸、弘前南
八戸北：八戸北、青森東
青森工：八戸工、青森工

※合同A＝田名部・むつ工・大湊
※合同B＝八戸水産・名久井農・八戸聖ウルスラ
※合同C＝黒石・柏木農・弘前東・聖愛・柴田
※合同D＝五所川原・木造

岩手県

●決勝トーナメント

遠野

遠野、盛岡第三、一関工、花巻北、花巻南、久慈、合同A※、盛岡誠桜、不来方、一関高専、盛岡第一、宮古、水沢、合同B※、釜石・千厩、水沢工、葛巻、盛岡中央、盛岡商、黒沢尻北、盛岡第四、宮古商工、江南義塾、岩手、一関第一、北上翔南、盛岡大附、花巻東、盛岡市立、盛岡農、盛岡北、盛岡南、一関第二、一関学院、専大北上

※合同A＝花北青雲・遠野緑峰
※合同B＝大船渡・高田・大槌

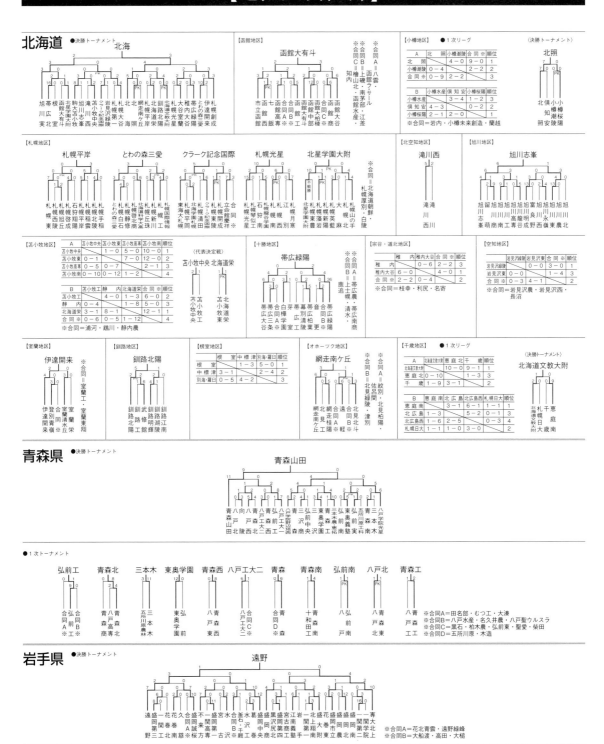

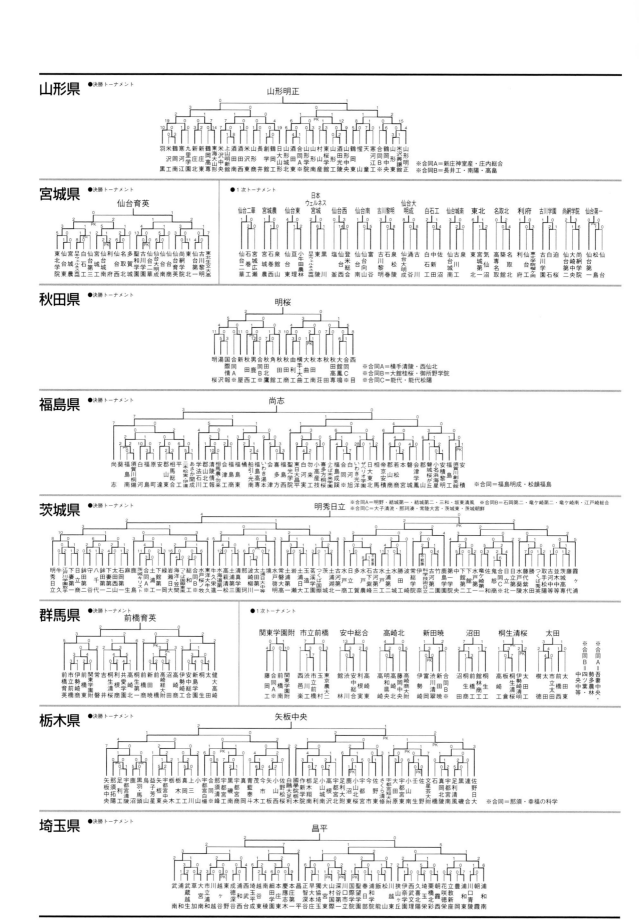

山形県

●決勝トーナメント

山形明正

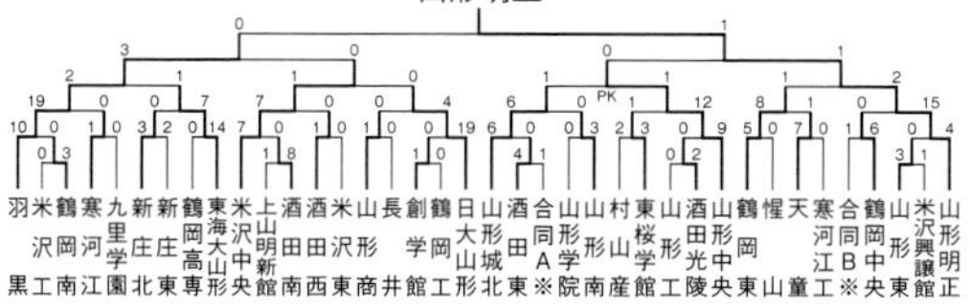

※合同A＝新庄神室産・庄内総合
※合同B＝長井工・南陽・高畠

宮城県

●決勝トーナメント

仙台育英

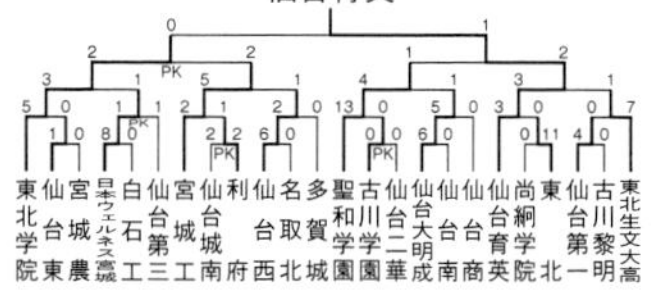

●1次トーナメント

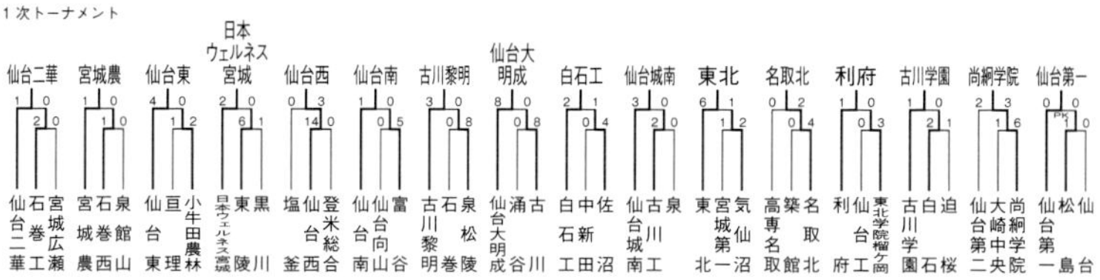

秋田県

●決勝トーナメント

明桜

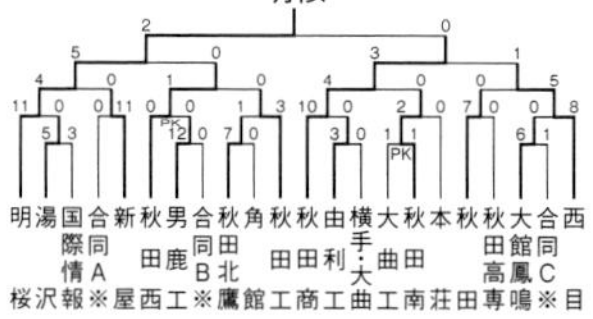

※合同A＝横手清陵・西仙北
※合同B＝大館桂桜・御所野学院
※合同C＝能代・能代松陽

福島県

●決勝トーナメント

尚志

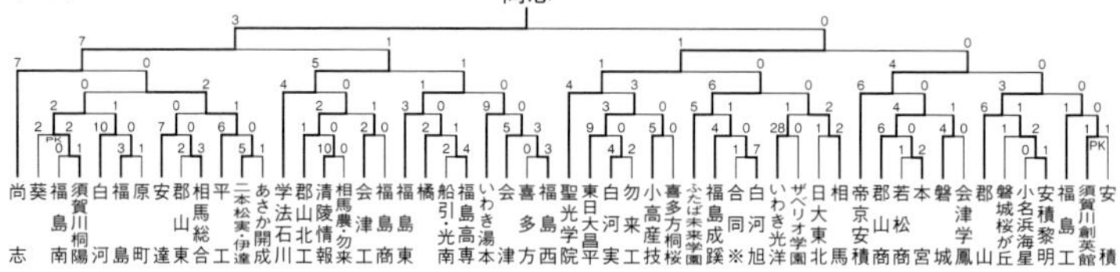

※合同＝福島明成・松韻福島

茨城県

●決勝トーナメント

明秀日立

※合同A＝明野・結城第一・結城第二・三和・坂東清風　※合同B＝石岡第二・竜ケ崎第二・竜ケ崎南・江戸崎総合
※合同C＝大子清流・那珂湊・常陸大宮・茨城東・茨城朝鮮

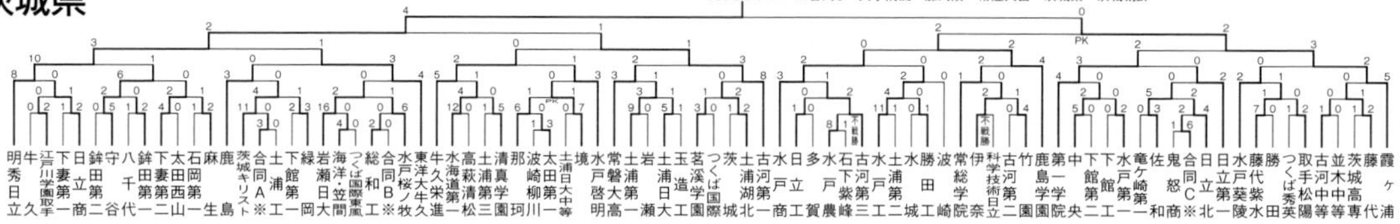

群馬県

●決勝トーナメント

前橋育英

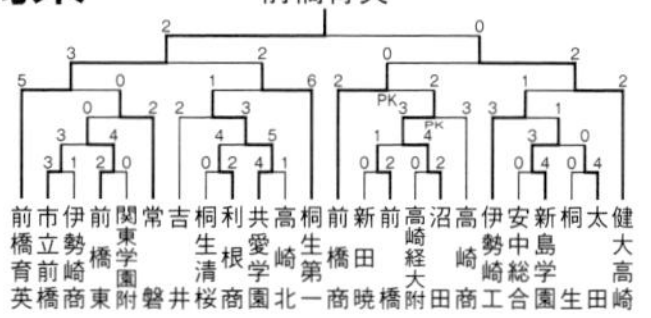

●1次トーナメント

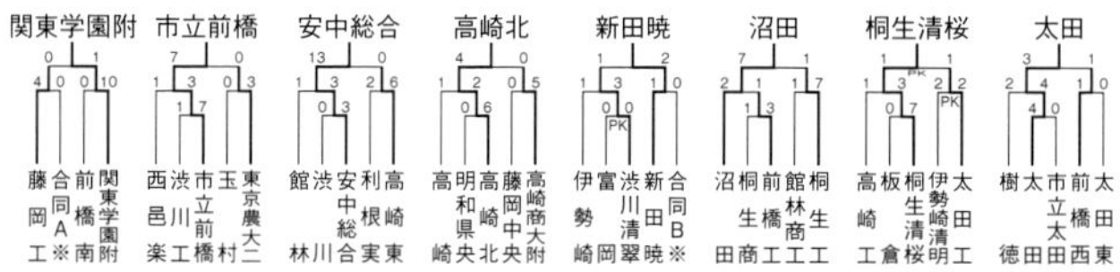

※合同A＝吾妻中央・勢多農林
※合同B＝四ツ葉・中央中等

栃木県

●決勝トーナメント

矢板中央

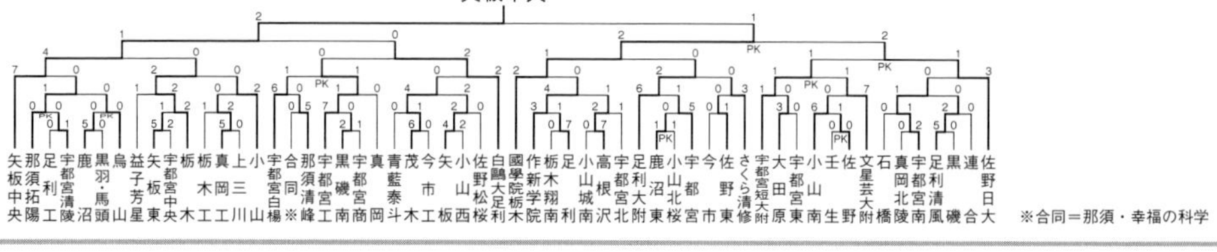

※合同＝那須・幸福の科学

埼玉県

●決勝トーナメント

昌平

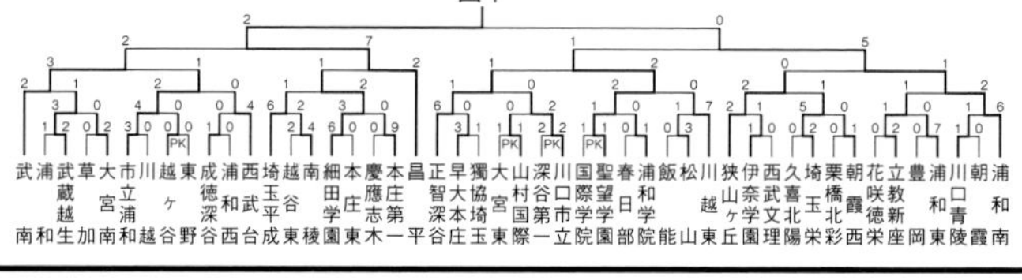

●1次トーナメント

朝霞西：朝霞西 ふじみ野 深谷 宮代 与野 栄東

川口市立：川口市立 鴻巣 狭山工 越谷総技 久喜工 秀明英光

慶應志木：三郷北 三郷 新座柳瀬 慶應志木 栄北 大宮北

山村国際：山村国際 滑川総合 和光 羽生第一 岩槻 志木

深谷第一：深谷第一 蓮田松韻 大宮光陵 草加東 鷲宮 杉戸

本庄東：本庄東 狭山経済 児玉・鳩山 鶴ヶ島清風 春日部工 熊谷

草加：上尾 開智中高 狭山清陵 秩父農工 自由の森学園 草加

南稜：東農大三 岩槻商 川口北 鳩ヶ谷 所沢 南稜

松山：松山 浦和ルーテル 北本 桶川 小川 所沢北

豊岡：豊岡 坂戸 八潮南 草加西 いずみ 熊谷西

越ヶ谷：越谷 不動岡 大宮 城西川越 新座総技 坂戸西

朝霞：朝霞 星野 春日部東 上尾南 富士見 越谷西

春日部：春日部 開智 和光国際 所沢商 秩父 川越西

越谷東：浦和北 川越南 松伏 合同※ 庄和 越谷東

川越：深谷商 川越 川越工 大宮国際 春日部共栄 所沢中央

川口青陵：草加南 吉川美南 白岡・幸手桜 大宮工 川口 川口青陵

浦和：浦和実 新座 熊谷工 川口工 熊谷農 浦和

久喜北陽：浦和麗明 越谷北 岩槻北陵 三郷工技 大宮開成 久喜北陽

飯能：川口東 開智未来 松栄学園 飯能 本庄

栗橋北彩：栗橋北彩 城北埼玉 八潮 蕨 大宮武蔵野 入間向陽

東野：東野 秀明 所沢西 浦和工 叡明

獨協埼玉：進修館 獨協埼玉 浦和商 日高 上尾鷹の台

伊奈学園：伊奈学園 熊谷商 越谷南 寄居城北 山村学園

※合同＝市立川越・越生・川越初雁

千葉県

●決勝トーナメント

市立船橋：市立船橋 市立柏 土気 柏南 千葉経済大附 白井 木更津 小金 船橋芝山 東海大浦安 千葉東 薬園台 茂原北陵 東海大市原望洋 柏陵 千葉日大一 渋谷幕張 拓殖大紅陵 県立千葉 中央学院 暁星国際 八千代 千葉明徳 千葉敬愛 専修大松戸 東京学館 船橋北 柏井 検見川 敬愛学園 日体大柏 日大習志野 幕張総合 習志野 木更津総合 千葉商大付 国分 千葉黎明 八千代松陰 翔凜 袖ケ浦 東京学館浦安 流経大柏

●1次トーナメント

柏中央：東金 匝瑳 銚子商 柏中央

千葉西：佐倉西 君津 千葉西 東総工

我孫子：我孫子 生浜・天羽 大多喜 大原

麗澤：流山 東京学館船橋 麗澤 流山南

千葉南：芝浦工大柏 犢橋 合同A※ 千葉南

千葉北：船橋古和釜（不戦勝） 佐倉 千葉北 富里

八街：我孫子二階堂 八街 千葉工 明聖

千葉商大付：京葉工 津田沼 印旛明誠 千葉商大付

松戸六実：沼南高柳 合同B※ 松戸六実 千葉英和

桜林：鎌ヶ谷 泉 桜林 清水

昭和秀英：柏の葉 県立柏 昭和秀英 合同C※

市川昂：市川南 実籾 市川昂 浦安

昭和学院：東葉 一宮商 昭和学院 若松

行徳：行徳 君津商 合同D※ 四街道

船橋法典：船橋法典 日出学園 市立銚子 合同E※

安房：西武台千葉 市原緑 安房 合同F※

船橋二和：成田国際 志学館 船橋二和 千葉商

松戸国際：県立松戸 松戸国際 姉崎 千城台

※合同A＝館山総合・安房拓心
※合同B＝市川工・松戸向陽
※合同C＝茂原・大網・東金商
※合同D＝我孫子東・沼南・鎌ヶ谷西・船橋豊富
※合同E＝小見川・成田西陵
※合同F＝松尾・横芝敬愛

●2次トーナメント

千葉経済大附：千葉経済大附 行徳 国府台

日大習志野：日大習志野 船橋二和 長生

柏南：柏南 松戸六実 東葛飾

船橋北：船橋北 千葉北 成田北

千葉黎明：千葉黎明 市川昂 四街道北

幕張総合：幕張総合 昭和秀英 東邦大東邦

茂原北陵：茂原北陵 桜林 野田中央

千葉日大一：千葉日大一 千葉西 長狭

土気：土気 我孫子 茂原樟陽

袖ケ浦：袖ケ浦 船橋法典 二松学舎柏 成東

千葉東：千葉東 千葉南 佐原白楊 八千代東

薬園台：薬園台 松戸国際 流山北 秀明八千代

木更津：木更津 八街 磯辺 県立船橋

柏井：市原中央 麗澤 市立千葉 柏井

国分：流山おおたかの森 昭和学院 佐原 国分

柏陵：市川 柏中央 柏陵 船橋啓明

小金：小金 安房 市川東 船橋東

県立千葉：県立千葉 市立松戸 市原八幡 市立稲毛

千葉商大付：成田 千葉商大付 松戸馬橋 京葉

東京都

●決勝トーナメント
【Aブロック】

早稲田実：國學院久我山 日本学園 東海大高輪台 かえつ有明 日大鶴ヶ丘 東大和南 東京都市大付 青山学院 東久留米総合 武蔵 関東第一 青稜 東農大一 小川 明大明治 帝京 明星学園 早稲田実 東京 国立 保善 駒場 三鷹中等 東京朝鮮 東京実 駿台学園 法政大高 国士舘 明大中野 日体大荏原 久留米西 実践学園

●決勝トーナメント
【Bブロック】

堀越：修徳 早大学院 青山 日野台 大森学園 創価 高島 国分寺 狛江 片倉 暁星 明法 目黒日大 成城学園 大成 駒澤大高 野津田 目白研心 保谷 東京成徳大高 葛飾野 拓大一 堀越 日大三 日大豊山 石神井 駒込 城北 東海大菅生 多摩大目黒 成立学園

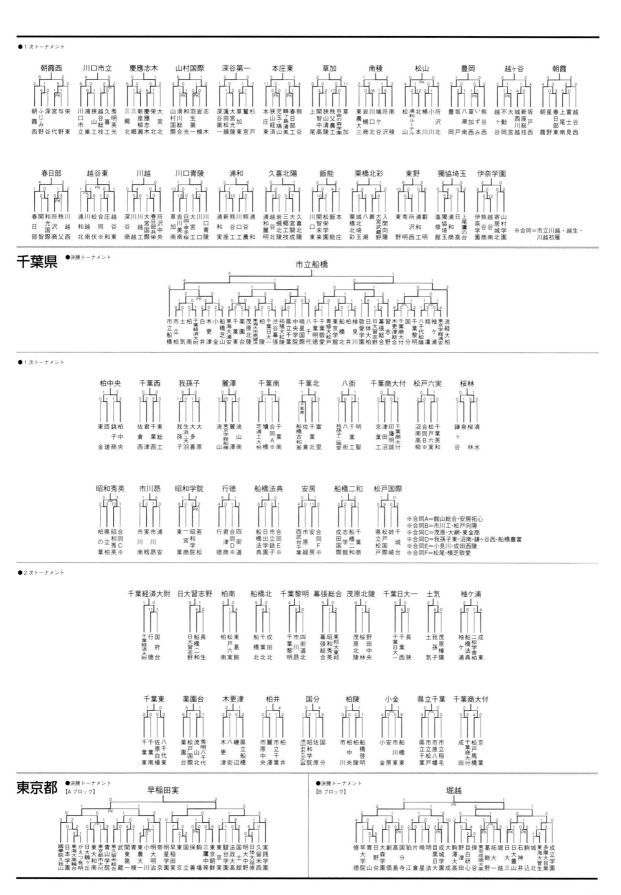

●東京都１次トーナメント

かえつ有明：かえつ有明／両国／二松学舎大附／東京電機大高／町田／開智日本橋／ドルトン東京学園

日大豊山：昭和第一学園／立川／貞静学園／成蹊／日大豊山／帝京八王子／八潮

城北：城北／多摩大聖ヶ丘／富士／豊南／八王子／千早／京華商

拓大一：小松川／西／本郷／葛西南／荒川工科／拓大一／多摩工科

東京都市大付：豊島／武蔵野大高／千歳丘／聖学院／竹早／本所／東京都市大付

東海大高輪台：東海大高輪台／錦城／啓明学園／佼成学園／大崎／豊島学院／東村山西

保谷：保谷／八王子実践／町田工科／八雲学園／紅葉川／京華／東村山

高島：高島／立正大立正／松原／芦花／日大櫻丘／清瀬／聖徳学園／杉並総合

創価：創価／中央国際／拝島／上水／白鷗／和光／日本橋／成城

※合同A＝第一商・芝商
※合同B＝大島海洋国際・大島
※合同C＝中野工・田無工

駿台学園：駿台学園／国際／篠崎／町田総合／都市大等々力／足立新田／大田桜台／淑徳

日体大荏原：日体大荏原／武蔵野／東亜学園／南多摩中等／江戸川／芝／玉川学園／工学院大附

明大中野：明大中野／麻布／立川国際中等／中大附／攻玉社／駒場学園／田園調布／文教大付

青稜：東／小平西／竹台／葛西工科／高輪／青稜／三田／鷺宮

片倉：片倉／正則／巣鴨／共栄学園／板橋有徳／城西大城西／三田国際学園／深川

目黒日大：学習院／明治学院／合同A※／目黒日大／帝京大高／調布南／足立東／大智学園

国立：国立／学芸大附国際／東京立正／第三商／世田谷学園／大山／晴海総合／橋

東大和南：江北／世田谷総合／桜町／青梅総合／第五商／東大和南／日大一／城東

三鷹中等：戸山／広尾学園小石川／練馬工科／羽村／獨協／宝仙学園／三鷹中等／開成

東海大菅生：東海大菅生／中央学院大中央／科学技術学園／八丈／飛鳥／足立学園／王子総合／日大二

青山：青山／上野／立志舎／井草／合同B※／豊多摩／調布北／大東文化一

久留米西：足立／安田学園／板橋／久留米西／足立西／杉並／星槎国際八王子／成瀬

駒場：駒場／青井／神代／自由学園／合同C※／大泉／日工大駒場／杉並学院

成城学園：成城学園／南平／クラーク国際／北園／新宿／練馬／早稲田／明星

東京成徳大高：明中八王子／江東商／朋優学院／桜修館中等／山崎／筑波大附／五日市／東京成徳大高

法政大高：海城／つばさ総合／富士森／蒲田／日比谷／法政大高／昭和／国際基督教大高

明法：南葛飾／大東学園／明法／自由ヶ丘学園／府中西／筑波大附駒場／立教池袋／文化学園大杉並

武蔵：武蔵／日野／第四商／東大附／桜美林／福生／田無／専修大附

葛飾野：正則学園／駒場東邦／永山／向丘／郁文館／深沢／葛飾野／墨田工科

野津田：松が谷／順天／目黒／小平南／野津田／目黒学院／府中工科／桜丘

早大学院：早大学院／学芸大附／葛飾総合／武蔵村山／武蔵野北／産業技術高専荒川／広尾学園／広尾

目白研心：東大和／九段中等／翔陽／総合工科／八王子北／府中東／東洋大京北／目白研心

東京：岩倉／東京／葛飾商／中大杉並／文京／小石川中等／中央大高／光丘

日野台：日野台／秋留台／雪谷／錦城学園／東京工大附／淵江／芝浦工大附／明学東村山

小川：小川／都立武蔵／多摩科学技術／東洋／穎明館／科学技術学園／美原／桐朋

保善：保善／品川翔英／武蔵丘／府中／淑徳巣鴨／小金井北／渋谷教育学園渋谷／墨田川

明大明治：國學院／八王子東／小岩／多摩／小平／昭和第一／小山台／明大明治

神奈川県

●決勝トーナメント

日大藤沢：桐光学園／市立桜丘／湘南学院／横浜創英／横須賀／横浜商大高／荏田／茅ケ崎／法政二／市立橘／横浜創学館／市立東／横浜隼人／横浜清風／鶴嶺／相模原弥栄／湘南／三浦学苑／桐蔭学園／相洋／逗子開成／柏陽／座間／藤沢西／平塚学園／湘南工大附／厚木西／鶴見／光明相模原／七里ガ浜／日本大高／東海大相模／秦野／逗子葉山／向上／横浜翠嵐／慶應義塾／厚木北／麻布大附／大和／日大藤沢

●１次トーナメント

【Aブロック】
横須賀：横須賀総合／横浜SF／舞岡／二宮／横須賀大津／相模原中等／横須賀／横浜商／県商工／座間総合／上溝南／横浜平沼

【Bブロック】
横浜創学館：金沢／合同A※／大船／白山／伊志田／伊勢原／横浜創学館／山北／桐蔭中等／海老名／藤沢翔陵／元石川

【Cブロック】
横浜翠嵐：横浜翠嵐／厚木／相模田名／関東学院／横須賀学院／茅ケ崎西浜／慶應藤沢／藤嶺藤沢／麻生／横浜瀬谷／横浜学園／光陵

【Dブロック】
茅ケ崎：菅／百合丘／川崎市立幸／横浜氷取沢／上矢部／新城／金井／生田東／上鶴間／横浜緑ケ丘／追浜／茅ケ崎

【Eブロック】
麻布大附：星槎国際湘南／深沢／市ケ尾／合同B※／多摩／城郷／麻布大附／霧が丘／綾瀬／合同C※／サレジオ／戸塚

【Fブロック】
秦野：大和西／横浜栄／合同D※／大磯／湘南学園／立花学園／秦野／茅ケ崎北陵／津久井浜／横浜／中大横浜／藤沢清流

【Gブロック】
七里ガ浜：七里ガ浜／合同E※／市立川崎／横浜立野／綾瀬西／相原／合同F※／相模原城山／足柄／横浜南陵／港北／鵠沼

【Hブロック】
逗子開成：武相／浅野／平塚湘風／逗子開成／市立高津／新栄／青山学院横浜英和／秦野曽屋／秦野総合／柏木学園／横浜修悠館横須賀／平塚江南

【Iブロック】
厚木西：大師／住吉／アレセイア湘南／新羽／藤沢総合／厚木西／金沢総合／合同G※／神奈川朝鮮／麻溝台／相模原／旭

【Jブロック】
藤沢西：市立南／生田／鎌倉学園／横浜国際／有馬／平塚中等／森村学園／横浜清陵／寒川／藤沢西／岸根／旭丘

【Kブロック】
横浜清風：横浜清風／上溝／保土ケ谷／川和／小田原／西湘／大和南／神奈川工／合同H※／平塚工科／公文国際／希望ケ丘／鎌倉

【Lブロック】
湘南：横浜翠陵／聖光学院／川崎北／栄光学園／県立川崎／鶴見総合／山手学院／松陽／関東学院六浦／橘学苑／鶴見大附／神大附／湘南

※合同A=小田原城北工・高浜・平塚農商・小田原東・大井
※合同B=厚木東・厚木商
※合同C=大和東・橋本
※合同D=横浜旭陵・永谷・横浜桜陽・神奈川総合
※合同E=厚木清南・愛川
※合同F=湘南台・藤沢工科
※合同G=海洋科学・横須賀工・横須賀南・三浦初声
※合同H=向の岡工・麻生総合・川崎工科

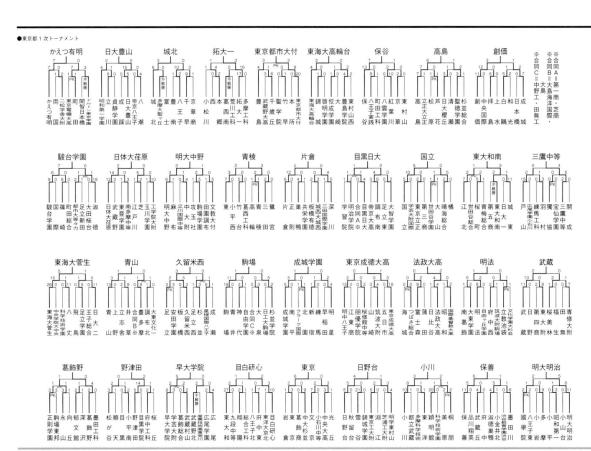

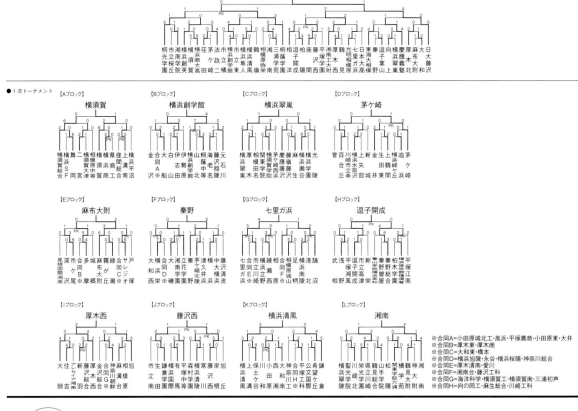

山梨県

●決勝トーナメント

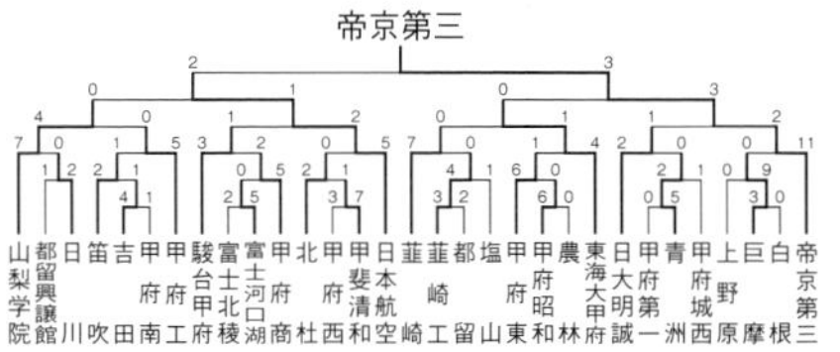

新潟県

●決勝トーナメント

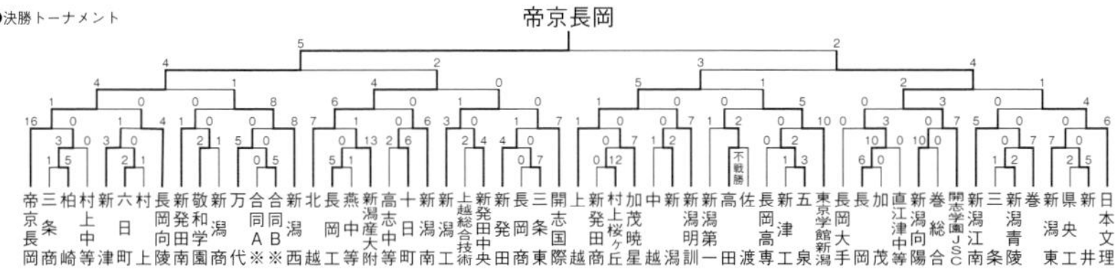

※合同A=高田商·津南中等
※合同B=糸魚川·糸魚川白嶺

長野県

●決勝トーナメント

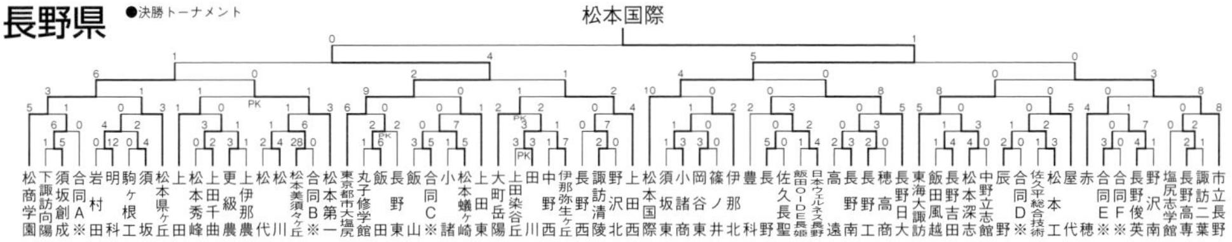

※合同A=梓川·池田工·南安曇農
※合同B=軽井沢·東御清翔
※合同C=諏訪実·岡谷工·富士見·箕輪進修
※合同D=文化学園長野·北部
※合同E=木曽青峰·エクセラン
※合同F=下伊那農·蘇南

富山県

●決勝トーナメント

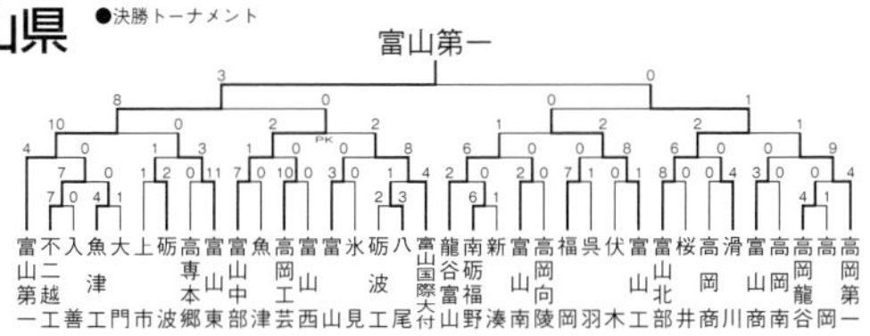

福井県

●決勝トーナメント

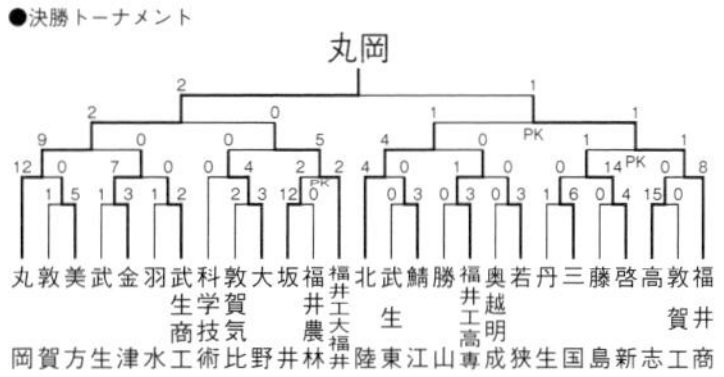

石川県

●決勝トーナメント

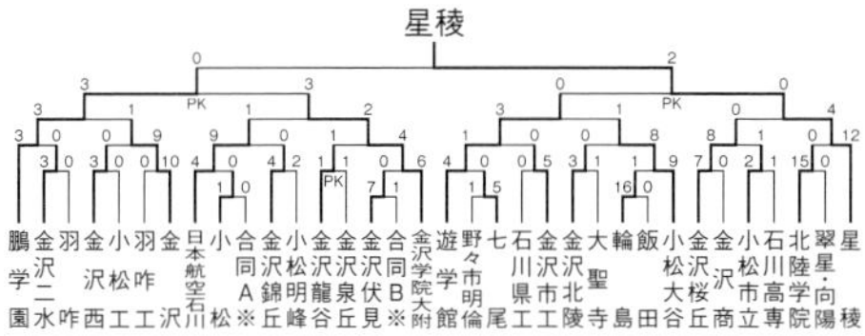

※合同A＝松任・寺井・辰巳丘
※合同B＝志賀・鹿西・東雲

静岡県

●決勝トーナメント

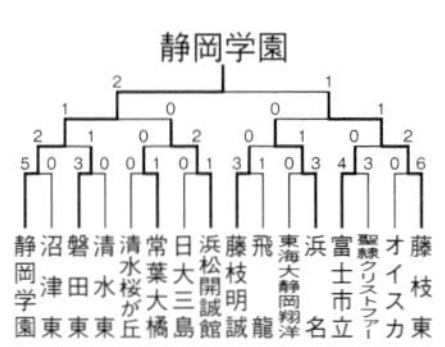

●1次トーナメント

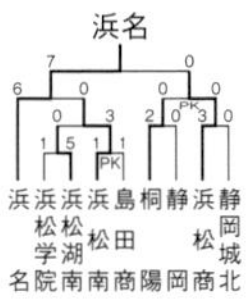

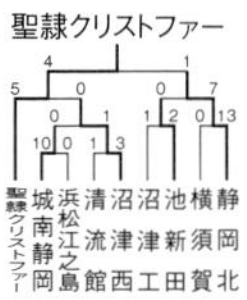

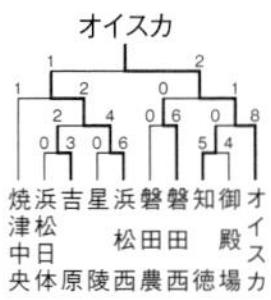

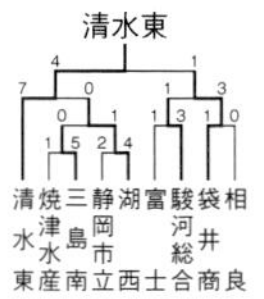

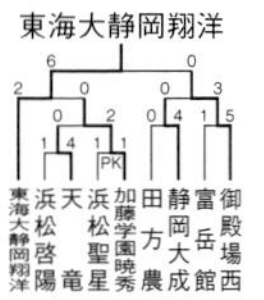

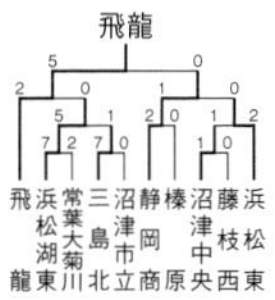

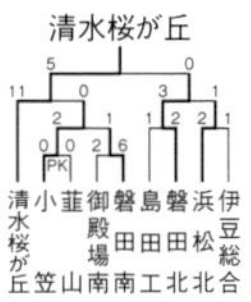

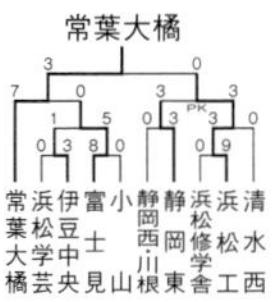

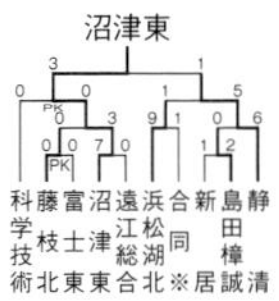

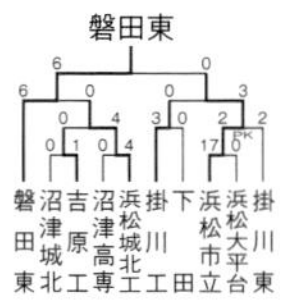

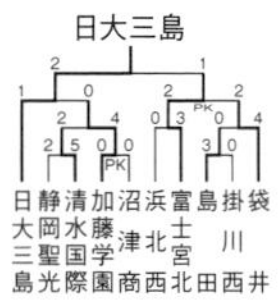

※合同＝伊豆伊東・裾野

愛知県
●決勝トーナメント

名古屋

刈谷　千種　松蔭　大成　西尾　半田工科　中部大第一　中部大春日丘　清林館　菊華　旭丘　一宮西　岡崎西　豊川　日福大付　安城南　岡崎　一宮興道　中村　豊田南　岡崎城西　中京大中京　豊橋東　享栄　桜丘　春日井西　総合工科　東海学園　名経大高蔵　国府　碧南工科　至学館　大府東　愛知　同朋　愛工大名電　一宮　春日井南　名東　南陽　半田　春日井工科　熱田　刈谷北　東浦　愛産大三河　小坂井　長久手　栄徳　名古屋　三好　菊里　豊田北　大同大大同　星城　津島　東邦

【知多地区】

東浦：常滑　大府　内海・武豊　東浦　東海南

半田：知多翔洋　半田東　半田　東海樟風

半田工科：横須賀　半田農　阿久比　半田工科

【名古屋地区】

南陽：天白　名古屋南　惟信　南陽　名古屋情報

享栄：享栄　名経大市邨　富田　名古屋工　名古屋大谷

菊華：菊華　市工芸　昭和　名古屋工科　名城大附

千種：千種　名古屋西　守山　鳴海　北

中村：向陽　中川青和　桜台　南山　中村

旭丘：旭丘　緑丘　東海　東海工専　瑞陵

総合工科：名市工　明和　緑　山田　総合工科

【東尾張地区】

春日井西：誉　豊明　瀬戸北総合　日進西　春日井西

春日井南：愛知朝鮮　新川　小牧工科　小牧　春日井南

栄徳：西春　日進　瀬戸工科　春日井東　栄徳

春日井工科：春日井工科　春日井　小牧南　春日井泉　高蔵寺

星城：東郷　瀬戸　旭野　瀬戸西　星城

【西尾張地区】

一宮興道：滝　杏和　合同※　一宮北　一宮興道

一宮西：一宮西　丹羽　犬山　尾北　五条

津島：津島　津島東　愛知啓成　美和　一宮南

一宮：一宮工科　岩倉総合　誠信　木曽川　一宮

清林館：清林館　愛知黎明　愛西工科　修文学院　佐屋　江南

※合同＝稲沢・稲沢緑風館・稲沢東

【西三河地区】

豊田南：豊田南　科技高豊田　知立　豊田大谷　豊田工科

愛産大三河：愛産大三河　吉良　安城　高浜　安城学園

碧南工科：碧南工科　衣台　幸田　安城東　西尾東

安城南：刈谷工科　安城農林　知立東　足助・豊田東　安城南

岡崎西：岡崎西　愛知教大附　杜若　松平　豊田

豊田北：豊田北　碧南　鶴城丘　岡崎北　豊田西

岡崎：岡崎東　豊野　岡崎工科　岡崎

【東三河地区】

桜丘：桜丘　三谷水産　蒲郡東　豊橋中央　蒲郡

国府：時習館　豊橋西　新城有教館　国府

小坂井：御津あおば　豊橋南　豊橋工科　小坂井

豊橋東：豊橋東　豊橋商　豊丘　海陽　豊川工科

三重県
●決勝トーナメント

四日市中央工

海星　名張青峰　いなべ総合学園　桑名工　宇治山田　桑名北　石薬師　相可　高田　鈴鹿　四日市　宇治山田商　四日市四郷　川越　久居　桑名　合同A※　合同B※　伊賀白鳳　亀山　白子　近大高専　暁　鳥羽商船　津工　三重　四日市南　桜丘　松阪工　津　名張　上野　四日市西　津田学園　伊勢学園　合同C※　津西　稲生　四日市工　津東　桑名西　皇學館　松阪　神戸　伊勢　鈴鹿高専　久居農林　青山　伊勢工　代々木　四日市中央工

※合同A＝白山・大橋学園
※合同B＝志摩・昴学園
※合同C＝尾鷲・木本

岐阜県
●決勝トーナメント

帝京大可児

帝京大可児　可児　大垣北　大垣養老　クラーク国際　岐阜東　多治見　揖斐・不破　多治見北　関有知　高山西　中津川工　吉城　大垣日大　岐阜工　斐太　多治見西　加茂　可児工　合同A※　県岐阜商　武義　大垣工　池田　岐阜清流　岐阜高専　合同B※　土岐商　各務原　大垣南　羽島　大垣東　関　岐山　郡上　中京　加納　飛騨高山　各務原西　恵那　土岐紅陵　長良　関商工　岐阜北　岐阜第一　鶯谷　羽島北　大垣商　富田　麗澤瑞浪　岐阜　中津　合同C※　大垣西　東濃実　岐阜聖徳　美濃加茂

※合同A＝飛騨神岡・高山工
※合同B＝山県・華陽フロンティア
※合同C＝八百津・加茂農林

滋賀県
●決勝トーナメント

近江

近江　瀬田工　河瀬　堅田　甲西　伊吹　草津　虎姫　大津　彦根翔西館　彦根総合　八幡商　野洲　大津商　八幡工　東大津　日野　守山北　米原　彦根東　合同A※　高島　立命館守山　綾羽　長浜農　合同B※　甲南　守山　玉川　八幡　彦根工　安曇川　近江兄弟社　水口　比叡山　光泉カトリック　膳所　長浜北　水口東　石山　滋賀学園　国際情報　八日市　合同C※　草津東

※合同A＝湖南農・滋賀短大附・栗東
※合同B＝北大津・北大津高等養護
※合同C＝伊香・長浜北星

奈良県
●決勝トーナメント

奈良育英

奈良育英　香芝　帝塚山　郡山　法隆寺国際　奈良大附　畝傍　一条　天理　王寺工　合同A※　智辯奈良カレッジ　高取国際　奈良女子大附　橿原　生駒　東大寺学園　奈良北　合同B※　奈良学園登美ヶ丘　奈良学園　県立商　大和広陵　山辺　奈良　高田商　西大和学園　桜井　高田　五條

※合同A＝県立大附・国際
※合同B＝二階堂・西和清陵・奈良南・大淀・高円芸術・御所実

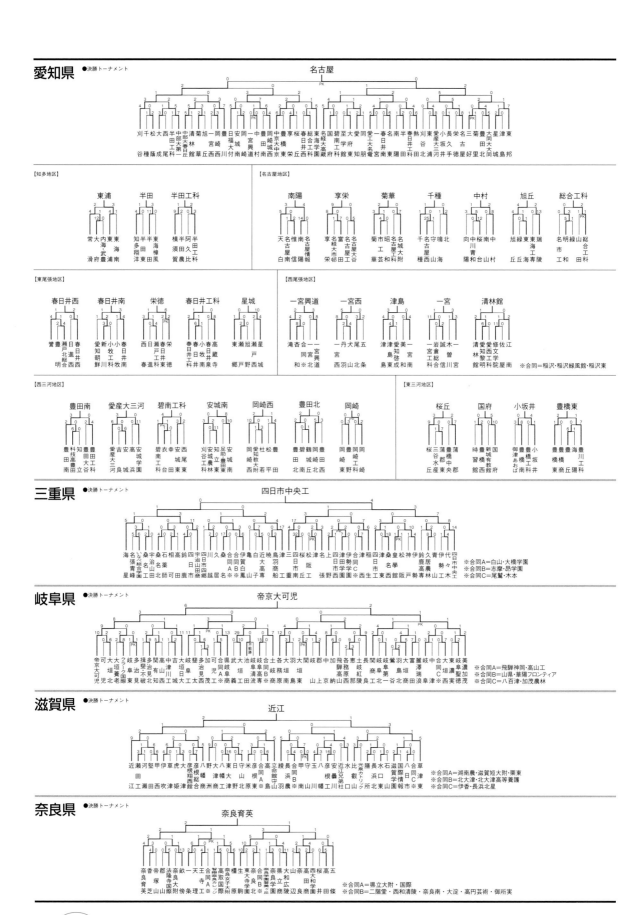

京都府

●決勝トーナメント

京都橘

東山 堀川 日吉ヶ丘 鴨沂 京都翔英 京都西山 京都廣学館 峰山 大谷 東宇治 洛東 府立工 田辺 京都明徳 塔南・開建 南丹 京都教大附 京都精華 向陽 京都文教 立命館 丹後緑風 南陽 京都すばる 農芸 山城 久御山 北嵯峨 宮津天橋 東稜 洛陽総合 京都工学院 亀岡 同志社 福知山成美 京都橘 嵯峨野 東舞鶴 紫野 花園 乙訓 同志社国際 城陽 京都産大附 莵道 桂 京都両洋 城南菱創 龍谷大平安 舞鶴高専 木津 京都共栄 洛北 綾部 西京 鳥羽 洛星 洛西 京都先端附 合同※ 西舞鶴 洛南 朱雀 北稜 桃山 京都朝鮮 京都外大西 園部 福知山 立命館宇治

※合同=洛水・西乙訓

大阪府

●決勝トーナメント

東海大大阪仰星

金光大阪 山本 東大阪大柏原 茨木 桃山学院 清水谷 刀根山 アサンプション 履正社 河南 常翔学園 阪南大高 北千里 清風 大阪学院大高 近大附 羽衣学園 金剛 関大北陽 興國 浪速 ヌヴェール 大阪桐蔭 関西大一 帝塚山泉ヶ丘 大阪偕星学園 大阪朝鮮 東海大大阪仰星 昇陽 大体大浪商 大阪産大附

和歌山県

●決勝トーナメント

初芝橋本

初芝橋本 新宮 粉河 笠田 和歌山商 和歌山工 向陽 新翔 紀北工 合同※ 日高 那賀 近大和歌山 和歌山北 田辺工 海南 耐久 星林 和歌山高専 桐蔭 近大新宮 紀央館 神島 橋本 開智 田辺 和歌山南陵

※合同=市立和歌山・高野山・和歌山東

大阪府

●1次トーナメント

山本
大阪国際 北摂つばさ 渋谷 西寝屋川 山本 北野 天王寺 追手門大手前 堺上 吹田東

東大阪大柏原
東大阪大柏原 東住吉総合 合同A※ 和泉 初芝立命館 夕陽丘 堺西 同志社香里 公立大高専

茨木
八尾北 堺東 長尾 清風南海 近大泉州 緑風冠 茨木 東住吉 桜宮

清水谷
電通大高 清水谷 三国丘 野崎 今宮工科 枚方 かわち野 大手前 関西大倉 守口東

刀根山
刀根山 園芸 池田 早稲田摂陵 岸和田 富田林 泉陽 大阪 英真学園

アサンプション
都島工 高石 春日丘 東大谷 日新 アサンプション

河南
河南 合同B※ 岸和田産 四天王寺東 開明 布施工科 関大高等部 生野 信太

常翔学園
淀川工科 大冠 鳳 東大阪大敬愛 住吉 常翔学園

北千里
北千里 山田 泉北 清教 藤井寺 東淀川 大阪商大高 枚方津田 大塚

清風
清風 阪南 茨木西 枚岡樟風 高津 大商学園 登美丘 汎愛 四條畷

羽衣学園
大阪青凌 阿倍野 大阪教育C附 泉大津 阿武野 精華 布施 東百舌鳥 高槻 星光 羽衣学園

金剛
大阪商大堺 狭山 港 芥川 住吉商 太成学院大高 追手門 金剛 合同C※

関大北陽
佐野工科 金岡 布施北 上宮太子 いちりつ 関大北陽

浪速
芦間 三島 堺工科 教大天王寺 交野 箕面 常翔啓光 浪速 清明学院

ヌヴェール
ヌヴェール 八尾 大阪学芸 関西創価 豊中 旭 市立堺 みどり清朋 城東工科

帝塚山泉ヶ丘
東 上宮 咲くやこの花 星翔 OBF 桜塚 長野 帝塚山泉ヶ丘 牧野 千里 金光藤蔭

大阪偕星学園
大阪偕星学園 初芝富田林 今宮 明星 箕面自由 関西福祉科学 岬 大阪緑涼 吹田

大阪朝鮮
淀商 大阪朝鮮 千里青雲 八尾翠翔 寝屋川 摂津

昇陽
あべの翔学 槻の木 昇陽 市岡 合同D※ 高槻北 阜が丘 教大池田 賢明学院

大体大浪商
大体大浪商 枚方なぎさ 花園 豊島 箕面学園 香里丘 久米田 門真なみはや 佐野

※合同A=貝塚・伯太
※合同B=柴島・箕面東・西野田工科
※合同C=長吉・農芸・平野・松原・教大平野
※合同D=泉尾工・桜和

兵庫県

●決勝トーナメント

神戸弘陵

神戸弘陵 神戸高塚 明石城西 甲南 宝塚西 兵庫工 武庫荘総合 淡路三原 明石 東播磨 市尼崎 芦屋学園 三田松聖 西脇 星陵 伊川谷 舞子 洲本 三田 滝川 神戸国際附 社 伊川谷北 神戸 滝川第二 関学 報徳 神戸星城 蒼開 啓明 柏原 香寺 川西明峰 鳴尾 長田 兵庫 神戸科技 伊丹西 葺合 明石南 神戸朝鮮 三木東 西宮東 宝塚北 御影 神戸龍谷 西宮北 相生学院

●1次トーナメント

三木東
飾磨工 県農 三木東

社
県尼崎 社 龍野北

御影
御影 尼崎小田 高砂

宝塚北
尼崎北 山崎 宝塚北

長田
長田 西宮南 姫路飾西

伊川谷
伊川谷 近畿大豊岡 上郡

宝塚西
須磨東 甲陽 宝塚西

星陵
星陵 淳心 尼崎双星

舞子
須磨翔風 豊岡総合 舞子

神戸国際附
神戸国際附 県西宮 白陵

柏原
出石・和田山 柏原 猪名川

明石
姫路工 姫路 明石

滝川
滝川 明石高専 雲雀丘

啓明
啓明 尼崎西 網干

明石南
明石南 淡路 宝塚東

蒼開
蒼開 琴丘 市西宮

三田
三田 豊岡 市伊丹

鳴尾
鳴尾 神戸高専 東灘 姫路東

伊丹西
伊丹西 三木北 津名 加古川南

神戸龍谷
三木 六甲アイランド 東洋大姫路 神戸龍谷

神戸朝鮮
北条 川西北陵 神戸朝鮮 三田祥雲館

伊川谷北
伊川谷北 三田西陵 北須磨 明石西

関学
飾磨 伊丹北 芦屋 関学

西宮東
加古川東 東播工 西宮東 福崎

淡路三原
県伊丹 神戸鈴蘭台 淡路三原 灘

兵庫工
姫路南 赤穂 兵庫工 佐用・太子

葺合
夢野台 須磨友が丘 小野工 葺合

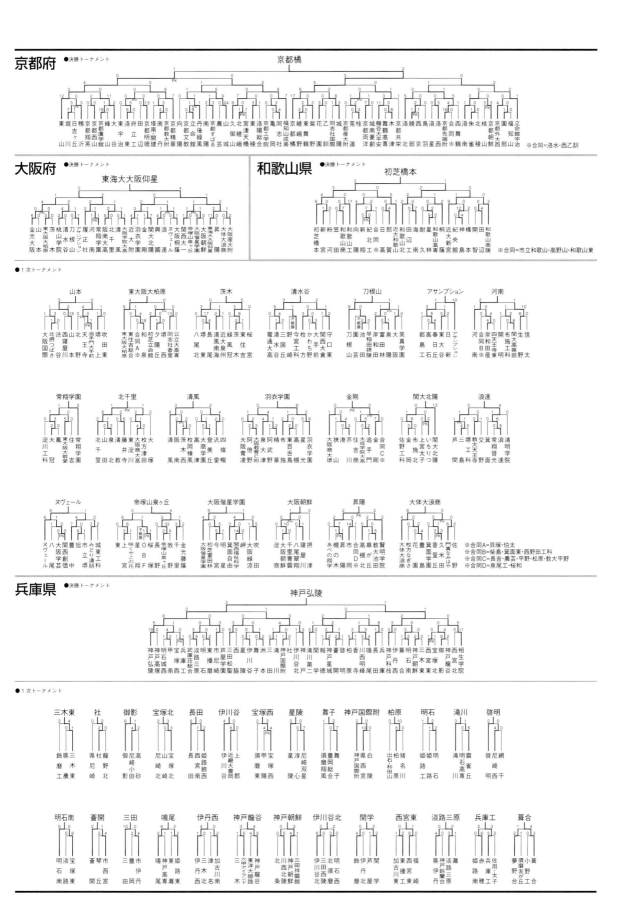

●兵庫県1次トーナメント

- 西脇：西脇、八鹿、相生産、北摂三田
- 武庫荘総合：武庫荘総合、合同A※、尼崎工、西宮甲山
- 香寺：小野工、西脇工、篠山鳳鳴、香寺
- 東播磨：西宮今津、東播磨、有馬、加古川北
- 甲南：宝塚、甲南、洲本実、須磨学園
- 洲本：神戸学院、明石商、洲本、姫路西
- 市尼崎：市尼崎、神戸北、明石北、育英
- 川西明峰：川西明峰、神港橘、川西緑台、合同B※
- 明石城西：仁川、相生、姫路商、明石城西
- 神戸高塚：明石清水、神大附中等、尼崎稲園、神戸高塚
- 報徳：報徳、六甲、篠山産、県立大附
- 西宮北：神港学園、彩星工科、高砂南、西宮北
- 神戸星城：加古川西、神戸甲北、神戸星城、龍野

※合同A=神戸第一・松陽・吉川
※合同B=姫路別所・夢前

鳥取県

●決勝トーナメント

優勝：米子北

米子北、米子高専、鳥取中央育英、鳥取工、米子工、倉吉東、倉吉西、鳥取敬愛、鳥取西、米子松蔭、境、鳥取商、八頭、米子西、米子東、鳥取東、倉吉北、鳥取湖陵、倉吉総産、鳥取城北

島根県

●決勝トーナメント

優勝：立正大淞南

立正大淞南、松江東、松江高専、合同A※、松江北、浜田、明誠、益田、出雲工、大社、松江農林、大田、三刀屋、松江南、松江工、益田翔陽、平田、合同B※、吉賀、石見智翠館、松江商、益田東、出雲西、合同C※、開星、出雲北陵、出雲

※合同A=浜田商・江津工
※合同B=出雲商・出雲農林
※合同C=松江西・情報科学

岡山県

●決勝トーナメント

優勝：岡山学芸館

岡山学芸館、美作、おかやま山陽、就実、岡山龍谷、倉敷古城池、水島工、関西、玉野光南、岡山城東、朝日塾、倉敷翠松、創志学園、岡山工、玉野、作陽学園

●1次トーナメント

- 岡山学芸館：岡山学芸館
- 美作：美作、興陽、津山、備前緑陽、西大寺
- おかやま山陽：おかやま山陽、合同※、山陽学園、瀬戸、玉島
- 就実：倉敷、新見、就実
- 岡山龍谷：東岡山工、和気閑谷、金光学園、岡山龍谷
- 倉敷古城池：倉敷古城池、津山工、真庭、勝間田、岡山一宮
- 水島工：水島工、岡山白陵、玉島商、井原・矢掛、岡山操山
- 関西：関西

※合同=邑久・岡山後楽館・岡山商大附

- 玉野光南：玉野光南
- 岡山城東：岡山城東、総社、倉敷天城、笠岡、倉敷工
- 朝日塾：朝日塾、玉野商工、津山東、津山高専、岡山芳泉
- 倉敷翠松：倉敷青陵、倉敷翠松、高梁、岡山朝日
- 創志学園：創志学園、笠岡工、林野、岡山理大附
- 岡山工：倉敷南、笠岡商、倉敷鷲羽、岡山工、岡山大安寺
- 玉野：総社南、玉野、津山商、明誠学院、勝山
- 作陽学園：作陽学園

広島県

●決勝トーナメント

優勝：広島国際学院

広島国際学院、広島県工、銀河学院、山陽、広島新庄、福山葦陽、広島桜が丘、如水館、安芸南、清水ヶ丘、広工大高、広島皆実、広島観音、広島国泰寺、尾道、瀬戸内

●1次トーナメント

- 広島国際学院：広島国際学院
- 広島県工：広島県工、宮島工、神辺、日彰館、基町、五日市
- 銀河学院：呉港、並木学院、広、海田、可部、舟入、銀河学院
- 山陽：府中、広島市商、広島大附、神辺旭、広島市工、戸手、山陽
- 広島新庄：広島新庄、高陽東、修大協創、福山明王台、三次青陵、呉三津田、修道
- 福山葦陽：崇徳、総合技術、県立広島、福山商、広陵、広島井口、福山葦陽
- 広島桜が丘：広島桜が丘、大門、広島学院、安古市、尾道北、広島城北
- 如水館：如水館

- 安芸南：安芸南
- 清水ヶ丘：祇園北、福山誠之館、東城、尾道商、呉宮原、清水ヶ丘
- 広工大高：広工大高、近大福山、合同A※、合同B※、油木、西条農、盈進
- 広島皆実：高陽、福山工、広大福山、廿日市、三原、市立福山、広島皆実
- 広島観音：広島観音、賀茂、近大東広島、美鈴が丘、熊野、呉高専、沼田
- 広島国泰寺：広島翔洋、星槎国際広島、松永、安芸府中、広島なぎさ、合同C※、広島国泰寺
- 尾道：尾道、廿日市西、広島県商、広島朝鮮、三次、尾道東
- 瀬戸内：瀬戸内

※合同A=忠海・三原東・大崎海星・世羅
※合同B=市立呉・呉工・黒瀬
※合同C=吉田・西城紫水・向原・庄原格致

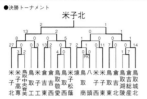

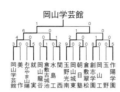

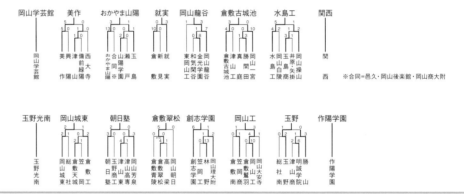

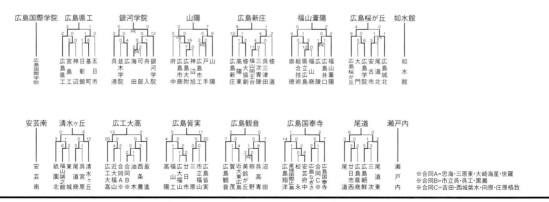

山口県

●決勝トーナメント

高川学園

高川学園、宇部フロンティア大付香川、岩国、下松工、防府、宇部、小野田、南陽工、豊浦、山口中央、慶進、小野田工、合同A※、徳山高専、宇部工、萩、野田学園、光、徳山、徳山商工、山口、西京、大島商船、防府商工、岩国工、下関西、山口県桜ケ丘、合同B※、長門、下関工科、宇部鴻城、早鞆、山口農、下関商、防府西、下松、合同C※、高水、宇部高専、山口県鴻城、成進、聖光

※合同A=厚狭・宇部中央
※合同B=下関北・下関国際
※合同C=田布施農工・柳井学園

徳島県

●決勝トーナメント

徳島市立

徳島市立、徳島文理、城東、吉野川、小松島、川島、城ノ内、板野、富岡西、つるぎ、鳴門渦潮、阿南高専、徳島商、鳴門、城北、城西・穴吹、生光学園、池田、阿南光、海部、城南、徳島科学技術、阿波、富岡東、脇町、徳島北

高知県

●決勝トーナメント

明徳義塾

高知、高知農、須崎総、高知東、土佐塾、高知工、明徳義塾、中村、高知追手前、宿毛工、伊野商、高知高専、高知商、岡豊、幡多農・清水、高知東工、高知中央、高知小津、合同※、土佐、山田、高知学芸、高知丸の内、国際

※合同=室戸・安芸・城山

香川県

●決勝トーナメント

大手前高松

四学大香川西、丸亀、香川中央、高松第一、善通寺第一、坂出、高松工芸、尽誠学園、寒川、琴平、志度、三本松、高専詫間、多度津、坂出第一、観音寺第一、英明、高松商、高松北、藤井、香川高専高松、高松西、高松東、高松中央、高瀬、三木、高松、坂出商、高松南、高松桜井、小豆島中央、飯山、香川誠陵、丸亀城西、観音寺総合、大手前高松

愛媛県

●決勝トーナメント

今治東

帝京第五、土居、伊予農、松山中央、新田、新居浜工、松山聖陵、東温、新居浜高専、北宇和、松山西、今治工、今治東、東予、大洲農、新居浜西、今治北、三島、新居浜東、松山商、宇和島東、西条、北条、松山南、小松、丹原、松山学院、松山東、川之江、南宇和、内子、愛光、合同※、松山北、八幡浜工、吉田、宇和、宇和島南、宇和島水産、大洲、今治西、野村、弓削商船、松山工、済美

※合同=済美平成・伊予

福岡県

●決勝トーナメント

飯塚

東福岡、嘉穂東、福岡舞鶴、豊国学園、九産大九州、福大大濠、京都、福智、福翔、博多、九州国際大付、三潴、小倉工、筑紫、九州産、北筑、筑紫丘、福岡第一、誠修、筑陽学園、福大若葉、星琳、新宮、小倉、福岡西陵、八幡、近大福岡、稲築志耕館、修猷館、高稜、東海大福岡、希望が丘、常磐、筑紫中央、八女工、北九州、福岡、八幡工、筑紫台、飯塚

●1次トーナメント【Aパート】

九産大九州：九産大九州、太宰府、戸畑工、朝倉、大牟田

八幡：八幡、ありあけ新世、博多工、宗像、武蔵台

福大大濠：福大大濠、鞍手竜徳、純真、北九州高専、香椎工

北九州：北九州、糸島農、福工大城東、直方、福島

筑紫：春日、明治学園、有明高専、門司大翔館、筑紫

八幡工：折尾愛真、若松、敬愛、玄洋、八幡工

新宮：苅田工、育徳館、糸島、新宮

北筑：西日本短大附、福岡講倫館、田川、早良、北筑

筑紫中央：鞍手、筑紫中央、福岡農、合同A※、八女

九州産：中間、山門、久留米商、浮羽工、九州産

福岡西陵：福岡常葉、筑前、東筑紫学園、宇美商、福岡西陵

八女工：小倉南、青豊、田川科学技術、合同B※、八女工

※合同A＝行橋・北九州市立
※合同B＝浮羽究真館・三井

【Bパート】

福智：福智、朝倉東、真颯館、祐誠

小倉工：小倉工、九州朝鮮、光陵、伝習館

福岡：嘉穂、柳川、自由ケ丘、福岡

小倉：小倉、香住丘、中村三陽、柏陵

京都：久留米、八幡中央、三池工、京都

豊国学園：豊国学園、玄界、戸畑、八女学院

福岡舞鶴：久留米筑水、久留米大附設、南筑、福岡舞鶴

筑紫丘：小倉東、福岡工、上智福岡、筑紫丘

稲築志耕館：福岡魁誠、稲築志耕館、東鷹、明善

近大福岡：東筑、久留米高専、城南、近大福岡

常磐：常磐、八幡南、小倉商、小郡

福岡第一：三池、須恵、築上西、福岡第一

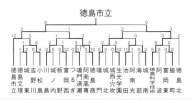

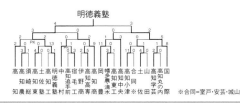

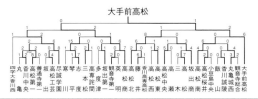

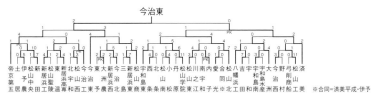

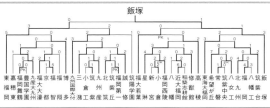

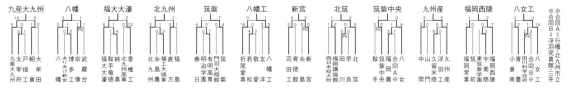

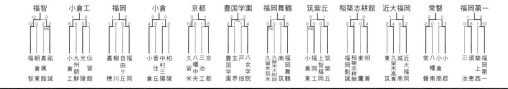

長崎県

●決勝トーナメント

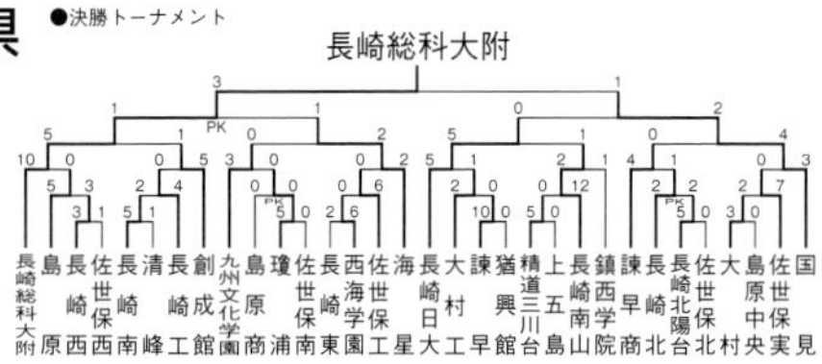

【県北地区】

1部	佐世保西	佐世保南	西海学園	佐世保北	猶興館	順位
佐世保西		4－0	4－4	2－1	4－1	2
佐世保南	0－4		0－3	1－2	3－0	4
西海学園	4－4	3－0		3－1	9－2	1
佐世保北	1－2	2－1	1－3		3－0	3
猶興館	1－4	0－3	2－9	0－3		5

2部A	壱岐	佐世保東翔	佐世保高専	鹿町工	順位
壱岐		1－1	0－11	0－4	3
佐世保東翔	1－1		0－9	0－6	3
佐世保高専	11－0	9－0		6－1	1
鹿町工	4－0	6－0	1－6		2

2部B	清峰	平戸	合同※	対馬	順位
清峰		4－0	4－1	0－0	1
平戸	0－4		5－0	1－0	2
合同※	1－4	0－5		0－2	4
対馬	0－0	0－1	2－0		3

※合同=波佐見・佐世保商

〈第4～6代表決定戦〉

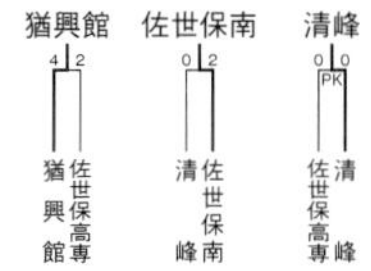

【長崎地区】

〈第3代表決定戦〉〈第4代表決定戦〉

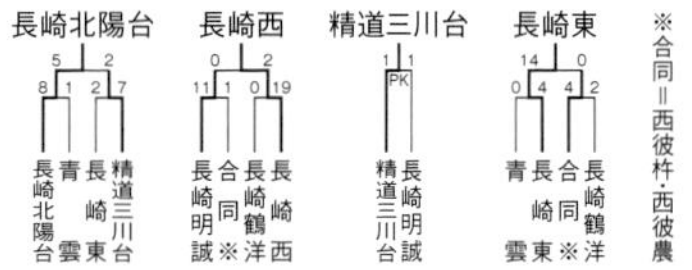

※合同＝西彼杵・西彼農

【五島地区】

※合同＝五島・五島海陽

【中地区】

A	諫早	西陵	島原工	順位
諫早		6－0	6－0	1
西陵	0－6		2－0	2
島原工	0－6	0－2		3

B	大村	島原中央	口加・翔南	順位
大村		0－0	14－0	1
島原中央	0－0		12－0	2
口加・翔南	0－14	0－12		3

〈第3代表決定戦〉

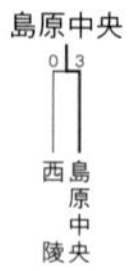

佐賀県

●決勝トーナメント

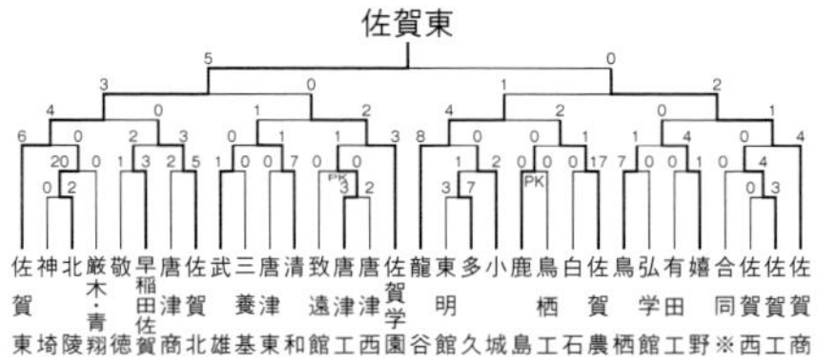

※合同=伊万里・高志館

大分県

●決勝トーナメント

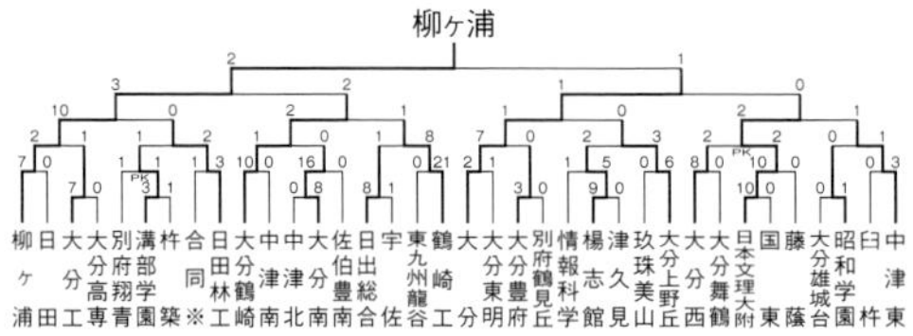

※合同=竹田・佐伯鶴城

宮崎県

●決勝トーナメント

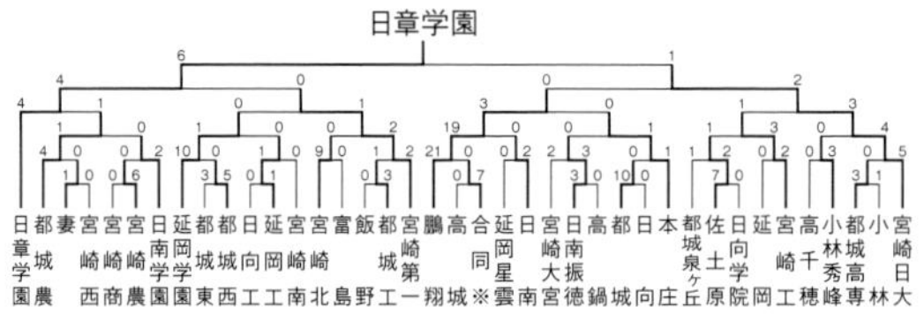

※合同=五ヶ瀬・宮崎海洋・延岡商

熊本県

●決勝トーナメント

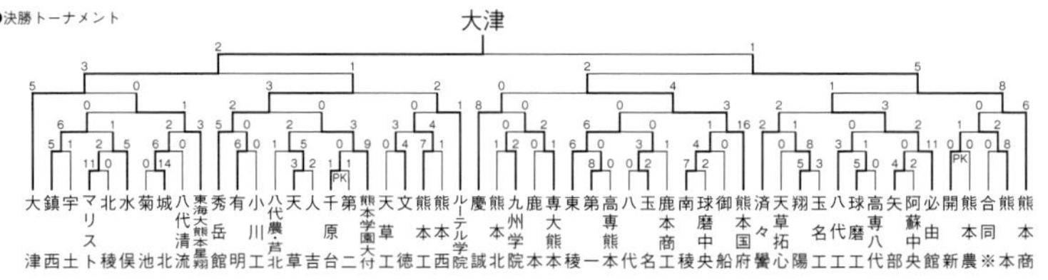

※合同=上天草・松橋・菊池農・湧心館

鹿児島県

●決勝トーナメント

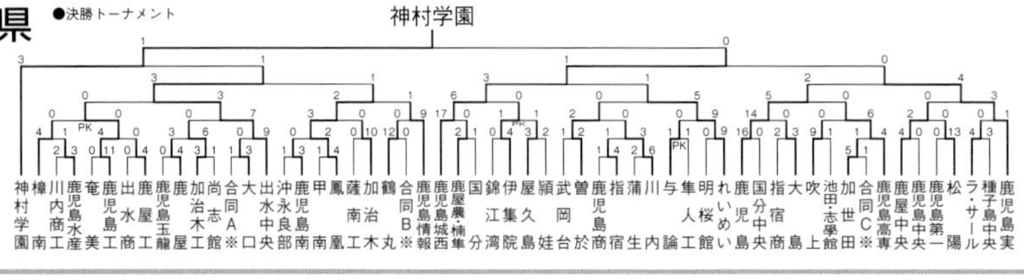

※合同A=種子島・徳之島
※合同B=串木野・喜界
※合同C=出水・出水工・鶴翔・川薩清修館

沖縄県

●決勝トーナメント

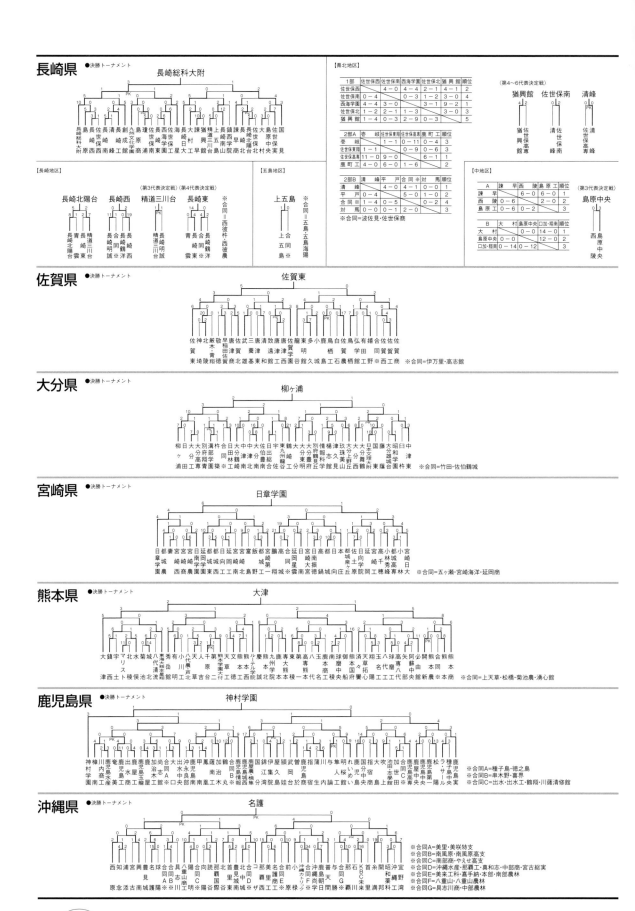

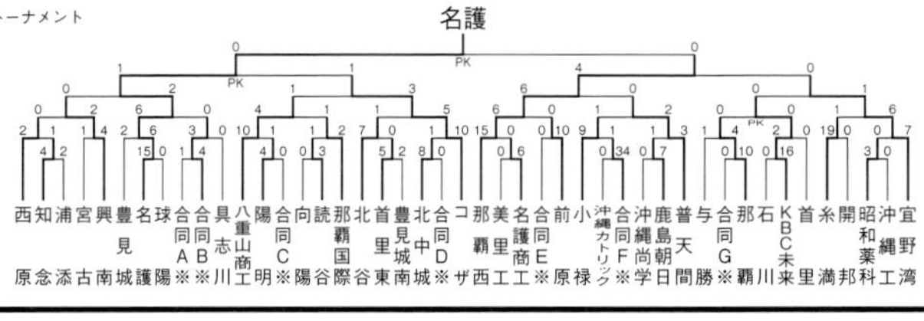

※合同A=美里・美咲特支
※合同B=南風原・南風原高支
※合同C=南部商・やえせ高支
※合同D=沖縄水産・那覇工・真和志・中部商・宮古総実
※合同E=美来工科・嘉手納・本部・南部農林
※合同F=八重山・八重山農林
※合同G=具志川商・中部農林

全国高等学校選手権大会優勝校および本大会出場校

回数	1	2	3	4	5	6	7	8	9	10	11	12	13	14
年	大正7年	8年	9年	10年	11年	12年	13年	14年	15年	昭和3年	4年	5年	6年	7年
優勝校	**御影師$_1$**	**御影師$_2$**	**御影師$_3$**	**御影師$_4$**	**御影師$_5$**	**御影師$_6$**	**御影師$_7$**	**神戸一中$_1$**	**御影師$_8$**	**平壌崇実$_1$**	**御影師$_9$**	**神戸一中$_2$**	**御影師$_{10}$**	**御影師$_{11}$**
準優勝	**明星商$_1$**	**明星商$_2$**	**姫路師$_1$**	**姫路師$_2$**	**神戸一中$_1$**	**姫路師$_3$**	**京都師$_1$**	**御影師$_1$**	**広島一中$_1$**	**広島一中$_2$**	**平壌高$_1$**	**広島師$_1$**	**広島一中$_3$**	**愛知一師$_1$**
三位	**神戸一中$_1$** **姫路師$_1$**	**姫路師$_2$** **奈良師$_1$**	**神戸一中$_2$** **関学高$_1$**	**明星商$_1$** **関学高$_2$**	**京都師$_1$** **関学高$_3$**	**神戸一中$_3$** **桃山中$_1$**	**神戸商$_1$** **神戸一中$_4$**	**京都師$_2$** **池田師$_1$**	**京都師$_3$** **暁星中$_1$**	**高師附中$_1$** **都島工$_1$**	**青山師$_1$** **明星商$_2$**	**市岡中$_1$** **高師附中$_2$**	**青山師$_2$** **堺中$_1$**	**京都師$_4$** **広島一中$_1$**
参加校	8	10	12	14	18	18	18	22	8	8	8	9	9	12
北海道												函館商$_1$	函館師$_1$	函館工$_1$
青森														
岩手														
秋田														
山形														
宮城														宮城師$_1$
福島														
東京									暁星中$_1$	高師附中$_1$	青山師$_1$	高師附中$_2$	青山師$_2$	青山師$_3$
千葉														
茨城														
群馬														
栃木														
埼玉														埼玉師$_1$
神奈川														関東学院$_1$
山梨								生野中$_1$						
静岡								泉尾工$_1$						
愛知					関大$_1$	関大$_2$	高津中$_1$	高津中$_2$	愛知一師$_1$		愛知一師$_2$	愛知一師$_3$	愛知一師$_4$	愛知一師$_5$
岐阜					桃山中$_1$	桃山中$_2$	桃山中$_3$	桃山中$_4$		岐阜中$_1$				
三重					大阪工$_1$	大阪工$_2$	大阪工$_3$	大阪工$_4$						
新潟					天王寺師$_1$	天王寺師$_2$	天王寺師$_3$	天王寺師$_4$						
長野				市岡中$_1$	市岡中$_2$	市岡中$_3$	市岡中$_4$	市岡中$_5$						
富山			池田師$_1$	池田師$_2$	池田師$_3$	池田師(棄)		池田師$_4$	神通中$_1$	富山師$_1$	富山師$_2$	富山師$_3$	富山師$_4$	富山師$_5$
福井		岸和田中$_1$		岸和田中$_2$		岸和田中$_3$	岸和田中$_4$	岸和田中$_5$						
石川	堺中$_1$	堺中$_2$	堺中(棄)	堺中$_3$	堺中$_4$	堺中$_5$	堺中$_6$	今宮中(棄)						
大阪	明星商$_1$	明星商$_2$	明星商$_3$	明星商$_4$	明星商$_5$	明星商$_6$	明星商$_7$	明星商$_8$	桃山中$_5$	都島工$_1$	明星商$_9$	市岡中$_6$	堺中$_7$	堺中$_8$
和歌山			和歌山中$_1$	和歌山中(棄)	海草中$_1$			海草中$_2$						
奈良	奈良師$_1$	奈良師$_2$	奈良師$_3$	奈良師$_4$	奈良師$_5$	奈良師$_6$	奈良師$_7$	奈良師$_8$						
滋賀				八幡商$_1$			滋賀師$_1$	滋賀師(棄)			滋賀師$_2$			
京都	京都師$_1$	京都師$_2$	京都師(棄)	京都師$_3$	京都師$_4$	京都師$_5$	京都二商$_1$	京都師$_7$	京都師$_8$	京都師$_9$		京都師$_{10}$	京都師$_{11}$	京都師$_{12}$
兵庫	御影師$_1$	御影師$_2$	御影師$_3$	御影師$_4$	御影師$_5$	御影師$_6$	京都師$_6$	御影師$_8$	御影師$_9$	御影師$_{10}$	御影師$_{11}$	神戸一中$_9$	御影師$_{12}$	御影師$_{13}$
岡山	神戸一中$_1$	神戸一中$_2$	神戸一中$_3$	神戸一中$_4$	神戸一中$_5$	神戸一中$_6$	御影師$_7$	神戸一中$_8$						
鳥取	姫路師$_1$	姫路師$_2$	姫路師$_3$	姫路師$_4$	姫路師$_5$	姫路師$_6$	神戸一中$_7$	姫路師$_8$						
島根	関学高$_1$	関学高$_2$	関学高$_3$	関学高$_4$	関学高$_5$	関学高$_6$	姫路師$_7$	神戸商$_2$						
山口		神戸高商(棄)	神高商$_1$		甲陽中$_1$	甲陽中$_2$	神戸商$_1$	甲陽中$_4$						
広島			神戸二中$_1$		神戸二中$_2$	神戸二中$_3$	甲陽中$_3$	神戸二中$_5$	広島一中$_1$	広島一中$_2$	広島一中$_3$	広島師$_1$	広島一中$_4$	広島一中$_5$
愛媛				関学中$_1$	関学中$_2$	関学中$_3$	神戸二中$_4$	関学中$_4$						
香川														
高知														
徳島														
福岡														
大分														
長崎														長崎師$_1$
佐賀														
熊本												熊本二師$_1$	熊本二師$_2$	
宮崎														
鹿児島														
沖縄														
朝鮮									培材高$_1$	平壌崇実$_1$	平壌高$_1$			
台湾														
校名変更および備考	第1回から第8回までは大阪毎日新聞社主催「日本フートボール大会」として関西を中心に開催された（東京、名古屋にも別に同じような大会があった）。会場は豊中、1月開催			2月に開催		会場は宝塚		中等学校と高専を分離。会場は甲子園球場、1月開催	「全国中等学校蹴球大会」として予選制度の全国大会になる	昭和2年の大会は諒闇（大正天皇崩御）のため中止	会場は南甲子園			

回数	15	16	17	18	19	20	21	22	26	27	28	29	30	31
年	8年	9年	10年	11年	12年	13年	14年	15年	22年	24年	25年	26年	27年	28年
優勝校	**神戸一中$_3$**	**岐阜師$_1$**	**神戸一中$_4$**	**広島一中$_1$**	**埼玉師$_1$**	**神戸一中$_5$**	**広島一中$_2$**	**普成中$_1$**	**広島高師附中$_1$**	**鯉　城$_3$**	**池　田$_1$**	**宇都宮$_1$**	**浦　和$_1$**	**修　道$_1$**
準優勝	**青山師$_1$**	**明星商$_3$**	**天王寺師$_1$**	**韮崎中$_1$**	**神戸一中$_2$**	**滋賀師$_1$**	**聖峰中$_1$**	**神戸三中$_1$**	**尼崎中$_1$**	**上野北$_1$**	**宇都宮$_1$**	**小田原$_1$**	**三国丘$_1$**	**韮　崎$_2$**
三位	**愛知一師$_1$**	**御影師$_1$**	**刈谷中$_1$**	**海星中$_1$**	**明星商$_3$**	**崇仁商$_1$**	**札幌師$_1$**	**明星商$_4$**	**甲府中$_1$**	**池　田$_1$**	**刈　谷$_2$**	**岸和田$_1$**	**長　田$_1$**	**上　野$_1$**
(四位)	**京都師$_5$**	**京都師$_6$**	**富山師$_1$**	**埼玉師$_1$**	**豊島師$_1$**	**広島一中$_2$**	**湘南中$_1$**	**滋賀師$_1$**	**水戸工$_1$**	**山　田$_1$**	**山口東$_1$**	**高知農$_1$**	**真　岡$_1$**	**刈　谷$_3$**
参加校	12	12	12	14	13	16	16	16	16	16	16	16	16	16
北海道	函館師$_2$	函館師$_3$	函館師$_4$	函館師$_5$	函館師$_6$	函館師$_7$	札幌師$_1$	函館師$_8$	函館市中$_1$	函館商(棄)	函　館$_2$	札幌西$_1$	北　海$_1$	函館商$_2$
青森														
岩手					盛岡中$_1$							盛　岡$_2$		
秋田														秋田商$_1$
山形													鶴岡工$_1$	
宮城	宮城師$_2$	宮城師$_3$	宮城師$_4$	仙台二中$_1$		東北学院$_1$	東北学院$_2$	仙台二中$_2$	仙台一中$_1$	仙台育英$_1$	仙台一$_2$			
福島														
東京	青山師$_4$	青山師$_5$	高師附中$_3$	府八中$_1$ 現小山台	豊島師$_1$	豊島師$_2$	青山師$_6$	青山師$_7$	都五中$_1$ 現小石川中等教育	大　泉$_1$	都九高$_1$ 現北園		大　泉$_2$	豊多摩$_1$
千葉														
茨城									水戸工$_1$					
群馬														
栃木										宇都宮$_1$	宇都宮$_2$	宇都宮$_3$	真　岡$_1$	真　岡$_2$
埼玉	埼玉師$_2$	埼玉師$_3$		埼玉師$_4$	埼玉師$_5$	埼玉師$_6$	埼玉師$_7$	浦和中$_1$		浦　和$_2$			浦　和$_3$	浦和西$_1$
神奈川					湘南中$_1$		湘南中$_2$	湘南中$_3$	小田原中$_1$			小田原$_2$		
山梨			韮崎中$_1$	韮崎中$_2$		韮崎中$_3$			甲府中$_1$	韮　崎$_4$	日　川$_1$		韮　崎$_5$	韮　崎$_6$
静岡												静岡城内$_1$ 現静岡		
愛知	愛知一師$_6$		刈谷中$_1$		愛知一師$_7$	愛知商$_1$	愛知商$_2$	刈谷中$_2$	刈谷中$_3$		刈　谷$_4$	刈　谷$_5$	刈　谷$_6$	刈　谷$_7$
岐阜		岐阜師$_1$		岐阜師$_2$							岐　阜$_2$	長　良$_1$		
三重										上野北$_1$	上　野$_2$	上　野$_3$	上　野$_4$	上　野$_5$
新潟														
長野														
富山	富山師$_6$	富山師$_7$	富山師$_8$	富山師$_9$	富山師$_{10}$	富山師$_{11}$	富山師$_{12}$	富山師$_{13}$	富山中$_1$	富山南部$_1$	富山中部$_2$			
福井														
石川												金沢泉丘$_1$	金沢高師附$_1$	金沢大附$_2$
大阪	天王寺師$_5$	明星商$_{10}$	天王寺師$_6$	堺　中$_9$	明星商$_{11}$	明星商$_{12}$	明星商$_{13}$	明星商$_{14}$	明星中$_{15}$	池　田$_1$	池　田$_2$	岸和田$_6$	三国丘$_{10}$	明　星$_{16}$
和歌山													桐　蔭$_2$	
奈良														
滋賀			滋賀師$_3$			滋賀師$_4$		滋賀師$_5$						
京都	京都師$_{13}$	京都師$_{14}$		京都師$_{15}$	京都師$_{16}$		聖峰中$_1$		京都二中$_1$	堀　川$_1$	堀　川$_2$	西　京$_1$		西　京$_2$
兵庫	神戸一中$_{10}$	御影師$_{14}$	神戸一中$_{11}$	関学中$_5$	神戸一中$_{12}$	神戸一中$_{13}$	神戸一中$_{14}$	神戸三中$_1$	尼崎中$_1$	兵　庫$_6$	長　田$_2$	神　戸$_{15}$	長　田$_3$	兵　庫$_7$
岡山									岡山一中$_1$	勝　山$_1$		関　西$_1$	岡山朝日$_2$	岡山朝日$_3$
鳥取														
島根														
山口											山口東$_1$		山　口$_2$	
広島	修道中$_1$	広島一中$_6$	広島一中$_7$	広島一中$_8$	広島一中$_9$	広島一中$_{10}$	広島一中$_{11}$	修道中$_2$	広島高師附中$_1$	鯉　城$_{12}$	修　道$_3$	国泰寺$_{13}$		修　道$_4$
愛媛	松山中$_1$							愛媛師$_1$	松山中$_2$					
香川			香川師$_1$	高松中$_1$	高松商$_1$		高松中$_2$							
高知						高知商$_1$						高知農$_1$		高知農$_2$
徳島		徳島商$_1$								富岡一$_1$	富岡西$_2$		富岡西$_3$	
福岡					嘉穂中$_1$				山田中$_1$	山　田$_2$				
大分														
長崎		長崎師$_2$	長崎師$_3$	海星中$_1$		海星中$_2$	瓊浦中$_1$	長崎師$_4$						
佐賀														
熊本	熊本師$_1$			熊本師$_2$		熊本師$_3$	熊本商$_1$		済々黌$_1$	済々黌$_2$			熊本工$_1$	熊本工$_2$
宮崎														
鹿児島								鹿児島商$_1$			鶴　丸$_1$	鶴　丸$_2$		
沖縄														
校名変更および備考						崇仁商$_1$	培材中(棄)	普成中$_1$	会場は西宮、12月開催 21年8月に関西のみの復活招待大会が第25回として行われた(神戸一中が優勝) 明星中←明星商	鯉城←広島一中、兵庫←神戸二中 学制改革により第27回より「全国高等学校蹴球選手権大会」となる。1月開催	函館市中 長田←神戸三中、函館←	神戸←神戸一中、国泰寺←鯉城	桐蔭←和歌山中、三国丘←堺中、岡山朝日←岡山一中、山口←山口東	金沢大附←金沢高師附
						台北一師$_1$	台北一中$_1$	長栄中$_1$			←神通中,富岡西←富岡一、			
	8月に全国中学招待大会を開催(神戸一中が優勝) 大日本蹴球協会主催となる(関東大会を廃止して一本化)		8月に開催(第22回まで)					第23・24回大会は戦争のため中止、別に神宮大会などが行われた			上野←上野北、富山中部			

32	33	34	35	36	37	38	39	40	41	42	43	44	(45)	(46)
29 年	30 年	31 年	32 年	33 年	34 年	35 年	36 年	37 年	38 年	39 年	40 年	41 年	41 年度	42 年度
東千田2 岸和田1	**浦和2**	**浦和3**	**浦和西1**	**秋田商1**	**山城1**	**浦和市立1**	**浦和市立2**	**修道2**	**藤枝東1**	**藤枝東2**	**浦和市立3**	**明星1 習志野1**	**秋田商2 藤枝東3**	**洛北1 山陽1**
	刈谷1	**秋田商1**	**日立一1**	**刈谷2**	**広大附1**	**明星4**	**遠野1**	**山城1**	**浦和市立1**	**明星5**	**宇都宮学園1**			
韮崎1	**朝鮮人1**	**韮崎2**	**仙台育英1**	**浦和西1**	**教大附3**	**神戸5**	**藤枝東3**	**宮城工1**	**明星7**	**豊田西1**	**仙台育英2**	**新島学園1**	**浦和市立2**	**習志野1**
宇都宮工1	**熊本工1**	**宇都宮工2**	**藤枝東1**	**明星5**	**明星6**	**藤枝東2**	**秋田商1**	**関学1**	**広大附1**	**浦和市立1**	**鎌倉学園1**	**京都商1**	**神戸1**	**韮崎1**
16	20	20	25	25	26	26	26	32	32	32	32	32	16	16
美唄工1	北海2	函館東1	美唄工2	北海3	美唄工3 室蘭工1	岩見沢東1 北海4	清水丘1 美唄工4	美唄工5 北海5	室蘭商1 美唄工6	函館有斗1 岩見沢東2	釧路江南1 函館東2	室蘭工2 釧路工1	函館工2	斜里1
										五戸1		十和田工1	五戸2	
			遠野1	遠野2	遠野3	遠野4	遠野5	遠野6	盛岡商1		釜石南1			
秋田商2	秋田商3	秋田商4	秋田商5	秋田商6	秋田商7	船川水産1	秋田商8	秋田商9	秋田商10	西目農1	秋田商11	西目農2	秋田商12	秋田商13
	仙台育英2	仙台一3	仙台育英3	仙台育英4	宮城県工1	仙台育英5	仙台育英6	宮城県工2	宮城県工3	宮城県工4	仙台育英7	仙台育英8		仙台育英9
青山学院1	朝鮮人1	青山学院2	私城北1	暁星2	教大附4	私城北2	帝京1	早大学院1	私城北3	帝京2	帝京3	帝京4		帝京5
									習志野1	習志野2		習志野3		習志野4
			日立一1	日立工1	日立一2	日立一3	日立一4	日立一5			日立一6			
					館林1		館林2		館林3			新島学園1		
宇都宮工1	宇都宮工2	宇都宮工3	喜連川1	喜連川2		宇都宮工4		宇都宮工5		宇都宮学園1	宇都宮学園2			
	浦和4	浦和5	浦和西2	浦和西3	浦和6	浦和市立1	浦和市立2	浦和市立3	浦和市立4	浦和市立5	浦和市立6	川口工1	浦和南1 浦和市立7	浦和南2 浦和市立8
小田原3			栄光学園1		鎌倉学園1		横浜商1	湘南4	小田原4	栄光学園2	鎌倉学園2	湘南5		
韮崎7	日川2	韮崎8		韮崎9		日川3		甲府工1	韮崎10	甲府工2	甲府工3	甲府商1	甲府工4	韮崎11
		藤枝東1	藤枝東2	藤枝東3	藤枝東4	藤枝東5	藤枝東6	藤枝東7	藤枝東8	藤枝東9	藤枝東10	藤枝北1	藤枝東11	
刈谷8	刈谷9		刈谷10	刈谷11	熱田1	熱田2	豊田西1	刈谷12	刈谷13	豊田西2	豊田西3	刈谷14	刈谷15	刈谷16
								岐阜商1	大垣工1	大垣工2	岐阜商2	大垣工3	大垣工4	
上野商工1	上野6	上野7	上野商工2	上野商工3	上野商工4	上野商工5	上野商工6	上野商工7	上野8	上野9	上野工8	上野工9		上野工10
											新潟明訓1			
			松本深志1	穂高1	穂高2	松本深志2	穂高3	松本県ヶ丘1	松本県ヶ丘2	松本県ヶ丘3		松本深志3	松本県ヶ丘4	上田1
富山商1	富山中部3	富山中部4	富山中部5	富山中部6	富山中部7		富山北部1	富山北部2	富山商2	高岡工芸1	富山第一1	富山第一2		
						小浜水産1								
岸和田7	三国丘11	明星17	三国丘12	明星18	明星19	明星20	明星21	明星22	明星23	明星24	明星25	明星26	明星27	
桐蔭3	桐蔭4	桐蔭5	古座1	星林1	桐蔭6	新宮1	古座2	串本1	新宮2	新宮3	新宮4	新宮商1		
		甲賀1						甲賀2	甲賀3	甲賀4	甲賀5	甲賀6		甲賀7
	桂1		山城1	城南1	山城2	京都商1	山城3	山城4	山城5	山城6	山城7	京都商2		洛北1
神戸16	夢野台1	芦屋1	神戸17	神戸18	関西学院6	神戸19	兵庫工1	関西学院7	兵庫工2	神戸20	関西学院8	鳴尾1	神戸21	
関西2	関西3	関西4	勝山2	関西5			岡山工1	勝山3	勝山4	勝山5	関西6	津山工1		
					大社1	浜田1								
						山口3		多々良学園1	山口4	小野田工1	多々良学園2	小野田工2		
東千田2	舟入1	山陽1	修道5	舟入2	広大附3		広大附4	修道6	広大附5	山陽2	山陽3	広島市商1	広大附6	山陽4
宇和島東1	松山商1	松山商2	北宇和1	宇和島東2	宇和島東3	松山商3	松山商4	南宇和1	松山北1	松山商5	新居浜東1	松山工1		
											高松商2			
				高知農3				高知農4	高知農5	佐川1		高知農6		
	富岡西4	富岡西5	徳島商2		徳島商3	徳島商4	徳島商5	徳島商6	徳島商7	徳島商8	徳島商9	徳島商10	徳島商11	徳島商12
													山田3	
						中津東1		中津東2	中津南1	中津南2	中津南3	中津商3	大分工1	中津工1
島原1	島原2	島原3	島原商1	島原商2	島原商3	島原商4	島原商5	島原商6	島原商7	島原商8	島原商9	島原商10		
	熊本工3	熊本工4			熊本商2	八代1	熊本工5	熊本商3	熊本商4	熊本商5	熊本工6	熊本工7		
			延岡向洋1	延岡恒富1	延岡向洋2		延岡向洋3	延岡向洋4	延岡向洋5	延岡向洋6	延岡向洋7			
			鶴丸3	鹿児島商2								出水工1		
決勝戦引き分け 東千田↑広島高師附中					教大附↑高師附中 広大附↑東千田 関西学院↑関学中					大阪靭（うつぼ）公園が主会場になる	大阪長居競技場が主会場になる 上野工↑上野商工	決勝戦引き分け 中津商↑中津東	会場が西宮に戻る 毎日新聞社が主催から外れる。高校総体、国体上位校は推薦で出場 三位決定戦が実施される 決勝戦引き分け	決勝戦引き分け

回数	(47)	(48)	(49)	(50)	(51)	(52)	(53)	(54)	(55)	(56)	(57)	(58)	59	60
年	43年度	44年度	45年度	46年度	47年度	48年度	49年度	50年度	51年度	52年度	53年度	54年度	55年度	56年度
優勝校	**初芝1**	**浦和南1**	**藤枝東4**	**習志野2**	**浦和市立4**	**北陽1**	**帝京1**	**浦和南2**	**浦和南3**	**帝京2**	**古河一1**	**帝京3**	**古河一2**	**武南1**
準優勝	**山陽1**	**初芝1**	**浜名1**	**壬生川工1**	**藤枝東1**	**藤枝東2**	**清水東1**	**静岡工1**	**静岡学園1**	**四日市中央工1**	**室蘭大谷1**	**韮崎3**	**清水東2**	**韮崎4**
三位	**広島県工1** **遠野1**	**広島市商1** **韮崎2**	**浦和南1** **初芝1**	**帝京1** **清水市商1**	**関西大倉1** **帝京2**	**相模工大附1** **四日市中央工1**	**児玉1** **相模工大附2**	**愛知1** **広島県工2**	**帝京3** **八幡浜工1**	**北陽1** **浦和南2**	**八千代1** **本郷1**	**水戸商1** **愛知2**	**韮崎3** **岡崎城西1**	**古河一1** **清水市商1**
参加校	16	16	16	24	24	28	28	29	31	31	32	32	32	48
北海道	函館有斗2	美唄工7	室蘭大谷1	室蘭大谷2	室蘭大谷3	室蘭大谷4	室蘭大谷5	室蘭大谷6	室蘭大谷7	函館有斗3	室蘭大谷8	札幌光星1	室蘭大谷9	札幌光星2
青森	五戸3			五戸4	五戸5	五戸6	五戸7					五戸8		五戸9
岩手	遠野7	遠野8						遠野9	遠野10	遠野11	遠野12		遠野13	盛岡商2
秋田	秋田商14			秋田商15	秋田商16	秋田商17	秋田商18			西目農3	西目農4	秋田商19	西目農5	秋田商20
山形								日大山形1	日大山形2					日大山形3
宮城			仙台育英10	仙台育英11	仙台育英12		仙台育英13	仙台育英14		仙台育英15	仙台育英16	仙台育英17		仙台向山1
福島			郡山商1			郡山商2			郡山商3				磐城1	安積商1
東京			帝京6	帝京7	帝京8	本郷1	帝京9	本郷2	帝京10	帝京11	本郷3	帝京12	帝京13	帝京14 創価1
千葉	習志野5		習志野6	習志野7	習志野8			八千代1	習志野9	習志野10	八千代2	八千代3	八千代松陰1	八千代4
茨城						古河一1	水戸商1		古河一2	日立一7	古河一3	水戸商2	古河一4	古河一5
群馬				新島学園2				前橋工1	前橋工2				前橋工3	高崎1
栃木		宇都宮工6			宇都宮学園3	宇都宮工7	宇都宮学園4			宇都宮農1	宇都宮農2	今市1		今市2
埼玉	県立川口1	浦和南3	浦和南4	浦和市立9	浦和市立10	浦和西4	児玉1	浦和南5	浦和南6	浦和南7	浦和南8	武南1	浦和南9	武南2
神奈川		相模工大附1			希望ヶ丘1	相模工大附2	相模工大附3	日大1	相模工大附4	日大2	相模工大附5	旭1	相模工大附6	旭2
山梨	韮崎12	韮崎13		韮崎14		韮崎15		韮崎16	韮崎17	韮崎18	韮崎19	韮崎20	韮崎21	韮崎22
静岡	藤枝東12	藤枝東13 清水市商1	浜名1 藤枝東14	清水市商2	藤枝東15	藤枝東16	清水東1	静岡工1	静岡学園1	浜名2	静岡学園2	藤枝東17	清水東2	清水市商3
愛知		熱田3				岡崎城西1	熱田4	愛知1	刈谷17	愛知2	愛知3	愛知4	岡崎城西2	岡崎城西3
岐阜		大垣工5							大垣工6			吉城1		岐阜工1
三重				上野10	四日市中央工1	四日市中央工2	四日市中央工3	上野11		四日市中央工4	四日市中央工5		四日市中央工6	上野工11
新潟					新潟明訓2	新潟明訓3	巻1	巻2			新潟工1	新潟工2	新潟工3	新潟工4
長野	松本県ヶ丘5	松本深志4		松本県ヶ丘6			蘇南1	丸子実1	松本県ヶ丘7	松本工1	豊科1		豊科2	豊科3
富山			富山工1	魚津工1	富山工2				富山東1	富山東2		富山第一3		富山第一4
福井						三国1								丸岡1
石川							金沢経大星稜1	金沢桜丘1	河北台商1	金沢経大星稜2	金沢経大星稜3	金沢西1	金沢西2	金沢西3
大阪	初芝1	初芝2	初芝3	初芝4	関西大倉1	北陽1	初芝5	摂津1	初芝6	北陽2	清風1	北陽3	北陽4	清風2
和歌山				新宮商2	和歌山北1	和歌山北2	和歌山北3	新宮5	新宮6	新宮商3				和歌山北4
奈良											大淀1	大淀2	大淀3	天理1
滋賀						甲賀8	膳所1			水口9	守山1	水口10		守山2
京都			嵯峨野1	朱雀1	嵯峨野2			紫野1	京都商3				洛北2	京都商4
兵庫	関西学院9	西宮東1		報徳学園1	神戸22	神戸23	報徳学園2	神戸24	神戸25	御影工1	御影工2	東灘1	御影工3	御影工4
岡山							水島工1		玉野1	水島工2	水島工3			作陽1
鳥取						米子工1		米子工2				米子東1	米子工3	米子工4
島根				益田農林1	浜田2				松江南1					浜田3
山口				山口5		岩国工1	山口6	山口7		山口8	山口9	山口10	多々良学園3	小野田工3
広島	山陽5 広島県工1	広島市商2	広大附7 国泰寺14		広島県工2	広島県工3	広島県工4	広島県工5	崇徳1	広島県工6	国泰寺15	広島県工7	広島県工8	広島県工9
愛媛		壬生川工1		壬生川工2	壬生川工3	東予工4	新田1	東予工5	八幡浜工1	東予工6		南宇和2		新田2
香川											高松商3		高松商4	高松南1
高知						高知工1								高知1
徳島	徳島商13		徳島商14	徳島商15	徳島商16		徳島商17	徳島商18	川島1	徳島商19	徳島商20	徳島商21	徳島商22	徳島商23
福岡					福岡商1	福岡商2	福岡商3	福岡商4	門司工1	門司工2	福岡商5	東福岡1	東福岡2	東海大五1
大分	中津工2			大分工2	大分工3	大分工4	中津工3	大分工5		大分工6			大分工7	鶴崎工1
長崎	島原工1	島原工2	島原商11			島原商12	島原商13	島原商14	島原商15	島原商16	島原商17	島原商18	島原商19	島原商20
佐賀				佐賀北1							佐賀商1	佐賀学園1		佐賀商2
熊本					済々黌3				八代工1				済々黌4	熊本農1
宮崎									都城工1		宮崎工1	宮崎工2		都城工2
鹿児島			鹿児島工1	鹿児島工2		鹿児島商3	鹿児島商4	鹿児島工3		鹿児島商5	鹿児島実1	鹿児島実2	鹿児島実3	鹿児島商6
沖縄									豊見城1	中部農林1	コザ1	前原1	北谷1	西原1
校名変更および備考			日本テレビ系が後援、全国大会を放映。高校総体の一、二位のみ推薦出場	再び大阪長居競技場が主会場になる 全国民放テレビが後援、予選から放映。推薦出場制度は廃止	三位決定戦引き分け	東予工←壬生川工	三位決定戦引き分け	三位決定戦廃止	国立競技場が主会場になる 首都圏（東京・埼玉）開催になる	水口（みなくち）←甲賀 全国民放テレビ41社が共催に加わる	三ツ沢（神奈川）が会場に加わる		回数制が復活する 都合により三ツ沢が会場から外れる	60回の記念大会として東京から2校、各道府県から各1校参加

61	62	63	64	65	66	67	68	69	70	71	72	73	74	75
57年度	58年度	59年度	60年度	61年度	62年度	63年度	平成元年度	2年度	3年度	4年度	5年度	6年度	7年度	8年度
清水東1	**帝京4**	**帝京5 島原商1**	**清水市商1**	**東海大一1**	**国見1**	**清水市商2**	**南宇和1**	**国見2**	**四日市中央工1 帝京6**	**国見3**	**清水市商3**	**市立船橋1**	**鹿児島実1 静岡学園1**	**市立船橋2**
韮崎5	**清水東3**		**四日市中央工2**	**国見1**	**東海大一1**	**市立船橋1**	**武南1**	**鹿児島実1**		**山城2**	**国見2**	**帝京1**		**桐光学園1**
帝京4	**韮崎4**	**藤枝東4**	**宇都宮学園1**	**秋田商3**	**四日市中央工2**	**前橋商1**	**前橋商2**	**東海大五1**	**国見2**	**武南3**	**鹿児島実1**	**奈良育英1**	**東福岡2**	**徳島商1**
守山1	**四日市中央工1**	**武南1**	**秋田商2**	**室蘭大谷1**	**市立船橋1**	**暁星2**	**国見1**	**武南2**	**市立船橋2**	**習志野2**	**東福岡1**	**守山北1**	**初芝橋本1**	**静岡学園1**
32	48	48	48	48	48	48	48	52	48	48	48	48	48	48
室蘭大谷10	室蘭大谷11	室蘭大谷12	室蘭大谷13	室蘭大谷14	室蘭大谷15	室蘭大谷16	室蘭大谷17	北海6	室蘭大谷18	室蘭大谷19	登別大谷1	室蘭大谷20	室蘭大谷21	室蘭大谷22
	五戸10	五戸11	五戸12	光星学院1	五戸13	光星学院2	五戸14	光星学院3	青森山田1	光星学院4	光星学院5	三本木農1	青森山田2	光星学院6
盛岡商3	遠野14	盛岡商4	盛岡商5	盛岡商6	盛岡商7	盛岡商8	盛岡商9	遠野15	盛岡市立1	盛岡市立2	盛岡商10	遠野16	盛岡商11	大船渡1
秋田商21	西目農6	秋田経法附1	秋田商22	秋田商23	秋田経法附2	秋田商24	西目7	秋田商25	秋田商26	秋田商27	秋田経法附3	秋田商28	秋田商29	西目8
	鶴岡南1	山形東1	日大山形4	日大山形5	日大山形6	日大山形7	鶴商学園1	日大山形8	山形中央1	日大山形9	日大山形10	日大山形11	山形中央2	山形市商1
東北学院3	仙台向山2	東北1	仙台育英18	仙台育英19	東北学院4	仙台育英20	仙台育英21	宮城県工5	仙台育英22	仙台育英23	宮城県工6	仙台育英24	東北2	仙台育英25
	安積商2	磐城2	磐城3	郡山北工1	平工1	郡山商4	平工2	福島工1	福島工2	郡山1	磐城4	郡山2	福島東1	郡山商5
帝京15	暁星3 帝京16	帝京17 暁星4	修徳1 帝京18	私城北4 暁星5	帝京19 暁星6	帝京20 暁星7	帝京21 堀越1	暁星8 帝京22	帝京23 堀越2	久留米1 帝京24	暁星9 修徳2	帝京25 東亜学園1	帝京26 東海大菅生1	修徳3 國學院久我山1
習志野11	八千代5	八千代松陰2	市立船橋1	市立船橋2	市立船橋3	市立船橋4	習志野12	市立船橋5 (推)習志野13	市立船橋6	習志野14	市立船橋7	市立船橋8	市立船橋9	市立船橋10
水戸商3	日立工2	日立工3	古河一6	古河一7	古河一8	水戸商4	日立工4	水戸商5	水戸商6	古河一9	水戸短大附1	水戸短大附2	鹿島1	水戸商7
	前橋商1	前橋商2	前橋商3	前橋育英1	前橋商4	前橋商5	前橋商6	前橋育英2	前橋育英3	前橋育英4	前橋育英5	前橋育英6	前橋商7	前橋育英7
矢板東1	今市3	國學院栃木1	宇都宮学園5	宇都宮学園6	佐野日大1	真岡3	真岡4	宇都宮学園7	真岡5	真岡6	矢板東2	作新学院1	真岡7	佐野日大2
浦和南10	浦和市立11	武南3	大宮東1	大宮東2	大宮東3	武南4	武南5	大宮東4 (推)武南6	武南7	武南8	武南9	大宮東5	浦和東1	浦和市立12
旭3	鎌倉1	藤沢西1	鎌倉2	日大藤沢1	旭4	湘南6	桐蔭学園1	旭5	桐蔭学園2	桐蔭学園3	桐光学園1	向上1	桐光学園2	桐光学園3
韮崎23	韮崎24	東海大甲府1	東海大甲府2	機山工1	機山工2	機山工3	韮崎25	帝京第三1	韮崎26	韮崎工1	韮崎27	帝京第三2	帝京第三3	韮崎28
清水東3	清水東4	藤枝東18	清水市商4	東海大一1	東海大一2	清水市商5	清水東5	清水東6 (推)清水市商6	清水市商7	静岡学園3	清水市商8	清水市商9	静岡学園4	静岡学園5
中京1	愛知5	刈谷18	中京2	愛知6	岡崎城西4	愛知7	中京3	中京4	中京5	愛知8	愛知9	中京6	岡崎城西5	松蔭1
	岐阜工2	岐阜工3	岐阜工4	岐阜工5	岐阜工6	岐阜工7	岐阜工8	岐阜工9	岐阜工10	大垣工7	岐阜工11	岐阜工12	岐阜工13	各務原1
四日市中央工7	四日市中央工8	四日市工1	四日市中央工9	四日市中央工10	四日市中央工11	四日市中央工12	四日市中央工13	四日市中央工14	四日市中央工15	四日市中央工16	四日市中央工17	四日市中央工18	上野工12	四日市中央工19
新潟工5	新潟工6	新潟工7	新潟西1	新潟工8	新潟工9	新潟西2	東京学館新潟1	新潟工10	新潟工11	東京学館新潟2	東京学館新潟3	新潟工12	新潟明訓4	新潟工13
上田東1	上田東2	上田東3	上田東4	松本筑摩1	松本深志5	上田2	松本県ヶ丘8	上田東5	松本県ヶ丘9	上田東6	松商学園1	松商学園2	松商学園3	松商学園4
	富山第一5	富山第一6	富山第一7	富山中部8	富山第一8	水橋1	富山第一9	富山第一10	富山工3	富山第一11	富山第一12	伏木1	富山第一13	富山工4
	北陸1	大野1	丸岡2	大野2	丸岡3	丸岡4	丸岡5	丸岡6	北陸2	丸岡7	丸岡8	丸岡9	丸岡10	丸岡11
金沢西4	金沢錦丘1	金沢西5	金沢西6	金沢桜丘2	星稜4	金沢1	星稜5	金沢2	星稜6	金沢桜丘3	金沢桜丘4	星稜7	金沢桜丘5	星稜8
摂津2	高槻南1	北陽5	北陽6	高槻南2	北陽7	大阪商1	北陽8	東海大仰星1	北陽9	高槻南3	高槻南4	北陽10	近畿大附1	近畿大附2
和歌山北5	和歌山北6	和歌山北7	那賀1	那賀2	和歌山工1	和歌山工2	和歌山工3	田辺1	新宮商4	近大和歌山1	新宮7	初芝橋本1	初芝橋本2	初芝橋本3
	大淀4	大淀5	大淀6	天理2	奈良育英1	上牧1	上牧2	奈良育英2	大淀7	奈良育英3	広陵1	奈良育英4	耳成1	奈良育英5
守山3	膳所2	守山4	水口11	守山5	水口12	守山6	守山7	水口13	水口14	草津東1	守山北1	守山北2	守山北3	水口15
	京都商5	山城8	京都商6	山城9	京都商7	山城10	山城11	京都学園8	洛南1	山城12	洛南2	城陽1	東山1	東山2
御影1	北須磨1	伊丹西1	御影2	滝川第二1	滝川第二2	神戸弘陵1	滝川第二3	滝川第二4	滝川第二5	神戸弘陵2	神戸弘陵3	滝川第二6	神戸弘陵4	神戸弘陵5
作陽2	作陽3	作陽4	作陽5	玉野光南1	作陽6	玉野2	玉野光南2	玉野光南3	倉敷工1	玉野光南4	作陽7	作陽8	作陽9	作陽10
	米子東2	米子工5	米子東3	米子東4	米子工6	米子工7	米子工8	米子北1	米子工9	米子東5	米子東6	米子工10	米子北2	米子東7
益田農林2	浜田4	大社2	益田農林3	松江東1	松江東2	大社3	益田1	大社4	大社5	出雲工1	出雲1	大社6	益田2	淞南学園1
	多々良学園4	山口11	山口12	山口13	多々良学園5	山口14	山口15	山口16	山口17	山口18	多々良学園6	多々良学園7	多々良学園8	多々良学園9
広島県工10	国泰寺16	広島県工11	広島県工12	広島県工13	広島県工14	国泰寺17	国泰寺18	国泰寺19	広島県工15	山陽6	福山葦陽1	沼田1	沼田2	美鈴が丘1
八幡浜工2	南宇和3	南宇和4	八幡浜工3	南宇和5	南宇和6	南宇和7	南宇和8	南宇和9	八幡浜工4	南宇和10	南宇和11	南宇和12	南宇和13	南宇和14
	高松商5	高松商6	高松商7	高松商8	高松商9	高松商10	高松商11	高松商12	高松商13	高松商14	高松商15	香川西1	高松北1	高松北2
	高知小津1	高知農7	高知2	高知3	高知4	高知5	高知6	高知小津2	高知農8	高知7	高知小津3	高知商2	高知追手前1	高知農9
徳島商24	徳島商25	徳島商26	徳島市立1	徳島商27	徳島市立2	徳島商28	徳島商29	徳島市立3	徳島市立4	徳島市立5	徳島市立6	徳島市立7	徳島市立8	徳島商30
東海大五2	東海大五3	東海大五4	東海大五5	東海大五6	東海大五7	東海大五8	伝習館1	東海大五9	福大大濠1	東海大五10	東福岡3	東福岡4	東福岡5	東海大五11
中津工4	大分工8	中津工5	別府商1	中津工6	大分上野丘1	大分鶴崎1	大分工9	大分鶴崎2	大分工10	大分工11	情報科学1	情報科学2	大分豊府1	大分1
島原商21	島原商22	島原商23	平戸1	国見1	国見2	国見3	国見4	鎮西学院1 (推)国見5	国見6	国見7	国見8	国見9	国見10	国見11
	佐賀学園2	佐賀商3	佐賀学園3	佐賀商4	佐賀学園4	佐賀学園5	佐賀商5	佐賀学園6	佐賀商6	佐賀商7	佐賀商8	佐賀学園7	佐賀商9	佐賀学園8
九州学院1	熊本農2	九州学院2	九州学院3	九州学院4	大津1	大津2	熊本農3	熊本農4	荒尾1	熊本農5	熊本商大付1	熊本農6	熊本商6	大津3
	宮崎工3	小林工1	都城農1	宮崎工4	宮崎中央1	宮崎中央2	宮崎工5	宮崎工6	鵬翔3	宮崎工7	鵬翔4	宮崎工8	鵬翔5	日章学園1
鹿児島実4	鹿児島実5	鹿児島商7	鹿児島実6	鹿児島実7	鹿児島実8	加治木工1	鹿児島実9	鹿児島実10	鹿児島実11	れいめい1	鹿児島実12	鹿児島実13	鹿児島実14	鹿児島実15
浦添1	中部工1	与勝1	知念1	与勝2	小禄1	西原2	那覇西1	西原3	与勝3	南部農林1	那覇西2	那覇西3	与勝4	宜野湾1
等々力（神奈川）、千葉県総合運動場が会場に加わる	大会規模を拡大し東京から2校、各道府県から各1校参加。浦和市駒場競技場が会場に加わる	決勝戦引き分け 江戸川区営競技場、習志野市秋津サッカー場が会場に加わる			星稜←金沢経大星稜	昭和天皇崩御のため、準決勝、決勝戦が二日間順延となる	元号が「平成」に 西目←西目農	日本サッカー協会の推薦により4校が予選免除で出場 京都学園←京都商	決勝戦引き分け 鵬翔←宮崎中央	川越運動公園陸上競技場と平塚競技場が会場に加わる		12月30日に開会式を実施する年末年始開催となり、休養日が3日間になる	決勝戦引き分け	高体連加盟校以外の専門学校等にも門戸を開放 選手登録が25人となる

回　数	76	77	78	79	80	81	82	83	84	85	86	87	88	89
年	9年度	10年度	11年度	12年度	13年度	14年度	15年度	16年度	17年度	18年度	19年度	20年度	21年度	22年度
優勝校	**東福岡1**	**東福岡2**	**市立船橋3**	**国　見4**	**国　見5**	**市立船橋4**	**国　見6**	**鹿児島実2**	**野　洲1**	**盛岡商1**	**流経大柏1**	**広島皆実1**	**山梨学院1**	**滝川第二1**
準優勝	**帝　京2**	**帝　京3**	**鹿児島実2**	**草津東1**	**岐阜工1**	**国　見3**	**筑陽学園1**	**市立船橋2**	**鹿児島実3**	**作　陽1**	**藤枝東3**	**鹿児島城西1**	**青森山田1**	**久御山1**
三　位	**丸　岡1** **藤枝東5**	**滝川第二1** **前橋育英1**	**前橋育英2** **富山第一1**	**富山第一2** **青森山田1**	**前橋育英3** **鹿児島実2**	**滝川第二2** **桐蔭学園1**	**滝川第二3** **鹿児島実3**	**国　見3** **星　稜1**	**多々良学園1** **遠　野1**	**八千代2** **神村学園1**	**津　工1** **高川学園2**	**鹿島学園1** **前橋育英4**	**矢板中央1** **関西大一1**	**立正大淞南1** **流経大柏1**
参加校	48	48	48	49	48	48	48	48	48	48	48	48	48	48
北海道	室蘭大谷23	室蘭大谷24	室蘭大谷25	旭川実1	帯広北1	室蘭大谷26	札幌第一1	北　海7	北　海8	室蘭大谷27	室蘭大谷28	北　海9	旭川実2	室蘭大谷29
青　森	青森山田3	青森山田4	青森山田5	青森山田6	青森山田7	青森山田8	青森山田9	青森山田10	青森山田11	青森山田12	青森山田13	青森山田14	青森山田15	青森山田16
岩　手	大船渡2	遠　野17	大船渡3	遠　野18	遠　野19	盛岡商12	盛岡商13	盛岡商14	遠　野20	盛岡商15	遠　野21	不来方1	盛岡市立3	遠　野22
秋　田	秋田商30	秋田商31	秋田商32	西　目9	秋田西1	秋田商33	西　目10	秋田商34	西　目11	秋田商35	秋田商36	秋田商37	秋田商38	秋田商39
山　形	日大山形12	山形中央3	山形中央4	山形中央5	鶴岡東2	山形中央6	鶴岡東3	羽　黒1	山形中央7	羽　黒2	羽　黒3	山形中央8	山形中央9	羽　黒4
宮　城	仙台育英26	東　北3	仙台育英27	東　北4	東　北5	仙台育英28	仙台育英29	仙台育英30	利　府1	利　府2	宮城県工7	東　北6	東　北7	宮城県工8
福　島	福島工3	平　工3	磐　城5	郡　山3	平　工4	福島東2	福島東3	福島東4	湯　本1	尚　志1	尚　志2	富　岡1	尚　志3	尚　志4
東　京	帝　京27 駒　場1	帝　京28 修　徳4	帝　京29 國學院久我山2	東海大菅生2 修　徳5	帝　京30 国　士　舘1	帝　京31 国　士　舘2	成　立1 国　士　舘3	実践学園1 修　徳6	成立学園2 修　徳7	久留米2 暁　星10	帝　京32 三　鷹1	帝　京33 國學院久我山3	東久留米総合1 帝　京34	駒　場2 駒澤大高1
千　葉	八千代6	習志野15	市立船橋11	(推)市立船橋12 渋谷幕張1	市立船橋13	市立船橋14	市立船橋15	市立船橋16	流経大柏1	八千代7	流経大柏2	市立船橋17	八千代8	流経大柏3
茨　城	水戸短大附3	鹿　島2	鹿　島3	水戸短大附4	鹿　島4	鹿　島5	水戸商8	鹿島学園1	鹿島学園2	鹿島学園3	水戸短大附5	鹿島学園4	鹿　島6	鹿島学園5
群　馬	前橋商8	前橋育英8	前橋育英9	前橋商9	前橋育英10	前橋商10	前橋育英11	前橋商11	伊勢崎商1	前橋育英12	前橋育英13	前橋育英14	前橋育英15	前橋育英16
栃　木	國學院栃木2	佐野日大3	真　岡8	真　岡9	宇都宮白楊3	佐野日大4	佐野日大5	矢板中央1	真　岡10	真　岡11	矢板中央2	宇都宮白楊4	矢板中央3	佐野日大6
埼　玉	浦和東2	浦和東3	武　南10	武　南11	浦和南11	武　南12	武　南13	西武台1	浦和東4	武　南14	埼玉栄1	市立浦和13	西武台2	西武台3
神奈川	逗　葉1	桐蔭学園4	日大藤沢2	桐蔭学園5	桐蔭学園6	桐蔭学園7	桐蔭学園8	麻布大渕野辺1	麻布大渕野辺2	桐光学園4	日大藤沢3	桐光学園5	武　相1	座　間1
山　梨	帝京第三4	韮　崎29	韮　崎30	帝京第三5	帝京第三6	韮　崎31	帝京第三7	韮　崎32	甲府東1	帝京第三8	韮　崎33	韮　崎34	山梨学院1	山梨学院2
静　岡	藤枝東19	清水市商10	静岡学園6	清水市商11	静岡学園7	静岡学園8	藤枝東20	藤枝東21	常葉橘1	静岡学園9	藤枝東22	藤枝東23	藤枝明誠1	静岡学園10
愛　知	愛産大三河1	刈　谷19	東　邦1	中京大中京7	東　邦2	岡崎城西6	東　邦3	東海学園1	中京大中京8	中京大中京9	中京大中京10	東海学園2	中京大中京11	中京大中京12
岐　阜	岐阜工14	岐阜工15	岐阜工16	各務原2	岐阜工17	岐阜工18	岐阜工19	各務原3	岐阜工20	帝京大可児1	岐阜工21	岐阜工22	岐阜工23	帝京大可児2
三　重	四日市工2	四日市中央工20	四日市中央工21	暁1	四日市中央工22	日生学園第二1	四日市中央工23	津　工1	四日市中央工24	四日市中央工25	津　工2	四日市中央工26	四日市中央工27	四日市中央工28
新　潟	新潟工14	新潟工15	新潟明訓5	帝京長岡1	東京学館新潟4	北　越1	長岡向陵1	北　越2	帝京長岡2	高　志1	北　越3	北　越4	北　越5	新潟西3
長　野	明　科1	松商学園5	松商学園6	松商学園7	松商学園8	地球環境1	松商学園9	東海大三1	上田西1	東海大三2	松商学園10	武蔵工大二1	松商学園11	松商学園12
富　山	富山第一14	水　橋2	富山第一15	富山第一16	水　橋3	水　橋4	富山第一17	富山第一18	富山第一19	富山第一20	富山第一21	富山第一22	富山第一23	水　橋5
福　井	丸　岡12	丸　岡13	丸　岡14	丸　岡15	丸　岡16	丸　岡17	丸　岡18	丸　岡19	丸　岡20	丸　岡21	福井商1	丸　岡22	丸　岡23	丸　岡24
石　川	星　稜9	金沢桜丘6	星　稜10	星　稜11	星　稜12	星　稜13	星　稜14	星　稜15	星　稜16	星　稜17	星　稜18	星　稜19	星　稜20	星　稜21
大　阪	関西大一1	金光第一1	関西大一2	大阪朝鮮1	東海大仰星2	金光大阪2	近畿大附3	東海大仰星3	大阪朝鮮2	大阪朝鮮3	近畿大附4	大阪桐蔭1	関西大一3	関西大一4
和歌山	近大和歌山2	初芝橋本4	初芝橋本5	初芝橋本6	近大和歌山3	初芝橋本7	初芝橋本8	近大和歌山4	和歌山北8	初芝橋本9	近大和歌山5	近大和歌山6	近大和歌山7	初芝橋本10
奈　良	奈良育英6	奈良育英7	奈良育英8	耳　成2	奈良育英9	一　条1	奈良育英10	奈良育英11	一　条2	一　条3	奈良育英12	一　条4	一　条5	香　芝1
滋　賀	草津東2	草津東3	草津東4	草津東5	草津東6	野　洲1	守山北4	草津東7	野　洲2	野　洲3	野　洲4	野　洲5	野　洲6	野　洲7
京　都	山　城13	洛　北3	久御山1	久御山2	久御山3	伏見工1	京都朝鮮1	城　陽2	城　陽3	福知山成美1	久御山4	京都橘1	立命館宇治1	久御山5
兵　庫	滝川第二7	滝川第二8	神戸弘陵6	神戸弘陵7	滝川第二9	滝川第二10	滝川第二11	滝川第二12	滝川第二13	滝川第二14	神戸科学技術1	滝川第二15	神戸科学技術2	滝川第二16
岡　山	東岡山工1	玉野光南5	作　陽11	岡山理大附1	作　陽12	水島工4	作　陽13	玉野光南6	作　陽14	作　陽15	作　陽16	作　陽17	作　陽18	作　陽19
鳥　取	米子工11	米子東8	境1	境2	境3	境4	米子北3	米子北4	米子北5	境5	境6	境7	境8	米子北6
島　根	大　社7	益　田3	淞南学園2	淞南学園3	立正大淞南4	立正大淞南5	立正大淞南6	益　田4	立正大淞南7	立正大淞南8	江の川1	立正大淞南9	立正大淞南10	立正大淞南11
山　口	多々良学園10	多々良学園11	多々良学園12	多々良学園13	多々良学園14	多々良学園15	多々良学園16	多々良学園17	多々良学園18	高川学園19	高川学園20	西　京1	山　口19	宇　部1
広　島	沼　田3	広島皆実1	山　陽7	広島皆実2	広島皆実3	広島皆実4	広島皆実5	広島観音1	広島観音2	広島皆実6	広島皆実7	広島皆実8	広島観音3	広島皆実9
愛　媛	新居浜工1	南宇和15	新居浜工2	新居浜西1	南宇和16	松山工2	南宇和17	済　美1	松山工3	済　美2	済　美3	松山北2	松山北3	宇和島東4
香　川	高松商16	高松商17	高松北3	高松商18	高松商19	高松商20	高松北4	尽誠学園1	高松商21	香川西2	香川西3	香川西4	香川西5	香川西6
高　知	高　知8	岡　豊1	土　佐1	明徳義塾1	明徳義塾2	高　知9	高　知10	高　知11	明徳義塾3	高　知12	高知中央1	高　知13	高　知14	明徳義塾4
徳　島	徳島市立9	徳島市立10	徳島商31	徳島商32	徳島市立11	鳴　門1	徳島商33	徳島商34	徳島商35	鳴　門2	徳島商36	徳島商37	徳島商38	徳島商39
福　岡	東福岡6	東福岡7	東福岡8	東海大五12	東福岡9	東福岡10	筑陽学園1	東福岡11	東福岡12	九州国際大付1	東福岡13	筑陽学園2	東福岡14	九州国際大付2
大　分	情報科学3	大　分2	大分鶴崎3	大　分3	大　分4	大　分5	情報科学4	大　分6	柳ヶ浦1	大分鶴崎4	大分鶴崎5	情報科学5	中津東1	大分鶴崎6
長　崎	国　見12	国　見13	国　見14	国　見15	国　見16	国　見17	国　見18	国　見19	国　見20	国　見21	島原商24	長崎日大1	国　見22	国　見23
佐　賀	佐賀商10	佐賀商11	佐賀北2	佐賀北3	佐賀学園9	佐賀北4	佐賀商12	佐賀東1	佐賀東2	佐賀東3	佐賀北5	佐賀東4	佐賀東5	佐賀北6
熊　本	大　津4	熊本国府1	大　津5	大　津6	大　津7	大　津8	大　津9	大　津10	大　津11	大　津12	ルーテル学院1	大　津13	ルーテル学院2	大　津14
宮　崎	鵬　翔6	宮崎工9	日章学園2	日章学園3	鵬　翔7	日章学園4	鵬　翔8	鵬　翔9	鵬　翔10	鵬　翔11	日章学園5	日章学園6	日章学園7	日章学園8
鹿児島	鹿児島実16	鹿児島工4	鹿児島実17	鹿児島城西1	鹿児島実18	鹿児島実19	鹿児島実20	鹿児島実21	鹿児島実22	神村学園1	鹿児島実23	鹿児島城西2	神村学園2	神村学園3
沖　縄	那覇西4	宜野湾2	具志川1	宮　古1	与　勝5	那覇西5	那覇西6	那覇西7	那覇西8	那覇西9	那　覇1	那覇西10	南風原1	那覇西11
校名変更および備考			開会式直後に開幕試合を実施する	前回優勝の市立船橋は予選なしで推薦出場。決勝戦引き分け両校優勝がなくなる 中京大中京←中京	推薦出場制度は廃止 鶴岡東←鶴商学園 宇都宮白楊←宇都宮農 立正大淞南←淞南学園	決勝戦が成人の日開催となり、勝利校の校歌演奏が廃止される 金光大阪←金光第一	決勝戦のみ45分ハーフで実施	決勝戦、延長PK方式で優勝校を決定	決勝戦は延長で優勝校決定 成立学園←成立	高川学園←多々良学園		準決勝も45分ハーフで実施 市立浦和←浦和市立	三ツ沢球技場改修中のため平塚競技場を使用。フクダ電子アリーナが会場に加わる	駒沢競技場、うらわ駒場競技場改修中のため江戸川陸場競技場と大宮サッカー場を使用

注：第88回大会大分県代表・中津東は学校統合による校名変更のため第38・40回出場校とは別扱い

90	91	92	93	94	95	96	97	98	99	100	101	102	103	104
23年度	24年度	25年度	26年度	27年度	28年度	29年度	30年度	令和元年度	2年度	3年度	4年度	5年度		
市立船橋5	**鵬翔1**	**富山第一1**	**星稜1**	**東福岡3**	**青森山田1**	**前橋育英1**	**青森山田2**	**静岡学園2**	**山梨学院2**	**青森山田3**	**岡山学芸館1**	**青森山田4**		
四日市中央工3	**京都橘1**	**星稜1**	**前橋育英1**	**國學院久我山1**	**前橋育英2**	**流経大柏1**	**流経大柏2**	**青森山田2**	**青森山田3**	**大津1**	**東山1**	**近江1**		
大分1	**星稜2**	**四日市中央工3**	**日大藤沢1**	**星稜3**	**東海大仰星1**	**上田西1**	**尚志2**	**矢板中央3**	**帝京長岡2**	**高川学園3**	**神村学園2**	**市立船橋3**		
尚志1	**桐光学園1**	**京都橘1**	**流経大柏2**	**青森山田2**	**佐野日大1**	**矢板中央2**	**瀬戸内1**	**帝京長岡1**	**矢板中央4**	**関東第一1**	**大津1**	**堀越1**		
48	48	48	48	48	48	48	48	48	48	48	48	48		
旭川実3	旭川実4	札幌大谷1	大谷室蘭30	札幌大谷2	旭川実5	旭川実6	旭川実7	北海10	札幌大谷3	北海11	北海12	北海13		
青森山田17	青森山田18	青森山田19	青森山田20	青森山田21	青森山田22	青森山田23	青森山田24	青森山田25	青森山田26	青森山田27	青森山田28	青森山田29		
盛岡商16	盛岡中央1	遠野23	遠野24	遠野25	遠野26	遠野27	遠野28	専大北上1	遠野29	専大北上2	盛岡商17	遠野30		
西目12	西目13	秋田商40	新屋1	秋田商41	秋田商42	秋田商43	秋田商44	秋田商45	明桜4	秋田商46	明桜5	明桜6		
羽黒5	山形中央10	米沢中央1	東海大山形1	日大山形13	山形中央11	羽黒6	羽黒7	山形中央12	日大山形14	羽黒8	羽黒9	山形明正1		
聖和学園1	仙台育英31	東北8	聖和学園2	聖和学園3	聖和学園4	仙台育英32	仙台育英33	仙台育英34	仙台育英35	仙台育英36	聖和学園5	仙台育英37		
尚志5	聖光学院1	富岡2	尚志6	尚志7	尚志8	尚志9	尚志10	尚志11	学法石川1	尚志12	尚志13	尚志14		
東久留米総合2 國學院久我山4	修徳8 実践学園2	修徳9 國學院久我山5	國學院久我山6 三鷹2	國學院久我山7 駒澤大高2	駒澤大高3 関東第一1	実践学園3 関東第一2	国士舘4 駒澤大高4	東久留米総合3 國學院久我山8	堀越3 関東第一3	堀越4 関東第一4	國學院久我山9 成立学園3	堀越5 早稲田実1		
市立船橋18	八千代9	市立船橋19	流経大柏4	市立船橋20	市立船橋21	流経大柏5	流経大柏6	市立船橋22	市立船橋23	流経大柏7	日体大柏1	市立船橋24		
鹿島学園6	鹿島学園7	水戸啓明6	第一学院1	明秀日立1	鹿島学園8	明秀日立2	明秀日立3	明秀日立4	鹿島学園9	鹿島学園10	鹿島学園11	明秀日立5		
桐生第一1	前橋育英17	桐生第一2	前橋育英18	前橋育英19	前橋育英20	前橋育英21	前橋育英22	前橋育英23	前橋商12	前橋育英24	前橋育英25	前橋育英26		
矢板中央4	佐野日大7	矢板中央5	矢板中央6	矢板中央7	佐野日大8	矢板中央8	矢板中央9	矢板中央10	矢板中央11	矢板中央12	佐野日大9	矢板中央13		
浦和東5	正智深谷1	市立浦和14	昌平1	正智深谷2	正智深谷3	昌平2	浦和南12	昌平3	昌平4	西武台4	昌平5	昌平6		
桐光学園6	桐光学園7	桐光学園8	日大藤沢4	桐光学園9	桐光学園10	桐蔭学園9	桐光学園11	日大藤沢5	桐蔭学園10	桐光学園12	日大藤沢6	日大藤沢7		
山梨学院3	日本航空1	帝京第三9	山梨学院4	帝京第三10	山梨学院5	山梨学院6	日本航空2	日大明誠1	山梨学院7	山梨学院8	山梨学院9	帝京第三11		
清水商12	常葉橘2	藤枝東24	静岡学園11	藤枝東25	藤枝明誠2	清水桜が丘1	浜松開誠館1	静岡学園12	藤枝明誠3	静岡学園13	浜松開誠館2	静岡学園14		
中京大中京13	東邦4	東海学園3	中京大中京14	中京大中京15	東邦5	中京大中京16	東邦6	愛工大名電1	東海学園4	中部大第一1	東邦7	名古屋1		
帝京大可児3	帝京大可児4	岐阜工24	岐阜工25	各務原4	中京1	帝京大可児5	岐阜工26	帝京大可児6	帝京大可児7	帝京大可児8	帝京大可児9	帝京大可児10		
四日市中央工29	四日市中央工30	四日市中央工31	宇治山田商1	四日市中央工32	海星1	三重1	四日市中央工33	四日市中央工34	海星2	三重2	津工3	四日市中央工35		
新潟西4	帝京長岡3	帝京長岡4	開志学園JSC1	新潟明訓6	帝京長岡5	日本文理1	帝京長岡6	帝京長岡7	帝京長岡8	帝京長岡9	日本文理2	帝京長岡10		
都市大塩尻2	創造学園1	松商学園13	都市大塩尻3	都市大塩尻4	創造学園2	上田西2	都市大塩尻5	松本国際3	松本国際4	市立長野1	松本国際5	松本国際6		
富山南1	富山第一24	富山第一25	水橋6	富山第一26	富山第一27	富山第一28	富山第一29	富山第一30	富山第一31	富山第一32	富山第一33	富山第一34		
北陸3	丸岡25	丸岡26	丸岡27	丸岡28	北陸4	北陸5	丸岡29	丸岡30	丸岡31	丸岡32	丸岡33	丸岡34		
星稜22	星稜23	星稜24	星稜25	星稜26	鵬学園1	星稜27	星稜28	鵬学園2	星稜29	星稜30	星稜31	星稜32		
近畿大附5	東海大仰星4	履正社1	履正社2	阪南大高1	東海大仰星5	大阪桐蔭2	大阪学院大高1	興國1	履正社3	阪南大高2	履正社4	東海大大阪仰星6		
初芝橋本11	和歌山北9	初芝橋本12	初芝橋本13	初芝橋本14	和歌山北10	初芝橋本15	和歌山北11	和歌山工4	初芝橋本16	近大和歌山8	近大和歌山9	初芝橋本17		
奈良育英13	香芝2	一条6	郡山1	香芝3	一条7	一条8	一条9	五條1	山辺1	奈良育英14	奈良育英15	奈良育英16		
守山北5	野洲8	綾羽1	草津東8	野洲9	野洲10	草津東9	草津東10	草津東11	近江1	草津東12	近江2	近江3		
立命館宇治2	京都橘2	京都橘3	京都橘4	京都橘5	京都橘6	京都橘7	東山3	京都橘8	京都橘9	東山4	東山5	京都橘10		
市立西宮1	滝川第二17	神戸弘陵8	滝川第二18	神戸弘陵9	滝川第二19	滝川第二20	関西学院10	神戸弘陵10	神戸弘陵11	滝川第二21	芦屋学園1	神戸弘陵12		
作陽20	作陽21	玉野光南7	作陽22	玉野光南8	岡山学芸館1	作陽23	岡山学芸館2	岡山学芸館3	作陽24	岡山学芸館4	岡山学芸館5	岡山学芸館6		
米子北7	米子北8	米子北9	米子北10	米子北11	米子北12	米子北13	米子北14	米子北15	米子北16	米子北17	米子北18	米子北19		
大社8	立正大淞南12	立正大淞南13	立正大淞南14	大社9	立正大淞南15	立正大淞南16	立正大淞南17	立正大淞南18	大社10	大社11	立正大淞南19	立正大淞南20		
高川学園21	聖光1	西京2	高川学園22	山口鴻城1	高川学園23	高川学園24	西京3	高川学園25	高川学園26	高川学園27	高川学園28	高川学園29		
山陽8	広島観音4	広島皆実10	広島皆実11	広島皆実12	広島皆実13	広島皆実14	瀬戸内1	広島皆実15	広島皆実16	瀬戸内2	広島皆実17	広島国際学院1		
済美4	松山工4	松山商6	松山北4	松山工5	松山北5	松山工6	宇和島東5	今治東中等1	新田3	今治東中等2	帝京第五1	今治東中等3		
香川西7	香川西8	香川西9	香川西10	高松南2	高松商22	高松商23	四学大香川西11	大手前高松1	大手前高松2	高松商24	四学大香川西12	大手前高松3		
土佐2	高知15	高知商3	明徳義塾5	明徳義塾6	明徳義塾7	高知西1	高知西2	高知16	明徳義塾8	高知17	高知18	明徳義塾9		
徳島市立12	鳴門3	徳島市立13	徳島市立14	鳴門4	徳島市立15	徳島北1	徳島市立16	徳島市立17	徳島市立18	徳島商40	徳島市立19	徳島市立20		
東海大五13	東海大五14	東福岡15	東福岡16	東福岡17	東福岡18	東福岡19	東福岡20	筑陽学園3	東福岡21	東福岡22	飯塚1	飯塚2		
大分7	中津東2	中津東3	中津東4	大分8	大分9	大分西1	大分10	大分11	日本文理大附1	中津東5	大分12	柳ヶ浦2		
長崎日大2	長崎総科大附1	長崎総科大附2	長崎総科大附3	長崎南山1	長崎総科大附4	長崎総科大附5	長崎総科大附6	長崎総科大附7	創成館1	長崎総科大附8	国見24	長崎総科大附9		
佐賀東6	佐賀商13	佐賀東7	佐賀東8	佐賀北7	佐賀東9	佐賀東10	龍谷1	龍谷2	佐賀東11	佐賀東12	龍谷3	佐賀東13		
ルーテル学院3	大津15	熊本国府2	秀岳館1	大津16	ルーテル学院4	東海大熊本星翔1	大津17	熊本国府3	ルーテル学院5	大津18	大津19	大津20		
日章学園9	鵬翔12	日章学園10	日章学園11	日章学園12	鵬翔13	日章学園13	日章学園14	日章学園15	宮崎日大1	宮崎日大2	日章学園16	日章学園17		
鹿児島城西3	鹿児島城西4	神村学園4	鹿児島城西5	鹿児島城西6	鹿児島城西7	神村学園5	神村学園6	神村学園7	神村学園8	神村学園9	神村学園10	神村学園11		
那覇西12	宮古2	那覇西13	前原2	那覇西14	那覇西15	宜野湾3	那覇西16	前原3	那覇西17	西原4	西原5	名護1		
決勝戦は延長で優勝校決定 都市大塩尻↑武蔵工大二 清水商↑清水市商	相模原麻溝公園競技場を使用。決勝戦は降雪のため4日間順延、延長PK方式で優勝校を決定	国立競技場最後の大会 水戸啓明↑水戸短大附	開会式、開幕戦は駒沢競技場で、準決勝、決勝戦は埼玉スタジアムで実施 交代枠が3→4、登録人数25→30に 大谷室蘭↑室蘭大谷			交代枠が4→5に	四学大香川西↑香川西	元号が「令和」に 松本国際↑創造学園	新型コロナウイルス感染拡大の影響で開幕戦が中止 飲水タイム導入 明桜↑秋田経法附	開会式、開幕戦、準決勝、決勝は新・国立競技場で実施 飲水タイムなし 連戦なしの日程へ変更		東海大大阪仰星↑東海大仰星		

令和4年度 第51回 U-18日本高校選抜 活動報告
2023 Japan High School Selection U18 Team's Report

強化合宿
（しんよこフットボールパーク）

令和4年度 第51回 U-18日本高校選抜 活動報告

団長 **田内成人**
富田林高校

4年ぶりの欧州遠征

2022年度も全国高校サッカー選手権大会が、「Next100」を合い言葉に新しい歴史の一歩として開催されました。新型コロナウイルスの影響を受け、この2年間は観客動員、応援などが制限され、チームも選手も本当に苦しい戦いが続きました。今年度は、久しぶりに応援なども戻って、決勝は5万人を超える観客の中での戦いとなりました。

日本高校選抜チームに関しても、この3年間は海外遠征どころか、活動自体もままならない状態で、佐賀東高校の蒲原監督をはじめとするスタッフの方々や選手達は、言葉では言い表せないほど大変なご苦労があり、海外遠征を断念する悔しい2年間でした。また昨年結成された尚志高校の仲村監督率いるチームも同様の1年間でした。

そして今年は、コロナ禍の対応も世界で落ち着きを見せ4年ぶりにドイツ・デュッセルドルフの大会に日本高校選抜として参加することができました。

この間、高体連の日本高校選抜の活動も大きく変化しました。

まず昨年、100回大会を記念して日本高校選抜U-17が立ち上がりました。当初は、100回記念事業としてできたものですが、日本の将来、高体連の発展を考えて継続的にU-17の活動を行うことになり、今年の日本高校選抜の活動に大きくプラスとなりました。

合同選考合宿

本年度の活動のスタートは、1月中旬に時之栖で行われたU-17・U-18の合同選考合宿でした。

総勢約80名の選手達が招集されカテゴリー別に2チームがそれぞれ動き出しました。U-18については昨年U-17を経験していた選手も多く、ゼロからのチーム作りというよりも、初めから「戦う集団」として活動できたように思います。また、当初から選手同士の雰囲気も良く、デュッセルドルフ遠征終了まで良い雰囲気を保ったまま活動を終えることができたのも、昨年のU-17の活動が活きていると強く感じました。

そしてこの合宿で、U-18のメンバーとして23名の選手が選考され（最終メンバーは18名に絞られますが）、このメンバーで本格スタートとなりました。

例年「時之栖」の方々には大変お世話になり、本年も合同合宿として利用させていただきました。スタッフを含めて約100名規模の活動を、ピッチ環境はもとより生活面すべてでサポートしていただき、感謝いたします。日本高校選抜の活動は、時之栖なくしてはあり得ないと思います。本当にお世話になりました。

国内強化合宿

メンバーも決まり、チームは神奈川県で、「NEXT GENERATION MATCH」横浜F・マリノスユースとの対戦がメインとなる合宿に入りました。監督からチームコンセプトが伝えられ、仲村ジャパンとしての活動開始です。数年前からこの大会の相手はJリーグ選抜から単独チームに替わっており、高校選抜は単独チームになってから一度も勝てず、何とか一矢報いたいと思っていましたが、今回も引き分けに終わり悔しい思いをしました。今回の合宿では、神奈川県高体連の方々、神奈川県協会の方々のご尽力でトレーニングができたこと、感謝申し上げます。

この合宿を終えて2週間後に「デンソーカップチャレンジサッカー茨城大会」に参加。デンソーカップについても、高校選抜が参加したのは新型コロナウイルスの影響で活動がままならない2年前から、大学関係者の方々のご厚意で参加させていただいた経緯があり、高校選抜のチーム作りにとっては非常に重要な大会となっています。

過去2年間は未勝利で、改めて大学生との格の違いを感じさせられ、今回は最終日になんとか勝利し、ドイツで戦うための準備としては本当によいシミュレーションができました。ここで非常に悩んだ上での23名から18名の選考を決断し、いよいよドイツ遠征です。

3度目の優勝！

前回はヨーロッパ直行便での行程が、航空運賃の高騰でドバイ経由のエミレーツ航空で約20時間の移動となりました。しかし、心配された時差ボケの影響もなく、選手達は元気で到着早々のトレーニングでも良いパフォーマンスを見せてくれました。事前の練習試合でもベルギーのシャルルロワに7-0で快勝し、本番に向けて準備完了!

日本がデュッセルドルフの国際大会に参加して今年でちょうど40年目、過去に日本の優勝はわずか2回で、優勝への思いはスタッフはじめ選手達も大変強かったように思います。また日本高校選抜の遠征で長年お世話になっていたIUPの榎本さんが昨年の秋に他界されました。榎本さんの存在がなければ間違いなくこの遠征参加は続いていません。そういった意味でも今年度の大会は特別な思いもありました。

そして今回の大会は、すべての試合で私は榎本さんの遺影を持ってベンチに入りました。

大会が始まると、予選4試合で4勝無失点と内容も結果も含めて最高の形で決勝トーナメントに進出しました。準決勝の相手は、事前の練習試合で戦ったシャルルロワでした。

試合が始まってみると、相手は守備を重視し引き分け狙いのような戦い方。結果は0-0の引き分けでのPK方式で、3-0の勝ち、PK方式も含めて無失点。そして決勝はこれも予選で戦ったオーストリアのザルツブルク。試合開始早々に1点を先取しましたが、その後追加点を奪うことができず後半に入って守備の連係ミスから今大会初の失点。そしてそのままPK方式。日本は5人全員が決め、最終的にはGKエマ選手が5人目のキックをファインセーブで止め、優勝を勝ち取りました。

まとめとお礼

予選から決勝まで、毎試合素晴らしい戦いを見せ、終わってみると18名全員がスタメン出場を果たし、どのゲームも日本らしさで圧倒し、まさに優勝にふさわしい戦いぶりでした。観客のみなさんも日増しに日本の応援が増え、最後はまるでホームゲームのような雰囲気での試合となり、最高のフィニッシュでした。表彰式後は多くの観客がピッチに入り乱れて、選手と写真を撮ったり、

選手団名簿

役員・スタッフ		
団長	田内 成人	富田林高校
監督	仲村 浩二	尚志高校
コーチ	鈴木 勝大	桐光学園高校
GKコーチ	平田 俊英	聖和学園高校
トレーナー	鈴木 優	BB Trainer's
ドクター	森尾 秀徳	我孫子聖仁会病院
総務	田中 哲也	県立小城高校
主務	大渓 晃太	県立大和西高校
主務	宮坂 拓弥	駒込高校
イクイップメントマネージャー	新津 しおり	株式会社イミオ
遠征コーディネーター	長谷川 浩一	IUP
添乗	角野 健斗	西鉄旅行
放送	廣田 裕司	ABS秋田放送
放送	舘川 聡	三重テレビ
記録	小林 洋	高体連記録部・ 高校サッカー年鑑

選手			
GK	1	デューフエマニエル凛太朗	流通経済大学柏高校▶流通経済大学
	17	上林 真斗	昌平高校▶専修大学
DF	3	多久島 良紀	青森山田高校▶明治大学
	4	齋藤 駿	前橋育英高校▶青山学院大学
	5	三橋 春希	青森山田高校▶常葉大学
	6	山内 恭輔	前橋育英高校▶日本大学
	12	坂本 翼	大津高校▶福岡大学
	15	大田 知輝	帝京高校▶中央大学
MF	7	松橋 啓太	東山高校▶東海大学
	8	廣井 蘭人	帝京長岡高校▶筑波大学
	11	小池 直矢	前橋育英高校▶法政大学
	14	徳永 涼	前橋育英高校▶筑波大学
	19	真田 蓮司	東山高校▶関西大学
	22	野頼 駿介	桐光学園高校▶同志社大学
FW	10	小湊 絆	青森山田高校▶法政大学
	13	古田 和之介	履正社高校▶関西学院大学
	18	塩貝 健人	國學院久我山高校▶慶應義塾大学
	20	高足 善	前橋育英高校▶明治大学

ユニフォームを欲しがる子供達であふれかえり、選手スタッフすべてが勝ちきった喜びに満足顔。仲村監督をはじめ鈴木コーチ、平田GKコーチ、トレーナーの優さん、ドクター森尾先生のピッチでの献身的な姿、それを支えてくださった主務の大渓さん、宮坂さん、総務の田中先生、1回目の海外遠征から帯同していただいている記録の洋さん、イミオから今回参加いただいた新津さん、ABS秋田放送の廣田さん、三重テレビの舘川さん、榎本さんの後を引き継いでいただいたIUPの長谷川さん、西鉄旅行の角野さん、みなさんのおかげで私たちスタッフも一枚岩で頑張れたと思います。そして天国の榎本さん、ありがとうございました。私自身は5年前に平野ジャパンでも団長として優勝を経験し、今回2度目の優勝を経験でき本当にみなさんに感謝し、つくづく幸せ者だと実感しています。

選手のみなさん、たった3ヵ月のチームでしたが、みんなは本当にスゴイ! 今後は、世界を楽しませてくれる選手になることを期待して応援したいと思います。

そして最後になりましたが今回の遠征を支えていただいた、林副会長はじめJFA、Jリーグ、セイムトゥーの方々、練習試合をしていただいた各大学の方々、神奈川県選抜、デンソーカップで大変お世話になりました中野先生はじめ大学関係者、学連の方々、そして審判をしていただいた皆さま、自らの練習後に選手に力強い激励をしていただいた田中碧選手、ベルギーからわざわざ3時間かけて選手たちに応援メッセージを伝えに来てくださった5年前の優勝メンバーでもある宮本優太選手、ユニフォームをはじめ多くのウェアを提供いただいたイミオの方々、日本高校選抜の活動をご理解いただき、選手を派遣してくださったチームの監督さま、皆さまのおかげで優勝することができました。本当にありがとうございます。

今後も微力ながら、皆さまのサッカーにかける情熱、この活動を応援していきたいと思います。

監督 **仲村浩二**
尚志高校

選考会(1月20日～23日)

以下のことを基準に選考会を行った。

◉自分の意志でピッチに立ち世界と闘いたいか
◉高体連の代表としてプライドを持てるか
◉複数ポジションを行うことができるか

昨年は新型コロナウイルスの影響から参加できない選手もいたが、今年は全員が選考会に参加できた。素晴らしい選手がたくさん集まり、絞り込むのは困難を極めた。それでも23名の選手を選び、本格的なチーム作りを始めた。

【デュッセルドルフ国際ユースサッカー大会で優勝するためのコンセプト】
◉攻撃的サッカー(先取点)
◉前からの積極的プレス
◉サッカーを楽しむ

NEXT GENERATION MATCH(2月7日～12日)

2月8日に早稲田大学と練習ゲームを行った。この時の「前からのプレスがはまらなくなることが多い」「クロスからのボールに対して、中の入り方がまとまっていない」という反省を踏まえ、相手GKからの繋ぎボールを取りに行くトレーニングで、何回も選手同士に話し合いをさせ確認作業を行った。「ゴール前のクロストレーニングを行い、必ずニアに引っ張る選手を確認」「4-4-2から3-5-2へ変化するシステムとポジショニングの確認」。横浜F・マリノスユース戦に向け、選考合宿でメンバーの実力を確認した上で、テーマを決めた。

【テーマ】
◉高体連代表としてのプライドを胸に圧倒して勝つ

この合宿で取り組んだことをすべて

激励に訪れた宮本優太選手(第46回高校選抜メンバー)

FUJIFILM SUPER CUP 2023「NEXT GENERATION MATCH」

日本高校サッカー選抜 **2－2** 横浜F・マリノスユース

第37回デンソーカップチャレンジサッカー 茨城大会

グループB	東海	プレー	関東A	U18高校	勝点	得失点差	順位
東海選抜		2○0	2○1	3○1	9	5	1
プレーオフ選抜	0●2		5○2	5○3	6	3	2
関東選抜A	1●2	2●5		3○1	3	-2	3
U-18日本高校選抜	1●3	3●5	1●3		0	-6	4

7・8位決定戦　関東選抜B **1－2** U-18日本高校選抜

第59回デュッセルドルフ国際ユースサッカー大会

GROUP 1	F・D	日本	PSV	E・F	R・S	勝点	得点	失点	得失点差	順位
フォルトゥナ・デュッセルドルフ(ドイツ)		●0-1	△1-1	●0-2	●0-1	1	1	5	-4	5
U-18日本高校選抜	○1-0		○2-0	○3-0	○4-0	12	10	0	10	1
PSVアイントホーフェン(オランダ)	△1-1	●0-2		○4-2	●0-4	4	5	9	-4	4
アイントラハト・フランクフルト(ドイツ)	○2-0	●0-3	●2-4		△0-0	4	4	7	-3	3
レッドブル・ザルツブルク(オーストリア)	○1-0	●0-4	○4-0	△0-0		7	5	4	1	2

準決勝　U-18日本高校選抜 **0**[3 PK 0]**0** シャルルロワ(ベルギー)
決勝　U-18日本高校選抜 **1**[5 PK 4]**1** レッドブル・ザルツブルク(オーストリア)

出せば必ず勝てると、選手たちを送り出した。

立ち上がりの入り方はパーフェクトで先取点もきちんと奪い取ったが、チャンスがあったにもかかわらず追加点が奪えない中で、ミスから失点し自滅しそうになった。しかし意地の同点ゴールで引き分けに持ち込んだ。内容は良かったが小さなミスがゲームを壊してしまうということを実感する貴重な経験で、次に繋がる内容であった。

第37回デンソーカップチャレンジサッカー茨城大会（2月26日～3月4日）

【昨年感じた3つの違い】

◉フィジカルコンタクトの中でのプレーの質

◉トップスピードの中でのプレーの質

◉ゴール前でのプレーの質

上記の反省を元にチームコンセプトを踏まえて大会に挑んだ。その結果、選手たちは念願の初勝利とともに、全試合ゴールを奪うという攻撃的サッカーを貫いてくれた。3年生選手が卒業式のため思うようなチーム構成ができなかったが、チーム全員を均等に出場させることができたのが怪我の功名となり、ドイツでの優勝に大きな意味があったと考えている。

第59回デュッセルドルフ国際ユースサッカー大会（3月31日～4月12日）

選手時代もコーチとしても優勝していない大会なので、是が非でも優勝して日本の育成年代の成長を海外に見せつけたかった。調整試合の大学生に25分×4本という変則的な試合をお願いした。先取点の大事さを強調して試合に臨ませたところ、すべての試合で思うような戦い方ができた。

スタッフ全員で注意を払い、いざドイツへ。

【注意点】

◉コンディション調整

◉リラックスタイム（観光やブンデスリーガ観戦を含めて）

◉海外での選手たちのルール作り

◉食事・水分調整

◉芝生の違い(スパイクの選択)

サッカーに関する戦術などはすべて行ってきた（特にデンソーカップ）ため、ドイツでは気持ちよくプレーできるコンディション調整のみで、戦術面については微調整できると信じていた。練習試合のベルギー2位シャルルロワに合計7-0で勝利し、選手は自信満々で大会に入ることができた。大会結果は6試合11得点1失点で優勝。観客や関係者からワンダフルチームと言われるほどの優勝だった。育成年代ならば「世界との差はない」と言っていいのではないかと思う戦いができていた。後にPSVのスカウトやバイエルン・ミュンヘンのスタッフからも日本が素晴らしいチームだったと声をかけられた。民族性や文化の違いなどはあるが、育成年代の方向性は合っているのではないかと協会の方々に感謝したい。

最後にデンソーカップに出場できた役員の頑張り、U-17高校選抜の立ち上げ、そしてデュッセルドルフ国際ユースサッカー大会の出場の経緯など、歴史を伝える人が必ずいなくてはいけないと強く感じた。

コーチ **鈴木勝大**
桐光学園高校

アドバンテージ

2021年度からスタッフの継続もあり、2022年度は経験と反省がある中でスタートできたことはチーム作りにおいて大きなアドバンテージになりました。

自チームが選手権本大会に出場できなかったことで仲村監督のオーダーを受け、最重要補強ポジションの選手を視察し、情報を持った上で招集でき、選考会で判断できたことはプラス材料でした。

仲村監督の掲げる「守備は高い位置からアグレッシブに連動してボールを奪う」を最大のテーマに、1対1の守備については厳しい基準でポジションに限らず観察しました。

攻撃に関しても守備の基準+個性という基準で観察しました。

デュッセルドルフでの大会を18名で戦う想定から、ポジションの多様性と高校3年生のコンディションについては前年から大きな課題のひとつでした。しかし、招集した選手達は所属先の監督方の指示もあり、選手権後もトレーニングを継続しコンディション不良もなくチャレンジしてくれました。この環境については、ご協力いただいた所属先の監督、スタッフには感謝と高校サッカーファミリーの強さを改めて感じました。

貴重だったデンソーカップ

NEXT GENERATION MATCHでは23名のメンバー発表から試合まで

短期間のため、チームの大きな幹の部分を仲村監督から伝えられ、鈴木優トレーナーが選手達との綿密なコンディションチェック。その情報からいい準備と戦いができたと思います。

選手達も、引退後も高い意識でこの高校選抜にエネルギーを注いでくれていると実感がありましたので、引き分けという結果だけが残念でした。2023年度は国立競技場で高校選抜の価値を是非証明していただきたいと思います。

私はデュッセルドルフの大会で優勝できたのは、2~3月に開催されたデンソーカップチャレンジサッカー茨城大会に出場させていただいたことがとても大きかったと思います。この時期には各選手が進学先の大学で緊張感あるトレーニングと強度の高いトレーニングを開始し、よりいい状態で大会に参加してくれました。この大会では仲村監督からより攻守の細かい約束事や平田GKコーチからセットプレーの提示があり、よりチーム化していきました。選手たちも大学生と互角以上に戦うことで自信と課題とが確認できた貴重な時間となり、チームとしてのゲームまでの入り方、ピッチ外、人間関係がより深まった期間になりました。

伝えるより聞く

デュッセルドルフ入り後は、トレーニングマッチからチーム全体に戦闘モードのスイッチが入りました。仲村監督の規律のもと、選手たちは、勝つ=優勝にスイッチが入ったと私も感じました。大会を通じて2021年度の経験を活かし、選手選考ができたことと私自身も仲村監督とよりコミュニケーションがとれたことは最大の収穫になりました。

田内団長を中心にスタッフも超一丸となり、選手を含めてより一体になったと感じて私自身もチームの一員として戦えたことを誇りに思います。

今回、私自身がコーチとして心がけたことは、伝えるではなく聞くことです。こちらからのオーダーだけになり過ぎず、何を考えているか聞くことを比重として大きくしました。

選手達がピッチの中だけではなく、どんなイメージを持っているかを知ることで、仲村監督と答え合わせができることが多くあり、私には貴重な経験にもなりました。

この活動を通じて関わった高校サッカーファミリー全ての方にこの場をお借りして感謝申し上げます。

日本高校選抜海外遠征記録

回	参加大会	大会成績	団長	監督	訪問先
1		1勝3敗	山之内繁夫	中田貞三	フィリピン、タイ
2		2勝1敗1分	川口玲雄	森　貞男	シンガポール、マレーシア
3		3勝1敗	川崎富康	松本暁司	シンガポール、タイ
4		1勝3敗	宮田賢三	松本暁司	シンガポール、マレーシア
5		2勝1敗1分	小林与三次	鈴木勇作	中国
6		1勝2敗1分	魚永　正	魚永　正	西ドイツ、イギリス
7	第39回ベリンツォーナ大会6位	1敗3分	松浦利夫	倉岡誠親	オランダ、スイス
8	第40回ベリンツォーナ大会5位	2勝2敗	松浦利夫	勝沢　要	オランダ、スイス
9	親善試合のみ		川口玲雄	三澤好章	オランダ、西ドイツ
10	第42回ベリンツォーナ大会7位	1勝3敗	川口玲雄	横森　巧	オランダ、スイス
11	第21回デュッセルドルフ大会6位	4分	加藤三郎	勝沢　要	オランダ、西ドイツ
12	第44回ベリンツォーナ大会7位	1勝3敗	加藤三郎	古沼貞雄	オランダ、スイス
13	第23回デュッセルドルフ大会8位	1勝3敗1分	加藤三郎	古沼貞雄	オランダ、西ドイツ
14	ブルガリアユース代表と引き分け		鈴木勇作	高橋正弘	オランダ、ブルガリア
15	第25回デュッセルドルフ大会6位	2勝2敗1分	鈴木勇作	望月保次	オランダ、西ドイツ
16	第48回ベリンツォーナ大会3位	2勝1敗1分	鈴木勇作	山成宣彦	西ドイツ、スイス
17	第27回デュッセルドルフ大会4位	1勝2敗3分	三澤好章	沢村哲郎	スイス、西ドイツ
18	第50回ベリンツォーナ大会2位	2勝1敗1分	加藤三郎	小泉敏治	西ドイツ、スイス
19	第29回デュッセルドルフ大会5位	3勝1敗1分	馬越敏行	栗屋昌俊	スイス、ドイツ
20	第52回ベリンツォーナ大会3位	3勝1敗	清水眞事	古沼貞雄	ドイツ、スイス
21	第31回デュッセルドルフ大会5位	2勝1敗2分	高田久行	長谷川二三	スイス、ドイツ
22	第54回ベリンツォーナ大会7位	1勝3敗	高田久行	天久　弘	ドイツ、スイス
23	第33回デュッセルドルフ大会7位	1勝1敗3分	三澤好章	志波芳則	スイス、ドイツ
24	第56回ベリンツォーナ大会優勝	3勝1敗	山成宣彦	林　義規	ドイツ、スイス
25	第35回デュッセルドルフ大会2位	4勝1敗1分	高田久行	久下恭功	スイス、ドイツ
26	第58回ベリンツォーナ大会3位	3勝1敗	上野二三一	逢坂利夫	ドイツ、スイス
27	第37回デュッセルドルフ大会9位	1敗3分	伊藤克臣	上間政彦	スイス、ドイツ
28	第60回ベリンツォーナ大会7位	2勝2敗	天久　弘	加藤栄治	ドイツ、スイス
29	第39回デュッセルドルフ大会3位	4勝　1分	平山隆造	今泉守正	スイス、ドイツ
30	第62回ベリンツォーナ大会3位	3勝1敗1分	天久　弘	齋藤重信	ドイツ、スイス
31	第41回デュッセルドルフ大会3位	3勝　2分	徳永哲彦	樋口士郎	スイス、ドイツ
32	第64回ベリンツォーナ大会2位	1勝2敗2分	上野二三一	平　清孝	ドイツ、スイス
33	第43回デュッセルドルフ大会5位	2勝1敗1分	植村　久	大森貞夫	スイス、ドイツ
34	第66回ベリンツォーナ大会優勝	3勝　1分	秋森　学	松崎博美	ドイツ、スイス
35	第45回デュッセルドルフ大会10位	4敗	大倉健史	河崎　護	スイス、ドイツ
36	第68回ベリンツォーナ大会4位	2勝1敗2分	栗原鏡成	悦勝公豪	ドイツ、スイス
37	第47回デュッセルドルフ大会9位	3敗1分	大倉健史	砂金　伸	スイス、ドイツ
38	第70回ベリンツォーナ大会7位	1勝3敗	樋川利雄	大浦恭敬	ドイツ、スイス
39	第49回デュッセルドルフ大会5位	2勝2敗1分	中川　潔	平岡和徳	スイス、ドイツ
40	第72回ベリンツォーナ大会7位	1勝2敗1分	横田智雄	山下正人	ドイツ、スイス
41	第51回デュッセルドルフ大会優勝	4勝　2分	栗田和彦	野村雅之	スイス、ドイツ
42	第52回デュッセルドルフ大会8位	1勝3敗	滝本　寛	山田耕介	ドイツ
43	第53回デュッセルドルフ大会6位	2勝3敗	松田　司	大野聖吾	オランダ、ドイツ
44	第54回デュッセルドルフ大会3位	4勝1敗1分	横田智雄	早稲田一男	オランダ、ドイツ
45	第55回デュッセルドルフ大会5位	3勝1敗1分	栗田和彦	黒田　剛	オランダ、ドイツ
46	第56回デュッセルドルフ大会優勝	3勝　3分	田内成人	平野直樹	オランダ、ドイツ
47	第57回デュッセルドルフ大会6位	1勝1敗3分	三井　耕	朝岡隆蔵	オランダ、ドイツ
48	第58回デュッセルドルフ大会	不参加	新型コロナウイルス感染拡大の影響により		
49	デュッセルドルフ大会	中止	新型コロナウイルス感染拡大の影響により		
50	デュッセルドルフ大会	中止	新型コロナウイルス感染拡大の影響により		
51	第59回デュッセルドルフ大会優勝	6勝	田内成人	仲村浩二	ベルギー、ドイツ

U-18日本高校選抜活動日程

1月20日(金)~23日(月)	選考合宿	▶1次選考会　▶練習試合(vs.流通経済大学)(vs.日本体育大学)(vs.U-17高校選抜)	静岡県御殿場市
2月7日(火)~12日(日)	選考合宿 親善試合	▶練習試合(vs.早稲田大学)(vs.神奈川県U-17選抜) ▶FUJIFILM SUPER CUP 2023「NEXT GENERATION MATCH」	神奈川県横浜市 国立競技場
2月26日(日)~3月4日(土)	強化合宿 大会	▶第37回デンソーカップチャレンジサッカー茨城大会	茨城県ひたちなか市
3月31日(金)~4月2日(日)	直前合宿	▶練習試合(vs.流通経済大学)	千葉県市原市
4月2日(日)~12日(水)	欧州遠征 大会	▶親善試合(vs.シャルルロワ) ▶第59回デュッセルドルフ国際ユースサッカー大会	ベルギー ドイツ・デュッセルドルフ

令和４年度 第2回 U-17日本高校選抜 活動報告

2023 Japan High School Selection U17 Team's Report

選考合宿（時之栖）

団長 **高澤 篤**
市立千葉高校

継続活動

全国高校サッカー選手権大会が第100回を迎えた令和3年度の記念大会では、高校選抜を2チーム編成にすることとしました。現行の高校3年生以下（U-18）の選抜チームと共に、高校2年生以下（U-17）の選抜チームを新たに立ち上げたのです。この活動は、選手達にとってたいへん有意義なものとなり、高校サッカー界全体にも多大な影響を及ぼしました。

そのため、関係各所、関係者各位のご尽力により、第101回大会以降も2チーム編成での活動を継続していくこととなりました。第100回大会では、U-17も海外遠征の実施を予定していましたが、コロナ禍により実現できませんでした。第101回大会以降は活動を国内のみとし、選考合宿を経て静岡県ヤングサッカーフェスティバル、Jヴィレッジカップに参加し、勝利することが目標となりました。

選考合宿

選考合宿は1月20日から23日までの4日間、時之栖にて行われました。当初32名でスタートした合宿でしたが、3日目からU-18より2年生3名が合流し、35名での選考となりました。最初は戸惑いもあり、動きの硬い選手も多かったのですが、短時間での濃厚なトレーニングと選手同士のコミュニケーションを繰り返すことで、徐々に互いの距離が縮まり、自己のプレーを出し始めていきました。

トレーニングマッチは21日に流通経済大学、22日には日本体育大学と行い、各自持てる力を着実に発揮していました。しかし、合宿最終日に行われたU-18高校選抜とのトレーニングマッチでは、その差が如実に現れる結果となりました。活動2年目のU-18の選手たちの成長とチーム全体の一体感を強く感じられた試合でもありました。

静岡県ヤングサッカーフェスティバル

選考合宿を経て、第101回大会U-17高校選抜メンバー23名が決定しました。3月2日から清水市に宿泊し、5日の第38回静岡県ヤングサッカーフェスティバルへの準備を進めました。昨年までは静岡県ユース選抜と対戦していたのはU-18高校選抜でしたが、今年よりU-17が戦うこととなりました。

米澤監督のもと、チームコンセプトや戦術、互いの個性や特徴を理解しながらトレーニングを重ねました。3日には静岡産業大学とのトレーニングマッチを行い、着実にチームのまとまりと強さを実感できるようになりました。結果は4-0で静岡県ユース選抜に勝利しました。

選手団名簿

役員・スタッフ

団長	高澤 篤	市立千葉高校
監督	米澤 一成	京都橘高校
コーチ	有村 圭一郎	神村学園高等部
GKコーチ	太田 渉	京都橘高校
トレーナー	和泉 彰宏	京都橘高校
主務	加藤 悠	都立東久留米総合高校
記録	小林 洋	高体連記録部・高校サッカー年鑑

選手

GK	1	雨野 颯真	前橋育英高校2年
	17	平塚 仁	岡山学芸館高校2年
	23	中村 圭佑	静岡学園高校2年
DF	2	野田 隼太郎	藤枝東高校2年
	3	塩川 桜道	流通経済大学柏高校2年
	4	碇 明日麻	大津高校2年
	5	田辺 幸久	大津高校2年
	6	山田 佳	前橋育英高校1年
	12	上原 悠都	昌平高校1年
	13	八巻 涼真	浜松開誠館高校2年
	15	青谷 舜	桐光学園高校1年
	21	市川 和弥	尚志高校2年
MF	7	安斎 悠人	尚志高校2年
	8	神田 拓人	尚志高校2年
	10	松田 悠世	桐光学園高校2年
	14	福永 裕也	京都橘高校2年
	16	長 準喜	昌平高校2年
	19	金城 蓮央	神村学園高等部1年
	20	仲田 堅信	米子北高校2年
	22	宮地 陸翔	京都橘高校1年
FW	9	小田 晄平	昌平高校2年
	11	西丸 道人	神村学園高等部2年
	18	山本 吟侍	高川学園高校2年

第38回静岡県ヤングサッカーフェスティバル

U-17日本高校選抜 **4－0** U-17静岡県ユース選抜

第5回 J-VILLAGE CUP U-18

予選（他チームの結果は省略）

U-17日本高校選抜	1－1	清水エスパルスユース
U-17日本高校選抜	8－0	FC SKA Brasil
U-17日本高校選抜	0－1	川崎フロンターレ U-18

順位決定戦

1位決定戦	川崎フロンターレ U-18	0［7 PK 6］0	大宮アルディージャU18
3位決定戦	JFAアカデミー福島U-18	2－1	鹿島アントラーズユース
5位決定戦	横浜FCユース	2－0	流通経済大柏高校
7位決定戦	昌平高校	4－3	富山第一高校
9位決定戦	湘南ベルマーレU-18	3－1	U-17日本高校選抜
11位決定戦	尚志高校	2－0	履正社高校
13位決定戦	京都橘高校	7－0	帝京長岡高校
15位決定戦	清水エスパルスユース	6－0	関東第一高校
17位決定戦	FC SKA Brasil	1－0	神村学園高等部
19位決定戦	旭川実業高校	2－1	浜松開誠館高校

Jヴィレッジカップ

最後の活動となるJヴィレッジカップは、3月17日に集まり、18日~20日が予選、21日が順位決定戦という日程で行われました。静岡県ヤングサッカーフェスティバルから2週間後に集まったチームの一体感は更に高まっており、2連覇を目指した大会でした。

予選を1勝1分で迎えた第3戦の川崎フロンターレU-18戦は、勝てば優勝決定戦へ駒を進められる可能性がありましたが、0-1で惜敗しました。9・10位の順位決定戦の出場となり、湘南ベルマーレU-18に1-3で敗れ、20チーム中10位という結果となりました。

まとめ

U-17高校選抜内はもとより、昨年に引き続き活動しているU-18高校選抜ともカテゴリーを超えての刺激の連鎖が随所に見られました。そしてそれぞれの選手が感じた刺激を所属チームへ持ち帰り、リーグ戦やトーナメント戦を通してその刺激と刺激がぶつかり合いながら全国各所へと連鎖が更に広がっていく。この活動が、今後のサッカー界の発展に間違いなく寄与していくだろうと確信しました。

お礼

まずは、選手のみなさん、高体連加盟選手の代表としての誇りと責任と感謝の気持ちを持ち、この活動に全身全霊で取り組んでくれた君たちを誇りに思うとともに、心から感謝しています。そして、このような素晴らしい環境下で活動を全うすることができたのは、多くの方々の温かなご支援のおかげです。

今回の活動を物資面で支えてくださったイミオの皆さん、宿泊・施設面でお世話になった時之栖、Jヴィレッジの皆さん、トレーニングマッチの相手をしてくださった流通経済大学、日本体育大学、静岡産業大学の皆さん、様々な調整に動いてくださったJFA、セイムトゥーの皆さん、カメラマンの小林さん、高校選抜の成功と高体連の発展のためにあらゆる角度からのご配慮、ご支援をくださったJFA林副会長、本当にありがとうございました。チームを代表し、応援してくださったすべての皆さんに、心より感謝申し上げます。

監督 **米澤一成**
京都橘高校

チームコンセプトについて

選手選考の段階では、特徴のある選手を集めることとチームとしてバランスがとれることを考えて選考を行いました。そして、23名のセレクトした選手に対して、よりシンプルでより簡単なチームコンセプトを伝える必要がありました。そして、静岡県ヤングサッカーフェスティバルとJヴィレッジカップの2つの大会で結果を出すためのチームコンセプトを考えました。選手には3月2日の集合初日の夜のミーティングでこのチームコンセプトを伝えました。

①スローガン

「インテンシティ」「イニシアチブ」「インテリジェンス」の3つです。

「インテンシティ」とは、トレーニングの場面においても試合の場面においても高い強度を求めるということ。「イニシアチブ」とは、攻守において主導権を握ったゲームを行うということ。「インテリジェンス」とは、頭を使ったサッカーを行うということ。またオンザピッチ、オフザピッチ問わずに高校選抜の選手であるということも伝えました。

②来年のU-18高校選抜はこのメンバーでは行えないということ

プラスの意味では、U-17高校選抜の活動で人生が変わり、プロの道に進む選手が出るかもしれません。しかし、プロに内定した選手はU-18高校選抜には招集できません。マイナスの意味では、今回招集していない選手が新たにU-18高校選抜に入ってくることになります。そしてU-18高校選抜は、基本的には高校サッカー選手権の全国大会に出場していないと選考の対象にならないことも伝えました。

③オフェンス時は1-4-4-2システムから1-3-6-1に可変すること

試合においてイニシアチブを取るために、数的優位になる立ち位置を取り続ける。また、3ゾーンの考え方を整理しました。3ゾーンはピッチの縦105mを均等に3つに分けた35mではないということ。セーフティゾーンは57.5m、ビルドアップゾーンは25.5m、アタッキングゾーンは22mになるように戦いたい。数的優位を活かしてハーフウェイラインを簡単に越えて5mは進みたい。アタッキングゾーンがゴールエリア（5.5m）の4つ分、違う言い方をすれば、PKスポットまで11mの2つ分の22mでゴールを演出したい。ビルドアップゾーンは、セーフティゾーンとアタッキングゾーンの間の25. 5mになり、ビルドアップゾーンで多くのゴールチャンスを演出したいと伝えました。

④ディフェンスは3ラインのゾーンディフェンスを行うこと

6つのキーワードでゾーンディフェンスを行う。6つのキーワードは①コンパクト②プレッシャー③カバーリング④コーチング⑤予測⑥セカンドボールです。ゾーンディフェンスのウィークポイントとして、クロスボールの対応やダイアゴナルのボールに対しての責任の所在をはっきりとさせました。

⑤規律を遵守すること

各チーム様々なルールがありますが、選抜チームとしての在り方を明確にしました。外出可能時間・携帯電話のマナー・用具の管理をはじめとした係の徹底・洗濯のグループ・寝坊の禁止と防止策などをチームとして徹底しました。

⑥ミーティングではチームビルディングに時間を使う

コンセプトを伝えるミーティング以外では、チームになるための時間を多く持ち、グループワークや共通認識が生まれるような取り組みを行いました。その中で情報の共有を行うことを強調しました。実際に静岡県ヤングサッカーフェスティバルでは、ベンチにいるリザーブの選手が相手チームの戦い方を見抜き、ピッチ上の選手にコーチングを行い、それが見事に実行されて勝つことができました。

トレーニングはこれらのコンセプトに則して行いました。トレーニングマッチではチームのバランスと選手の組み合わせを考えながら試合を行いました。また、静岡県ヤングサッカーフェスティバルとJヴィレッジカップの試合を想定したセットプレーの練習を多く入れました。選手の共通理解を生むということと、強度をコントロールする時のコンディショニング的な要素を多く含んでいるということの両面を兼ね備えたトレーニングであるためです。

以上がU-17高校選抜での取り組みになります。

▶静岡県ヤングサッカーフェスティバル

コーチ 有村圭一郎
神村学園高等部

国内ユースチームとの違い

令和3年度からスタートしたU-17高校選抜の活動が2年目を迎え、米澤監督のもと選考合宿を経て、静岡県ヤングサッカーフェスティバルとJヴィレッジカップまでの期間を共に活動させていただきました。

このチームは来年度のU-18高校選抜の中心選手になるべき選手たちで、また今年度の各大会を賑わす目玉になる選手たちばかりで構成されているので、いろいろなことに意識高く取り組んでいたと思います。何を言わずとも、主体性を持って取り組む姿が見られましたし、チームで集まって情報を共有したり、共通理解を図ったりして、自分たちから発信してこのチームを良くしていこうと行動していました。「発信や共有」は米澤監督が日常的に求めていたことだったので、選手たちが自ら考えて行動していたことは素晴らしいことであったと感じます。

高校選抜を編成してわずかな時間しかなかったことで、緻密な戦術の整備をすることがほとんどできませんでした。おおまかな決め事だけで大会に臨んだのは事実です。その中で、各々が局面を打開していかなければならないので、ミスも確かにありましたが、選手の良さも多く出たように思います。これは、高校サッカーの良さであると同時に特徴ではないかと思います。

私が日頃見ているチームでは90名ほどの部員が4つのカテゴリーに分かれて活動していて、それぞれ戦い方も違います。レベルによって求められることが違いますし、いろいろなことに対応できる個人スキルの向上を目指しているからです。ミスをあえてさせて経験させることと、自分のストロングポイントをさらに伸ばさせることに特化していると思います。

教えれば早いのかもしれませんが、私は経験しないと覚えないと思っているので、トライさせてセルフジャッジさせるようにしています。そして、指導者のスタンスとしてミスには寛容であるように心がけています。このようにやっているチームばかりではないと思いますが、少なからず学校の教員は部活だけを見ているわけではないので、時間が足りない上に選手のレベル差もあるため、その多くの時間を個人のスキルアップに費やす必要があるのだと感じます。

一方、ユースチームはチームとしていろいろと整備されているという印象です。高校サッカーのように選手のレベル差はなく、個人のスキルアップに時間を割かなくていい。サッカー観にも差がなくイメージを共有しやすい。そのため、局面で簡素化できるところはチームとして共通理解のもと簡素化して、戦術的にどう戦うのかなど、戦い方に幅があるように感じました。私はユースチームを指導したことがないので主観でしかないのですが、レベルの高い選手たちがより戦術的に戦ってくる印象です。

高校とユースはどちらにも良さがあり、改善していかなければならない部分があると思います。高校では選手のストロングポイントを伸ばしやすい点や粘り強く戦える点など。またユースはハイレベルな選手が戦術的に戦える点。これらが特徴になっているのは、今、与えられている環境だと思います。高校もユースも現状を維持しつつ、それぞれの環境に近づけていくことが、今後のこの年代に必要なことではないかと思います。高校選抜の活動を通してこのようなことを感じ、今後実践していきたいと思います。

U-17日本高校選抜活動日程

1月20日(金)～23日(月)	選考合宿	▶練習試合(vs.流通経済大学)(vs.日本体育大学)(vs.U-18高校選抜)	静岡県御殿場市
3月2日(木)～5日(日)	強化合宿 大会	▶練習試合(vs.静岡産業大学) ▶第38回静岡県ヤングサッカーフェスティバル	静岡県静岡市
3月17日(金)～21日(火・祝)	強化合宿 大会	▶強化合宿 ▶第5回 J-VILLAGE CUP U-18	福島県双葉郡

令和4年度 高校生審判選抜合宿

ユース審判員を指導する企画を今合宿でも実施。第1回を時之栖、第2回、第3回を新横浜で実施。全国から14名のユース審判員が派遣された。

スタッフ

木川田博信（都立松原高校）
福島 崇（正則高校）
俵 元希（都立南多摩中等）
高田直人（都立三鷹中等）
小林勇輝（都立昭和高校）
日比健人（東京大学教育学部附属中等）
佐藤廉太郎（県立光陵高校）

第1回 時之栖（1月20日～23日）

山田 周（駒澤大高1年）
渡邉彪斗（伊豆総合高3年）
林田萌芽（修道高2年）
小崎一心（四日市工業高3年）
中川 航（住吉高2年）
木村尚暉（徳島科学技術高1年）

第2回 新横浜（2月7日～8日）

藤田海豪（東海大相模高3年）
高橋陽斗（帯広三条高3年）
濵田快吏（米子工業高3年）
田中丈一郎（新津南高3年）

第3回 新横浜（2月12日）

宮崎楓斗（伊勢崎商業高2年）
末次空斗（千葉日本大一高2年）
松井誉啓（八千代松陰高2年）
曽我 楓（近畿大付属高2年）

6戦全勝失点1。4年ぶりに復帰した大会で通算3度目の堂々たる優勝

DAS OSTERTURNIER
U19 CHAMPIONS TROPHY

2023年4月6日～10日

令和4年度 第51回 U-18日本高校選抜海外遠征

第59回 デュッセルドルフ国際ユースサッカー大会

◀コロナ禍を乗り越えての優勝にスタッフも感慨ひとしお
▼同大会に参加したボルシアMGには昨年度高校選抜メンバーの福田師王選手の姿が

▲大活躍した塩貝がベストストライカー賞

▲GKデューフはベストGK賞に輝いた

予選リーグ 第1戦

U-18日本高校選抜 1
フォルトゥナ・デュッセルドルフ 0

4月6日 20:15KickOff ／25分ハーフ、4人交代制　得点者:塩貝（31分）

▲試合会場へ向かうバス内。やや緊張気味
◀雨中の一戦は、相手のバックパスに反応した塩貝が決勝ゴール

- **GK** デューフ
- **DF** 多久島、三橋、山内、坂本
- **MF** 小池▶野頼、徳永、真田▶松橋
- **FW** 小湊、古田▶塩貝、高足▶齋藤

予選リーグ 第2戦

U-18日本高校選抜 2
PSVアイントホーフェン 0

4月8日 12:30KickOff ／25分ハーフ、4人交代制　得点者:真田（20、22分）

▲粘り強い守備は欧州でも通用した

真田の2ゴールはともにCKから混戦状態のなか押し込んだもの

- **GK** デューフ
- **DF** 多久島、三橋、山内、坂本
- **MF** 小池、徳永、真田▶松橋
- **FW** 小湊▶野頼、古田、高足▶廣井

◀▶ベンチメンバーと一丸になるだけでなく、現地の応援も力に

予選リーグ 第3戦

U-18日本高校選抜 3
アイントラハト・フランクフルト 0

4月9日 10:00KickOff ／25分ハーフ、4人交代制　得点者:古田（31分）、小池（35分）、野頼（43分）

▼連戦となる一日。アップも入念に

GK デューフ

DF 多久島
三橋
山内
坂本

MF 小池▶廣井
徳永▶大田
真田▶松橋

FW 小湊▶野頼
古田
高足

▲後半出場の野頼がスルーパスに反応し3点目

▶守備も安定。最後まで危なげない試合運び
▲ダメ押しの3点目を挙げ、歓喜が弾ける
◀古田のアシストを受け、小池がヘディングでゴール

予選リーグ 第4戦

U-18日本高校選抜 4
レッドブル・ザルツブルク 0

4月9日 14:00KickOff ／25分ハーフ、4人交代制　得点者:塩貝（1、18、31分）、小湊（36分）

▲大会初スタメンの廣井も得点に絡む活躍
◀高足が右サイドからアシストを記録

GK 上林

DF 齋藤
三橋▶多久島
坂本▶山内
大田

MF 松橋
廣井
野頼▶小池

FW 小湊
塩貝
高足

準決勝

U-18日本高校選抜 0 [3 PK 0] 0 シャルルロワ

4月10日 10:15KickOff ／25分ハーフ、4人交代制

	①	②	③	④
高校選抜	○ 徳永	○ 古田	× 真田	○ 坂本
PK				
シャルルロワ	×	×	×	

▶押し込む展開も守備的な相手の牙城を崩せず

◀この試合も無失点に抑えた守備は終始安定

大会初となったPK方式。3人目のキックを止めるデューフ

- GK デューフ
- DF 多久島、齋藤、山内、坂本
- MF 小池▶野頼、徳永、真田
- FW 小湊▶塩貝、古田、高足

決勝

U-18日本高校選抜 1 [5 PK 4] 1 レッドブル・ザルツブルク

4月10日 16:00KickOff ／25分ハーフ、4人交代制　得点者:塩貝（17分）

	①	②	③	④	⑤
高校選抜	○ 徳永	○ 小湊	○ 古田	○ 多久島	○ 松橋
PK					
ザルツブルク	○	○	○	○	×

前半17分、塩貝が持ち込んでGKをかわし先制点を決める

- GK デューフ
- DF 多久島、齋藤、坂本、大田
- MF 松橋、小池▶小湊、徳永、野頼▶山内
- FW 塩貝▶古田、高足▶真田

◀詰めかけた現地の観客からも日本を応援する声が

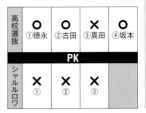

▼昨年度のU-17日本高校選抜をベースに2年をかけてたどり着いた優勝だった

第101回全国高校サッカー選手権大会で活躍した1、2年生を中心に構成された第2回のU-17日本高校選抜

2023年3月18日～21日

令和4年度　第2回
U-17日本高校選抜

第5回 Jヴィレッジカップ U-18

▼今年度は静岡県ヤングサッカーフェスティバルにも参加。合宿から米澤監督のコンセプトが伝えられた
◀大会期間中には林JFA副会長からの激励も。ブータンサッカー協会との交流もあった

▲食事もコミュニケーションを深めるためのたいせつな時間
◀昨年度同様、東日本大震災・原子力災害伝承館の見学が行われた

予選 第1戦

U-17日本高校選抜 1
清水エスパルスユース 1

3月18日 15:30KickOff ／45分ハーフ 交代無制限　得点:西丸（9分）

▲前半、西丸がヘッドで流し込み先制に成功するが……
▶雨中の一戦となった試合は、お互いに縦に速い試合展開に

GK	平塚
DF	野田▶青谷 塩川▶碇 八巻▶山田 市川▶田辺
MF	神田 松田 福永▶仲田 長
FW	小田▶安斎 西丸

予選 第2戦

U-17日本高校選抜 8
FC SKA Brasil 0

3月19日 9:30KickOff ／45分ハーフ 交代無制限
得点:松田（22分）、野田（36分）、西丸（49、90+1分）、碇（58分）、OG（67分）、仲田（82分）、金城（90分）

◀試合前には綿密なミーティング

◀前半、相手に退場者が2人出たこともありゴールラッシュとなったこの試合。後半、仲田が頭で押し込んで6点目
▼試合を通じて強度の高いプレスが際立っていた

GK	中村
DF	野田▶青谷 塩川 山田 八巻
MF	神田▶仲田 松田▶金城 福永▶安斎 長▶碇 宮地
FW	西丸

予選 第3戦

U-17日本高校選抜　0
川崎フロンターレU-18　1

3月20日 9:30KickOff ／45分ハーフ 交代無制限

GK 中村
DF 野田
塩川
碇▶金城
八巻
市川
MF 神田
松田▶青谷
福永▶安斎
長
FW 西丸▶山本

▲▶後半、サイド攻撃を活性化させ同点を狙うも、GKを中心とした相手守備陣を崩せず

9・10位決定戦

U-17日本高校選抜　1
湘南ベルマーレU-18　3

3月21日 9:30KickOff ／45分ハーフ 交代無制限　得点:仲田（9分）

GK 中村▶平塚
DF 野田
碇
山田▶安斎
青谷▶八巻
市川
MF 福永▶長
金城
仲田▶松田
宮地▶神田
FW 山本▶西丸

▶10位という結果に終わったが、多くの選手が出場して得た収穫と課題。成果は次年度の日本高校選抜活動で問われる
▼2失点目を喫した直後に1点を返してみせたMF仲田

支えてくれる「誰かのために」必死にプレー
明秀日立が初優勝、茨城県勢44年ぶりの日本一

桐光学園は2点差追いつくも準優勝

決勝 明秀日立 2 [7 PK 6] 2 桐光学園

◀夏の日本一の座をかけた決勝は2大会連続となる関東勢対決に

先 明秀日立	PK	桐光学園
吉田 ○	1	○ 齋藤
飯田 ○	2	○ 小西
大原 ○	3	○ 羽田野
長谷川 ○	4	○ 宮下
根岸 ○	5	○ 松田
山本 ○	6	○ 川村
阿部 ○	7	× 杉野
重松	GK	渡辺

▶後半16分、桐光学園は「強い気持ちの入ったプレー」を意識したというMF松田が豪快な左足シュートを叩き込んで同点

◀PK方式7人目、明秀日立GK重松が感覚的に右へ跳んでストップ

◀明秀日立が初優勝。サッカーが当たり前のようにできることに感謝し、支えてくれている「誰かのために」必死になってプレーを続けた選手たちが歓喜を爆発

▶明秀日立の守りの要・DF山本主将は味方の檄に発奮。後半半ば以降に立て直し、相手の攻撃を次々と跳ね返した

▲前半19分、明秀日立FW柴田がこの日２得点目のゴール。準決勝まで無得点も「自信になります」という活躍

▶前半32分、桐光学園FW宮下が今大会４得点目のゴール。FKから頭で決め、反撃を加速

◀明秀日立の萬場監督が宙に舞う。選手たちの努力を認めた一方、「まだまだサッカー選手として積み上げなければいけない」

優勝

明秀日立

小泉凌輔、今野生斗、飯田朝陽、若田部礼、山本凌、大原大和、吉田裕哉、長谷川幸蔵、熊﨑瑛太、根岸隼、石橋鞘、重松陽、益子峻輔、阿部巧実、川口嵐、柴田健成、竹花龍生、保科愛斗、斉藤生樹、新陽樹（背番号順。以下同じ）

準優勝

桐光学園

渡辺勇樹、杉野太一、川口泰翔、平田翔之介、川村優介、湯藤翔太、小西碧波、羽田野紘矢、宮下拓弥、松田悠世、齋藤俊輔、増田遥希、青谷舜、丸茂晴翔、山本陽大、吉田晃大、村田侑大、佐藤凜弥、加藤竣、寺澤公平

総体 男子

▲国見は試合終盤に多くのセットプレーを獲得するも無得点。木藤監督はより上へ行くために「点を取り切る力をつけたい」
▼桐光学園はDF川村（左）とDF平田が中心となって国見のカウンター攻撃に対応

▲桐光学園がPK方式を制し、準決勝突破。最近開催された５大会で３度目となる決勝進出

桐光学園が最近5大会で3度目の決勝進出

19年ぶりの決勝を目指した国見は全試合無失点で敗退

◀国見は初戦から5試合連続で無失点。右SB松永（左）が桐光学園MF齋藤（J2水戸加入）のドリブルに対抗する

準決勝

桐光学園 0 [5 PK 4] 0 国見

先 国見	PK	桐光学園
中山 ○	1	○ 松田
坂東(匠) ×	2	○ 小西
山崎 ○	3	○ 宮下
中浦 ○	4	○ 羽田野
平田 ○	5	○ 川村
松本	GK	渡辺

第3位

国見

松本優星、松永大輝、古川聖來、中浦優太、平田大耀、椛島眞於、門崎健一、山口大輝、西山蒔人、中山葵、江藤呂生、林田宝、坂東匡、山崎夢麓、野尻慎之助、原田高虎、出田幸雅、坂東匠、前田新舵、金子光汰

準決勝

明秀日立 3
日大藤沢 1

明秀日立が初の準決勝で3発勝利
茨城県勢35年ぶりの決勝進出

日大藤沢は敗れ神奈川県勢の決勝対決はならず

▶前半4分、ＦＷ石橋が左足シュートを決めて先制。明秀日立は初の準決勝で3ゴールを奪い、快勝
▼日大藤沢は後半3分、交代出場のＭＦ布施が決めて1点差。だが、決勝での神奈川県勢対決は実現できず

▶前半29分、右クロスからFW熊﨑が頭でゴール。熊﨑は後半にも貴重な追加点を決めた
▼明秀日立は２点リードも慢心することなく、各選手が身体を張った守備を続けた

第3位

日大藤沢

野島佑司、坂口康生、小川寧大、宮﨑達也、尾野優日、布施克真、荻原大地、諸墨清平、山上大智、安場壮志朗、岡田生都、斎藤直晴、片岡大慈、柳沼俊太、國分唯央、佐藤春斗、会津恒毅、藤代哲成、進藤匠、岩内類

藤枝順心が選手権に続く冬夏連続日本一
勝負強さも発揮し7年ぶりの総体制覇

聖和学園は総体最高成績の準優勝

◀前半3分、右サイドからのクロスをFW辻澤が頭で合わせて先制点。藤枝順心は今大会、敗戦目前でのゴールやPK方式での勝利など勝負強さも光った

決勝

藤枝順心 3
聖和学園 0

◀藤枝順心は決勝で無失点勝利。DF大川主将（右）とDF永田が聖和学園FW米村（中央）を挟み込む

◀前半14分、藤枝順心はCKを170㎝FW高岡がニアで合わせて2-0

▶後半26分、MF久保田がGKをかわしてゴール。藤枝順心はいずれも2022年U-17女子ワールドカップを経験した3選手が得点を挙げた

◀聖和学園は得意とするショートパスを繋いで攻め返そうとしたが、シュート４本に封じられた

後半35+5分に同点ゴール
藤枝順心がPK方式を制して決勝進出

星槎国際湘南は2度目の3位

準決勝 藤枝順心 2 [4 PK 2] 星槎国際湘南 2

先 藤枝順心		PK		星槎国際湘南
高岡	×	1	×	中島
久保田	○	2	○	小石川
下吉	○	3	○	国吉
辻澤	○	4	×	鈴木(碧)
大川	○	5		
菊地		GK		内海

◀藤枝順心は後半35+5分にFW辻澤が同点ゴール。PK方式ではGK菊地が１本を止めるなど大接戦を制した

◀星槎国際湘南は後半20分、MF宮本が左足シュートを決めて逆転。だが、惜敗で初の決勝には届かず

選手権優勝3度の聖和学園が初の総体決勝進出

福井工大福井は惜敗も初の3位

準決勝 聖和学園 1 [4 PK 3] 1 福井工大福井

先 福井工大福井		PK		聖和学園
河合	○	1	○	本田
木村	×	2	○	我那覇
秋田	○	3	×	米村
留木	×	4	○	益子(由)
神野	○	5	○	佐々木
下川		GK		男鹿

▶聖和学園は後半28分、FW今村が直接FKを決めて追いつき、PK方式で勝利。選手権優勝3度の強豪が初の決勝進出

◀初の準決勝を戦った福井工大福井は前半35＋1分にDF木村が先制点。敗れたものの、堂々の3位に

優勝 藤枝順心

菊地優杏、永田優奈、柘植沙羽、赤塚花凪、大川和流、下吉優衣、植本愛実、中出朱音、高岡澪、久保田真生、辻澤亜唯、ンワデイルヴィクトリア、藤原凛音、鈴木由真、松本琉那、望月歓那、宮路花菜、松山のの美、尾辻夏奈、岡村望央

準優勝 聖和学園

男鹿藍里、加藤春佳、小亀萌絵、我那覇凛、佐藤実玖、紺谷あろえ、佐々木はるか、益子由愛、遠藤瑚子、本田悠良、米村歩夏、益子恵、大竹美生、佐藤眞桜、石川麗奈、倉品渚南、今野杏凪、今村栞愛、櫻井梨里花、伊藤花恋

第3位 星槎国際湘南

内海佑南、坪井茉凛、鈴木樹乃愛、小石川叶夢、中野希音、鈴木碧華、松崎茉怜、斉藤麻琴、中島咲友菜、宮本和心、国吉花吏埜、安岡若葉、駒澤茉歩、朝倉麗、吉澤星空、小池麻衣、望月心咲、島田陽良、秋谷夏帆、東村心

第3位 福井工大福井

下川陽南多、留木未々、上村怜、神野真凜、木村ゆず、岡田ふみの、河合結月、濵井小町、松永亜巳、秋田萌絵、西尾唯花、寺田こころ、岩佐寧々、岩嵜心、中亜仁、後藤璃胡、宮脇結、鈴木亜音、田中美空、野村美里

5連戦の決勝も“茨城らしさ”を存分に表現「アグレッシブに前から」の茨城県が49年ぶりの優勝

大阪府は8度目の決勝も初V届かず

◀5連戦となった決勝も攻守において、「アグレッシブに前から行くこと」を貫いた茨城県が49年ぶり2度目の優勝。赤須監督を胴上げする

決勝 茨城県 2-0 大阪府

▲前半33分、茨城県は左CKから「苦しい状況、流れがどっちに行くか分からない状況で点を決めて、チームに貢献したかった」というU-17日本代表候補DF大川が頭でゴール

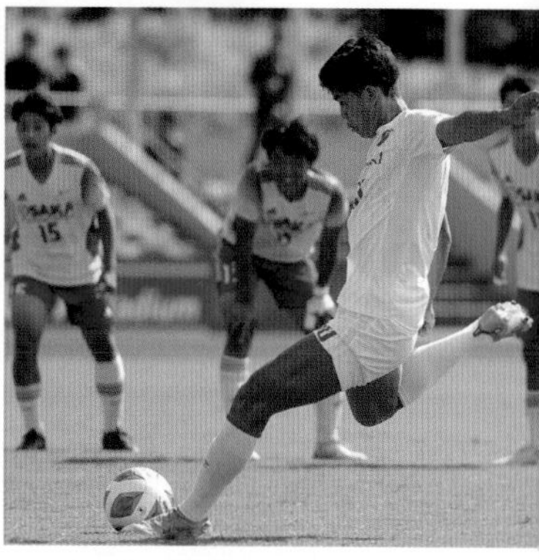

▲前半7分、茨城県FW徳田が先制点。前回大会の関東ブロック大会でPK失敗、敗退を経験したFWが国体決勝でPKを決めた

▶3試合で15得点の大阪府は8度目の決勝で初優勝を狙ったが、DF佐藤ら茨城県の堅守に阻まれた

優勝
茨城県

菊田修斗、朝比奈叶和、清水朔玖、近藤大祐、岩永佳樹、大川佑梧、佐藤海宏、殿岡諒大、長疾風、徳田誉、髙木輝人、上山海翔、正木裕翔、中川天蒼、木下永愛、齊藤空人

準優勝
大阪府

イシボウ拳、伏見晄永、竹村咲登、重村心惺、中島悠吾、山本天翔、朝賀渉、増田瑛心、久永虎次郎、當野泰生、中積爲、岩瀬颯、前田陵汰、芝田琉真、阿児尚哉、芋縄叶翔

▲鹿児島県はFW安田が2得点。地元の後押しを力に0−2から同点に追いついた
◀元気と明るさが大阪府の特長。試合ごとにパワーが増したチームが2代目の女王に輝いた

◀前半13分、FW枚田が思い切りの良いシュートを決めて先制点

試合ごとに増したパワー。大阪府が開催地・鹿児島県を振り切り、2代目の女王に

鹿児島県は0-2から一時同点も準優勝

決勝 大阪府 3 - 2 鹿児島県

▶後半28分、大阪府はU−16女子日本代表MF中野が混戦から粘り強くシュートを撃ち切り、決勝点。推進力と左足が武器のMFは決勝で2得点を挙げた

優勝

大阪府

横山環南、太田美月、松川陽加里、河村斐織、中野梨緒、安東優那、新西和花、枚田乙愛、高山よぞら、安東美那、佐藤ももサロワンウエキ、山内れな、笠崎愛乃、岡本奈生、中西茉里奈

準優勝

鹿児島県

津曲和美、春園虹天、土山紗也佳、松山みらい、折田陽和、漆島祐衣、山野蒼空、一木知華、安田美泉、舟之川桃果、原口鈴音、中地沙里、坂元めい、新原由菜、西結来

高円宮杯

PRINCE TAKAMADO TROPHY JFA U-18
FOOTBALL PREMIER LEAGUE 2023 / FINAL

高円宮杯 JFA U-18
サッカープレミアリーグ
2023 ファイナル

◀後半アディショナルタイム。DF小泉が競ったボールに抜け出したFW津島が冷静にシュートを決め逆転

▲「負けから強くなろうと、夏キツい中頑張ってきた」(正木監督)。夏の総体の3回戦敗退を契機に一段とたくましくなって摑んだ優勝だった

意地の終盤大逆転
青森山田、3度目の頂点

▲ほんの数分前まで逆だったはずの勝者と敗者のコントラスト。青森山田の執念が最後に結実した

▼前任の黒田監督がJ2町田の監督になり、バトンを受け継いだ正木監督。「全ての人たちに感謝」と喜びを表現

▲1点ビハインドの後半45分、左SB小沼が再三繰り返してきたロングスローがオウンゴールを誘い、土壇場で同点に

12月10日(日) さいたまスタジアム2〇〇2(晴)
(主)友政利貴　(副)若宮健治、小野裕太
90分　延長20分　PK方式

青森山田高校 2 (0-0 / 2-1) 1 サンフレッチェ広島F.Cユース (キックオフ)

(プレミアEAST1位)　(プレミアWEST1位)

得	S			背	背			S	得
0	0	鈴木	GK	1	1	GK	山田	0	0
0	0	小林	DF	2	3	DF	黒木	0	0
0	1	小沼	DF	3	⑥	DF	石原	0	0
0	0	山本	DF	④	18	DF	木吹	0	0
0	2	小泉	DF	5	7	MF	鳥井	1	0
0	2	菅澤	DF	6	28	MF	(小林)	0	0
0	0	川原	MF	8	8	MF	中島	0	0
0	0	(後藤)	MF	16	14	MF	竹山	0	0
0	1	芝田	MF	10	15	MF	橋本	0	0
0	0	福島	MF	13	9	FW	角掛	0	0
1	1	(津島)	FW	9	11	MF	(木村)	0	0
0	0	杉本	MF	14	10	FW	中川	4	0
0	0	米谷	FW	11	19	FW	井上	2	1
0					29	FW	(宗田)	0	0
1	7							7	1

6	GK	12
5	CK	2
7	FK	10
0	PK	0

【警告】
〔青〕菅澤(後半23分)

【得点経過】
後半　4分　〔広〕中島→中川~S(相手GK)(クリア)鳥井HS井上HS
　45分　〔青〕(TI)小沼→(相手GK)オウンゴール
　45+4分　〔青〕小沼H→米谷H→小泉→津島~S

総体男子

翔び立て若き翼 北海道総体 2023

轟かせ魂の鼓動 北の大地へ大空へ

決勝は2大会連続で関東勢対決に
関東勢の優勝は最近7大会で6回目

開催地第1代表の旭川実DF庄子主将が開会式で選手宣誓。「この広大な北海道の地で、この大会に係る全ての人々に勇気や感動を与えられるよう全力でプレーすることを誓います」

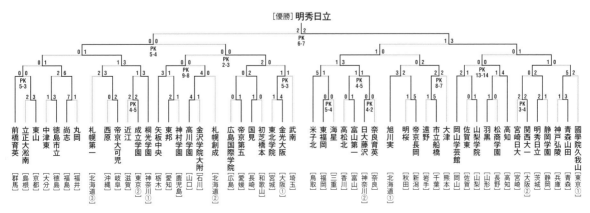

［優勝］明秀日立

前橋育英［群馬］
立正大淞南［島根］
東山［京都］
中津東［大分］
徳島市立［徳島］
尚志［福島］
丸岡［福井］
札幌第一［北海道③］
西原［沖縄］
帝京大可児［岐阜］
近江［滋賀］
成立学園［東京②］
桐光学園［神奈川①］
矢板中央［栃木］
東邦［愛知］
神村学園［鹿児島］
高川学園［山口］
金沢学院大附［石川］
札幌創成［北海道②］
広島国際学院［広島］
帝京第五［愛媛］
国見［長崎］
初芝橋本［和歌山］
東北学院［宮城］
金光大阪［大阪①］
武南［埼玉］
米子北［鳥取］
東福岡［福岡］
海星［三重］
高松北［香川］
富山第一［富山］
日大藤沢［神奈川②］
奈良育英［奈良］
旭川実［北海道①］
明桜［秋田］
帝京長岡［新潟］
遠野［岩手］
市立船橋［千葉］
大津［熊本］
岡山学芸館［岡山］
佐賀東［佐賀］
山梨学院［山梨］
羽黒［山形］
松商学園［長野］
高知［高知］
宮崎日大［宮崎］
関西大一［大阪②］
明秀日立［茨城］
静岡学園［静岡］
神戸弘陵［兵庫］
青森山田［青森］
國學院久我山［東京①］

総体 男子 1回戦

1987年以来の北海道総体が開幕

県リーグ所属の東邦、明秀日立がプレミアリーグ勢撃破

東山 3-2 立正大淞南

▲２大会ぶりの初戦突破を目指した立正大淞南はFW永澤が先制点を決めたが、逆転負け

◀後半29分、東山は2年生MF沖村が右足で直接FKをねじ込み、決勝点。昨年度の選手権準優勝校が初戦突破を果たした

徳島市立 3 中津東 1

▼立ち上がりに先制点を許した徳島市立だが、前半15分のFW笠原の同点ゴールなどで逆転勝ち

◀７年ぶりに出場の中津東は前半２分にＭＦ十時が先制点。だが、２００８年大会以来の白星には届かず

尚志 7-1 丸岡

尚志は伝統校の丸岡に大量7ゴールで快勝。U-19日本代表のMF安斎（J1京都加入）は2得点の活躍

帝京大可児 2-0 西原

▶全国大会初勝利を狙った西原は前半の２失点で敗戦。悲願は来年以降に

▶帝京大可児は前半２分、高い得点力を誇る２年生ＦＷ加藤が先制点を奪取

▼3度目の総体挑戦で躍進を狙った近江は勝利目前で失点。涙の初戦敗退に

先 近江		PK		成立学園
小山	×	1	○	横地
西村	○	2	○	平原
山門	○	3	○	佐藤
浅井	○	4	○	戸部
金山	○	5	○	外山
山崎		GK		新渕

成立学園 2［5 PK 4］2 近江

▲1点を追う成立学園は後半34分、MF外山が右足で直接FKを決めて同点。PK方式を制し、2004年以来の初戦突破

◀神村学園は試合終了間際の同点機を活かせず惜敗。FW西丸（J2仙台加入）は「得点力は自分の責任」と悔しがった

東邦 2
神村学園 1

▲愛知県1部リーグ所属の東邦がプレミアリーグWESTの神村学園を撃破。「代表に入りたい」という2年生FW山端（9番）は2得点の大活躍

▶東邦は強度の高い守備を継続。神村学園のU-17日本代表MF吉永（右）封じに成功した

▶高川学園は前半の4得点で快勝。U－17日本代表候補FW山本は前線で強さを発揮し、2ゴールを挙げた

高川学園 4
金沢学院大附 1

▲初出場の金沢学院大附は後半27分に2年生MF油野がチームの全国大会初ゴール

総体男子1回戦

帝京第五 1
広島国際学院 0

▶帝京第五は後半14分にFKから2年生DF鈴木が決勝点。初出場校対決を制し、全国大会初勝利を挙げた
◀広島国際学院はシュート数13対1と圧倒。DF茂田主将を中心に堅守も見せたが、1点に泣いた

国見 1
初芝橋本 0

13年ぶり出場の国見は堅守からFW中山を中心とした鋭いカウンター攻撃。初芝橋本を振り切り、初戦突破

東福岡 0 〔5 PK 4〕
海星 0

東福岡は超大型GK笈西がハイボールをキャッチ。PK方式でも海星4人目のシュートを止め、初戦突破へ導いた

先 海星	PK	東福岡
一見 ○	1	○ 保科
河合 ○	2	○ 榊原
須原 ○	3	○ 吉岡
岡崎 ×	4	○ 落合
清水(葉) ○	5	○ 西田
内田	GK	笈西

◀東北学院は後半28分にFW斉藤主将が左足でゴール。1点差としたが、この後2点を奪われて敗退

金光大阪 4
東北学院 1

▶大阪王者の金光大阪が2010年以来の初戦突破。DF長瀬主将は2ゴールでチームを牽引した

◀富山第一は前半8分にFW加藤が先制ゴール。登録変更でメンバー入りしたストライカーの1点が決勝点に

◀公立校の高松北はFW森口主将らが技術力を発揮。フットサルでも全国大会に出場し、3位と躍進

富山第一 1
高松北 0

▲日大藤沢FW山上（左）と奈良育英GK内村がともに勇気のあるプレー。勝利への執念を見せた

◀日大藤沢はPK方式でGK野島が連続セーブ。初戦突破へ導いた

日大藤沢 0 [4 PK 2]
奈良育英 0

先 奈良育英	PK	日大藤沢
奥村 ○	1	○ 宮﨑
山本 ×	2	○ 諸墨
井登 ×	3	○ 尾野
有友 ○	4	○ 國分
内村	GK	野島

帝京長岡 5-1 明桜

帝京長岡は前半の4ゴールなどで明桜に快勝。2年生FW新納は先制点を含む2ゴールの活躍

山梨学院 1
佐賀東 0

後半15分、山梨学院はFW五十嵐がゴール上方のネットに決勝点を突き刺した。佐賀東は悔しい7大会連続初戦敗退

市立船橋 5-1 遠野

優勝9度の名門・市立船橋は後半19分にDF佐藤が5点目を決めるなど快勝。東北王者の遠野は初戦敗退に

総体男子1回戦

羽黒 1
松商学園 0

羽黒は2012年以来となる初戦突破。後半11分、MF小田が右足で決勝点を決め、10年ぶり出場の松商学園を振り切った

◀関西大一は先発GK橋本が退場するアクシデントも、交代出場のGK飛鳥馬が活躍。粘り強い戦いで2回戦進出

関西大一 2 [4 PK 3]
宮崎日大 2

先 関西大一		PK		宮崎日大
今西	○	1	○	松添
梅原	○	2	○	大塚
中谷	○	3	×	二村
乾	×	4	○	松下
西田	○	5	×	中村
飛鳥馬		GK		大平

◀宮崎日大は前半5分にFW大塚（10番）が先制点。DF松下（J2横浜FC加入、6番）らが祝福

▶後半35＋1分、明秀日立は交代出場のFW根岸（10番）がスルーパスから決勝点。応援団が一緒になって喜ぶ

明秀日立 2
静岡学園 1

◀前半34分、静岡学園のU-18日本代表FW神田（J1川崎F加入）が頭で同点ゴール。だが、プレミアリーグWESTで当時首位の強豪が初戦敗退

青森山田 3
神戸弘陵 1

▶神戸弘陵は強敵相手にスピーディーな攻撃で対抗。試合終了間際には10番MF北藤が意地のゴール

▼2年ぶりの優勝を狙う青森山田が初戦突破。前半35+6分、MF杉本が利き足とは逆の右足アウトサイドで先制点

■総体 男子 2回戦

開催地代表の旭川実や
昨年度の選手権優勝校・岡山学芸館などが3回戦へ

プレミアリーグ勢対決は米子北、市立船橋が制す

▶前回大会優勝の前橋育英は相手のプレッシングとセットプレーに苦しんだものの、タフなゲームをPK方式の末に制し、初戦突破
◀昨年度の選手権準優勝校の東山はDF志津らがやるべきことを徹底。相手のリズムを崩したが、勝ち切ることはできなかった

前橋育英 0 [5 PK 3] 東山 0

先 前橋育英	PK	東山
山田 ○	1	○ 濱瀬
石井 ○	2	○ 志津
篠﨑 ○	3	○ 海老原
青木 ○	4	× 沖村
斉藤 ○	5	
雨野	GK	二川

尚志 6-2 徳島市立

▲尚志は7得点の初戦に続き、6得点と攻撃陣が爆発。U-18日本代表候補FW網代は2得点を挙げた
◀徳島市立は攻守のキーマン、MF山座が同点ゴールを決めるなど一時逆転。だが、後半の4失点で2回戦敗退

帝京大可児 3 札幌第一 2

▶開催地第3代表の札幌第一はFW藤井（左）が2得点を挙げたが、初戦突破は叶わず

▼帝京大可児は2年生FW加藤が2得点。接戦を制し、2013年以来となるベスト16

桐光学園 3 成立学園 1

関東勢対決は桐光学園が3発勝利。MF小西（右）は中盤でデュエルの強さを発揮した

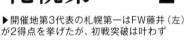

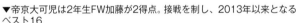

矢板中央 3-1 東邦

前回大会8強の矢板中央はMF井上主将が攻守でチームを牽引。勢いのある東邦を退けた

▲前半21分、FW山本が身体を投げ出して右足シュート。エースの2戦連発の活躍などによって高川学園が5年ぶりの3回戦進出

国見 2-0 帝京第五

国見は要所でDF中浦（左）やDF平田が好守。無失点を続け、試合終了間際の2得点に結びつけた

▶初出場・札幌創成は相手の強烈なプレスにミスが起きていたが、ブレずに自分たちの繋ぐサッカーにトライ。鏑木監督は「誇りに思います」と評価

高川学園 4
札幌創成 0

金光大阪 1［5 PK 3］
武南 1

◀PK方式を制した金光大阪が喜びを爆発。一大会での2勝は2006年大会以来となった

先 金光大阪	PK	武南
長瀬 ○	1	× 松原
村田 ○	2	○ 高橋（秀）
湊 ○	3	○ 齋藤
上田（大） ○	4	○ 戸上
北村 ○	5	
望月	GK	前島

◀伝統校の武南は判断力と技術力を駆使した戦いで埼玉制覇。だが、10年ぶりの総体は1試合で終幕

米子北 5-1 東福岡

プレミアリーグWEST勢同士の戦いは米子北が快勝。後半18分、MF田村が左足で5点目のゴール

先 富山第一	PK	日大藤沢
多賀 ○	1	○ 安場
入江 ○	2	○ 尾野
宮本 ×	3	○ 國分
大居 ○	4	○ 宮﨑
稲垣 ○	5	○ 佐藤
魚住	GK	野島

日大藤沢が2試合連続でPK方式勝利。PK方式は初戦から9人連続成功と精度の高いキックを継続

日大藤沢 1 [5 PK 4] 富山第一 1

旭川実 3 帝京長岡 2

▶北海道総体は旭川市で開催。旭川実は悪天候の中、全校応援で選手たちを後押しした

◀開催地第1代表の旭川実は、MF鵜城が前半だけで3得点。前半21分にはロングスローからヘディングシュートを決めた

市立船橋 2 [8 PK 7] 2 大津

先 市立船橋	PK	大津
太田 ○	1	○ 碇
足立 ○	2	○ 田辺
佐藤 ○	3	○ 山下
内川 ×	4	× 稲田
郡司 ○	5	○ 吉本
岡部 ○	6	○ 日置
宮川 ○	7	○ 五嶋
峯野 ○	8	○ 嶋本
五来 ○	9	× 村上
ギマラエス(二)	GK	坊野

▶市立船橋は2年生MF峯野がセカンドボール回収能力を発揮。プレミア勢対決勝利に大きく貢献した

▲市立船橋は後半21分、DF内川が左足アウトサイドでスーパーミドル。失点に繋がるミスに「自分の責任」と感じていたレフティーの一撃で2-2に

▼後半、大津はMF碇主将（J2水戸加入、写真）と日本高校選抜候補DF田辺の見事な連続ゴールで逆転したが……

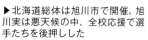

総体男子2回戦

▶2018年大会の優勝校・山梨学院は相手よりも多い11本のシュートを放ったが、1得点で2回戦敗退

▶昨年度選手権優勝校の岡山学芸館が重圧の中でまず1勝。MF田口主将は「自分たちの力がどのくらいあるのか楽しみのほうが大きい」

岡山学芸館 2
山梨学院　 1

明秀日立 2
関西大一 0

明秀日立は〝得意〟の試合終盤に2得点。後半35分には司令塔のMF吉田がPKを決めた

高知 4-1 羽黒

▼高知は前半29分にFW門田が右足で勝ち越し点。2年生ストライカーは後半にも2得点を挙げてハットトリックを達成した

▼羽黒は前半15分にDF久間木（右）が右サイドから直接FKを決めて同点。笑顔が弾ける

青森山田 5-2 國學院久我山

▼青森山田は守備に課題が残るも、5得点で快勝。後半7分にはFW米谷が左足でこの日2得点目のゴール

▼東京1位の國學院久我山は悔しい初戦敗退に終わったが、MF山脇を中心に攻め続けて2得点をもぎ取った

総体 男子 3回戦

関東勢5チームが準々決勝進出

雷雨で試合会場、開始時間変更の試合も

▼尚志は前半12分、FW笹生が獲得したPKをFW桜松が決めて先制点。桜松の3試合連続ゴールが決勝点となった
◀前橋育英のGK雨野主将は前回大会優勝経験者。果敢な飛び出しなど好守を見せた

▲プレミアリーグ勢対決は当初、カムイの杜公園多目的運動広場Bで9時30分開始予定だったが、雷雨の影響によって東光スポーツ公園球技場Bで18時から、夜間照明の下で行われた

尚志 1-0 前橋育英

桐光学園 3-1 帝京大可児

◀桐光学園は「FWは結果を出さないと意味がない」と語るFW宮下が今大会初ゴールを含む3得点。結果を残した
▼帝京大可児MF吉兼主将は中盤でMF鶴見とともにキープ力を発揮。守備強度の向上などを誓っていた

国見 2 金光大阪 0

前半35分、国見はFW坂東（匡）が先制ゴール。双子の兄、MF坂東（匠）とともに戦い、全国8強を勝ち取った

矢板中央 0 高川学園 0 (9 PK 8)

GK大渕がPK方式で2本ストップ。矢板中央は2年連続で準々決勝進出を果たした

先 高川学園		PK		矢板中央
大下	×	1	○	山元
佐藤	○	2	○	梶谷
藤井	○	3	○	小関
山本	○	4	○	小針
沖野	○	5	×	井上
行友	○	6	○	山下
伊木	○	7	○	朴
徳若	○	8	○	清水
松木	○	9	○	小森
中津海	×	10	○	堀内
三宅		GK		大渕

総体男子3回戦

市立船橋 2 旭川実 0

◀市立船橋MF森（右）と旭川実の大黒柱・DF庄子主将がマッチアップ。森は後半に追加点

▲市立船橋は前半28分、MF太田主将のスルーパスからU-18日本代表FW郡司（J2清水加入）が先制点。"ホットライン"でスコアを動かした

日大藤沢 3 米子北 1

日大藤沢は前半30分にMF安場が先制ゴール。前半途中からボールを繋いで主導権を握り、前回大会3位の米子北を撃破

▶2022年度選手権優勝校の岡山学芸館はGK平塚を中心に無失点。だが、高知の集中した守りを破れなかった

◀PK方式は15人目までもつれ込む熱闘。高知が勝利し、4度目の3回戦挑戦で初のベスト8進出を決めた

先 岡山学芸館		PK		高知
田邉	○	1	○	松井
田口	○	2	○	市原（礼）
木下	○	3	○	森
平野	×	4	○	酒井
持永	○	5	×	濱口
平松	○	6	○	市原（大）
木村	○	7	○	門田
池上	○	8	○	小野
山河	○	9	○	足達
田村	○	10	○	松田
平塚	○	11	○	東
田邉	○	12	○	松井
田口	○	13	○	市原（礼）
木下	○	14	○	森
平野	×	15	○	酒井
平塚		GK		東

高知 0［14 PK 13］0 岡山学芸館

明秀日立 1 青森山田 0

明秀日立が当時プレミアリーグWEST首位の静岡学園に続き、同EAST首位の青森山田も撃破。球際のバトル、技術力でも渡り合い、後半終了間際にFW根岸が決勝点

総体 男子 準々決勝

明秀日立が初、国見は19年ぶりの準決勝進出

桐光学園、日大藤沢の神奈川県勢も4強入り

▼桐光学園は最初からフルパワーでの戦い。DF平田は相手の攻撃を跳ね返し続けた

▲桐光学園がプレミアリーグ勢の尚志を破ってベスト4進出。前半11分にMF齋藤が自ら「凄い」と振り返る右足ミドルで決勝点

◀初戦から強さを見せてきた尚志だが、準々決勝で黒星。仲村監督は相手の強度に屈したことを残念がった

桐光学園 1-0 尚志

国見 0 [3 PK 2] 0 矢板中央

先 国見		PK		矢板中央
平田	×	1	×	山元
坂東(匠)	○	2	○	小関
中山	○	3	×	梶谷
山崎	○	4	○	山下
中浦	×	5	×	井上
松本		GK		大渕

◀木藤監督が「これからの国見には必要なことだと思っていた」という"インパクトを残すこと"。国見が19年ぶりの準決勝進出

▲矢板中央は唯一の2年連続8強。だが、初の準決勝進出を逃し、MF井上主将は「自分たちの勝負弱さが出た」

◀国見は初戦から4試合連続無失点。DF平田主将（左）は的確なポジションどりが光った

総体男子 準々決勝

▲前半35分、日大藤沢FW山上が左足シュートで決勝点。県予選無得点のストライカーが総体で2戦連発

日大藤沢 1
市立船橋 0

◀10度目の優勝を目指した市立船橋は準々決勝敗退。ＭＦ太田主将は修正力と得点力を欠いたことを悔しがった

▲日大藤沢は佐藤監督が「一人ひとりが越えたと思う」というように、米子北戦以上の戦いで2試合連続プレミアリーグ勢撃破

◀高知はDF森主将が抜群の高さを発揮。初の準々決勝で敗れたが、今後への自信をつける大会に

▼強豪連破後も緩まずに準々決勝を戦った明秀日立。DF飯田らが身体を張って戦い、1-0で勝利

明秀日立 1
高知 0

▼明秀日立は後半24分、交代出場のMF竹花が決勝点。我慢の時間帯で崩れず、再び後半クーリングブレイク明けのゴールで初の4強入り

第1回戦 7月29日（土） 東光スポーツ公園球技場A（晴）

（主）本多文哉 （副）大嶺俊、金子彰

立正大淞南★（島根県） 2（1-2 / 1-1）3 東山（京都府）

得	S	学		背		背		学	S	得
0	0	③	塚田	1	GK	17	二川	③	0	0
0	0	③	柴田	2	DF	3	上山	①	0	0
0	0	②	三島(典)	3		4	志津	③	0	0
0	0	③	（中谷）	18		15	海老原	③	3	0
0	0	③	坂本	4						
0	1	❸	西口	5						
1	1	③	植田	6						
0	0	②	山田	11	MF	6	古川	②	0	0
0	0	③	（野澤）	14		20	（善積）	①	0	0
0	0	③	升井	13		7	三日月	③	2	0
0	0	②	三島(拓)	15		8	沖村	②	1	1
0	0	③	久島	19		10	濱瀬	❸	0	0
						19	井上	②	1	0
						12	（尾根）	①	0	0
						5	（中山）	②	0	0
1	5	③	永澤	17	FW	9	宇野	③	1	1
						11	松下	③	1	1
2	7			12	GK	6			9	3
				7	CK	8				
				12	FK	14				
				0	PK	1				

【得点経過】
前半16分〔立〕植田→**永澤**
〃 20分〔東〕古川→**宇野**
〃 33分〔東〕**PK松下**
後半24分〔立〕**植田**
〃 29分〔東〕**FK沖村**

▼警告
〔立〕植田
〔東〕古川

■堅い守備で反撃凌いだ東山

立正大淞南はMF三島（拓）が起点となり、ピッチの幅を使ってゴールを狙う。守備では縦と横の距離をコンパクトに保ち、東山に決定的なシュートを撃たせない。対する東山はDF上山、海老原がデュエルの強さを発揮して攻撃の芽を摘み、MF沖村のロングスローやCKからゴールに迫る。立正大淞南は前半16分、FW永澤が先制点を挙げる。だが、東山もCKからFW宇野が合わせて同点。さらに攻勢を強めるとPKを獲得して逆転する。後半に入ると、立正大淞南が24分に追いつくが、直後に沖村の直接FKで東山が勝ち越し。終盤、ピッチをワイドに使い、クロスやCKからゴールに迫った立正大淞南だが、東山の堅い守備を崩せず。攻守にわたって高い集中力とハードワークを発揮し続けた東山が2回戦へと駒を進めた。

戦評 川口卓摩（尾鷲高校）

第1回戦 7月29日（土） 旭川実業高等学校（晴）

（主）佐々木康介 （副）一瀬哲平、森岡宏紀

中津東★（大分県） 1（1-3 / 0-0）3 徳島市立（徳島県）

得	S	学		背		背		学	S	得
0	0	③	吉岡	1	GK	1	安藝	③	0	0
0	0	③	近藤	3	DF	3	川村	③	0	0
0	0	②	合嶋	4		4	山本	③	0	0
0	0	③	上野	5		5	麻植	③	0	0
0	1	②	瀬戸	12						
0	0	③	今吉	6	MF	6	池田	③	0	0
1	2	②	十時	7		14	（尾形）	②	0	0
0	0	③	横山	8		7	山座	③	0	0
0	0	①	（畑田）	19		12	山口	②	3	1
0	1	②	前田	15		20	（原水）	②	0	0
0	0	②	（立花）	11		15	太田	③	1	0
0	0	❸	菅川	20		13	（好浦）	②	0	0
0	0	①	（梅津）	9						
0	0	②	伊藤	10	FW	8	岡	②	2	0
						9	（上田）	②	0	0
						10	笠原	❸	4	1
						11	鈴木	②	3	1
						18	（平尾）	①	0	0
1	4			8	GK	1			13	3
				0	CK	2				
				6	FK	7				
				0	PK	0				

【得点経過】
前半 2分〔中〕伊藤→**十時**
〃 15分〔徳〕山座→**笠原**
〃 20分〔徳〕岡→**鈴木**
〃 26分〔徳〕池田→**山口**

▼警告
〔中〕菅川

■3連続ゴールで徳島市立が逆転勝利

序盤、中津東は相手DFラインの背後を狙い、開始早々にMF十時が決めて先制する。一方の徳島市立は、自陣から長短のパスを織り交ぜながらボールを動かして前進し、FW岡、鈴木を起点に右SHで起用されたFW笠原の仕掛けから好機を作る。守備ではCB山本、川村が確実に跳ね返し、中盤でボールを保持し始めると、サイドからの攻撃でアタッキングサードへ侵入し、連続して3点を奪う。後半、2点差を追う中津東は相手のビルドアップに対して高い位置からボールを奪いにいき、ゴールに迫る機会を増やす。徳島市立は右SBに入ったMF太田と笠原の連係などでサイドを突破するが、中津東もGK吉岡を中心とした身体を張った守備で追加点を許さない。両チームともに選手交代をしながら得点を狙うがそのまま試合は終了し、徳島市立が2回戦進出を決めた。

戦評 原伸洋（長岡高校）

第1回戦 7月29日（土） 東光スポーツ公園球技場B（晴）

（主）平裕太 （副）田原愼乃介、細谷励

尚志（福島県） 7（5-0 / 2-1）1 丸岡★（福井県）

得	S	学		背		背		学	S	得
0	0	③	角田	16	GK	1	山本	③	0	0
						17	（清水）	③	0	0
0	1	③	冨岡	2	DF	2	永田	③	0	0
0	0	③	高瀬	3		4	河奥	③	0	0
0	1	③	（渡邉）	20		5	宮﨑	③	0	0
0	0	③	市川	4		6	奥村(颯)	②	2	0
0	1	③	白石	5		9	（西村）	②	1	1
0	0	③	（高田）	13						
2	2	③	安斎	7	MF	7	奥村(洋)	❸	0	0
1	1	③	（濵田）	15		8	安嶋	②	0	0
0	0	③	神田	8		14	（小関(彼)）	①	0	0
0	0	③	（吉田）	18		10	渡辺	③	0	0
0	0	③	若林	10		13	寺坂	②	0	0
1	2	③	藤川	14		20	（西田）	③	0	0
						15	久津見	②	0	0
1	1	❸	桜松	11	FW	11	川下	③	1	0
1	3	③	（笹生）	12						
1	1	③	山本	19						
7	13			5	GK	5			4	1
				7	CK	2				
				10	FK	10				
				1	PK	0				

【得点経過】
前半 2分〔尚〕白石→**桜松**
〃 3分〔尚〕白石→**山本**
〃 16分〔尚〕白石→**安斎**
〃 18分〔尚〕白石→**安斎**
〃 29分〔尚〕若林→**藤川**
後半11分〔尚〕**PK濵田**
〃 15分〔尚〕藤川→**笹生**
〃35+3分〔丸〕小関(彼)→**西村**

▼警告
〔尚〕市川、渡邉

■尚志がボールを保持し、試合を支配

立ち上がり、尚志はMF安斎とDF白石の左サイドを中心に攻撃を展開する。前半2分、白石のクロスをFW桜松が頭で合わせて先制すると、再び左サイドのクロスからFW山本が決めて追加点。丸岡はFW川下を起点に攻撃を試みるが、尚志の両CBに弾き返されて攻撃の糸口を掴めない。尚志は最終ラインから丁寧にビルドアップし、少ないタッチ数でテンポよく敵陣へ進入して攻撃のリズムを作ると、3点を追加して前半で5点のリードを奪った。後半、丸岡はシステムを変更し、尚志の最終ラインへのプレッシャーを強める。だが、尚志がPKでリードを広げると、攻撃の手を緩めずに追加点。丸岡は終盤に1点を返すが、終始ボールを保持し、試合を支配した尚志が大勝した。

戦評 白坂尚生（福島商業高校）

第1回戦　7月29日（土）　カムイの杜公園多目的運動広場A（晴）

（主）岡田太一　（副）川田昇太、大槻隼人

西原★（沖縄県） 0（0-2 / 0-0）2 帝京大可児（岐阜県）

得	S	学		背		背		学	S	得
0	0	②	金城(拓)	12	GK	1	竹内	③	0	0
0	0	③	徳村	4	DF	4	内山	③	0	0
0	0	③	米村	5		5	堀内	③	0	0
0	0	❸	久高	6		6	石田	②	0	0
						20	伊藤	①	0	0
0	0	③	上原	2	MF	7	内藤	③	4	1
0	0	②	(金城(翔))	19		8	吉兼	❸	0	0
0	2	③	齋藤	8		9	明石	②	0	0
0	1	③	安里(悠)	10		13	(高田)	②	0	0
0	0	②	伊是名	14		11	棚橋	③	1	0
0	1	②	(安里(琉))	7		16	(樽井)	②	0	0
0	0	③	上地	18		15	鶴見	②	1	0
0	0	③	岡野	9	FW	10	加藤	②	2	1
0	0	③	比嘉	11						
0	4			5	GK	4			8	2
				2	CK	7				
				5	FK	7				
				0	PK	0				

【得点経過】
前半 2分〔帝〕**加藤**
〃 32分〔帝〕明石→**内藤**

▼警告
〔西〕齋藤

■帝京大可児が安定した試合運び

立ち上がりの前半2分、ボールが落ち着かない展開のなか、敵陣に攻め込んだ帝京大可児が相手のミスを誘発し、FW加藤が先制点を挙げる。その後も、ボランチのMF吉兼、鶴見を起点にボールを大切に繋ぎながら前進させてゴール前に迫る。対する西原はFW岡野、比嘉を起点にロングボールを主体に敵陣への進入を図る。次第に帝京大可児が連係を高め、テンポ良くボールを動かすことでペースを摑んでいく。ハイプレスをかけたい西原は守備の起点を作れず、距離間を広げられてしまう。32分、連動した流れの中で追加点を挙げた帝京大可児は、攻撃から守備への切り替えの意識も高く、相手カウンターの芽を摘んだ。西原も最後までゴールに迫る気迫を見せるも、帝京大可児はGK竹内が安定したプレーで無失点に抑えた。終始、ボールを大切にし、丁寧にゴールへ向かう姿勢を貫いた帝京大可児が、安定した試合運びで2回戦へと駒を進めた。

戦評　杉山貴昭（大垣西高校）

第1回戦　7月29日（土）　カムイの杜公園多目的運動広場B（晴）

（主）ハズィムアラー　（副）岡征鷹、石川恭一郎

近江（滋賀県） 2（1-1 / 1-1）2 成立学園（東京都第2）★
4 PK 5

得	S	学		背		背		学	S	得
0	0	②	山崎	1	GK	1	新渕	③	0	0
1	1	❸	金山	2	DF	3	矢島	③	0	0
0	0	③	安田	3		4	大坂	③	0	0
0	1	③	西村	5		5	鎌田	③	0	0
0	0	②	(廣瀬)	16		12	山口	②	0	0
0	3	③	浅井	4	MF	6	横地	❸	0	0
0	0	③	川上	6		7	佐藤	③	1	1
0	0	③	(川地)	14		8	笠原	③	0	0
0	0	③	鵜戸	7		19	(大橋)	③	0	0
0	0	②	(山本)	9		9	大塚	③	0	0
0	2	③	西	8		15	(平原)	③	0	0
0	0	③	山門	10		10	外山	③	3	1
0	0	③	荒砂	11	FW	11	冨永	③	0	0
0	2	③	小山	15		16	(戸部)	③	2	0
1	9			5	GK	3			6	2
				6	CK	0				
				6	FK	10				
				1	PK	0				

【得点経過】
前半32分〔近〕**PK金山**
〃 35+2分〔成〕横地→**佐藤**
後半 9分〔近〕オウンゴール
〃 34分〔成〕**FK外山**

▼警告
〔成〕冨永

■両チームともに持ち味を発揮

近江は3トップの高い位置からのプレスで前向きにボールを奪ってショートカウンター、DFラインとボランチでビルドアップしながら相手の背後へ抜け出す攻撃を狙う。成立学園はGKも含めてボールを動かしながら崩しにかかる。右MF大塚が内側に入り、FWに入ったMF外山が中盤に降りて中央で数的優位を作り、近江の選手を中央に寄せ、サイドに張る左MF佐藤で勝負する形を何度も作り出す。両チームの意図が発揮された中、高い位置からの守備が功を奏した近江が前半32分にPKで先制するも、成立学園が同点として前半を終える。後半に入ると、球際の攻防で優位に立つ近江が相手のオウンゴールを誘って追加点。その後も決定機を作り出す近江の攻撃をGK新渕を中心に凌いだ成立学園は、終盤に外山が直接FKを決めて同点とすると、PK方式で勝利した。

戦評　遠藤真介（米沢東高校）

第1回戦　7月29日（土）　忠和公園多目的広場A（晴）

（主）小松祐也　（副）大久保秀斗、廣永侑土

東邦（愛知県） 2（1-0 / 1-1）1 神村学園（鹿児島県）★

得	S	学		背		背		学	S	得
0	0	②	池田	1	GK	1	川路	③	0	0
0	0	②	名古屋	3	DF	4	鈴木	②	0	0
0	0	③	生駒	4		5	難波	③	0	0
0	0	③	浦中	6		20	新垣	②	0	0
0	2	❸	朴	10						
0	0	②	守内	5	MF	6	長沼	③	0	0
0	0	③	深澤	8		10	福島	①	0	0
						15	吉永	③	1	0
						19	平木	③	1	1
2	2	②	山端	9	FW	7	有馬	③	0	0
0	0	②	廣江	11		11	(竹内)	③	0	0
0	0	②	(清水)	7		8	(佐々木)	①	0	0
0	1	③	森	14		13	西丸	❸	2	0
0	0	①	永井	20		14	名和田	②	3	0
2	5			5	GK	12			7	1
				2	CK	6				
				7	FK	4				
				1	PK	0				

【得点経過】
前半27分〔東〕**山端**
後半12分〔東〕**PK山端**
〃 26分〔神〕吉永→**平木**

■ハイプレスでペースを握らせず

高い位置でのボール奪取から相手3バックの両脇のスペースを狙う東邦に対し、MF福島を起点に中盤を経由したビルドアップから攻撃を仕掛けたい神村学園という構図の序盤。東邦のプレスに苦しむ神村学園は、両ウイングバックが高い位置を取り、手数を減らして前線に配球し始めるが、CB朴を中心とした東邦の守備を崩し切れない。豊富な運動量とセカンドボールへの高い意識、MFに入ったFW森、山端を起点にサイドからの突破でゴールに迫った東邦が1点をリードして前半を終える。後半、PKで追加点を奪われた神村学園は、運動量が落ち始めた東邦に対し、ボールを保持しながら再三ゴールに迫って1点を返すが、堅い守備に阻まれて追撃も及ばなかった。東邦が高い位置からのプレスで神村学園にペースを握らせなかったことが功を奏した一戦であり、70分ゲームというレギュレーションにもマッチした戦い方だった。

戦評　吉田昌平（大府東高校）

第1回戦　7月29日（土）　忠和公園多目的広場Ｂ（晴）

（主）佐々木瑞貴　（副）戒田直樹、佐藤義幸

高川学園 ★（山口県） 4（4-0 / 0-1）1 金沢学院大附（石川県）

得	S	学		背		背		学	S	得
0	0	②	三　宅	17	GK	1	松本(晃)	❸	0	0
1	1	③	大　下	2	DF	3	葛　城	③	0	0
0	0	②	西	3		4	久　保	③	0	0
0	0	③	(石原)	5		2	(松下)	③	0	0
0	0	②	沖　野	7		5	北　村	③	0	0
						15	(山下)	②	0	0
						6	嶺　野	②	0	0
0	0	①	宮　城	6	MF	7	馬　越	③	0	0
1	2	③	佐　藤	8		8	小　林	②	0	0
0	0	②	(西岡)	15		14	(林)	③	0	0
0	0	②	村　上	12		9	西　田	③	0	0
0	0	③	(安井)	18		16	(油野)	②	1	1
0	0	❸	藤　井	13		10	松本(賢)	③	0	0
0	1	②	松　木	20		13	(岡山)	②	0	0
0	0	②	(中津海)	16		19	今　鷹	②	0	0
2	5	③	山　本	10	FW	11	櫻　井	③	0	0
0	0	②	(浪下)	9						
0	1	③	山　中	14						
4	10			2	GK	6			1	1
				2	CK	2				
				7	FK	8				
				0	PK	0				

【得点経過】
前半11分〔高〕**佐藤**
〃 12分〔高〕**山本**
〃 32分〔高〕**大下**
〃 34分〔高〕山中→**山本**
後半27分〔金〕松本（賢）→**油野**

■前半4得点の高川学園が逃げ切る

高川学園はFW山本をターゲットに、FW山中や左SH佐藤、右SH松木が関わり、厚みのある攻撃を繰り返す。一方、初出場の金沢学院大附はなかなかゲームのリズムを作れない。前半11分に高川学園が先制すると、すぐさま追加点。長短のパスを織り交ぜながら、優先順位を意識した攻撃を展開する高川学園に対し、金沢学院大附は後方からボールを大事にビルドアップをして敵陣を目指す。高川学園が2点を追加して前半を折り返すと、後半は風上に立った金沢学院大附が圧力をかけて攻め入る。MF小林、今鷹の細かいパスワークからFW櫻井に合わせて仕掛けると、徐々にリズムを作り出して1点を返す。勢いに乗った金沢学院大附が幾度となく攻め込んだが、集中した高川学園DF陣が追加点を許さなかった。

戦評　岡村武志（野々市明倫高校）

第1回戦　7月29日（土）　カムイの杜公園多目的運動広場Ａ（曇）

（主）服部壮汰　（副）佐々木慎哉、大瀬良篤

広島国際学院 ★（広島県） 0（0-0 / 0-1）1 帝京第五（愛媛県）

得	S	学		背		背		学	S	得
0	0	③	片　渕	1	GK	12	飯　島	③	0	0
0	1	③	藤　井	2	DF	2	鈴　木	②	1	1
0	0	❸	茂　田	4		3	宮　島	❸	0	0
0	1	③	岡　田	16		5	松　田	③	0	0
0	0	③	(島川)	5		10	五本木	③	0	0
0	0	③	濱　田	18						
0	2	③	長谷川	6	MF	6	串　田	②	0	0
0	0	③	渡　辺	7		7	山　口	③	0	0
0	0	③	石　川	10		8	樋　口	③	0	0
0	3	③	萩　野	13						
0	1	③	岩　本	19						
0	0	③	(谷原)	8						
0	5	③	野　見	11	FW	9	佐　藤	③	0	0
						14	(大澤)	③	0	0
						11	森　下	③	0	0
						13	内　藤	③	0	0
						15	(三神)	③	0	0
						4	(和田)	②	0	0
0	13			5	GK	11			1	1
				4	CK	2				
				8	FK	10				
				0	PK	0				

【得点経過】
後半14分〔帝〕宮島→**鈴木**
▼警告
〔広〕石川
〔帝〕五本木

■初出場同士の一戦は帝京第五に軍配

互いに初出場ということもあり、両チームの熱い応援が背中を押し、闘志むき出しの激しい球際の攻防が続く。広島国際学院はFWで起用されたMF石川が裏抜けを繰り返し、縦に速い攻撃を仕掛け、SHとFWが流動的に動いてチャンスを作る。対する帝京第五は早い時間帯で選手交代をし、リズムを作ろうとする。両チームともに前線にスピードのある選手が多く、スペースがあると前にボールを運ぶ場面が多く見られた。攻撃と守備が激しく入れ替わり、試合が動きそうで動かない展開で前半は終了。後半も縦に速い展開が続き、序盤は広島国際学院がボールを保持する時間帯が多くなり、リズム良く動かす。攻め込まれる時間が多くなった帝京第五だったが、14分にFKからの混戦の中、右SBを務めたDF鈴木がゴールに押し込んで先制。終盤も広島国際学院がボールを保持する中、攻守が入れ替わる展開となったが、帝京第五が集中力を切らさずに1点を守り切った。

戦評　山室伸之輔（旭川明成高校）

第1回戦　7月29日（土）　カムイの杜公園多目的運動広場Ｂ（晴）

（主）中山友希　（副）谷弘樹、岩本駿士

国見 ★（長崎県） 1（0-0 / 1-0）0 初芝橋本（和歌山県）

得	S	学		背		背		学	S	得
0	0	②	松　本	1	GK	1	大竹野	③	0	0
0	0	③	松　永	2	DF	2	坂　本	③	0	0
0	0	②	古　川	3		6	(深本)	③	1	0
0	0	③	中　浦	4		3	西　風	③	1	0
0	1	❸	平　田	5		4	石　丸	❸	0	0
						5	三　浦	③	1	0
0	0	②	門　崎	7	MF	7	増　田	③	0	0
0	0	②	(野尻)	15		8	池　田	③	1	0
0	0	②	山　口	8		20	河　崎	②	1	0
0	0	③	(山崎)	14						
0	0	②	江　藤	11						
0	0	②	(出田)	17						
0	0	③	坂東(匠)	18						
0	2	②	西　山	9	FW	10	朝　野	③	0	0
1	2	③	中　山	10		11	神　戸	③	1	0
						19	(大薗)	③	1	0
						9	(石田)	③	0	0
						18	竹　内	③	0	0
						14	(古谷)	③	0	0
1	5			6	GK	4			7	0
				3	CK	6				
				11	FK	8				
				1	PK	0				

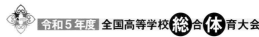

【得点経過】
後半15分〔国〕**PK中山**
▼警告
〔初〕西風、河崎

■集中力保った国見が2回戦へ

国見は1-4-4-2、対する初芝橋本は1-3-5-2のシステム。立ち上がりは互いにシンプルに相手DFラインの背後にロングボールを入れて主導権を握ろうとする。初芝橋本はセカンドボールの奪い合いからセットプレーのチャンスを得るが、国見GK松本の好セーブもあり得点できず。一方、国見もFW西山の身体の強さを活かし、高い位置でボールをキープすると、FW中山が相手DFラインの裏への抜け出しでゴールに迫る場面を作る。クーリングブレイク後、球際の強さを発揮する初芝橋本が徐々に主導権を握り始めるが、国見が粘り強く対応し、前半は両チーム無得点で終わった。後半途中から国見がボールを保持しながら前進を試みるようになると、15分にPKで先制に成功する。1点を追う初芝橋本はロングボールで相手を押し込もうとするが、DF平田、中浦を中心とした国見守備陣に弾き返される。終盤も国見は集中力を切らすことなく、ボールを保持する初芝橋本にプレッシャーをかけ続け、無失点で試合を終わらせた。

戦評　太田邦成（札幌西陵高校）

第1回戦　7月29日（土）　忠和公園多目的広場B（晴）

（主）田中悠哉　（副）村田裕紀、阿部拓歩

東北学院（宮城県） 1（0-1／1-3）4 金光大阪（大阪府第1）★

得	S	学		背		背		学	S	得
0	0	②	橋本	1	GK	1	仲	③	0	0
0	0	②	鈴木(幸)	3	DF	2	村田	③	2	1
0	0	②	吉田	4		3	湊	③	0	0
0	0	②	渡邉	6		12	（井上）	②	0	0
0	0	③	（和久）	16		4	長瀬	❸	3	2
0	0	③	川崎	17		14	斎藤	③	0	0
0	0	③	（守屋(慧)）	19		5	（箱田）	③	0	0
0	0	②	菅原	5	MF	6	原	③	0	0
0	0	②	（岡元）	20		18	（田島）	②	0	0
0	0	③	伊藤	7		7	北村	③	1	0
0	0	③	三村	8		9	岡田	③	1	0
0	1	②	佐々木	9		10	太田	③	5	0
0	0	②	（嶺岸）	13		13	西原	②	1	0
						8	（上田(大)）	③	0	0
1	2	❸	斉藤	10	FW	11	上田(琥)	③	3	1
0	0	③	鈴木(太)	11		15	（畑）	③	0	0
1	3			4	GK	2			16	4
				1	CK	8				
				1	FK	5				
				0	PK	0				

前半11分〔金〕北村→**長瀬**
後半 2分〔金〕斎藤→**上田（琥）**
〃 28分〔東〕**斉藤**
〃 31分〔金〕**長瀬**
〃 35+3分〔金〕北村→**村田**

■セットプレーで勝利を決定付ける

立ち上がりは互いにリスクをとらず、ロングボールを用いて、セカンドボールを拾いながら少ない手数でシュートまで持っていく。徐々に金光大阪がサイドを起点に決定機を作り出し、CKをDF長瀬が合わせて先制に成功。対する東北学院はFW斉藤にボールを集め、縦に速い攻撃でサイドから決定機を作ろうとする。互いにゴール前まで行くが、守備陣が身体を張って得点を許さず、金光大阪リードで前半を終了した。後半開始早々、金光大阪はFW上田（琥）がGKとの1対1を冷静にゴールに流し込み追加点。積極的に選手交代して流れを引き寄せようとする東北学院は28分、相手のミスを見逃さずに1点を返す。しかし、金光大阪が直後にFKの流れから得点を挙げると、さらにCKから追加点を奪って試合を決定付けた。

戦評　福嶋翔太（札幌旭丘高校）

第1回戦　7月29日（土）　東光スポーツ公園球技場A（曇）

（主）山田昌輝　（副）宗像瞭、乾直樹

東福岡（福岡県）★ 0（0-0／0-0）0 海星（三重県）
5 PK 4

得	S	学		背		背		学	S	得
0	0	③	笈西	1	GK	1	内田	③	0	0
0	0	③	杉山	2	DF	2	相原	③	0	0
0	0	③	秋	3		4	岡崎	③	0	0
0	0	③	保科	5		13	一見	③	1	0
0	0	③	倉岡	12		17	須原	③	0	0
						18	木多	③	0	0
						16	（伊藤）	③	0	0
0	0	❸	西田	6	MF	6	金澤	③	1	0
0	3	③	榊原	10		10	清水	❸	2	0
0	1	③	吉岡	11		11	横山	③	1	0
0	0	②	大谷	15		20	（秋田）	②	0	0
0	0	③	（中山）	16		19	中野	②	1	0
0	0	②	稗田	19						
0	3	③	（竹下）	17						
0	3	③	阿部	9	FW	7	山口	③	0	0
0	0	③	（落合）	20		14	（河合）	③	0	0
0	10			4	GK	17			6	0
				4	CK	1				
				8	FK	11				
				0	PK	0				

▼警告
〔東〕平岡
〔海〕木多

■東福岡がPK方式を制して初戦突破

東福岡は1-4-1-4-1、海星は1-4-4-2のシステムで試合開始。開始早々、東福岡が前への推進力を活かした縦に速い攻撃を仕掛け、敵陣でのプレーを続ける。しかし、海星も負けじと反撃。追い風を活かし、FWで起用されたDF一見、MF清水をターゲットにして、ロングボールを活用したカウンターでゴールに迫る。互いに縦に速い攻撃が続いていたが、東福岡がピッチの幅を広く活用して長短を織り交ぜたパスワークを展開し、相手DFラインの裏を突く攻撃を多用。MF榊原、吉岡、FW阿部を中心としてゴール前に果敢に侵入する。海星もMF金澤を起点に攻撃を組み立て、清水の突破や相手の背後を狙ったパスでゴールに迫った。後半も膠着状態が続くと、東福岡は途中投入したMF落合にくさびのパスを当て、中盤とサイドの選手が相手の背後を突く攻撃を繰り返す。守備ブロックを作り、ゴール前にDFを集結させる海星は東福岡の怒濤の攻撃をCB岡崎、相原を中心とした守備で守り切り、勝負はPK方式に突入。4本目にGK笈西が見事なセーブを見せ、東福岡がPK方式を制した。

戦評　田宮尚明（網走南ケ丘高校）

第1回戦　7月29日（土）　忠和公園多目的広場A（曇）

（主）濱惇一郎　（副）小林勇輝、岡田渉

高松北（香川県）★ 0（0-1／0-0）1 富山第一（富山県）

得	S	学		背		背		学	S	得
0	0	③	藤村	1	GK	1	魚住	③	0	0
0	0	③	細川	2	DF	2	小西	③	0	0
0	0	③	市山	3		3	岡田	③	0	0
0	0	②	大下	4		4	福光	③	0	0
0	0	③	安本	5		5	大居	③	1	0
0	1	③	田中	7	MF	6	多賀	❸	2	0
0	0	③	吉本	9		7	平田	③	2	0
0	0	③	（森本）	6		14	（山本）	③	0	0
0	0	②	小西	13		8	松井	③	0	0
0	0	②	（田岡）	11		18	（入江）	③	0	0
0	0	③	松木	14		10	稲垣	③	1	0
						16	（谷）	③	0	0
						11	川原	③	3	0
						15	（宮本）	③	0	0
0	2	❸	森口	10	FW	9	加藤	③	4	1
0	2	②	菊本	19		20	（谷保）	③	0	0
0	0	③	（山本）	8						
0	5			6	GK	4			13	1
				0	CK	7				
				7	FK	4				
				0	PK	0				

【得点経過】
前半 8分〔富〕川原→**加藤**

■システム変更で1点を守り切る

富山第一が1-4-2-3-1、高松北が1-4-4-2のシステムで試合開始。序盤から両チームとも主導権を握ろうと、激しい球際の攻防が見られた。セカンドボールへの対応で優位に立った富山第一は右SH稲垣が起点となり、連続したサイド攻撃を仕掛ける。一方の高松北はCB市山を中心に粘り強い守備を見せたが、一瞬の隙を突いた富山第一が先制。先制した勢いのまま攻勢を強める富山第一は稲垣、左SH川原を起点にサイドから攻めるが追加点は決まらない。高松北はFW森口を起点としてショートカウンターを狙い、相手ゴールに迫るも得点を決められずに前半が終了した。後半、高松北は前半から徹底していたショートカウンターを続け、森口、FW菊本がシュートまで持ち込むなど、押し込む展開が増える。両チームともに得点が決まらない時間帯が続くと、富山第一は選手交代を機にシステムを1-5-4-1に変更し、試合を締めにかかる。最後までゴールに迫る高松北の攻撃を富山第一が厚い守備で跳ね返し、そのまま試合は終了した。

戦評　高橋健太（釧路北陽高校）

第1回戦 7月29日（土） 東光スポーツ公園球技場Ｂ（曇）

（主）藏田圭太　（副）田中雄、大井航

日大藤沢 0（0-0 / 0-0）0 奈良育英
（神奈川県第2）　4 PK 2　（奈良県）★

得	S	学		背		背		学	S	得
0	0	③	野島	1	GK	12	内村	①	0	0
0	0	③	宮﨑	4	DF	2	谷川	②	0	0
0	0	③	尾野	5		3	奥村	❸	0	0
0	1	③	片岡	13		4	八木	③	0	0
0	0	③	國分	15		17	仲谷	①	0	0
0	0	②	布施	6	MF	6	川上	③	1	0
0	0	③	（荻原）	7		10	（磯貝）	③	0	0
0	2	③	諸墨	8		7	藤岡	③	2	0
0	1	③	安場	10		13	（水津）	②	0	0
0	1	②	（岩内）	20		8	村田	③	0	0
0	2	③	岡田	11		11	（山本）	③	0	0
0	0	③	（柳沼）	14		18	西村	①	0	0
0	0	❸	佐藤	16		5	（田中）	③	0	0
						19	有友	②	1	0
0	1	③	山上	9	FW	14	水流	③	0	0
0	0	③	（会津）	17		9	（井登）	③	0	0
0	8			7	GK	8			4	0
				5	CK	2				
				13	FK	13				
				0	PK	0				

▼警告
〔日〕片岡

■PK方式で守護神が2本をストップ

日大藤沢はFW山上を起点にMF諸墨、岡田がインサイドを取り、左SB尾野のオーバーラップからのクロスやMF安場、布施、佐藤のリズムの良いパス交換から突破を狙う。一方、奈良育英は前線からプレスをかけ、奪ったボールを2トップに入ったFW水流とMF村田、左MF藤岡に素早く展開し、カウンターを狙う。互いに持ち味を出しながらチャンスを作るが前半は0-0で折り返した。後半立ち上がりから日大藤沢がボールを保持する時間が長くなり、CKやリスタートなどからゴールを横切るクロスで再三チャンスを作る。クーリングブレイク後は立て続けにSB片岡がロングスローを放り込むもシュートまで持ち込めなかった。一方、奈良育英も粘り強い守備でボールを奪い、途中出場のMF山本がクロスを上げ切り、鋭いカウンターを成立させる。日大藤沢は残り5分、DF柳沼を投入してパワープレーに出るが得点には至らず。奈良育英はアディショナルタイムに、FKの好機を得るも日大藤沢が守り切って、0-0でPK方式に突入。GK野島が2本を止めた日大藤沢が2回戦に進んだ。

戦評　野坂正隆（丸岡高校）

第1回戦 7月29日（土） 忠和公園多目的広場Ｂ（曇）

（主）八重垣真　（副）高田直人、更科一輝

明桜 1（0-4 / 1-1）5 帝京長岡
（秋田県）　（新潟県）★

得	S	学		背		背		学	S	得
0	0	❸	川村	1	GK	1	小林	②	0	0
0	1	②	大木	2	DF	2	松岡	③	0	0
0	0	①	（本島）	20		3	高萩	③	0	0
0	0	②	山口	3		8	（橋本）	③	0	0
0	0	③	菅野	5		5	内山	❸	1	1
0	0	③	吉田	9		15	池田	②	0	0
0	0	③	目黒	17						
0	0	②	廣森	4	MF	6	吉竹	②	0	0
0	0	③	中山	7		12	（柳田）	②	0	0
0	0	③	外山	8		7	山村	③	1	1
						16	（山田）	③	0	0
						10	原	③	0	0
						20	（浅井）	②	0	0
						13	平澤	③	0	0
0	4	③	臼田	10	FW	9	新納	②	2	2
0	2	③	加藤	11		18	（河角）	③	1	0
1	1	②	（北川）	19		19	安野	②	4	1
1	8			5	GK	6			9	5
				2	CK	0				
				10	FK	13				
				0	PK	1				

【得点経過】
前半12分〔帝〕平澤→**新納**
〃 25分〔帝〕新納→**安野**
〃 28分〔帝〕**内山**
〃 35+6分〔帝〕**山村**
後半11分〔帝〕浅井→**新納**
〃 27分〔明〕大木→**北川**

▼警告
〔明〕臼田、廣森、中山

■帝京長岡が多彩なポゼッションで5得点

ポゼッションを重視し、相手のバランスを崩しながら攻め込む帝京長岡と、球際での強さを発揮し、素早い攻守の切り替えを繰り返す明桜との激しい戦い。帝京長岡はGK小林を含めたビルドアップからリズムを作り、クロスをFW新納が決めて先制。さらにリズムが出てきた帝京長岡はポジションを入れ替えたり、隙を見てDFの背後にロングボールを入れるなどして、相手に守備の的を絞らせない。前半途中から主導権を握ると、4点を奪って前半が終了した。後半11分に帝京長岡が追加点を挙げるが、1点を返した明桜は前からの圧力を強め好機を迎える。しかし、帝京長岡のCBを中心とする粘り強い守備もあり追加点には至らず。明桜のプレッシャーを多彩なポゼッションでかわし続けた帝京長岡が2回戦へ駒を進めた。

戦評　櫻田伸吾（角館高校）

第1回戦 7月29日（土） 東光スポーツ公園球技場Ｂ（晴）

（主）高橋海星　（副）筒井勇気、平島一起

遠野 1（0-2 / 1-3）5 市立船橋
★（岩手県）　（千葉県）

得	S	学		背		背		学	S	得
0	0	③	浅沼	17	GK	1	ギマラエス(ニ)	②	0	0
0	0	③	佐々木	3	DF	2	佐藤	③	1	1
0	0	③	戸羽	6		3	内川	③	1	1
0	0	❸	（畠山）	4		4	宮川	③	0	0
0	0	②	菊池(晃)	12		5	五来	③	0	0
0	0	③	右近	14						
0	0	③	菊池(遥)	5	MF	7	太田	❸	1	0
0	0	②	（細谷地）	19		6	（白土）	③	0	0
0	0	②	馬場	7		11	佐々木	③	2	0
0	0	③	高橋	8		9	（岡部）	②	0	0
0	0	②	照井	9		13	森	③	1	0
0	0	③	（小松）	13		16	峯野	②	1	1
0	0	③	昆野	10		8	（秦）	③	0	0
0	0	③	池口	11	FW	10	郡司	③	3	1
						18	（伊丹）	②	0	0
						15	久保原	②	0	0
						14	（足立）	③	1	1
0	0			13	GK	3			11	5
				1	CK	5				
				12	FK	7				
				0	PK	1				

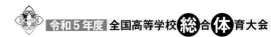

【得点経過】
前半16分〔市〕太田→**内川**
〃 35+8分〔市〕**峯野**
後半 3分〔市〕郡司→**足立**
〃 11分〔市〕**PK郡司**
〃 17分〔遠〕オウンゴール
〃 19分〔市〕**佐藤**

▼警告
〔遠〕佐々木
〔市〕伊丹

■市立船橋が試合巧者ぶりを発揮

両チームとも落ち着いた立ち上がりを見せる中、風上に立つ市立船橋はDFラインからのロングボールを2トップに集めて圧力を強める。前半16分、左CKを左SB内川がヘディングで合わせて市立船橋が先制。その後、遠野は右サイドのMF高橋を起点に攻撃を試みるも、市立船橋が集中した守備でチャンスを与えない。前半終了間際と後半3分に得点が生まれてリードを広げた市立船橋は、余裕を持った試合運びを見せる。選手交代も絡めて攻勢を強めると、PKをFW郡司が決め、さらにリードを広げる。流れを変えたい遠野はFKでオウンゴールを誘発し、反撃の口火を切る。しかし、試合巧者の市立船橋は失点直後に右SB佐藤が決めて反撃の隙を与えない。個人技の高さと試合運びの巧さを見せた市立船橋が勝利し、2回戦に進出した。

戦評　山田皓生（一関第一高校）

第1回戦　7月29日（土）　カムイの杜公園多目的運動広場A（曇）

（主）鈴木隆太　（副）藤戸佑圭、森陽平

佐賀東 0（0-0 / 0-1）1 山梨学院

★佐賀東（佐賀県）　山梨学院（山梨県）

得	S	学		背		背		学	S	得
0	0	②	中里	1	GK	1	堀川	③	0	0
0	0	②	甲斐(桜)	3	DF	2	鈴木	②	0	0
0	0	②	田中(佑)	6		3	坪井	❸	0	0
0	1	②	後藤	18		4	志村	②	0	0
						13	小柳	②	0	0
0	0	②	江頭	5	MF	6	根岸	②	0	0
0	0	❸	宮川	9		15	(川村)	③	0	0
0	0	③	江口(恭)	10		7	本多	③	3	0
0	1	③	右近	16		11	駒田	③	0	0
0	0	②	(江口(賢))	15		9	(高野)	③	0	0
0	0	③	最所	11	FW	8	関口	②	0	0
0	0	③	田口	12		19	(吉儀)	③	0	0
0	1	②	(森田)	8		10	富岡	③	0	0
0	0	②	甲斐(巧)	13		14	(小日山)	③	0	0
0	0	②	(西川)	7		12	五十嵐	③	2	1
						5	(斉藤)	③	0	0
0	3			4	GK	13			5	1
				2	CK	1				
				6	FK	6				
				0	PK	0				

【得点経過】
後半15分〔山〕高野→**五十嵐**
▼警告
〔山〕志村

■無失点に抑えた山梨学院が2回戦進出

両チームとも立ち上がりはロングボールを多用し、セカンドボールを拾い合う展開で試合が進む。その中で、山梨学院のインサイドハーフMF本多がクロスバー直撃のミドルシュートを撃つなどペースを掴んでいく。対する佐賀東は2トップや右SH宮川へのロングボールで対抗していく。時間が進むなかで、山梨学院のプレーに対応してきた佐賀東の攻撃の時間が増えていく。前半終了が近付くと山梨学院は右ウイングFW関口の仕掛けや、CB坪井のロングスローで反撃したが、スコアは動かず前半を終える。後半の立ち上がりは選手交代を行った山梨学院が積極的なプレーで主導権を握り、15分にロングスローから先制する。佐賀東は反撃するため、交代選手を投入するが相手守備を崩せない。終了間際、佐賀東がサイドを起点に攻撃し、ゴールに迫るプレーを増やすが、山梨学院は最後まで集中したプレーでシュートを撃たせなかった。どの局面でも拮抗したゲームだったが、無失点で試合を終えた山梨学院が2回戦へと駒を進めた。

戦評　西村太郎（高岡第一高校）

第1回戦　7月29日（土）　カムイの杜公園多目的運動広場B（晴）

（主）大泉拓　（副）小﨑一心、北川惠太

羽黒 1（0-0 / 1-0）0 松商学園

羽黒（山形県）　松商学園（長野県）★

得	S	学		背		背		学	S	得
0	0	③	石野	1	GK	1	中垣	③	0	0
0	0	③	榎本	3	DF	2	小林	③	0	0
0	0	②	田村	4		3	松永	③	0	0
0	0	③	川井	5		4	今井	③	0	0
						6	中村(彩)	③	0	0
0	0	③	友野	6	MF	5	中野	③	0	0
0	1	②	高尾	7		10	森田	③	1	0
0	2	③	達本	8		14	平尾	③	0	0
0	0	❸	小西	10		12	(峯)	③	0	0
0	0	③	遠藤	11						
0	0	②	(岡部)	19						
1	2	③	小田	14						
0	0	②	(斎藤)	18						
0	0	③	三國谷	9	FW	7	上田	③	0	0
						8	藤本	③	0	0
						20	(中村(み))	③	0	0
						9	陶山	❸	0	0
1	5			9	GK	7			1	0
				1	CK	4				
				12	FK	12				
				0	PK	0				

【得点経過】
後半11分〔羽〕友野→**小田**
▼警告
〔羽〕達本2
〔松〕中村(彩)
▼退場
〔羽〕達本

■数的不利に陥った羽黒が1点を守り抜く

羽黒は1-4-2-3-1、対する松商学園は攻撃時は1-4-2-3-1、守備時は1-5-4-1と可変するシステムで試合に臨んだ。序盤は互いにロングボールを活用して、リスクの少ない入りとなる。松商学園はFW陶山を起点に、MF起用されたFW藤本が相手の背後に抜け出してシュートを狙うも、ゴールを奪えない。対して、羽黒は徐々に中盤で前を向く場面が増え始め、FW三國谷、MF小田がポケットに抜け出す。前半終了間際、羽黒に決定機が訪れる。MF達本が相手ボールを前向きに奪うと、右サイドを突破し、クロスを上げる。その流れから決定的なシュートが放たれるも、松商学園GK中垣が好セーブを見せ、前半を0-0で折り返す。しかし、後半11分、左サイドの展開からマイナスに走り込んだ小田が決めて羽黒が先制。松商学園はGKからのビルドアップを試みるが、自陣に戻り守備をする羽黒を崩せない。その後、退場者が出て1人少なくなった羽黒だが、必死に守り抜いて1-0で勝利した。

戦評　栁澤冬樹（岡谷東高校）

第1回戦　7月29日（土）　旭川実業高等学校（晴）

（主）大戸魁　（副）亀田詩真、山口麗弥

宮崎日大 2（2-0 / 0-2）2 関西大一
3 PK 4

★宮崎日大（宮崎県）　関西大一（大阪府第2）

得	S	学		背		背		学	S	得
0	0	❸	大平	1	GK	1	橋本	③	0	0
0	0	③	齋藤	5	DF	2	林	③	0	0
0	0	③	(北村)	2		3	鴨川	③	0	0
0	0	③	松下	6		5	中谷	③	0	0
0	0	③	武道	18						
0	0	③	伊藤	19						
0	1	③	二村	7	MF	6	西田	③	3	1
1	1	③	松添	8		8	乾	③	0	0
0	0	③	黒木	11		10	内田	③	1	0
0	0	②	(中村)	20		15	(坂本)	②	0	0
0	0	③	三輪	14		12	梅原	②	0	0
0	0	③	(小郷)	16		14	今井	②	0	0
0	0	③	矢田	15		13	(河村)	③	0	0
0	0	③	(高永)	13						
1	1	③	大塚	10	FW	7	竹川	③	0	0
						11	(門田)	③	1	0
						17	(飛鳥馬)	②	0	0
						9	今西	❸	2	1
2	3			6	GK	5			7	2
				3	CK	2				
				12	FK	9				
				0	PK	0				

【得点経過】
前半 5分〔宮〕**大塚**
〃 27分〔宮〕黒木→**松添**
後半 4分〔関〕**FK西田**
〃 16分〔関〕門田→**今西**
▼警告
〔宮〕齋藤
〔関〕中谷
▼退場
〔関〕橋本

■10人の関西大一がPK方式で勝利

序盤は互いにリスクを冒さずにペースを掴もうとするが、関西大一のバックパスに対し宮崎日大FW大塚がプレスをかけ、開始早々に得点を奪う。その後、宮崎日大は高い位置からのプレスと相手の背後を突く攻撃を中心に組み立てるが、セカンドボールを確保する関西大一が徐々にペースを掴み、長短のパスで好機を作る。しかし、GK大平を中心に粘り強い守備で得点を許さなかった宮崎日大が追加点を奪った。後半開始早々、関西大一はペナルティエリア付近で獲得したFKをMF西田が直接決める。さらにFW門田の折り返しをFW今西が決めて追いついた。その後、関西大一は退場者が出て、10人で戦うことに。1人多い宮崎日大がチャンスを多く作るが、関西大一が身体を張った守備で凌ぎ、PK方式に突入。PK方式を制した関西大一が2回戦へと駒を進めた。

戦評　千葉拡（宮城県農業高校）

第1回戦 7月29日（土） 忠和公園多目的広場A（曇）

（主）杉田昴　（副）野村尚太郎、林大貴

明秀日立★（茨城県） **2**（1-1 / 1-0）**1** **静岡学園**（静岡県）

得	S	学		背		背		学	S	得
0	0	②	重松	12	GK	1	中村	❸	0	0
0	0	③	飯田	3	DF	2	井口	③	0	0
0	0	❸	山本	5		20	（大村）	③	0	0
0	1	③	長谷川	8		4	水野	③	0	0
0	0	②	阿部	14		3	（岩田）	②	0	0
						13	野田	②	0	0
						6	（泉）	③	0	0
						19	吉村	③	0	0
0	1	③	大原	6	MF	5	福地	③	0	0
0	1	③	吉田	7		10	高田	③	1	0
0	0	③	（今野）	2		11	志賀	③	0	0
0	1	③	益子	13		15	（岡元）	③	0	0
0	0	③	（斉藤）	19		14	森崎	③	0	0
						16	田嶋	③	0	0
						18	（大平）	③	0	0
0	1	③	熊﨑	9	FW	9	神田	③	2	1
0	1	②	（竹花）	17						
1	4	③	石橋	11						
0	0	②	（川口）	15						
0	0	②	柴田	16						
1	1	③	（根岸）	10						
2	11			6	GK	3			3	1
				4	CK	4				
				16	FK	11				
				0	PK	0				

【得点経過】
前半30分〔明〕熊﨑→**石橋**
〃 34分〔静〕福地→**神田**
後半35+1分〔明〕石橋→**根岸**

▼警告
〔静〕野田

■明秀日立が静岡学園に劇的な勝利

序盤から主導権を握るため、互いにストロングポイントを活かした球際の激しい攻防となった。明秀日立はロングボール主体でFW熊﨑にボールを集め、セカンドボールを拾ってシュートまで持ち込む。一方、プレミアリーグWESTで首位を走っていた静岡学園は高い個人技を主体に、左SH志賀のスピードに乗った突破やトップ下のMF高田を起点にFW神田にボールを集めて好機を作った。すると、前線から圧力をかけ続けた明秀日立が前半30分、ミドルシュートで先制。先制を許した静岡学園だが、慌てず自分たちのスタイルで流れを引き戻し、すぐさま追いついた。後半開始から膠着した状態が続く中、互いに攻撃的な選手を次々と投入。そして、勝負が決まったのは35+1分だった。一瞬の隙を突いたスルーパスに抜け出した明秀日立FW根岸がゴールに流し込み勝ち越し点。最後まで粘り強く自分たちのスタイルで戦った明秀日立に軍配が上がった。

戦評　植松弘樹（清流館高校）

第1回戦 7月29日（土） 東光スポーツ公園球技場A（晴）

（主）阿部達也　（副）木戸洋平、鈴木辰汰

神戸弘陵★（兵庫県） **1**（0-1 / 1-2）**3** **青森山田**（青森県）

得	S	学		背		背		学	S	得
0	0	③	石橋(亮)	1	GK	1	鈴木	③	0	0
0	0	③	柴尾	3	DF	2	小林	③	0	0
0	0	❸	岡	4		4	山本	❸	0	0
0	0	③	三輪	5		5	小泉	③	2	0
0	0	②	（藤本）	18		6	菅澤	③	0	0
0	1	③	江崎	11						
0	0	②	（石橋(瀬)）	16						
0	0	②	阪上	17						
0	0	③	大井	6	MF	7	谷川	②	1	0
0	0	③	（十河）	14		8	川原	③	0	0
1	2	③	北藤	10		10	芝田	③	5	0
0	1	②	木津	20		15	（齊藤）	③	0	0
0	0	②	（井田）	7		13	福島	③	0	0
						9	（津島）	③	1	0
						14	杉本	③	1	1
						16	（後藤）	③	1	0
0	0	③	佐波	8	FW	11	米谷	③	1	1
0	0	③	（高橋）	15		17	（三浦）	②	1	1
0	1	③	馬場	9						
1	5			8	GK	8			13	3
				2	CK	4				
				12	FK	7				
				0	PK	0				

【得点経過】
前半35+6分〔青〕米谷→**杉本**
後半33分〔青〕**米谷**
〃 35+2分〔神〕馬場→**北藤**
〃 35+9分〔青〕**三浦**

▼警告
〔青〕山本、谷川

■終了間際に勝敗を決定付けるゴール

青森山田はグループでのハードワークと個の球際の守備から相手の攻撃の芽を摘み取り、DF山本から相手DFの背後を狙うFW米谷へのロングボールで速攻を図り、加えてデザインされたセットプレーで攻略を試みる。アディショナルタイムに青森山田が均衡を破り、前半が終了。後半のスタートから神戸弘陵はMF石橋（瀬）、DF藤本を投入し反撃態勢を作る。しかし、青森山田が主導権を握ってゴールに迫り、33分に米谷がミドルシュートを決めて追加点。神戸弘陵は交代策が中盤の活性化に繋がり、35＋2分にカウンターから1点を返す。勢い付いた神戸弘陵だが、終了間際に青森山田FW三浦が勝敗を決定付けるヘディングシュートを決めた。オープンな展開で目まぐるしく攻守が入れ替わる好ゲームを制した青森山田が次戦へと駒を進めた。

戦評　戸間替統世（十和田工業高校）

第2回戦 7月30日（日） カムイの杜公園多目的運動広場A（曇）

（主）大嶺俊　（副）高橋海星、筒井勇気

前橋育英（群馬県） **0**（0-0 / 0-0）**0** **東山**★（京都府）
5 PK 3

得	S	学		背		背		学	S	得
0	0	❸	雨野	1	GK	17	二川	③	0	0
0	0	③	斉藤	2	DF	3	上山	①	0	0
0	0	②	山田	3		4	志津	③	1	0
0	0	③	熊谷	4		10	濱瀬	❸	0	0
0	0	②	青木	5		15	海老原	③	0	0
0	1	②	石井	7	MF	2	足立	③	2	0
0	0	③	山﨑	10		18	（野田）	①	0	0
0	0	②	（中村）	17		6	古川	②	2	0
0	0	③	斎藤	11		8	沖村	②	0	0
0	0	③	（黒沢）	9		20	善積	①	0	0
0	0	①	平林	13						
0	0	②	（オノノジュ）	18						
0	1	③	篠﨑	14						
0	2	②	佐藤	15	FW	9	宇野	③	1	0
						11	松下	③	2	0
0	4			10	GK	5			8	0
				1	CK	4				
				6	FK	15				
				0	PK	0				

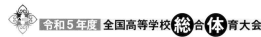

▼警告
〔前〕斉藤
〔東〕善積、海老原

■注目の一戦は前橋育英がPK方式で勝利

シード校として初戦を迎えた前橋育英と前日の接戦を制して2回戦へと駒を進めた東山との注目の一戦。前線からプレスをかけ続けてボールを奪取し、DFの背後を狙う東山が少しずつ押し込み始める。FKやCK、MF足立のロングスローからチャンスを作るが、前橋育英のGK雨野やCB山田、熊谷の冷静な対応もあり、決定的な場面を作るまでには至らない。対する前橋育英はMF石井、篠﨑が少ないボールタッチでポゼッションを高めながら、ターゲットとなるFW佐藤、MF登録ながらもFW起用される山﨑にボールを集めて状況の打開を試みる。白熱した前半は両チーム無得点のまま終了した。後半に入ると前線からのプレスとセカンドボールの奪取で押し込む東山と、カウンターからチャンスを迎える前橋育英のやや膠着した展開に。東山は終了間際、途中交代で入ったMF野田の突破からビッグチャンスを作り出すがゴールを奪うことはできない。お互い集中力を保ち続け、走り続けた好ゲームはスコアレスで70分間を終え、PK方式での決着となり前橋育英が3回戦へと駒を進めた。

戦評　櫻田伸吾（角館高校）

第2回戦 7月30日（日） 忠和公園多目的広場A（曇）

（主）一瀬哲平　（副）谷弘樹、高田直人

徳島市立 2（2-2 / 0-4）6 尚　志

★（徳島県）　（福島県）

得	S	学		背		背		学	S	得
0	0	③	安　藝	1	GK	16	角　田	③	0	0
1	1	③	川　村	3	DF	2	冨　岡	③	0	0
0	0	③	（瀬口）	2		3	高　瀬	③	0	0
0	0	③	山　本	4		4	市　川	③	0	0
0	0	③	麻　植	5		17	（小原）	③	0	0
0	0	③	太　田	15		5	白　石	❸	0	0
0	0	②	（好浦）	13						
0	2	③	池　田	6	MF	7	安　斎	③	0	0
0	0	②	（尾形）	14		20	（渡邉）	③	0	0
1	1	③	山　座	7		8	神　田	③	0	0
0	1	②	鈴　木	11		10	若　林	③	1	1
0	0	③	（篠崎）	16		14	藤　川	③	1	1
0	0	②	山　口	12		18	（吉田）	③	0	0
0	0	②	岡	8	FW	9	網　代	③	2	2
0	0	②	（上田）	9		15	（濵田）	③	2	0
0	0	❸	笠　原	10		19	山　本	③	0	0
						11	（桜松）	③	2	2
2	5			5	GK	6			8	6
				5	CK	3				
				3	FK	10				
				0	PK	2				

【得点経過】

前半 6分〔尚〕**網代**
〃 15分〔徳〕**山座**
〃 33分〔徳〕山口→**川村**
〃 35+2分〔尚〕**PK藤川**
後半 7分〔尚〕**網代**
〃 9分〔尚〕**PK若林**
〃 12分〔尚〕安斎→**桜松**
〃 35分〔尚〕**桜松**

▼警告
〔徳〕山口2、笠原
〔尚〕若林

▼退場
〔徳〕山口

■尚志がミラーゲームを逆転で制す

互いに1-4-4-2のシステムを採用し、ミラーゲームとなった一戦。序盤、尚志はFW網代の身体の強さを活かしたボールキープやMF安斎の突破からチャンスを窺う。徳島市立はFW岡、MF登録ながらも最前線に入った鈴木の2トップに配球し、敵陣に攻め込む。前半6分、尚志は網代が相手DFとうまく入れ替わって先制する。しかし、15分に徳島市立が追いつくと、33分に逆転に成功。そのまま前半が終了するかと思われたが、尚志はMF藤川がPKを決めて試合を振り出しに戻した。後半立ち上がり、尚志が攻勢を強めて7分に勝ち越すと、MF若林、FW桜松が決めて点差を広げる。17分に徳島市立に退場者が出ると、終盤に尚志がカウンターから追加点を奪い、試合が終了した。

戦評　白坂尚生（福島商業高校）

第2回戦 7月30日（日） 東光スポーツ公園球技場A（曇）

（主）田原愼乃介　（副）鈴木隆太、田中雄

札幌第一 2（1-1 / 1-2）3 帝京大可児

★（北海道第3）　（岐阜県）

得	S	学		背		背		学	S	得
0	0	②	阿　部	17	GK	1	竹　内	③	0	0
0	0	③	沖　野	2	DF	4	内　山	③	0	0
0	0	②	阿部島	4		5	堀　内	③	0	0
0	0	③	東　理	7		6	石　田	②	0	0
0	0	③	（斉藤）	20		20	伊　藤	①	0	0
0	0	③	中　村	19		2	（中村）	③	0	0
0	0	❸	土　橋	6	MF	7	内　藤	③	1	1
0	0	③	（中津川）	3		16	（樽井）	②	0	0
0	0	③	小　林	8		8	吉　兼	❸	0	0
0	0	③	（村井）	5		9	明　石	②	3	0
0	0	②	内　海	15		13	（高田）	②	1	0
						11	棚　橋	③	1	0
						19	（井上）	①	0	0
						15	鶴　見	②	3	0
0	2	③	水　口	9	FW	10	加　藤	②	8	2
0	0	③	（今）	14						
0	1	③	外　舘	10						
2	2	③	藤　井	11						
0	0	③	（桑江）	12						
2	5			4	GK	10			17	3
				4	CK	6				
				6	FK	6				
				0	PK	0				

【得点経過】

前半 4分〔札〕外舘→**藤井**
〃 22分〔帝〕明石→**内藤**
後半11分〔帝〕伊藤→**加藤**
〃 14分〔札〕内海→**藤井**
〃 16分〔帝〕明石→**加藤**

▼警告
〔札〕藤井

■見応え十分のシーソーゲーム

札幌第一はFW水口が前線から守備のスイッチを入れ、連動したプレスでボール奪取を試みる。対する帝京大可児はボランチのMF吉兼、鶴見がボールに関わり、後方から繋いで攻撃の糸口を掴もうとする。前半4分、右ウイングの藤井がゴールに押し込んで札幌第一が先制するが、22分に帝京大可児は左SH内藤が決めて追いつく。その後も帝京大可児はパスワークからスペースへの進入を図り、シュートシーンを増やす。札幌第一は相手が攻め上がって生まれたスペースを活かし、素早い攻守の切り替えから敵陣への進入を図る。後半11分に帝京大可児が逆転も、3分後に札幌第一が同点ゴール。しかし2分後に帝京大可児が勝ち越し点を挙げ、そのまま逃げ切った。互いにゴール前に迫る場面が多く、見応えのある試合だった。

戦評　杉山貴昭（大垣西高校）

第2回戦 7月30日（日） カムイの杜公園多目的運動広場B（曇）

（主）川田昇太　（副）阿部達也、藤戸佑圭

成立学園 1（1-1 / 0-2）3 桐光学園

（東京都第2）　（神奈川県第1）★

得	S	学		背		背		学	S	得
0	0	③	新　渕	1	GK	1	渡　辺	❸	0	0
0	0	③	矢　島	3	DF	2	杉　野	②	0	0
0	0	③	大　坂	4		4	平　田	③	1	0
0	0	③	（笠原）	8		5	川　村	③	2	1
0	0	③	鎌　田	5		19	加　藤	③	0	0
0	0	②	山　口	12						
0	0	③	（田村）	18						
0	0	❸	横　地	6	MF	7	小　西	③	1	0
0	0	③	佐　藤	7		8	羽田野	③	1	1
1	1	③	外　山	10		12	（増田）	②	0	0
0	0	③	大　山	13		10	松　田	③	1	1
0	0	③	（平原）	15		3	（川口）	③	0	0
0	0	②	関　口	20		11	齋　藤	③	1	0
0	0	③	（大橋）	19		18	（佐藤）	①	0	0
0	0	③	冨　永	11	FW	9	宮　下	③	2	0
0	1	③	（戸部）	16		6	（湯藤）	②	0	0
						14	丸　茂	②	4	0
						16	（吉田）	②	0	0
1	2			16	GK	3			13	3
				2	CK	11				
				5	FK	8				
				1	PK	1				

【得点経過】

前半 9分〔桐〕**川村**
〃 12分〔成〕**PK外山**
後半15分〔桐〕**PK松田**
〃 22分〔桐〕**羽田野**

▼警告
〔成〕山口

■緩むことがなかったハイプレス

桐光学園は初戦ということもあってか、相手CBの背後を狙ったダイレクトプレーを多用してゲームに入る。対する成立学園は、ポゼッションからトップ下のMF外山を経由し、左MF佐藤の突破で脅かす。開始10分ほどで1点を取り合い、その後両チームの持ち味を発揮する展開に。桐光学園はボランチを経由しつつ、両SBの攻撃参加からクロスで好機を作り、攻撃から守備への素早い切り替えでボールの即時奪回を成功させる。成立学園は相手のハイプレスに苦しみながらも、GKを含めたビルドアップを果敢に試み、ワンタッチプレーを織り交ぜながら前進を図った。後半も劣勢が続く成立学園は、PKで勝ち越しを許す苦しい展開となる。リードしてからも桐光学園はフレッシュな選手を送り込み、70分を通じて前線からのハイプレスが緩むことはなかった。

戦評　吉田昌平（大府東高校）

第2回戦 7月30日（日） 東光スポーツ公園球技場Ｂ（曇）

（主）田中悠哉　（副）杉田昴、小﨑一心

矢板中央 3（1-0 / 2-1）1 東邦★
（栃木県）　（愛知県）

得	S	学		背		背		学	S	得
0	0	③	大　渕	1	GK	1	池　田	②	0	0
0	0	③	小　関	2	DF	3	名古屋	②	0	0
0	0	③	梶　谷	3		4	生　駒	③	1	1
0	0	③	小　針	5		10	朴	❸	0	0
0	0	②	清　水	13						
0	1	③	小　森	6	MF	5	守　内	②	0	0
0	0	②	（石塚）	19		6	浦　中	③	0	0
1	2	❸	井　上	7		8	深　澤	③	1	0
1	2	③	山　元	8		14	森	③	0	0
0	0	②	山　下	15						
0	0	②	（朴）	18						
1	4	②	渡　部	9	FW	9	山　端	②	1	0
0	0	②	（堀内）	20		11	廣　江	②	0	0
0	2	③	児　玉	10		7	（清水）	②	1	0
0	0	③	（阿部）	11		20	永　井	①	2	0
						17	（水野）	①	0	0
3	11			6	GK	17			6	1
				2	CK	7				
				2	FK	5				
				1	PK	0				

【得点経過】
前半28分〔矢〕**渡部**
後半10分〔矢〕**山元**
〃 14分〔矢〕小森→**井上**
〃 35分〔東〕名古屋→**生駒**
▼警告
〔矢〕小森

■高い集中力とハードワークを発揮

序盤、矢板中央が前線から激しいプレスをかけ、ミドルサードでボールを奪い、シュートチャンスを多く作る。東邦はDFラインからビルドアップを試みるも、プレスに引っかかるリスクを回避するためDFラインの背後にボールを供給する時間が続いた。前半途中から、東邦がDFラインからのビルドアップで数的優位を維持しながら、両サイドの深い位置に進入するも、矢板中央の堅い守備と球際の強さを前にチャンスまでには至らない。前半28分に先制した矢板中央は後半もDFラインを高く設定し、ハイプレスで奪ったボールから速攻を仕掛け、チャンスを作り、10分と14分にミドルシュートで追加点。35分に東邦のCKが連続し、DF生駒が決めて反撃に出るも、最後まで高い集中力とハードワークを発揮し続けた矢板中央が勝利して3回戦へ駒を進めた。

戦評　地家俊啓（北海道滝川西高校）

第2回戦 7月30日（日） 忠和公園多目的広場Ｂ（曇）

（主）藏田圭太　（副）佐々木慎哉、石川恭一郎

高川学園★ 4（2-0 / 2-0）0 札幌創成
（山口県）　（北海道第2）

得	S	学		背		背		学	S	得
0	0	②	三　宅	17	GK	1	渡　辺	③	0	0
0	0	①	（髙城）	1						
0	1	③	大　下	2	DF	3	米　田	②	0	0
0	0	②	西	3		2	（須貝）	②	0	0
0	0	③	（石原）	5		4	森	②	0	0
0	0	②	沖　野	7		5	大　坂	②	0	0
0	0	❸	藤　井	13		15	吉　田	③	1	0
1	1	①	宮　城	6	MF	8	佐　野	②	1	0
0	0	③	（安井）	18		9	佐　藤	③	0	0
1	3	③	佐　藤	8		10	村　本	❸	1	0
0	0	③	（徳若）	4		13	上　田	②	0	0
0	0	②	中津海	16		19	（米沢）	②	0	0
0	0	③	伊　木	19						
1	5	③	山　本	10	FW	14	三　栖	③	0	0
0	2	②	（浪下）	9		17	（細川）	②	0	0
1	2	③	山　中	14		18	加　我	②	1	0
4	14			3	GK	6			4	0
				6	CK	1				
				7	FK	8				
				0	PK	0				

【得点経過】
前半21分〔高〕佐藤→**山本**
〃 28分〔高〕**佐藤**
後半13分〔高〕山中→**宮城**
〃 17分〔高〕山本→**山中**

■攻守に厚みを見せた高川学園

鋭いプレッシングでボールを奪い、ゴールを目指す高川学園に対し、ポジションチェンジで相手を攪乱しながら、ビルドアップをしてサイドから敵陣に進入し、ゴールに向かう札幌創成の構図。互いにチャンスを作り出すが、要所要所で身体を張った守備を見せて拮抗した時間帯が続く。しかし、クーリングブレイク後、高川学園は左SH佐藤の突破からFW山本が決めて先制した。その後、落ち着いてゲームを展開する高川学園は厚みのある攻撃と守備で試合を優位に進め、追加点を奪って2-0で前半を終える。後半も高川学園はミドルブロックを敷きながら、前向きにボールを奪って攻めかかり、圧倒する。札幌創成は状況に応じてロングボールでDFの背後を突く攻撃を狙うが、高川学園の守備を崩すことができない。高川学園が後半も2点を追加して勝利した。

戦評　岡村武志（野々市明倫高校）

第2回戦 7月30日（日） 旭川実業高等学校（曇時々雨）

（主）戒田直樹　（副）佐々木康介、野村尚太郎

帝京第五 0（0-0 / 0-2）2 国見★
（愛媛県）　（長崎県）

得	S	学		背		背		学	S	得
0	0	③	飯　島	12	GK	1	松　本	②	0	0
0	0	②	鈴　木	2	DF	2	松　永	③	0	0
0	1	❸	宮　島	3		3	古　川	②	0	0
0	0	③	松　田	5		4	中　浦	③	0	0
0	0	③	五本木	10		5	平　田	❸	0	0
0	0	③	大　澤	14						
0	1	②	串　田	6	MF	7	門　崎	②	1	0
0	0	③	山　口	7		20	（金子）	②	0	0
0	0	①	（菅原）	17		8	山　口	②	0	0
0	0	②	（内藤）	13		11	江　藤	②	0	0
0	1	③	樋　口	8		17	（出田）	②	2	1
0	0	②	三　神	15		18	坂東㈸	③	1	0
0	0	③	（佐藤）	9						
0	1	③	森　下	11	FW	9	西　山	②	1	0
						14	（山崎）	③	0	0
						10	中　山	③	1	1
0	4			9	GK	8			6	2
				7	CK	3				
				6	FK	13				
				0	PK	1				

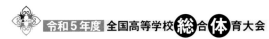

【得点経過】
後半35分〔国〕門崎→**中山**
〃 35+5分〔国〕**PK出田**
▼警告
〔帝〕串田、山口

■後半中盤以降に国見が主導権を握る

帝京第五の植田洋平監督、国見の木藤健太監督はともに国見出身でもあり、2人の采配にも注目が集まった一戦。序盤から帝京第五がセカンドボールを拾い、ペースを握る展開となる。FWに入ったDF五本木のそらしからFW森下が相手の裏へ抜け出してゴールに迫り、DF大澤が国見FW中山をマンマークで監視し、相手の起点を潰す。対する国見はGKからのビルドアップを開始。ピッチの幅を使った攻撃からMF山口、坂東（匠）がMF門崎、江藤に展開してサイド攻撃を試みる。後半も両チームともに主導権を握ろうと、前線から積極的にプレスをかける。帝京第五は選手交代やポジションチェンジで流れを掴もうとするが、MF出田を投入後にパスのテンポが上がった国見は、中山が決めて先制。終了間際には出田がPKを沈め、2-0で試合が終了した。帝京第五はコンパクトで組織的な守備で国見を苦しめたが、後半中盤以降に力の差を見せつけられた。

戦評　栁澤冬樹（岡谷東高校）

第2回戦 7月30日（日） 東光スポーツ公園球技場B（雨）

（主）小松祐也　（副）平裕太、小林勇輝

金光大阪 1（0-0 / 1-1）1 武　南

★（大阪府第1）　5 PK 3　（埼玉県）

得	S	学		背		背		学	S	得
0	0	③	仲	1	GK	1	前島	❸	0	0
0	0	③	（望月）	17						
0	1	③	村田	2	DF	3	小金井	③	0	0
0	0	③	湊	3		4	岸	③	2	1
0	0	❸	長瀬	4		19	（田和）	③	0	0
0	0	③	斎藤	14		5	齋藤	③	0	0
0	0	③	（箱田）	5		15	山崎	③	0	0
						14	（杉沢）	③	0	0
0	0	③	原	6	MF	6	宮里	③	0	0
1	2	③	北村	7		7	川上	③	1	0
0	3	③	岡田	9		8	高橋	③	2	0
0	1	②	西原	13		10	松原	③	1	0
0	0	③	（上田(大)）	8		17	飯野	③	1	0
0	2	③	太田	10	FW	9	戸上	③	0	0
0	0	③	上田(琥)	11						
1	9			3	GK	4			7	1
				6	CK	4				
				11	FK	12				
				0	PK	0				

【得点経過】
後半 9分〔金〕上田(大)→**北村**
〃 18分〔武〕松原→**岸**

■PK方式制した金光大阪が3回戦へ

少ないパスでゴールを目指す金光大阪は相手DFラインの背後やサイドからのクロスでチャンスを作る。対する武南はボールを動かしながら人数をかけてゴールに迫り、FW戸上のキープとMF松原の突破から好機を生み出す。互いにチャンスを作るも得点には至らず、前半は0-0で終えた。試合が動いたのは後半9分、高い位置で奪ったボールをMF上田（大）からMF北村へと繋ぎ、金光大阪が先制。金光大阪のロングボールと高い位置からの守備に苦しんでいた武南は、選手交代とシステム変更を行うと、徐々に敵陣深くまでボールを運び始める。すると18分、CKをCB岸が頭で決め、同点に追いついた。その後もともにチャンスは作るが、ゴール前での身体を張った守備に遭ってゴールは割れず。終了直前に金光大阪はGKを仲から望月に交代してPK方式に突入した。互いに持ち味を出した好ゲームは、PK方式を制した金光大阪が3回戦へと駒を進めた。

戦評　千葉拡（宮城県農業高校）

第2回戦 7月30日（日） カムイの杜公園多目的運動広場A（曇一時雨）

（主）本多文哉　（副）岡田太一、金子彰

米子北 5（2-0 / 3-1）1 東福岡

★（鳥取県）　（福岡県）

得	S	学		背		背		学	S	得
0	0	③	尾崎	1	GK	1	笈西	③	0	0
0	0	③	梶	2	DF	2	杉山	③	0	0
0	0	③	藤原	3		13	（宮永）	③	1	0
0	0	②	（花田）	16		3	秋	③	0	0
1	1	③	石倉	4		5	保科	③	1	1
0	0	②	樋渡	6		12	倉岡	③	0	0
0	0	❸	仲田	8	MF	6	西田	❸	0	0
0	0	③	小村	14		10	榊原	③	1	0
0	0	③	（城田）	5		14	（神田）	②	0	0
0	3	②	柴野	18		11	吉岡	③	1	0
0	2	③	（愛須）	11		16	中山	③	0	0
1	1	③	田村	19		20	（落合）	③	0	0
0	0	③	（番原）	15		17	竹下	③	0	0
						4	（井上）	③	0	0
1	1	②	鈴木	9	FW	9	阿部	③	2	0
2	5	③	森田	10		8	（野田）	③	0	0
0	0	③	（上原）	7						
5	13			5	GK	11			6	1
				9	CK	3				
				12	FK	9				
				1	PK	0				

【得点経過】
前半 4分〔米〕**鈴木**
〃 35+3分〔米〕**PK森田**
後半 5分〔米〕**森田**
〃 11分〔米〕**石倉**
〃 18分〔米〕**田村**
〃 35分〔東〕**保科**
▼警告
〔東〕笈西2
▼退場
〔東〕笈西

■プレミア対決で米子北が5ゴール

プレミアリーグWESTに所属するチーム同士の対戦。米子北は守備から攻撃に切り替わった瞬間に2トップのFW鈴木、森田がDFラインの背後を突き、手数をかけずにゴール前まで前進。前半4分、その狙いを先制点へと結び付けた。対する東福岡はFW阿部を起点に攻撃に厚みを加えたいが、2列目との距離が遠く前線で孤立してしまう。米子北がPKで追加点を奪って前半が終了すると、後半も米子北ペースで試合が進む。ピッチの幅と深さを使ったポゼッションから両SBも攻撃に関わり、セットプレーやミドルシュートで得点を重ねる。東福岡は退場者が出た後もゴールを目指して1点を返すが、反撃もここまで。3ラインをコンパクトに保ち、複数の選手が関わり続ける連動した攻守を発揮した米子北が3回戦へ進出した。

戦評　川口卓摩（尾鷲高校）

第2回戦 7月30日（日） カムイの杜公園多目的運動広場B（曇時々雨）

（主）佐々木瑞貴　（副）ハズィムアラー、廣永侑土

富山第一 1（0-0 / 1-1）1 日大藤沢

★（富山県）　4 PK 5　（神奈川県第2）

得	S	学		背		背		学	S	得
0	0	③	魚住	1	GK	1	野島	③	0	0
0	0	③	小西	2	DF	2	坂口	③	0	0
0	0	③	（谷川）	13		4	宮﨑	③	1	0
0	0	③	岡田	3		5	尾野	③	0	0
0	0	③	福光	4		15	國分	③	0	0
0	0	③	（山本）	14						
0	0	③	大居	5						
0	2	❸	多賀	6	MF	6	布施	②	1	0
0	3	③	平田	7		7	（荻原）	③	0	0
1	1	③	（入江）	18		8	諸墨	③	1	1
0	0	③	松井	8		20	（岩内）	②	0	0
0	1	③	稲垣	10		10	安場	③	0	0
0	0	③	川原	11		11	岡田	③	1	0
0	0	③	（宮本）	15		19	（進藤）	③	1	0
						16	佐藤	❸	0	0
0	2	③	加藤	9	FW	9	山上	③	1	0
0	0	③	（谷保）	20		17	（会津）	③	1	0
1	9			11	GK	7			7	1
				7	CK	3				
				7	FK	9				
				0	PK	0				

【得点経過】
後半16分〔日〕**諸墨**
〃 35+2分〔富〕**入江**

■追いつかれるもPK方式で勝利

互いにロングパスを使った展開で得たセットプレーからチャンスを作るなか、富山第一がピッチの幅を使ったプレーで押し込み始める。日大藤沢はドリブルやショートパスを使いながら、狭い局面を打開しようとするプレーを増やしていく。ビルドアップ時の立ち位置に変化を加え、相手守備陣を混乱させるが、富山第一もロングスローやCKから反撃していく。互いにゴールに迫る場面を作りながらもスコアは動かずに迎えた後半、日大藤沢が落ち着いてボールを動かして主導権を握ろうとし、富山第一は前半同様ロングパスを使ったプレーで対抗する。16分にスローインの流れから中央を崩した日大藤沢が先制に成功。そのまま試合終了かと思われたが、MF入江がアディショナルタイムにミドルシュートを決めて富山第一が同点に追いつき、PK方式に突入。全員が決めた日大藤沢が3回戦に進出した。

戦評　西村太郎（高岡第一高校）

第2回戦 7月30日（日） 東光スポーツ公園球技場A（雨）

（主）岡征鷹　（副）服部壮汰、平島一起

旭川実 3（3-0 0-2）2 帝京長岡
（北海道第1）　（新潟県）★

得	S	学		背		背		学	S	得
0	0	③	越後	1	GK	1	小林	②	0	0
0	1	③	岡本	3	DF	2	松岡	③	0	0
0	0	②	渡邊	4		3	高萩	③	0	0
0	0	❸	庄子	7		5	内山	③	1	1
0	0	③	鈴木(奏)	13		15	池田	②	0	0
0	0	③	工藤	5	MF	6	吉竹	②	0	0
3	3	③	鵜城	6		13	（平澤）	③	0	0
0	1	②	（清水）	18		7	山村	③	3	0
0	0	③	柴田	11		8	橋本	③	0	0
0	0	②	（澁谷）	8		19	（安野）	②	3	0
0	0	②	萩野	14		10	原	③	2	0
0	0	③	百々	16						
0	0	③	（小川）	12						
0	0	③	和嶋	10	FW	11	畑	③	0	0
0	0	②	（鈴木(琉)）	9		9	（新納）	②	1	1
						14	堀	❸	1	0
3	5			11	GK	6			11	2
				3	CK	8				
				11	FK	9				
				0	PK	0				

【得点経過】
前半13分〔旭〕百々→**鵜城**
〃 21分〔旭〕岡本→**鵜城**
〃 35+2分〔旭〕**鵜城**
後半 6分〔帝〕原→**新納**
〃 35分〔帝〕原→**内山**
▼警告
〔旭〕工藤

■集中した守備で凌いで逃げ切る

旭川実は全体をコンパクトにしてDFラインを高く保ち、ミドルサードで構えてスペースを埋めるポジショニングからプレッシングする。ファーストDFの決定とボールへの集結が早く、相手に効果的な縦パスを入れさせない。帝京長岡はDFラインでボールを動かしながら、相手DFラインの裏やライン間を狙いたいが、旭川実GK越後の的確なカバーリングや中盤の厳しい守備によりアタッキングサードへ侵入できない。旭川実は奪ったボールを素早く前進させ、FW和嶋、FW起用されたMF鵜城、MF柴田、百々が連動しながらゴールに迫り、前半で3-0とする。帝京長岡は後半6分に1点を返すと、攻守における強度を上げ、試合を優位に進める。終了間際に1点差とし、さらに猛攻を仕掛けるが、旭川実が集中した守備で凌いだ。

戦評　原伸洋（長岡高校）

第2回戦 7月30日（日） 忠和公園多目的広場B（曇）

（主）中山友希　（副）大戸魁、大槻隼人

市立船橋 2（1-0 1-2 8 PK 7）2 大津
★（千葉県）　（熊本県）

得	S	学		背		背		学	S	得
0	0	②	ギマラエス(ニ)	1	GK	1	坊野	②	0	0
0	0	③	佐藤	2	DF	2	大神	②	1	0
1	1	③	内川	3		3	田辺	③	1	1
0	0	③	宮川	4		4	吉本	③	0	0
0	1	③	五来	5		5	五嶋	②	0	0
						12	村上(慶)	①	0	0
1	2	❸	太田	7	MF	6	兼松	②	0	0
0	1	③	佐々木	11		15	（日置）	③	0	0
0	1	③	森	13		7	古川	③	0	0
0	0	②	（岡部）	9		9	（山下）	②	1	0
0	1	②	峯野	16		8	嶋本	②	0	0
						10	碇	❸	3	1
0	3	③	郡司	10	FW	11	稲田	③	2	0
0	0	②	久保原	15						
0	0	③	（足立）	14						
2	10			7	GK	6			8	2
				1	CK	3				
				9	FK	7				
				0	PK	0				

【得点経過】
前半23分〔市〕佐藤→**太田**
後半 6分〔大〕**碇**
〃 16分〔大〕**田辺**
〃 21分〔市〕太田→**内川**
▼警告
〔大〕田辺、日置

■両チームが個人能力の高さを発揮

2回戦屈指の好カードは多くの観衆が見守るなかキックオフ。序盤から互いにミスの少ない攻守に質の高いプレーが展開された。市立船橋はFKのチャンスを得ると、DF佐藤の壁の横にずらしたパスをMF太田が決めて先制した。先制後、プレスの開始位置を少し下げた市立船橋に対し、大津はMF碇の個人技や中盤に入ったDF田辺のクロスからチャンスを作ろうとする。しかし、市立船橋の強固な守備を崩せず、前半は1-0で折り返す。後半6分に大津は碇が決めて追いつくと、16分に田辺のゴールで逆転に成功。対する市立船橋も負けていない。DF内川が決め、再度試合を振り出しに戻した。その後は一進一退の攻防が続き、2-2のままPK方式に突入。市立船橋がPK方式を制して3回戦進出を決めたが、両チームの個人能力の高さが十分に発揮された好ゲームだった。

戦評　山田皓生（一関第一高校）

第2回戦 7月30日（日） 忠和公園多目的広場A（曇）

（主）山田昌輝　（副）大泉拓、亀田詩真

岡山学芸館 2（2-0 0-1）1 山梨学院
★（岡山県）　（山梨県）

得	S	学		背		背		学	S	得
0	0	③	平塚	1	GK	1	堀川	③	0	0
0	1	③	持永	2	DF	2	鈴木	②	0	0
0	0	③	平松	3		3	坪井	❸	0	0
0	0	③	平野	4		4	志村	②	1	1
0	1	③	田村	8		13	小柳	②	0	0
0	1	②	岡野	6	MF	7	本多	③	1	0
0	0	❸	田口	10		15	川村	③	0	0
0	1	③	田邉	11		6	（根岸）	②	1	0
0	1	②	植野	13		19	吉儀	③	2	0
0	0	③	（高山）	5		20	（速水）	②	0	0
1	1	②	香西	20						
0	0	③	（木下）	7						
0	0	②	（池上）	18						
1	2	②	太田	9	FW	9	高野	③	3	0
0	1	③	（木村）	14		10	富岡	③	0	0
						14	（小日山）	③	2	0
						12	五十嵐	③	1	0
						8	（関口）	②	0	0
2	9			6	GK	11			11	1
				3	CK	5				
				9	FK	8				
				0	PK	0				

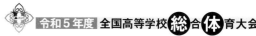

【得点経過】
前半 7分〔岡〕香西→**太田**
〃 17分〔岡〕持永→**香西**
後半15分〔山〕本多→**志村**
▼警告
〔岡〕平松
〔山〕志村、坪井

■岡山学芸館が山梨学院の追走を振り切る

ともに日本一を経験している名門同士の対戦。両校ともにロングボール主体でゲームが落ち着かない前半7分、岡山学芸館は前線に放り込んだボールにMF登録ながらもFWに入った香西が絡んでパスを送ると、FW太田が先制点を挙げた。山梨学院はショートパスやドリブルでビルドアップしたいところだが、うまく機能しない。すると岡山学芸館は17分、オーバーラップしたDF持永のクロスを香西がヘディングで合わせて2点目を挙げた。山梨学院は後半から投入されたMF小日山、根岸がリズム良くパスを回し、アタッキングサードに侵入する回数を増やしていく。15分、その流れで得たCKをDF志村がヘッドで決めて1点を返した。じわじわと山梨学院が岡山学芸館ゴールに迫るが、なかなか点には結び付かない。その後も互いにビッグチャンスを作り出すが、どちらも粘り強い守備でゴールを割らせず、岡山学芸館が2-1で逃げ切った。

戦評　野坂正隆（丸岡高校）

第2回戦　7月30日（日）　旭川実業高等学校（曇）

（主）八重垣真　（副）村田裕紀、森岡宏紀

羽黒（山形県）　**1（1-2 / 0-2）4**　**高知**（高知県）★

得	S	学		背		背		学	S	得
0	0	③	石野	1	GK	1	東	③	0	0
0	0	③	榎本	3	DF	2	小野	②	0	0
0	0	②	田村	4		3	濱口	③	0	0
0	0	③	川井	5		4	森	❸	1	1
1	1	③	久間木	15		5	田辺	③	0	0
0	0	②	（岡部）	19		9	（足達）	②	0	0
						12	酒井	③	0	0
0	0	③	友野	6	MF	7	市原㊅	②	0	0
0	0	②	高尾	7		19	（横田）	①	0	0
0	1	❸	小西	10		8	大久保	③	0	0
0	0	②	（斎藤）	18		6	（岡崎）	③	0	0
0	0	③	遠藤	11		10	市原㊓	③	2	0
0	0	①	（佐藤）	20						
0	0	③	小田	14						
0	0	③	三國谷	9	FW	11	門田	②	4	3
						14	（亀岡）	②	0	0
						13	松田	①	2	0
						20	（松井）	③	1	0
1	2			6	GK	5			10	4
				4	CK	2				
				12	FK	13				
				0	PK	1				

【得点経過】
前半 4分〔高〕**PK森**
〃 15分〔羽〕**FK久間木**
〃 29分〔高〕**門田**
後半12分〔高〕松田→**門田**
〃 14分〔高〕松田→**門田**

■ショートカウンターから連続得点

立ち上がりからファウルが多く、プレーが止まるゲームとなるが、前半4分に高知がPKで先制。しかし、羽黒は右サイド深い位置で得たFKをMF起用されたDF久間木が直接決めて追いつく。その後はともに、守備はセットした状態から相手の縦パスを前向きに奪おうとし、攻撃はFWへロングパスを入れ、そこからのサイド攻撃を狙う。時間の経過とともに高知がショートカウンターからチャンスを作り始める。また、2トップへの縦パスが収まるようになると、押し気味にゲームを進め、1点を追加して前半を折り返した。後半、高知が連動した守備で高い位置でのボール奪取を増やすと、ショートカウンターから連続得点を挙げて突き放す。羽黒は選手交代をしながら活性化を図るも、高知の堅い守備を崩せなかった。

戦評　遠藤真介（米沢東高校）

第2回戦　7月30日（日）　東光スポーツ公園球技場A（曇）

（主）大久保秀斗　（副）宗像瞭、大瀬良篤

関西大一（大阪府第2）　**0（0-0 / 0-2）2**　**明秀日立**（茨城県）★

得	S	学		背		背		学	S	得
0	0	②	飛鳥馬	17	GK	12	重松	②	0	0
0	0	③	林	2	DF	3	飯田	③	1	1
0	0	③	鴨川	3		5	山本	❸	0	0
0	0	③	（藤林）	16		8	長谷川	③	0	0
0	0	③	中谷	5		14	阿部	②	0	0
0	0	③	乾	8						
0	0	③	西田	6	MF	6	大原	③	0	0
0	0	③	内田	10		7	吉田	③	1	1
0	0	②	（坂本）	15		2	（今野）	③	0	0
0	0	②	梅原	12		13	益子	③	0	0
0	0	③	（糸賀）	4		19	（斉藤）	③	1	0
0	0	②	今井	14		17	竹花	②	2	0
0	0	③	（河村）	13		11	（石橋）	③	3	0
0	1	❸	今西	9	FW	9	熊﨑	③	2	0
0	0	②	岩崎	19		10	（根岸）	③	0	0
0	0	③	（門田）	11		16	柴田	②	0	0
						15	（川口）	②	0	0
0	1			8	GK	4			10	2
				3	CK	10				
				14	FK	10				
				0	PK	1				

【得点経過】
後半29分〔明〕吉田→**飯田**
〃 35分〔明〕**PK吉田**

▼警告
〔関〕鴨川、門田

■明秀日立が勢いに乗って2得点

序盤は互いにロングボールを主体に攻撃を展開。前線から圧力をかける明秀日立と、FW岩崎のDFラインの背後への抜け出しからチャンスを窺う関西大一の激しい球際の攻防が見られた。互いに一歩も譲らず、素早いボールへの集結と集中力の高い守備で一進一退の攻防が続く。明秀日立は局面を打開しようと、トップ下のMF竹花、ボランチのMF吉田、FW熊﨑にボールを集めるが、CB中谷を中心とした関西大一の堅守にことごとく跳ね返され、前半は0-0で折り返した。流れを変えたい両チームは後半開始から2人ずつ選手交代をすると、攻勢に出たのは明秀日立。押し込む展開が続くと、29分にセットプレーの流れからCB飯田がゴールに押し込んで待望の先制点を奪った。そのままの勢いで35分には、吉田がドリブルで仕掛けて獲得したPKを自ら冷静に決めて試合を決定付けた。互いに自分たちの戦い方を貫き、強度の高い拮抗した好ゲームであった。

戦評　植松弘樹（清流館高校）

第2回戦　7月30日（日）　東光スポーツ公園球技場B（曇）

（主）濱惇一郎　（副）木戸洋平、田口平蔵

青森山田（青森県）★　**5（3-0 / 2-2）2**　**國學院久我山**（東京都第1）

得	S	学		背		背		学	S	得
0	0	③	鈴木	1	GK	1	太田㊐	②	0	0
0	0	③	小林	2	DF	2	馬場	③	0	0
1	1	❸	山本	4		15	（太田㊟）	②	0	0
0	0	③	（関口）	20		3	普久原	❸	0	0
0	0	③	小泉	5		5	平原	②	0	0
0	0	③	菅澤	6		7	入野	③	0	0
0	0	②	谷川	7	MF	6	洪	③	0	0
0	0	②	（小沼）	3		13	（常森）	③	0	0
1	2	③	川原	8		10	山脇	③	2	0
0	0	③	（後藤）	16		14	近藤	②	1	1
0	1	③	芝田	10						
0	0	③	（津島）	9						
1	1	③	福島	13						
0	0	②	（別府）	18						
0	0	③	杉本	14						
2	5	③	米谷	11	FW	8	菅井	③	0	0
						11	（佐々木）	③	0	0
						19	保土原	③	0	0
						18	（下塩入）	③	1	1
						20	小宮	③	0	0
						16	（高井）	③	0	0
5	10			4	GK	4			4	2
				8	CK	1				
				11	FK	10				
				0	PK	0				

【得点経過】
前半 7分〔青〕杉本→**米谷**
〃 24分〔青〕**福島**
〃 27分〔青〕芝田→**川原**
後半 7分〔青〕川原→**米谷**
〃 9分〔青〕杉本→**山本**
〃 25分〔國〕**下塩入**
〃 35+4分〔國〕**近藤**

■攻撃の手を緩めずに青森山田が5得点

開始早々の前半7分にMF杉本のクロスをFW米谷が頭で決め、先制した青森山田が主導権を握る。対する國學院久我山は中盤で起用されたFW菅井を中心に攻撃を構成し、DF普久原の対角のロングフィードや前線からのプレスでボール奪取したところから左サイドの攻略を試みるなど、シュート機会を作る。青森山田は両サイドで選択肢を複数持たせるボール回しから相手の状況に応じてスピードを切り替え、米谷と前線に入るMF福島がDFの背後をとる攻撃を主体にして敵陣での時間を多くすると、前半に2点を追加。後半も青森山田ペースで進み、攻撃の手を緩めずに2点を奪う。國學院久我山は個の仕掛けを粘り強く続けて2点を返すが、両チームともに持ち味を発揮した一戦を制した青森山田が3回戦に駒を進めた。

戦評　戸問督統世（十和田工業高校）

第3回戦 7月31日（月） 東光スポーツ公園球技場Ｂ（曇）

（主）高橋海星　（副）八重垣真、増田裕之

前橋育英 0（0-1 / 0-0）1 尚志

★（群馬県）　（福島県）

得	S	学		背		背		学	S	得
0	0	❸	雨野	1	GK	16	角田	③	0	0
0	0	③	斉藤	2	DF	2	冨岡	③	0	0
0	0	②	山田	3		3	高瀬	③	0	0
0	0	③	熊谷	4		4	市川	③	0	0
0	0	②	青木	5		5	白石	❸	0	0
0	0	②	石井	7	MF	7	安斎	③	1	0
0	0	②	黒沢	9		15	（濵田）	③	0	0
0	0	②	（中村）	17		8	神田	③	0	0
0	1	③	山﨑	10		18	（吉田）	③	0	0
0	0	③	（斎藤）	11		10	若林	③	0	0
0	0	①	平林	13		14	藤川	③	0	0
0	0	②	（オノノジュ）	18						
0	1	③	篠﨑	14						
0	0	②	佐藤	15	FW	11	桜松	③	1	1
						20	（渡邉）	③	0	0
						12	笹生	③	1	0
						9	（網代）	③	0	0
0	2			3	GK	8			3	1
				2	CK	1				
				11	FK	16				
				0	PK	1				

【得点経過】
前半12分〔尚〕**PK桜松**

▼警告
〔前〕山田、熊谷、青木
〔尚〕神田、白石、網代、渡邉

■守り抜いた尚志がプレミア対決制す

プレミアリーグEASTでの対戦では4−2で尚志が勝利しているが、前橋育英も昨年度王者のプライドがあり、互いに負けられない一戦。立ち上がり、尚志は左SH安斎のドリブルでチャンスメイクし、前橋育英は両SBからの縦パスを繰り返す。前半12分、FW桜松がPKを決めて尚志が先制。追いかける前橋育英は距離間の良い尚志の前線からのプレスに苦戦するが、アンカーのMF石井を経由しSHを使う場面が増えていく。前橋育英がビルドアップできるようになってきたところで前半は終了。後半に入ると前橋育英がDFラインでボールを保持する時間が増えると同時にパスミスも増え、尚志のショートカウンターを受ける場面も多くなる。気持ちが入った激しい球際の攻防が続くなか、尚志は27分に3人の選手を同時交代し、1−5−4−1にシステム変更して守りを固める。終了間際、前橋育英も左SHに入ったFWオノノジュのロングスロー等のパワープレーで猛攻を仕掛けるも、集中力を切らさなかった尚志が準々決勝に駒を進めた。

戦評　山室伸之輔（旭川明成高校）

第3回戦 7月31日（月） 東光スポーツ公園球技場Ａ（曇）

（主）一瀬哲平　（副）服部壮汰、田中悠哉

帝京大可児 1（0-2 / 1-1）3 桐光学園

★（岐阜県）　（神奈川県第1）

得	S	学		背		背		学	S	得
0	0	③	竹内	1	GK	1	渡辺	❸	0	0
1	1	③	内山	4	DF	2	杉野	②	0	0
0	0	③	堀内	5		4	平田	③	0	0
0	0	②	石田	6		5	川村	③	0	0
0	0	①	伊藤	20		19	加藤	③	0	0
0	0	③	（中村）	2						
0	1	③	内藤	7	MF	7	小西	③	1	0
0	1	①	（黒沢）	14		6	（湯藤）	②	0	0
0	0	❸	吉兼	8		8	羽田野	③	1	0
0	0	②	明石	9		12	（増田）	②	0	0
0	0	②	（高田）	13		10	松田	③	2	0
0	2	③	棚橋	11		20	（寺澤）	③	0	0
0	0	②	（樽井）	16		11	齋藤	③	5	0
0	1	②	鶴見	15						
0	0	①	（井上）	19						
0	2	②	加藤	10	FW	9	宮下	③	4	3
						15	（山本）	③	0	0
						14	丸茂	②	0	0
						16	（吉田）	②	0	0
1	8			8	GK	9			13	3
				3	CK	6				
				10	FK	6				
				0	PK	0				

【得点経過】
前半13分〔桐〕羽田野→**宮下**
〃 26分〔桐〕**宮下**
後半 5分〔桐〕松田→**宮下**
〃 14分〔帝〕棚橋→**内山**

▼警告
〔帝〕加藤

■予期せぬ事態もエースの3得点で勝利

悪天候の影響により、予定されていた試合会場から移動しての一戦となった。試合前に難しい準備を強いられ、大雨の影響が残るスリッピーなピッチのなか、両チームとも集中力の高い試合の入りを見せ、ミスが少ない攻防を繰り広げる。前半13分、桐光学園はFW宮下が決めて先制。帝京大可児は細かいパスワークで前進し、ピッチの幅を広く使い、クロスを多用してゴールに迫る。緻密さと大胆さを織り交ぜた帝京大可児の攻撃に対し、桐光学園は中盤でのプレスを激しくする。ボール奪取の場面が増え、攻撃の糸口を作り出すと26分に宮下が追加点を奪う。後半5分には宮下が押し込んで桐光学園が3点目。14分に帝京大可児が1点を返し、その後は一進一退の攻防が続くもスコアは動かずに試合終了。強度の高い守備が光った桐光学園が準々決勝に進出した。

戦評　田宮尚明（網走南ケ丘高校）

第3回戦 7月31日（月） 東光スポーツ公園球技場Ａ（雨）

（主）鈴木隆太　（副）岡征鷹、中山友希

矢板中央 0（0-0 / 0-0）0 高川学園

（栃木県）　9 PK 8　（山口県）★

得	S	学		背		背		学	S	得
0	0	③	大渕	1	GK	17	三宅	②	0	0
0	0	③	小関	2	DF	2	大下	③	0	0
0	1	③	梶谷	3		4	徳若	③	0	0
0	0	③	小針	5		5	石原	③	0	0
0	0	②	清水	13		14	（山中）	③	0	0
						16	（中津海）	②	0	0
						7	沖野	②	0	0
						13	藤井	❸	1	0
0	1	③	小森	6	MF	8	佐藤	③	4	0
0	2	❸	井上	7		19	伊木	③	0	0
0	0	③	山元	8		20	松木	②	0	0
0	0	②	山下	15						
0	0	②	渡部	9	FW	10	山本	③	0	0
0	0	②	（堀内）	20		11	行友	②	0	0
0	1	③	児玉	10						
0	0	②	（朴）	18						
0	5			7	GK	9			5	0
				6	CK	2				
				8	FK	10				
				1	PK	0				

▼警告
〔矢〕井上

■雷で約3時間中断の難しい一戦に

序盤は互いにロングボールを主体にシンプルに前線へボールを運び、激しい球際の攻防から主導権を奪い合う展開となった。高川学園はFW山本にボールを集め、自分たちのリズムでボールを動かし、右SB大下のオーバーラップからゴールに迫る。一方、矢板中央はカウンターから、トップ下に入ったFW児玉がDFの背後に抜け出しシュートを放つなど流れを引き戻す。その後も、素早い切り替えからのボールへの集結で主導権を渡さず攻勢に出るが、高川学園はCB藤井を中心に身体を張った守備でゴールを許さずに前半を0−0で折り返した。後半開始直後、矢板中央は素早いスローインのリスタートから抜け出してPKを獲得するも失敗し、先制とはならなかった。その後は一進一退の攻防が続き、お互いにチャンスを作らせない。矢板中央が選手交代で流れを変えかけたが、雷のため試合が中断。およそ3時間後、後半18分30秒からの再開となった。終了間際、両チームともに決定機を作るが得点は生まれず。試合はPK方式の結果、矢板中央が準々決勝進出を決めた。

戦評　植松弘樹（清流館高校）

第3回戦 7月31日（月） カムイの杜公園多目的運動広場B（曇時々雨）

（主）大戸魁　（副）田原愼乃介、佐々木康介

国見 ★（長崎県） 2（1-0 / 1-0）0 金光大阪（大阪府第1）

得	S	学	国見	背		背	金光大阪	学	S	得
0	0	②	松本	1	GK	1	仲	③	0	0
0	0	③	松永	2	DF	2	村田	③	0	0
0	0	②	古川	3		3	湊	③	0	0
0	0	③	中浦	4		12	（井上）	②	0	0
0	0	❸	平田	5		4	長瀬	❸	0	0
						14	斎藤	③	0	0
0	1	②	門崎	7	MF	6	原	③	0	0
0	0	②	（野尻）	15		16	（村尾）	③	0	0
0	0	②	山口	8		7	北村	③	0	0
0	0	②	出田	17		9	岡田	③	0	0
0	1	②	（江藤）	11		15	（畑）	③	0	0
0	0	③	坂東㊣	18		13	西原	②	0	0
						8	（上田㊅）	③	0	0
0	1	③	中山	10	FW	10	太田	③	2	0
1	1	③	坂東㊄	13		11	上田(琥)	③	2	0
0	0	③	（山崎）	14						
0	0	①	（原田）	16						
1	4			8	GK	5			4	0
				0	CK	4				
				7	FK	7				
				0	PK	0				

【得点経過】
前半35分〔国〕門崎→**坂東(匡)**
後半30分〔国〕オウンゴール
▼警告
〔金〕長瀬、湊

■集中力を切らさなかった国見が8強へ

立ち上がりから互いにボールを動かしながら攻撃の糸口を探すプレーが多く見られ、守備ではラインコントロールを細かく行い、コンパクトな布陣を形成する。国見はボランチのMF坂東（匠）、山口を中心にタイミングの良いサポートを連続させ、テンポ良くボールを動かす。時折、FW中山をターゲットに前線に送り、相手守備陣を脅かした。対する金光大阪はMF原を中心にコンビネーションを活かした多彩な崩しから、好機を作り出す。しかし、国見はゴール前への集結が早く、身体を張ったブロックやカバーリングでゴールを死守する。すると前半35分、国見FW坂東（匡）が先制点を挙げた。後半に入ると、25分に金光大阪はシステムを変更してゴール前の人数を増やすが、30分に攻め上がって空いたスペースを突かれ、追加点を許した。攻撃の勢いを強める金光大阪に対して、国見は終始、集中力を切らさず対応し無失点で試合を終えた。

戦評　杉山貴昭（大垣西高校）

第3回戦 7月31日（月） 東光スポーツ公園球技場A（雨）

（主）杉田昴　（副）戒田直樹、小松祐也

米子北 ★（鳥取県） 1（0-2 / 1-1）3 日大藤沢（神奈川県第2）

得	S	学	米子北	背		背	日大藤沢	学	S	得
0	0	③	尾崎	1	GK	1	野島	③	0	0
0	1	③	梶	2	DF	2	坂口	③	0	0
0	0	③	藤原	3		4	宮﨑	③	0	0
0	1	③	石倉	4		5	尾野	③	0	0
0	0	②	樋渡	6		15	國分	③	0	0
0	0	❸	仲田	8	MF	7	荻原	③	1	0
0	0	③	小村	14		8	諸墨	③	3	0
0	0	③	（城田）	5		10	安場	③	2	1
0	0	③	（濱口）	12		17	（会津）	③	0	0
0	0	②	柴野	18		11	岡田	③	2	1
0	0	③	（上原）	7		14	（柳沼）	③	0	0
0	1	③	田村	19		16	佐藤	❸	1	0
0	1	②	鈴木	9	FW	9	山上	③	1	1
0	1	③	（愛須）	11		6	（布施）	②	0	0
1	1	③	森田	10						
0	0	③	（堀）	20						
1	6			5	GK	10			10	3
				5	CK	0				
				11	FK	13				
				0	PK	0				

【得点経過】
前半30分〔日〕諸墨→**安場**
〃 35分〔日〕岡田→**山上**
後半 9分〔米〕梶→**森田**
〃 16分〔日〕**岡田**
▼警告
〔日〕安場

■失点直後の得点で流れを渡さず

立ち上がり、米子北はFKやCK、ロングスローで敵陣に押し込んで試合を優位に運ぶ。一方の日大藤沢はFW山上とMF安場、岡田のコンビネーションからMF諸墨、DF尾野へのワイドな展開を狙う。米子北は2トップを起点に左右に揺さぶりをかけて攻撃を仕掛けるが、日大藤沢がペースを掴みだし、前半30分に狙い通りのコンビネーションから安場が先制点。そのままの勢いで追加点を挙げた。後半から米子北は3人の選手を入れ替えて反撃を開始し、FW森田が1点を返す。流れが米子北に傾きかけたと思われた16分、日大藤沢は後半最初の好機を得点に結び付けて2点差を確保する。米子北は28分、残りの交代枠2枚を使って反撃を試みたが得点は生まれず。米子北のパワフルなサッカーを跳ね返し、自分たちのサッカーに持ち込んだ日大藤沢がベスト8に進出した。

戦評　野坂正隆（丸岡高校）

第3回戦 7月31日（月） 東光スポーツ公園球技場B（曇）

（主）大嶺俊　（副）岡田太一、平裕太

旭川実 ★（北海道第1） 0（0-1 / 0-1）2 市立船橋（千葉県）

得	S	学	旭川実	背		背	市立船橋	学	S	得
0	0	③	越後	1	GK	1	ギマラエス(ニ)	②	0	0
0	0	③	岡本	3	DF	2	佐藤	③	0	0
0	0	②	渡邊	4		3	内川	③	0	0
0	0	❸	庄子	7		4	宮川	③	0	0
0	0	③	鈴木(奏)	13		5	五来	③	0	0
						19	（井上）	②	0	0
0	0	③	工藤	5	MF	7	太田	❸	2	0
0	0	②	（澁谷）	8		11	佐々木	③	2	0
0	0	③	鵜城	6		6	（白土）	③	0	0
0	1	②	萩野	14		13	森	③	2	1
0	0	③	（小川）	12		9	（岡部）	②	0	0
0	0	③	百々	16		14	足立	③	1	0
0	1	③	（柴田）	11		16	峯野	②	0	0
						8	（秦）	③	0	0
0	1	③	和嶋	10	FW	10	郡司	③	2	1
0	0	②	清水	18		18	（伊丹）	②	0	0
0	0	③	（敦賀）	2						
0	3			8	GK	5			9	2
				1	CK	3				
				11	FK	9				
				0	PK	0				

【得点経過】
前半28分〔市〕太田→**郡司**
後半22分〔市〕**森**
▼警告
〔市〕峯野

■優位に試合を進めた市立船橋が8強入り

序盤、市立船橋は中盤での出足の速さからボールを保持すると、素早く相手DFラインの背後へ抜け出し押し込んでいく。全体をコンパクトにしながらDFラインを高く保ち、高い位置からFWがプレッシングして旭川実にボールを保持させない。旭川実もFW和嶋を起点にゴールへ迫りたいが、市立船橋DF陣に阻まれてしまう。市立船橋は前半28分、幅と深みを形成して相手MF陣を広げると、MF太田が鋭いパスをFW郡司に通して先制。後半、球際の攻防で市立船橋は優位となり、ボールを奪うと素早く郡司、MF佐々木が相手の背後へ動きだして突破を図る。敵陣でボールを保持すると、テンポ良くボールを動かして相手を揺さぶり、旭川実に狙いを定めさせない。試合を優位に進める市立船橋は、MF森が決めてリードを広げる。終盤、旭川実は選手交代で前線に起点を作りにいくが、相手の堅い守備を攻略できず、市立船橋が準々決勝進出を決めた。

戦評　原伸洋（長岡高校）

第3回戦 7月31日（月） 東光スポーツ公園球技場B（曇）

（主）阿部達也　（副）ハズィムアラー、本多文哉

岡山学芸館 0（0-0 / 0-0）0 高　知★
（岡山県）　13 PK 14　（高知県）

得	S	学		背		背		学	S	得
0	0	③	平　塚	1	GK	1	東	③	0	0
0	1	③	持　永	2	DF	2	小　野	②	0	0
0	0	③	平　松	3		3	濱　口	③	0	0
0	0	③	平　野	4		4	森	❸	0	0
0	0	③	田　村	8		5	田　辺	③	3	0
						9	（足達）	②	1	0
						12	酒　井	③	0	0
0	0	②	岡　野	6	MF	7	市原㊅	②	0	0
0	0	②	（池上）	18		8	大久保	③	0	0
0	2	❸	田　口	10		20	（松井）	③	0	0
0	1	③	田　邉	11		10	市原㊗	③	1	0
0	0	②	植　野	13						
0	0	③	（山河）	15						
0	0	②	香　西	20						
0	0	③	（木村）	14						
0	0	②	太　田	9	FW	11	門　田	②	1	0
0	1	③	（木下）	7		13	松　田	①	0	0
0	5			10	GK	12			6	0
				4	CK	6				
				12	FK	13				
				0	PK	0				

▼警告
〔高〕森

■15人ずつが蹴り合った白熱のPK方式

雷の影響で予定より1時間45分遅れてキックオフとなった一戦。互いにロングボールで前進を図るが、岡山学芸館は2トップのポストプレーからサイド攻撃を狙い、高知はFWのロングスプリントを活かしてDFの背後を狙う。守備では、岡山学芸館はセットしてロングボールを前向きで弾き返し、高知は2トップが前線からプレスをかける形と違いが見られた。立ち上がりは激しい球際の攻防が見られたが、次第に高知はFW門田が背後をとるなど、岡山学芸館DFラインとMFラインの間でボールを収めるようになり、試合を優勢に進め始める。後半、岡山学芸館は選手交代とともに1-4-4-1-1にシステム変更。ロングボールも前半とは違い高知SBの背後に流し込み、FW木村とMF田口が起点となり、攻撃の形を作る。高知は前半同様の戦い方、岡山学芸館はサイド攻撃の形を変え、拮抗した試合が繰り広げられる。両チームともに選手交代を行い、互いに好機を作り出すも得点を挙げられずにPK方式に突入。15人ずつが蹴り合った白熱したPK方式は14-13で高知が勝利を収めた。

戦評　遠藤真介（米沢東高校）

第3回戦 7月31日（月） カムイの杜公園多目的運動広場A（曇一時雨）

（主）大泉拓　（副）川田昇太、山田昌輝

明秀日立★ 1（0-0 / 1-0）0 青森山田
（茨城県）　（青森県）

得	S	学		背		背		学	S	得
0	0	②	重　松	12	GK	1	鈴　木	③	0	0
0	0	③	飯　田	3	DF	2	小　林	③	0	0
0	0	❸	山　本	5		4	山　本	❸	0	0
0	0	③	長谷川	8		5	小　泉	③	1	0
0	0	②	阿　部	14		6	菅　澤	③	0	0
0	0	③	大　原	6	MF	7	谷　川	②	0	0
0	2	③	吉　田	7		15	（齊藤）	③	0	0
0	0	③	（今野）	2		8	川　原	③	0	0
0	1	③	益　子	13		10	芝　田	③	0	0
0	0	③	（斉藤）	19		13	福　島	③	0	0
						9	（津島）	③	0	0
						14	杉　本	③	0	0
						16	（後藤）	③	1	0
0	0	③	熊　﨑	9	FW	11	米　谷	③	2	0
1	1	③	（根岸）	10						
0	0	③	石　橋	11						
0	0	②	（川口）	15						
0	0	②	柴　田	16						
0	0	②	（竹花）	17						
1	4			8	GK	4			4	0
				2	CK	3				
				17	FK	12				
				0	PK	0				

【得点経過】
後半35+3分〔明〕**根岸**

■劇的決勝点で明秀日立が準々決勝進出

雷雨の影響でキックオフ時間が遅れた一戦は、3日連戦となったチーム同士の対戦。序盤から互いに、これまでの疲労を感じさせないハイプレスで相手に自由を与えず、激しい攻防が繰り広げられる。明秀日立は前への推進力に特長のある選手が多く、MF吉田やFW石橋がドリブルを仕掛けて前進する。対する青森山田は2人のCB山本、小泉を中心にDFラインを統率し、細かなラインコントロールでペナルティエリア内に侵入させない。攻撃では、ドリブルを織り交ぜたリズムの良いパスワークから、守備の薄いサイドへと素早く展開。ロングスローやCKでシンプルに放り込むも、明秀日立DF山本を中心とした堅い守備にゴールは奪えない。後半も両チームの安定した守備により膠着状態が続くが、35+3分に明秀日立FW根岸が劇的な決勝点。最後までゴールを目指し、力強い攻撃を見せた青森山田だが、明秀日立の粘り強い守備を崩せず試合終了。集中力を切らさず、自分たちの特長を出し続けた明秀日立が準々決勝へと駒を進めた。

戦評　川口卓摩（尾鷲高校）

準々決勝戦 8月2日（水） カムイの杜公園多目的運動広場A（晴）

（主）村田裕紀　（副）高須賀哲平、伊藤唯翔

尚　志★ 0（0-1 / 0-0）1 桐光学園
（福島県）　（神奈川県第1）

得	S	学		背		背		学	S	得
0	0	③	角　田	16	GK	1	渡　辺	❸	0	0
0	0	③	冨　岡	2	DF	2	杉　野	②	0	0
0	0	③	高　瀬	3		4	平　田	③	0	0
0	0	③	市　川	4		5	川　村	③	0	0
0	0	❸	白　石	5		19	加　藤	③	0	0
0	1	③	安　斎	7	MF	7	小　西	③	0	0
0	1	③	神　田	8		8	羽田野	③	1	0
0	1	③	若　林	10		10	松　田	③	2	0
0	0	③	（笹生）	12		11	齋　藤	③	2	1
0	1	③	藤　川	14		16	（吉田）	②	0	0
0	0	③	濵　田	15						
0	0	③	（桜松）	11						
0	0	③	網　代	9	FW	9	宮　下	③	2	0
						14	丸　茂	②	0	0
						3	（川口）	③	0	0
0	4			11	GK	5			7	1
				3	CK	0				
				5	FK	12				
				0	PK	0				

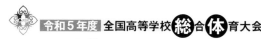

【得点経過】
前半11分〔桐〕丸茂→**齋藤**

▼警告
〔尚〕神田

■桐光学園が粘り強く1点を守り抜く

序盤から互いに球際の激しい攻防から、主導権を握ろうとする。尚志は1-4-4-2のシステムで、攻撃はMF安斎が左サイドに流れ、サイドからのドリブルを起点にチャンスを窺い、守備では中盤からブロックを形成して粘り強く守る。一方、桐光学園は1-4-4-2のシステムでFWが相手の裏へ流れ、空いたスペースを右サイドのMF松田、小西、DF杉野の連係で崩そうとし、守備では前線からのプレスでボール奪取を狙う。前半11分に桐光学園がMF齋藤のミドルシュートで先制。終盤には尚志がボールを保持する時間が増えるが、桐光学園の粘り強い守備にゴールを奪えない。後半、尚志はFW網代へロングボールを送るが、桐光学園はDF平田、川村を中心に跳ね返して攻撃の起点を作らせない。29分に尚志は選手交代を行い、システムを1-4-3-3に変更して攻撃の活性化を図る。ゴール前にボールを送って再三チャンスを作るが、桐光学園が粘り強い守備でゴールを許さず。そのままスコアが動かずに桐光学園が勝利した。

戦評　相馬芳紀（東京都立国際高校）

準々決勝戦

8月2日（水）
カムイの杜公園多目的運動広場Ｂ（晴）

（主）宗像瞭　（副）鈴木悠次郎、籾山智哉

矢板中央 0（0-0 / 0-0）0 国見★
（栃木県）　2 PK 3　（長崎県）

得	S	学		背		背		学	S	得
0	0	③	大渕	1	GK	1	松本	②	0	0
0	1	③	小関	2	DF	2	松永	③	0	0
0	1	③	梶谷	3		3	古川	②	0	0
0	0	③	小針	5		4	中浦	③	0	0
0	1	②	清水	13		5	平田	❸	0	0
0	1	③	小森	6	MF	7	門崎	②	0	0
0	0	②	（石塚）	19		20	（金子）	②	0	0
0	0	❸	井上	7		8	山口	②	0	0
0	0	③	山元	8		17	出田	②	0	0
0	0	②	山下	15		11	（江藤）	②	0	0
						18	坂東(匠)	③	1	0
0	0	②	渡部	9	FW	10	中山	③	0	0
0	0	②	（堀内）	20		13	坂東(匡)	③	1	0
0	0	③	児玉	10		14	（山崎）	③	0	0
0	0	②	（朴）	18						
0	4			8	GK	11			2	0
				7	CK	1				
				5	FK	7				
				0	PK	0				

▼警告
〔国〕山口

■PK方式を制した国見がベスト4へ

　ボールを保持してゲームを組み立てようとする国見に対し、前線からプレッシャーをかけて相手の背後にボールを運ぼうとする矢板中央。両チームの激しい主導権の奪い合いが続く。矢板中央はFW児玉をターゲットにボールを集め攻撃を試みる。一方の国見はポゼッションを行いながら、相手DFとMFの間に顔を出すFW中山、坂東（匡）が攻撃の起点となる。互いに特長を出したが、決定機は作れずに0-0で前半が終了した。後半も前半同様に緊張感のあるゲームが続く。矢板中央は5分、FW堀内を投入して前線からのプレッシャーを強化しつつ、ドリブルで攻撃のリズムを作り出す。徐々に矢板中央がセカンドボールを拾い始め、サイドへの展開からのシンプルなクロスでゴールに迫ったが、GK松本を中心に集中した国見守備陣に弾き返されてしまう。終盤、矢板中央はCKからCB清水がシュートを放つも、松本が身体を張ってセーブする。互いにチャンスを作るも、得点を決められずに後半は終了し、PK方式へと突入。PK方式を3-2で制した国見が準決勝進出を決めた。
　戦評　田中峻平（基町高校）

準々決勝戦

8月2日（水）
カムイの杜公園多目的運動広場Ｂ（晴）

（主）佐々木慎哉　（副）堀悠雅、戸井建

日大藤沢 1（1-0 / 0-0）0 市立船橋★
（神奈川県第2）　（千葉県）

得	S	学		背		背		学	S	得
0	0	③	野島	1	GK	1	ｷﾞﾏﾗｴｽ(ﾆ)	②	0	0
0	0	③	坂口	2	DF	2	佐藤	③	0	0
0	0	③	宮崎	4		3	内川	③	0	0
0	0	③	尾野	5		4	宮川	③	0	0
0	0	③	國分	15		19	井上	②	0	0
0	0	③	荻原	7	MF	7	太田	❸	0	0
0	0	③	諸墨	8		11	佐々木	③	1	0
0	0	③	安場	10		9	（岡部）	②	0	0
0	0	③	岡田	11		13	森	③	0	0
0	0	❸	佐藤	16		16	峯野	②	0	0
1	3	③	山上	9	FW	10	郡司	③	3	0
0	0	③	（柳沼）	14		15	久保原	②	0	0
						14	（足立）	③	0	0
1	3			11	GK	4			4	0
				2	CK	3				
				6	FK	8				
				0	PK	0				

【得点経過】
前半35分〔日〕安場→**山上**

■日大藤沢が関東対決を無失点で凌ぐ

　関東勢同士の一戦。序盤、市立船橋は中盤の競り合いからセカンドボールを回収し、サイドを起点に攻撃を仕掛け、ロングスローからゴール前に押し込む。対する日大藤沢はDFラインからボールを供給し、相手陣内を目指す。徐々に市立船橋が前線からのプレスでマイボールにする展開を増やし、CKやクロス、FW郡司の仕掛けでペナルティエリア内に侵入するが、日大藤沢が身体を投げ出してブロックする。押し込まれる時間が長かった日大藤沢だが、前半35分にこぼれ球をFW山上が決め、1-0として折り返す。後半、市立船橋は縦への速さでゴールを目指し、日大藤沢は細かいパス回しからサイドに展開しクロスから得点を狙う。互いのスタイルがぶつかり合う激しい展開となる。市立船橋は11分、高さのあるFW岡部を投入して縦パスを供給していく。後半のシュートシーンは市立船橋が上回るが、その猛攻を凌ぎながらも中盤のコンビネーションでプレスを掻い潜り続けた日大藤沢が、無失点に抑えて準決勝進出を決めた。
　戦評　阿羅功也（旭川工業高等専門学校）

準々決勝戦

8月2日（水）
カムイの杜公園多目的運動広場Ａ（晴）

（主）谷弘樹　（副）佐藤裕一、丑屋幸大

高知 0（0-0 / 0-1）1 明秀日立★
（高知県）　（茨城県）

得	S	学		背		背		学	S	得
0	0	③	東	1	GK	12	重松	②	0	0
0	0	②	小野	2	DF	3	飯田	③	0	0
0	0	③	（松井）	20		5	山本	❸	0	0
0	0	③	濱口	3		8	長谷川	③	0	0
0	1	❸	森	4		14	阿部	②	1	0
0	0	③	田辺	5						
0	0	③	酒井	12						
0	0	②	市原(大)	7	MF	6	大原	③	0	0
0	2	③	大久保	8		7	吉田	③	0	0
0	0	②	（足達）	9		15	（川口）	②	0	0
0	0	③	市原(礼)	10		13	益子	③	0	0
						19	（斉藤）	③	0	0
0	2	②	門田	11	FW	9	熊崎	③	1	0
0	0	②	（亀岡）	14		10	（根岸）	③	2	0
0	1	①	松田	13		11	石橋	③	2	0
0	0	③	（岡崎）	6		2	（今野）	③	0	0
						16	柴田	②	0	0
						17	（竹花）	②	1	1
0	6			6	GK	12			7	1
				4	CK	1				
				8	FK	8				
				0	PK	0				

【得点経過】
後半24分〔明〕根岸→**竹花**

■選手交代とシステム変更から決勝点

　炎天下の中で行われた高知と明秀日立の試合は互いに1-4-4-2のシステムでスタート。前半はともにロングボールを中心に前進を図るが、精度を欠いて決定的な場面を作ることができない。高知がセットプレーからチャンスを作り、ゴール前の混戦からシュートを放つが、ギリギリのところで明秀日立がかき出す。両チーム、セットプレーからチャンスを見出そうとするが、得点は動かずに前半は0-0で終了。後半、立ち上がりから高知はFW門田、松田を起点に攻撃の姿勢を強める。対する明秀日立はDF飯田、山本のパスからサイドに起点を作って攻撃の形を作る。明秀日立は15分に選手を2人交代し、システムを1-4-2-3-1に変更。すると24分、DFとMFのライン間に侵入した途中出場のFW根岸のポストプレーから、途中出場のMF竹花がシュートを突き刺して明秀日立が試合を動かす。高知も門田のポストプレーからチャンスを作るが、明秀日立守備陣が最後まで集中を切らさず、高知の攻撃を凌ぎ切って勝利を収めた。
　戦評　小田能史（岩見沢緑陵高校）

準決勝戦　8月3日（木）　花咲スポーツ公園陸上競技場（雨）

（主）佐々木慎哉　（副）谷弘樹、田口平蔵

桐光学園 0（0-0 / 0-0）0 国見

（神奈川県第1）　5 PK 4　（長崎県）★

得	S	学		背		背		学	S	得
0	0	❸	渡　辺	1	GK	1	松　本	②	0	0
0	0	②	杉　野	2	DF	2	松　永	③	0	0
0	0	③	平　田	4		16	（原田）	①	1	0
0	0	③	川　村	5		3	古　川	②	0	0
0	0	③	加　藤	19		4	中　浦	③	0	0
						5	平　田	❸	1	0
0	0	③	小　西	7	MF	7	門　崎	②	1	0
0	1	③	羽田野	8		8	山　口	②	0	0
0	3	③	松　田	10		14	（山崎）	③	0	0
0	1	③	齋　藤	11		17	出　田	②	0	0
0	1	②	（増田）	12		18	坂東(匠)	③	1	0
0	1	③	宮　下	9	FW	10	中　山	③	0	0
0	0	②	丸　茂	14		13	坂東(匡)	③	0	0
0	0	②	（吉田）	16		15	（野尻）	②	0	0
0	0	②	（青谷）	13		11	（江藤）	②	0	0
0	7			4	GK	9			4	0
				12	CK	2				
				7	FK	13				
				0	PK	0				

▼警告
〔国〕平田

■国見に競り勝った桐光学園が決勝進出

雨の中、グラウンドが滑りやすく、涼しい環境で行われた準決勝。桐光学園は1-4-4-2のシステムで、FWが相手の背後をとり、サイドで数的優位を作ってチャンスを作り出し、守備では激しいプレスで相手を自由にさせない。一方、国見は開始直後のプレーでFW坂東（匡）が負傷し、1-4-2-3-1にシステムを変更。FW中山をターゲットに、落としたボールをボランチが組み立てながら前進させて攻撃の糸口を探す。守備はコンパクトに保ちながら、ボールを奪おうと試みる。徐々に桐光学園が国見DFとMFの間のスペースを使い始め、MF松田のサイドチェンジやMF齋藤のドリブルなどでリズムを掴み始める。しかし、国見の集中した粘り強い守備により、ペナルティエリア内に侵入できず。均衡した状態が続き、スコアレスで前半は終了。後半開始から桐光学園のペースで試合が進み、再三チャンスを作る。CKからもゴールを脅かすが、GK松本を中心とした国見守備陣を崩し切れず。前半同様、一進一退の攻防が続き、0-0のままPK方式へ。全員が決めた桐光学園が決勝に駒を進めた。

戦評　相馬芳紀（東京都立国際高校）

準決勝戦　8月3日（木）　カムイの杜公園多目的運動広場A（雨）

（主）村田裕紀　（副）髙野佑哉、増田裕之

日大藤沢 1（0-2 / 1-1）3 明秀日立

（神奈川県第2）　（茨城県）★

得	S	学		背		背		学	S	得
0	0	③	野　島	1	GK	12	重　松	②	0	0
0	0	③	坂　口	2	DF	3	飯　田	③	0	0
0	0	③	（片岡）	13		5	山　本	❸	0	0
0	0	③	宮　﨑	4		8	長谷川	③	0	0
0	0	③	尾　野	5		14	阿　部	②	0	0
0	0	③	國　分	15						
0	0	③	荻　原	7	MF	6	大　原	③	2	0
1	1	②	（布施）	6		7	吉　田	③	1	0
0	2	③	諸　墨	8		2	（今野）	③	0	0
0	1	③	（会津）	17		13	益　子	③	2	0
0	0	③	安　場	10		15	（川口）	②	0	0
0	0	③	岡　田	11						
0	0	③	（柳沼）	14						
0	0	❸	佐　藤	16						
0	1	③	山　上	9	FW	9	熊　﨑	③	2	2
0	0	②	（岩内）	20		10	（根岸）	③	0	0
						11	石　橋	③	4	1
						19	（斉藤）	③	0	0
						16	柴　田	②	1	0
						17	（竹花）	②	1	0
1	5			8	GK	3			13	3
				5	CK	0				
				13	FK	7				
				0	PK	0				

【得点経過】
前半 4分〔明〕**石橋**
〃 29分〔明〕柴田→**熊﨑**
後半 3分〔日〕**布施**
〃 8分〔明〕**熊﨑**

▼警告
〔日〕佐藤
〔明〕石橋

■連動した守備から攻撃に繋げた明秀日立

昨日の晴天とは打って変わり、あいにくの雨の中で行われた準決勝は関東勢同士の好カードとなった。激しいプレッシャーと攻守の切り替えから、主導権を握ろうとする明秀日立が前半4分に先制。日大藤沢はポゼッションでボールを前へ運ぼうとするが、明秀日立の連動した守備を前に前進できない。29分、明秀日立は中盤でボールを奪うとカウンターを発動し、FW熊﨑が決めて2点目。連動した守備から攻撃へスムーズに繋げた明秀日立が2-0で前半を折り返した。後半3分にMF布施がシュートを突き刺し、1点を返した日大藤沢が流れを変えかけたが、明秀日立は8分に追加点を挙げて突き放す。明秀日立の守備の強度や連動面は衰えず、日大藤沢にシュートの機会を作らせない。強度の高い連動した守備から攻撃に繋げた明秀日立が勝利を収め、決勝に進出した。

戦評　田中峻平（基町高校）

決勝戦　8月4日（金）　花咲スポーツ公園陸上競技場（曇時々雨）

（主）宗像暸　（副）谷弘樹、村田裕紀

桐光学園 2（1-2 / 1-0 / 0-0 / 0-0）2 明秀日立

（神奈川県第1）　6 PK 7　（茨城県）★

得	S	学		背		背		学	S	得
0	0	❸	渡　辺	1	GK	12	重　松	②	0	0
0	0	②	杉　野	2	DF	3	飯　田	③	0	0
0	1	③	平　田	4		5	山　本	❸	0	0
0	2	③	川　村	5		8	長谷川	③	0	0
0	0	③	加　藤	19		14	阿　部	②	1	0
0	0	③	小　西	7	MF	6	大　原	③	0	0
0	1	③	羽田野	8		7	吉　田	③	1	0
1	2	③	松　田	10		13	益　子	③	0	0
0	0	②	吉　田	16		19	（斉藤）	③	1	0
0	0	②	（増田）	12						
1	2	③	宮　下	9	FW	9	熊　﨑	③	1	0
0	1	②	丸　茂	14		10	（根岸）	③	1	0
0	3	③	（齋藤）	11		11	石　橋	③	0	0
						17	（竹花）	②	0	0
						16	柴　田	②	2	2
						2	（今野）	③	0	0
2	12			6	GK	12			7	2
				9	CK	2				
				13	FK	18				
				0	PK	0				

前半11分〔明〕長谷川→**柴田**
〃 19分〔明〕**柴田**
〃 32分〔桐〕松田→**宮下**
後半16分〔桐〕齋藤→**松田**

■強豪校連破の明秀日立が初優勝

開始直後から激しいプレッシャーの中での攻防が展開される。桐光学園はボールを奪うと縦に速い攻撃を展開し、サイドで起点を作ろうとする。一方、明秀日立は中盤でボールを奪うと、右サイドの連係で好機を窺う。前半11分にFW柴田の得点で明秀日立が先制すると、19分に再び柴田が決めて2点差に広げる。桐光学園は32分、FKにFW宮下が合わせて1点を返す。後半、桐光学園はMF齋藤を投入して攻撃の活性化を図ると、16分に齋藤のパスからMF松田が決めて追いついた。終盤に桐光学園がペースを掴むと、延長戦も桐光学園が押し込む時間帯が続く。しかし、明秀日立はDF山本、飯田を中心にゴールを守り抜き、PK方式に突入。全員が決めた明秀日立が勝利した。幾度となく強豪校を破り、大会を通じてアグレッシブに走り続けた明秀日立が初優勝を飾った。

戦評　相馬芳紀（東京都立国際高校）

男子 優勝監督 手記

萬場 努
明秀日立高校監督

覚悟を決め、勝利するために準備する

2018年以来4大会ぶりのインターハイ出場権を得て、目標をあえて「優勝・日本一」に置きました。今大会に臨むにあたり、インターハイ特有の日程（3試合、休養日、3試合）に適応するための練習スケジュールを組むなど、大会に向けた準備を入念に行いました。組み合わせが決まる抽選の日、私は「できれば1回戦はシードになってほしい」という甘い考えでいました。その考えに反し、7月1日に発表された組み合わせは1回戦がプレミアリーグWEST首位（当時）の静岡学園、そして同じブロックにプレミアリーグEAST首位（当時）の青森山田が入っていました。私自身、非常に驚き、翌日には選手たちに「刺激的な組み合わせに入ったな」と話しました。選手たちも苦笑いをしていたのを鮮明に覚えています。

組み合わせを受け、スタッフ内でのミーティングで「本気で優勝を志すなら、まず我々指導者の本気度を示そう」と打ち合わせ、初戦の静岡学園戦を我々にとって最重要試合と位置づけました。目標達成のため個人のスキルが高い千葉県の中央学院と宮城県の聖和学園に急遽練習試合をお願いしました。その2試合を通して、このチームにとって「ファーストディフェンダーの決定」「連動」「球際」の重要性を認識することができました。今振り返ると、この練習試合がなければ、静岡学園に勝利することはなかったと感じています。急な依頼を快く引き受けてくださった両校には、感謝申し上げます。

大会を振り返る（一戦必勝）

1回戦の静岡学園戦は、自分たちの強みである「強さ」、つまり、臆することなく前線からボールをタフに奪いに行くことと、球際は身体を張って制することで自分たちが主導権を握ること、の2点に注力しました。選手たちもこの狙いを理解し、試合中は終始高い強度で相手ボールを奪いそのままゴールを目指す形ができていました。同点で迎えた後半アディショナルタイムには途中出場の選手が劇的なゴールを奪い、勝利することができました。自分たちの挑戦姿勢に自信と可能性を実感できた瞬間でした。

関西大一との2回戦では、初戦の疲労感や1回戦の勝利による注目度の変化を特に考慮しました。大きな勝負所は後半に来ることを予想し、「根気強く戦う」「しぶとく勝つ」ことを狙いとしました。予想通り、選手たちの動きの重さと、相手の出足の速さに苦戦しましたが、途中出場した選手たちの活躍もあり、試合終盤に連続得点を奪うことができ勝利することができました。

台風の目になりたい

3回戦の青森山田との試合はお互いの強みが類似していることもあり、予想通り激しい攻防となりました。特に自分たちの強みであった「勝負への執着心（球際の攻防）」「運動量」「フィジカルコンタクト」の部分で相手に劣り、前半は気迫に押され、ゴール前に攻め込まれる場面が何度もありました。粘り強い守備で応戦しましたが、なかなか攻撃面での良さが発揮できずに防戦一方で前半が終了しました。しかし、前半の難しい局面でも選手たちは相手の圧力に屈せず、ボールを保持しようとする姿勢を見せてくれていたので、後半は試合展開が少しずつ落ち着いてくるだろうという予想を共有し、敵陣でのボール保持率が向上すれば勝機が見えてくるという点で目線を合わせました。私たち指導者の意図を選手たちが良く汲み取り、ピッチで体現してくれたことで少しずつ自分たちが望むような展開にできました。後半の勝負所で交代選手を投入し、アディショナルタイムにカウンターから見事に得点を決め、勝利することができました。

準々決勝の高知との試合では「相手の技術」「自分たちの消耗度」が大きなポイントとなりました。大会前の準備期間から、休養日の翌日である4試合目はもうひとつの重要点でした。試合開始直後から動きが重く、思うように試合が運べない、攻守両面が噛み合わない状態でした。選手たちから「焦り」も感じましたが、何とか失点をせずに前半を終えることができました。ハーフタイムには「同点」を前向きに捉え、後半にもう一度仕切り直すこと、交代選手の活躍が必要であることの2点を確認し臨みました。この試合でも後半途中出場の選手が見事なシュートを決め、難しい試合を1-0で乗り切ることができました。

準決勝と決勝はメンタリティの勝負

4試合を消化し、選手たちにも疲労が顕著に現れるようになりました。8月1日の休養日以降、活動後は近隣の入浴施設に行くなど疲労回復に努めました。また、保護者の皆さまからも不足したサプリメントの差し入れをしていただくなど、様々な方のご支援とご協力をいただきました。

準決勝当日の朝、選手たちの様子を見た際、前日の朝より明るい様子を感じ取ることができました。この様子から高知戦より、良い試合ができるのではないかと感じていました。準決勝・日大藤沢戦の試合前ミーティングでは、私から「ここからは精神力（メンタリティ）の勝負、思い切り戦おう」という一点だけ伝えました。試合前のウォーミングアップから雰囲気も良く、戦う準備は整っているように感じました。試合が始まると狙い通り選手たちは素早い出足で前線から鋭いプレッシャーをかけ、開始4分に、敵陣でボールを奪うと素早い切り替えから貴重な先制点を奪うことができました。その後は日大藤沢の統率のとれた攻撃で主導権こそ握られますが、組織的に守り、したたかに隙を突いていく姿勢で試合を進めることができ、前半のうちに追加点を奪うことができました。後半開始直後にフリーキックの流れから失点してしまいましたが、選手たちは落ち着いている様子でした。失点に動じることなく気持ちを立て直し、失点数分後には追加点を奪うことができ、3-1で勝利することができました。この試合でポイントになった「試合の入り方」「失点後の試合展開」を見事に体現してくれたことで、チームとしてこの大会で頂点に立てる可能性が高まったと感じました。

決勝の相手である桐光学園とは、昨年度の関東大会決勝戦で対戦し、大会前に練習試合も実施させていただいた相手でした。どちらも本校が勝利しましたが、準々決勝の桐光学園対尚志の攻防を見て、練習試合時からは格段に成長した、気迫に満ちたチームだと感じました。決勝も準決勝同様に攻守両面で自分たちから積極的に仕掛ける展開を目指して戦いました。決勝でも良い試合の入り方ができ、開始20分までに2点を奪うことに成功しました。しかし、前半終了間際にセットプレーから失点し1点差でハーフタイムとなりました。後半、勢いを増す相手に粘り強くゴール前を守っていましたが、相手の鋭い仕掛けに耐えられず同点ゴールを許してしまいました。その後交代選手を投入し改善を図りましたが、相手の高い技術力とスピードに苦しむ時間が長く続き、延長でも耐える時間が続きました。

PK方式では終始、精神的にも落ち着いている様子で逞しさすら感じる程でした。キッカー7名全員が成功し、優勝を手にすることができました。

おわりに

今大会では目標であった「優勝・日本一」ということよりも、私たち指導者が試合の組み立てとして設定した狙いに対して選手たちが理解を示し、高い再現性を発揮してくれたことが一番の喜びでした。

また、大会期間中には大会運営の関係者をはじめ、本当に多くの方々のご支援をいただきました。この場をお借りして御礼申し上げます。

これからも高校サッカーにとって大切な大会であるインターハイが益々発展することを祈念して監督手記とさせていただきます。

翔び立て若き翼 北海道総体 2023
轟かせ魂の鼓動 北の大地へ大空へ

男子 総評

鈴木聖也
札幌大谷高校

はじめに

令和5年度全国高等学校総合体育大会男子サッカー競技は、7月29日（土）~8月4日（金）の7日間の日程で、出場52チームにより、北海道旭川市内の8会場において開催されました。

7月、8月の平均気温が25℃を超えない冷涼な地域の旭川市ですが、大会序盤は30℃を超える暑さに、飲水タイムに加えクーリングブレイクが設けられました。

猛暑の中始まった今大会ですが、大会2日目の午後からは雨が降り、3日目の3回戦では多くの試合で雷雨による試合時間の遅延および中断がありました。

特に矢板中央vs.高川学園の試合は、9時30分キックオフで開始しましたが後半18分過ぎに中断、その約3時間後の13時30分から後半残り17分を再開する難しい状況の試合になりました。

またカムイの杜公園多目的運動広場Bで予定されていた前橋育英vs.尚志の試合は9時30分キックオフが18時キックオフに変更となり、さらに会場も照明設備のある東光スポーツ公園球技場Bへと変更になりました。両チームにおいては、朝からコンディションやメンタル面の調整に苦慮されたのではないかと思います。

幸いチーム関係者、観客や報道員の皆さまなど全ての来場者の安全は確保することができましたが、改めて夏場の大会運営の難しさを痛感しました。

さて今大会の決勝は、強度の高い連動した守備でプレミアリーグ所属の静岡学園（静岡県）と青森山田（青森県）を倒した決勝初進出の明秀日立(茨城県)と、前線からのプレスから素早い攻撃で4年ぶり2度目の優勝を狙う桐光学園（神奈川県①）との対戦となりました。

明秀日立は相手陣地においては1-4-4-2で前線から強度の高い連動したプレスを発揮し、自陣では1-4-1-4-1でコンパクトな守備ブロックを形成し、場所に応じた守備のチーム戦術が明確でした。粘り強く強度の高い守備から、攻撃ではカウンターを中心にゴールを挙げ、決勝に駒を進めました。決勝では、ボールをしっかり保持しながら前進する場面も多く、先制点も右サイドからボールを動かして保持を続け、スイッチプレーから突破し、クロスからゴールを決めました。その後もGKが起点となり、縦パスから3人目の前向きの選手を使い簡単に前進させます。そうしてタイミング良く飛び出したところに、中央からのスルーパスでチャンスを作り、こぼれたボールを押し込み、追加点を挙げ勢いに乗りました。

対する桐光学園も前線から強度の高いプレスで、徐々に明秀日立を押し込み始めます。ミドルサード右側からのFKで対角線上に放り込まれたボールをヘディングで決め2-1で前半を折り返します。後半はボールをしっかり保持しながらゴールを目指し、相手陣地で優位にゲームを進め、同点に追いつき延長戦となり、そこでも決着がつかずPK方式となります。緊張感あふれる中、互いに譲らず6人目までは両チーム全員が決めますが、7人目で明秀日立のGKがシュートストップをして、明秀日立の初優勝となりました。また茨城県勢としては1979年の水戸商業以来の優勝となりました。

両チームとも、強度が高い中でボールを奪いにいき、素早く攻撃するのか、ボールをしっかり保持しながらゴールに向かうのか、チームとして状況判断が的確であり、全国大会の決勝として観戦した北海道の子供達や観客の方々を魅了した試合でした。

大会報告

【ベスト8】

関東：明秀日立（茨城県）・桐光学園（神奈川県①）・日大藤沢（神奈川県②）・市立船橋（千葉県）・矢板中央（栃木県）、東北：尚志（福島県）、四国：高知（高知県）、九州：国見（長崎県）。

地域別では「関東5・東北1・四国1・九州1」、リーグ戦における所属は「プレミア2・プリンス2・FA4」となりました。今大会のベスト8進出においては、プレミアリーグ所属の出場チームが10チームある中で、特にFAリーグ所属チームの健闘が光りました。

また準々決勝では3試合が1-0、残りの1試合が0-0（PK方式）というスコアになり、全チームが4バックを採用した堅守がベースにありました。国見(長崎県)は準決勝においてPK方式で敗退したものの、5試合無失点という粘り強い守備からの徹底した堅守でした。

全般的には、攻守をそのままゴールに結びつけているということが共通していました。特にゴールを奪うために積極的にボールを奪いにいくプレーが数多く見られました。積極的な前線の守備からショートカウンターでゴールを奪いにいくという、ボールを奪いにいく守備でゴールを狙うことも印象的でした。

【攻撃】

◉チームのスタイル

チームのスタイルとしては、ボールをしっかり保持しながら、意図的にボールを動かしゴールに迫っていくチーム、また攻守の切り替えにおいて、奪った瞬間から、カウンターを狙うチームなど、それぞれのチームのスタイルがあり、ノックアウト方式のゲームでも自チームのスタイルをしっかり貫くチームが大半だと感じました。

◉ゲームの進め方

ゲームの進め方としては、試合開始序盤はロングボール中心のダイレクトプレーを多用するチームが1～2回戦では多く見られました。ゲームの立ち上がりの時間帯ではリスクを負わないプレーとして考えられますが、前線での優位性がないにもかかわらず、前進するためにロングボールに終始頼っているプレーについては、課題として残る部分だと思います。

加えて、ボールを失ってでもできる限り相手陣地でゲームを展開したいという意図も大会序盤の試合では多く見られました。

◉意図的な攻撃を目指して

相手の状況を認知し、攻撃の優先順位としてボールを動かし、数的優位性、ポジショニングの優位性、個人の優位性をチームとして意図的に発揮できることが今後の質的向上に繋がると感じました。

技術におけるパーフェクトスキルを目指しつつ、相手を認知しながら個人としてチームとして意図的にゴールに迫る手段を判断できる選手の育成が課題だと思います。

【守備】

◉ゴールを奪うための守備

今大会では、相手陣地の高い位置からハイプレスを行うチームが多く見られました。相手チームとの関係性もありますが、ゴールを奪うためにボールを奪いにいくという方向性がより強くなっている様子を感じました。

それにより、相手チームのビルドアップのミスを誘い、ボールを奪うことができる場面も多く見られました。

その反面、守備の構築ができていないのにファーストDFだけ積極的にプレスにいったり、ファーストDFが簡単にかわされ制限がかけられない場面が散見され、ファーストDFの判断やチームとしてボールを奪いにいくのか、遅らせるのかという判断力の重要性を感じました。

◉ゾーンごとの守備

今大会では、相手陣地での高い位置からのハイプレスと、自陣における中盤からブロックをしっかり形成した守備を相手の状況に応じてシステムを変えたりするなど、ゾーンによって守備ブロックを変えられるチームが上位チームに多く見られました。

その前提として共通するのは、①コンパクトな守備の構築 ②流動的な相手に対して、スペースを守るのか、マンマークで対応するのかの明確性 ③ボール周辺ではチャレンジ&カバーをはじめとした連動性、ボールから遠い選手のボールサイドへのコンパクトさ（絞り）および逆サイドへの展開を警戒したポジショニングや準備がスムーズでした。

◉攻守一体

先述しましたが攻撃では大会序盤はロングボールでの前進に頼り続けるチームもある中、ボールを奪いにいく強度の高いプレスから、奪った瞬間にFWが動き出し意図的にロングボールを配球する場面も多く見られました。そしてボールを奪った後のプレーを想定したボールの奪い方を意図的に狙い、攻守一体としてサッカーを捉えているチームも見られました。

【大会を通じて】

北海道での高校総体の開催は36年ぶりとなり、出場した旭川実業（北海道①）、札幌創成（北海道②）、札幌第一（北海道③）の3校には全国レベルとの戦いに大きな期待が寄せられました。旭川実業においては帝京長岡（新潟県）を破り、3回戦では市立船橋（千葉県）に惜敗しましたが、地元旭川での健闘は大いに観客を沸かせました。

また大会期間中は日本サッカー協会テクニカル・スタディ・グループ（TSG）の三浦佑介氏を講師にゴール分析をテーマとした指導者研修会が行われ、参加した指導者は学びの場として有意義な機会となりました。

運営面では、新型コロナウイルス感染症が感染症法上2類相当の位置づけから5類に引き下げられ、より多くの関係者や観客が集まることが予想された中での大会でした。そして30℃を超える炎天下から突然の雷雨など天候にも左右されながら、その都度の対応に苦慮しましたが、皆さまにお力添えいただき本当にありがとうございました。

全国高体連本部役員の先生方、道外から派遣された審判員や技術員の方々、また旭川市を中心とした北海道の高等学校等職員、北海道および旭川地区サッカー協会の皆さまが総力を挙げて、感染症対策や天候に関する危機管理を全うした大会運営ができた北海道総体であり、関係した全ての方々に感謝いたします。

来年度の開催地である福島県の成功を祈念し、総評とさせていただきます。

ENTRY 登録選手一覧

令和5年度
全国高等学校
総合体育大会
サッカー競技

旭川実業　北海道第1

[監督]富居徹雄 [引率教員]仁科拓也

背番号	位置	氏	名	学年
1	GK	越後	紀一	3
2	FW	敦賀	晴紀	3
3	DF	岡本染太郎		3
4	MF	渡邊	航生	2
5	MF	工藤	葵柊	3
6	FW	鵜城	温大	3
⑦	DF	庄子	羽琉	3
8	MF	澁谷	陽	2
9	MF	鈴木	琉生	2
10	FW	和嶋	陽佳	3
11	MF	柴田	龍牙	3
12	MF	小川	理玖	3
13	DF	鈴木	奏翔	3
14	MF	萩野	琉衣	2
15	DF	米澤	友	3
16	MF	百々	楽	3
17	GK	杉谷	日向	3
18	FW	清水	彪雅	2
19	DF	藤木	良馬	2
20	MF	高杉龍乃介		2

札幌創成　北海道第2

[監督]鏑木正彦 [引率教員]小杉眞司

背番号	位置	氏	名	学年
1	GK	渡辺	嵩来	3
2	DF	須貝	翔	2
3	DF	米田	來禅	2
4	DF	森	恭亮	2
5	DF	大坂	恵也	2
6	DF	山﨑央太郎		3
7	FW	近藤	佳祐	3
8	MF	佐野	元紀	2
9	MF	佐藤	蓮	3
⑩	MF	村本	柊生	3
11	FW	加藤	天晴	1
12	GK	名取	煌平	2
13	MF	上田	倖輔	2
14	FW	三栖	正義	3
15	DF	吉田	壮汰	3
16	DF	白石	颯月	2
17	FW	細川	櫂吏	2
18	FW	加我	咲大	2
19	MF	米沢	空紋	2
20	DF	秋田	剛志	2

札幌第一　北海道第3

[監督]佐藤祐介 [引率教員]笠原 努

背番号	位置	氏	名	学年
1	GK	本田	拓夢	3
2	DF	沖野	蒼真	3
3	DF	中津川倭丸		3
4	DF	阿部島	匠	2
5	MF	村井	嘉斗	3
6	MF	土橋	大牙	3
7	DF	東理	拓斗	3
8	MF	小林	秀豪	3
9	FW	水口	陽彩	3
10	FW	外舘	円清	3
11	FW	藤井	蓮	3
12	FW	桑江	常旗	3
13	FW	石原	陸翔	3
14	FW	今	草一朗	3
15	MF	内海	凌太	2
⑯	MF	邉見	琉真	3
17	GK	阿部	翔成	2
18	MF	本間	空河	3
19	DF	中村	漣志	3
20	DF	斉藤	択	3

青森山田　青森県

[監督]正木昌宣 [引率教員]正木昌宣

背番号	位置	氏	名	学年
1	GK	鈴木	将永	3
2	DF	小林	拓斗	3
3	DF	小沼	蒼珠	2
④	DF	山本	虎	3
5	DF	小泉	佳絃	3
6	DF	菅澤	凱	3
7	MF	谷川	勇獅	2
8	MF	川原	良介	3
9	FW	津島	巧	3
10	MF	芝田	玲	3
11	FW	米谷	壮史	3
12	GK	長谷川龍也		3
13	MF	福島	健太	3
14	MF	杉本	英誉	3
15	MF	齊藤	和祈	3
16	MF	後藤	礼智	3
17	FW	三浦	陽	2
18	MF	別府	育真	2
19	MF	斎藤	結翔	2
20	DF	関口	豪	3

遠野　岩手県

[監督]佐藤邦祥 [引率教員]工藤竜也

背番号	位置	氏	名	学年
1	GK	山田	涼楓	3
2	DF	田代	成琉	3
3	DF	佐々木湧太		3
④	DF	畠山	哉人	3
5	MF	菊池	遥大	3
6	DF	戸羽	輝希	3
7	MF	馬場	大瀬	2
8	MF	高橋	優成	3
9	MF	照井	颯人	2
10	MF	昆野	翔太	3
11	FW	池口	遥葵	3
12	DF	菊池	晃太	2
13	FW	小松	樹來	3
14	DF	右近	優太	3
15	MF	今渕雄太郎		2
16	MF	八重樫凌太		3
17	GK	浅沼	英志	3
18	MF	千葉	陸	1
19	FW	細谷地亮介		2
20	MF	小倉	悠慎	2

東北学院　宮城県

[監督]橋本俊一 [引率教員]千葉秀俊

背番号	位置	氏	名	学年
1	GK	橋本	脩礼	2
2	DF	佐々木智貴		2
3	DF	鈴木	幸太	2
4	DF	吉田健太郎		2
5	MF	菅原	心汰	2
6	DF	渡邉	幸輝	2
7	MF	伊藤	律稀	3
8	MF	三村明日眞		3
9	FW	佐々木流空		2
⑩	FW	斉藤	虎宇	3
11	MF	鈴木	太都	3
12	GK	千葉	恒大	1
13	MF	嶺岸	颯人	2
14	MF	佐藤	孝祐	3
15	MF	守屋	尚吾	2
16	DF	和久	一輝	3
17	DF	川崎	理仁	3
18	FW	阿部	圭汰	1
19	MF	守屋	慧士	3
20	FW	岡元	龍太	2

ノースアジア大学明桜　秋田県

[監督]原 美彦 [引率教員]西澤拓也

背番号	位置	氏	名	学年
①	GK	川村	晃生	3
2	DF	大木源士郎		2
3	DF	山口	滉生	2
4	MF	廣森	輝星	2
5	DF	菅野	琉空	3
6	MF	庄司	郁哉	2
7	MF	中山	煌斗	3
8	MF	外山	蓮	3
9	DF	吉田	秀	3
10	FW	臼田	成那	3
11	FW	加藤	鳳夢	3
12	GK	成田	譲紀	1
13	MF	齊藤	廉	2
14	MF	村上	大河	3
15	MF	武田	大和	3
16	MF	小松	亮大	3
17	DF	目黒	琥珀	3
18	FW	片岡	怜央	2
19	FW	北川	学	2
20	DF	本島	隆成	1

羽黒　山形県

[監督]本街直樹 [引率教員]佐藤大地

背番号	位置	氏	名	学年
1	GK	石野	翼	3
2	DF	吉波	宥希	3
3	DF	榎本	成希	3
4	DF	田村	絆人	2
5	DF	川井啓太郎		3
6	MF	友野	晃伸	3
7	MF	高尾	波流	2
8	MF	達本	幸正	3
9	FW	三國谷斗羽		3
⑩	MF	小西	謙吾	3
11	MF	遠藤	大雅	3
12	GK	高橋	純大	3
13	MF	伊藤	諒帥	3
14	MF	小田	太航	3
15	DF	久間木蒼太		3
16	MF	畑山琥太郎		2
17	MF	阿崎	凛	2
18	MF	斎藤	匠	2
19	FW	岡部	晟士	2
20	FW	佐藤	惺空	1

尚志　福島県

[監督]仲村浩二 [引率教員]西田 潤

背番号	位置	氏	名	学年
1	GK	高橋	悠太	3
2	DF	冨岡	和真	3
3	DF	高瀬	大也	3
4	DF	市川	和弥	3
5	DF	白石	蓮	3
6	MF	出来	伯琉	3
7	MF	安斎	悠人	3
8	MF	神田	拓人	3
9	FW	網代	陽勇	3
10	MF	若林	来希	3
11	FW	桜松	駿	3
12	FW	笹生	悠太	3
13	DF	高田	湊人	3
14	MF	藤川	壮史	3
15	MF	濵田	昂希	3
16	GK	角田隆太朗		3
17	DF	小原	空大	3
18	MF	吉田	尚平	3
19	FW	山本	仁	3
⑳	DF	渡邉	優空	3

明秀学園日立　茨城県

[監督]萬場 努 [引率教員]大塚義典

背番号	位置	氏	名	学年
1	GK	小泉	凌輔	3
2	DF	今野	生斗	3
3	DF	飯田	朝陽	3
4	DF	若田部	礼	3
⑤	DF	山本	凌	3
6	MF	大原	大和	3
7	MF	吉田	裕哉	3
8	MF	長谷川幸蔵		3
9	FW	熊﨑	瑛太	3
10	FW	根岸	隼	3
11	FW	石橋	鞘	3
12	GK	重松	陽	2
13	MF	益子	峻輔	3
14	MF	阿部	巧実	2
15	MF	川口	嵐	2
16	FW	柴田	健成	2
17	MF	竹花	龍生	2
18	FW	保科	愛斗	2
19	MF	斉藤	生樹	3
20	FW	新	陽樹	3

矢板中央　栃木県

[監督]髙橋健二 [引率教員]金子文三

背番号	位置	氏	名	学年
1	GK	大渕	咲人	3
2	DF	小関	大翔	3
3	DF	梶谷皇光斗		3
4	DF	荒野	壱心	3
5	DF	小針慎太郎		3
6	MF	小森	輝星	3
⑦	MF	井上	拓実	3
8	MF	山元	敦琥	3
9	FW	渡部	嶺斗	2
10	FW	児玉聖士朗		3
11	MF	阿部	敢汰	3
12	GK	藤間	広希	2
13	DF	清水	陽	2
14	MF	伊藤	嘉真	3
15	MF	山下	魁心	2
16	DF	小倉	煌平	2
17	MF	外山	瑛人	2
18	FW	朴	大温	2
19	MF	石塚	遥真	2
20	FW	堀内	凰希	2

群馬育英学園前橋育英　群馬県

[監督]山田耕介 [引率教員]松下裕樹

背番号	位置	氏	名	学年
①	GK	雨野	颯真	3
2	DF	斉藤	希明	3
3	DF	山田	佳	2
4	DF	熊谷	康正	3
5	DF	青木	蓮人	2
6	DF	清水	大幹	3
7	MF	石井	陽	2
8	MF	松下	拓夢	3
9	MF	黒沢	佑晟	2
10	MF	山﨑	勇誠	3
11	MF	斎藤	陽太	3
12	GK	藤原	優希	2
13	MF	平林	尊琉	1
14	MF	篠﨑	遥斗	3
15	FW	佐藤	耕太	2
16	DF	立木	堯斗	2
17	FW	中村	太一	2
18	FW	オノノジュ	慶吏	2
19	DF	林	優眞	2
20	MF	鈴木	蓮大	2

武南　埼玉県

[監督]内野慎一郎 [引率教員]内野慎一郎

背番号	位置	氏	名	学年
①	GK	前島	拓実	3
2	DF	島崎	貴博	3
3	DF	小金井遥斗		3
4	DF	岸	雅也	3
5	DF	齋藤	瑛斗	3
6	MF	宮里	丞	3
7	MF	川上	旺祐	3
8	MF	高橋	秀太	3
9	MF	戸上	和貴	3
10	MF	松原	史季	3
11	MF	髙橋	俊祐	3
12	GK	石川	廉章	2
13	FW	大熊	來瑠	2
14	FW	杉沢	旭浩	3
15	DF	山崎	元就	3
16	MF	川﨑	悠斗	2
17	MF	飯野	健太	3
18	FW	文元	一稀	3
19	DF	田和	俊祐	3
20	MF	平野	琉斗	1

市立船橋　千葉県

[監督]波多秀吾 [引率教員]波多秀吾

背番号	位置	氏	名	学年
1	GK	ギマラエス	ニコラス	2
2	DF	佐藤	凛音	3
3	DF	内川	遼	3
4	DF	宮川	瑛光	3
5	DF	五来	凌空	3
6	MF	白土	典汰	3
⑦	MF	太田	隼剛	3
8	MF	秦	悠月	3
9	FW	岡部	タリクカナイ颯斗	2
10	FW	郡司	璃来	3
11	MF	佐々木裕涼		3
12	DF	神馬	颯介	3
13	MF	森	駿人	3
14	MF	足立	陽	3
15	FW	久保原心優		2
16	MF	峯野	倖	2
17	GK	庄司	光輝	3
18	FW	伊丹	俊元	2
19	DF	井上	千陽	2
20	DF	ギマラエス	ガブリエル	2

國學院大學久我山　東京都第1

[監督]李 済華 [引率教員]時﨑一男

背番号	位置	氏	名	学年
1	GK	太田	陽彩	2
2	DF	馬場	翔大	3
③	DF	普久原陽平		3
4	DF	スコット	颯真ニコラス	3
5	DF	平原	大煌	2
6	MF	洪	潤紀	3
7	DF	入野	瑛太	3
8	FW	菅井	友喜	3
9	FW	前島	魁人	2
10	MF	山脇	舞斗	3
11	FW	佐々木登羽		3
12	FW	髙梨	通晴	3
13	MF	常森	瑶平	3
14	MF	近藤	侑璃	2
15	DF	太田	圭駿	2
16	FW	高井	琉士	3
17	GK	大村	太郎	3
18	FW	下塩入俊佑		3
19	FW	保土原海翔		3
20	FW	小宮	将生	3

成立学園　東京都第2

[監督]山本健二 [引率教員]森岡幸太

背番号	位置	氏	名	学年
1	GK	新渕	七輝	3
2	DF	桜井	勇樹	3
3	DF	矢島	脩大	3
4	DF	大坂	颯汰	3
5	DF	鎌田	真碧	3
⑥	MF	横地	亮太	3
7	MF	佐藤	漣	3
8	MF	笠原	麻守	3
9	MF	大塚	亮翔	3
10	MF	外山	朔也	3
11	FW	冨永	創	3
12	DF	山口	拓士	2
13	DF	大山	悟生	3
14	MF	高橋	奏羽	3
15	MF	平原	健吉	3
16	MF	戸部	茉広	3
17	GK	湯浅世琉亜		3
18	FW	田村	陽	3
19	MF	大橋	東	3
20	MF	関口	陽大	2

桐光学園　神奈川県第1

[監督]鈴木勝大 [引率教員]鈴木勝大

背番号	位置	氏	名	学年
①	GK	渡辺	勇樹	3
2	DF	杉野	太一	2
3	DF	川口	泰翔	3
4	DF	平田翔之介		3
5	DF	川村	優介	3
6	MF	湯藤	翔太	2
7	MF	小西	碧波	3
8	MF	羽田野紘矢		3
9	FW	宮下	拓弥	3
10	MF	松田	悠世	3
11	MF	齋藤	俊輔	3
12	DF	増田	遥希	2
13	DF	青谷	舜	2
14	FW	丸茂	晴翔	2
15	MF	山本	陽大	3
16	MF	吉田	晃大	2
17	GK	村田	侑大	3
18	MF	佐藤	凜弥	1
19	DF	加藤	竣	3
20	FW	寺澤	公平	3

日本大学藤沢　神奈川県第2

[監督]佐藤輝勝 [引率教員]上野尚輝

背番号	位置	氏	名	学年
1	GK	野島	佑司	3
2	DF	坂口	康生	3
3	DF	小川	寧大	3
4	DF	宮﨑	達也	3
5	DF	尾野	優日	3
6	MF	布施	克真	2
7	MF	荻原	大地	3
8	MF	諸墨	清平	3
9	FW	山上	大智	3
10	MF	安場壮志朗		3
11	MF	岡田	生都	3
12	GK	斎藤	直晴	3
13	DF	片岡	大慈	3
14	DF	柳沼	俊太	3
15	DF	國分	唯央	3
⑯	MF	佐藤	春斗	3
17	MF	会津	恒毅	3
18	MF	藤代	哲成	3
19	FW	進藤	匠	3
20	MF	岩内	類	2

山梨学院　山梨県

[監督]岩永 将 [引率教員]岩永 将

背番号	位置	氏	名	学年
1	GK	堀川	史羽	3
2	DF	鈴木	琉斗	2
③	DF	坪井	昊	3
4	DF	志村	晃	2
5	DF	斉藤幸之介		3
6	MF	根岸	真	2
7	MF	本多弥沙哉		3
8	MF	関口	翔吾	2
9	FW	高野	夏輝	3
10	MF	富岡	玲音	3
11	MF	駒田	晴生	3
12	FW	五十嵐真翔		3
13	DF	小柳	堅也	2
14	MF	小日山滉生		3
15	MF	川村	伊吹	3
16	MF	篠田	泰雅	2
17	GK	小原	稜也	2
18	DF	半田	唯也	3
19	MF	吉儀	大	3
20	MF	速水	仁	2

松商学園　長野県

[監督]高山剛治 [引率教員]百瀬重成

背番号	位置	氏	名	学年
1	GK	中垣	敬太	3
2	DF	小林	千路	3
3	DF	松永	裕哉	3
4	DF	今井天志朗		3
5	MF	中野	勇暉	3
6	MF	中村	彩人	3
7	FW	上田	卓輝	3
8	FW	藤本	漣	3
⑨	FW	陶山	快斗	3
10	MF	森田	優聖	3
11	FW	伊藤	龍生	3
12	DF	峯	翔汰	3
13	MF	上田	泰輝	2
14	MF	平尾	風詠	3
15	DF	平山	将大	2
16	DF	加藤	駿輝	3
17	GK	森山	嶺馬	3
18	MF	山本	陽	3
19	FW	大槻	優介	2
20	MF	中村みらの		3

帝京長岡　新潟県

[監督]古沢 徹 [引率教員]谷口哲朗

背番号	位置	氏	名	学年
1	GK	小林	脩晃	2
2	DF	松岡	涼空	3
3	DF	高萩	優太	3
4	DF	山本	圭晋	2
5	DF	内山	開翔	3
6	MF	吉竹	勇人	2
7	MF	山村	朔冬	3
8	MF	橋本	燦	3
9	FW	新納	大吾	2
10	MF	原	壮志	3
11	MF	畑	遼河	3
12	MF	柳田	夢輝	2
13	MF	平澤	諒珂	3
⑭	FW	堀	颯汰	3
15	DF	池田	遼	2
16	MF	山田	成夏	3
17	GK	道菅	陽斗	2
18	FW	河角	昇磨	3
19	FW	安野	匠	2
20	DF	浅井	隼大	2

富山第一　富山県

[監督]加納靖典 [引率教員]加納靖典

背番号	位置	氏	名	学年
1	GK	魚住	秀真	3
2	DF	小西	双豪	3
3	DF	岡田	駿也	3
4	DF	福光	翔太	3
5	DF	大居	優汰	3
⑥	MF	多賀	滉人	3
7	MF	平田	一葵	3
8	MF	松井	凛空	3
9	FW	加藤	隼也	3
10	FW	稲垣禅太郎		3
11	MF	川原	瑠偉	3
12	GK	曽江	空海	3
13	DF	谷川	智哉	3
14	DF	山本	大心	3
15	FW	宮本	凌成	3
16	FW	谷	柊杜	3
17	MF	菅野	暖大	3
18	MF	入江	秀虎	3
19	FW	羽根成千加		3
20	FW	谷保	健太	3

金沢学院大学附属　石川県

[監督]北 一真 [引率教員]新田雅士

背番号	位置	氏	名	学年
①	GK	松本	晃政	3
2	DF	松下	椋祐	3
3	DF	葛城	涼	3
4	DF	久保	佑太	3
5	DF	北村	颯登	3
6	DF	嶺野	悠斗	2
7	MF	馬越	淳史	3
8	MF	小林	和哉	2
9	MF	西田虎汰郎		3
10	MF	松本	賢太	3
11	FW	櫻井	鳳雅	3
12	MF	高橋	薫	3
13	MF	岡山	拓未	2
14	MF	林	瞭	3
15	DF	山下	聖真	2
16	MF	油野	瑛斗	2
17	GK	石山	アレックス	1
18	FW	丸山	幹太	2
19	MF	今鷹	陸	2
20	MF	村田	維吹	2

県立丸岡　福井県

[監督]小阪康弘 [引率教員]高倉泰希

背番号	位置	氏	名	学年
1	GK	山本	貫太	3
2	DF	永田	俊介	3
3	FW	大藤	航輝	3
4	DF	河奥	正流	3
5	DF	宮﨑	陽	3
6	DF	奥村	風磨	2
⑦	MF	奥村	洋武	3
8	MF	安嶋	琉生	2
9	FW	西村	心	2
10	MF	渡辺	祥気	3
11	FW	川下恭太郎		3
12	FW	戸田亜琉斗		3
13	MF	寺坂	樹大	2
14	MF	小関彼方人		1
15	MF	久津見	颯	2
16	MF	久米田麻斗		3
17	GK	清水	唯太	3
18	MF	高倉	悠真	3
19	MF	小関	結人	3
20	DF	西田	陸晴	3

静岡学園　静岡県

[監督]川口 修 [引率教員]川口 修

背番号	位置	氏	名	学年
①	GK	中村	圭佑	3
2	DF	井口	晴斗	3
3	DF	岩田	琉唯	2
4	DF	水野	朔	3
5	MF	福地	瑠伊	3
6	DF	泉	光太郎	3
7	MF	天野	太陽	2
8	MF	山縣	優翔	1
9	FW	神田	奏真	3
10	MF	高田	優	3
11	MF	志賀	小政	3
12	FW	石川	智也	3
13	DF	野田	裕人	2
14	MF	森﨑	澄晴	3
15	MF	岡元	和士	3
16	MF	田嶋	旦陽	3
17	GK	山口	航生	3
18	MF	大平	青空	3
19	DF	吉村	美海	3
20	DF	大村	海心	3

東邦　愛知県

[監督]杉坂友浩 [引率教員]杉坂友浩

背番号	位置	氏	名	学年
1	GK	池田エンヒ		2
2	DF	土川	泰輝	2
3	DF	名古屋佑乃介		2
4	DF	生駒	隆季	3
5	MF	守内	麻騎	2
6	MF	浦中	智也	3
7	MF	清水	悠希	2
8	MF	深澤	奏	3
9	FW	山端	寧生	2
⑩	DF	朴	勢己	3
11	FW	廣江	優	2
12	GK	長尾	拓磨	1
13	DF	森田	湊和	3
14	MF	森	一琉	3
15	DF	久田玲央馬		2
16	MF	カヨンゴ	翔音タイリース	1
17	FW	水野	燦士	1
18	FW	伊藤	洵太	2
19	DF	深谷	颯天	1
20	FW	永井	望夢	1

海星　三重県

[監督]青柳 隆 [引率教員]吉岡光貴

背番号	位置	氏	名	学年
1	GK	内田	遥登	3
2	DF	相原	一太	3
3	MF	村田	眞哉	3
4	DF	岡崎	颯大	3
5	DF	沼田	一輝	3
6	MF	金澤	颯真	3
7	FW	山口	翠海	3
8	MF	中辻鼓太朗		3
9	FW	清水	隼翔	3
⑩	MF	清水	葉功	3
11	MF	横山	創士	3
12	GK	山本龍之介		3
13	DF	一見	季斗	3
14	MF	河合	航汰	3
15	MF	小林麟太郎		3
16	MF	伊藤	啓大	3
17	DF	須原	吏紀	3
18	DF	木多	遥士	3
19	MF	中野	遼一	2
20	FW	秋田	幹太	2

帝京大学可児　岐阜県

[監督]仲井正剛 [引率教員]川村真太朗

背番号	位置	氏	名	学年
1	GK	竹内	耕平	3
2	DF	中村	優慎	3
3	DF	鷹見	豪希	2
4	DF	内山	晴登	3
5	DF	堀内	祥暉	3
6	DF	石田	凱大	2
7	MF	内藤	和希	3
⑧	MF	吉兼	伶真	3
9	MF	明石	望来	2
10	FW	加藤	隆成	2
11	MF	棚橋	奎斗	3
12	DF	梅本	泰佑	3
13	FW	高田	悠志	2
14	MF	黒沢	一斗	1
15	MF	鶴見	一馬	2
16	MF	樽井蓮太朗		2
17	GK	土田	壮太	3
18	MF	執行	悠雅	1
19	FW	井上	蓮斗	1
20	DF	伊藤	彰一	1

近江　滋賀県

[監督]前田高孝 [引率教員]臼井徳典

背番号	位置	氏 名	学年
1	GK	山崎 晃輝	2
②	DF	金山 耀太	3
3	DF	安田 旭	3
4	MF	浅井 晴孔	3
5	DF	西村 想大	3
6	MF	川上 隼輔	3
7	MF	鵜戸 瑛士	3
8	MF	西 飛勇吾	3
9	FW	山本 諒	2
10	MF	山門 立侑	3
11	FW	荒砂 洋仁	3
12	GK	岡本航太朗	1
13	FW	山中 舜	3
14	DF	川地 一颯	3
15	FW	小山 真尋	3
16	MF	廣瀬 脩斗	2
17	MF	大谷結衣斗	3
18	FW	伊豆蔵一惺	2
19	DF	里見 華威	3
20	DF	山上 空琉	2

東山　京都府

[監督]福重良一 [引率教員]中原大亮

背番号	位置	氏 名	学年
1	GK	牧 純哉	3
2	DF	足立 康生	3
3	DF	上山 泰智	1
4	DF	志津 正剛	3
5	MF	中山 和奏	2
6	MF	古川清一朗	2
7	MF	三日月澪青	3
8	MF	沖村 大也	2
9	FW	宇野 隼生	3
⑩	MF	濱瀬 楽維	3
11	FW	松下 凌大	3
12	DF	尾根 碧斗	1
13	FW	大山 遼斗	3
14	MF	辻 綸太郎	2
15	DF	海老原雅音	3
16	DF	坪内 瑛久	2
17	GK	二川 陽翔	3
18	MF	野田 凰心	1
19	MF	井上 慧	2
20	MF	善積 甲知	1

金光大阪　大阪府第1

[監督]岩松哲也 [引率教員]米原 勝

背番号	位置	氏 名	学年
1	GK	仲 勇磨	3
2	DF	村田 凌介	3
3	DF	湊 結伍	3
④	DF	長瀬 怜旺	3
5	DF	箱田 日翔	3
6	MF	原 竜馬	3
7	MF	北村涼太朗	3
8	MF	上田 大翔	3
9	MF	岡田 涼馬	3
10	MF	太田 陸斗	3
11	FW	上田琥太郎	3
12	DF	井上 秀	2
13	MF	西原 優眞	2
14	DF	斎藤 大靖	3
15	MF	畑 叶夢	3
16	MF	村尾 優真	3
17	GK	望月 大雅	3
18	MF	田島 悠玖	2
19	DF	堀田朔太郎	2
20	GK	加藤 蓮	2

関西大学第一　大阪府第2

[監督]緒方卓也 [引率教員]髙坂雄一郎

背番号	位置	氏 名	学年
1	GK	橋本 拓磨	3
2	DF	林 拓哉	3
3	DF	鴨川 光輝	3
4	MF	糸賀 大燿	3
5	DF	中谷 優冴	3
6	MF	西田 詩	3
7	FW	竹川 伊純	3
8	MF	乾 智輝	3
⑨	FW	今西 佑	3
10	MF	内田 唯斗	3
11	FW	門田 登真	3
12	MF	梅原 快	2
13	DF	河村 一冴	3
14	MF	今井 優	2
15	DF	坂本慎太郎	2
16	DF	藤林 昱成	3
17	GK	飛鳥馬健太	2
18	MF	町上 桜太	3
19	FW	岩崎 颯太	2
20	DF	川上 凌空	2

初芝橋本　和歌山県

[監督]阪中義博 [引率教員]阪中義博

背番号	位置	氏 名	学年
1	GK	大竹野勇斗	3
2	DF	坂本 夢人	3
3	DF	西風 勇吾	3
④	DF	石丸 晴大	3
5	DF	三浦 晴太	3
6	MF	深本 皓太	3
7	MF	増田 晋也	3
8	MF	池田 真優	3
9	FW	石田 翔也	3
10	FW	朝野 夏輝	3
11	FW	神戸 賢	3
12	DF	福本 悠二	2
13	DF	松岡 智也	3
14	MF	古谷 仁成	3
15	MF	大丸龍之介	3
16	MF	山本 拓夢	3
17	GK	江田 悠輝	2
18	FW	竹内 崇真	3
19	FW	大薗 一柊	3
20	MF	河崎 慶二	2

奈良育英　奈良県

[監督]梶村 卓 [引率教員]鈴井浩一

背番号	位置	氏 名	学年
1	GK	瀧川 笑玄	3
2	DF	谷川琉希也	2
③	DF	奥村 央樹	3
4	DF	八木 涼輔	3
5	DF	田中 琥士	3
6	MF	川上 隼平	3
7	MF	藤岡仙太郎	3
8	MF	村田 康成	3
9	FW	井登 奏汰	3
10	MF	磯貝新之助	3
11	MF	山本 浬	3
12	GK	内村 篤紀	1
13	MF	水津 煌人	2
14	FW	水流 大翔	3
15	DF	竹田 秦	2
16	DF	平原 颯大	2
17	DF	仲谷 陽馬	1
18	MF	西村 優士	1
19	MF	有友 瑠	2
20	MF	木村 剛瑠	1

神戸弘陵　兵庫県

[監督]谷 純一 [引率教員]濵田康佑

背番号	位置	氏 名	学年
1	GK	石橋 亮斗	3
2	DF	豆成 僚	3
3	DF	柴尾 美那	3
④	DF	岡 未來	3
5	DF	三輪 桜大	3
6	MF	大井 孝輔	3
7	MF	井田 琉汐	2
8	FW	佐波 昂大	3
9	FW	馬場 悠平	3
10	MF	北藤 朔	3
11	DF	江崎 有佑	3
12	GK	歌野 裕大	2
13	DF	松井 君弥	3
14	MF	十河 快斗	3
15	FW	高橋 奏多	3
16	MF	石橋 瀬凪	2
17	DF	阪上 聖恩	2
18	DF	藤本 達真	2
19	MF	中邑 蕾羽	2
20	MF	木津 奏芽	2

翔英学園米子北　鳥取県

[監督]中村真吾 [引率教員]城市徳之

背番号	位置	氏 名	学年
1	GK	尾崎 巧望	3
2	DF	梶 磨佐志	3
3	DF	藤原壮志朗	3
4	DF	石倉 亜連	3
5	DF	城田 利恩	3
6	MF	樋渡 蓮音	2
⑦	MF	上原 颯太	3
8	MF	仲田 堅信	3
9	FW	鈴木 颯人	2
10	FW	森田 尚人	3
11	FW	愛須 隆聖	3
12	DF	濱口 慶汰	3
13	FW	田中 太賀	1
14	MF	小村 日向	3
15	DF	番原 珠生	3
16	DF	花田 涼惺	2
17	GK	岡田 海琴	3
18	MF	柴野 惺	2
19	MF	田村 郁颯	3
20	FW	堀 大夢	3

立正大学淞南　島根県

[監督]野尻 豪 [引率教員]野尻 豪

背番号	位置	氏 名	学年
1	GK	塚田 喜心	3
2	DF	柴田虎太郎	3
3	DF	三島 典征	2
4	DF	坂本直太朗	3
⑤	DF	西口 大稀	3
6	DF	植田 琉生	3
7	FW	廣田 宗己	3
8	MF	中井 佑泰	3
9	FW	眞鍋 隆聖	3
10	MF	禹 導勳	1
11	MF	山田 涼斗	2
12	DF	宮本 涼矢	3
13	MF	升井 泰雅	3
14	MF	野澤 颯天	3
15	MF	三島 拓人	2
16	MF	豊田 寛太	1
17	FW	永澤 叶太	3
18	MF	中谷 瑠希	3
19	MF	久島 理功	3
20	GK	西尾 桜路	3

岡山学芸館　岡山県

[監督]高原良明 [引率教員]金田泰弘

背番号	位置	氏 名	学年
1	GK	平塚 仁	3
2	DF	持永イザキ	3
3	DF	平松 伸朗	3
4	DF	平野 大樹	3
5	MF	高山 隼磨	3
6	MF	岡野 錠司	2
7	MF	木下 瑠己	3
8	MF	田村日夏汰	3
9	FW	太田修次郎	2
⑩	MF	田口 裕真	3
11	FW	田邉 望	3
12	GK	福地 煌矢	2
13	MF	植野 柊	2
14	FW	木村 奏人	3
15	MF	山河 獅童	3
16	MF	水田 涼介	3
17	DF	中村 仁	3
18	MF	池上 大慈	2
19	MF	万代 大和	1
20	FW	香西 健心	2

広島国際学院　広島県

[監督]谷崎元樹 [引率教員]瀬越 徹

背番号	位置	氏 名	学年
1	GK	片渕 竣介	3
2	DF	藤井 海地	3
3	DF	水野 雄太	3
④	DF	茂田 颯平	3
5	DF	島川 翔汰	3
6	MF	長谷川蒼矢	3
7	MF	渡辺 雄太	3
8	MF	谷原 海都	3
9	MF	松永 悠斗	3
10	MF	石川 撞真	3
11	FW	野見 明輝	3
12	DF	藤井 蓮斗	3
13	MF	萩野 巧也	3
14	MF	戸山 晴人	3
15	MF	高山陽那太	3
16	DF	岡田 康誠	3
17	GK	松元 清惺	3
18	MF	濱田 凌太	3
19	MF	岩本 大河	3
20	MF	福島 拓哉	3

高川学園　山口県

[監督]江本 孝 [引率教員]河村直樹

背番号	位置	氏 名	学年
1	GK	髙城 柊哉	1
2	DF	大下 隼鋭	3
3	DF	西 俊輔	2
4	DF	徳若 侑璃	3
5	DF	石原 快晟	3
6	MF	宮城 太郎	1
7	DF	沖野眞之介	2
8	MF	佐藤 大斗	3
9	FW	浪下 元気	2
10	FW	山本 吟侍	3
11	FW	行友 祐翔	2
12	MF	村上 一誓	2
⑬	MF	藤井 蒼斗	3
14	MF	山中 大樹	3
15	MF	西岡 剛志	2
16	MF	中津海蓮恩	2
17	GK	三宅 亮壽	2
18	DF	安井 拓海	3
19	MF	伊木 樹海	3
20	MF	松木汰駈斗	2

県立高松北　香川県

[監督]陶山輝佳 [引率教員]眞鍋佳幹

背番号	位置	氏 名	学年
1	GK	藤村 豪	3
2	DF	細川 元義	3
3	DF	市山 隼	3
4	DF	大下 雄也	2
5	DF	安本 峻	3
6	MF	森本 光佑	3
7	MF	田中 友貴	3
8	FW	山本 太星	3
9	FW	吉本 琉空	3
⑩	FW	森口 且将	3
11	FW	田岡 楓音	2
12	GK	坂井 太陽	2
13	MF	小西航士朗	2
14	MF	松木 晴陽	3
15	DF	伊賀 奏	2
16	MF	石川 洋大	2
17	FW	佐々木俊春	3
18	MF	山下 颯天	2
19	FW	菊本 航	2
20	MF	谷口 清也	3

徳島市立　徳島県

[監督]河野博幸 [引率教員]藤本大地

背番号	位置	氏 名	学年
1	GK	安藝誠一郎	3
2	DF	瀬口 竣介	3
3	DF	川村琥太朗	3
4	DF	山本 煌大	3
5	DF	麻植 光規	3
6	MF	池田 怜以	3
7	MF	山座 拓達	3
8	FW	岡 快吏	2
9	MF	上田 寛大	2
⑩	FW	笠原 颯太	3
11	FW	鈴木 悠哉	2
12	MF	山口凜太郎	2
13	DF	好浦 悠仁	2
14	MF	尾形 郁海	2
15	MF	太田夏壽人	3
16	FW	篠崎 陸空	3
17	GK	大佐古陸駆	2
18	FW	平尾 海斗	1
19	DF	松山 哲也	1
20	MF	原水 智弘	2

帝京第五　愛媛県

[監督]植田洋平 [引率教員]熊谷雄大

背番号	位置	氏 名	学年
1	GK	山田 楓羽	2
2	DF	鈴木 聖矢	2
③	DF	宮島 柊汰	3
4	DF	和田 大輝	2
5	DF	松田 侑弥	3
6	MF	串田 桜大	2
7	MF	山口 雄人	3
8	MF	樋口 志	3
9	FW	佐藤 羚音	3
10	DF	五本木 涼	3
11	FW	森下 勇璃	3
12	GK	飯島 悠翔	3
13	DF	内藤 海斗	2
14	FW	大澤 蹴舞	3
15	MF	三神 晴路	2
16	MF	船田 星翼	2
17	MF	菅原 一輝	1
18	DF	飯田 達也	3
19	DF	蓑牟田 翔	3
20	FW	田中 恭汰	3

高知　高知県

[監督]大坪裕典 [引率教員]細谷尚史

背番号	位置	氏 名	学年
1	GK	東 大稀	3
2	DF	小野 響輝	2
3	DF	濱口 達也	3
④	DF	森 紺	3
5	DF	田辺 陽翔	3
6	MF	岡﨑 彪我	3
7	MF	市原 大羅	2
8	MF	大久保天満	3
9	MF	足達柊侍郎	2
10	MF	市原 礼斗	3
11	FW	門田 翔平	2
12	DF	酒井 良汰	3
13	FW	松田 翔空	1
14	FW	亀岡 春陽	2
15	MF	西内 文哉	2
16	GK	榎並谷礼央	3
17	MF	山城 亜蓮	2
18	MF	西森 吏玖	2
19	DF	横田 陽向	1
20	MF	松井 貫太	3

東福岡　福岡県

[監督]森重潤也 [引率教員]平岡道浩

背番号	位置	氏 名	学年
1	GK	笈西 櫂大	3
2	DF	杉山 誠夢	3
3	DF	秋 一星	3
4	DF	井上 碧斗	3
5	DF	保科 鉄	3
⑥	MF	西田 頼	3
7	MF	對馬 陸人	3
8	FW	野田 昂希	3
9	FW	阿部 来紀	3
10	MF	榊原 寛太	3
11	MF	吉岡 拓海	3
12	DF	倉岡 愛斗	3
13	DF	宮永 康太	3
14	GK	神田謙二郎	2
15	MF	大谷 圭史	2
16	MF	中山 陸斗	3
17	MF	竹下 悠	3
18	DF	山禄 涼平	2
19	MF	稗田 幹男	2
20	MF	落合 琉鴻	3

県立佐賀東　佐賀県

[監督]蒲原晶昭 [引率教員]杠 美津司

背番号	位置	氏 名	学年
1	GK	中里 好佑	2
2	DF	國武優太郎	3
3	DF	甲斐 桜助	2
4	DF	田中 幹大	2
5	MF	江頭 瀬南	2
6	DF	田中 佑磨	2
7	MF	西川 葵翔	3
8	FW	森田 偉斗	2
⑨	MF	宮川 昇太	3
10	MF	江口 恭平	3
11	FW	最所 大星	3
12	FW	田口 大翔	3
13	FW	甲斐 巧海	2
14	MF	中村 琥道	2
15	MF	江口 賢伸	2
16	MF	右近 歩武	3
17	GK	西川 空良	3
18	DF	後藤 光輝	2
19	MF	青木 稜	2
20	FW	詫間 湊斗	3

県立国見　長崎県

[監督]木藤健太 [引率教員]川瀬啓典

背番号	位置	氏 名	学年
1	GK	松本 優星	2
2	DF	松永 大輝	3
3	DF	古川 聖來	2
4	DF	中浦 優太	3
⑤	DF	平田 大耀	3
6	DF	椛島 眞於	3
7	MF	門崎 健一	2
8	MF	山口 大輝	2
9	FW	西山 蒔人	2
10	FW	中山 葵	3
11	MF	江藤 呂生	2
12	GK	林田 宝	2
13	FW	坂東 匡	3
14	MF	山崎 夢麓	3
15	DF	野尻慎之助	2
16	MF	原田 高虎	1
17	MF	出田 幸雅	2
18	MF	坂東 匠	3
19	DF	前田 新舵	1
20	FW	金子 光汰	2

県立大津　熊本県

[監督]山城朋大 [引率教員]山城朋大

背番号	位置	氏 名	学年
1	GK	坊野 雄大	2
2	DF	大神 優斗	2
3	DF	田辺 幸久	3
4	DF	吉本 篤史	3
5	DF	五嶋 夏生	2
6	MF	兼松 将	2
7	MF	古川 大地	3
8	MF	嶋本 悠大	2
9	FW	山下 景司	2
⑩	MF	碇 明日麻	3
11	MF	稲田 翼	3
12	DF	村上 慶	1
13	DF	守田 龍弥	3
14	MF	中村健之介	2
15	MF	日置 陽人	3
16	GK	村上 葵	1
17	MF	畑 拓海	2
18	MF	徳永 雄斗	3
19	DF	柳元 玲二	2
20	FW	新野 太陽	3

県立中津東　大分県

[監督]首藤啓文 [引率教員]岩男忠典

背番号	位置	氏 名	学年
1	GK	吉岡 頼星	3
2	DF	大友 尋平	3
3	DF	近藤 裕太	3
4	DF	合嶋 空	2
5	DF	上野 祐揮	3
6	MF	今吉 聡斗	3
7	MF	十時 夢叶	2
8	MF	横山 将	3
9	FW	梅津 爽蒼	1
10	FW	伊藤 光琉	2
11	FW	立花 佑悟	2
12	DF	瀬戸 桜晟	2
13	DF	井上 翔伍	1
14	MF	田口 晴十	2
15	MF	前田 朔良	2
16	GK	小野 奏音	1
17	FW	富永 駿	3
18	DF	後藤 結俊	1
19	MF	畑田 純成	1
⑳	MF	菅川 青空	3

宮崎日本大学　宮崎県

[監督]南 光太 [引率教員]山下航平

背番号	位置	氏 名	学年
1	GK	大平 爽哉	3
2	DF	北村 嘉都	3
3	DF	安達 拓哉	3
④	MF	小畠 優輝	3
5	DF	齋藤 達樹	3
6	DF	松下衣舞希	3
7	MF	二村 亮雅	3
8	MF	松添 隼大	3
9	FW	樋田 聖大	3
10	FW	大塚虎太郎	3
11	MF	黒木 琉亜	3
12	DF	今泉 斗翔	3
13	MF	高永 優太	3
14	MF	三輪 育幹	3
15	MF	矢田 彩都	3
16	MF	小郷莉皇斗	3
17	GK	大友 朝陽	3
18	DF	武道 証	3
19	DF	伊藤波留希	3
20	MF	中村 蒼	2

神村学園高等部　鹿児島県

[監督]有村圭一郎 [引率教員]柏野裕一

背番号	位置	氏 名	学年
1	GK	川路 陽	3
2	MF	下川 温大	3
3	DF	中野 陽斗	1
4	DF	鈴木 悠仁	2
5	DF	難波 大和	3
6	DF	長沼 政宗	3
7	DF	有馬 康汰	3
8	MF	佐々木悠太	1
9	MF	益山 結翔	3
10	MF	福島 和毅	1
11	FW	竹内 尋	3
12	DF	長田 誠矢	3
⑬	FW	西丸 道人	3
14	MF	名和田我空	2
15	MF	吉永 夢希	3
16	MF	内匠 遼翔	3
17	GK	照屋 颯大	3
18	MF	平野あいと	3
19	MF	平木 駿	3
20	DF	新垣 陽盛	2

県立西原　沖縄県

[監督]知花 良 [引率教員]新城拳聖

背番号	位置	氏 名	学年
1	GK	島袋 凪海	3
2	MF	上原 湊	3
3	DF	國吉 智也	2
4	DF	徳村 琉也	3
5	DF	米村 海	3
⑥	DF	久高 宗馬	3
7	MF	安里 琉偉	2
8	MF	齋藤 博斗	3
9	FW	岡野 俊	3
10	MF	安里悠之介	3
11	FW	比嘉 琥生	3
12	GK	金城 拓斗	2
13	FW	上江洲悠太	2
14	MF	伊是名春葵	2
15	DF	友利 吏和	3
16	DF	津田 佳秋	3
17	MF	又吉 瑛斗	2
18	MF	上地 大誠	3
19	MF	金城朔太朗	2
20	DF	神田 竜寿	3

全国高校

総合体育大会

都道府県大会記録

北海道

●決勝トーナメント

第１代表：旭川実　第２代表：札幌創成　第３代表：札幌第一

旭川実、札幌英藍、旭川志峯、北海道文教大附、釧路江南、札幌第一、札幌大谷、大谷室蘭、東海大札幌、函館大谷、帯広北、北海、札幌東、帯広大谷、岩見沢緑陵、札幌創成、網走南ケ丘、稚内、駒大苫小牧、市立函館、釧路北陽、苫小牧中央、とわの森三愛、北照、旭川北

〈3位決定戦〉札幌第一（札幌第一、とわの森三愛）

【函館支部】

市立函館

函館大谷、上磯江南、水産知南、函館工、八雲、函館高専、函館ラ・サール、函館大有斗、函館中部、函館西、函館大柏稜、函館商、七飯、市立函館

〈3位決定戦〉函館大有斗（函館ラ・サール、函館大有斗）

【空知支部】

岩見沢緑陵

滝川西、滝川、合同※、岩見沢東、岩見沢緑陵

※合同＝長沼・岩見沢西・岩見沢農

【小樽支部】

北照

小樽桜陽、合同※、小樽潮陵、北照、小樽水産、倶知安

※合同＝小樽未来創造・岩内・蘭越・高等讃

【室蘭支部】

駒大苫小牧

大谷室蘭、合同※、静内、室蘭栄、北海道栄、登別青嶺、苫小牧工、伊達開来、苫小牧南、室蘭清水丘、苫小牧中央、苫小牧東、浦河、苫小牧高専、駒大苫小牧

〈3位決定戦〉苫小牧中央（苫小牧工、苫小牧中央）

※合同＝登別明日・鵡川・室蘭工

【旭川支部】

旭川北

旭川志峯、旭川西、旭川商、旭川龍谷、旭川工、富良野、旭川南、旭川明成、留萌、旭川高専、旭川永嶺、旭川東、旭川農、旭川北

【札幌支部】

北海

※合同＝北海道朝鮮・札幌白陵

札幌創成、札幌琴似工、札幌静修、合同※、北広島西、札幌北陵、北海学園札幌、当別、千歳、北嶺、札幌工、札幌藻岩、札幌清田、北海道文教大附、札幌国際情報、東海大札幌、札幌東陵、札幌北、札幌南、立命館慶祥、石狩翔陽、札幌手稲、札幌稲雲、北海道科学大高、札幌龍谷学園、札幌白石、大麻、北星学園大附、札幌第一、北海、札幌平岡、札幌開成、石狩南、クラーク記念国際、札幌東豊、札幌月寒、札幌新陽、札幌英藍、北広島、札幌啓成、江別、札幌西、とわの森三愛、札幌東、札幌旭丘、札幌西陵、札幌光星、札幌平岸、札幌丘珠、札幌厚別、札幌日大、札幌山の手、札幌新川、恵庭北、恵庭南、札幌啓北商、札幌大谷

【名寄支部】

稚内

稚内大谷、稚内、枝幸、合同※

〈3位決定戦〉稚内大谷（稚内大谷、枝幸）

※合同＝利尻・名寄・士別翔雲

【オホーツク支部】

網走南ケ丘

北見北斗、合同※、網走桂陽、北見緑陵、遠軽、網走南ケ丘、北見工、紋別、北見柏陽

※合同＝津別・佐呂間・美幌

【十勝支部】

帯広北

※合同＝上士幌・更別農・清水

帯広北、帯広三条、合同※、帯広南商・鹿追、音更、幕別清陵、帯広緑陽、白樺学園、帯広工、帯広農、芽室、池田、帯広柏葉、帯広大谷

〈3位決定戦〉帯広緑陽（帯広緑陽、帯広工）

【釧根支部】

釧路北陽

釧路北陽、釧路明輝、別海・羅臼、釧路工、根室、武修館、釧路湖陵、釧路高専、中標津、釧路江南

青森県

●決勝トーナメント

青森山田

青森山田、黒石・柏木農、合同A※、合同B※、三本木、合同C※、三沢、弘前南、青森東、弘前中央、三本木農恵拓、八戸工、合同D※、百石・六ケ所、青森、青森南、木造、八戸工大一、五所川原第一、八戸西、八戸学院野辺地西、三沢商、青森北、弘前工、五所川原工科、十和田工、東奥義塾、青森西、五所川原、向陵、八戸、八戸北、五所川原農林、青森工、弘前実、八戸工大二、弘前、東奥学園、八戸東、八戸学院光星

〈3位決定戦〉八戸学院野辺地西（八戸工大一、八戸学院野辺地西）

※合同A＝八戸水産・名久井農・八戸聖ウルスラ
※合同B＝田名部・むつ工・大湊
※合同C＝青森商・青森明の星
※合同D＝聖愛・弘前東・柴田

岩手県

●決勝トーナメント

遠野

専大北上、江南義塾、一関工、合同A※、合同B※、合同C※、一関第一、釜石商工・千厩、盛岡誠桜、盛岡市立、盛岡中央、宮古、花巻北、盛岡第三、黒沢尻北、盛岡第一、岩手、葛巻、花巻東、盛岡商、盛岡第四、久慈、盛岡農、水沢工、花巻南、盛岡北、水沢、合同D※、不来方、盛岡大附、一関高専、久慈東、一関第二、盛岡南、福岡・福岡工、宮古商工、釜石、北上翔南、遠野

※合同A＝花北青雲・遠野緑峰
※合同B＝岩谷堂・金ケ崎・水沢農
※合同C＝岩泉・盛岡スコーレ
※合同D＝大船渡・大船渡東・高田

秋田県

●決勝トーナメント

明桜

※合同＝西仙北・横手清陵

明桜、大館桜・北鷹、大館鳳鳴、男鹿工、秋田、秋田西、由利工、角館、合同※、大曲、秋田工、新屋、湯沢、国際情報、横手・大曲農、西目、本荘、秋田南、大曲工、能代・松陽、秋田商

〈3位決定戦〉秋田商（秋田工、秋田商）

山形県

●決勝トーナメント

羽黒

東海大山形、鶴岡工、天童、山形南、九里学園、山形城北、米沢中央、鶴岡南、山形商、惺山、新庄北、羽黒、山形中央、長井、寒河江、上山明新館、酒田西、山形明正、鶴岡東、東桜学館、山形東、酒田南、米沢興譲館、日大山形

〈3位決定戦〉山形城北（山形城北、日大山形）

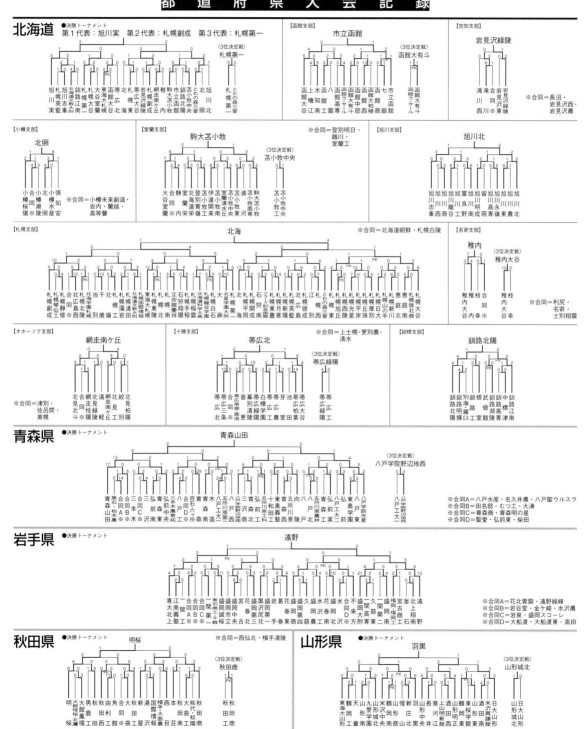

【庄内地区】

●決勝トーナメント
羽黒
鶴岡東　酒田南　鶴岡工　羽黒

〈3位決定戦〉
酒田南
酒田南　鶴岡工

●5位～8位順位決定リーグ

	酒田光陵	鶴岡南	酒田西	鶴岡高専	順位
酒田光陵		0－3	1－1	0－1	8
鶴岡南	3－0		3－0	4－0	5
酒田西	1－1	0－3		1－0	6
鶴岡高専	1－0	0－4	0－1		7

●9位～10位決定トーナメント
鶴岡中央
鶴岡中央　酒田東（PK）

●予選リーグ

A	酒田光陵	鶴岡工	酒田西	鶴岡中央	順位
酒田光陵		1－5	1－1	3－1	2
鶴岡工	5－1		5－0	0－2	1
酒田西	1－1	0－5		2－0	3
鶴岡中央	1－3	2－0	0－2		4

B	酒田南	鶴岡南	鶴岡高専	酒田東	順位
酒田南		3－2	9－0	6－0	1
鶴岡南	2－3		4－0	8－0	2
鶴岡高専	0－9	0－4		4－2	3
酒田東	0－6	0－8	2－4		4

【置賜地区】

※合同＝高畠・米沢商

●決勝戦
米沢中央
米沢中央　米沢興譲館　長井（PK）

〈代表決定戦〉
九里学園
九里学園　南陽

〈順位決定戦〉
米沢東
米沢東　米沢工

長井工
合同※　長井工

●予選リーグ

A	米沢興譲館	米沢東	九里学園	合同※	順位
米沢興譲館		4－0	1－1	6－0	1
米沢東	0－4		0－0	7－0	3
九里学園	1－1	0－0		11－0	2
合同※	0－6	0－7	0－11		4

B	長井	米沢工	南陽	長井工	順位
長井		1－0	2－1	14－0	1
米沢工	0－1		0－0	7－0	3
南陽	1－2	0－0		9－1	2
長井工	0－14	0－7	1－9		4

【最北地区】

	新庄北	東桜学館	新庄東	新庄神室産	村山産	順位
新庄北		2－1	3－1	2－0	2－0	1
東桜学館	1－2		3－0	4－3	5－1	2
新庄東	1－3	0－3		1－0	2－0	3
新庄神室産	0－2	3－4	0－1		3－2	4
村山産	0－2	1－5	0－2	2－3		5

【村山地区】 ●決勝トーナメント

日大山形
山形明正　寒河江　山形城北　山形中央　日大山形　山形南　山形商　東海大山形

〈9位決定トーナメント〉
山形東
惺山　寒河江工　上山明新館　山形工　山形東　創学館　山形学院　天童

●予選リーグ

A	惺山	創学館	寒河江	山形学院	順位
惺山		3－0	0－1	1－0	2
創学館	0－3		0－2	0－0	4
寒河江	1－0	2－0		1－0	1
山形学院	0－1	0－0	0－1		3

C	山形商	山形工	天童	順位
山形商		4－0	4－1	1
山形工	0－4		0－1	3
天童	1－4	1－0		2

B	山形東	山形南	上山明新館	寒河江工	順位
山形東		0－1	7－0	17－0	2
山形南	1－0		4－0	17－0	1
上山明新館	0－7	0－4		10－0	3
寒河江工	0－17	0－17	0－10		4

宮城県

●決勝トーナメント

東北学院
仙台育英　塩釜　小牛田農林　松島　尚絅学院　仙台向山　仙台東　多賀城　仙台工　古川学園　古川　石巻西・石巻商　仙台第二　名取北　東北　利府　東陵　仙台　東北学院榴ケ岡　仙台商　合同A※　仙台第一　高専名取　合同B※　迫桜　角田　白石　石巻　東北生文大　東北学院　合同C※　宮城農　泉　仙台城南　仙台二華　気仙沼　黒川　名取　宮城広瀬　中新田・加美農　古川黎明　富谷　泉館山　宮城工　聖和学園　泉松陵　白石工　古川工　仙台大明成　石巻工　石巻北　仙台南　仙台西　日本ウェルネス宮城　合同D※　築館　亘理　佐沼　仙台第三

〈3位決定戦〉
聖和学園
多賀城　聖和学園

※合同A＝宮城第一・仙台青陵中等
※合同B＝登米総合・南三陸・本吉響
※合同C＝柴田農・柴田・大河原産
※合同D＝大崎中央・涌谷・鹿島台商

福島県

●決勝トーナメント

尚志
尚志　ふたば未来学園　磐城桜が丘　葵　福島成蹊　学法石川　日大東北　平工　白河　帝京安積　東日大昌平　郡山北工　福島東　安達　郡山　いわき光洋　聖光学院　小高産技　会津　郡山商　福島工　橘　須賀川創英館　会津工

〈3位決定戦〉
帝京安積
学法石川　帝京安積（PK）

【県北地区】 ●決勝トーナメント

福島東
福島工　福島西　二本松実・伊達　福島成蹊　合同※　福島商　福島東　本宮　福島　橘　福島南　安達

〈敗者復活トーナメント〉
安達
福島成蹊　二本松実・伊達　福島　合同※　橘　本宮　福島西　福島南　福島商　安達

※合同＝福島明成・松韻福島

〈5位決定戦〉
橘
橘　福島商

【会津地区】 ●決勝トーナメント

葵
会津工　ザベリオ　会津学鳳　会津　喜多方桐桜　若松商　葵　喜多方

〈敗者復活トーナメント〉
会津工
会津工　喜多方　若松商　ザベリオ　会津学鳳　喜多方桐桜

【県南地区】 ●決勝トーナメント

学法石川
学法石川　郡山東　あさか開成　船引　白河　白河実　郡山商　安積　須賀川創英館　安積黎明　郡山　須賀川桐陽　日大東北　清陵情報　郡山北工　白河旭

〈3位決定戦〉
郡山商
郡山商　日大東北

〈敗者復活トーナメント〉
白河
郡山北工　郡山東　船引　郡山　白河実　安積　白河　安積黎明　須賀川桐陽　あさか開成　清陵情報　白河旭

〈7位決定戦〉
郡山
郡山　清陵情報

【相双地区】 ●決勝トーナメント

ふたば未来学園
ふたば未来学園　相馬農　原町　小高産技　相馬総合　相馬

〈敗者復活トーナメント〉
小高産技
相馬総合　原町　相馬農　相馬　小高産技

【いわき地区】 ●決勝トーナメント

東日大昌平
東日大昌平　勿来工　福島高専　磐城桜が丘　磐城　平工　いわき光洋　いわき湯本　小名浜海星

〈敗者復活トーナメント〉
いわき光洋
磐城桜が丘　福島高専　磐城　小名浜海星　いわき光洋　勿来工　いわき湯本

茨城県

●決勝トーナメント

明秀日立
鹿島学園　岩瀬日大　水海道第一　日立第一　明秀日立　境　鹿島　東洋大牛久　麻生　竹園　茨城キリスト　波崎　牛久　日立北　常磐大高　水戸工　鉾田第一　常総学院　水戸桜ノ牧　水戸第一　水戸商　水戸啓明　古河第三　古河中等　清真学園　藤代　土浦第一　中央　古河第一　第一学院　那珂　取手松陽　下妻第二　水戸葵陵　茗溪学園　牛久栄進　霞ヶ浦

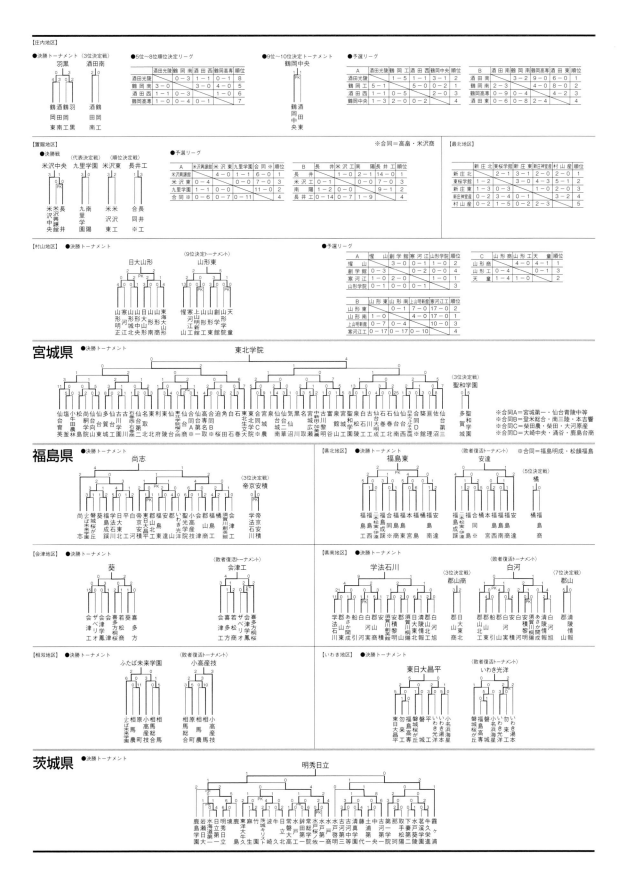

【県西地区】

※合同A＝つくば工科・つくばサイエンス
※合同B＝坂東清風・明野・三和・結城第一・結城第二

古河第三（古河第三、下館第二、並木中等）
境（境、つくば秀英、石下紫峰）
水海道第一（水海道第一、下館工、八千代）
下妻第二（下妻第二、鬼怒商、下館第一）
古河中等（古河中等、総和工、下妻第一）
竹園（伊奈、合同A※、岩瀬、竹園）
茗溪学園（茗溪学園、古河第二、合同B※、守谷）

【県北地区】

明秀日立（明秀日立、高萩清松、科学技術日立）
日立第一（日立第一、太田西山、多賀）
日立北（日立北、太田第一、日立商）
茨城キリスト（茨城キリスト、日立工）

【県東地区】 ※合同＝潮来・神栖・波崎柳川

麻生（麻生、合同※）
清真学園（玉造工、清真学園）
鉾田第一（鉾田第二、鉾田第一）

【水戸地区】 ※合同＝常陸大宮・茨城東・茨城朝鮮・大子清流

水戸第一（水戸第一、茨城高専、勝田）
常磐大高（常磐大高、水戸農、水城）
水戸葵陵（水戸葵陵、合同※、茨城）
水戸桜ノ牧（水戸桜ノ牧、海洋・笠間、佐和）
那珂（那珂、勝田工）
水戸工（緑岡、水戸工）

【県南地区】 ※合同＝石岡第二・江戸崎総合・竜ヶ崎第二・竜ヶ崎南

牛久栄進（牛久栄進、土浦工、土浦第三）
常総学院（常総学院、つくば国際東風、つくば国際）
藤代（藤代、合同※、土浦第二）
牛久（牛久、土浦日大中等、竜ヶ崎第一）
取手松陽（取手松陽、土浦日大、江戸川学園取手）
中央（藤代紫水、取手第一、中央）
土浦第一（土浦湖北、石岡第一、土浦第一）

群馬県

●決勝トーナメント

※合同＝勢多農林・吾妻中央

優勝：前橋育英

前橋育英、前橋工、高崎北、利根商、太田工、安中総合、沼田、高崎工、市立前橋、関東学園、吉井、市立太田、伊勢崎商、常磐、館林商工、板倉、樹徳、藤岡中央、前橋西、西邑楽、前橋東、太田東、高崎東、合同※、商大附、藤岡工、前橋商、健大高崎、伊勢崎、前橋、渋川、新田暁、前橋南、共愛学園、高崎経大附、東農大二、中央中等、明和県央、富岡、館林、伊勢崎工、新島学園、四ツ葉、渋川青翠、桐生工、桐生清桜、太田、高崎商、高崎、桐生商、伊勢崎清明、桐生、渋川工、玉村、桐生第一

栃木県

●決勝トーナメント

優勝：矢板中央

矢板中央、真岡北陵、黒磯南、文星芸大附、那須、さくら清修、足利工、馬頭・黒羽、小山北桜、小山城南、栃木翔南、益子芳星、宇都宮工、足利大附、矢板東、小山南、作新学院、宇都宮商、宇都宮白楊、佐野東、青藍泰斗、那須清峰、宇都宮、烏山、宇都宮清陵、佐野松桜、黒磯（不戦勝）、國學院栃木、宇都宮南、幸福の科学、真岡、佐野日大、今市工、矢板、合同※、宇都宮中央、高根沢、大田原、小山、今市、那須拓陽、宇都宮北、栃木工、栃木、足利、足利清風、茂木、壬生、真岡工、鹿沼、石橋、宇都宮東、宇都宮短大附、小山西、佐野、上三川、鹿沼東、白鷗大足利

※合同＝栃木農・鹿沼南・佐野日大中等

埼玉県

●決勝トーナメント

優勝：武南

昌平、西武文理、浦和西、本庄第一、豊岡、本庄東、狭山ヶ丘、川口東、武蔵越生、浦和実、細田学園、浦和東、朝霞、大宮南、浦和南、立教新座、越ヶ谷、山村国際、埼玉栄、朝霞西、三郷北、大宮東、埼玉平成、武南、草加南、深谷第一、市立浦和、聖望学園、東野、国際学院、早大本庄、上尾、栗橋北彩、川越東、成徳深谷、花咲徳栄、東農大三、浦和、深谷商、浦和学院、正智深谷、松山、浦和麗明、春日部、川口市立、西武台

【南部地区】

浦和実（川口青陵、大宮、川口北、岩槻北陵、与野、浦和実、浦和商）
川口市立（浦和、開智中高、鳩ヶ谷、大宮武蔵野、秀明英光、川口市立）
浦和北（浦和北、大宮国際、栄東、上尾鷹の台、浦和ルーテル、岩槻商）
川口東（伊奈学園、岩槻、開智、大宮光陵、大宮開成、川口東）
浦和麗明（上尾南、大宮北、川口、栄北、蕨、浦和麗明）
上尾（南稜、川口工、浦和工、いずみ、大宮工、上尾）

【東部地区】 ※合同＝三郷・三郷工技・吉川美南

春日部（春日部、越谷北、杉戸、蓮田松韻、松伏、草加、宮代）
三郷北（春日部東、不動岡、三郷北、幸手桜、越谷総合、合同※、越谷西）
越ヶ谷（越ヶ谷、羽生第一、八潮南、庄和、叡明、白岡、越谷南）
草加南（久喜北陽、春日部共栄、開智未来、草加西、草加南、久喜工、獨協埼玉）
栗橋北彩（八潮、春日部工、越谷東、鷲宮、栗橋北彩、草加東）

【西部地区】

※合同A＝川越初雁・市立川越・越生
※合同B＝狭山清陵・狭山工

川越東（川越東、富士見、和光、鶴ヶ島清風、合同A※、所沢西、所沢北）
山村国際（慶應志木、入間向陽、ふじみ野、飯能、新座総合、新座、山村国際）
東野（川越、所沢、東野、日高、城西川越、志木、山村学園）
朝霞（坂戸西、坂戸、所沢商、朝霞、和光国際、川越南）
豊岡（所沢中央、秀明、自由の森、新座柳瀬、星野、豊岡）
朝霞西（川越西、狭山経済、川越工、合同B※、城北埼玉、朝霞西）

【北部地区】

深谷商（熊谷、秩父農工、熊谷農、鴻巣、北本、深谷商）
東農大三（東農大三、小川、熊谷工、熊谷西、滑川総合、寄居城北）
深谷第一（進修館、熊谷商、秩父、児玉・鳩山、深谷第一）
松山（松山、深谷、桶川、桶川西、本庄）

千葉県

●決勝トーナメント

優勝：市立船橋

流経大柏、拓大紅陵、渋谷幕張、木更津総合、日体大柏、東海大浦安、東海大市原望洋、千葉明徳、八千代、東京学館浦安、検見川、習志野、敬愛学園、船橋芝山、市立柏、市立船橋

【第１ブロック】 ※合同＝安房拓心・館山総合

木更津（木更津、志学館）
市原中央（市原中央、合同※）
京葉（京葉、市原緑）
市原八幡（市原八幡、木更津高専、姉崎）
袖ヶ浦（君津、安房、君津商、袖ヶ浦）

【第２ブロック】 ※合同＝茂原・東金商・大網

長生（長生、横芝敬愛・松尾）
茂原樟陽（東金、合同※、茂原樟陽）
成東（成東、大多喜、大原）
長狭（一宮商、長狭）

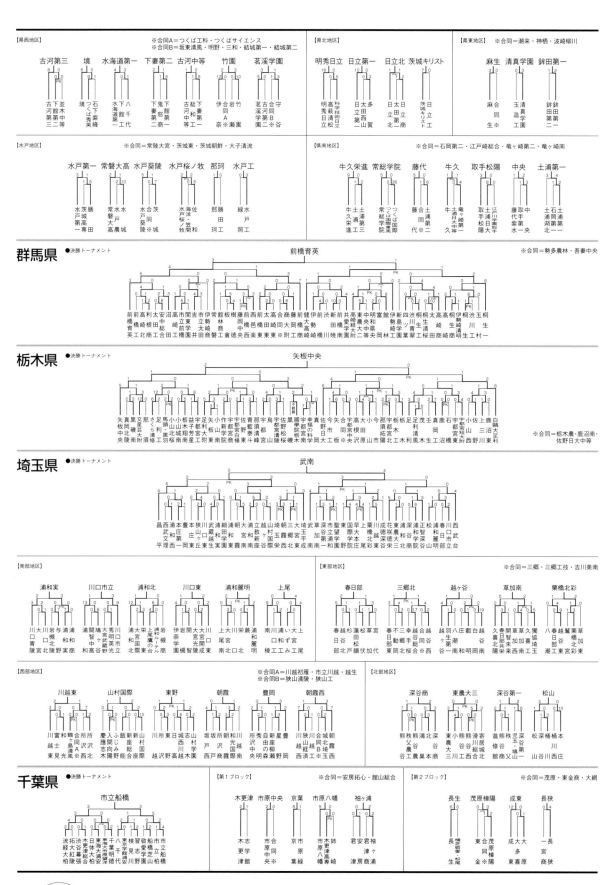

【第3ブロック】

- 成田：成田／成田国際／東総工
- 佐原：佐原／盛岡西陵小見川／銚子商
- 成田北：市立銚子／成田北／敬愛大学八日市場
- 佐原白楊：匝瑳／佐原白楊／旭農

【第4ブロック】

- 八千代東：八千代東／八千代西／千葉英和／佐倉西
- 四街道北：四街道北／佐倉南／八街／佐倉
- 秀明八千代：秀明八千代／印旛明誠／四街道／富里

【第5ブロック】　※合同＝生浜・明聖・天羽・市原

- 市立千葉：市立千葉／若松／千葉西
- 千葉：千葉／泉／犢橋
- 幕張総合：幕張総合／合同※／千葉南
- 磯辺：磯辺／千葉工／昭和秀英
- 千葉経済大附：千葉北／桜林／千葉経済大附
- 千葉東：京葉工／千葉東／千葉商／千城台

【第6ブロック】

- 千葉日大一：船橋法典／船橋古和釜／千葉日大一
- 東邦大東邦：船橋二和／東京学館船橋／東邦大東邦
- 日大習志野：津田沼／鎌ヶ谷／日大習志野
- 船橋：東葉／実籾／船橋

【第7ブロック】　※合同＝我孫子東・沼南・鎌ヶ谷西・船橋豊富

- 野田中央：野田中央／関宿／芝浦工大柏／麗澤
- 柏陵：柏／沼南高柳／柏陵
- 二松学舎柏：二松学舎柏／我孫子二階堂／合同※
- 流山おおたかの森：我孫子／西武台千葉／流山おおたかの森
- 東葛飾：東葛飾／流山南／柏の葉
- 流山北：柏中央／清水・流山／流山北

【第8ブロック】　※合同＝市川工・松戸向陽

- 国府台：市川南／合同※／国府台／浦安
- 小金：小金／松戸／日出学園／千葉商大付
- 市川東：昭和学院／市川東／松戸国際／松戸六実
- 松戸馬橋：松戸馬橋／行徳／市川昴
- 市川：市立松戸／浦安南／市川

●1次トーナメント

- 拓大紅陵：茂原北陵／流山北／八千代東／船橋東／拓大紅陵
- 渋谷幕張：白井／成田／市原八幡／磯辺／小金／渋谷幕張
- 木更津総合：中央学院／茂原樟陽／市原中央／千葉／二松学舎柏／木更津総合
- 日体大柏：日体大柏／船橋／四街道北／市立千葉／千葉経済大附／薬園台
- 東海大浦安：千葉黎明／袖ヶ浦／佐原白楊／暁星国際／佐原／東海大浦安
- 東海大市原望洋：東海大市原望洋／松戸馬橋／流山おおたかの森／土気／東京学館
- 東京学館浦安：八千代松陰／市川／市川東／東京学館浦安／船橋啓明
- 検見川：市立稲毛／幕張総合／国府台／検見川／東邦大東邦／専修大松戸
- 習志野：習志野／秀明八千代／柏陵／野田中央／日大習志野／国分
- 敬愛学園：柏南／京葉／長生／木更津／東葛飾／敬愛学園
- 船橋芝山：翔凜／千葉日大一／成東／船橋芝山／長狭／千葉敬愛
- 市立柏：市立柏／千葉東／成田北／船橋北／柏井

東京都

●決勝トーナメント

第1代表：國學院久我山　第2代表：成立学園

帝京／成立学園／日大三／国分寺／東久留米総合／駒澤大高／東京実／狛江／駒込／実践学園／修徳／東京朝鮮／大森学園／日大鶴ヶ丘／明星学園／堀越／国士舘／大成／青山学院／國學院久我山

●1次トーナメント

- 成立学園：成立学園／日本学園／多摩大目黒
- 日大三：日大三／私立武蔵／松が谷／小松川
- 国分寺：早稲田実／国分寺／明大中野／駒場
- 東久留米総合：東久留米総合／関東第一／日野台
- 駒澤大高：駒澤大高／豊島／岩倉
- 東京実：国立／城北／東京実／戸山
- 狛江：駿台学園／片倉／狛江
- 駒込：正則学園／駒込／江北／東農大一
- 東京朝鮮：東京朝鮮／南葛飾／かえつ有明／東大和
- 大森学園：日体大荏原／大森学園／東
- 日大鶴ヶ丘：日大鶴ヶ丘／暁星／昭和第一学園／明中八王子
- 明星学園：東海大高輪台／成城学園／明星学園
- 堀越：堀越／保谷／早大学院
- 国士舘：国士舘／青山／学習院／石神井
- 大成：大成／東海大菅生／高島／海城
- 青山学院：創価／足立／青山学院

東支部【1・2地区】

- かえつ有明：葛飾野／文京／立教池袋／かえつ有明／日本橋／両国／向丘
- 駒込：駒込／京華／足立新田／小岩／晴海総合／橋／葛飾総合
- 東：東／共栄学園／紅葉川／淑徳巣鴨／足立学園／昭和第一／足立東
- 足立：日大豊山／墨田工科／京華商／開智日本橋／足立／中央学院大学中央／江東商
- 学習院：学習院／淵江／葛飾商／荒川工科／小石川中等／本所／城西大城西／深川
- 南葛飾：南葛飾／篠崎／足立西／獨協／日大一／中央大高／竹台／城東
- 豊島：本郷／科学技術／豊島／千早／葛西工科／貞静学園／東洋大京北／郁文館
- 小松川：墨田川／第三商／芝浦工大附／広尾学園小石川／豊島学院／青井／巣鴨／小松川
- 江北：竹早／筑波大附／豊南／江北／江戸川／立志舎／安田学園／開成

中支部【3・4地区】　※合同＝大島海洋国際・大島

- 大森学園：大森学園／正則／八丈／日比谷／淑徳／新宿／順天
- 城北：東京／大田桜台／目白研心／城北／麻布／小山台／芝
- 東京実：東京実／明治学院／北園／二松学舎／東工大附／聖学院／早稲田
- 高島：高島／王子総合／品川翔英／白鷗／錦城学園／広尾／雪谷
- 海城：美原／海城／田園調布／東京成徳大／高輪／蒲田／板橋有徳
- 青山学院：保善／立正大付立正／上野／合同※／芝商・第一商／青山学院／つばさ総合
- 暁星：暁星／九段中等／攻玉社／広尾学園／武蔵野／國學院／大崎
- 岩倉：大東文化第一／クラーク記念国際／成城／三田／八潮／岩倉
- 青山：大山／東洋／大智学園／青山／飛鳥／青稜
- 戸山：戸山／文教大付／朋優学院／板橋／渋谷教育学園渋谷／桜丘

南支部【5・6地区】

- 日大鶴ヶ丘：日大鶴ヶ丘／駒場東邦／目黒学院／日工大駒場／桜美林／武蔵野大／学芸大附
- 狛江：狛江／千歳丘／宝仙学園／文大杉並／世田谷学園／佼成学園／目黒
- 早大学院：早大学院／武蔵丘／目黒日大／八雲学園／鷺宮／松原／井草
- 駒場：駒場／杉並総合／東京立正／野津田／芦花／町田工科／第四商
- 成城学園：成城学園／西／中大杉並／豊多摩／科学技術学園／田無／杉並学院
- 私立武蔵：私立武蔵／都市大等々力／桜町／光丘／学芸大国際／日大櫻丘／練馬工科
- 日本学園：日本学園／大泉／山崎／田無工科／町田／国際／日大二
- 保谷：保谷／桜修館中等／東京大附／成瀬／総合工科／富士／駒場学園
- 明大中野：東京都市大付／自由ヶ丘学園／小川／玉川学園／世田谷総合／筑波大駒場／明大中野
- 東農大一：東農大一／大東学園／練馬／和光／三田国際／杉並／深沢／専修大附

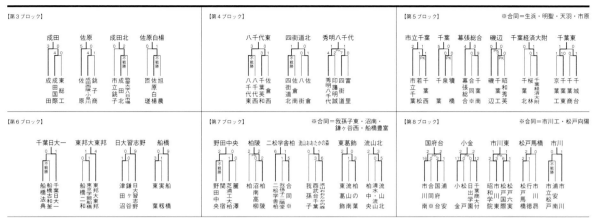

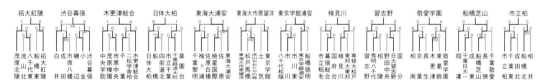

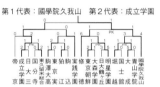

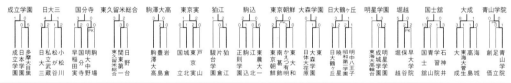

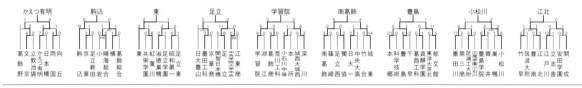

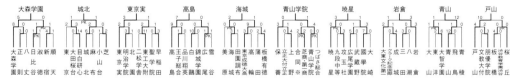

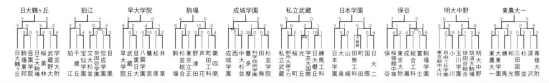

西支部【7・8地区】

東大和
東大和／調布南／昭和／明星／日野／聖徳学園／都立武蔵

昭和第一学園
東大和南／昭和第一学園／啓明学園／秋留台／小平南／成蹊／桐朋

明中八王子
明中八王子／多摩／福生／拝島／府中工科／府中西／多摩科学技術

明星学園
明星学園／調布北／東京電機大高／南多摩中等／第五商／八王子／小平

片倉
明法／八王子東／富士森／国際基督教大高／法政大高／翔陽／星槎国際八王子／片倉

松が谷
松が谷／八王子実践／中央国際／立川国際中等／自由学園／多摩大聖ヶ丘／八王子北／清瀬

東海大菅生
東海大菅生／多摩工科／永山／武蔵村山／羽村／小金井北／明学東村山／工学院大附

日野台
穎明館／立川／帝京大高／小平西／日野台／府中／五日市／三鷹中等

国分寺
国分寺／南平／上水／東村山／武蔵野北／神代／久留米西／拓大一

国立
明大明治／錦城／帝京八王子／東村山西／国立／府中東／中大附／青梅総合

神奈川県

●決勝トーナメント

第１代表：桐光学園　第２代表：日大藤沢

桐蔭学園／相模原弥栄／座間／光明相模原／湘南学院／鶴見／法政二／東海大相模／向上／柏陽／市立桜丘／横浜創英／三浦学苑／鶴嶺／日大藤沢／湘南工科／日本大高／大和／相洋／横浜商大高／市立東／厚木北／市立橘／荏田／逗子葉山／慶應義塾／横浜隼人／平塚学園／桐光学園

【Aブロック】

湘南学院
小田原／大師／柏木学園／市立川崎／光陵／横浜SF／希望ケ丘／厚木西／秦野総合／横須賀学院／足柄／秦野／神奈川総合／有馬／横浜清陵／湘南学院

【Bブロック】

鶴見
市ケ尾／市立高津／森村学園／旭丘／厚木／市立南／新栄／横浜瀬谷／鶴見／麻溝台／城郷／横浜／合同A※／座間総合／合同B※／平塚江南

※合同A＝湘南台・藤沢工科
※合同B＝愛川・厚木清南

【Cブロック】

向上
麻布大附／横浜緑ケ丘／横浜国際／合同A※／立花学園／平塚湘風／茅ケ崎西浜／向上／武相／合同B※／伊勢原／大和南／横浜平沼／厚木東・厚木商／関東六浦／住吉

※合同A＝平塚農商・高浜・小田原城北工・小田原東・大井
※合同B＝相原・上溝・津久井

【Dブロック】

柏陽
柏陽／山手学院／神奈川朝鮮／岸根／藤沢清流／鶴見大附／磯子工／川和／サレジオ／相模原城山／鶴見総合／茅ケ崎／上溝南／湘南学園／合同※／横浜翠嵐

※合同＝向の岡工・麻生総合・川崎工科

【Eブロック】

市立桜丘
市立桜丘／相模原／アレセイア湘南／公文国際／港北／横浜立野／元石川／生田／青山学院横浜英和／菅／橋本・大和東／神奈川工／秦野曽屋／藤嶺藤沢／旭

【Fブロック】

鶴嶺
鶴嶺／伊志田／平塚中等／麻生／藤沢西／川崎総合科学／金井／市立金沢／新城／山北／寒川／川崎北／横浜氷取沢／聖光学院／横須賀

【Gブロック】

横浜商大高
横浜商大高／舞岡／海老名／多摩／霧が丘／大船／横浜翠陵／横須賀総合／保土ケ谷／相模田名／平塚工科／藤沢翔陵／二宮／白山／市立戸塚

【Hブロック】

市立東
星槎国際湘南／金沢総合／逗子開成／新羽／横浜栄／鵠沼／生田東／茅ケ崎北陵／桐蔭中等／綾瀬西／市立東／市立幸／鎌倉学園／神奈川大附／慶應藤沢／浅野

【Ｉブロック】

荏田
横浜創学館／深沢／百合丘／藤沢総合／追浜／合同A※／栄光学園／大和西／荏田／上鶴間／松陽／綾瀬／横浜修悠館横須賀／横浜南陵／県商工／鎌倉

※合同＝横浜旭陵・永谷・横浜桜陽・上矢部

【Ｊブロック】

逗子葉山
湘南／県立川崎／横浜商／大磯／横浜学園／西湘／逗子葉山／横浜清風／津久井浜／関東学院／橘学苑／中大横浜／横須賀大津／相模原中等／七里ガ浜

山梨県

●決勝トーナメント

山梨学院
山梨学院／日大明誠／吉田／塩山／甲斐清和／笛吹／韮崎／上野原／巨摩／甲府東／甲府城西／都留興譲館／甲府西／駿台甲府／日本航空／青洲／富士北稜／甲府昭和／北杜／甲府第一／日川／富士河口湖／白根／東海大甲府／甲府商／農林／甲府南／韮崎工／都留／甲府工／帝京第三

〈3位決定戦〉
韮崎
韮崎／日本航空

新潟県

●中央トーナメント

帝京長岡
北越／県央工／高田／巻／五泉／新潟南／合同A※／新発田／長岡向陵／村上桜ヶ丘／新潟向陽／上越総合技術／佐渡／長岡商／上越／加茂暁星／長岡大手／関根学園／長岡工／新潟東／十日町／村上中等／新潟工／新潟／新潟産大附／村上／新潟江南／敬和学園／六日町／万代／帝京長岡／新潟明訓／巻総合／新発田中央／新発田商／直江津中等／三条商／三条東／日本文理／新潟西／三条／合同B※／新潟商／加茂／長岡高専／新井／開志学園JSC／開志国際／燕中等／高志中等／合同C※／合同D※／新潟青陵／新発田南／新潟第一／長岡／小千谷／新津／新津工／中越／柏崎／東京学館新潟

※合同A＝塩沢商工・見附・柏崎工
※合同B＝糸魚川・糸魚川白嶺
※合同C＝国際情報・小千谷西
※合同D＝高田商・津南中等

【上越地区】

※合同B＝糸魚川・糸魚川白嶺
※合同D＝高田商・津南中等

上越
上越／新井／合同D※／上越総合技術／直江津中等／柏崎／高田／合同B※／十日町総合／十日町／関根学園／新潟産大附

〈3位決定戦〉
高田
柏崎／高田

【下越地区】

開志学園JSC
開志学園JSC／新発田中央／加茂／敬和学園／新発田商／新津／加茂暁星／新発田／五泉／村上桜ヶ丘／新津工／新発田南／村上／村上中等／開志国際

〈3位決定戦〉
加茂暁星
加茂暁星／新発田

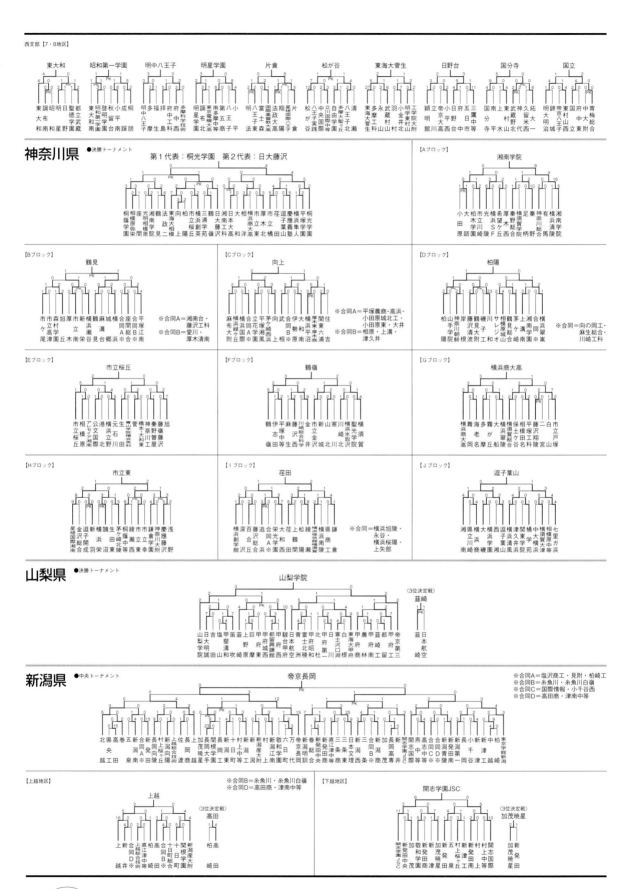

【中越地区】

※合同A＝塩沢商工・見附・柏崎工
※合同B＝国際情報・小千谷西

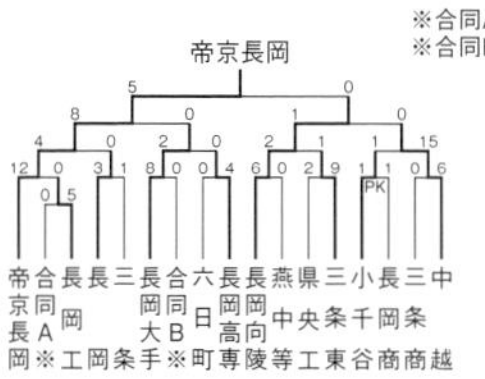

【新潟地区】

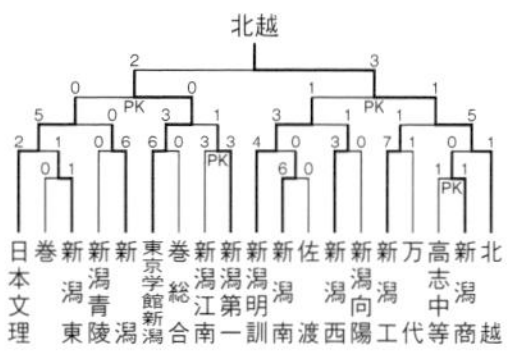

長野県

●決勝トーナメント

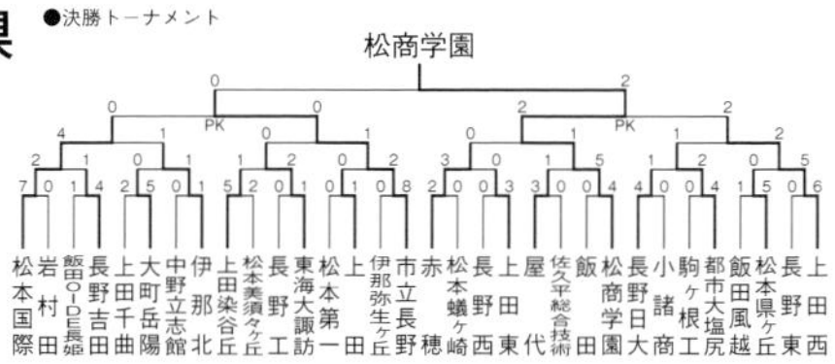

【中信地区】

※合同＝梓川・池田工・エクセラン・南安曇農

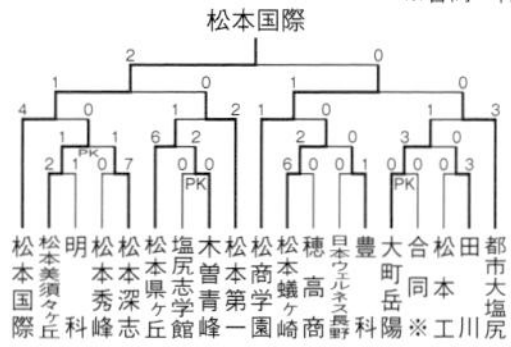

〈3位決定戦〉

【北信地区】

※合同＝文化学園長野・北部

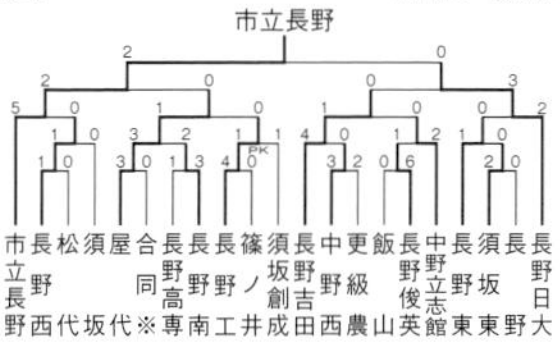

〈3位決定戦〉

【東信地区】

※合同＝軽井沢・東御清翔

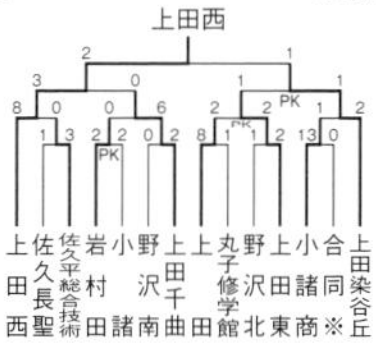

〈3位決定戦〉

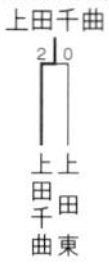

【南信地区】

※合同＝諏訪実・富士見・箕輪進修

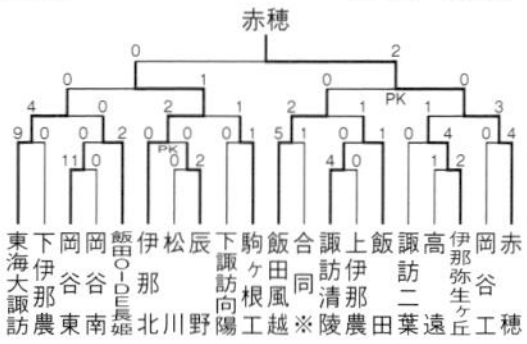

〈3位決定戦〉

富山県

●決勝トーナメント

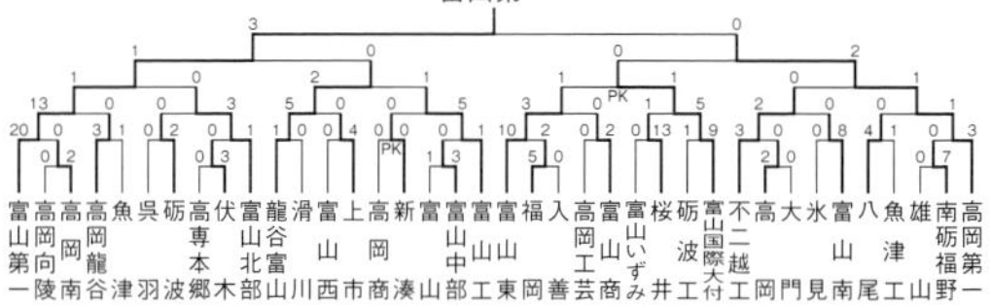

石川県

●決勝トーナメント

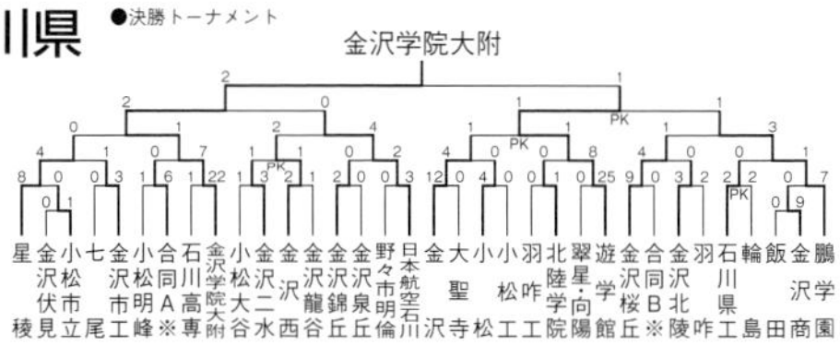

※合同A＝寺井・松任・金沢辰巳丘
※合同B＝志賀・鹿西・七尾東雲

福井県

●決勝トーナメント

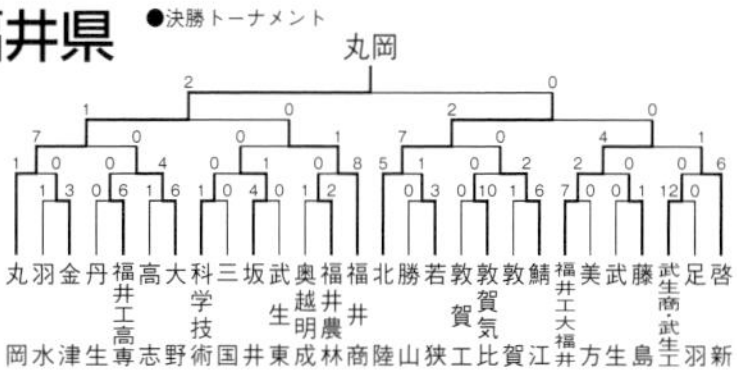

静岡県

●決勝トーナメント

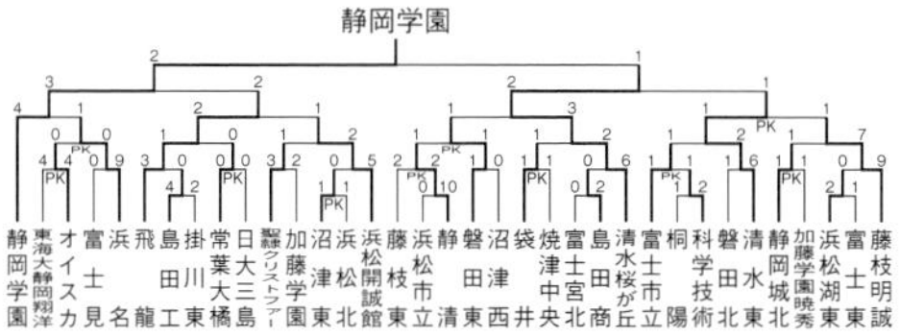

【東部地区】 ●代表決定トーナメント

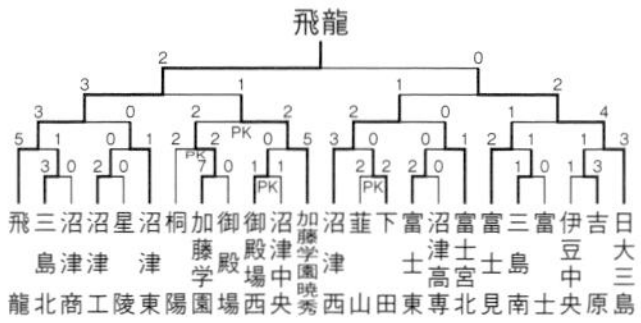

〈3位決定戦〉

〈5位決定戦〉

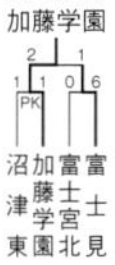

〈7位決定戦〉

〈9位決定戦〉

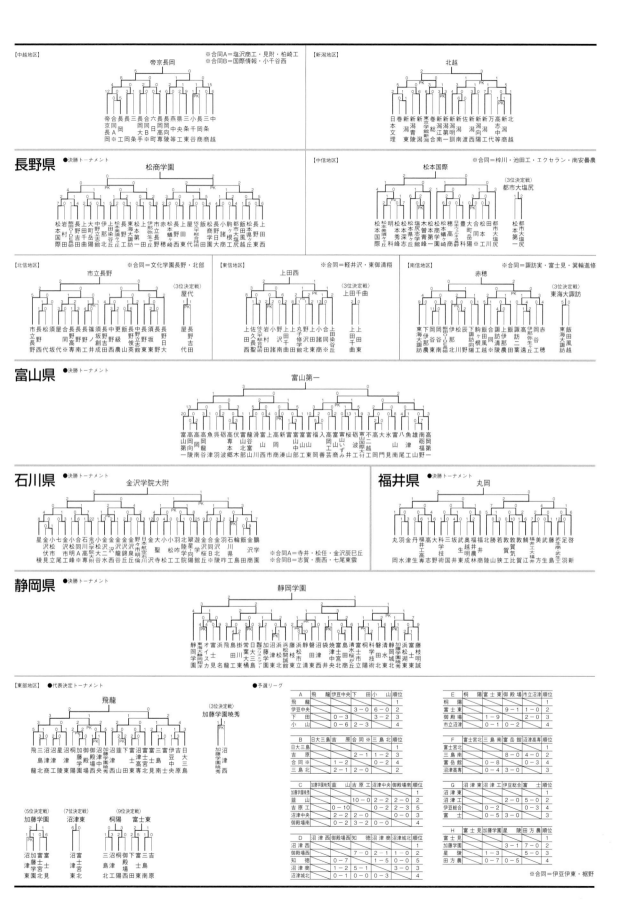

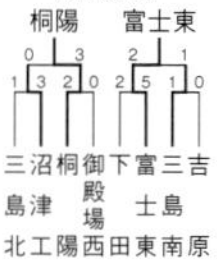

●予選リーグ

A	飛龍	伊豆中央	下田	小山	順位
飛龍					1
伊豆中央			3－0	6－0	2
下田		0－3		3－2	3
小山		0－6	2－3		4

B	日大三島	吉原	合同※	三島北	順位
日大三島					1
吉原			2－1	1－2	3
合同※		1－2		0－2	4
三島北		2－1	2－0		2

C	加藤学園暁秀	韮山	吉原工	沼津中央	御殿場南	順位
加藤学園暁秀						1
韮山			10－0	2－2	2－0	2
吉原工		0－10		0－2	2－3	5
沼津中央		2－2	2－0		0－0	3
御殿場南		0－2	3－2	0－0		4

D	沼津西	御殿場西	知徳	沼津商	沼津城北	順位
沼津西						1
御殿場西			7－0	2－1	1－0	2
知徳		0－7		1－5	0－0	5
沼津商		1－2	5－1		3－0	3
沼津城北		0－1	0－0	0－3		4

E	桐陽	富士東	御殿場	市立沼津	順位
桐陽					1
富士東			9－1	1－0	2
御殿場		1－9		2－0	3
市立沼津		0－1	0－2		4

F	富士宮北	三島南	富岳館	沼津高専	順位
富士宮北					1
三島南			8－0	4－0	2
富岳館		0－8		0－3	4
沼津高専		0－4	3－0		3

G	沼津東	沼津工	伊豆総合	富士	順位
沼津東					1
沼津工			2－0	5－0	2
伊豆総合		0－2		0－3	4
富士		0－5	3－0		3

H	富士見	加藤学園	星陵	田方農	順位
富士見					1
加藤学園			3－1	7－0	2
星陵		1－3		5－0	3
田方農		0－7	0－5		4

※合同＝伊豆伊東・裾野

【中部地区】 ●代表決定トーナメント

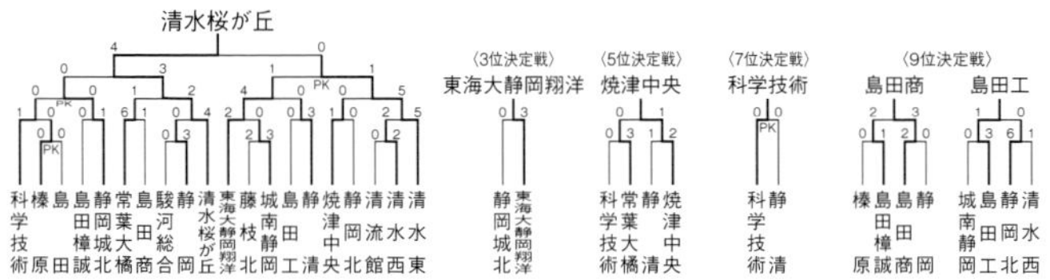

●1次リーグ

※合同＝静岡西・川根

A	島田樟誠	静岡市立	藤枝北	順位
島田樟誠		4－3	0(PK5－6)0	1
静岡市立	3－4		0(PK6－7)0	3
藤枝北	0(PK6－5)0	0(PK7－6)0		2

B	島田商	静岡商	合同※	清水西	順位
島田商		4－0	3－0	3－2	1
静岡商	0－4		5－0	1(PK4－5)1	3
合同※	0－3	0－5		1－8	4
清水西	2－3	1(PK5－4)1	8－1		2

C	清流館	駿河総合	焼津水産	静岡大成	順位
清流館		1(4PK5)1	1(3PK4)1	4－0	2
駿河総合	1(5PK4)1		2－0	3－1	1
焼津水産	1(4PK3)1	0－2		0－3	4
静岡大成	0－4	1－3	3－0		3

D	島田工	静岡東	榛原	静岡聖光	順位
島田工		2(6PK5)2	3－0	7－0	1
静岡東	2(5PK6)2		0－2	9－0	3
榛原	0－3	2－0		1(6PK5)1	2
静岡聖光	0－7	0－9	1(5PK6)1		4

E	静岡北	静岡	清水国際	順位
静岡北		3－1	8－0	1
静岡	1－3		5－0	2
清水国際	0－8	0－5		3

F	島田	藤枝西	城南静岡	相良	順位
島田		3－0	0－1	2－0	2
藤枝西	0－3		1－4	1－0	3
城南静岡	1－0	4－1		3－0	1
相良	0－2	0－1	0－3		4

【西部地区】 ●代表決定トーナメント

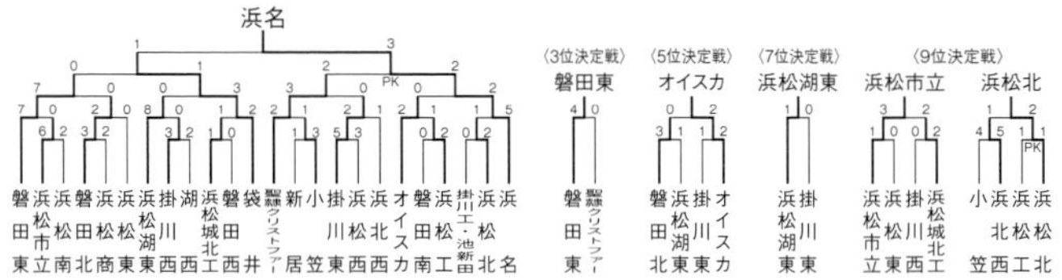

●1次リーグ

A	浜松北	浜松市立	遠江総合	浜松学院	順位
浜松北		1－1	7－0	14－0	2
浜松市立	1－1		17－1	10－0	1
遠江総合	0－7	1－17		2－3	4
浜松学院	0－14	0－10	3－2		3

B	浜松南	浜松日体	掛川工·池新田	常葉大菊川	順位
浜松南		5－0	0－1	5－0	2
浜松日体	0－5		0－0	3－0	3
掛川工·池新田	1－0	0－0		4－1	1
常葉大菊川	0－5	0－3	1－4		4

C	磐田西	新居	合同※	浜松学芸	順位
磐田西		0－3	0－0	1－0	2
新居	3－0		5－0	1－0	1
合同※	0－0	0－5		1－5	4
浜松学芸	0－1	0－1	5－1		3

D	小笠	浜松城北工	天竜	磐田農	順位
小笠		2－2	4－1	1－2	2
浜松城北工	2－2		1－1	2－0	1
天竜	1－4	1－1		0－0	4
磐田農	2－1	0－2	0－0		3

E	浜松西	浜松湖南	袋井商	掛川西	順位
浜松西		1－0	1－1	0－0	2
浜松湖南	0－1		1－1	2－3	4
袋井商	1－1	1－1		0－4	3
掛川西	0－0	3－2	4－0		1

F	掛川東	湖西	浜松啓陽	横須賀	順位
掛川東		1－0	8－0	11－0	1
湖西	0－1		8－0	3－0	2
浜松啓陽	0－8	0－8		1－2	4
横須賀	0－11	0－3	2－1		3

G	浜松商	浜松湖北	浜松江之島	磐田南	順位
浜松商		4－1	5－0	0－2	2
浜松湖北	1－4		5－0	1－2	3
浜松江之島	0－5	0－5		0－5	4
磐田南	2－0	2－1	5－0		1

H	浜松工	磐田北	浜松聖星	順位
浜松工		2－2	1－1	2
磐田北	2－2		6－0	1
浜松聖星	1－1	0－6		3

※合同＝浜松大平台・浜松修学舎

愛知県

●決勝トーナメント

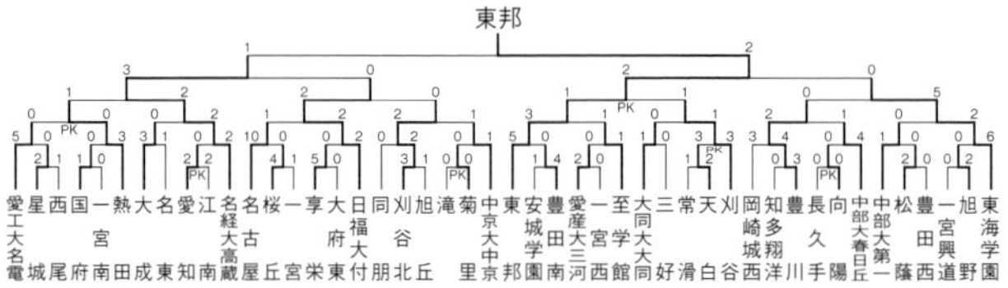

【知多支部】 ●1回戦

※合同＝東海樟風・内海・武豊

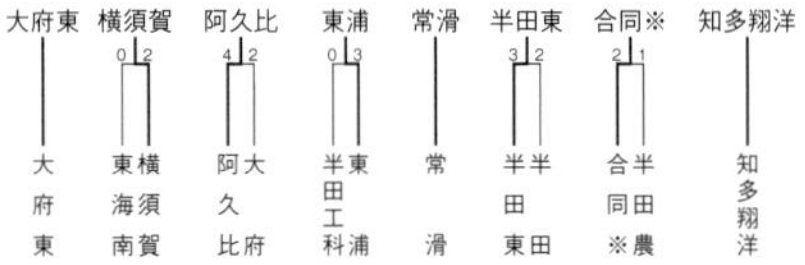

●準決勝リーグ

A	大府東	横須賀	阿久比	東浦	順位
大府東		2－0	6－1	3－0	1
横須賀	0－2		2－0	1－0	2
阿久比	1－6	0－2		0－1	4
東浦	0－3	0－1	1－0		3

B	常滑	半田東	合同※	知多翔洋	順位
常滑		1－0	4－1	1－0	1
半田東	0－1		2－1	1(4PK5)1	3
合同※	1－4	1－2		0－5	4
知多翔洋	0－1	1(5PK4)1	5－0		2

●代表決定戦

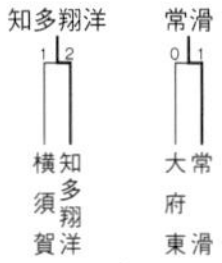

【西三河支部】

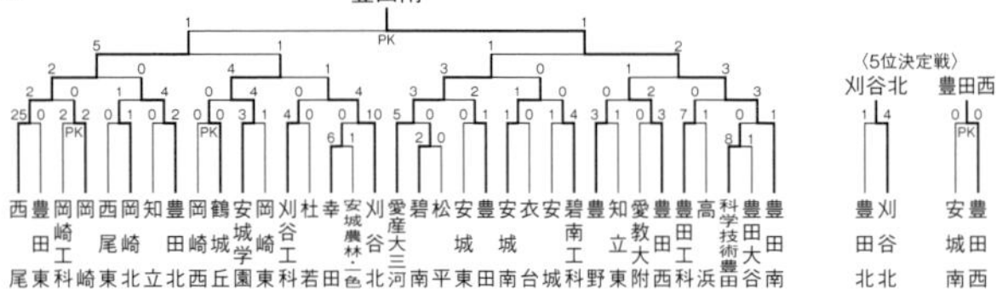

【東三河支部】

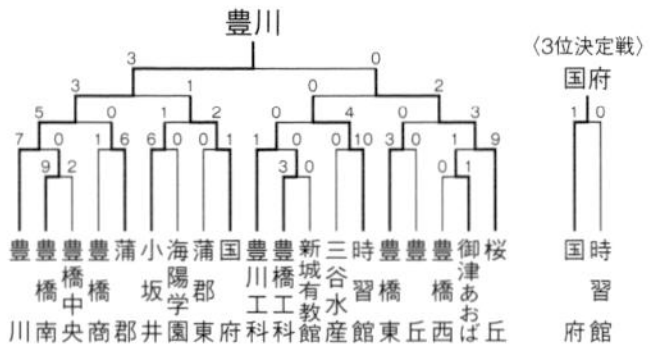

【名南支部】

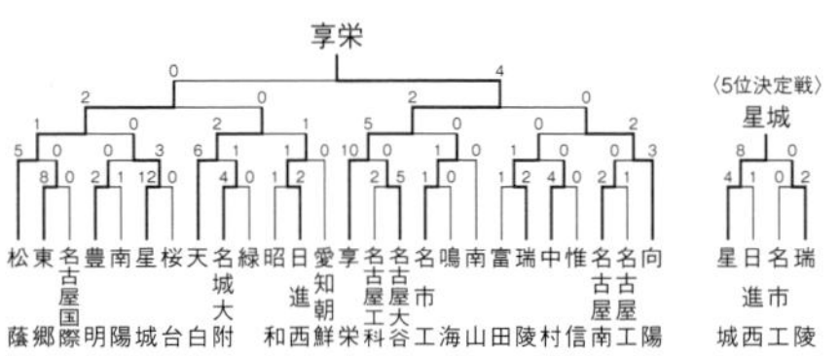

【名北支部】

※合同＝春日井工科・春日井泉

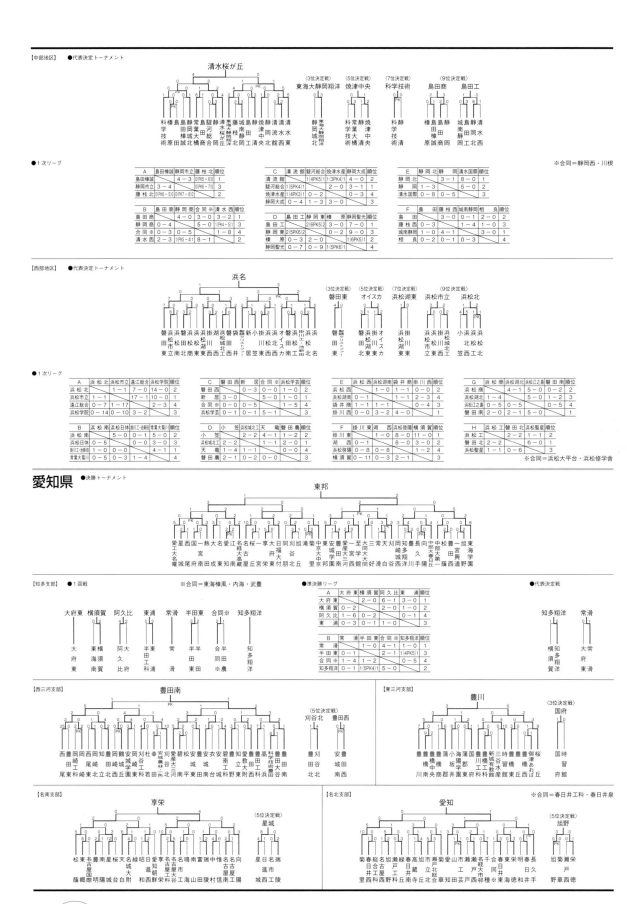

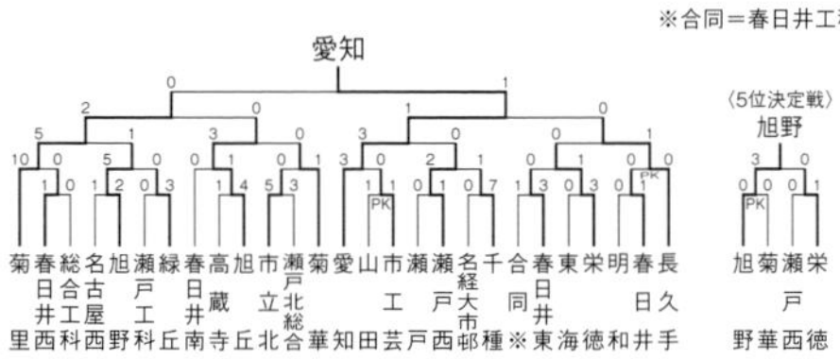

【尾張支部】

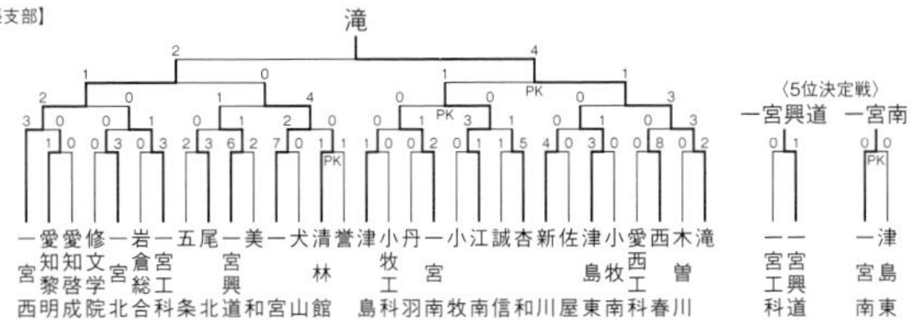

岐阜県

●決勝トーナメント

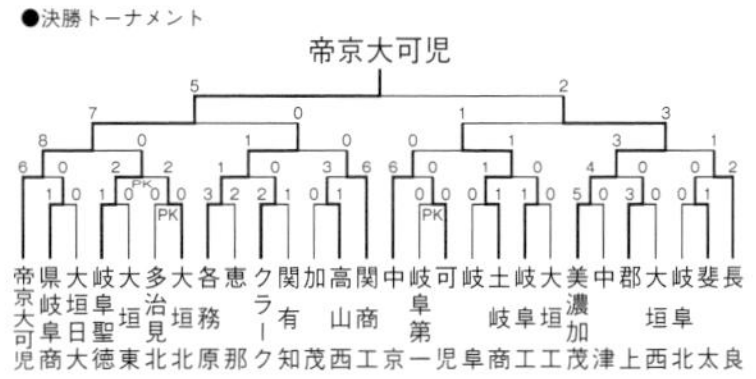

【岐阜地区】 ●予選リーグ

A	岐阜工	加納	富田	羽島北	順位
岐阜工		4－0	9－0	3－0	1
加納	0－4		0－1	2－0	3
富田	0－9	1－0		1－1	2
羽島北	0－3	0－2	1－1		4

B	岐阜	岐阜高専	岐阜第一	山県	順位
岐阜		5－0	1－0	13－0	1
岐阜高専	0－5		0－1	19－0	3
岐阜第一	0－1	1－0		13－0	2
山県	0－13	0－19	0－13		4

C	岐阜聖徳	岐山	羽島	岐阜北	順位
岐阜聖徳		1－0	12－0	0－1	2
岐山	0－1		8－1	2－1	3
羽島	0－12	1－8		0－19	4
岐阜北	1－0	1－2	19－0		1

D	県岐阜商	岐阜東	各務原西	クラーク	順位
県岐阜商		1－0	5－2	0－2	2
岐阜東	0－1		1－2	0－4	4
各務原西	2－5	2－1		1－0	3
クラーク	2－0	4－0	0－1		1

●県大会出場決定戦

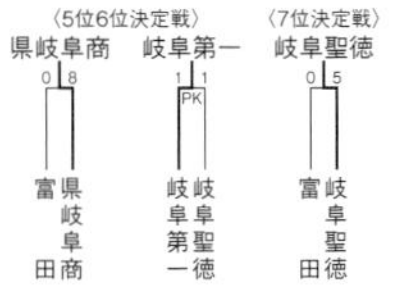

【飛騨地区】 ※合同＝高山工・飛騨神岡

	高山西	斐太	吉城	飛騨高山	合同※	順位
高山西		2－1	2－1	4－0	2－0	1
斐太	1－2		4－2	1－1	4－0	2
吉城	1－2	2－4		4－0	5－0	3
飛騨高山	0－4	1－1	0－4		2－2	4
合同※	0－2	0－4	0－5	2－2		5

【東濃地区】 ●予選リーグ

A	多治見北	土岐紅陵	多治見西	順位
多治見北		1－0	6－0	1
土岐紅陵	0－1		0－4	3
多治見西	0－6	4－0		2

B	土岐商	多治見	麗澤瑞浪	順位
土岐商		3－0	9－0	1
多治見	0－3		6－2	2
麗澤瑞浪	0－9	2－6		3

C	恵那	中津	中津川工	順位
恵那		2－1	1－0	1
中津	1－2		2－2	2
中津川工	0－1	2－2		3

●順位決定戦

	多治見西	多治見	中津	順位
多治見西		0－0	2－2	5
多治見	0－0		0－2	6
中津	2－2	2－0		4

【西濃地区】 ●予選リーグ

A	大垣日大	大垣商	池田	大垣養老	順位
大垣日大		4－2	19－0	1－0	1
大垣商	2－4		13－0	2－0	2
池田	0－19	0－13		0－7	4
大垣養老	0－1	0－2	7－0		3

B	大垣東	大垣西	揖斐	大垣南	順位
大垣東		0－3	14－1	2－1	2
大垣西	3－0		4－0	3－1	1
揖斐	1－14	0－4		0－19	4
大垣南	1－2	1－3	19－0		3

●優勝決定戦

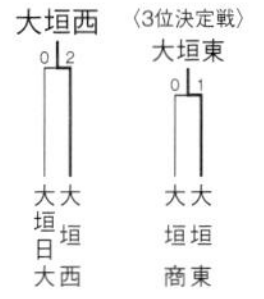

【中濃地区】 ●予選リーグ ※合同＝八百津・加茂農林

A	加茂	合同※	武義	順位
加茂		4－0	6－0	1
合同※	0－4		1－2	3
武義	0－6	2－1		2

B	郡上	可児工	関	順位
郡上		5－0	2－0	1
可児工	0－5		0－6	3
関	0－2	6－0		2

C	関有知	東濃実	可児	順位
関有知		1－0	2－1	1
東濃実	0－1		1－2	3
可児	1－2	2－1		2

●順位決定リーグ

1位	加茂	郡上	関有知	順位
加茂		3－1	0－1	1
郡上	1－3		2－1	3
関有知	1－0	1－2		2

2位	武義	関	可児	順位
武義		0－4	0－5	6
関	4－0		0(4PK2)0	5
可児	5－0	0(2PK4)0		4

三重県

●決勝トーナメント

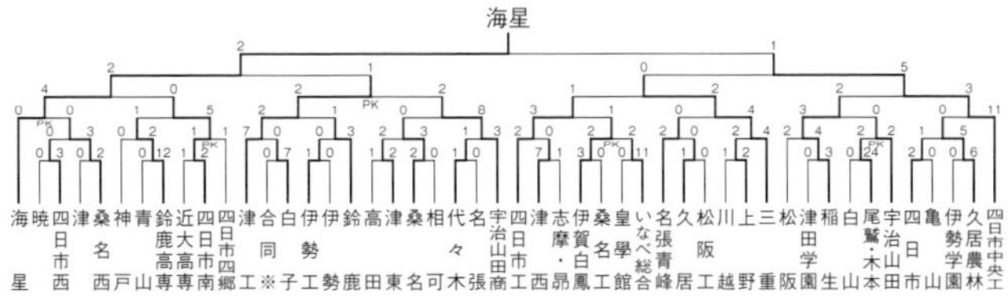

※合同＝桑名北・石薬師

滋賀県

●決勝トーナメント

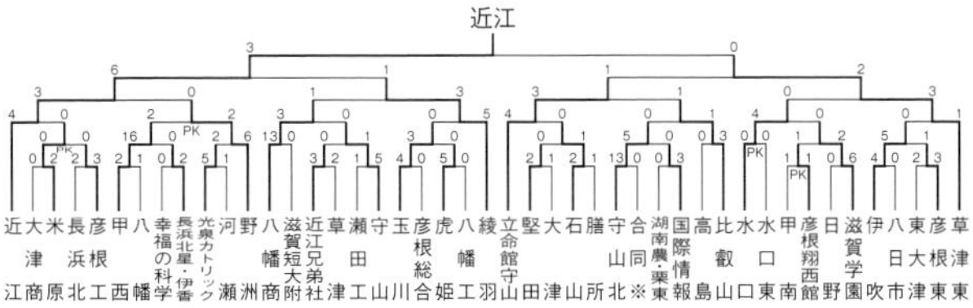

※合同＝安曇川・北大津・北大津高等養護

京都府

●決勝トーナメント

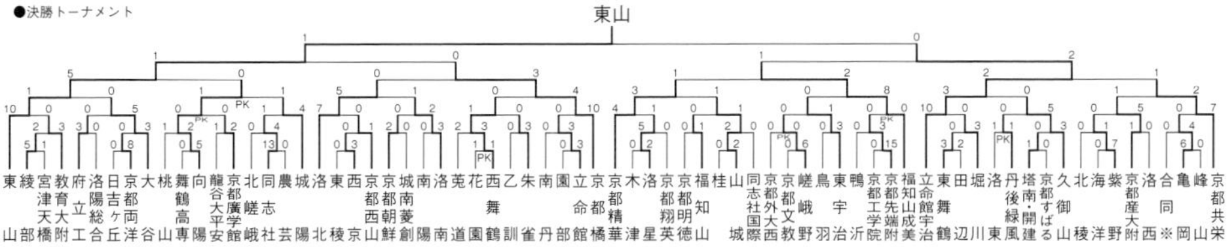

※合同＝洛水・西乙訓

奈良県

●決勝トーナメント

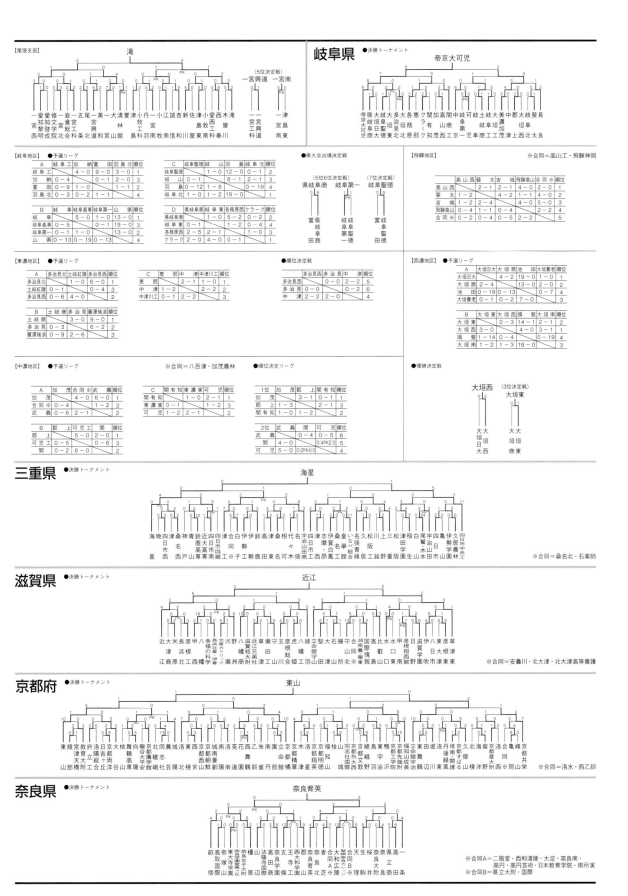

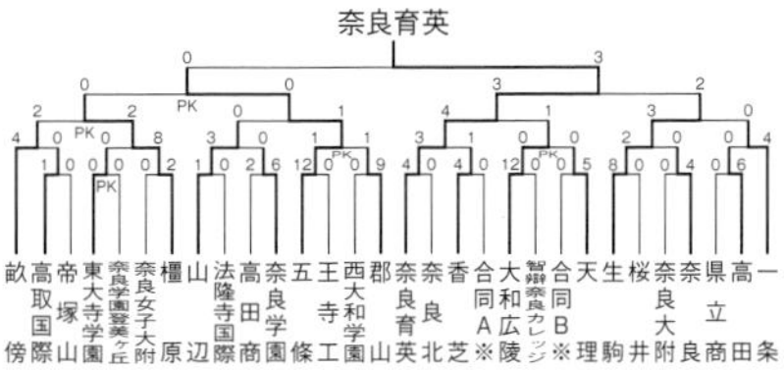

※合同A＝二階堂・西和清陵・大淀・奈良南・高円・高円芸術・日本教育学院・御所実

※合同B＝県立大附・国際

大阪府

●決勝トーナメント

第1代表：金光大阪　第2代表：関西大一

大阪商大堺・アサンプション・桜宮・関西大倉・金光大阪・大体大浪商・大塚・大阪学院大高・履正社・清明学院・常翔学園・阪南大高・河南・槻の木・関大北陽・興國・汎愛・大阪偕星学園・初芝立命館・近大附・久米田・東大阪大柏原・大阪産大附・桃山学院・豊中・賢明学院・関西大一・東海大大阪仰星・四條畷・羽衣学園・大阪桐蔭

●1次トーナメント

アサンプション：昇陽・追手門・今宮工科・香里丘・牧野・アサンプション・山田・開明・北千里

桜宮：桜宮・港・いちりつ・箕面学園・天王寺・千里・電通大高・関西創価・教大池田

関西大倉：箕面・東淀川・清風南海・関西大倉・箕面自由・OBF・大阪商大高・刀根山

大体大浪商：高石・岬・上宮・堺上・追手門大手前・早稲田摂陵・枚方津田・豊島・大体大浪商

大塚：大塚・大商学園・福井・関大高等部・精華・金岡・合同A※・八尾北・合同B※

清明学院：清明学院・寝屋川・阿武野・北摂つばさ・星翔・阪南・泉尾工・桜和・高槻・高槻北

常翔学園：守口東・大阪青凌・泉大津・帝塚山泉ヶ丘・常翔学園

河南：東大谷・芦間・大阪・教大天王寺・関西福祉科学・合同C※・八尾翠翔・吹田・河南

槻の木：ヌヴェール・池田・住吉・浪速・茨木・槻の木・東住吉・八尾・東住吉総合

関大北陽：淀川工科・泉陽・大手前・大阪学芸・金蘭千里・関大北陽

汎愛：汎愛・阿倍野・金光藤蔭・英真学園・桜塚・堺西・東・枚岡樟風・布施工科

大阪偕星学園：大阪偕星学園・同志社香里・星光・東大阪大敬愛・野崎・夕陽丘・市立堺・みどり清朋・信太

初芝立命館：初芝立命館・大冠・太成学院大高・三島・摂津

久米田：旭・久米田・鳳・花園・岸和田・市岡・合同D※・芥川・藤井寺・常翔啓光

東大阪大柏原：東大阪大柏原・緑風冠・枚方なぎさ・清水谷・金剛・長尾・布施・交野・和泉

豊中：日新・高津・都島工・生野・三国丘・阜が丘・大阪教育C附・四天王寺東・豊中

賢明学院：賢明学院・布施北・吹田東・渋谷・上宮太子・今宮・登美丘・堺東・春日丘

関西大一：枚方・山本・大阪国際・岸和田産・関西大一

四條畷：泉北・富田林・北野・清教・狭山・四條畷・東百舌鳥・貝塚南・明星・初芝富田林

羽衣学園：清風・大阪朝鮮・門真なみはや・千里青雲・茨木西・大阪緑涼・あべの翔学・堺工科・羽衣学園

※合同A＝東淀工・咲くやこの花
※合同B＝柴島・箕面東・城東工科・西野田工科
※合同C＝長吉・農芸・平野・松原・教大平野
※合同D＝佐野・佐野工科

兵庫県

●第5回戦～決勝トーナメント

神戸弘陵：神戸弘陵・報徳・芦屋学園・明石南・神戸・蒼開・三田松聖・小野・兵庫・神戸国際附・相生学院・長田・市尼崎・神戸科学技術・滝川第二・三田

〈3位決定戦〉**滝川第二**：神戸・滝川第二

●第1～4回戦トーナメント

※合同＝上郡・佐用・太子

神戸弘陵：神戸弘陵・宝塚北・西宮今津・市西宮・葺合・芦屋・北須磨・宝塚

報徳：姫路西・尼崎双星・姫路工・市伊丹・伊川谷・神戸朝鮮・網干・雲雀丘・報徳・明石商

芦屋学園：姫路南・西宮南・県尼崎工・芦屋学園・伊丹北・須磨学園・明石北・三田祥雲館・飾磨・近大豊岡

明石南：社・啓明・白陵・淳心・洲本実・須磨友が丘・六甲・神戸第一・明石南

神戸：明石城西・神戸甲北・舞子・神戸・姫路東・加古川西・武庫荘総合・神戸高塚・宝塚西

蒼開：姫路・県伊丹・西宮北・明石清水・蒼開・神港橘・加古川東・洲本・御影・西宮甲山

三田松聖：星陵・須磨翔風・相生・川西緑台・西脇工・柏原・合同※・尼崎小田・三田松聖・津名

小野：北条・宝塚東・明石高専・夢野台・西脇・神戸北・小野・三木・関西学院

兵庫：滝川・兵庫・尼崎西・三木北・有馬・小野工・兵庫工・川西北陵・須磨東

神戸国際附：明石西・県農・明石・川西明峰・相生産・神戸国際附・東灘・香寺・神戸龍谷

相生学院：相生学院・県西宮・三木東・神戸星城・豊岡総合・甲陽・仁川・高砂南・県尼崎・東洋大姫路

長田：県立大附・彩星工科・福崎・伊丹西・神大附中等・西宮東・高砂・六甲アイランド・長田

市尼崎：市尼崎・龍野・加古川南・姫路別所・夢前・尼崎稲園・三田西陵・山崎・龍野北・神港学園

神戸科学技術：鳴尾・淡路・尼崎北・猪名川・伊川谷北・神戸科学技術・松陽・吉川・東播磨・篠山産・甲南

滝川第二：神戸鈴蘭台・滝川第二・淡路三原・東播工・姫路飾西・夙川・飾磨工・加古川北・姫路商・神戸高専

三田：育英・琴丘・北摂三田・出石・神戸学院・豊岡・八鹿・赤穂・三田

和歌山県

●決勝トーナメント

初芝橋本：初芝橋本・紀央館・田辺・市立和歌山・串本古座・笠田・桐蔭・和歌山工・神島・星林・耐久・日高・新翔・近大和歌山・和歌山南陵・海南・和歌山商・橋本・田辺工・向陽・那賀・近大新宮・開智・新宮・粉河・紀北工・和歌山高専・和歌山北

鳥取県

●決勝トーナメント

米子北：米子北・米子高専・米子西・米子東・倉吉総産・鳥取商・米子松蔭・鳥取中央育英・鳥取湖陵・鳥取敬愛・米子工・八頭・倉吉東・鳥取工・鳥取西・境・鳥取東・倉吉北・境港総合・倉吉西・鳥取城北

〈3位決定戦〉**境**：米子松蔭・境

島根県

●決勝トーナメント

立正大淞南：大社・合同A※・出雲・吉賀・合同B※・益田・松江東・松江北・松江農林・石見智翠館・益田東・出雲北陵・松江南・明誠・益田翔陽・松江工・浜田・出雲西・三刀屋・出雲工・松江商・大田・合同C※・松江高専・開星・平田・立正大淞南

※合同A＝江津工・江津・浜田商
※合同B＝出雲商・出雲農林
※合同C＝松江西・情報科学

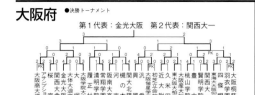

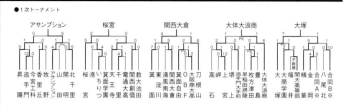

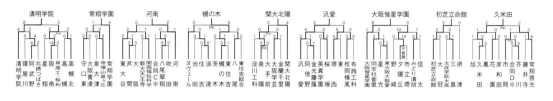

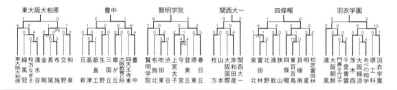

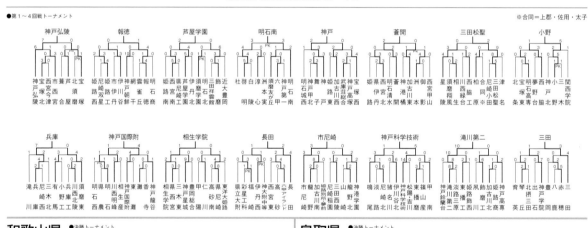

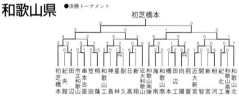

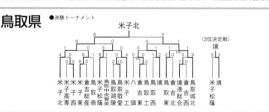

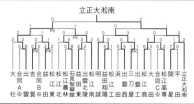

岡山県

●決勝トーナメント

※合同A＝井原・玉島商・矢掛
※合同B＝邑久・岡山後楽館・商大附

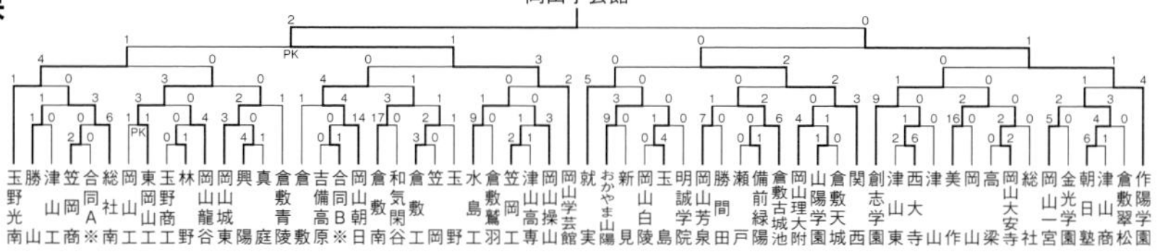

広島県

●決勝トーナメント

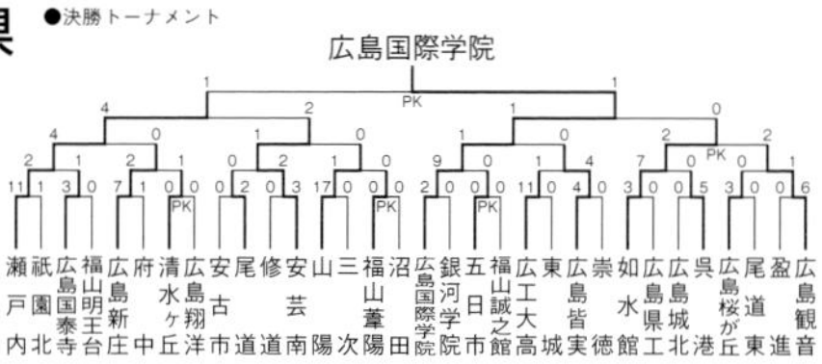

【福山地区】 ●１次トーナメント

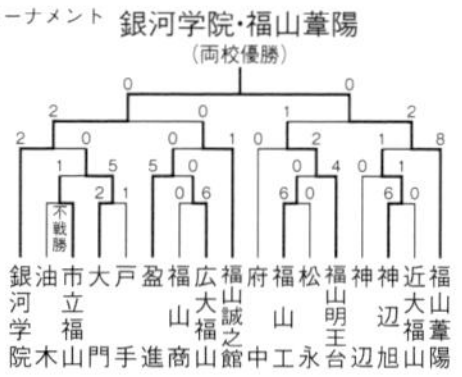

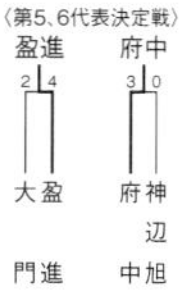

【三次地区】 ●予選リーグ

A	東　城	三　次	三次青陵	順位
東　城	＼	1－2	3－0	1
三　次	2－1	＼	1－2	2
三次青陵	0－3	2－1	＼	3

B	合 同 ※	日 彰 館	庄 原 実	順位
合 同 ※	＼	2－1	6－0	1
日 彰 館	1－2	＼	5－1	2
庄 原 実	0－6	1－5	＼	3

※合同＝庄原格致・西城紫水・吉田・向原

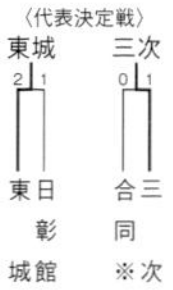

【呉地区】 ※合同＝呉宮原・黒瀬・呉昭和・市立呉

A	呉　港	呉　工	広	順位
呉　港	＼	15－0	3－0	1
呉　工	0－15	＼	0－7	3
広	0－3	7－0	＼	2

B	清水ヶ丘	呉 高 専	合 同 ※	呉三津田	順位
清水ヶ丘	＼	5－0	6－0	3－0	1
呉 高 専	0－5	＼	4－1	5－0	2
合 同 ※	0－6	1－4	＼	4－2	3
呉三津田	0－3	0－5	2－4	＼	4

【尾三地区】 ●予選リーグ

※合同＝大崎海星・世羅・三原

A	如 水 館	尾 道 北	尾 道 商	尾 道 東	順位
如 水 館	＼	14－0	22－0	5－1	1
尾 道 北	0－14	＼	9－0	1－1	3
尾 道 商	0－22	0－9	＼	0－6	4
尾 道 東	1－5	1－1	6－0	＼	2

B	尾　道	総合技術	広島商船	合 同 ※	順位
尾　道	＼	8－0	18－0	9－0	1
総合技術	0－8	＼	8－1	1－1	3
広島商船	0－18	1－8	＼	1－11	4
合 同 ※	0－9	1－1	11－1	＼	2

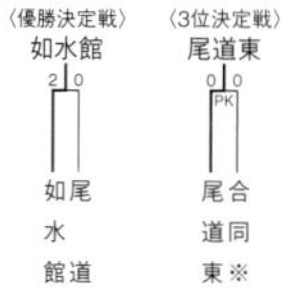

【広島地区】

A	崇　徳	近大東広島	順位
崇　徳	＼	6－2	1
近大東広島	2－6	＼	2

B	高　陽	五 日 市	順位
高　陽	＼	1(3PK4)1	2
五 日 市	1(4PK3)1	＼	1

C	広島翔洋	広島なぎさ	広島中等	順位
広島翔洋	＼	1－0	11－0	1
広島なぎさ	0－1	＼	8－0	2
広島中等	0－11	0－8	＼	3

D	広島城北	美鈴が丘	可　部	順位
広島城北	＼	3－0	6－1	1
美鈴が丘	0－3	＼	2－0	2
可　部	1－6	0－2	＼	3

E	安 芸 南	広　陵	広島井口	順位
安 芸 南	＼	6－1	1－0	1
広　陵	1－6	＼	2－0	2
広島井口	0－1	0－2	＼	3

F	広工大高	基　町	広島市工	順位
広工大高	＼	6－0	13－0	1
基　町	0－6	＼	5－1	2
広島市工	0－13	1－5	＼	3

G	広島桜が丘	県立広島	星槎国際広島	順位
広島桜が丘	＼	7－0	7－1	1
県立広島	0－7	＼	2－0	2
星槎国際広島	1－7	0－2	＼	3

H	広島皆実	熊　野	広島朝鮮	順位
広島皆実	＼	22－0	7－0	1
熊　野	0－22	＼	0－5	3
広島朝鮮	0－7	5－0	＼	2

I	山　陽	高 陽 東	賀　茂	順位
山　陽	＼	5－0	6－1	1
高 陽 東	0－5	＼	0－5	3
賀　茂	1－6	5－0	＼	2

J	広島国泰寺	ひろしま協創	舟　入	順位
広島国泰寺	＼	3－0	11－1	1
ひろしま協創	0－3	＼	1－2	3
舟　入	1－11	2－1	＼	2

K	廿 日 市	安 古 市	宮 島 工	順位
廿 日 市	＼	1－3	1(5PK3)1	2
安 古 市	3－1	＼	4－0	1
宮 島 工	1(3PK5)1	0－4	＼	3

L	広島県工	広島県商	海　田	順位
広島県工	＼	5－1	5－2	1
広島県商	1－5	＼	0－8	3
海　田	2－5	8－0	＼	2

M	祇 園 北	広島学院	並木学院	順位
祇 園 北	＼	4－0	17－0	1
広島学院	0－4	＼	10－0	2
並木学院	0－17	0－10	＼	3

N	広島大附	広島新庄	千 代 田	順位
広島大附	＼	1－6	8－0	2
広島新庄	6－1	＼	16－0	1
千 代 田	0－8	0－16	＼	3

O	廿日市西	修　道	安芸府中	順位
廿日市西	＼	0－4	4－1	2
修　道	4－0	＼	3－1	1
安芸府中	1－4	1－3	＼	3

山口県

●決勝トーナメント

※合同A＝柳井学園・岩国総合
※合同B＝厚狭・宇部中央
※合同C＝下関北・下関国際

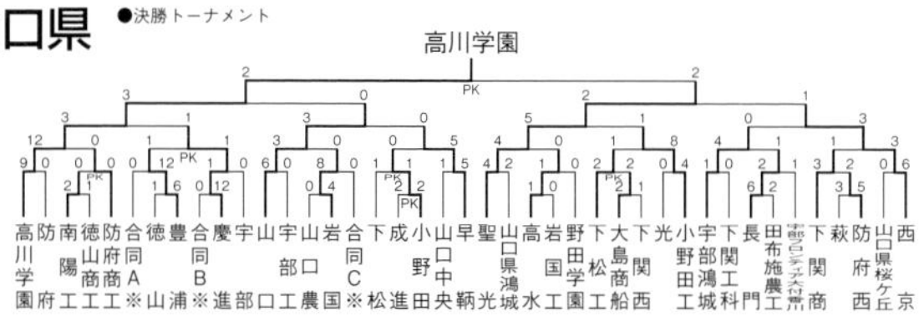

愛媛県

●決勝トーナメント

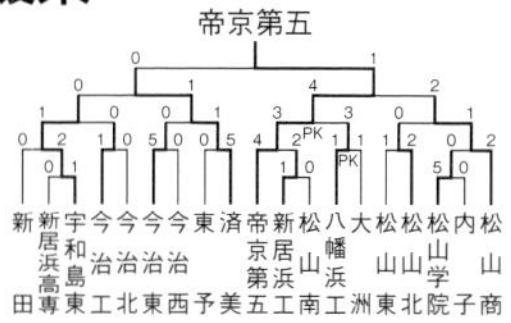

【東予地区】

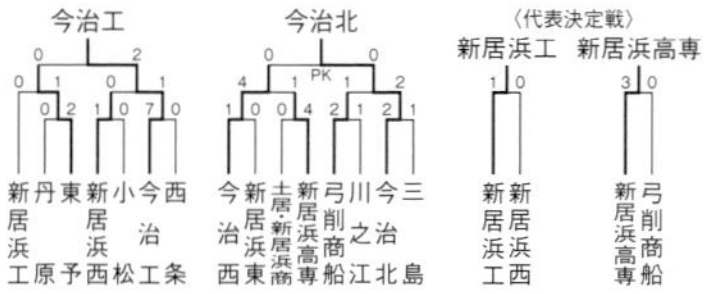

【南予地区】

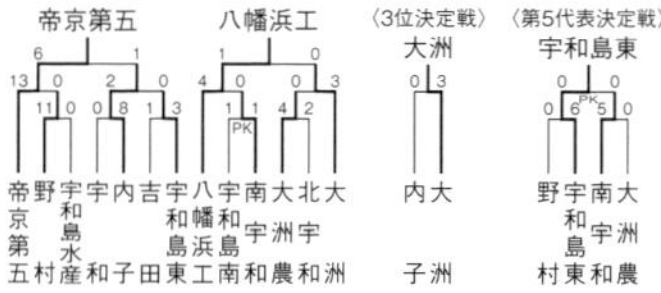

【中予地区】

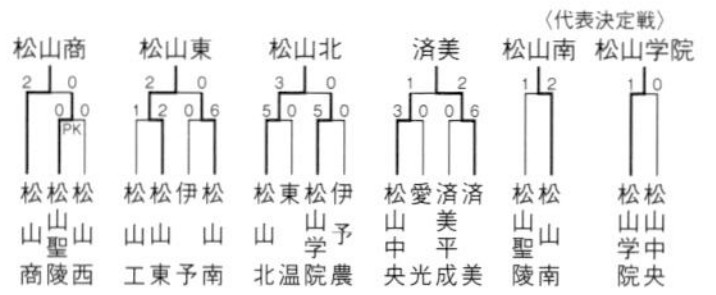

香川県

●決勝トーナメント

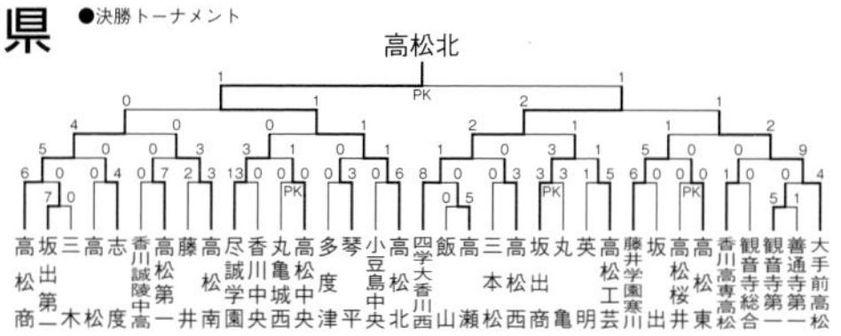

徳島県

●決勝トーナメント

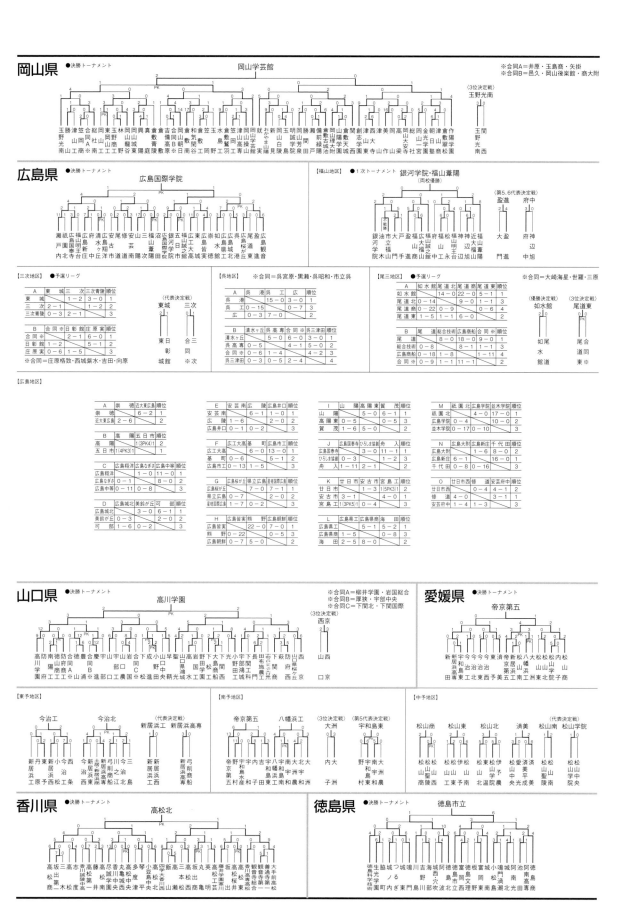

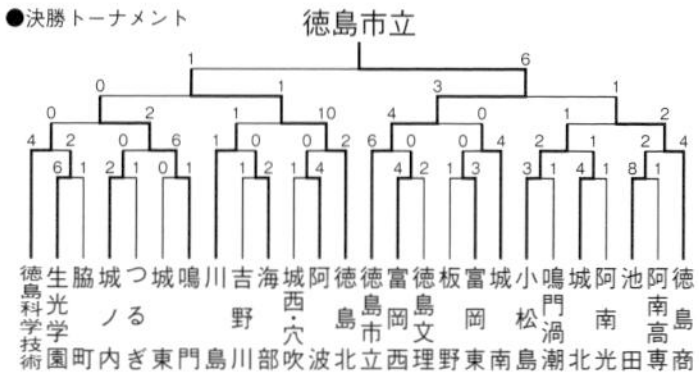

高知県

●決勝トーナメント

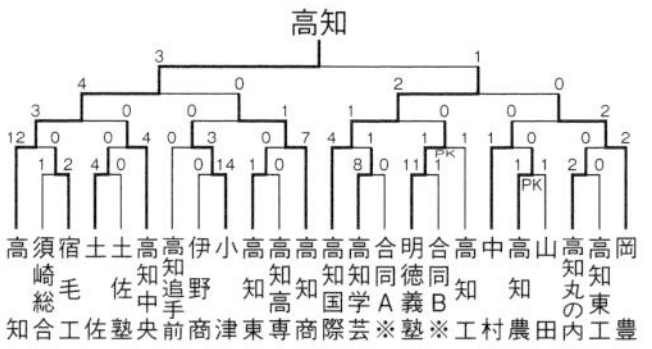

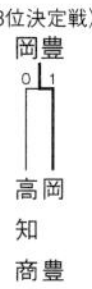

※合同A＝清水・幡多農
※合同B＝城山・室戸・安芸

福岡県

●決勝トーナメント

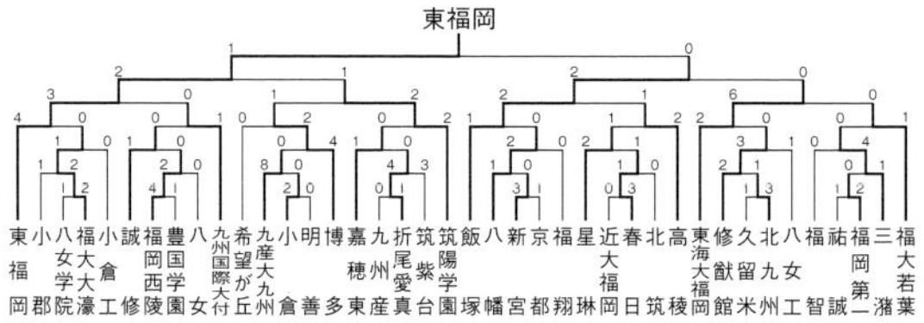

【北部地区】●代表決定トーナメント

※合同＝北九州市立・東筑紫・行橋

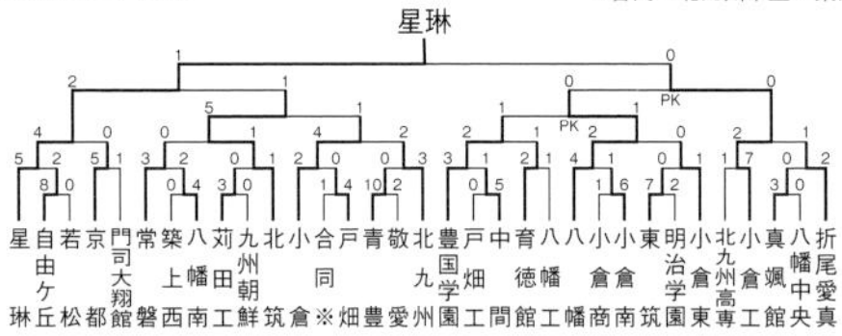

●敗者復活トーナメント

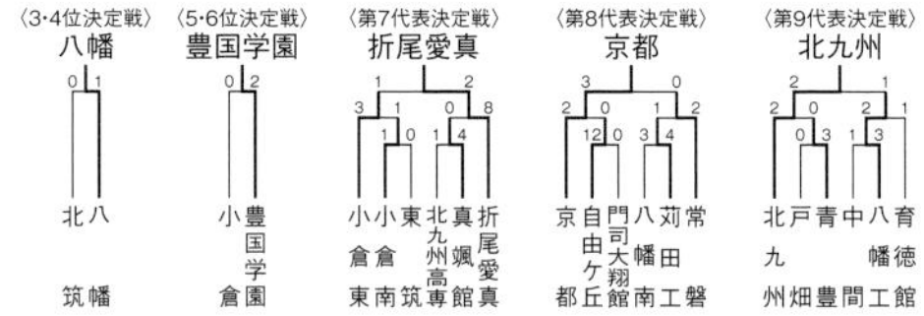

【中部地区】●ブロック予選会

1部A	筑紫台	博多	春日	柏陵	福岡	順位
筑紫台		0－3	1－0	2－1	3－0	2
博多	3－0		3－1	7－1	5－0	1
春日	0－1	1－3		1－1	2－1	3
柏陵	1－2	1－7	1－1		3－0	4
福岡	0－3	0－5	1－2	0－3		5

1部B	九州	福翔	九州産	新宮	修猷館	順位
九州		2－1	1－0	4－1	1－2	2
福翔	1－2		2－0	1－0	4－0	1
九州産	0－1	0－2		0－3	0－0	5
新宮	1－4	0－1	3－0		1－5	4
修猷館	2－1	0－4	0－0	5－1		3

2部A	筑前	武蔵台	筑紫	福岡魁誠	香椎工	順位
筑前		1－1	0－1	0－5	2－2	5
武蔵台	1－1		2－1	0－2	1－1	3
筑紫	1－0	1－2		0－0	0－0	2
福岡魁誠	5－0	2－0	0－0		0－0	1
香椎工	2－2	1－1	0－0	0－0		4

2部B	福岡舞鶴	筑紫丘	福岡西陵	玄洋	福岡常葉	順位
福岡舞鶴		2－1	1－2	2－0	3－1	2
筑紫丘	1－2		1－2	3－1	0－0	4
福岡西陵	2－1	2－1		5－0	1－1	1
玄洋	0－2	1－3	0－5		0－1	5
福岡常葉	1－3	0－0	1－1	1－0		3

3部A	福大大濠	太宰府	純真	順位
福大大濠		7－2	8－0	1
太宰府	2－7		1(4PK5)1	3
純真	0－8	1(5PK4)1		2

3部B	福岡工	香住丘	糸島農	順位
福岡工		5－0	3－0	1
香住丘	0－5		9－0	2
糸島農	0－3	0－9		3

3部CD	福岡講倫館	糸島	須恵	中村三陽	博多工	順位
福岡講倫館				3－1	6－0	1
糸島			1－3		3－1	3
須恵		3－1		1－2		2
中村三陽	1－3		2－1			4
博多工	0－6	1－3				5

3部E	福工大城東	光陵	西南学院	順位
福工大城東		1－4	7－0	2
光陵	4－1		9－0	1
西南学院	0－7	0－9		3

3部F	宗像	上智福岡	早良	順位
宗像		7－0	8－0	1
上智福岡	0－7		4－0	2
早良	0－8	0－4		3

3部G	玄界	筑紫中央	福岡農	順位
玄界		0－3	5－1	2
筑紫中央	3－0		9－0	1
福岡農	1－5	0－9		3

3部H	城南	福岡第一	宇美商	順位
城南		2(3PK5)2	8－1	2
福岡第一	2(5PK3)2		19－0	1
宇美商	1－8	0－19		3

●代表決定トーナメント

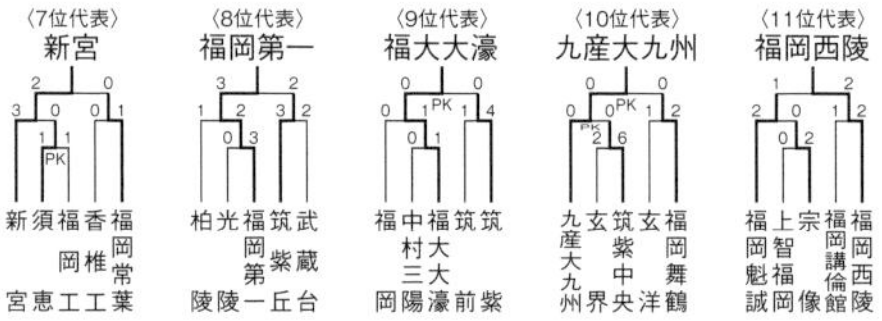

●１部順位決定戦

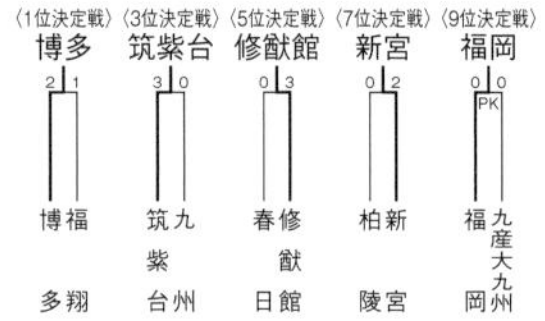

●２部順位決定戦

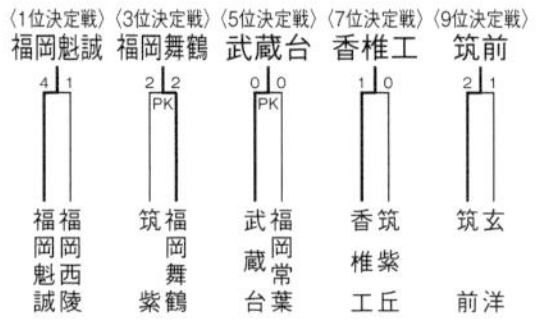

●３部トーナメント

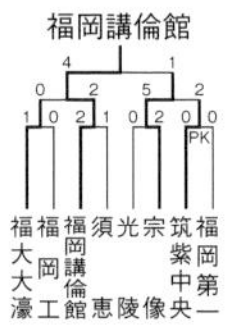

●３部順位決定戦

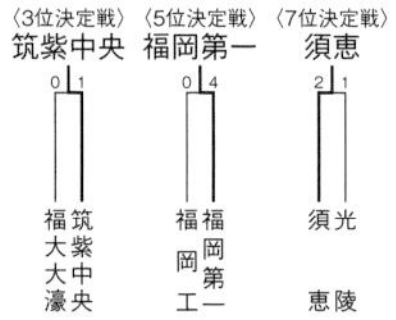

●３部２位Ｇトーナメント

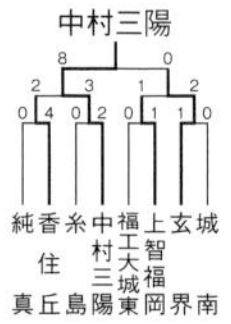

【南部地区】●１次リーグ

1部A	三潴	八女工	明善	八女学院	朝倉	順位
三潴		1－1	1－0	4－2	2－0	2
八女工	1－1		2－0	3－0	5－1	1
明善	0－1	0－2		1－1	1－1	4
八女学院	2－4	0－3	1－1		3－1	3
朝倉	0－2	1－5	1－1	1－3		5

1部B	八女	久留米	伝習館	三池	小郡	順位
八女		1－1	4－0	5－0	0－0	2
久留米	1－1		2－0	3－0	0－1	3
伝習館	0－4	0－2		2－0	1－4	4
三池	0－5	0－3	0－2		0－4	5
小郡	0－0	1－0	4－1	4－0		1

2部A	三池工	久留米大附	久留米筑水	西日本短大附	南筑	順位
三池工		3－0	0－2	1－3	4－1	3
久留米大附	0－3		0－2	0－2	2－1	4
久留米筑水	2－0	2－0		2－6	3－1	2
西日本短大附	3－1	2－0	6－2		3－0	1
南筑	1－4	1－2	1－3	0－3		5

2部B	福島	祐誠	大牟田	山門	朝倉東	順位
福島		0－3	2－2	0－0	4－1	3
祐誠	3－0		1－0	1－3	5－0	1
大牟田	2－2	0－1		0－1	4－1	4
山門	0－0	3－1	1－0		2－3	2
朝倉東	1－4	0－5	1－4	3－2		5

●３部２位Ｇ順位決定戦

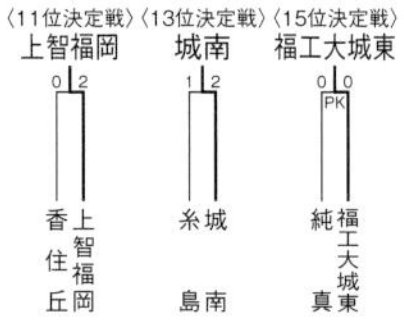

●３部３位Ｇトーナメント

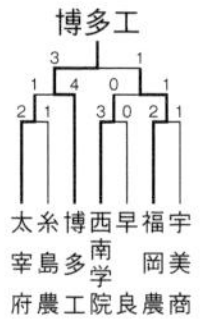

●３部３位Ｇ順位決定戦

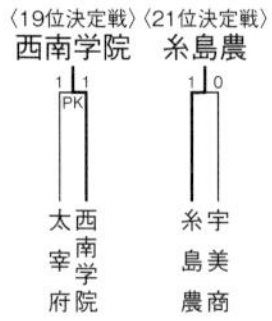

●１部順位決定戦

八女工（３—２）小郡
三潴（１—０）八女
八女学院（１—２）久留米
明善（１—４）伝習館
朝倉（４—０）三池

●２部順位決定戦

西日本短大附（５—１）祐誠
久留米筑水（５—０）山門
三池工（０—１）福島
久留米大附（０—１）大牟田
南筑（０—０）朝倉東
（PK3—2）

●代表決定トーナメント

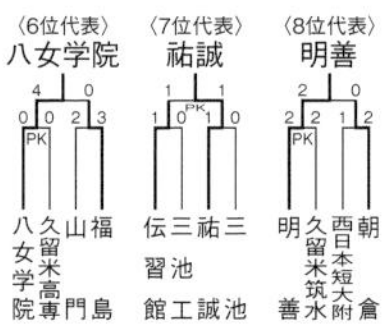

●３部１stリーグ

（Ａパート）久留米商（５—０）三井
（Ｂパート）柳川（１—１）久留米高専
（PK4—3）
（Ｃパート）有明高専（５—０）浮羽究真館
（Ｄパート）ありあけ新世（５—４）久留米信愛

●３部上位トーナメント

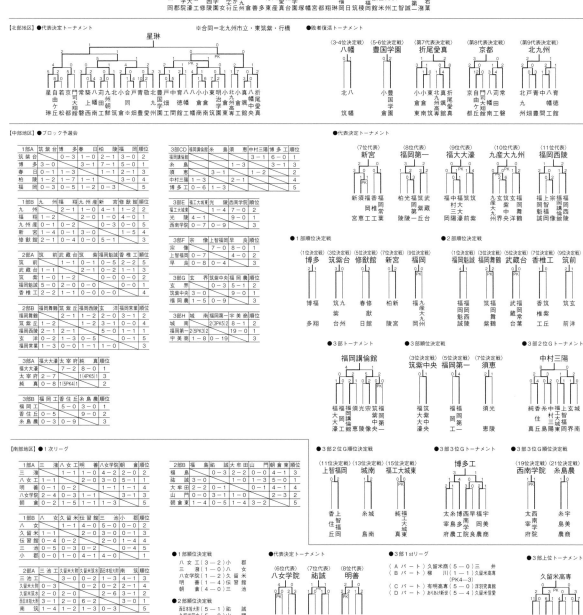

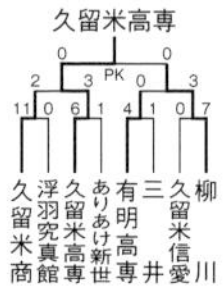

【筑豊地区】●１部リーグ

	嘉穂東	嘉穂	福智	近大福岡	鞍手	稲築志耕館	順位
嘉穂東		2－1	2－1	2－1	1－3	1－0	1
嘉穂	1－2		1－2	0－2	1－0	2－0	5
福智	1－2	2－1		2－2	2－0	4－0	2
近大福岡	1－2	2－0	2－2		0－1	3－0	4
鞍手	3－1	0－1	0－2	1－0		2－1	3
稲築志耕館	0－1	0－2	0－4	0－3	1－2		6

●２部リーグ

	直方	田川	東鷹	田川科技	順位
直方		4－0	3－1	9－0	1
田川	0－4		1－1	3－0	3
東鷹	1－3	1－1		8－0	2
田川科技	0－9	0－3	0－8		4

●代表決定トーナメント

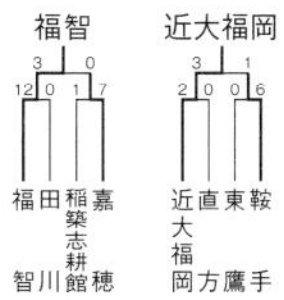

佐賀県

●決勝トーナメント

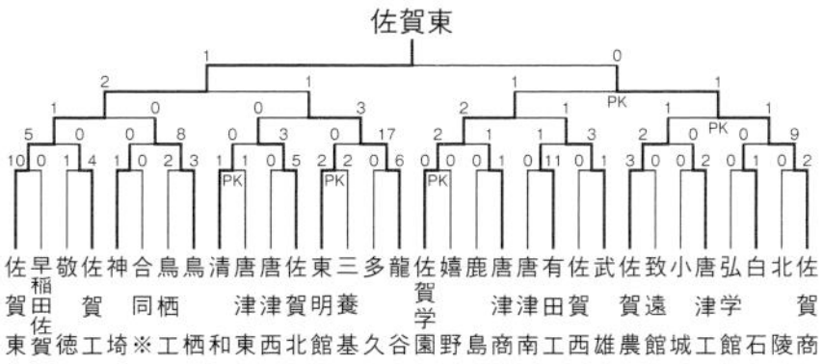

※合同＝伊万里・高志館

長崎県

●決勝トーナメント

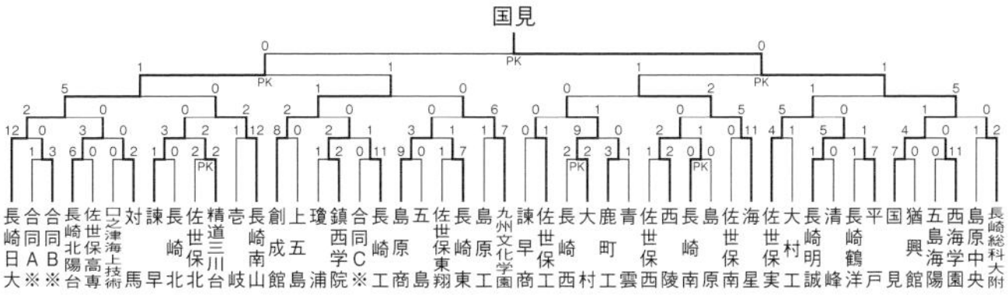

※合同A＝西彼農・西彼杵
※合同B＝口加・島原翔南
※合同C＝佐世保商・波佐見

大分県

●決勝トーナメント

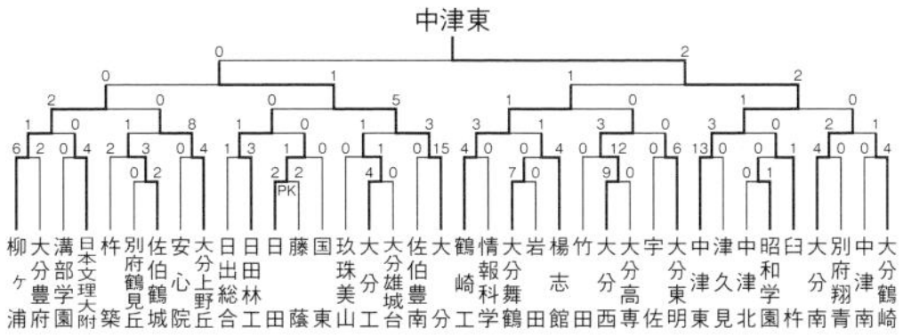

宮崎県

●決勝トーナメント

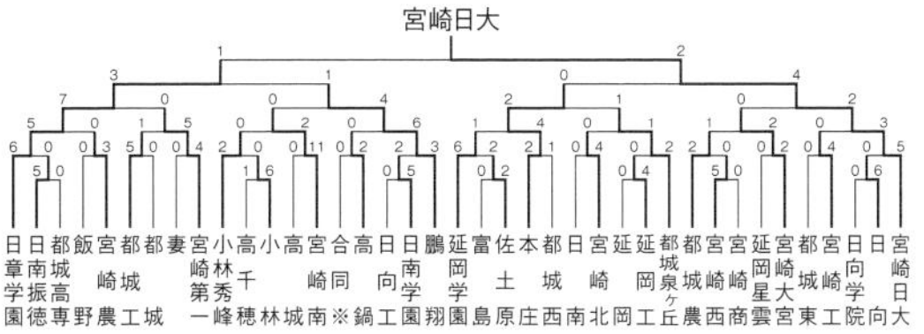

※合同＝五ヶ瀬中等・海洋・延岡商

熊本県

●決勝トーナメント

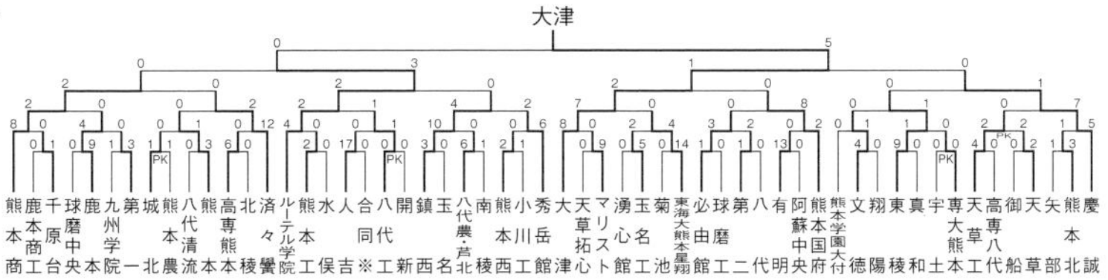

※合同＝上天草・岱志・菊池農・松橋

鹿児島県

●決勝トーナメント

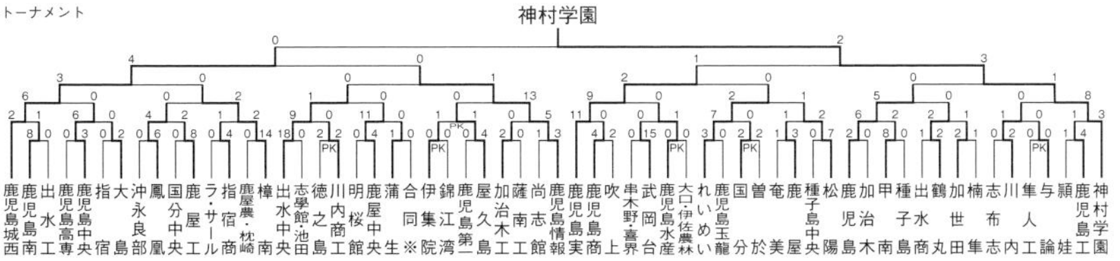

※合同＝鶴翔・出水・川薩清修館

沖縄県

●決勝トーナメント

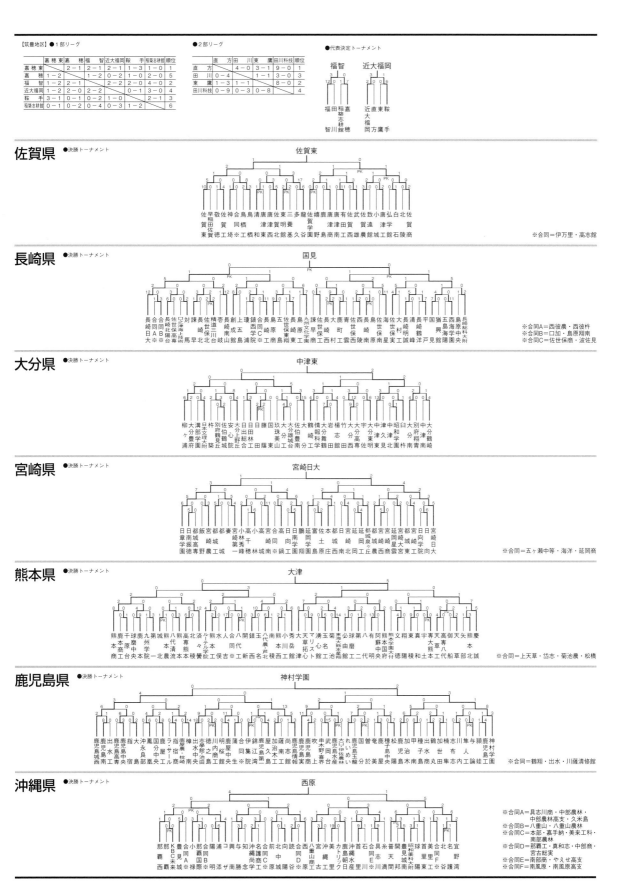

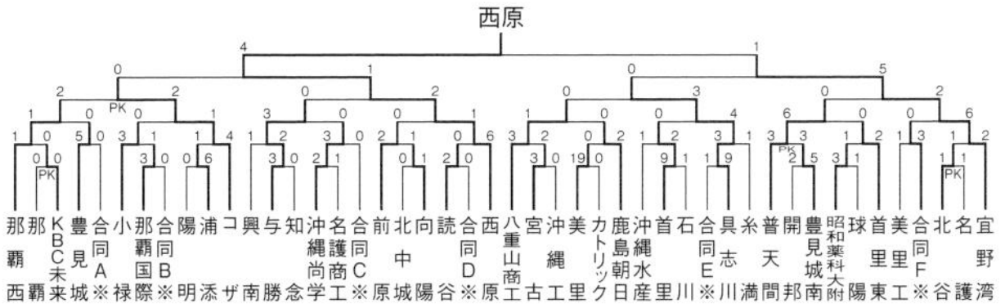

※合同A＝具志川商・中部農林・中部農林高支・久米島
※合同B＝八重山・八重山農林
※合同C＝本部・嘉手納・美来工科・南部農林
※合同D＝那覇工・真和志・中部商・宮古総実
※合同E＝南部商・やえせ高支
※合同F＝南風原・南風原高支

全国高校総体サッカー大会出場校（男子）

年	S.41	42	43	44	45	46	47	48	49	50	51	52
開催地	十和田 (青森県)	芦原, 三国 (福井県)	広島 (広島県)	宇都宮 (栃木県)	新宮 (和歌山県)	徳島 (徳島県)	山形 (山形県)	伊賀上野 (三重県)	佐賀 (佐賀県)	韮崎 (山梨県)	新潟 (新潟県)	岡山 (岡山県)
優勝校	**藤枝東1**	**浦和市立1**	**秋田商1**	**浦和南1**	**浜名1**	**藤枝東2**	**清水東1**	**児玉1**	**浜名2**	**韮崎1**	**帝京1**	**島原商1**
準優勝	浦和市立1	刈谷1	習志野1	清水市商1	浦和南1	広島県工1	秋田商1	北陽1	児玉1	児玉2	古河第一1	佐賀商1
三位	習志野1 松本県ヶ丘1	水戸商1 山城1	初芝1 明星1	宇都宮工1 宇都宮学1	広島市商1 新宮1	浦和市立1 初芝2	児玉1 藤枝東1	清水東1 遠野1	北陽1 習志野2	帝京1 水戸商2	浦和南1 韮崎1	山口1 広島県工1
北海道	函館工1 美唄工1	函館工2 斜里1	函館東1 岩見沢東1	美唄工2 札幌光星1	室蘭大谷1 三笠高美1	白糠1 室蘭大谷2	室蘭大谷3 函館有斗1	室蘭大谷4 三笠高美2	室蘭大谷5 室蘭清水丘1	旭川東1 北海1	苫小牧東1 三笠高美3	室蘭大谷6 札幌光星2
青森	十和田工1 五戸1	五戸2	八戸電波1	青森商1	七戸1	光星学院1	八戸北1	五戸3	五戸4	三沢商1	五所川原農林1	三本木1
岩手	盛岡商1	盛岡商2	遠野1	遠野2	大槌1	盛岡商3	遠野3	遠野4	遠野5	大槌2	釜石北1	遠野6
秋田	秋田商1	由利工1	秋田商2	㊟秋田商3 西目農1	由利工2	秋田商4	秋田商5	由利工3	西目農2	西目農3	秋田商6	秋田商7
山形	鶴岡南1	新庄北1	鶴岡工1	新庄工1	鶴岡工2	山形南1	日大山形1 鶴岡南2	米沢商1	山形市商1	山形東1	庄内農1	山形東2
宮城	仙台育英1	仙台育英2	仙台育英3	仙台第三1	仙台育英4	仙台育英5	宮城県工1	東北1	仙台第二1	東北2	仙台育英6	仙台育英7
福島	郡山西工1	安積1	福島工1	福島工2	郡山商1	郡山西工2	相馬1	郡山商2	勿来工1	勿来工2	郡山商3	磐城1
新潟	吉田商1	新潟東工1	吉田商2	巻1	中越1	長岡工1	新潟明訓1	新潟明訓2	新潟1	巻2	新潟2 長岡工2	新潟工1
長野	松本県ヶ丘1	上田1	穂高1	松本深志1	松本県ヶ丘2	松本県ヶ丘3	松本県ヶ丘4	蘇南1	蘇南2	上田東1	須坂1	松本深志2
富山	高岡工芸1	富山第一1	富山工1	魚津工1	富山工2	富山工3	富山工4	高岡第一1	富山東1	砺波工1	富山東2	富山東3
石川	金沢市工1	金沢市工2	金沢泉丘1	金沢錦丘1	金沢錦丘2	羽咋工1	金沢桜丘1	金沢桜丘2	金沢泉丘2	金沢経大星稜1	金沢西1	金沢経大星稜2
福井	福井工1	大野工1 丸岡1	大野1	坂井農1	高志1	三国1	敦賀工1	大野2	三国2	大野3	大野4	春江工1
茨城	水戸商1	水戸商2	水戸商3	日立第一1	水戸商4	古河第一1	東洋大牛久1	古河第一2	古河第一3	水戸商5	古河第一4	日立第一2
栃木	宇都宮商1	宇都宮工1	宇都宮学園1	宇都宮工2 宇都宮学園2	矢板1	那須1	宇都宮工3	宇都宮工4	矢板東1	宇都宮学園3	宇都宮農1	宇都宮工5
群馬	館林1	館林2	新島学1	太田1	新島学2	新島学3	新島学4	沼田1	高崎1	高崎商1	高崎商2	前橋工1
埼玉	浦和市立1	浦和市立2	㊟浦和市立3 浦和南1	浦和南2	㊟浦和南3 浦和市立4	浦和市立5	児玉1	児玉2	㊟児玉3 浦和南4	児玉4	浦和南5	浦和南6
東京	私立城北1 学習院1	帝京1 早大学1	石神井1 早大学2	中大付1 町田工1	中大付2 本郷1	帝京2 明法1	帝京3 桐朋1	中大付3 本郷2	中大付4 帝京4	中大付5 帝京5	帝京6 本郷3	㊟帝京7 國學院久我山1 修徳1
千葉	習志野1	習志野2	習志野3	習志野4	薬園台1	習志野5	茂原工1	千葉経済1	習志野6	八千代1	千葉経済2	八千代2
神奈川	小田原1	鎌倉学1	鎌倉学2	相工大附1	相模台工1	相工大附2	向の岡工1	相工大附3	相工大附4	相工大附5	厚木1	旭1
山梨	韮崎1	韮崎2	韮崎3	韮崎4	甲府工1	韮崎5	韮崎6	韮崎7	韮崎8	韮崎9 機山工1	㊟韮崎10 北富士工1	韮崎11
静岡	藤枝東1	㊟藤枝東2 清水東1	藤枝東3	清水市商1	浜名1	㊟浜名2 藤枝東4	㊟藤枝東5 清水東2	㊟清水東3 自動車工1	浜名3	㊟浜名4 静岡工1	浜名5	自動車工2
愛知	豊田西1	刈谷1	熱田1	名商大付1	津島1	名古屋市北1	岡崎城西1	中京1	熱田2	熱田3	熱田4	愛知1
岐阜	大垣工1	大垣工2	大垣工3	大垣工4	加納1	大垣北1	大垣工5	長良1	長良2	大垣工6	大垣工7	多治見工1
三重	上野工1	名張1	上野1	上野工2	上野工3	上野2	上野工4	四日市中央工1 名張2	上野3	上野工5	四日市中央工2	四日市中央工3
滋賀	甲賀1	甲賀2	甲賀3	甲賀4	日野1	日野2	甲賀5	甲賀6	膳所1	能登川1	水口7	膳所2
京都	山城1	山城2	京都教大附1	京都商1	洛北1	朱雀1	洛北2	山城3	朱雀2	山城4	京都教大附2	京都商2
奈良	大淀1	智辯学1	東大寺学1	畝傍1	奈良女大付1	畝傍2	五條1	天理1	智辯学2	畝傍3	奈良女大付2	天理2
和歌山	和歌山北1	新宮商1	新宮商2	和歌山北2	新宮1 新宮商3	星林1	和歌山北3	和歌山北4	新宮2	桐蔭1	古座1	和歌山北5
大阪	明星1 初芝1	和泉工1 北陽1	初芝2 明星2	初芝3 茨木1	和泉1 明星3	初芝4 浪速工1	北陽2 初芝5	北陽3 清風1	北陽4 大教大付1	北陽5 関西大倉1	清風2 初芝6	北陽6 摂津1
兵庫	神戸1	関西学院1	芦屋1	報徳1	報徳2	六甲1	神戸2	神戸3	葺合1	尼崎1	長田1	神戸4
岡山	関西1	玉島商1	津山1	水島工1	岡山大安寺1	水島工2	水島工3	水島工4	水島工5	水島工6	倉敷工1	水島工7 玉野1
鳥取		米子北1	境港工1	倉吉工1	境港工2	米子工1	倉吉東1	米子東1	境港工3	境港工4	米子東2	鳥取西1
島根	松江南1	浜田1	益田農林1	益田農林2	益田農林3	松江北1	益田1	益田農林4	松江工1	益田2	益田3	松江南2
広島	国泰寺1	広島県工1	山陽1 広島市商1	広島市商2	広島市商3	広島県工2	広島市商4	国泰寺2	広島県工3	広大付1	広島県工4	広島県工5
山口	小野田工1	南陽工1	防府1	小野田工2	小野田工3	山口1	山口2	山口3	山口4	多々良学園1	山口5	山口6
香川	高松商1	高松商2	高松商3	高松商4	高松商5	高松商6	高松商7	高松工芸1	高松工芸2	高松工芸3	高松商8	高松商9
徳島	鴨島商1	鴨島商2	徳島商1	徳島商2	川島1	徳島商3 城北1	城北2	徳島商4	徳島商5	徳島工1	川島2	徳島商6
高知	高知商1	高知農1	高知農2	高知商2	高知農3	高知工1	高知工2	高知工3	高知農4	高知農5	追手前1	高知農6
愛媛	新田1	松山工1	松山東1	新田2	壬生川工1	松山工2	新田3	八幡浜工1	新田4	八幡浜工2	東予工2	東予工3
福岡	福岡商1	福岡電波1	福岡電波2	山田1	福岡商2	嘉穂東1	福岡商3	福島1	福岡商4	福岡商5	福岡商6	八幡中央1
佐賀	佐賀東1	小城1	佐賀実1	佐賀実2	小城2	武雄1	佐賀北1	佐賀北2	佐賀商1 佐賀学園3	佐賀商2	佐賀学園4	佐賀商3
長崎	島原商1	島原商2	島原商3	長崎南1	島原工1	島原商4	長崎南2	島原商5	島原商6	島原商7	島原商8	島原商9
大分	中津商1	中津南1	大分工1	大分工2	大分工3	大分上野丘1	中津工1	大分工4	中津工2	大分上野丘2	大分上野丘3	大分工5
宮崎	延岡工1	延岡工2	宮崎商1	宮崎商2	延岡工3	宮崎農1	延岡工4	延岡1	延岡2	宮崎実1	小林工1	宮崎工1
熊本	熊本商1	熊本二1	熊本一工1	熊本一工2	宇土1	八代第一1	八代第一2	宇土2	松橋1	八代工1	宇土3	熊本済々黌1
鹿児島	出水工1	鹿児島実1	鹿児島工1	鹿児島商1	鹿児島商2	鹿児島工2	鹿児島商3	鹿児島商4	鹿児島商5	鹿児島商6	鹿児島工3	鹿児島実2
沖縄	小禄1	那覇1		那覇2	沖縄工1	小禄2	小禄3	小禄4	小禄5	コザ1	前原1	小禄6
参加校	50	52	51	52	52	52	52	52	52	52	52	52
備考	鳥取県不参加	42年大会より前年度優勝校は推薦出場	沖縄県不参加					延長戦後同点の場合はPK方式で次回進出チームを決定することになる	佐賀学園↑佐賀実		水口↑甲賀 東予工↑壬生川工	

53	54	55	56	57	58	59	60	61	62	63	H.元	2
郡山 (福島県)	水口，甲西 (滋賀県)	松山，砥部 (愛媛県)	藤沢，横浜 (神奈川県)	国分，隼人 (鹿児島県)	名古屋 (愛知県)	雄和，河辺 (秋田県)	根上，寺井，金沢 (石川県)	山口，防府，小郡 (山口県)	室蘭 (北海道)	神戸 (兵庫県)	高知，南国，春野，野市，伊野 (高知県)	利府，松島 (宮城県)
北陽1	**水戸商1**	**清水東2**	**清水東3**	**帝京2**	**四日市中央工1**	**四日市中央工2**	**九州学院1**	**国見1**	**市立船橋1**	**市立船橋2**	**清水市商1**	**清水市商2**
八千代1	大分工1	今市1	室蘭大谷1	京都商1	水戸商1	広島県工2	室蘭大谷2	中京1	国見1	古河第一2	大宮東1	南宇和1
水戸商3 佐賀商1	鹿児島実1 帝京2	水戸商4 松江南1	韮崎2 相工大附1	守山1 大分工1	清水市商1 暁星1	武南1 八千代1	広島県工2 八千代2	鹿児島実2 札幌第一1	滝川第二1 帝京3	徳島商1 武南2	南宇和1 北陽2	北陽3 東北学院1
室蘭大谷7 北海2	室蘭大谷8 恵庭南1	室蘭大谷9 札幌光星3	室蘭大谷10 札幌光星4	室蘭大谷11 札幌光星5	室蘭大谷12 札幌光星6	室蘭大谷13 札幌第一1	室蘭大谷14 札幌光星7	室蘭大谷15 札幌第一2	室蘭栄1 札幌光星8 札幌藻岩1	室蘭大谷16 登別大谷1	室蘭大谷17 登別大谷2	登別大谷3 北海3
五戸5	光星学院2	五戸6	五戸7	三本木農1	光星学院3	五戸8	五戸9	光星学院4	光星学院5	五戸10	五戸11	光星学院6
遠野7	遠野8	遠野9	盛岡商4	盛岡商5	盛岡商6	遠野10	遠野11	遠野12	盛岡商7	盛岡商8	盛岡商9	盛岡商10
秋田商8	秋田商9	秋田1	秋田2	秋田商10	由利工4	秋田経法付1 秋田商11	秋田経法付2	秋田商12	秋田経法付3	秋田商13	秋田経法付4	秋田商14
日大山形2	鶴岡工3	日大山形3	日大山形4	鶴岡南3	日大山形5	山形東3	日大山形6	鶴岡工4	日大山形7	日大山形8	日大山形9	日大山形10
仙台第三2	宮城県工2	宮城県工3	東北学院1	東北学院2	東北学院3	東北学院4	東北3	仙台育英8	仙台育英9	東北4	東北学院5	東北学院6 宮城県工4
郡山商4 勿来工3	郡山商5	磐城2	福島工3	磐城3	磐城4	磐城5	磐城6	郡山北工1	郡山北工2	平工1	郡山商6	磐城7
新潟工2	新潟工3	津川1	新潟工4	新潟工5	新潟工6	新潟工7	新潟西1	新潟工8	新潟西2	新潟西3	新潟工9	新潟西4
上田2	豊科1	豊科2	上田東2	上田3	上田東3	豊科3	田川1	長野1	松本深志3	松本県ヶ丘5	松商学園1	松商学園2
富山中部1	富山中部2	富山中部3	富山第一2	富山中部4	富山南1	富山工5	富山中部5	富山第一3	高岡工芸2	富山第一4	富山第一5	富山第一6
金沢西2	金沢二水1	金沢西3	金沢経大星稜3	金沢西4	金沢西5	金沢桜丘3	金沢桜丘4 金沢西6	金沢桜丘5	星稜4	星稜5	金沢桜丘6	金沢桜丘7
丸岡2	丸岡3	北陸1	三国3	丸岡4	丸岡5	大野5	大野6	大野7	丸岡6	丸岡7	丸岡8	丸岡9
水戸商6	水戸商7	水戸商8	水戸商9	古河第一5	水戸商10	日立工1	水戸商11	水戸商12	水戸商13	古河第一6	古河第一7	水戸商14
矢板東2	今市1	今市2	国学院栃木1	矢板東3	真岡1	宇都宮学園4	国学院栃木2	宇都宮学園5	佐野日大1	国学院栃木3	佐野日大2	佐野日大3
前橋工2	前橋商1	前橋工3	前橋商2	前橋育英1	前橋工4	前橋商3	前橋商4	前橋商5	前橋商6	前橋商7	前橋育英2	前橋育英3
浦和南7	浦和南8	浦和南9	武南1	浦和市立6	武南2	武南3	武南4	大宮東1 武南5	武南6 浦和西1	武南7 川口工1	大宮東2 武南8	武南9 浦和南10
國學院久我山2 帝京8	帝京9 修徳2	帝京10 修徳3	本郷4 暁星1	暁星2 帝京11	暁星3 帝京12	帝京13 桐朋2	修徳4 暁星4	修徳5 帝京14	帝京15 暁星5	修徳6 暁星6	暁星7 修徳7	暁星8 東海大菅生1
八千代3	習志野7	八千代4	八千代5	八千代6	市原緑1	八千代7	八千代8	柏日体1	市立船橋1 八千代松陰1	八千代松陰2 市立船橋2	市立船橋3 習志野8	習志野9 市立船橋4
旭2	鎌倉1	小田原2	相工大附6 日大1	藤沢西1	鎌倉2	日大藤沢1 旭3	旭4 鎌倉3	藤沢西2 向上1	日大藤沢2 相工大附7	旭5 向上2	桐蔭学園1 向上3	日大藤沢3 横浜市立南1
韮崎12	日川1	韮崎13	韮崎14	機山工2	日大明誠1	日大明誠2	東海大甲府1	東海大甲府2	韮崎15	韮崎16	韮崎17	韮崎18
藤枝東6	清水市商2	清水東4	清水東5	藤枝東7	清水市商3	清水東6	静岡北3	清水東7	清水市商4	東海大一1	清水市商5	清水市商6
岡崎城西2	岡崎城西3	岡崎城西4	愛知2	愛知3	岡崎城西5 中京2	中京3	愛知4	中京4	中京5	中京6 刈谷北1	中京7 松蔭1	中京8 愛知5
大垣工8	大垣工9	大垣工10	岐阜工1	吉城1	中京商1	岐阜工2	岐阜工3	岐阜工4	岐阜工5	岐阜工6	大垣工11	大垣工12
四日市中央工4	上野4	四日市中央工5	上野工6	四日市中央工6	四日市中央工7	四日市中央工8	四日市中央工9	四日市中央工10	四日市中央工11	四日市中央工12	四日市中央工13	四日市中央工14
石山1	水口8 守山1	守山2	守山3	守山4	守山5	守山6	水口9	守山7	水口10	守山8	草津1	水口11
京都商3	京都商4	洛陽工1	洛北3	京都商5	京都商6	京都商7	山城5	京都商8	山城6	山城7	山城8	山城9
大淀2	天理3	奈良育英1	大淀3	天理4	大淀4	奈良育英2	大淀5	大淀6	大淀7	奈良育英3	奈良育英4	大淀8
新宮3	那賀1	海南1	和歌山北6	海南2	田辺1	和歌山北7	那賀2	那賀3	和歌山北8	和歌山工1	近大和歌山1	田辺2
北陽7 摂津2	北陽8 摂津3	大阪工大1 高槻南1	摂津4 北陽9	清風3 大阪商1	三島1 高槻南2	生野1 高槻南3	摂津5 高槻南4	北陽10 阿武野1	大阪商2 北陽11	北陽12 阿武野2	北陽13 高槻南5	北陽14 東海大仰星1
尼崎北1	西宮東1	御影工1	御影1	御影2	伊丹北1	小野1	御影工2	滝川第二1	滝川第二2	御影工3 八代学院1	滝川第二3	滝川第二4
津山工1	倉敷工2	作陽1	作陽2	岡山朝日1	作陽3	作陽4	作陽5	倉敷工3	作陽6	作陽7	玉野光南1	作陽8
鳥取東1	米子東3	米子工2	米子工3	米子東4	米子東5	米子東6	米子工4	米子工5	米子工6	米子工7	米子工8	米子北2
益田商1	松江工2	松江南3	益田4	益田農林5	益田農林6	大社1	松江南4	大社2	松江南5	松江東1	松江南6	益田5
国泰寺3	広島県工6	広島県工7	広島県工8	広島県工9	広島県工10	広島県工11	広島県工12	広島県工13	国泰寺4	広島県工14	広島県工15	広島皆実1
山口7	山口8	小野田1	山口9	宇部1	多々良学園2	山口10	山口11	山口農1 宇部工1	山口12	山口13	宇部工2	宇部2
高松商10	高松商11	高松商12	高松商13	高松商14	高松南1	高松商15	高松南2	高松商16	高松商17	高松商18	高松南3	高松商19
徳島商7	徳島商8	徳島商9	徳島工2	徳島商10	徳島商11	徳島商12	徳島商13	川島3	徳島市立1	徳島商14	徳島商15	徳島市立2
高知1	高知農7	高知農8	高知2	高知3	高知小津1	高知4	高知5	高知6	高知農9	高知小津2	高知小津3 佐川1	高知小津4
東予工4	大洲1	南宇和1 松山工3	新田5	南宇和2	南宇和3	南宇和4	南宇和5	南宇和6	南宇和7	南宇和8	南宇和9	南宇和10
福岡商7	福岡商8	八幡中央2	福岡商9	東福岡1	東海大五1	東海大五2	東海大五3	東海大五4	東海大五5	東海大五6	豊国学園1	東海大五7
佐賀商4	佐賀商5	佐賀商6	佐賀学園5	佐賀学園6	佐賀学園7	佐賀商7	佐賀商8	佐賀学園8	佐賀学園9	佐賀商9	佐賀商10	佐賀北3
島原商10	島原商11	長崎日大1	島原商12	島原商13	島原商14	島原商15	国見1	国見2	国見3	国見4	長崎日大2	国見5
大分上野丘4	大分工6	大分工7	大分工8	大分工9	大分工10	中津工3	中津工4	大分工11	大分工12	大分上野丘5	中津工5	大分上野丘6
宮崎工2	宮崎工3	都城工1	宮崎工4	都城工2	宮崎工5	都城農1	都城農2	宮崎工6	宮崎工7	都城農3	宮崎工8	鵬翔1
東海大二1	鎮西1	九州学院1	鎮西2	九州学院2	八代工2	九州学院3	九州学院4	熊本農1	九州学院5	大津1	大津2	大津3
鹿児島実3	鹿児島実4	鹿児島実5	鹿児島実6	鹿児島実7 鹿児島商7	鹿児島商8	鹿児島商9	鹿児島商10	鹿児島実8	鹿児島実9	鹿児島実10	鹿児島実11	鹿児島実12
前原2	小禄7	西原1	西原2	与勝1	与勝2	与勝3	与勝4	中部農林1	浦添1	中部農林2	浦添2	西原3
51	51	51	51	51	51	52	52	53	54	55	55	55
前年度優勝校推薦は、規模適正のため取り止め			準決勝、決勝戦がナイトゲームで行われる			参加校数増加のため、神奈川県が二代表に	静岡北←自動車工	参加校数増加のため、埼玉県が二代表に	参加校数増加のため、千葉県が二代表に 星稜←金沢経大星稜	参加校数増加のため、愛知県が二代表に	元号が「平成」に	

年	H. 3	4	5	6	H. 7	8	9	10	11	12	13	14
開催地	清水, 藤枝, 焼津 (静岡県)	宮　崎 (宮崎県)	宇都宮, 矢板 (栃木県)	富山, 高岡 (富山県)	鳥　取 (鳥取県)	韮　崎 (山梨県)	宇治, 城陽, 久御山 (京都府)	高松, 三木, 綾南 (香川県)	盛岡, 雫石, 滝沢 (岩手県)	古川, 宮川, 神岡 (岐阜県)	大津, 七城 (熊本県)	鹿嶋, 神栖, 波崎 (茨城県)
優勝校	**清水東4**	**徳島市立1**	**国　見2**	**清水市商3**	**習志野1**	**清水市商4**	**東福岡1**	**市立船橋3**	**八千代1**	**国　見3**	**市立船橋4**	**帝　京3**
準優勝	東海大一1	市立船橋1	鹿児島実1	帝　京1	西武台1	帝　京2	帝　京3	岐阜工1	**広島皆実1**	國學院久我山1	藤枝東1	国　見2
三　位	市立船橋1 四日市中央工1	清水東2 国　見1	桐蔭学園1 清水市商2	広島皆実1 鹿児島実3	高松商1 北　陽4	韮　崎3 桐光学園1	市立船橋2 国　見2	高松商2 習志野3	多々良学園1 市立船橋3	八千代3 青森山田1	岐阜工1 鹿児島実4	多々良学園2 清水市商3
北海道	札幌光星9 登別大谷4	室蘭大谷18 函館有斗2	室蘭大谷19 登別大谷5	室蘭大谷20 札幌光星10	室蘭大谷21 登別大谷6	北　海4 旭川東栄1	室蘭大谷22 登別大谷7	札幌第一3 北　海5	登別大谷8 函館有斗3	帯広北1 札幌白石1	駒大苫小牧1 札幌第一4	室蘭大谷23 北　海6
青　森	青森山田1	三沢商2	光星学院7	三本木農2	光星学院8	光星学院9	青森山田2	青森山田3	光星学院10	青森山田4	青森山田5	青森山田6
岩　手	遠　野13	盛岡市立1	盛岡商11	盛岡商12	盛岡商13	大船渡1	遠　野14	遠　野15	大船渡2 遠　野16	大船渡3	盛岡商14	盛岡市立2
秋　田	秋　田3	秋田商15	秋田商16	秋田商17	西　目4	秋田商18	秋田商19	秋田商20	秋田商21	秋田商22	秋田商23	秋田商24
山　形	山形中央1	山形東4	日大山形11	山形中央2	東海大山形1	鶴商学園1	鶴商学園2	東海大山形2	日大山形12	山形中央3	山形中央4	山形中央5
宮　城	仙台育英10	仙台育英11	利　府1	東北学院7	東　北5	東　北6	仙台育英12	東北学院8	東　北7	東北学院9	東　北8	仙台育英13
福　島	磐　城8	福島東1	福　島1	福島東2	福島東3	郡山商7	郡　山1	小高工1	磐　城9	小高工2	聖光学院1	郡　山2
新　潟	新潟西5	新潟西6	新潟工10	新潟西7	新潟工11	東京学館新潟1	東京学館新潟2	新潟工12	新潟江南1	新潟明訓3	東京学館新潟3	東京学館新潟4
長　野	松商学園3	松商学園4	松商学園5	松商学園6	信州工1	松商学園7	松商学園8	松商学園9	松本県ヶ丘6	明　科1	武蔵工大二2	上田西1
富　山	富山北部1	富山第一7	富山第一8	伏　木1 富山第一9	富山第一10	富山第一11	伏　木2	富山第一12	富山第一13	富山第一14	富山第一15	富山第一16
石　川	星　稜6	金沢桜丘8	星　稜7	星　稜8	金沢桜丘9	金沢桜丘10	星　稜9	星　稜10	星　稜11	遊学館1	星　稜12	星　稜13
福　井	丸　岡10	丸　岡11	大　野8	北　陸2	丸　岡12	丸　岡13	丸　岡14	丸　岡15	丸　岡16	丸　岡17	大　野9	丸　岡18
茨　城	境1	水戸商15	水戸短大附1	日立工2	水戸商16	水戸桜ノ牧1	水戸商17	境2	水戸商18	水戸短大附2	水戸商19	鹿　島1 境3
栃　木	足利学園1	宇都宮学園6	真　岡2 矢板東4	白鴎大足利2	真　岡3	佐野日大4	真　岡4	佐野日大5	宇都宮1	佐野日大6	佐野日大7	宇都宮2
群　馬	前橋商8	前橋商9	前橋商10	前橋商11	前橋商12	前橋育英4	高　崎2	前橋育英5	前橋育英6	常　磐1	前橋育英7	前橋商13
埼　玉	武　南10 東農大三1	武　南11 伊奈学園1	武　南12 西武台1	武　南13 大宮東3	西武台2 大宮東4	浦和市立7 武蔵越生1	武　南14 浦和学院1	浦和東1 浦和学院2	武　南15 伊奈学園2	武　南16 浦和東2	西武台3 武　南17	伊奈学園3 市立浦和8
東　京	帝　京16 堀　越1	暁　星9 堀　越2	帝　京17 修　徳8	帝　京18 桐　明3	帝　京19 堀　越3	帝　京20 日体荏原1	帝　京21 東海大菅生2	帝　京22 暁　星10	帝　京23 暁　星11	帝　京24 國學院久我山3	帝　京25 駒　場1	帝　京26 国士舘1
千　葉	市立船橋5 八千代松陰3	市立船橋6 渋谷幕張1	習志野10 八千代9	八千代10 市立船橋7	市立船橋8 習志野11	市立船橋9 習志野12	市立船橋10 習志野13	市立船橋11 習志野14	市立船橋12 八千代11	市立船橋13 八千代12	習志野15 市立船橋14	幕張総合1 渋谷幕張2
神奈川	相模原1 旭6	七里ヶ浜1 桐光学園1	桐蔭学園2 藤沢西3	日大藤沢4 桐光学園2	日　大2 茅ヶ崎北陵1	綾瀬西1 桐光学園3	桐蔭学園3 茅ヶ崎北陵2	逗　葉1 桐蔭学園4	日大藤沢5 逗　葉2	桐蔭学園5 桐光学園4	桐蔭学園6 逗　葉3	武　相1 桐光学園5
山　梨	日大明誠3	機山工3	韮　崎19	韮　崎20	帝京第三1	帝京第三2 韮　崎21	帝京第三3	韮　崎22	帝京第三4	韮　崎23	韮　崎24	韮　崎25
静　岡	清水東8 東海大一2	清水東9	清水市商7	清水市商8	清水市商9	清水市商10	清水市商11	藤枝東8	浜　名6	清水市商12	藤枝東9	清水市商13
愛　知	中　京9 刈　谷2	刈　谷3 中　京10	中　京11 松　蔭2	豊田北1 知　多1	愛　知6 松　蔭3	刈　谷4 豊田大谷1	松　蔭4 愛産大三河1	三　好1 熱　田5	松　蔭5 中京大中京12	東　邦1 熱　田6	松　蔭6 東　邦2	名　東1 愛工大名電1
岐　阜	岐阜工7	大垣工13	岐阜工8	岐阜工9	岐阜工10	各務原1	岐阜工11	岐阜工12	各務原2	岐阜工13 各務原3	岐阜工14	岐阜工15
三　重	四日市中央工15	四日市工1	四日市中央工16	四日市中央工17	四日市中央工18	四日市中央工19	四日市中央工20	四日市中央工21	暁1	四日市中央工22	津　工1	四日市中央工23
滋　賀	水口東1	守山北1	守山北2	草津東1	守山北3	守山北4	草津東2	守山北5	草津東3	草津東4	膳　所3	野　洲1
京　都	洛　南1	山　城10	洛　南2	洛　北4	洛　北5	洛　北6	桃　山1 山　城11	洛　北7	久御山1	久御山2	洛　北8	平　安1
奈　良	大　淀9	奈良育英5	奈良育英6	奈良育英7	上　牧1	広　陵1	広　陵2	広　陵3	奈良育英8	奈良育英9	奈良育英10	奈良育英11
和歌山	田　辺3	初芝橋本1	初芝橋本2	初芝橋本3	初芝橋本4	近大和歌山2	初芝橋本5	初芝橋本6	初芝橋本7	初芝橋本8	近大和歌山3	近大和歌山4
大　阪	茨　木2 初　芝7	北　陽15 清　風4	近畿大附1 高槻南6	大商学園3 近畿大附2	近畿大附3 北　陽16	北　陽17 金光第一1	北　陽18 大　冠1	清　風5 北　陽19	大阪朝鮮1 北　陽20	関西大一1 金光大阪2	近畿大附4 北　陽21	金光大阪3 近畿大附5
兵　庫	滝川第二5	滝川第二6	滝川第二7	滝川第二8	神戸弘陵1	滝川第二9	滝川第二10	御影工4	滝川第二11	滝川第二12	滝川第二13	滝川第二14
岡　山	玉　野2	作　陽9	玉野光南2	作　陽10	作　陽11	作　陽12	玉野光南3	玉野光南4	玉野光南5	作　陽13	東岡山工1	玉野光南6
鳥　取	米子工9	米子工10	米子工11	米子工12	米子東7 米子工13	米子東8	米子工14	米子東9	境1	境2	境3	境4
島　根	大　社3	出雲工1	松江北2	出雲工2	大　社4	大　社5	益田東1	益　田6	淞南学園1	大　社6	大　社7	益　田7
広　島	広島県工16	市立沼田1	広島県工17	広島皆実2	広島皆実3	広島皆実4	山　陽2	広島皆実5	広島皆実6	市立沼田2	広島朝鮮1	広島皆実7
山　口	多々良学園3	多々良学園4	多々良学園5	多々良学園6	多々良学園7	多々良学園8	小野田工4	多々良学園9	多々良学園10	小野田工5	多々良学園11	多々良学園12
香　川	高松商20	高松商21	高松商22	高松商23	高松商24	高松商25	高松商26	高松商27 香川西1	高松商28	香川西2	高松商29	高松北1
徳　島	徳島市立3	徳島市立4	徳島市立5	徳島市立6	徳島市立7	徳島商16	徳島市立8	徳島市立9	徳島市立10	徳島商17	徳島商18	鳴　門1
高　知	高　知7	高　知8	高知商3	高　知9	高知農10	高知小津5	高　知10	高知工4	高知商4	明徳義塾1	高　知11	高　知12
愛　媛	南宇和11	南宇和12	南宇和13	新居浜工1	南宇和14	新居浜工2	新居浜工3	今治東1	新居浜西1	今治東2	今治東3	松山工4
福　岡	東海大五8	東海大五9	東海大五10	東海大五11	東福岡2	豊国学園2	東福岡3	東福岡4	東海大五12	東海大五13	東福岡5	東海大五14
佐　賀	佐賀商11	佐賀商12	佐賀商13	佐賀商14	鹿　島1	佐賀北4	佐賀商15	佐賀北5	佐賀北6	佐賀北7	佐賀北8	佐賀学園10
長　崎	国　見6	国　見7	国　見8	海　星1	国　見9	鎮西学院1	国　見10	国　見11	国　見12	国　見13	国　見14	国　見15
大　分	中津工6	情報科学1	中津工7	情報科学2	大　分1	大　分2	情報科学3	大　分3	大　分4	大　分5	情報科学4	大分鶴崎1
宮　崎	日章学園2	鵬　翔2 宮崎工9	延岡工5	延岡工6	宮崎工10	延岡工7	宮崎西1	鵬　翔3	日章学園3	日章学園4	日章学園5	鵬　翔4
熊　本	熊本商2	九州学院6	熊本農2	熊本商3	熊本商4	熊本農3	熊本商5	熊本国府1	大　津4	大　津5	熊本国府2 ルーテル学院1	大　津6
鹿児島	鹿児島実13	鹿児島実14	鹿児島実15	鹿児島実16	鹿児島実17	れいめい1	鹿児島実18	鹿児島実19	鹿児島城西1	鹿児島実20	鹿児島実21	松　陽1
沖　縄	与　勝5	那覇西1	那覇西2	豊見城南1	与　勝6	那覇西3	那覇西4	宜野湾1	那覇西5	豊見城南2	那　覇3	那覇西6
参加校	55	55	55	55	55	55	55	55	55	55	55	55
備　考	日章学園←宮崎実			高体連加盟校以外の学校にも門戸を開放する 白鴎大足利←足利学園 大商学園←大阪商	決勝戦以外の延長戦が廃止される 西目←西目農		前後半に各1回、給水タイムが設けられる		中京大中京←中京 決勝戦は延長戦の末引き分け	金光大阪←金光第一	武蔵工大二←信州工	開会式を体育館で、準決勝、決勝をナイトゲームで実施 市立浦和←浦和市立

15	16	17	18	19	20	21	22	23	24	25	26	27
島原，国見	益田，三隅，美都	市原	高槻，吹田，大阪，堺	鳥栖，久留米，小郡，春日，うきは	さいたま，越谷	橿原，葛城，御所，五條，大淀	うるま，金武，恩納	秋田，男鹿，にかほ，由利本荘	松本，大町，塩尻，千曲	福岡，春日	韮崎	神戸，三木
(長崎県)	(島根県)	(千葉県)	(大阪府)	(佐賀・福岡)	(埼玉県)	(奈良県)	(沖縄県)	(秋田県)	(長野県)	(福岡県)	(山梨県)	(兵庫県)
国見4	**国見5**	**青森山田1**	**広島観音1**	**市立船橋5**	**流経大柏1**	**前橋育英1**	**市立船橋7**	**桐蔭学園1**	**三浦学苑1**	**市立船橋8**	**東福岡2**	**東福岡3**
帝京4	市立船橋2	那覇西1	初芝橋本1	星稜1	**市立船橋6**	米子北1	滝川第二1	静岡学園1	武南1	流経大柏1	大津1	市立船橋3
市立船橋4	前橋育英1	桐蔭学園2	真岡1	神村学園1	佐賀東1	大津2	桐光学園2	立正大淞南1	立正大淞南2	正智深谷1	青森山田2	立正大淞南3
東邦1	成立学園1	鹿島1	帝京4	流経大柏1	大津1	佐賀東2	西武台1	流経大柏2	大阪桐蔭1	真岡2	前橋育英2	関東第一1
札幌白石2	室蘭大谷24	帯広北2	室蘭大谷25	室蘭大谷26	北海7	旭川実1	札幌第一6	旭川実2	旭川実3	大谷室蘭28	駒大苫小牧2	札幌大谷3
釧路湖陵1	札幌山の手1	札幌東1	帯広北3	札幌第一5	帯広北4	旭川東2	室蘭大谷27	東海大四1	札幌大谷1	札幌大谷2	帯広北5	旭川実4
青森山田7	青森山田8	青森山田9	青森山田10	青森山田11	青森山田12	青森山田13	青森山田14	青森山田15	青森山田16	青森山田17	青森山田18	青森山田19
盛岡商15	盛岡商16	盛岡商17	盛岡商18	盛岡商19	不来方1	遠野17	盛岡商20	遠野18	盛岡商21	遠野19	盛岡商22	盛岡商23
秋田商25	新屋1	秋田商26	秋田商27	秋田商28	西目5	秋田商29	秋田商30	西目6 秋田南1	新屋2	秋田南2	秋田南3	秋田商31
山形中央6	羽黒1	山形中央7	日大山形13	山形中央8	羽黒2	羽黒3	羽黒4	羽黒5	羽黒6	山形中央9	日大山形14	羽黒7
利府2	仙台育英14	東北9	宮城県工5	宮城県工6	東北10	宮城県工7	聖和学園1	聖和学園2	東北11	仙台育英15	仙台育英16	東北12
福島東4	平工2	福島工4	湯本1	尚志1	尚志2	富岡1	尚志3	尚志4	尚志5	尚志6	尚志7	尚志8
新潟西8	帝京長岡1	北越1	帝京長岡2	北越2	帝京長岡3	新潟西9	開志学園JSC1	新潟明訓4	帝京長岡4	新潟明訓5	開志学園JSC2	新潟明訓6
地球環境1	松商学園10	武蔵工大二3	上田4	長野日大1	松商学園11	松商学園12	松商学園13	都市大塩尻4	上田西2 創造学園1	松商学園14	東海大三1	創造学園2
水橋1	富山第一17	富山第一18	富山第一19	富山第一20	富山第一21	富山第一22	水橋2	富山第一23	富山第一24	富山第一25	高岡第一2	水橋3
星稜14	星稜15	星稜16	星稜17	星稜18	小松市立1	星稜19	星稜20	金沢桜丘11	星稜21	星稜22	星稜23	星稜24
丸岡19	丸岡20	丸岡21	丸岡22	丸岡23	丸岡24	丸岡25	丸岡26	丸岡27	丸岡28	丸岡29	福井工大福井1	福井商1
鹿島学園1	水戸商20	鹿島2	水戸葵陵1	鹿島学園2	鹿島学園3	水戸商21	鹿島学園4	水戸商22	明秀日立1	水戸啓明3	鹿島学園5	明秀日立2
真岡5	矢板中央1	真岡6	真岡7	矢板中央2	矢板中央3	真岡8	矢板中央4	矢板中央5	佐野日大8	真岡9	矢板中央6	佐野日大9
前橋商14	前橋育英8	桐生第一1	前橋商15	桐生第一2	前橋育英9	前橋育英10	伊勢崎商1	前橋育英11	前橋商16	前橋育英12	前橋育英13	桐生第一3
浦和東3	大宮東6	浦和東4	西武台6	埼玉栄1	埼玉栄2 浦和東5	浦和東6	西武台7	浦和東7	西武台8	武南20	西武台9	西武台10
大宮東5	西武台4	西武台5	大宮東7	市立浦和9	正智深谷1	浦和南11	市立浦和10	武南18	武南19	正智深谷2	浦和東8	西武文理1
帝京27	成立学園1	実践学園1	國學院久我山5	帝京29	國學院久我山6	帝京30	帝京31	東久留米総合1	修徳9	成立学園2	駒澤大高1	関東第一2
東海大菅生3	堀越4	國學院久我山4	帝京28	関東第一1	国士舘2	東海大高輪台1	駒場2	かえつ有明1	実践学園2	國學院久我山7	成立学園3	國學院久我山8
市立船橋15	市立船橋16	流経大柏3 市立船橋17	流経大柏4	流経大柏5	流経大柏6	習志野16	流経大柏8	市立船橋22	流経大柏10	市立船橋23	習志野17	流経大柏12
流経大柏1	流経大柏2	千葉敬愛1	市立船橋18	市立船橋19	市立船橋20	流経大柏7	市立船橋21	流経大柏9	八千代13	流経大柏11	市立船橋24	市立船橋25
桐光学園6	桐光学園7	弥栄西1	桐蔭学園8	桐光学園8	桐光学園9	桐蔭学園9	桐光学園10	座間2	桐光学園11	麻布大渕野辺2	麻布大附3	桐光学園12
厚木北1	座間1	桐蔭学園7	武相2	日大藤沢6	麻布大渕野辺1	日大3	日大4	桐蔭学園10	三浦学苑1	横浜創英1	向上4	日大藤沢7
帝京第三5	韮崎26	韮崎27	韮崎28	帝京第三6	山梨学院大附1	日本航空1	山梨学院大附2	山梨学院大附3	帝京第三7	韮崎29	山梨学院大附4 帝京第三8	帝京第三9
藤枝東10	藤枝東11	磐田東1	浜名7	藤枝東12	東海大翔洋1	清水商14	静岡学園1	静岡学園2	静岡学園3	静岡学園4	東海大翔洋2	清水桜が丘1
東邦3	東海学園1	中京大中京14	東邦4	愛産大三河2	東邦5	東海学園2	東邦6	東邦7	岡崎城西6	名古屋1	東邦8	中京大中京18
中京大中京13	愛知7	刈谷5	愛知8	中京大中京15	刈谷6	名東2	東海学園3	刈谷7	名東3	中京大中京16	中京大中京17	東海学園4
岐阜工16	各務原4	中京2	岐阜工17	各務原5	各務原6	岐阜工18	岐阜工19	帝京大可児1	大垣工14	帝京大可児2	帝京大可児3	岐阜工20
三重1	暁2	四日市中央工24	四日市中央工25	津工2	津工3	海星1	海星2	四日市中央工26	四日市中央工27	三重2	海星3	四日市中央工28
草津東5	草津東6	草津東7	水口12	草津東8	野洲2	草津東9	草津東10	野洲3	草津東11	野洲4	野洲5	草津東12
向陽1	洛北9	伏見工1	久御山3	京都橘1	久御山4	久御山5	莵道1	福知山成美1	東山1	洛北10	京都橘2	久御山6
奈良育英12	一条1	一条2	五條2	一条3	奈良育英13	一条4 奈良育英14	奈良育英15	奈良育英16	一条5	奈良育英17	奈良育英18	奈良育英19
近大和歌山5	近大和歌山6	初芝橋本9	初芝橋本10	近大和歌山7	初芝橋本11	近大和歌山8	近大和歌山9	初芝橋本12	近大和歌山10	和歌山北9	初芝橋本13	和歌山北10
清明学院1	関西大一2	東海大仰星2	関西大一3 金光大阪4	大阪桐蔭1	近畿大附6	金光大阪5	近畿大附7	桃山学院1	大阪桐蔭5	阪南大高1	大阪桐蔭6	大阪桐蔭7
長尾1	履正社1	芥川1	千里1	大阪朝鮮2	大阪桐蔭2	大阪桐蔭3	金光大阪6	大阪桐蔭4	近畿大附8	近畿大附9	金光大阪7	履正社2
滝川第二15	滝川第二16	滝川第二17	神戸科学技術1	神戸科学技術2	滝川第二18	神戸科学技術3	滝川第二19	滝川第二20	神戸科学技術4	滝川第二21	神戸弘陵2	滝川第二22 三田学園1
作陽14	作陽15	作陽16	作陽17	玉野光南7	作陽18	玉野光南8	作陽19	玉野光南9	岡山学芸館1	作陽20	作陽21	岡山学芸館2
米子東10	米子北3	境5	境6	境7	米子北4	米子北5	米子北6	米子北7	米子北8	米子北9	米子北10	米子北11
大社8	立正大淞南2 益田8	大社9	松江南7	大社10	立正大淞南3	立正大淞南4	立正大淞南5	立正大淞南6	立正大淞南7	立正大淞南8	立正大淞南9	立正大淞南10
山陽3	広島皆実8	広島皆実9	広島観音1	広島観音2	広島皆実10	広島皆実11	瀬戸内1	瀬戸内2	瀬戸内3	瀬戸内4	広島皆実12	広島皆実13
多々良学園13	多々良学園14	多々良学園15	多々良学園16	西京1	高川学園17	高川学園18	西京2	高川学園19	聖光1	西京3	高川学園20	山口鴻城1
尽誠学園1	高松北2	香川西3	高松商30	香川西4	香川西5	香川西6	香川西7	香川西8	高松商31	高松商32	坂出商1	高松南4
徳島商19	城ノ内1	徳島市立11	徳島北1	徳島商20	鳴門2	徳島商21	徳島北2	徳島市立12	徳島商22	鳴門3	徳島市立13	徳島市立14
明徳義塾2	明徳義塾3	明徳義塾4	明徳義塾5	明徳義塾6	高知中央1	高知13	明徳義塾7	土佐1	高知14	高知商5	高知商6	明徳義塾8
済美1	済美2	松山工5	松山北1	済美3	松山工6	松山工7	宇和島東1	松山工8	松山工9	今治西1	松山北2	新田6
東海大五15	東海大五16	東福岡6	東海大五17	東福岡7	東福岡8	東福岡9	筑陽学園1	筑陽学園2	東福岡10	東福岡11 九州国際大付1	東福岡12	東福岡13
佐賀東2	佐賀東3	佐賀東4	佐賀東5	佐賀東6 佐賀学園11	佐賀東7	佐賀東8	佐賀北9	佐賀東9	佐賀東10	佐賀商16	佐賀東11	佐賀学園12
国見16 島原商16	国見17	長崎日大3	長崎日大4	国見18	海星2	国見19	国見20	海星3	長崎総科大附1	海星4	海星5	長崎南山1
大分6	情報科学5	大分7	情報科学6	大分鶴崎2	大分鶴崎3	中津東1	大分鶴崎4	大分8	大分9	大分西1	柳ヶ浦1	大分10
鵬翔5	鵬翔6	鵬翔7	日章学園6	日章学園7	鵬翔8	日章学園8	鵬翔9	日章学園9	日章学園10	日章学園11	鵬翔10	鵬翔11
大津7	大津8	大津9	大津10	大津11	大津12	大津13	ルーテル学院2	大津14	大津15	大津16	大津17	大津18
鹿児島実22	鹿児島実23	鹿児島実24	松陽2	神村学園1	鹿児島城西2	神村学園2	鹿児島城西3	神村学園3	鹿児島城西4	鹿児島城西5	鹿児島実25	鹿児島実26
那覇西7	那覇西8	那覇西9	那覇西10	西原4	知念1	那覇西11	那覇西12 那覇4	南風原1	宜野湾2	那覇西13	前原3	那覇5
55	55	55	55	55	55	55	55	55	55	55	55	55
決勝戦は延長Vゴールで決着	準決勝、決勝をナイトゲームで実施 立正大淞南←松南学園	準決勝、決勝をナイトゲームで実施 人工芝グラウンドが初めて使用される 中京←中京商	準決勝、決勝をナイトゲームで実施 徳島北は徳島商の代替出場	佐賀・福岡の2県で開催	決勝戦が雷雨のため中止、両校優勝 高川学園←多々良学園	清水商←清水市商		ブロック開催となる 北東北ブロック大会で総合開会式は青森 都市大塩尻←武蔵工大二	北信越ブロック大会で総合開会式は新潟 女子の部始まる	北部九州ブロック大会で総合開会式は大分 大谷室蘭←室蘭大谷 水戸啓明←水戸短大附	南関東ブロック大会で総合開会式は東京 麻布大附←麻布大渕野辺	

年	H.28	29	30	R.元	2	3	4	5	6	7	8	9
開催地	広島,東広島,呉,尾道,福山,三次 (広島県)	仙台,利府,松島,七ヶ浜 (宮城県)	鈴鹿,四日市,伊勢,伊賀 (三重県)	金武,南城,恩納,北谷,中城,西原,南風原,八重瀬 (沖縄県)	前橋 (群馬県)	坂井,福井 (福井県)	徳島,鳴門,阿南,吉野川,板野 (徳島県)	旭川 (北海道)				
優勝校	**市立船橋9**	**流経大柏2**	**山梨学院1**	**桐光学園1**	——	**青森山田2**	**前橋育英2**	**明秀日立1**				
準優勝	流経大柏2	日大藤沢1	桐光学園1	富山第一1	——	米子北2	帝京5	桐光学園2				
三位	昌平1 青森山田3	前橋育英3 市立船橋5	東山1 昌平2	京都橘1 尚志1	—— ——	静岡学園1 星稜1	米子北1 昌平3	日大藤沢1 国見3				
北海道	札幌大谷4 北照1	大谷室蘭29 旭川実5	札幌大谷5 北海8	札幌第一7 北海9	—— ——	旭川実6 札幌大谷6	旭川実7 札幌光星11	旭川実8 札幌創成1 札幌第一8				
青森	青森山田20	青森山田21	青森山田22	青森山田23	——	青森山田24	青森山田25	青森山田26				
岩手	盛岡商24	遠野20	盛岡商25	専大北上1	——	専大北上2	花巻東1	遠野21				
秋田	秋田商32	秋田商33	西目7	秋田商34	——	西目8	明桜5	明桜6				
山形	山形中央10	山形中央11	羽黒8	羽黒9	——	東海大山形3	山形中央12	羽黒10				
宮城	仙台育英17	仙台育英18 東北学院10	仙台育英19	聖和学園3	——	仙台育英20	聖和学園4	東北学院11				
福島	尚志9	尚志10	尚志11	尚志12	——	尚志13	尚志14	尚志15				
新潟	帝京長岡5	日本文理1	新潟明訓7	北越3	——	開志学園JSC3	帝京長岡6	帝京長岡7				
長野	市立長野1	市立長野2	松本国際3	松本国際4	——	都市大塩尻5	東海大諏訪2	松商学園15				
富山	高岡第一3	富山第一26	富山第一27	富山第一28	——	高岡第一4	富山第一29	富山第一30				
石川	星稜25	星稜26	星稜27	星稜28	——	星稜29	星稜30	金沢学院大附1				
福井	福井工大福井2	丸岡30	福井商2	丸岡31	——	丸岡32 福井商3	丸岡33	丸岡34				
茨城	鹿島学園6	鹿島学園7	明秀日立3	水戸商23	——	鹿島学園8	鹿島学園9	明秀日立4				
栃木	矢板中央7	真岡10	矢板中央8	矢板中央9	——	矢板中央10	矢板中央11	矢板中央12				
群馬	前橋商17	前橋育英14	前橋育英15	前橋育英16	——	前橋育英17	前橋育英18	前橋育英19				
埼玉	昌平1 聖望学園1	昌平2 浦和西2	昌平3 浦和南12	西武台11	——	正智深谷3	昌平4	武南21				
東京	関東第一3 東海大高輪台2	関東第一4 実践学園3	関東第一5 國學院久我山9	國學院久我山10 大成1	—— ——	実践学園4 帝京32	帝京33 関東第一6	國學院久我山11 成立学園4				
千葉	流経大柏13 市立船橋26	流経大柏14 市立船橋27	習志野18 市立船橋28	日体大柏2	——	流経大柏15	市立船橋29	市立船橋30				
神奈川	横浜創英2 慶應義塾1	東海大相模1 日大藤沢8	三浦学苑2 桐光学園13	桐光学園14 東海大相模2	—— ——	東海大相模3 相洋1	湘南工科大附8 日大藤沢9	桐光学園15 日大藤沢10				
山梨	日本航空2	帝京第三10	山梨学院5	韮崎30	——	帝京第三11	山梨学院6	山梨学院7				
静岡	静岡学園5	静岡学園6	藤枝東13	清水桜が丘2	——	静岡学園7	磐田東2	静岡学園8				
愛知	刈谷8 中京大中京19	中京大中京20 名経大高蔵1	東海学園5 刈谷9	名経大高蔵2	——	中京大中京21	中京大中京22	東邦9				
岐阜	帝京大可児4	帝京大可児5	中京学院大中京3	帝京大可児6	——	中京4	帝京大可児7	帝京大可児8				
三重	三重3	三重4	三重5 伊賀白鳳1	四日市中央工29	——	三重6	四日市中央工30	海星4				
滋賀	綾羽1	近江1	草津東13	近江2	——	比叡山1	草津東14	近江3				
京都	京都橘3	京都橘4	東山2	京都橘5	——	東山3	東山4	東山5				
奈良	一条6	一条7	一条8	五條3	——	山辺1	生駒1	奈良育英20				
和歌山	近大和歌山11	初芝橋本14	初芝橋本15	初芝橋本16	——	初芝橋本17	和歌山北11	初芝橋本18				
大阪	大阪学院大高1 履正社3	東海大仰星3 阪南大高2	関大北陽22 阪南大高3	阪南大高4 関西大一4	—— ——	阪南大高5 大阪桐蔭8	履正社4 関大北陽23	金光大阪8 関西大一5				
兵庫	滝川第二23	市立尼崎1	神戸弘陵3	三田学園2	——	関西学院2	三田学園3	神戸弘陵4				
岡山	岡山学芸館3	岡山学芸館4	作陽22	作陽23	——	岡山学芸館5	岡山学芸館6	岡山学芸館7				
鳥取	米子北12	米子北13	米子北14	米子北15	——	米子北16	米子北17	米子北18				
島根	立正大淞南11	立正大淞南12	立正大淞南13	大社11	——	立正大淞南14	立正大淞南15	立正大淞南16				
広島	広島皆実14 瀬戸内5	広島観音3	瀬戸内6	広島皆実15	——	瀬戸内7	瀬戸内8	広島国際学院1				
山口	西京4	高川学園21	高川学園22	西京5	——	高川学園23	高川学園24	高川学園25				
香川	四学大香川西9	四学大香川西10	高松商33	四学大香川西11	——	尽誠学園2	高松商34	高松北3				
徳島	徳島市立15	徳島市立16	徳島市立17	徳島市立18	——	徳島市立19	徳島市立20 徳島科学技術1	徳島市立21				
高知	高知商7	明徳義塾9	高知中央2	高知15	——	高知中央3	高知16	高知17				
愛媛	松山工10	済美4	宇和島東2	新田7	——	新田8	今治東中等4	帝京第五1				
福岡	東福岡14	東福岡15	東福岡16	東福岡17	——	飯塚1	九州国際大付2	東福岡18				
佐賀	佐賀東12	佐賀東13	佐賀東14	佐賀北10	——	佐賀東15	佐賀東16	佐賀東17				
長崎	長崎総科大附2	長崎総科大附3	長崎日大5	長崎日大6	——	長崎総科大附4	長崎総科大附5	国見21				
大分	中津東2	柳ヶ浦2	大分11	大分12	——	大分13	大分鶴崎5	中津東3				
宮崎	日章学園12	日章学園13	日章学園14	日章学園15	——	日章学園16	日章学園17	宮崎日大1				
熊本	熊本国府3	東海大熊本星翔2	大津19	大津20	——	大津21	大津22	大津23				
鹿児島	鹿児島城西6	神村学園4	神村学園5	神村学園6	——	神村学園7	神村学園8	神村学園9				
沖縄	那覇西14	那覇西15	前原4	那覇西16 西原5	——	那覇6	那覇西17	西原6				
参加校	55	55	55	52	——	52	52	52				
備考	クーリングブレイク導入 四学大香川西←香川西	東海大熊本星翔←東海大二	松本国際←創造学園 山梨学院←山梨学院大附 中京学院大中京←中京 関大北陽←北陽	元号が「令和」に 埼玉県、千葉県、愛知県が一代表に 日体大柏←柏日体	新型コロナウイルス感染拡大の影響で中止	中京←中京学院大中京	登録選手数17→20に 明桜←秋田経法付 東海大諏訪←東海大三 湘南工科大附←相工大附 今治東中等←今治東					

■総体 女子

翔び立て若き翼 北海道総体 2023
轟かせ魂の鼓動北の大地へ大空へ

近畿勢が初の未勝利
福井工大福井が初の4強、専大北上は初勝利

▲北海道文教大附は後半に2失点。開催地・北海道勢は2校とも初戦敗退に

▲開会式で大谷室蘭のDF山田主将が選手宣誓を行った

◀北海道も連日の30度超え。選手たちは暑熱対策を実施

▲大阪学芸はPK方式で初戦敗退。日ノ本学園も敗れ、近畿勢は初の未勝利に
▶唯一の初出場校・秀岳館は初戦で敗れたが、初ゴールを記録

[優勝] 藤枝順心

大阪学芸［大阪］	藤枝順心［静岡］	北海道文教大附［北海道］	東海大福岡［福岡］	鳴門渦潮［徳島］	聖カピタニオ女子［愛知］	大谷室蘭［北海道］	星槎国際湘南［神奈川］	日ノ本学園［兵庫］	福井工大福井［福井］	鹿島学園［茨城］	作陽学園［岡山］	専大北上［岩手］	秀岳館［熊本］	聖和学園［宮城］	日本航空［山梨］

PK 4-5　PK 4-2　PK 3-1　PK 5-4　PK 4-2　PK 3-4

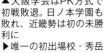

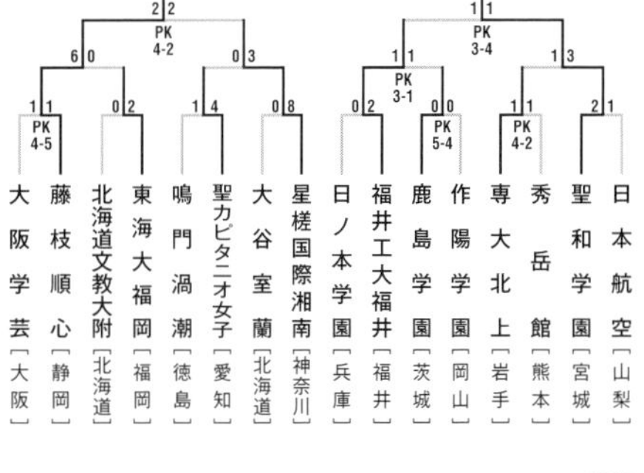

令和5年度
全国高等学校総合体育大会（女子の部）記録一覧

第1回戦
7月26日（水）
帯広の森球技場A（ローン）（晴）

（主）千葉恵美　（副）大村美詞、板垣知志

大阪学芸 ★（大阪府） 1（0-0 / 1-1）1 **藤枝順心**（静岡県）
4 PK 5

得	S	学		背		背		学	S	得
0	0	③	宜野座	1	GK	1	菊　地	③	0	0
0	1	②	井　田	2	DF	2	永　田	②	0	0
0	0	③	木　村	3		3	柘　植	②	0	0
0	1	③	西　嶋	4		5	大　川	❸	0	0
0	0	③	白　井	5		15	松　本	②	0	0
0	0	①	（松川）	18						
0	0	❸	江　口	6	MF	6	下　吉	③	0	0
0	0	③	菊　山	7		7	植　本	②	0	0
0	0	②	（塩見）	16		4	（赤塚）	③	1	0
0	0	③	難　波	8		10	久保田	③	0	0
1	1	③	（滑川）	13						
0	1	③	北　川	10						
0	3	③	山　田	11						
0	0	③	（中村）	19						
0	1	③	佐　藤	14	FW	9	高　岡	③	2	1
0	0	③	（西）	9		11	辻　澤	③	2	0
						13	藤　原	②	1	0
						20	（岡村）	①	0	0
1	8			5	GK	6			6	1
				4	CK	3				
				10	FK	12				
				0	PK	0				

【得点経過】
後半17分〔大〕北川→**滑川**
〃 35分〔藤〕**高岡**
▼警告
〔大〕北川、難波

■終盤に追いついた藤枝順心が初戦突破

試合開始から藤枝順心はFW藤原とMF久保田の優れた個人技からボールを動かし、大阪学芸が守備に追われる展開が続く。しかし、大阪学芸は粘り強い守備からMF菊山に繋ぎ、徐々にペースを握り始める。ボールを奪ってから両サイドのFWとDFの間のスペースや両SBの裏に狙いを定めてボールを動かし、クロスから数的優位な状況を作り出す。決定的な場面を何度か作るが、ポジショニングが良い藤枝順心GK菊地が状況に応じた対応を見せゴールを割らせない。後半に入り、藤枝順心はフォーメーションを変え、ボールの奪いどころを明確にしようとする。一方の大阪学芸は素早いアプローチからボールを奪い、多彩な攻撃を仕掛け続け、17分にFW滑川が決め、待望の先制点を奪う。その後、大阪学芸はDF白井を中心に粘り強い守備を見せるが、35分にFW高岡の得点で追いついた藤枝順心がPK方式の末に勝利を収めた。

戦評　翠茂樹（横浜翠陵高校）

第1回戦
7月26日（水）
音更町サッカー場（キックロスおとふけ）（人工芝）（晴）

（主）大西英里　（副）細山友司、林緑

北海道文教大附 ★（北海道） 0（0-0 / 0-2）2 **東海大福岡**（福岡県）

得	S	学		背		背		学	S	得
0	0	③	河　瀬	1	GK	1	久　本	③	0	0
0	0	③	生　井	2	DF	3	大　隈	③	0	0
0	0	③	鶴　間	4		5	前　多	②	0	0
0	0	③	澤　野	5		2	（曽我部）	③	0	0
0	0	③	（舘川）	16		9	今　村	③	2	0
0	0	②	牛　嶋	7		15	林	②	0	0
						4	（井手口）	③	0	0
0	0	②	曽　部	6	MF	6	島　倉	②	1	0
0	0	③	（佐藤(菜)）	3		7	黒　野	③	1	0
0	0	❸	小　林	10		13	樋　口	③	1	0
0	0	②	古　村	14		20	（前原）	③	0	0
0	0	②	（齊藤）	13		14	朝　比	②	2	0
0	1	③	國　井	17		11	（山田）	②	1	1
0	1	②	成　田	9	FW	10	山　名	❸	1	1
0	2	③	清　家	11		16	横　田	②	2	0
						18	（新城）	③	2	0
0	4			9	GK	7			13	2
				2	CK	1				
				1	FK	6				
				0	PK	0				

【得点経過】
後半13分〔東〕今村→**山名**
〃 26分〔東〕新城→**山田**

■東海大福岡が選手交代で流れを変える

北海道文教大附は丁寧にビルドアップしながら、2トップのFW成田、清家が相手アンカーの脇を使いながら、ボールを受けて起点となる。また中盤は前向きでタイミング良く関わり、第3の動きでサイド攻撃を仕掛けながらチャンスメイクする。守備は前線から相手の動きを規制し、ボールに対して集結する守備で個々が粘り強さを見せた。対する東海大福岡は相手を見ながらボールを動かし、ドリブルやパスでサイドを中心に仕掛ける。特にMF起用されたFW山名のドリブルは数的優位を作り出す部分で効果的だった。守備はコンパクトに形成。ボールに対しての厳しさがあり、チャレンジ&カバーしながら安定感のある守備を見せた。試合は両チームともに特長を出しながら、拮抗した好ゲームとなった。選手交代から流れを変えた東海大福岡は後半13分、山名が右足を振り抜き先制。26分にはMF山田が追加点を奪い、2回戦へと駒を進めた。

戦評　井尻真文（星翔高校）

第1回戦
7月26日（水）
音更町サッカー場（キックロスおとふけ）（人工芝）（晴）

（主）丸本明奈　（副）宗像瞭、伊藤唯翔

鳴門渦潮（徳島県） 1（0-1 / 1-3）4 **聖カピタニオ女子**（愛知県）★

得	S	学		背		背		学	S	得
0	0	③	佐　木	1	GK	17	梅　村	②	0	0
0	0	③	武　田	4	DF	2	江　﨑	②	1	1
0	0	③	松　村	5		3	坂　下	③	0	0
0	0	❸	古　田	10		8	浦　前	❸	1	1
0	0	①	村　井	18						
0	1	②	岡　本	2	MF	6	内　田	①	1	0
						19	（佐藤）	①	0	0
						7	熊　﨑	③	0	0
						20	（高瀬）	①	0	0
						9	相　羽	②	0	0
						13	塩　川	①	0	0
						15	畠　山	①	0	0
						12	（伊藤）	①	0	0
						16	小　澤	①	1	1
0	0	②	髙　山	6	FW	10	オーライリー	③	2	1
0	0	①	（立野）	19						
1	1	②	林(心)	7						
0	1	③	石　田	8						
0	1	②	田　中	9						
0	0	①	堀	20						
0	0	②	（松本）	3						
1	4			4	GK	6			6	4
				4	CK	6				
				7	FK	4				
				0	PK	0				

【得点経過】
前半 8分〔聖〕相羽→**小澤**
後半 8分〔聖〕畠山→**浦前**
〃 18分〔鳴〕田中→**林(心)**
〃 29分〔聖〕**オーライリー**
〃 34分〔聖〕オーライリー→**江﨑**

■失点後も突き放した聖カピタニオ女子

両チームとも集中力が高く、球際で激しい攻防を繰り返す立ち上がりを見せた。前半8分、左からのクロスをMF小澤が巧みに合わせ、聖カピタニオ女子が先制。聖カピタニオ女子はスピードのあるドリブルやパスで攻め続け、鳴門渦潮はサイドを有効活用して攻撃するお互いの特長を出しながら前半を終了した。後半8分、聖カピタニオ女子はCKをDF浦前がヘッドで合わせて2点目。鳴門渦潮は18分にFW田中のクロスをFW林（心）がヘッドで決めて1点差に詰め寄る。鳴門渦潮は勢いに乗って攻撃を続けたが、聖カピタニオ女子は29分にFWオーライリーがゴールをこじ開け、34分にはDF江﨑がクロスに合わせて追加点。リードを広げられた鳴門渦潮は諦めずサイドからの攻撃を続けたが、初戦敗退となった。

戦評　小野倫（旭川南高校）

第1回戦

7月26日（水）　帯広の森球技場B（ローン）（晴）

（主）濱崎覚美　（副）青木優貴、戸水隆二

大谷室蘭 0（0-5／0-3）8 星槎国際湘南
★（北海道）　（神奈川県）

得	S	学		背		背		学	S	得
0	0	①	洞口	17	GK	1	内海	②	0	0
						16	（小池）	③	0	0
0	0	②	白井	3	DF	2	坪井	③	0	0
0	0	❸	山田	5		8	（斉藤）	③	0	0
0	0	②	松ヶ崎	15		5	中野	③	0	0
0	1	①	（佐武）	18		12	安岡	③	0	0
						13	駒澤	③	3	1
0	0	②	沼田	4	MF	4	小石川	③	3	1
0	0	②	（濱谷）	16		6	鈴木(碧)	③	0	0
0	0	③	百石	6		10	宮本	③	1	1
0	0	②	（木村）	2		18	（島田）	②	0	0
0	0	③	池野	7		15	吉澤	①	3	0
0	0	③	（佐藤）	11		14	（朝倉）	①	0	0
0	0	③	松田	10						
0	0	②	浅野	14						
0	0	③	大沢	8	FW	9	中島	③	4	4
0	1	③	千葉	9		20	（東村）	③	0	0
0	0	①	（櫛田）	19		11	国吉	❸	3	1
0	2			4	GK	5			17	8
				0	CK	1				
				6	FK	3				
				0	PK	0				

【得点経過】
前半 3分〔星〕国吉→**中島**
〃 6分〔星〕**小石川**
〃 16分〔星〕**FK宮本**
〃 31分〔星〕吉澤→**中島**
〃 35+4分〔星〕国吉→**中島**
後半 4分〔星〕国吉→**駒澤**
〃 7分〔星〕吉澤→**中島**
〃 16分〔星〕中島→**国吉**

■的を絞らせずにゴールラッシュ

　個人技と巧みなパスワークで大谷室蘭を翻弄する星槎国際湘南は前半3分に先制。MF小石川、鈴木（碧）が起点となって配球し、MF宮本、FW国吉がドリブルでゴールに迫る。また、ボールを失った後、数的優位を素早く作り出してボールを奪い返した。苦しい展開となった大谷室蘭だがDF松ヶ崎がアンカー的な存在となってボールを散らし、FW大沢がターゲットとなり好機を演出する。星槎国際湘南は流動的な動きで中盤の枚数を増やし、大谷室蘭のカバーリング、DFラインのスライドの遅れで生まれたスペースを有効に使って的を絞らせない。後半に入っても攻撃の手を緩めない星槎国際湘南は組織的な守備からボールを奪い、テンポの良いパスから得点を重ねた。

　戦評　中野進治（成立学園高校）

第1回戦

7月26日（水）　帯広の森球技場B（ローン）（晴）

（主）廣田奈美　（副）長浜杏名、亀谷直樹

日ノ本学園 0（0-1／0-1）2 福井工大福井
（兵庫県）　（福井県）★

得	S	学		背		背		学	S	得
0	0	❸	久田	1	GK	1	下川	③	0	0
0	0	③	渡邊	3	DF	2	留木	③	0	0
0	0	②	森實	4		16	（後藤）	③	0	0
0	0	③	今井	5		3	上村	①	0	0
0	0	②	田村	8		4	神野	②	0	0
						5	木村	③	1	0
0	0	③	本多	7	MF	6	岡田	①	1	0
0	0	③	（丸山）	6		7	河合	❸	0	0
0	0	③	高城	10		8	濱井	①	1	1
0	0	①	（木下）	18		18	（鈴木）	③	0	0
0	0	②	岡林	11						
0	1	③	藤原	14						
0	0	①	（上田）	19						
0	0	①	高橋(あ)	17						
0	0	①	（大塚）	15						
0	0	③	高橋(亜)	9	FW	9	松永	③	3	0
						14	（岩嵜）	③	0	0
						10	秋田	③	2	1
						13	（岩佐）	③	0	0
						11	西尾	②	1	0
						15	（中）	③	0	0
0	1			9	GK	5			9	2
				3	CK	4				
				6	FK	1				
				0	PK	0				

【得点経過】
前半25分〔福〕濱井→**秋田**
後半25分〔福〕秋田→**濱井**
▼警告
〔福〕木村

■豊富な運動量を発揮した福井工大福井

　立ち上がりから福井工大福井が前線からプレッシャーをかけ、ボールを奪いチャンスを作り出す。一方の日ノ本学園はFW高橋（亜）を起点にしてDFラインからのビルドアップを試みる。徐々にプレーエリアを高め、日ノ本学園が攻撃の形を作り始めるが、前半25分にDFライン間のミスパスを奪った福井工大福井FW秋田が、日ノ本学園GK久田との1対1を落ち着いて決めて先制する。後半も立ち上がりから日ノ本学園が後方からのビルドアップを試みるのに対し、福井工大福井はブロックを形成して中央のスペースを消しながら、狙いを持ってボールを奪いにいく展開となる。激しい球際の攻防、互いに素早い攻守の切り替えを行い、見応えのあるゲームが続いた。スペースが生まれ始めた25分、一瞬できた後方のスペースを逃さなかった福井工大福井MF濱井が追加点。試合全体を通し、豊富な運動量を発揮した福井工大福井が2回戦へと駒を進めた。

　戦評　松本克典（尚志高校）

第1回戦

7月26日（水）　帯広の森球技場A（ローン）（晴）

（主）馬場成美　（副）板矢智志、茂呂祐斗

鹿島学園 0（0-0／0-0）0 作陽学園
（茨城県）　5 PK 4　（岡山県）★

得	S	学		背		背		学	S	得
0	0	③	高橋	1	GK	1	石田	②	0	0
0	0	③	中村	2	DF	2	新城	③	2	0
0	0	②	中野	3		3	甲木	③	0	0
0	1	③	工藤	4		4	大野	③	0	0
0	1	①	市川	15		5	原	②	0	0
0	0	①	藤原	6	MF	7	福岡	❸	1	0
0	0	①	（阿南）	20		11	安部	②	0	0
0	1	①	大林	7		17	八塚	③	0	0
0	0	③	花谷	8		8	（森原）	②	1	0
0	0	②	（早稲田）	16		20	堀江	②	1	0
0	0	③	野澤	9		14	（竹内）	②	0	0
0	0	③	（小畑）	5						
0	1	①	竹田	18						
0	1	①	（宿野部）	11						
0	0	❸	玉井	10	FW	12	北川	③	1	0
						10	（阿間見）	③	0	0
						13	笠野	②	0	0
						9	（弓場）	③	0	0
0	5			7	GK	6			6	0
				2	CK	0				
				7	FK	4				
				0	PK	0				

■PK方式で勝利を掴んだ鹿島学園

　総体出場2回目の鹿島学園と出場9回目の作陽学園との戦い。丁寧に繋ぎゴールを目指そうとする鹿島学園に対し、作陽学園は対人の強さや粘り強いディフェンスを見せる。相手の強固な守備陣を崩すため鹿島学園はMF竹田が多彩なボールタッチで左サイドから攻撃の糸口を探す。一方、作陽学園は奪ったボールをMF福岡に集め、シンプルで速い攻撃を仕掛ける。前半35分には鹿島学園FW玉井がペナルティエリア深くまで侵入してシュートを撃つも、GK石田がストップし、スコアレスのまま前半終了。後半に入ると両チームともに選手交代を行い、流れを変えようとする。前半と変わって作陽学園の優勢な時間が続き、FW阿間見が裏に抜けてシュートを撃つがGK高橋の正面を突いた。25分には鹿島学園MF大林が左サイドを突破してクロスを上げ、玉井が合わせるも枠を捉えきれない。35+1分には作陽学園MF安部のクロスからMF森原が放ったボレーシュートがクロスバーに阻まれるなど、両チームともに決め手に欠け、PK方式に突入。5本全てを決めた鹿島学園が勝利した。

　戦評　力石暁（八戸学院光星高校）

第1回戦　7月26日（水）　帯広の森球技場B（ローン）（晴）

（主）田嶌うらら　（副）平木柚香、中島崇史

専大北上 1（0-0 / 1-1）1 秀岳館★
（岩手県）　4 PK 2　（熊本県）

得	S	学		背		背		学	S	得
0	0	③	千葉	1	GK	1	宇保	③	0	0
0	0	③	高橋	4	DF	3	河田	②	0	0
0	0	②	(佐々木(こ))	16		4	林	③	0	0
0	0	③	金井	5		5	内田	③	0	0
0	0	③	大竹	6						
0	0	②	加川	17						
0	0	③	中鉢	2	MF	6	仲間	①	0	0
0	0	③	(八鍬)	7		17	(松尾)	③	1	0
0	0	③	工藤	8		8	塩川	③	1	0
0	1	①	(高鹿)	20		10	田畑	❸	1	0
0	0	❸	白石	10						
0	1	②	昆野(杏)	15						
1	1	②	大野	13	FW	9	久米	③	1	0
0	1	③	昆野(め)	14		12	(佐々木)	③	1	0
0	0	③	(佐藤)	9		11	金城	③	1	0
						18	吉岡	②	2	0
						2	(川添)	①	1	1
						19	橋谷	①	0	0
						15	(山田)	②	0	0
1	4			9	GK	4			9	1
				0	CK	7				
				1	FK	5				
				0	PK	0				

【得点経過】
後半35+7分〔秀〕塩川→**川添**
〃 35+8分〔専〕昆野(杏)→**大野**

■終了間際に失点も土壇場で追いつく

序盤は互いに相手の様子を窺う膠着した展開となるが、秀岳館はアンカーのポジションをとるMF田畑が広い視野から長短織り交ぜたボールを左右に展開し、ペースを握り始める。また、右SHで起用されたFW金城が鋭い突破からチャンスを作る。一方の専大北上はFW昆野（め）の裏への抜け出しと、FW大野、MF工藤、白石がポジションチェンジを繰り返しながら崩しを試みる。スコアレスのまま後半に入り、秀岳館は主に右サイドを起点に力強い攻撃を展開。個々の球際の強さを活かしCKやFKからゴールに襲いかかるが、専大北上の守備陣も4バックから5バックにするなど流動的に対応し、カウンターを狙う。無得点のまま後半終了かと思われたアディショナルタイム、秀岳館MF川添がシュートを突き刺して先制。しかし、直後に専大北上は大野が決めて同点とし、PK方式に突入。4人全員が成功した専大北上の2回戦進出が決定した。

戦評　渡会健史（鶴岡東高校）

第1回戦　7月26日（水）　帯広の森球技場A（ローン）（晴）

（主）一木千広　（副）荒上修人、鈴木悠次郎

★聖和学園 2（2-1 / 0-0）1 日本航空
（宮城県）　（山梨県）

得	S	学		背		背		学	S	得
0	0	③	男鹿	1	GK	12	宮越	①	0	0
0	0	③	我那覇	4	DF	3	城山	❸	0	0
0	0	❸	佐々木	7		4	清水	③	0	0
0	0	②	倉品	16						
0	1	②	今野	17						
0	0	③	益子(由)	8	MF	5	五味	③	2	0
0	2	③	遠藤	9		13	(三浦)	③	0	0
1	1	③	本田	10		7	杉本	③	3	1
0	1	②	石川	15		16	稲川	①	0	0
						17	吉田	②	0	0
1	1	③	米村	11	FW	8	簾崎	③	1	0
0	0	③	(佐藤(眞))	14		9	佐藤(マ)	②	0	0
0	1	②	今村	18		11	伊藤	②	0	0
0	1	①	(佐藤(実))	5		15	(片岡)	①	0	0
						20	小堀	①	0	0
						10	(市村)	③	0	0
2	8			5	GK	5			6	1
				0	CK	2				
				3	FK	3				
				0	PK	0				

【得点経過】
前半14分〔日〕簾崎→**杉本**
〃 27分〔聖〕**本田**
〃 35+5分〔聖〕今村→**米村**

▼警告
〔日〕吉田

■ゲームを支配した聖和学園が逆転勝利

聖和学園は細かいパスワークから最短でゴールを目指すも、良い距離間で守備を形成する日本航空を崩せない。すると前半14分、日本航空は相手陣内でボールを奪い、MF杉本が流し込んで先制。聖和学園は個のテクニックで相手を揺さぶり、MF本田のドリブルやMF石川、FW米村のコンビネーションでペナルティエリアへの侵入を試み、27分に追いつく。さらに前半終了間際に追加点を奪って逆転した。後半に入り日本航空はFW佐藤（マ）を起点として左サイドからの攻撃を仕掛けるも、DF佐々木を中心とした聖和学園の堅い守備に阻まれる。聖和学園の攻撃の勢いは衰えず、絶妙な距離間でのポゼッションで狙いを絞らせず、自分たちのペースを終始崩さなかった。一試合を通じて、攻守の切り替えの早さや全体的な緩急、1対1の強さが上回った聖和学園がゲームを支配し、2回戦へと駒を進めた。

戦評　鈴木佳奈子（関東学園大学附属高校）

第2回戦　7月27日（木）　帯広の森球技場A（ローン）（晴）

（主）濱崎覚美　（副）大西英里、荒上修人

藤枝順心 6（1-0 / 5-0）0 東海大福岡★
（静岡県）　（福岡県）

得	S	学		背		背		学	S	得
0	0	③	菊地	1	GK	1	久本	③	0	0
0	0	②	永田	2	DF	2	曽我部	③	0	0
1	1	②	柘植	3		3	大隈	③	0	0
0	1	❸	大川	5		9	今村	③	1	0
0	0	②	松本	15		15	林	②	0	0
0	0	③	赤塚	4	MF	6	島倉	②	1	0
0	2	①	(岡村)	20		7	黒野	③	0	0
1	1	③	下吉	6		8	大友	③	0	0
0	0	③	(中出)	8		14	朝比	②	0	0
0	2	②	植本	7		11	(山田)	②	1	0
1	4	③	久保田	10						
1	1	③	(望月)	16						
0	2	③	高岡	9	FW	10	山名	❸	0	0
1	1	②	(宮路)	17		18	新城	③	0	0
1	1	③	辻澤	11		16	(横田)	②	0	0
0	1	①	(鈴木)	14		4	(井手口)	③	0	0
6	17			3	GK	14			3	0
				6	CK	1				
				5	FK	10				
				0	PK	0				

【得点経過】
前半35+5分〔藤〕**FK下吉**
後半 6分〔藤〕植本→**辻澤**
〃 9分〔藤〕**久保田**
〃 17分〔藤〕植本→**柘植**
〃 26分〔藤〕**宮路**
〃 28分〔藤〕宮路→**望月**

▼警告
〔藤〕菊地、宮路

■藤枝順心が多彩な攻撃から6得点

藤枝順心は相手へのチェックが早く、どのポジションでも厳しい守備を徹底。ボールを奪うとドリブルやショートパスにロングパスと、相手の動きを見ながら判断して多彩な攻撃を見せた。東海大福岡は中盤や両サイドでは多少自由にさせても、自陣ゴール前のエリアでは、球際での厳しいチェックやシュートブロックなど徹底した守備を続けた。だが、前半35+5分、MF下吉が直接FKを決めて藤枝順心が先制。後半も藤枝順心が優位に試合を運び、6分にFW辻澤が突破から得点を挙げると、9分と17分に追加点。東海大福岡はDF井手口を投入し、DF今村を攻撃に上げるなど反撃の糸口を探った。徹底した守備を見せた東海大福岡だったが、個々の能力が高く多彩な攻撃で得点を重ねた藤枝順心が準決勝への切符を手にした。

戦評　小野倫（旭川南高校）

第2回戦 7月27日（木） 帯広の森球技場B（ローン）（晴）

（主）田嶌うらら　（副）馬場成美、長浜杏名

聖カピタニオ女子 0（0-3 / 0-0）3 星槎国際湘南
★（愛知県）　（神奈川県）

得	S	学		背		背		学	S	得
0	0	②	梅村	17	GK	1	内海	②	0	0
0	0	②	江崎	2	DF	2	坪井	③	0	0
0	0	③	坂下	3		8	（斉藤）	③	0	0
0	0	❸	浦前	8		5	中野	③	1	0
						12	安岡	③	0	0
						13	駒澤	③	1	1
						3	（鈴木(樹)）	②	0	0
0	0	①	内田	6	MF	4	小石川	③	0	0
0	1	①	（佐藤）	19		6	鈴木(碧)	③	0	0
0	0	③	熊崎	7		10	宮本	③	0	0
0	0	①	（森）	11		7	（松崎）	②	0	0
0	0	②	相羽	9		17	望月	③	1	1
0	0	①	塩川	13		15	（吉澤）	①	0	0
0	0	①	畠山	15						
0	0	①	（伊藤）	12						
0	0	①	（高瀬）	20						
0	0	①	小澤	16						
0	3	③	オーライリー	10	FW	9	中島	③	2	0
						18	（島田）	②	0	0
						11	国吉	❸	2	1
0	4			2	GK	5			7	3
				5	CK	3				
				7	FK	4				
				0	PK	0				

【得点経過】
前半25分〔星〕小石川→**国吉**
〃 32分〔星〕宮本→**望月**
〃 34分〔星〕国吉→**駒澤**
▼警告
〔星〕中島

■先制点で流れを掴んだ星槎国際湘南

星槎国際湘南は長短のパスで相手をボールサイドに引きつけ、少ない手数で逆サイドの背後を奪う狙いを持った攻撃を仕掛ける。対する聖カピタニオ女子はFWオーライリーにボールを集め、スピーディで積極的な仕掛けを試みる。相手の数的状況を把握し、無理のない攻撃を続ける星槎国際湘南は前半25分、絶妙な駆け引きで抜け出したFW国吉がゴールに流し込み、先制。流れを掴んだ星槎国際湘南は32分と34分に追加点を挙げて前半を終了。聖カピタニオ女子は後半から勢いを持ってゴールを目指し、オーライリーが果敢に仕掛ける場面や、CKでは相手の裏を突くプレーを見せるもゴールは生まれず。聖カピタニオ女子GK梅村のセーブやクロスバーに阻まれ、後半は星槎国際湘南にも得点は生まれなかったが、精度の高い配球や絶妙な抜け出し等、個の技術力の高さに加え、チーム全体として戦術理解の高さを感じさせた。

戦評　鈴木佳奈子（関東学園大学附属高校）

第2回戦 7月27日（木） 帯広の森球技場B（ローン）（晴）

（主）一木千広　（副）廣田奈美、大村美詞

福井工大福井 1（0-0 / 1-1）1 鹿島学園
★（福井県）　3 PK 1　（茨城県）

得	S	学		背		背		学	S	得
0	0	③	下川	1	GK	1	高橋	③	0	0
0	0	③	留木	2	DF	2	中村	③	0	0
0	0	①	上村	3		3	中野	②	0	0
0	0	②	神野	4		15	市川	①	0	0
1	2	③	木村	5						
0	0	③	（岩佐）	13						
0	0	①	岡田	6	MF	6	藤原	①	0	0
0	0	❸	河合	7		7	大林	①	3	0
0	0	①	濵井	8		8	花谷	③	1	0
						5	（小畑）	③	0	0
						9	野澤	③	1	0
						13	（増田）	③	0	0
						16	早稲田	②	0	0
						18	竹田	①	0	0
						20	（阿南）	①	0	0
						14	（阿部）	①	1	1
0	2	③	松永	9	FW	10	玉井	❸	1	0
0	0	③	（後藤）	16		11	（宿野部）	①	0	0
0	0	③	秋田	10						
0	0	②	西尾	11						
0	0	③	（鈴木）	18						
1	4			5	GK	5			7	1
				3	CK	0				
				4	FK	7				
				0	PK	0				

【得点経過】
後半 5分〔福〕河合→**木村**
〃 35+5分〔鹿〕**阿部**
▼警告
〔福〕松永

■福井工大福井がPK方式を制して準決勝へ

ゲーム開始から両チームのこの試合に懸ける想いが球際の攻防に表れた立ち上がりとなった。福井工大福井は前線のFW秋田、MF濵井に2列目の選手が関わりながらゴールへと迫る。守備は人に対して強く、スペースを消しながらコンパクトに守る。攻撃から守備への切り替えも早く、ボールの回収率が高い部分が印象的だった。対する鹿島学園は前線の3枚にシンプルにボールを入れ、相手のDFライン4枚の間を狙い、ゴールを目指す意図が見られた。中盤3枚はセカンドボールの回収率が高く、厚みのある攻撃を見せる。守備は粘り強く、ディフェンシブサードの守備でもDFラインとGKの連係の良さが見られた。試合は後半5分、MF河合のクロスにDF木村がヘッドで合わせ、福井工大福井が先制。しかし、終了間際に鹿島学園の右サイドからのクロスが直接ゴールとなり勝負はPK方式へ。PK方式の結果、福井工大福井が準決勝へと駒を進めた。

戦評　井尻真文（星翔高校）

第2回戦 7月27日（木） 帯広の森球技場A（ローン）（晴）

（主）丸本明奈　（副）千葉恵美、板矢智志

専大北上 1（1-2 / 0-1）3 聖和学園
★（岩手県）　（宮城県）

得	S	学		背		背		学	S	得
0	0	③	千葉	1	GK	1	男鹿	③	0	0
0	1	③	高橋	4	DF	4	我那覇	③	0	0
0	0	③	金井	5		7	佐々木	❸	0	0
0	0	③	大竹	6		16	倉品	②	0	0
0	0	②	加川	17		5	（佐藤(実)）	①	0	0
						17	今野	②	0	0
0	0	③	八鍬	7	MF	8	益子(由)	③	0	0
0	0	③	工藤	8		9	遠藤	③	2	0
0	0	①	（髙鹿）	20		6	（紺谷）	③	0	0
0	1	❸	白石	10		10	本田	③	2	1
0	1	②	昆野(杏)	15		13	（大竹）	③	0	0
						15	石川	②	1	0
						20	（伊藤）	①	0	0
1	2	③	佐藤	9	FW	11	米村	③	1	1
0	2	②	大野	13		14	（佐藤(眞)）	③	0	0
						18	今村	②	0	0
1	7			3	GK	8			6	2
				3	CK	1				
				6	FK	8				
				0	PK	0				

【得点経過】
前半 3分〔聖〕**本田**
〃 25分〔聖〕オウンゴール
〃 35+1分〔専〕**佐藤**
後半 9分〔聖〕石川→**米村**

■リベンジを許さなかった聖和学園

東北地区予選では5-0で勝利した聖和学園とリベンジに燃える専大北上。試合は前半3分、奪ったボールを素早く前線に渡し、MF本田のミドルシュートで聖和学園が先制する。その後、専大北上は激しいプレスで足元に入れてくるボールに狙いを定め、粘り強いディフェンスで自由を与えない時間帯が続いた。しかし、聖和学園が徐々に相手のプレスに対応し始め、落ち着いてボールを保持すると、25分にオウンゴールを誘って追加点。専大北上は前線からのプレスを続け、35+1分に相手の連係ミスを見逃さず、FW佐藤がゴールに流し込んで1点差とする。しかし、後半9分に聖和学園FW米村が決め、勝利。敗れた専大北上だが、1対1のデュエルや聖和学園の多彩なアイディアに粘り強いディフェンスを見せ、観客にもっと見たいと思わせるような試合だった。

戦評　力石暁（八戸学院光星高校）

準決勝戦　7月29日（土）
帯広の森陸上競技場（ローン）（晴）

（主）廣田奈美　（副）馬場成美、板矢智志

藤枝順心（静岡県）　**2**（1-0 / 1-2）**2**　**星槎国際湘南**（神奈川県）★

4 PK 2

得	S	学		背		背		学	S	得
0	0	③	菊　地	1	GK	1	内　海	②	0	0
0	0	②	永　田	2	DF	2	坪　井	③	0	0
0	0	②	柘　植	3		5	中　野	③	0	0
0	0	❸	大　川	5		12	安　岡	③	0	0
0	0	②	松　本	15		13	駒　澤	③	0	0
0	0	③	下　吉	6	MF	4	小石川	③	0	0
0	2	②	植　本	7		6	鈴木(碧)	③	0	0
0	1	③	久保田	10		10	宮　本	③	2	1
						18	（島田）	②	0	0
						17	望　月	③	0	0
1	2	③	高　岡	9	FW	9	中　島	③	0	0
1	2	③	辻　澤	11		11	国　吉	❸	3	1
0	0	②	藤　原	13						
0	0	①	（岡村）	20						
0	0	③	（赤塚）	4						
2	7			3	GK	12			5	2
				5	CK	1				
				7	FK	6				
				1	PK	0				

【得点経過】
前半15分〔藤〕藤原→**高岡**
後半11分〔星〕中島→**国吉**
〃 20分〔星〕小石川→**宮本**
〃 35+5分〔藤〕**PK辻澤**
▼警告
〔藤〕下吉

■互いに持ち味を発揮したミラーゲーム
同じフォーメーションで意地と持ち味を遺憾なく発揮しようとするミラーゲーム。互いに相手の良さを消そうとアプローチの出足が素早く、激しく攻守が入れ替わる時間帯が続く。短いパス交換から相手DFの間でボールを受ける機会が増えた藤枝順心が優位に試合を進め始め、前半15分にFW高岡が振り向きざまのシュートを決めて先制点を奪う。後半に入り、星槎国際湘南は守備におけるポジショニングが改善されたことから距離間が良くなり、11分にFW国吉が決めて追いつく。さらにパス交換のリズムが良くなった星槎国際湘南は20分、MF小石川のスルーパスからMF宮本が決めて逆転に成功。このまま試合終了かと思われたところでPKを得た藤枝順心が追いつき、勝負はPK方式に委ねられたが、攻守にわたるテクニックやハードワークが光る見事な一戦であった。
戦評　翠茂樹（横浜翠陵高校）

準決勝戦　7月29日（土）
帯広の森球技場A（ローン）（晴）

（主）千葉恵美　（副）田嶌うらら、大村美詞

福井工大福井（福井県）　**1**（1-0 / 0-1）**1**　**聖和学園**（宮城県）★

3 PK 4

得	S	学		背		背		学	S	得
0	0	③	下　川	1	GK	1	男　鹿	③	0	0
0	0	③	留　木	2	DF	4	我那覇	③	0	0
0	0	①	上　村	3		7	佐々木	❸	0	0
0	0	②	神　野	4		16	倉　品	②	0	0
1	1	③	木　村	5		17	今　野	②	1	0
0	0	①	岡　田	6	MF	8	益子(由)	③	1	0
0	1	❸	河　合	7		9	遠　藤	③	2	0
0	0	①	濱　井	8		10	本　田	③	1	0
						15	石　川	②	3	0
0	3	③	松　永	9	FW	11	米　村	③	2	0
0	0	③	（岩佐）	13		18	今　村	②	4	1
0	2	③	秋　田	10						
0	1	②	西　尾	11						
0	0	③	（岩嵜）	14						
1	8			7	GK	5			14	1
				3	CK	3				
				4	FK	13				
				0	PK	0				

【得点経過】
前半35+1分〔福〕河合→**木村**
後半28分〔聖〕**FK今村**
▼警告
〔福〕西尾、留木

■守護神の活躍で聖和学園が決勝進出
立ち上がりから両チームともに互いのストロングポイントを活かした攻撃を展開する。福井工大福井はMF河合を中心にMF濱井の運動量、FW秋田の突破からゴールに迫る。一方の聖和学園は選手同士の距離をコンパクトに保ち、テンポの良いパスと個のテクニックで崩しにかかる。守備もコンパクトに保ち、数的優位を作り出し、相手の攻撃の芽を摘んだ。福井工大福井も聖和学園のテクニックに屈せず、球際の勝負強さ、カバーリングでボールを奪う。一進一退の攻防が続くなか、35+1分に福井工大福井DF木村がゴールに押し込み、先制して前半を終える。後半に入ると、クーリングブレイク直後の28分、聖和学園がFW今村の直接FKで追いつく。70分間で決着がつかず、PK方式にもつれ込んだ試合は、聖和学園GK男鹿が2本をストップして勝利を収めた。
戦評　中野進治（成立学園高校）

決勝戦　7月30日（日）
帯広の森陸上競技場（ローン）（晴）

（主）馬場成美　（副）廣田奈美、田嶌うらら

藤枝順心（静岡県）★　**3**（2-0 / 1-0）**0**　**聖和学園**（宮城県）

得	S	学		背		背		学	S	得
0	0	③	菊　地	1	GK	1	男　鹿	③	0	0
0	0	②	（ソワディル）	12						
0	0	②	永　田	2	DF	4	我那覇	③	0	0
0	0	②	（松山）	18		7	佐々木	❸	1	0
0	0	②	柘　植	3		16	倉　品	②	0	0
0	0	③	（赤塚）	4		17	今　野	②	0	0
0	0	❸	大　川	5		5	（佐藤(実)）	①	0	0
0	0	②	松　本	15						
0	0	①	（尾辻）	19						
0	1	③	下　吉	6	MF	8	益子(由)	③	0	0
0	3	②	植　本	7		9	遠　藤	③	0	0
0	0	③	（望月）	16		10	本　田	③	2	0
1	1	③	久保田	10						
0	0	③	中　出	8	FW	11	米　村	③	0	0
1	1	③	高　岡	9		15	石　川	②	0	0
1	3	③	辻　澤	11		18	今　村	②	1	0
3	9			4	GK	10			4	0
				5	CK	1				
				4	FK	12				
				0	PK	0				

【得点経過】
前半 3分〔藤〕松本→**辻澤**
〃 14分〔藤〕下吉→**高岡**
後半26分〔藤〕**久保田**
▼警告
〔藤〕久保田

■藤枝順心らしいサッカーで頂点に
2回目の総体女王を目指す藤枝順心と初優勝をかけた聖和学園との決勝戦は、前半3分で先制した藤枝順心が主導権を握る。選手同士の距離間がバランス良く保たれ、相手のギャップにタイミング良く人が動き、ボールを受ける。聖和学園の3バックのサイドを上手く使い、揺さぶりをかけた。守備においても聖和学園の細かなパスワークに対して人数をかけ、コースを消して孤立させてボールを奪った。対する聖和学園は持ち味であるショートパスでの崩しを封じられ、ドリブルとミドルパスでの攻撃が目立つ。後半も藤枝順心は攻守の切り替えを早くし、聖和学園にリズムを与えなかった。終始、藤枝順心の良さが目立つ一戦ではあったが、聖和学園は自分たちのサッカーを最後まで貫いた。今回の総体では苦しい戦いが続いた藤枝順心だが、決勝戦では藤枝順心らしい組織的なサッカーを披露し、2度目の総体チャンピオンを掴み取った。
戦評　中野進治（成立学園高校）

ENTRY

令和５年度
全国高等学校総合体育大会
サッカー競技

登録選手一覧｜女子

大谷室蘭　北海道

[監督]石井一矢 [引率教員]石井一矢

背番号	位置	氏名	学年
1	GK	松谷　咲良	2
2	DF	木村　愛	2
3	DF	白井　ゆら	2
4	MF	沼田　咲羽	2
⑤	DF	山田　菜月	3
6	MF	百石　安里	3
7	MF	池野　彩花	3
8	FW	大沢　恵	3
9	FW	千葉　由結	3
10	MF	松田　聖音	3
11	FW	佐藤美沙希	3
12	MF	武内　さよ	3
13	DF	椎名　小夏	3
14	MF	浅野　未來	2
15	DF	松ヶ崎真珠	2
16	DF	濵谷　柚月	2
17	GK	洞口　釉美	1
18	MF	佐武すずね	1
19	FW	櫛田　純怜	1
20	DF	蔵重　晴	1

北海道文教大学附属　北海道

[監督]清野訓靖 [引率教員]若杉 新

背番号	位置	氏名	学年
1	GK	河瀬望乃加	3
2	DF	生井　千晶	3
3	DF	佐藤　菜月	3
4	MF	鶴間みのり	3
5	DF	澤野帆乃佳	3
6	MF	曽部妃加里	2
7	MF	牛嶋　心海	2
8	MF	佐藤　友来	2
9	FW	成田　咲蘭	2
⑩	MF	小林　悠夏	3
11	FW	清家　音々	3
12	GK	尾形　芽生	2
13	DF	齊藤　瑠唯	2
14	DF	古村　誉	2
15	DF	吉川　育夢	2
16	MF	舘川　遥菜	3
17	MF	國井　麻耶	3
18	FW	行天　千絢	2
19	DF	安達　優菜	2
20	MF	藤本　柚夢	2

専修大学北上　岩手県

[監督]佐藤徳信 [引率教員]佐々木幸一

背番号	位置	氏名	学年
1	GK	千葉　玲奈	3
2	MF	中鉢　茉弥	3
3	DF	菅野　桃子	2
4	DF	高橋　莉奈	3
5	DF	金井　日和	3
6	DF	大竹　夏姫	3
7	MF	八鍬ゆり亜	3
8	MF	工藤　蒼生	3
9	FW	佐藤なごみ	3
⑩	MF	白石　朝香	3
11	FW	佐々木　渚	3
12	GK	山下　真央	2
13	FW	大野　妃菜	2
14	FW	昆野　めい	3
15	MF	昆野　杏梨	2
16	DF	佐々木こころ	2
17	DF	加川　凛	2
18	MF	川内　遥奈	2
19	FW	谷内　碧	2
20	MF	髙鹿　沙紀	1

聖和学園　宮城県

[監督]曽山加奈子 [引率教員]佐々木好人

背番号	位置	氏名	学年
1	GK	男鹿　藍里	3
2	DF	加藤　春佳	3
3	DF	小亀　萌絵	2
4	DF	我那覇　凛	3
5	FW	佐藤　実玖	1
6	MF	紺谷あろえ	3
⑦	DF	佐々木はるか	3
8	MF	益子　由愛	3
9	MF	遠藤　瑚子	3
10	MF	本田　悠良	3
11	FW	米村　歩夏	3
12	GK	益子　恵	2
13	MF	大竹　美生	3
14	FW	佐藤　眞桜	3
15	MF	石川　麗奈	2
16	DF	倉品　渚南	2
17	DF	今野　杏凪	2
18	FW	今村　栞愛	2
19	MF	櫻井梨里花	2
20	MF	伊藤　花恋	1

鹿島学園　茨城県

[監督]書間健太 [引率教員]書間健太

背番号	位置	氏名	学年
1	GK	高橋　侑沙	3
2	DF	中村　乃奈	3
3	DF	中野　絢	2
4	DF	工藤　早樂	3
5	DF	小畑　蘭	3
6	MF	藤原かのん	1
7	MF	大林　亜未	1
8	MF	花谷　理沙	3
9	MF	野澤　里桜	3
⑩	FW	玉井　小春	3
11	FW	宿野部夏澄	1
12	GK	青木　結那	2
13	FW	増田　帆花	3
14	MF	阿部陽菜多	1
15	DF	市川　心愛	1
16	MF	早稲田萌絵	2
17	DF	宮本　悠愛	2
18	MF	竹田　朱里	1
19	MF	金子明日香	3
20	MF	阿南　愛羽	1

星槎国際湘南　神奈川県

[監督]柄澤俊介 [引率教員]金野可奈

背番号	位置	氏名	学年
1	GK	内海　佑南	2
2	DF	坪井　茉凜	3
3	DF	鈴木樹乃愛	2
4	MF	小石川叶夢	3
5	DF	中野　希音	3
6	MF	鈴木　碧華	3
7	MF	松崎　茉怜	2
8	DF	斉藤　麻琴	3
9	FW	中島咲友菜	3
10	MF	宮本　和心	3
⑪	FW	国吉花吏埜	3
12	DF	安岡　若葉	3
13	DF	駒澤　茉歩	3
14	DF	朝倉　麗	1
15	MF	吉澤　星空	1
16	GK	小池　麻衣	3
17	MF	望月　心咲	3
18	FW	島田　陽良	2
19	GK	秋谷　夏帆	1
20	FW	東村　心	3

日本航空　山梨県

[監督]堀 祥太朗 [引率教員]堀 祥太朗

背番号	位置	氏名	学年
1	GK	中嶋　莉子	1
2	DF	加藤　彩花	3
③	DF	城山　にこ	3
4	DF	清水　心愛	3
5	MF	五味　小暖	3
6	MF	横田　晴	3
7	MF	杉本　結月	3
8	FW	籏崎はるか	3
9	FW	佐藤　マリー奈々美	2
10	FW	市村　萌那	3
11	FW	伊藤　咲良	2
12	GK	宮越　杏純	1
13	DF	三浦　美波	3
14	DF	岡本　成海	2
15	MF	片岡　さら	1
16	MF	稲川　璃	1
17	MF	吉田美のり	2
18	GK	山本みづき	2
19	FW	佐藤　愛真	1
20	FW	小堀　美海	1

福井工業大学附属福井　福井県

[監督]久保直也 [引率教員]有町沙也香

背番号	位置	氏名	学年
1	GK	下川陽南多	3
2	DF	留木　未々	3
3	DF	上村　怜	1
4	DF	神野　真凜	2
5	DF	木村　ゆず	3
6	MF	岡田ふみの	1
7	MF	河合　結月	3
8	MF	濵井　小町	1
9	FW	松永　亜巳	3
10	FW	秋田　萌絵	3
11	FW	西尾　唯花	2
⑫	GK	寺田こころ	3
13	FW	岩佐　寧々	3
14	MF	岩嵜　心	3
15	FW	中　亜仁	3
16	DF	後藤　璃胡	3
17	MF	宮脇　結	3
18	FW	鈴木　亜音	3
19	DF	田中　美空	2
20	DF	野村　美里	1

藤枝順心　静岡県

[監督]中村 翔 [引率教員]中村 翔

背番号	位置	氏名	学年
1	GK	菊地　優杏	3
2	DF	永田　優奈	2
3	DF	柘植　沙羽	2
4	MF	赤塚　花風	3
⑤	DF	大川　和流	3
6	MF	下吉　優衣	3
7	MF	植本　愛実	2
8	FW	中出　朱音	3
9	FW	高岡　澪	3
10	MF	久保田真生	3
11	FW	辻澤　亜唯	3
12	GK	ソワテイル　ヴィクトリア	2
13	FW	藤原　凛音	2
14	MF	鈴木　由真	1
15	DF	松本　琉那	2
16	MF	望月　歓那	3
17	FW	宮路　花菜	2
18	DF	松山のの美	2
19	FW	尾辻　夏奈	1
20	FW	岡村　望央	1

聖カピタニオ女子　愛知県

[監督]多田利浩 [引率教員]水野佑里

背番号	位置	氏名	学年
1	GK	石川　萌絵	3
2	DF	江﨑　絢羽	2
3	DF	坂下利里奈	3
4	MF	北村　心菜	3
5	MF	近藤　綾音	2
6	MF	内田　汐	1
7	MF	熊崎せり乃	3
⑧	DF	浦前　遥楓	3
9	MF	相羽陽菜子	2
10	FW	オーライリー　詩奈	3
11	FW	森　星空	1
12	MF	伊藤　叶葉	1
13	MF	塩川十鈴星	1
14	DF	川北　梨湖	2
15	MF	畠山　結佳	1
16	MF	小澤しいな	1
17	GK	梅村　心陽	2
18	DF	加藤　英麻	1
19	MF	佐藤　翠	1
20	DF	高瀬　未愛	1

大阪学芸　大阪府

[監督]副島博志 [引率教員]藤川真也

背番号	位置	氏名	学年
1	GK	宜野座令愛	3
2	DF	井田　聖来	2
3	DF	木村　衣那	3
4	DF	西嶋　桃花	3
5	DF	白井　心葉	3
⑥	MF	江口　碧華	3
7	MF	菊山　裕衣	3
8	MF	難波　奏	3
9	FW	西　凛華	3
10	MF	北川　愛唯	3
11	MF	山田　実来	3
12	GK	菱戸　理那	2
13	MF	滑川　藍	3
14	FW	佐藤　美優	3
15	DF	小柳　夏姫	2
16	MF	塩見　尚子	2
17	DF	小松　佑莉	3
18	DF	松川陽加里	1
19	FW	中村　優月	3
20	MF	堀　花成	2

日ノ本学園　兵庫県

[監督]和多田充寿 [引率教員]酒井 允

背番号	位置	氏名	学年
①	GK	久田優里愛	3
2	DF	干場　千晶	2
3	DF	渡邊　絢音	3
4	DF	森實　葵	2
5	DF	今井　双葉	3
6	MF	丸山　星	3
7	MF	本多　瑠己	3
8	DF	田村　來愛	2
9	FW	高橋　亜優	3
10	MF	高城　青空	3
11	MF	岡林　柚葉	2
12	MF	小林　結望	2
13	FW	栗原都来穂	2
14	MF	藤原　良	3
15	MF	大塚理紗子	1
16	DF	中里　美咲	1
17	MF	高橋あすか	1
18	MF	木下　奈南	1
19	MF	上田妃茉里	1
20	GK	山崎　美波	2

作陽学園　岡山県

[監督]山川莉々加 [引率教員]山川莉々加

背番号	位置	氏名	学年
1	GK	石田ひなは	2
2	DF	新城　琴美	3
3	DF	甲木湖冬羽	3
4	DF	大野　凜果	3
5	DF	原　望恵	2
6	DF	馬見塚　心	3
⑦	MF	福岡　結	3
8	MF	森原　日胡	2
9	MF	弓場　麗華	3
10	FW	阿間見　茜	3
11	MF	安部　美琴	2
12	FW	北川　青空	3
13	FW	笠野　伶奈	2
14	MF	竹内　あり	2
15	DF	村上　和愛	2
16	GK	中村友梨香	3
17	MF	八塚　唯花	3
18	MF	片口　恵花	1
19	FW	田中　沙羅	1
20	MF	堀江　昂央	2

県立鳴門渦潮　徳島県

[監督]佐藤城介 [引率教員]片岡真子

背番号	位置	氏名	学年
1	GK	佐木　双葉	3
2	MF	岡本かがり	2
3	FW	松本　柚葉	2
4	DF	武田　もえ	3
5	DF	松村　実春	3
6	DF	髙山　夢歩	2
7	FW	林　心音	2
8	FW	石田　萌華	3
9	FW	田中歩乃羽	2
⑩	DF	古田　彩瑛	3
11	DF	由藤きらら	3
12	GK	池田　涼花	3
13	MF	林　千乃	3
14	MF	露原　直央	2
15	FW	富田　翔保	3
16	DF	由良　和奏	3
17	MF	吉川　凜	3
18	FW	村井　沙帆	1
19	DF	立野　姫愛	1
20	FW	堀　沙珀	1

東海大学付属福岡　福岡県

[監督]山本ひろな [引率教員]福本拡志

背番号	位置	氏名	学年
1	GK	久本　千紗	3
2	DF	曽我部莉美	3
3	DF	大隈　夏凛	3
4	DF	井手口里穂	3
5	DF	前多祐里奈	2
6	MF	島倉亜弥美	2
7	MF	黒野　美虹	3
8	MF	大友　響姫	3
9	DF	今村　涼凪	3
⑩	FW	山名　映理	3
11	MF	山田　愛実	2
12	MF	梶原　仁那	3
13	MF	樋口輝良々	3
14	MF	朝比　雪華	2
15	DF	林　南花	2
16	FW	横田ひまり	2
17	GK	弓立　詩菜	1
18	FW	新城　凜	3
19	FW	中谷　百音	1
20	MF	前原　渚沙	3

秀岳館　熊本県

[監督]矢野君典 [引率教員]濵田勇樹

背番号	位置	氏名	学年
1	GK	宇保ひなの	3
2	MF	川添　凛音	1
3	DF	河田　柚奈	2
4	DF	林　琉音	3
5	DF	内田　咲希	3
6	MF	仲間　姫香	1
7	MF	松木　琴依	1
8	MF	塩川　心春	3
9	FW	久米　桃	3
⑩	MF	田畑　咲空	3
11	FW	金城　未亜	3
12	DF	佐々木妃那多	3
13	MF	與那覇花菜	2
14	MF	高橋　昊	2
15	DF	山田　夏輝	2
16	MF	鶴野　凛音	1
17	MF	松尾架水梨	3
18	FW	吉岡　杏海	2
19	FW	橋谷　麻莉	1
20	GK	千々和　桃	2

ブロック大会対戦結果

【北海道】

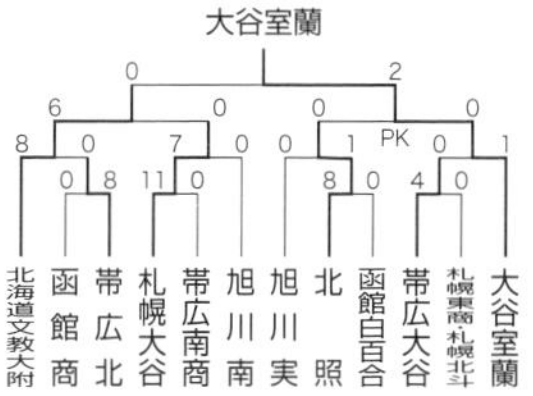

【東　北】

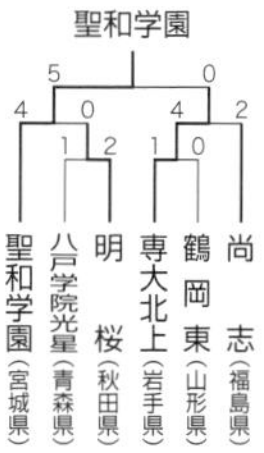

【関　東】

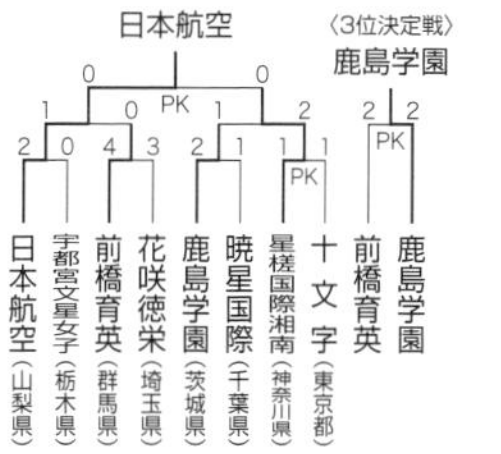

【北信越】

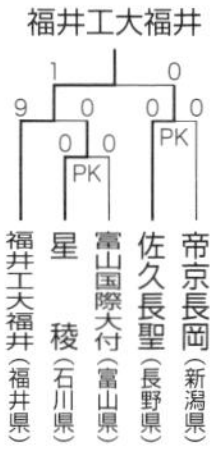

【東　海】

	藤枝順心（静岡県）	帝京大可児（岐阜県）	高田（三重県）	聖カピタニオ女子（愛知県）	順位
藤枝順心（静岡県）		2-0	12-0	5-1	1
帝京大可児（岐阜県）	0-2		3-0	0-2	3
高田（三重県）	0-12	0-3		0-7	4
聖カピタニオ女子（愛知県）	1-5	2-0	7-0		2

【近　畿】

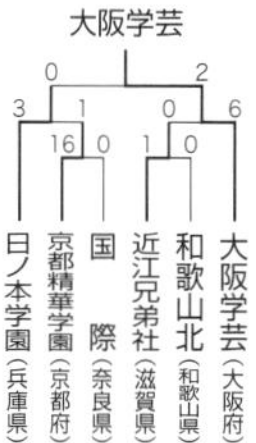

【中　国】

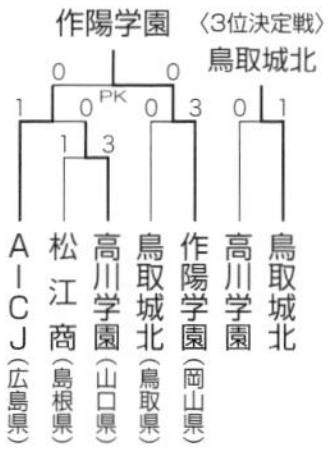

【四　国】

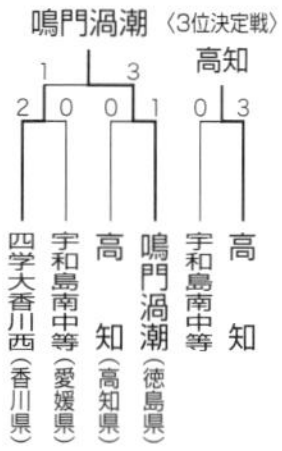

【九　州】

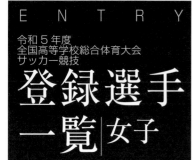

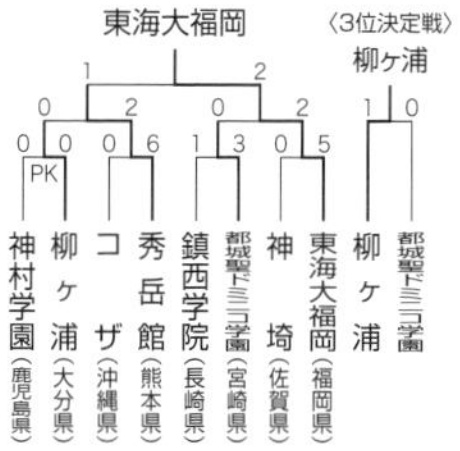

女子優勝監督手記

中村 翔
藤枝順心高校監督

選手権王者として

冬の選手権王者として迎えた今年度の総体。年度が変わり、選手も変わって新チームになっても、「選手権王者」として見られることを意識してチームがスタートしました。

今までの上積みをしつつ、相手が予想してくる藤枝順心のサッカーを逆手に取る部分も絶対に必要になってくると考え、時にはインテリジェンス、時にはエレガントさを持ち合わせることが大事だとは、新チームのスタート段階から言っていたことのひとつです。

練習試合や紅白戦でも、相手の狙いを常に選手たちに問いかけ、それに対して何をすべきなのか、議論を重ねてきました。サッカーは、常に自分たちの思い通りに事が進むとは限りません。ゲームの流れや個々のパフォーマンスが悪い時、自分たちにとって最善の策を見つけてプレーできるマインドを刷り込む話が例年よりも増えました。

1回戦の緊張を乗り越えて

総体1回戦の大阪学芸戦は、周囲に「事実上の決勝戦」と言われていました。加えて昨年度の「1回戦敗退」という過去も頭に残りすぎていたかもしれません。選手たちはとても緊張していました。一方で大阪学芸は非常に力のあるチームで、実際に先制されてしまいます。自分たちスタッフは試合を見ていて、勝つためにはカウンターに徹する以外方法はないと考えていました。そして失点後、ちょうどクーリングブレイクになった時、選手たちに聞いてみると同じ答えが返ってきました。すると試合終了直前にカウンターで同点に。PK方式の末勝利しましたが、緊張など、様々な要素が入り混じった初戦で、新チーム始動時からやってきたことがひとつ発揮された試合になりました。

2回戦の東海大福岡戦は、1回戦を乗り越え緊張から解放された精神的な部分もあったかもしれません。1回戦でやりたかったことができた試合でした。ただ、新チーム始動後間もなく、まだ成熟度が低い段階ゆえの課題も見えました。自分が活躍したい気持ちが先走ってしまうシーンが見られたのです。ハーフタイムには、自分だけでなく味方も使う選択肢を冷静に判断できるように、と伝えました。結果、後半5ゴールを挙げましたが、この先の準決勝、決勝に活かしていくべき課題を得ました。

今、何をすべきか

準決勝の星槎国際湘南戦、前半は自分たちがやりたいサッカーをある程度表現できました。一方で北海道とはいえ、連日35℃の暑さの中での3戦目。ある程度の疲労は考慮すべき点でした。案の定、後半に入り足が止まりだし、戦い方を修正してきた相手に流れを渡してしまい逆転されてしまいます。そこで1回戦同様、選手たちに問いかけました。そしてチーム分析に基づきセットプレーに狙いを定め、メンバーを交代しポジションを変更。後半アディショナルタイムの同点ゴールは、右サイドにポジション変更した下吉の突破で得たコーナーキックからのものでした。1回戦に続きPK方式となった準決勝。練習から決定率の高い5人を選び、万が一外したとしても、それは選んだスタッフ側の責任だから思い切って蹴るようにと送り出しました。結果、決勝へ進出することができました。

聖和学園との決勝では、「大会で一番のベストゲームをして帰ろう」と話しました。できないことも予想しつつ、それでも大会運営の方や観客の方に「今日のゲームが藤枝順心の試合の中で最も良かった」と思ってもらえるように。負けたとしてもそうであろう、という話をしました。そして3－0で勝利。自分だけではなく、スタッフも共有している思いが選手にも伝わり、取り組んでくれたことによって成し遂げた優勝と感じています。

女子サッカーへの願い

自分が監督になってからは初めての総体優勝。藤枝順心は「冬の女王」と呼ばれていますが、夏の総体でも優勝したい思いはありました。実際優勝して、もちろん嬉しかったのですが、自分たちスタッフとしては苦しかった、というのが本音です。ずっとハラハラする試合ばかりでした。

暑い中での連戦に関しては、トレーナーの細かい体調のチェック、食事面では管理栄養士のアドバイスも受けていました。選手のコンディションが例年より良かったのは、寮の関係者・後援会の皆さま・保護者会の皆さまなど、陰で支えてくださる方々の影響が大きかったです。

会場となった北海道・帯広の暑さはここ数年になかった程らしいのですが、運営の方々には大変お世話になりました。コロナ禍が明けた中での運営は難しさもあったかと思います。その中で選手の健康を最優先に、試合に集中できるように動いてくださいました。試合後のメディア対応では日陰を作ってくださり、表彰式もベンチを置いて選手を座らせてくださいました。本当にありがとうございました。

状況に応じて判断や戦い方を変える藤枝順心のサッカーは、大事にしていきたいと考えています。選手の可能性を狭めることなく、この先プレーするところでも自分たちの良さが発揮できるように、そしてなでしこジャパンがもう一度世界一に輝く要因となるように。女子サッカーの発展を志しながら、今後もサッカーを求めていきたいと思います。

翔び立て若き翼 北海道総体 2023
轟かせ魂の鼓動 北の大地へ大空へ

女子 総評

■ 翠 茂樹
横浜翠陵高校

令和5年度「翔び立て若き翼」を愛称に、全国高等学校総合体育大会女子サッカー競技が7月26日～30日の日程で開催され、北海道帯広市で熱戦が繰り広げられました。大会前日の25日には、とかちプラザに全国の地域予選を勝ち抜いた16チームが集い、4年ぶりに対面による開会式が催されました。北海道帯広市の気温は本州とあまり変わりませんが、天候に恵まれ、湿度が低く、時折心地よい風が吹くと涼しく、ピッチの天然芝も関東よりも深く感じました。

準決勝に残った4チームは、昨年度のベスト4と全て異なるチームであり、藤枝順心（東海①）、聖和学園（東北①）、星槎国際湘南（関東②）、福井工大福井（北信越）が進出しました。ベスト4に躍進したチームの共通の特長としては以下の3つが挙げられます。

◉GKのポジショニングが良くシュートストップに長けている。
◉攻守にわたって数的優位に立つことができる。
◉チーム全体で意図がある守備が統一されている。

例年に比べてミドルシュートが少なく感じたのは、今大会15試合中で同点によるPK方式の試合が6試合、2点差以内の試合が4試合と、70％近くが拮抗したゲームであったことから、その特徴が明確になっているように感じました。

前年度の全日本高等学校女子サッカー選手権大会を制した藤枝順心は、1回戦の大阪学芸（近畿①）戦、準決勝の星槎国際湘南戦では結果的にはPK方式で苦しみながら決勝戦に駒を進めましたが、どちらが勝ってもおかしくない接戦をものにし、チャンピオンとしての誇りを感じるチームでした。決勝戦に進出した聖和学園は、MF本田選手、FW米村選手を中心にDFラインから前線の攻撃までコンパクトフィールドを保ち、個人技とパスワークを駆使し、ボールを奪われてもすぐに奪い返し、ゴールを目指す好チームでした。藤枝順心と同様に、準決勝の福井工大福井戦では互いに持ち味を発揮したゲームとなりましたが、決め手に欠け、同じくPK方式で苦しみながらも決勝戦に駒を進めました。

今大会の決勝戦では、藤枝順心が聖和学園に攻撃のリズムを作らせない攻守の切り替えの早さを見せました。攻撃では聖和学園の3バックの脇をうまく利用しながら相手選手のギャップにタイミング良く人が動き、ボールを受けることを繰り返し、相手を翻弄する場面を多く作り、優勝しました。敗れはしましたが、聖和学園も厳しいアプローチを受けながらも時折見せる個人技とパスワークを活かした攻撃を仕掛け、意地を見せてくれました。両チームがこの暑い夏を越えて、冬の選手権にてどのような戦いぶりを見せてくれるかが本当に楽しみな一戦となりました。

今回の総体では、以前のような個の打開力に頼りがちで、連係・連動して関わる選手が少なかった傾向から、ポゼッションを志向し、安定したビルドアップから攻撃を仕掛けるチームが多く見られました。また、守備ブロックを打開するゴール前のアイディア、クロスの質やワンタッチシュートの精度が高まったと思います。

一方、守備に関しては原則である「前へ蹴らせない、遅らせる」を、どのチームもボールを失った瞬間にファーストDFの選手だけでなく、全員の切り替えを早くして徹底していました。個またはチームとしてボールを奪う意識が高く、アプローチのスピードや球際のコンタクトスキルなど、インテンシティが向上しているように感じました。また、ゴールを目指してドリブル突破を仕掛ける相手に対して、飛び込まずにシュートを撃たせない、または最後まで身体を寄せてブロックする守備が徹底されており、GKとの連係もできていました。

ただし、今後の高校女子サッカーのためにも厳しい見方をすると、以下の2点は改善するべきポイントだと私は断言します。

◉ヘディング。世界と戦ううえで、どのタイミングにおいても、どの体勢においてもジャンプヘッドのテクニックを身につける必要性を感じました。
◉グループの守備。こちらは昨年度の四国総体でも出た同じ課題とも言えます。前向きにボールを奪いにいく意識が高まる一方、攻撃側が背後のスペースを狙う動き出しに対して、対応が遅れる場面も多々見受けられました。人につられてボールウォッチャーになりスペースを空けてしまい、バランスを崩してしまったところを狙われることで決定機を与えてしまうこともありました。

私見ではありますが、女子W杯等と似たような課題とも照らし合わせた客観的な視点を持ちつつ、課題解決に向けた議論を指導者同士が繰り返し、互いに切磋琢磨しながら日本の高校女子サッカーのレベルアップに繋がるために何が必要かを考え続けることが求められているように思います。自分のチームはもちろん大切ではありますが、「自分たち」のチームも大切だと捉え、次世代の指導者や選手たちにも目を向けることで日本の女子サッカーのさらなるレベルアップに繋がることを私は期待します。

全国から派遣された技術委員の方々におかれましては、連日暑い中でのマッチレポートの作成、優秀選手の選考など、ご協力を賜りましてありがとうございました。大会前より運営に携わりながら、多大なるご協力をいただいた旭川南高校の小野先生には、会場への送迎、データ処理、予定作成など、多くの面で本当にお世話になりました。感謝申し上げます。

また、北海道帯広大会の運営にあたられた加藤先生、川人先生を中心とした多くの関係者の皆さま、朝早くから会場準備、運営に協力をしてくれた高校生補助役員の皆さまには、大変お世話になりました。心より感謝申し上げます。

末筆ながら、2010年の高体連サッカー専門部女子部発足以来、女子の技術委員長という役を私なりに担って参りました。就任当初より様々な面でお世話になりましたJFA女子チーフだった大野氏、前全国高体連技術委員長だった栗田先生、私を指名してくださった初代高体連女子委員長の日野先生にはこの場をお借りして感謝申し上げます。また、このような私を支えてくださった高体連女子技術委員の先生方、改めてありがとうございました。皆さまの無償のご尽力、本当に助かりました。

全国高校
総合体育大会 女子
都道府県大会記録

北海道
●決勝トーナメント

北海道文教大附、函館商、帯広北、札幌大谷、帯広南商、旭川南、旭川実、北照、函館白百合、帯広大谷、※合同、大谷室蘭

優勝：大谷室蘭

※合同＝札幌東商・札幌北斗

青森県
●決勝トーナメント

八戸学院光星、青森南、三本木、三沢、三本木農恵拓、八戸工大二

優勝：八戸学院光星

〈3位決定戦〉
三本木 2－0 三本木農恵拓 → 三本木

岩手県
●決勝トーナメント

専大北上、花北青雲、水沢、不来方

優勝：専大北上

秋田県
明桜

山形県
●決勝トーナメント

鶴岡東、鶴岡北、山形城北、惺山、酒田南、米沢中央、酒田光陵・羽黒、鶴岡中央、山形商、山形西、山形明正

優勝：鶴岡東

〈3位決定戦〉
酒田南 0－1 米沢中央 → 米沢中央

宮城県
●決勝トーナメント

聖和学園、聖ウルスラ、仙台育英、常盤木学園、宮城第一、※合同、仙台大明成

優勝：聖和学園

※合同＝広瀬・古川黎明・東北・大崎中央

〈第3シード決定戦〉
仙台育英 1－0 仙台大明成 → 仙台育英

●予選リーグ

	聖ウルスラ	宮城第一	※合同	順位
聖ウルスラ		2－1	5－0	1
宮城第一	1－2		4－0	2
※合同	0－5	0－4		3

福島県
●決勝トーナメント

尚志、磐城桜が丘、桜の聖母学院、ふたば未来学園

優勝：尚志

〈3位決定戦〉
磐城桜が丘 0－13 ふたば未来学園 → ふたば未来学園

茨城県
●決勝トーナメント

鹿島学園、水戸第三、※合同、愛国学園大附龍ケ崎、常磐大高、明秀日立、大成女子、土浦第二、霞ヶ浦

優勝：鹿島学園

※合同＝石岡第二・水海道第二

〈3位決定戦〉
常磐大高 0－6 明秀日立 → 明秀日立

〈5位決定戦〉
水戸第三 5－3 土浦第二 → 水戸第三

〈7位決定戦〉
※合同、愛国学園大附龍ケ崎、大成女子 → 大成女子

群馬県
●決勝トーナメント

前橋育英、関東学園大附、渋川女子、市立太田、高崎商大附、太田女子、高崎女子、健大高崎

優勝：前橋育英

●予選リーグ

A	高崎商大附	関東学園大附	伊勢崎清明	新島学園	順位
高崎商大附		1－0	1－4	23－0	1
関東学園大附	0－1		3－0	14－0	2
伊勢崎清明	4－1	0－3		6－0	3
新島学園	0－23	0－14	0－6		4

B	市立太田	高崎女子	前橋女子	共愛学園	順位
市立太田		3－0	9－0	23－0	1
高崎女子	0－3		0－0	8－0	2
前橋女子	0－9	0－0		8－0	3
共愛学園	0－23	0－8	0－8		4

C	渋川女子	太田女子	※合同	館林女子	沼田女子	順位
渋川女子		2－0	1－0	3－0	21－0	1
太田女子	0－2		1－0	0－0	12－0	2
※合同	0－1	0－1		3－0	7－0	3
館林女子	0－3	0－0	0－3		2－0	4
沼田女子	0－21	0－12	0－7	0－2		5

※合同＝大間々・桐生第一・桐生

栃木県
●決勝トーナメント

宇都宮文星女子、小山城南、宇都宮女子、※合同A、白鷗大足利、大田原女子、栃木翔南、宇都宮短大附

優勝：宇都宮文星女子

〈3位決定戦〉
宇都宮女子 1－0 白鷗大足利 → 宇都宮女子

●予選リーグ

A	宇都宮文星女子	栃木翔南	順位
宇都宮文星女子		18－0	1
栃木翔南	0－18		2

B	宇都宮短大附	小山城南	栃木女子	順位
宇都宮短大附		6－0	16－0	1
小山城南	0－6		2－0	2
栃木女子	0－16	0－2		3

C	白鷗大足利	宇都宮女子	作新学院	順位
白鷗大足利		5－1	7－0	1
宇都宮女子	1－5		9－0	2
作新学院	0－7	0－9		3

D	※合同A	大田原女子	※合同B	順位
※合同A		1－0	15－0	1
大田原女子	0－1		9－0	2
※合同B	0－15	0－9		3

※合同A＝宇都宮中央・宇都宮中央女子
※合同B＝益子芳星・佐野東・鹿沼

千葉県
●決勝トーナメント

暁星国際、※合同、千葉西、松戸国際、千葉明徳、市立船橋、千葉南・大網、市立柏、市立松戸、成田国際、幕張総合、八千代松陰、船橋法典、流山おおたかの森、県立千葉、市川、流経大柏、成田北・若松、拓大紅陵、柏の葉、千葉経済大附、日体大柏

優勝：暁星国際

※合同＝船橋芝山・市川東

〈3位決定戦〉
市立船橋 0－5 八千代松陰 → 八千代松陰

埼玉県
●決勝トーナメント

花咲徳栄、大宮開成、本庄、熊谷女子、正智深谷、淑徳与野、和光国際、大宮南、本庄第一、埼玉栄、山村学園、所沢、川越南、※合同A、埼玉平成、宮代、松山女子、南稜、浦和一女、叡明、秋草学園、浦和実、浦和学院、※合同B、浦和西、入間向陽、市立浦和、庄和、寄居城北、川口市立、大宮武蔵野、久喜、自由の森、昌平

優勝：花咲徳栄

※合同A＝越ヶ谷・杉戸農・浦和明の星女子
※合同B＝大妻嵐山・北本・狭山ヶ丘・日高

〈3位決定戦〉
松山女子 1－2 南稜 → 南稜

東京都
●決勝トーナメント

十文字、ICU、※合同A、東京実、清瀬、駒沢学園女子、成立学園、若葉総合、日大櫻丘、飛鳥、帝京、東大和、成城学園、東久留米総合、青梅総合、文京学院、杉並総合、渋谷教育学園渋谷、東京成徳、※合同B、※合同C、晴海総合、日体大桜華、国際、国分寺、江戸川女子、狛江、世田谷総合、芦花、吉祥女子、戸山、修徳

優勝：十文字

〈3位決定戦〉
飛鳥 1－2 杉並総合 → 杉並総合

※合同A＝王子総合・佼成学園女子・品川エトワール
※合同B＝共立女子第二・第五商・日大三・八王子学園
※合同C＝赤羽北桜・岩倉・大泉・千早・第四商

神奈川県
●決勝トーナメント

星槎国際湘南、横浜翠陵、相模女子大、伊勢原、藤沢清流、法政国際、三浦学苑、※合同、海老名、桐蔭学園、相模原弥栄、森村学園、慶應湘南藤沢、白鵬女子、湘南台、大和、多摩、相洋、神奈川総合、二宮、湘南学院

優勝：星槎国際湘南

※合同＝厚木東・厚木商・川崎市立幸・旭

山梨県
●決勝トーナメント

日本航空、※合同、甲府商、帝京第三

優勝：日本航空

※合同＝日大明誠・富士北稜

〈3位決定戦〉
※合同 0－17 甲府商 → 甲府商

新潟県
●決勝トーナメント

開志学園JSC、北越、帝京長岡

優勝：帝京長岡

長野県
●決勝トーナメント

佐久長聖、※合同、松本国際、東海大諏訪、上田西・屋代、松商学園

優勝：佐久長聖

※合同＝大町岳陽・諏訪二葉・塩尻志学館

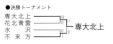

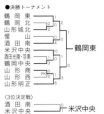

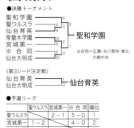

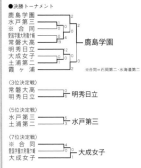

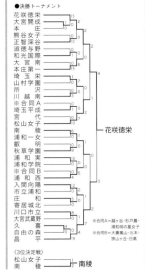

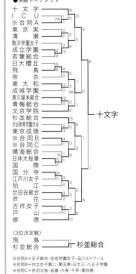

富山県

●決勝トーナメント

富山国際大付 / 呉羽 / 高岡商 / 富山第一 → 富山国際大付

〈3位決定戦〉

富山第一 / 呉羽 → 富山第一

石川県

●決勝トーナメント

星稜 / 七尾 / ※合同A / 金沢伏見 / ※合同B → 星稜

※合同A＝金沢市立工・大聖寺
※合同B＝野々市明倫・金沢二水

福井県

福井工大福井

静岡県

●決勝トーナメント

藤枝順心 / 藤枝西 / 桐陽 / 東海大静岡翔洋 / 磐田東 / 静岡大成 / 聖隷クリストファー / 常葉大橘 → 藤枝順心

●予選リーグ

下位A	静岡大成	清流館	浜松聖星	吉原	沼津西	聖隷クリストファー	順位
静岡大成		3－0	10－0	11－0	9－0	3－0	1
清流館	0－3			11－1	8－0	0－0	3
浜松聖星	0－10			0－2	0－1	0－22	6
吉原	0－11	1－11	2－0		1－0	0－7	4
沼津西	0－9	0－8	1－0	0－1		0－4	5
聖隷クリストファー	0－3	0－0	22－0	7－0	4－0		2

下位B	桐陽	富士市立	磐田北	清水南	藤枝西	順位
桐陽		10－0	16－0	15－0	6－0	1
富士市立	0－10		3－1	1－1	0－1	3
磐田北	0－16	1－3		2－0	0－0	4
清水南	0－15	1－1	0－2		1－2	5
藤枝西	0－6	1－0	0－0	2－1		2

愛知県

●決勝トーナメント

聖カピタニオ女子 / 南山 / 金城学院 / 日福大付 / 時習館 / 至学館 / 市邨・泉 / 椙山女学園 / 小坂井 / 安城学園 / 同朋 / 清林館 / 岩倉総合 / 刈谷北・若宮 / 愛知啓成 / 松蔭 / 旭丘 / 高蔵寺 / 岡崎商 / 豊川 → 聖カピタニオ女子

〈シード順位決定戦〉

安城学園 / 同朋 → 安城学園

岐阜県

帝京大可児

三重県

●決勝トーナメント

三重 / 津西 / 津田学園 / 高田 → 高田

〈3位決定戦〉

津西 / 津田学園 → 津田学園

●予選リーグ

A	高田	三重	四日市南	順位
高田		0－2	11－0	2
三重	2－0		6－0	1
四日市南	0－11	0－6		3

B	津田学園	四日市西	桑名・稲生	津西	順位
津田学園		8－0	11－0	3－0	1
四日市西	0－8		0－1	0－1	4
桑名・稲生	0－11	1－0		0－1	3
津西	0－3	1－0	1－0		2

滋賀県

●決勝トーナメント

※合同 / 八幡商 / 近江兄弟社 → 近江兄弟社

※合同＝北大津・国際情報・湖南農・滋賀短大附

京都府

●決勝トーナメント

京都精華学園 / 京都翔英 / ※合同 / 京都聖母学院 / 京都橘 / 京都西山 → 京都精華学園

※合同＝向陽・京都聖カタリナ・京都文教

奈良県

●決勝トーナメント

高取国際 / 奈良育英・桜井 / 国際 → 国際

和歌山県

●決勝トーナメント

和歌山北 / 神島 / 近大和歌山 / 新宮 → 和歌山北

大阪府

●決勝トーナメント

大商学園 / 高槻北 / 桜宮 / 大阪学芸 / 追手門学院 / 大阪偕星学園 / 星翔 / 大阪桐蔭 → 大阪学芸

●予選リーグ

A	大阪女学院	※合同B	高槻北	順位
大阪女学院		0－1	0－2	3
※合同B	1－0		0－4	2
高槻北	2－0	4－0		1

B	桜宮	※合同A	帝塚山学院	順位
桜宮		4－0	24－0	1
※合同A	0－4		9－0	2
帝塚山学院	0－24	0－9		3

C	大阪偕星学園	※合同C	山田	順位
大阪偕星学園		13－0	5－0	1
※合同C	0－13		0－5	3
山田	0－5	5－0		2

D	星翔	リベルテ	汎愛	順位
星翔		5－0	9－0	1
リベルテ	0－5		5－0	2
汎愛	0－9	0－5		3

※合同A＝茨木西・柴島
※合同B＝千里青雲・鶴見商・東住吉総合・OBF・梅花・教大平野・大阪緑涼・大冠
※合同C＝大阪国際滝井・大阪教育C附・山本・花園

兵庫県

●決勝トーナメント

日ノ本学園 / 神戸 / 三田祥雲館 / 神戸学院・啓明 / 六甲アイランド / 宝塚東・県西宮 / 蒼開 / 姫路女学院 / 明石南 / 夢野台 / 北須磨 / 社 / 有馬 / 三田西陵 / 神戸弘陵 → 日ノ本学園

〈3位決定戦〉

六甲アイランド / 姫路女学院 → 姫路女学院

岡山県

●決勝トーナメント

作陽学園 / 総社 / 岡山芳泉 / 林野 / 岡山学芸館 → 作陽学園

〈順位決定戦〉

岡山芳泉 / 総社 / 林野 → 岡山芳泉

広島県

●決勝トーナメント

広島文教大附 / 広陵 / 沼田 / 祇園北 / 広島皆実 / 山陽 / 福山明王台・盈進 / 廿日市 / 高陽東 / 山陽女学園 / AICJ → AICJ

〈3位決定戦〉

広島皆実 / 山陽 → 山陽

鳥取県

●決勝トーナメント

鳥取城北 / 鳥取西 / 鳥取東 / 米子 → 鳥取城北

〈3位決定戦〉

鳥取西 / 米子 → 米子

島根県

松江商

山口県

●決勝トーナメント

高川学園 / 熊毛南 / 聖光 / 防府西 / 長門 → 高川学園

香川県

●決勝

四学大香川西 / 津田 → 四学大香川西

徳島県

●決勝トーナメント

鳴門渦潮 / 徳島市立 / 鳴門 / 城北 / 徳島北 / 徳島商 → 鳴門渦潮

愛媛県

●決勝トーナメント

宇和島南中等 / 小松 / 松山東雲 / 新居浜商 / 南宇和 / 済美 → 宇和島南中等

高知県

●決勝トーナメント

高知 / 大方・高知東 / 高知商 → 高知

福岡県

●決勝トーナメント

筑陽学園 / 福翔 / 八女学院 / 福岡海星女子学院 / 福岡女学院 / 福岡工大城東 / 九産大九州 / 東海大福岡 → 東海大福岡

〈3位決定戦〉

八女学院 / 福岡女学院 → 福岡女学院

●予選リーグ

A	福翔	※合同	八女学院	福岡女子商	福岡農	順位
福翔		2－0			1－0	2
※合同	0－2		0－6			5
八女学院		6－0		6－0		1
福岡女子商			0－6		4－0	3
福岡農	0－1			0－4		4

B	福岡工大城東	純真	九産大九州	西日本短大附	福岡女子	順位
福岡工大城東		4－0			4－0	1
純真	0－4		0－5			5
九産大九州		5－0		3－1		2
西日本短大附			1－3		3－1	3
福岡女子	0－4			1－3		4

※合同＝明光学園・北九州

〈予選1、2位決定戦〉

八女学院 / 福岡工大城東 → 八女学院

〈予選3、4位決定戦〉

福翔 / 九産大九州 → 九産大九州

佐賀県

●決勝トーナメント

神埼 / 武雄 / 佐賀学園 / 佐賀女子 → 神埼

長崎県

●決勝トーナメント

鎮西学院 / 活水 / 島原商 / 海星 → 鎮西学院

大分県

●決勝

柳ヶ浦 / 稲葉学園 → 柳ヶ浦

熊本県

●決勝トーナメント

秀岳館 / 大津・松橋 / 玉名女子 / 熊本農 / 慶誠 / 球磨中央 / ルーテル学院 / 東海大熊本星翔 → 秀岳館

宮崎県

●決勝トーナメント

都城聖ドミニコ学園 / 妻 / 都城商 / 宮崎学園 / 聖心ウルスラ学園 / 宮崎日大 → 都城聖ドミニコ学園

鹿児島県

●決勝トーナメント

神村学園 / 鹿屋女子 / 鹿児島城西・明桜館 / 鹿児島女子 / 鳳凰 → 神村学園

〈3位決定戦〉

鹿屋女子 / 鹿児島女子 → 鹿児島女子

沖縄県

●決勝トーナメント

コザ / 浦添商・興南 / 豊見城 / 球陽 / 読谷 / 糸満 / 宮古 / 美里 / 那覇商 / 八重山 / 那覇西 / 前原 / 小禄 / 北中城 / 普天間 / 向陽 / 西原 / 浦添 / 首里 / 名護 / 那覇国際 / 那覇 → コザ

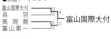

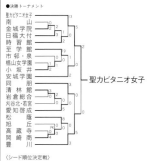

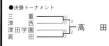

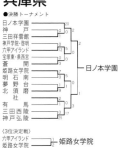

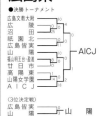

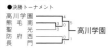

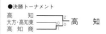

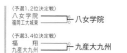

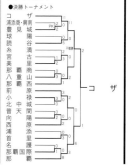

全国高校総体サッカー大会出場校（女子）

年	H. 24	25	26	27	28	29	30	R. 元	2	3	4	5	6	7
開催地	松本，大町（長野県）	鳥栖，佐賀（佐賀県）	世田谷，調布（東京都）	神戸，三木（兵庫県）	広島，東広島，尾道，福山，三次（広島県）	仙台，利府，松島，七ヶ浜（宮城県）	藤枝（静岡県）	金武，南城，恩納，北谷，西原，八重瀬（沖縄県）	前橋（群馬県）	坂井，福井（福井県）	徳島，鳴門，阿南，吉野川（徳島県）	帯広，音更（北海道）		
優勝校	**日ノ本学園1**	**村田女子1** **日ノ本学園2**	**日ノ本学園3**	**日ノ本学園4**	**藤枝順心1**	**日ノ本学園5**	**常盤木学園1**	**十文字1**	——	**神村学園1**	**大商学園1**	**藤枝順心2**		
準優勝	常盤木学園1		京都精華女子1	大商学園1	作　陽1	藤枝順心1	日ノ本学園1	日ノ本学園2	——	藤枝順心2	十文字1	聖和学園1		
三　位	藤枝順心1 神村学園1	大商学園1 作　陽1	湘南学院1 作　陽2	鎮西学院1 修　徳1	日ノ本学園1 十文字1	作　陽3 星槎国際湘南1	藤枝順心2 前橋育英1	聖和学園1 鳴門渦潮1	—— ——	作　陽4 帝京長岡1	日ノ本学園2 日本航空1	星槎国際湘南2 福井工大福井1		
北海道	大谷室蘭1	大谷室蘭2	北海道文教大明清1	北海道文教大明清2	北海道文教大明清3	大谷室蘭3	大谷室蘭4	北海道文教大明清4	——	大谷室蘭5	北海道文教大附5	大谷室蘭6 北海道文教大附6		
青　森									——					
岩　手	水　沢1		専大北上1					専大北上2	——			専大北上3		
秋　田									——					
山　形		山形西1							——					
宮　城	常盤木学園1	常盤木学園2	常盤木学園3	聖和学園1	常盤木学園4	明　成1 常盤木学園5	常盤木学園6	聖和学園2	——	常盤木学園7	常盤木学園8	聖和学園3		
福　島				富岡・ふたば未来学園1	桜の聖母学院1	桜の聖母学院2	桜の聖母学院3		——	尚　志1	尚　志2			
新　潟			開志学園JSC1	開志学園JSC2	開志学園JSC3			開志学園JSC4	——	帝京長岡1				
長　野	大町北1								——					
富　山									——					
石　川									——					
福　井	福井工大福井1	福井工大福井2				福井工大福井3	福井工大福井4		——	福井工大福井5	福井工大福井6	福井工大福井7		
茨　城									——		鹿島学園1	鹿島学園2		
栃　木									——					
群　馬				前橋育英1	前橋育英2	前橋育英3	前橋育英4	前橋育英5	——	前橋育英6				
埼　玉	本庄第一1			花咲徳栄1					——					
東　京	飛　鳥1	村田女子1	十文字1 飛　鳥2	修　徳1	十文字2		十文字3	十文字4	—— ——	十文字5	十文字6			
千　葉	幕張総合1							暁星国際1	——					
神奈川	湘南学院1	湘南学院2	湘南学院3		星槎国際湘南1	星槎国際湘南2	星槎国際湘南3		——			星槎国際湘南4		
山　梨		日本航空1	日本航空2			日本航空3			——	日本航空4	日本航空5	日本航空6		
静　岡	藤枝順心1	藤枝順心2	藤枝順心3	藤枝順心4	藤枝順心5	藤枝順心6	藤枝順心7 常葉大橘1	藤枝順心8	——	藤枝順心9	藤枝順心10	藤枝順心11		
愛　知				聖カピタニオ女子1	聖カピタニオ女子2	聖カピタニオ女子3	聖カピタニオ女子4		——	豊　川1	聖カピタニオ女子5	聖カピタニオ女子6		
岐　阜								帝京大可児1	——					
三　重	三　重1	三　重2	三　重3						——					
滋　賀									——					
京　都			京都精華女子1						——					
奈　良									——					
和歌山									——					
大　阪	大商学園1	大商学園2		大商学園3	大阪学芸1	大商学園4	大阪学芸2	大商学園5	——	大阪学芸3	大商学園6	大阪学芸4		
兵　庫	日ノ本学園1	日ノ本学園2	日ノ本学園3	日ノ本学園4 神戸第一1	日ノ本学園5	日ノ本学園6	日ノ本学園7	日ノ本学園8	——	日ノ本学園9	日ノ本学園10	日ノ本学園11		
岡　山		作　陽1	作　陽2	作　陽3	作　陽4	作　陽5	作　陽6	作　陽7	——	作　陽8		作陽学園9		
鳥　取									——					
島　根									——					
広　島	広島文教女子大附1				広島文教女子大附2				——		AICJ1			
山　口									——					
香　川					四学大香川西1	四学大香川西2	四学大香川西3		——					
徳　島		鳴門渦潮1	鳴門渦潮2	鳴門渦潮3				鳴門渦潮4	——	鳴門渦潮5	鳴門渦潮6 徳島商1	鳴門渦潮7		
高　知									——					
愛　媛	松山東雲1								——					
福　岡				東海大五1			東海大福岡2		——	東海大福岡3	東海大福岡4	東海大福岡5		
佐　賀		神　埼1							——					
長　崎		鎮西学院1		鎮西学院2	鎮西学院3	鎮西学院4			——					
大　分						柳ヶ浦1		柳ヶ浦2	——					
宮　崎			宮崎日大1						——					
熊　本									——			秀岳館1		
鹿児島	神村学園1	神村学園2	神村学園3		神村学園4		神村学園5	神村学園6	——	神村学園7	神村学園8			
沖　縄								コ　ザ1	——					
参加校	16	16	16	16	16	16	16	16	——	16	16	16		
備　考	女子の部始まる	1回戦雷雨のため全試合順延。準決勝で打ち切り両校優勝	日ノ本学園が三連覇	男子の部と同会場で実施 日ノ本学園が四連覇	クーリングブレイク導入		東海大福岡←東海大五	元号が「令和」に	新型コロナウイルス感染拡大の影響で中止		登録選手数17→20に 北海道文教大附←北海道文教大明清	作陽学園←作陽		

2023 Special National Sports Festival

燃ゆる感動かごしま国体

特別国民体育大会　熱い鼓動 風は南から 2023

少年男子は2大会連続で関東勢が優勝

大阪府、広島県は最近6大会で4度目の4強入り

少年女子は16試合中5試合がPK方式に

新潟県、大阪府、広島県、宮崎県は初勝利

少年男子の部［優勝］茨城県

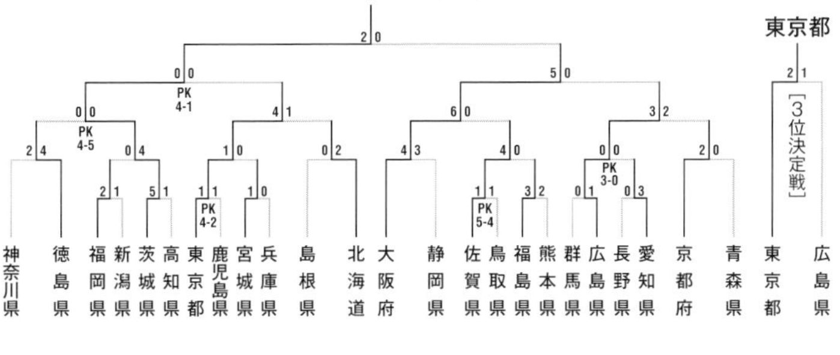

少年女子の部［優勝］大阪府

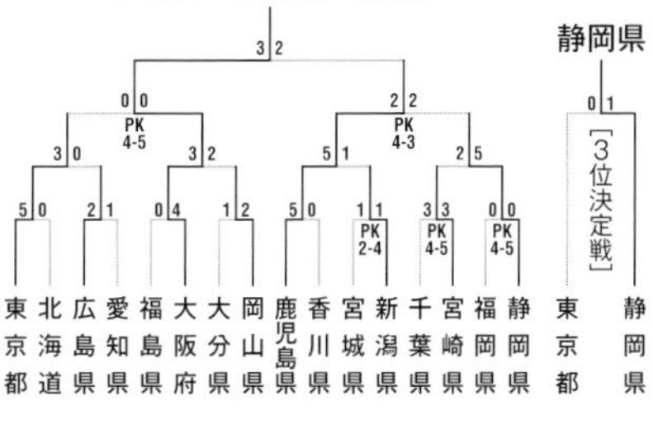

国体 少年男子 1回戦

1点差以内が6試合。東北勢は全て2回戦へ

開催地・鹿児島県はPK方式で初戦敗退に

「誰が出ても変わりがない」（手嶋監督）という福岡県は前半途中から積極的な交代策。後半26分に交代出場のMF鶴元（6番）が決勝点を挙げた

福岡県 2-1 新潟県

茨城県 5-1 高知県

茨城県はFW徳田が4得点。国体でアピールに成功し、目標のU-17ワールドカップメンバー入りを実現

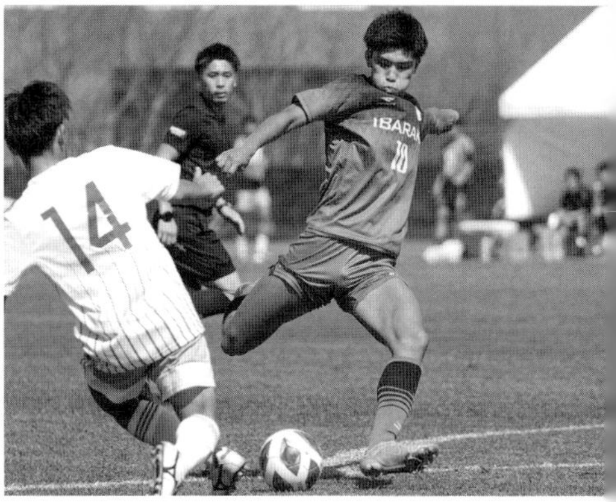

▲後半16分、鹿児島県はスピードを活かした動きで存在感を放っていたMF日高が左足で同点ゴール
▶PK方式1人目、東京都GK長谷川が右へ跳んでストップ。初戦突破へ導くセーブについて、「やってきたことを信じて思い切り跳ぶだけでした」

東京都 1 [4 PK 2] 鹿児島県 1

先 東京都	PK	鹿児島県
仲山 ○	1	× 中野
前田 ○	2	○ 日高
鈴木 ×	3	○ 佐々木（悠）
二階堂 ○	4	× 堀ノ口
渡邊 ○	5	
長谷川	GK	久米田

▼開催地の鹿児島県はともにU-16日本代表のMF福島やFW大石を中心に戦ったが、悔しい初戦敗退に

宮城県 1 兵庫県 0

宮城県は優勝経験を持つ兵庫県を1-0で撃破。MF浅尾が決勝点を決めた

▲佐賀県は後半終了2分前に同点ゴールを許したが、PK方式を制して初戦突破
◀鳥取県はMF久徳らが強豪・佐賀県に食らいついたが、惜しくも1回戦敗退に

先 鳥取県		PK		佐賀県
山田	○	1	×	田中(佑)
久徳	×	2	○	古賀
平田	○	3	○	後藤
石飛	○	4	○	山村
長谷川	○	5	○	東口
中井	×	6	○	原口
土居		GK		田中(晧)

佐賀県 1 [5 PK 4] 1 鳥取県

福島県 3
熊本県 2

▲福島県は後半30分、「FWとしてチームを勝たせるためにはシュートとゴールだと自分は思っている」と語るFW矢崎が決勝点

◀熊本県U-17日本代表FW神代は高い得点力を発揮。0-2の前半35分に頭で追撃ゴールを決めた

▲後半34分、愛知県DF森が頭で貴重な追加点。U-17日本代表は中央からの果敢な攻め上がりなど攻守両面で躍動した
◀長野県MF田中は得意のドリブルに2度3度とチャレンジ。父は元日本代表DF田中隼磨氏

愛知県 3
長野県 0

広島県 1-0 群馬県

後半2分、広島県は右CKを繋ぎ、最後はFW宗田が頭でゴールへ押し込んだ。この1点が決勝点となり、初戦突破

国体 少年男子 2回戦

徳島県がU-16大会移行後、初の8強

前回大会のファイナリスト、神奈川県、青森県は初戦敗退

徳島県　4
神奈川県 2

▶超攻撃スタイルを掲げる徳島県が前回王者の神奈川県を撃破。後半29分にFW長村が決勝点をマーク
▼前回大会の優勝経験者、神奈川県のU-17日本代表DF布施が徳島県の中心人物・MF山口とバトル

東京都 1
宮城県 0

◀宮城県はU-17日本代表FW前田ら東京都の強力攻撃陣に対し、身体を張った守備で対抗

▲東京都はシュート16本で1得点。課題も残したが、ダイナミックな攻守を見せたDF関の決勝点で準々決勝へ

茨城県 4-0 福岡県

茨城県は2試合で計9得点。運動量豊富なFW正木のアグレッシブな攻守は対戦相手たちを苦しめた

北海道 2-0 島根県

北海道は前半シュート数が0本、島根は7本。だが、後半3分にU-16日本代表MF川崎が左足で技ありゴールを決めて先制

大阪府 4
静岡県 3

◀激しい撃ち合いは前半だけで4得点を挙げた大阪府が勝利。質の高いキックと視野の広さを見せたMF當野は同点ゴールに加え、勝ち越しアシストも

◀前半29分、MF泉が奪い返しから右足でゴール。静岡県は3点を奪うも、2年連続で初戦敗退に

広島県 0 [3 PK 0] 愛知県 0

先 愛知県	PK	広島県
野中 ×	1	○ 宗田
神田 ×	2	○ 小林
鶴田 ×	3	○ 長村
萩	GK	小川

広島県はU−16日本代表GK小川がPK方式で完封。191㎝の大型守護神がチームを準々決勝へ導いた

佐賀県 4-0 福島県

佐賀県は後半5分、右ウイングバックのMF原口が左クロスに合わせて先制点。末藤監督も「よく飛び込んでくれました」と讃える一撃だった

京都府 2
青森県 0

▶青森県は前回大会で初の決勝進出、準優勝。青森山田の16人が"先輩超え"を目指した

▶京都府が前回大会準優勝の青森県に快勝。後半7分、MF立川が巧みな切り返しで相手DF2人をかわして先制ゴール

国体 少年男子 準々決勝

茨城県、東京都、大阪府、広島県が準決勝進出

地元・九州勢は準々決勝で全て姿を消す

▼徳島県はDF東を中心に2戦計9得点の茨城県を封じたが、1989年以来の準決勝には届かず

▲茨城県が1992年大会以来となる準決勝進出。PK方式で1本を止めたGK菊田や、前半にスーパークリアしたMF岩永らの好守も光った

茨城県 0 [5 PK 4] 徳島県 0

先 徳島県		PK		茨城県
福田	○	1	○	佐藤
山口	○	2	○	長
東	○	3	○	中川
長村	○	4	○	大川
藤原	×	5	○	徳田
武知		GK		菊田

東京都 4 北海道 1

東京都はゲームメイクに加え、「決定的な仕事も任されていた」というU-16日本代表MF仲山が2得点。FW前田とともに攻撃陣を牽引した

大阪府 6 佐賀県 0

大阪府はFW中積が圧巻の活躍。後半22分には「小学生の頃から公園とかで練習していて自信がある」という左足でこの日5点目のゴール

▼京都府は後半12分、MF小鷹がスライディングシュートを決めて1点差。この7分後に同点としたが、競り負けた

▶高い得点感覚を発揮したMF小林が後半9分にこの日2点目のゴール。広島県は撃ち勝って19年大会以来の準決勝進出

広島県 3-2 京都府

国体 少年男子 準決勝

茨城県が44年ぶり、大阪府は7年ぶりの決勝進出

茨城県 0 (4 PK 1) 東京都 0

先 茨城県	PK	東京都
佐藤 ○	1	○ 仲山
岩永 ○	2	× 前田
中川 ○	3	× 鈴木
大川 ○	4	
菊田	GK	松澤

▶東京都はU-16日本代表DF佐々木（中央）やU-17日本代表DF田中を中心に無失点も準決勝敗退に

▶茨城県が44年ぶりの決勝進出。技術力の高い東京都に苦戦も、「（日常からみんなが）練習にしっかりと取り組めている」（DF佐藤）というチームは最後まで走り切った

大阪府 5
広島県 0

◀前半8分、大阪府MF山本が左足のスーパーミドルを決めて先制。追い風、前の状況を見て「思い切って振ってみよう」と決断した主将の一撃がチームを勢いづけた

▶広島県は準々決勝で決勝点のFW上岡中心にゴールを目指すも、悔しい敗戦

東京都が逆転勝ちで3位に

3位決定戦

東京都 2-1 広島県

後半8分、東京都はCKの流れからMF鈴木が右足で決勝点。今大会、PK方式で2度失敗も攻守に奮闘を続けたMFがヒーローに

第3位
東京都

松澤成音、渡邊大貴、佐々木将英、田中玲音、関徳晴、鈴木楓、仲山獅恩、髙橋裕哉、杉山まはろ、前田勘太朗、尾谷ディヴァインチネドゥ、長谷川宗大、坂井倖大、今井宏亮、二階堂凛太郎、今井颯大

男子 優勝監督 手記

U-16茨城県監督 赤須能尚
日立北高校

感謝

鹿児島県民の皆さま、かごしま国体関係者の皆さまに心より御礼を申し上げます。当初2020年に開催予定であったものの、新型コロナウイルス感染症の影響で3年延期となった今大会、選手・スタッフへの心温まる声援のおかげで選手が躍動でき、試合ごとに逞しくなり、最大限のパフォーマンスを発揮できたことは、サッカーのみならず、スポーツの価値を改めて認識させてくれる大会となりました。ありがとうございました。

49年ぶり2回目の優勝

特別国民体育大会「燃ゆる感動　かごしま国体」において、茨城県として49年ぶり2回目の優勝という最高の結果を残すことができました。茨城県の国体少年男子の戦歴を振り返ると、1974年茨城県開催「水と緑のまごころ国体」以来、長年において優勝という結果を残せなかった本県ですが、約半世紀ぶりの優勝に自分自身が携わることができ、指導者としてとても貴重な機会を与えていただきました。また、茨城県で育った私にとって茨城県国体少年男子の監督として優勝を果たせたことは感謝しかありません。

TEAM IBARAKI

この優勝という結果は、5連戦をタフに戦い抜いた選手の頑張りはもちろんのこと、4種年代、3種年代、2種年代の茨城県のサッカー指導者皆さまの努力の積み上げがあったからこその成果であると確信しています。2022年に茨城県サッカー協会は「茨城を強く厚くする10年計画」を打ち出し、6歳をスタートとしてトレセン活動がある16歳まで、各年代での目指す選手像に向けた育成環境を再確認していく指標として、国民体育大会（国民スポーツ大会）の少年男子・少年女子の部で優勝することを掲げました。2022年に掲げた指標を、今回優勝という結果で締めくくれたことはできすぎなくらいではありますが、今後の茨城県サッカー育成年代の発展に道筋をつけることができたと感じています。この結果をひとつの成果ととらえ、検証し、今後さらに積み上げていかなければならないと強く責任を感じております。

国体選手としての目標・目的・覚悟

2022年4月から茨城県U-15選手を中心とした選考会を実施しました。延べ35人の選手で関東トレセンリーグ、練習会、トレーニングマッチ等、月2回と限られた時間の中で、招集した選手が競争しながらチームとしての完成度を高めていきました。その中でまず取り組んだことは、トレセン活動の目標・目的・覚悟を全選手同じ方向に向けることです。国体チーム立ち上げ時のミーティングでは、関東ブロック予選を勝ち抜いてかごしま国体に出場し、49年ぶりの優勝を目標として掲げ、さらに優勝と同時にサッカー選手としての可能性を高めていくことを目的としました。

また月2回のトレセン活動ですが、日々の取り組みを変えていくこと、所属チームでは必ずスタメンで出場する覚悟で日々トレーニングに励むことを念頭に置き、日常から自己を高める覚悟を選手には強く求めました。

成果

スタッフは大人数とせず、役割の明確化や選手とスタッフのコミュニケーションを円滑にすることを第一に考えました。2年間増減はせずに、U-15からU-16まで同じスタッフで構成し役割を明確化しました。また4局面（攻撃・守備・攻撃から守備・守備から攻撃）とセットプレーごとにコーチを決め、これによって試合中のコーチングやハーフタイムの指示が明確になり、効果を発揮することができました。また、かごしま国体期間中、「育成いばらき」事業の一環として、筑波大学蹴球部アナリスト班の協力で、対戦相手の分析や対策をスタッフと共有できたことも勝ち進んでいくうえで非常に有効でありました。頻繁にスタッフミーティングも重ね、スタッフで分担しながら実際に足を運んで、選手の情報共有、所属チームの練習や試合等の視察を何度も重ね、選手のコンディションやポジション適性等も含めて、細かい戦術的要素も把握することができました。このように招集選手の把握に最大限の力を注いだことが、ポジションバランスで後手に回らず、有効な選手交代で全試合を優位に進めることができた要因であると思います。

そして何よりも選手が5連戦というタフなゲームを乗り切ることができたことは、2人のトレーナーのサポートがあったからです。大会前は招集チームトレーナーとも密に情報共有を行い、大会期間中は感染症対策や暑熱対策、食事の管理、補食の調整、テーピング及びケアに対する意識づけをしていただいたおかげで、最大のパフォーマンスを連戦で発揮できたことは感謝しかありません。U-16年代は一試合一試合のパフォーマンスの変化がかなり大きいと感じています。前線からの守備や攻守において何度もスプリントを求めたため、コンディション調整には苦労しましたが、ケアとサポートのおかげで大会期間中は大きなケガもなく、乗り切ることができました。ありがとうございました。

スタイルの確立

関東トレセンリーグ（1都7県）と関東ブ

ロック予選（対山梨県）、かごしま国体（全5試合）を勝ち続けることができました。選抜チームの活動日数は限られているため、短期間で戦術的な要素を落とし込むことに難しさを感じると同時に、葛藤しながらもスタッフ間で協力しながら選手に求めていきました。所属チームによってスタイルが異なることもありましたが、ミーティングを活用して、チームとしての成熟度が次第に高くなっていきました。各所属チームと招集メンバーのストロングポイントを抽出しながら、どのチームよりも走り、どこよりも早く切り替え、コミュニケーションを図る。上手いよりも強いチームになることを、茨城のチームコンセプトとして設定し、ゲームに対するテーマ、ゲームの狙い（攻撃・守備）を毎試合設定し、ゲームに臨みました。

今年度の茨城県選抜チームのストロングポイントは守備だと確信しています。ゲームでは、まず攻守においてコンパクトフィールドを形成し、積極的に奪いにいくことを大事にしながら、チーム全体で奪い所の共有とタイミングを一戦一戦高めていきました。前線の選手にはアグレッシブに奪いにいくことを求め、前線の選手の規制によって次の選手が連動してついていき、インターセプトを意識づけました。攻撃においても、速攻と遅攻をしっかりと使い分け、速攻を仕掛ける場面では、ボールを大切にしながらも最短距離でゴールを目指しました。遅攻では、ボールをしっかりと保持しサイドチェンジを有効に使い、サイドを起点にして、距離感を大切にしながら、コンビネーションを発揮してゴールに迫っていくことを目指しました。

またこの大会のレギュレーションが35分ハーフ延長戦なしPK方式であることから、前半から余すところなく全力で先制点を挙げることを目指した結果、前半で得点を奪い、優位に試合を進めることができました。サイドを突破しクロスに走り込む場所や人数にもこだわり、得点をとれると思った選手がゴールに向かっていくこと、シュートを撃たれる場面では全員でゴールを守ること、チャンスやピンチ時にその場に多くいたのは茨城県の選手達だったと思います。サッカーの本質で優位に立てたことが優勝できた理由だと考えています。選手招集についても16名で5日間という連戦を勝ち上がらなくてはなりません。そのことを考慮し、複数のポジションを高いレベルでこなせる、誰と組んでも自分の最大限のパフォーマンスを発揮する、しようとすることのできるメンタリティ・パーソナリティも含め、そのような選手になることを求めました。このことが正解とは思っていませんが、この先のサッカー人生の中で、様々な指導者やシステムに出会った時、そこで自己を失わずにどんなチームにでも適応し、自己のストロングを発揮できる選手が大成すると考えています。そのような選手になってほしいという思いを込めて取り組みました。

本大会での戦い

茨城県のストロングポイントである守備から攻撃に繋げ、勝ち上がることができました。1回戦の対高知県では、初戦の難しさはありましたが、分析通りのセットプレーから前半に先制点と追加点を奪い、試合を優位に進めることができました。2回戦の対福岡県でも前線からの積極的な守備で高い位置でボールを奪い、ショートカウンターから得点を奪うことができました。

3回戦の対徳島県が一番難しい試合でした。徳島県は2試合目、茨城県は3試合目というコンディションの差もあり、本来のパフォーマンスからは程遠い内容だったと思います。しかしお互いに上手くいかない状況やケガやアクシデントで思っていた試合展開ができない時にこそ、選手もスタッフも冷静に慌てることなく、ハーフタイムに修正しながら、我慢強く守り抜くことを徹底したことで、勝利を手繰り寄せる結果になったと思います。準決勝の対東京都、決勝の対大阪府、どちらの試合も、主導権を握られる時間帯が長かったのですが、連続・連動した守備でボールを奪取し、速攻を仕掛けるというゲームを展開することができました。

今大会、守備はかなり高いレベルまで積み上げることができたと思います。試合を重ねる度に成長した選手はチームを成熟させていきました。毎試合、成長を実感しながら準決勝、決勝と「茨城らしく」どのチームよりも走り、どこよりも早く切り替え、コミュニケーションを図る。上手いよりも強いチームになることができたと思っています。

さらに茨城県が
強くなるには

今後の課題は、正確な技術を連続して発揮し、ゴールを奪いにいくことだと感じています。相手の守備組織を見て、相手の守備がどのような狙いを持っていて、どこに人数をかけて守備をしているかなどを見ながら、攻撃としてやるべきことを判断し、技術、創造性、コンビネーションを駆使しゴールを奪う回数を増やしていく必要があると考えています。また守備強度の高い中でも、慌てずに判断し、パスやドリブルで進入してゴールに迫っていく技術を高めていくことが必要だと考えています。「茨城らしさ」を大事にしながらもゴールを奪う回数とゴール前のプレーの質を各トレセン活動等で伝えていければと思っています。「国体優勝がサッカー選手としてのゴールではない」。最後のミーティングではこのことを選手に伝えさせてもらいました。この大会で感じた成果と課題を、今後所属チームで伸ばしていき、一歩一歩着実に夢に近づいてほしいと思っています。この大会をきっかけとして茨城から日本代表で活躍する選手に成長することを心から願っています。

終わりに

茨城県サッカー協会をはじめ、選手、スタッフ、4種年代、3種年代、2種年代の茨城県のサッカー指導者、さらには茨城のサッカーを支えてくださる皆さまのおかげで素晴らしい結果を残すことができました。ありがとうございました。これからも茨城サッカーの発展に微力ながら尽力していきたいと思います。また鹿児島県サッカー協会、鹿児島県高体連サッカー専門部、南さつま市の皆さま、燃ゆる感動をありがとうございました。

特別国民体育大会サッカー競技少年男子の部

TSG

テクニカル・スタディ・グループ

活動報告

燃ゆる感動 かごしま国体

特別国民体育大会 熱い鼓動 風は南から 2023

鹿児島県47FA **石原康彦**

県立出水工業高校

TSG活動内容

今大会は10月12日（木）~16日（月）の5日間、OSAKO YUYA stadium、加世田運動公園多目的広場、鹿児島県立吹上浜海浜公園運動広場の天然芝3会場で行われました。新型コロナウイルス感染症の影響により当初予定されていた2020年の開催が延期となりましたが、関係各機関などのご理解、ご協力により、特別国民体育大会として開催することができました。

TSGの活動内容は1回戦から決勝戦までの全24試合を対象とした、①映像撮影 ②タイムアドレスの記入（フィールドプレーヤー、GK観点別）③分析シートの記入 ④アクチュアルプレーイングタイムの計測 ⑤得点分析 を会場に設置されたTSGエリアで、全ての業務をJFAの方々と共同して行うことでした。それぞれが担当業務を進めつつ、JFAの方々とプレーの内容についてディスカッションを繰り返しながらゲームを観ていきました。「攻守の切り替えが強度に大きく関わってくるよね」「goodプレーではあるけれど、あと一歩のクオリティが足りない」「選手はシステムを分かっているようで分かっていない」「状況に応じたポジショニングができている?」「これではリスク管理が足りない」「選択肢を持ってプレーしているけど、何を選ぶかが重要」など様々な観点からゲームを分析する基準を感じることができました。

各会場での試合終了後、南さつま市防災センターに集合して、作成したタイムアドレスを基にそのゲームの映像の切り取り及び精査を行いました。また会場ごとにゲームの振り返りを発表し、その日のゲームでの気づきを共有することができました。そうした中で印象的だったのは、大会2日目の振り返りで、GK分析のグループから「セットプレー時にGKがチャレンジする場面が少なく感じる」という話をきっかけに、『CKでGKまわりに密集状態を作られた場合にどう対応すべきか』についてのディスカッションにまで発展した場面でした。一日ごとの振り返りを重ねていくことで、大会を通じた傾向や課題が浮かび上がってくるのを感じました。また振り返りで出てきたトピックスが、翌日以降のゲームを観る基準にもなっていきました。

TSG活動はおおむね順調に進みましたが、準備不足からバタバタすることもありました。初日にはビデオカメラのトラブルでうまく撮影できていないゲームがあり、急遽公式記録用の映像を提供してもらい、事なきを得たこともありました。

例年、TSG活動と併せてリフレッシュ研修を開催していたのですが、今回は諸事情により開催できなかったことは残念でした。

TSG活動を終えて

うまくやり遂げられるか不安でいっぱいだったTSG活動ではありましたが、なんとか無事に終えることができ安堵しているところです。

何よりもJFAコーチがオープンな雰囲気を作ってくださったことで、鹿児島FAからの参加者もリラックスして業務に臨むことができました。後日、参加者から寄せられた感想において、「ディスカッションしながら楽しんで作業ができた」「サッカーを観る視点や考え方、捉え方を学ぶことができた」「映像の撮影方法、分析の仕方などが参考になった」などのポジティブな感想が多くありました。

今回の大きな財産は、鹿児島FA内の指導者総勢16名が種別にかかわらず協力して、かごしま国体のTSG活動に携われたことだと言えます。TSGだけにとどまらず、各種活動に種別の垣根を越えて取り組んでいければ、鹿児島県のサッカー界のさらなる発展に繋がると考えます。ただ大切なのはこれからです。今回の活動をきっかけにして、「鹿児島らしさ」を前面に出した形を模索していきたいと思います。また、これまでの国体におけるTSG活動のレガシーを肌で感じ、経験したことを活かして昇華させ、継続して取り組んでいきたいと思います。

最後になりましたが、今回の活動に際して開催地である南さつま市をはじめJFA、高体連、クラブユース連盟、鹿児島FAなど多くの方々のご協力をいただきました。おかげで成果の多い、素晴らしい活動となりましたことに厚くお礼申し上げます。誠にありがとうございました。

特別国民体育大会
「燃ゆる感動 かごしま国体2023」TSGメンバー

城 和憲	JFA技術部	ユース育成サブダイレクター・九州チーフ
三浦 佑介	JFA技術部	関東チーフ
岡本 理生	JFA技術部	JFAアカデミー熊本宇城・GK
渡邉 大	JFA技術部	テクニカルスタッフ
須田 剛史	JFA技術部	技術部
鈴木 晋也	JFA技術部	神奈川FA
海野 健介	JFA技術部	神奈川FA GK
影山 雅永	JFA技術部	ユース育成ダイレクター
林 義規	JFA技術部	(公財)日本サッカー協会副会長
中薗 勇樹	JFA技術部	クラブユース連盟
土井 颯一郎	JFA技術部	クラブユース連盟
石原 康彦	鹿児島FA	チーフ 2種 技術委員長
吉嶺 恵介	鹿児島FA	2種 技術委員
郷田 良文	鹿児島FA	2種 技術委員
染川 隆二	鹿児島FA	2種 技術委員
出村 文男	鹿児島FA	ユースダイレクター 3種
鎌田 省吾	鹿児島FA	3種 技術委員長
柳 威史	鹿児島FA	3種 技術委員
堂込 拓麻	鹿児島FA	3種 技術委員
上野 忠文	鹿児島FA	4種 技術委員長
大薗 将士	鹿児島FA	4種
古川 博章	鹿児島FA	3種 GKプロジェクトリーダー
宮田 真一郎	鹿児島FA	4種 GK
長井 秀一郎	鹿児島FA	4種 GK
徳冨 健太	鹿児島FA	GKプロジェクト
中川 圭司	鹿児島FA	3種 GK
廣 直哉	鹿児島FA	3種 GK

特別国民体育大会少年男子の部記録一覧

70分 PK方式(決勝のみ70分 延長20分 PK方式)

第1回戦 10月12日 OSAKO YUYA stadium(加世田運動公園陸上競技場)

主 市川航輔 副 白拍子祐介、下堂薗克

★ **福岡県 2(0-1 / 2-0)1 新潟県**

得	S	年齢			背	背			年齢	S	得
0	0	16	GK	小林 大	1	12	松浦 大翔	GK	15	0	0
1	1	16	DF	樺島 勇波	2	2	安田 陽平	DF	16	0	0
0	1	16	DF	小浦 拓実	3	4	木間 司	DF	⑯	0	0
0	0	⑯	DF	重松 怜音	5	5	池田 遼	DF	16	0	0
0	1	16	DF	永田 覚都	8	6	芹澤 飛勇	DF	16	2	1
0	1	16	MF	奥井 星宇	4	7	倉茂 竜馬	MF	16	0	0
0	0	16	MF	星山 大河	7	8	小林 優大	MF	16	0	0
0	0	16	MF	廣田 陸人	10	10	高村 大翔	MF	16	3	0
0	0	16	MF	剛﨑 琉碧	14	13	竹ノ谷 颯優スベディ	MF	15	2	0
0	2	16	FW	井上 雄太	9	15	井本修都	MF	15	0	0
0	0	16	FW	山口 倫生	11	14	渡邉 颯	FW	16	1	0

【交代】(福岡県)星山大河→鶴元銀乃介(32分)、井上雄太→新垣類(HT)、山口倫生→齊藤琉稀空(HT)、剛﨑琉碧→三善悠翔(70+3分)／(新潟県)木間司→稲垣純(50分)、渡邉颯→長谷川龍神(51分)、高村大翔→吉原巧也(54分)、倉茂竜馬→冨岡洸仁(59分)
【警告】(福岡県)小浦拓実(53分)、樺島勇波(70+5分)／(新潟県)高村大翔(53分)
【得点】(福岡県)樺島勇波(56分)、鶴元銀乃介(61分)／(新潟県)芹澤飛勇(28分)

第1回戦 10月12日 加世田運動公園多目的広場

主 新田琢人 副 松本亮祐、座安一徹

茨城県 5(2-0 / 3-1)1 高知県 ★

得	S	年齢			背	背			年齢	S	得
0	0	16	GK	菊田 修斗	1	12	高田 飛空	GK	16	0	0
0	0	16	DF	朝比奈 叶和	2	2	片岡 蒼空	DF	16	0	0
0	0	16	DF	近藤 大祐	4	3	常川 敬央	DF	16	0	0
0	1	16	DF	大川 佑梧	6	5	天野 慈穏	DF	16	0	0
1	1	⑯	DF	佐藤 海宏	7	6	前田 悠惺	MF	16	0	0
0	1	16	MF	岩永 佳樹	5	7	市原 大羅	MF	⑯	0	0
0	1	16	MF	殿岡 諒大	8	9	横谷 隼人	MF	16	0	0
0	2	16	MF	長 疾風	9	14	森田 柊磨	MF	16	1	0
0	2	16	MF	中川 天蒼	14	15	葛籠 聖斗	MF	15	0	0
4	9	16	FW	徳田 誉	10	10	松田 翔空	FW	16	2	1
0	3	15	FW	正木 裕翔	13	11	大西 貫太	FW	16	0	0

【交代】(茨城県)殿岡諒大→木下永愛(47分)、正木裕翔→髙木輝人(56分)、中川天蒼→清水朔玖(57分)、朝比奈叶和→齊藤空人(60分)、菊田修斗→上山海翔(65分)／(高知県)横谷隼人→山本滉太(HT)、葛籠聖斗→三井虎翔(48分)、大西貫太→横田陽向(48分)、高田飛空→橋本悠(62分)、天野慈穏→笹村時空(62分)
【警告】(茨城県)中川天蒼(54分)／(高知県)天野慈穏(42分)
【得点】(茨城県)佐藤海宏(18分)、徳田誉(24、49、59、70+2分)／(高知県)松田翔空(45分)

第1回戦 10月12日 OSAKO YUYA stadium(加世田運動公園陸上競技場)

主 中村吉伸 副 立石清起、鍵谷謙吾

★ **東京都 1(1-0 / 0-1)1 鹿児島県** 4 PK 2

得	S	年齢			背	背			年齢	S	得
0	0	16	GK	長谷川 宗大	12	1	久米田 聖海	GK	16	0	0
0	0	16	DF	渡邊 大貴	2	3	浮邉 泰士	DF	15	0	0
0	1	⑯	DF	佐々木 将英	3	4	中村 大志	DF	16	0	0
0	3	16	DF	田中 玲音	4	5	中野 陽斗	DF	⑯	2	0
0	0	16	DF	関 德晴	5	2	佐々木 順士	MF	16	0	0
0	0	15	DF	今井 宏亮	14	6	花城 瑛汰	MF	15	1	0
0	0	16	MF	鈴木 楓	6	7	堀ノ口 瑛太	MF	16	0	0
0	1	15	MF	仲山 獅恩	7	10	福島 和毅	MF	16	0	0
0	0	16	MF	今井 颯大	16	11	日高 元	MF	15	1	1
0	0	16	FW	前田 勘太朗	10	9	大石 脩斗	FW	15	0	0
1	1	16	FW	尾谷 ディヴァイン チネドゥ	11	14	徳村 楓大	FW	15	2	0

【交代】(東京都)尾谷ディヴァインチネドゥ→髙橋裕哉(45分)、今井宏亮→二階堂凜太郎(67分)／(鹿児島県)花城瑛汰→佐々木悠太(HT)、徳村楓大→伏原俐空(53分)
【得点】(東京都)尾谷ディヴァインチネドゥ(30分)／(鹿児島県)日高元(51分)

第1回戦 10月12日 加世田運動公園多目的広場

主 三田隆幸 副 山本雄大、白石隆晃

宮城県 1(1-0 / 0-0)0 兵庫県 ★

得	S	年齢			背	背			年齢	S	得
0	0	16	GK	小川 陽海	1	1	堀口 裕暉	GK	16	0	0
0	0	16	DF	吉田 理央	3	2	寺岡 佑真	DF	16	0	0
0	0	16	DF	川上 壱也	4	3	高嶋 蒼和	DF	15	0	0
0	0	15	DF	永井 大義	5	4	原 蒼汰	DF	16	0	0
0	1	⑯	DF	似内 久穏	6	20	坂口 佑樹	DF	14	0	0
0	0	16	MF	阿部 琉海	7	5	谷口 央和	MF	⑯	0	0
0	2	16	MF	藤原 京司	8	8	瀬口 大翔	MF	15	2	0
0	1	16	MF	安原 知希	11	10	藤本 陸玖	MF	16	1	0
1	2	16	MF	浅尾 涼太朗	13	18	片山 航汰	MF	16	1	0
0	1	16	MF	横山 琉偉	14	9	渡辺 隼斗	FW	16	4	0
0	1	16	FW	松田 匠未	10	11	大西 湊太	FW	16	2	0

【交代】(宮城県)浅尾涼太朗→古川柊斗(54分)、横山琉偉→向中野伊吹(62分)、藤原京司→永守大宙(68分)、松田匠未→上野遥羽(70分)／(兵庫県)坂口佑樹→西川亜都(HT)、谷口央和→梅原良弥(HT)、片山航汰→宮城丸(49分)
【得点】(宮城県)浅尾涼太朗(14分)

第1回戦 10月12日 鹿児島県立吹上浜海浜公園運動広場

主 藏田圭太 副 中川琢士、萩原雅貴

★ **佐賀県 1(0-0 / 1-1)1 鳥取県** 5 PK 4

得	S	年齢			背	背			年齢	S	得
0	0	16	GK	田中 皓惺	1	1	土居 慶斗	GK	16	0	0
0	1	16	DF	後藤 光喜	2	3	藤原 大空	DF	15	1	0
0	0	16	DF	田中 佑磨	3	4	河中 奏翔	DF	15	0	0
0	0	16	DF	甲斐 桜助	5	5	平田 玖来佑	DF	16	0	0
0	3	16	MF	古賀 稜麻	7	6	佐田 喜恒	MF	16	0	0
0	0	16	MF	山村 チーディ 賢斗	8	7	落合 翔覇	MF	16	1	0
0	1	⑯	MF	東口 藍太郎	10	8	久徳 庵道	MF	⑯	2	0
1	5	16	MF	水巻 時飛	11	11	中井 奏	MF	16	0	0
0	0	16	MF	池田 季礼	14	14	山下 一圭	MF	15	0	0
0	0	16	MF	田中 佑和	16	9	長谷川 夢叶	FW	16	1	1
0	5	16	FW	新川 志音	9	13	福本 翔	FW	16	0	0

【交代】(佐賀県)田中佑和→原口幸之助(HT)、新川志音→鈴木悠希(66分)／(鳥取県)山下一圭→石飛五光(47分)、佐田喜恒→山田士雄(51分)、落合翔覇→竹内晴太(57分)、福本翔→横山通生(70分)
【警告】(佐賀県)古賀稜麻(49分)／(鳥取県)中井奏(54分)
【得点】(佐賀県)水巻時飛(43分)／(鳥取県)長谷川夢叶(68分)

第1回戦 10月12日 鹿児島県立吹上浜海浜公園運動広場

主 斎藤雅也 副 田中雄、黒木暢人

★ **福島県 3(2-2 / 1-0)2 熊本県**

得	S	年齢			背	背			年齢	S	得
0	0	16	GK	野田 馨	1	1	上村 朋生	GK	16	0	0
0	0	15	DF	榎本 司	2	2	迎田 洸	DF	16	0	0
0	1	15	DF	西村 圭人	3	4	松野 秀亮	DF	16	0	0
0	1	⑯	DF	西館 優真	4	6	村上 慶	DF	16	0	0
0	0	16	DF	福島 騎士	5	7	山口 空飛	MF	16	0	0
1	2	16	MF	阿部 大翔	6	8	堤 隼誠	MF	⑯	0	0
0	1	16	MF	斎藤 星輝	7	16	鶴 響輝	MF	15	3	1
0	1	16	MF	田上 真大	16	9	神代 慶人	FW	15	3	1
0	2	15	FW	根木 翔大	9	11	松元 海斗	FW	16	0	0
1	2	16	FW	矢崎 レイス	10	14	山下 虎太郎	FW	16	2	0
0	0	15	FW	塩谷 隼都	13	15	岩﨑 天利	FW	16	1	0

【交代】(福島県)田上真大→日比野修吾(47分)、塩谷隼都→臼井蒼悟(47分)、西館優真→小曽納奏(58分)、榎本司→佐野哲太(65分)／(熊本県)迎田洸→元松蒼太(47分)、松元海斗→末松煌生(63分)
【警告】(福島県)西館優真(35+2分)
【得点】(福島県)阿部大翔(27分)、オウンゴール(32分)、矢崎レイス(65分)／(熊本県)神代慶人(35分)、鶴響輝(35+3分)

第1回戦 10月12日 鹿児島県立吹上浜海浜公園運動広場

主 宮城修人 副 渡邉駿、松﨑健太郎

★ **群馬県 0(0-0 / 0-1)1 広島県**

得	S	年齢			背	背			年齢	S	得
0	0	16	GK	坂井 祐登	12	1	小川 煌	GK	16	0	0
0	0	15	DF	長尾 弥裕	2	2	児玉 司	DF	15	1	0
0	0	16	DF	千明 竜希	3	3	野崎 光汰	DF	16	0	0
0	0	16	DF	久保 遥夢	5	5	林 詢大	DF	16	0	0
0	0	16	DF	水野 楽生	18	13	梅田 大翔	DF	15	0	0
0	0	⑯	MF	瀧口 眞大	6	6	山里 謙心	MF	15	1	0
0	0	16	MF	平林 尊琉	10	7	長村 星波	MF	⑯	1	0
0	2	16	MF	牧野 奨	13	8	小林 志紋	MF	15	2	0
0	0	15	MF	中川 希汐	16	9	宗田 椛生	FW	15	3	1
0	1	15	FW	田野 央哩波	9	10	上岡 士恩	FW	16	0	0
0	2	16	FW	大岡 航未	11	11	土井川 遥人	FW	16	2	0

【交代】(群馬県)田野央哩波→田村裕希(47分)、牧野奨→大嶋風山(56分)、中川希汐→柴野快仁(61分)、千明竜希→鈴木快(66分)／(広島県)土井川遥人→長沼聖明(56分)、宗田椛生→安井智哉(70+3分)
【警告】(群馬県)水野楽生(59分)／(広島県)土井川遥人(56分)
【得点】(広島県)宗田椛生(37分)

第1回戦 10月12日 加世田運動公園多目的広場

主 山口麗弥 副 中村博典、柊野悠太

★ **長野県 0(0-0 / 0-3)3 愛知県**

得	S	年齢			背	背			年齢	S	得
0	0	16	GK	外村 駿成	1	1	萩 裕陽	GK	16	0	0
0	0	15	DF	宮下 正剛	2	2	山本 陽暉	DF	16	0	0
0	0	16	DF	永泉 瑠大	4	3	小室 秀太	DF	15	1	0
0	0	⑮	DF	塩入 尚悟	5	4	森 壮一朗	DF	16	1	1
0	0	15	DF	中垣 尚都	12	5	神戸 間那	DF	15	1	0
0	0	16	MF	柴田 陸	3	6	鶴田 周	MF	16	1	0
0	0	15	MF	田中 鈴磨	9	7	神田 龍	MF	16	3	0
0	0	15	MF	唐澤 利哉	10	8	八色 真人	MF	16	3	1
0	0	16	MF	菅 紀人	14	10	野村 勇仁	MF	⑯	1	1
0	1	16	FW	鎌﨑 蔵	8	9	野中 祐吾	FW	16	2	0
0	0	16	FW	赤川 修吾	11	11	大西 利都	FW	16	3	0

【交代】(長野県)赤川修吾→吾妻俐玖(49分)、柴田陸→松田琥珀(60分)、唐澤利哉→久保木雄太(63分)、菅紀人→北澤快都(70+2分)／(愛知県)八色真人→平松大雅(59分)、野中祐吾→永井望夢(64分)
【警告】(長野県)塩入尚悟(43分)／(愛知県)八色真人(53分)
【得点】(愛知県)八色真人(50分)、森壮一朗(69分)、野村勇仁(70+5分)

第2回戦

10月13日 OSAKO YUYA stadium（加世田運動公園陸上競技場） 主 新田琢人 副 白拍子祐介、鍵谷謙吾

神奈川県 2（2-1 / 0-3）4 徳島県 ★

得	S	年齢			背	背			年齢	S	得
0	0	15	GK	大亀 司	1	1	武知 薬陽	GK	15	0	0
0	1	16	DF	佃 颯太	2	3	宮村 璃玖	DF	15	0	0
0	1	⓰	DF	林 駿佑	4	5	東 桂吾	DF	16	0	0
0	1	16	DF	布施 克真	5	6	増井 哲平	DF	16	0	0
1	1	15	DF	松尾 蒼大	11	15	森田 颯佑	DF	16	0	0
0	0	16	DF	柏村 涼太	13	2	岸 孝亮	MF	16	0	0
0	1	16	DF	奥寺 湊	14	8	福田 武玖	MF	⓯	2	0
0	1	15	MF	今井 健人	6	9	宮川 陸斗	MF	16	1	0
0	1	15	MF	齊藤 芭流	10	10	山口 凜太朗	MF	16	2	0
1	2	15	FW	葛西 夢吹	9	13	長村 嶺央	FW	16	3	2
0	0	16	FW	牧田 拓大	16	14	大坂 嵐	FW	15	0	0

【交代】（神奈川県）松尾蒼大→渡邊周（42分）、齊藤芭流→岩崎亮佑（42分）、牧田拓大→恩田裕太郎（46分）、柏村涼太→宮川空（59分）／（徳島県）岸孝亮→橋本悠希（HT）、大坂嵐→原水智弘（HT）、宮川陸斗→藤原一途（58分）、長村嶺央→平尾海斗（66分）
【警告】（徳島県）森田颯佑（11、49分）、山口凜太朗（35+2分）
【退場】（徳島県）森田颯佑（49分）
【得点】（神奈川県）葛西夢吹（28分）、松尾蒼大（32分）／（徳島県）長村嶺央（25、64分）、橋本悠希（44、70+5分）

第2回戦

10月13日 加世田運動公園多目的広場 主 中川琢士 副 下堂薗克、座安一徹

福岡県 0（0-3 / 0-1）4 茨城県 ★

得	S	年齢			背	背			年齢	S	得
0	0	16	GK	小林 大	1	1	菊田 修斗	GK	16	0	0
0	1	16	DF	樺島 勇波	2	2	朝比奈 叶和	DF	16	0	0
0	0	16	DF	小浦 拓実	3	4	近藤 大祐	DF	16	0	0
0	0	⓰	DF	重松 怜音	5	6	大川 佑梧	DF	16	1	0
0	0	16	DF	永田 覚都	8	7	佐藤 海宏	DF	⓰	1	0
0	0	16	MF	奥井 星宇	4	5	岩永 佳樹	MF	16	0	0
0	1	16	MF	星山 大河	7	9	長 疾風	MF	16	2	1
0	0	16	MF	廣田 陸人	10	14	中川 天蒼	MF	16	0	0
0	0	16	MF	剛﨑 琉碧	14	15	木下 永愛	MF	15	0	0
0	1	16	FW	井上 雄太	9	10	徳田 誉	FW	16	6	2
0	0	16	FW	山口 倫生	11	13	正木 裕翔	FW	15	2	1

【交代】（福岡県）山口倫生→齊藤琉稀空（29分）、星山大河→鶴元銀乃介（HT）、井上雄太→新垣類（HT）、剛﨑琉碧→三善悠翔（52分）／（茨城県）長疾風→清水朔玖（46分）、岩永佳樹→殿岡諒大（53分）、徳田誉→髙木輝人（53分）、近藤大祐→齊藤空人（59分）、菊田修斗→上山海翔（65分）
【警告】（茨城県）齊藤空人（68分）
【得点】（茨城県）徳田誉（11、33分）、長疾風（18分）、正木裕翔（51分）

第2回戦

10月13日 OSAKO YUYA stadium（加世田運動公園陸上競技場） 主 田中雄 副 立石清起、古薗功詞郎

東京都 1（1-0 / 0-0）0 宮城県 ★

得	S	年齢			背	背			年齢	S	得
0	0	⓯	GK	松澤 成音	1	1	小川 陽海	GK	16	0	0
0	1	16	DF	渡邊 大貴	2	3	吉田 理央	DF	16	0	0
0	0	16	DF	田中 玲音	4	4	川上 壱也	DF	16	0	0
1	2	16	DF	関 徳晴	5	5	永井 大義	DF	15	0	0
0	0	16	DF	坂井 倖大	13	6	似内 久穏	DF	⓰	0	0
0	1	16	MF	鈴木 楓	6	7	阿部 琉海	MF	16	0	0
0	4	15	MF	仲山 獅恩	7	11	安原 知希	MF	16	0	0
0	1	16	MF	二階堂 凛太郎	15	13	浅尾 涼太朗	MF	16	0	0
0	2	16	MF	今井 颯大	16	14	横山 琉偉	MF	16	0	0
0	0	15	FW	杉山 まはろ	9	10	松田 匠未	FW	16	2	0
0	4	16	FW	前田 勘太朗	10	16	永守 大宙	FW	16	0	0

【交代】（東京都）杉山まはろ→髙橋裕哉（46分）、渡邊大貴→佐々木将英（59分）、仲山獅恩→今井宏亮（62分）、前田勘太朗→尾谷ディヴァインチネドゥ（62分）／（宮城県）永守大宙→向中野伊吹（40分）、吉田理央→上野遥羽（45分）、安原知希→古川柊斗（53分）
【警告】（東京都）今井宏亮（70分）、尾谷ディヴァインチネドゥ（70+3分）／（宮城県）川上壱也（56分）、似内久穏（67分）
【得点】（東京都）関徳晴（34分）

第2回戦

10月13日 加世田運動公園多目的広場 主 山本雄大 副 宮城修人、柊野悠太

島根県 0（0-0 / 0-2）2 北海道 ★

得	S	年齢			背	背			年齢	S	得
0	0	⓰	GK	中尾 南智	1	1	唯野 鶴眞	GK	16	0	0
0	0	16	DF	栗原 貫志	4	2	宮浦 叶翔	DF	⓰	0	0
0	0	16	DF	日野 遼生	6	3	窪田 圭吾	DF	16	0	0
0	0	16	DF	川上 大翔	8	4	大石 蓮斗	DF	15	0	0
0	2	16	DF	武信 瑛大	11	5	手塚 渓心	DF	16	0	0
0	0	16	MF	坂田 幸大	3	6	丸井 陽人	MF	16	0	0
0	2	16	MF	中林 雄英	9	8	川崎 幹大	MF	16	1	1
0	0	16	MF	藤原 伊吹	13	11	小松 隼士	MF	16	0	0
0	3	16	MF	水津 拓朗	14	14	髙橋 海大	MF	16	0	0
0	4	16	FW	池田 龍心	7	7	北原 昊虎	FW	16	1	0
0	0	16	FW	石川 晄	10	16	簗詰 夕喜	FW	16	1	1

【交代】（島根県）藤原伊吹→松﨑悠生（51分）、川上大翔→大西成海（56分）／（北海道）丸井陽人→佐々木太一（57分）、小松隼士→牧野岳（64分）、簗詰夕喜→市田蒼葉（66分）
【警告】（北海道）簗詰夕喜（39分）
【得点】（北海道）川崎幹大（38分）、簗詰夕喜（63分）

第2回戦

10月13日 鹿児島県立吹上浜海浜公園運動広場 主 渡邉駿 副 斎藤雅也、黒木暢人

★ 大阪府 4（4-2 / 0-1）3 静岡県

得	S	年齢			背	背			年齢	S	得
0	0	16	GK	イシボウ 拳	1	1	宮崎 真心	GK	16	0	0
0	0	16	DF	伏見 晄永	2	2	橘 風芽	DF	16	0	0
0	0	16	DF	竹村 咲登	3	3	荒明 斗空	DF	16	0	0
0	0	16	DF	重村 心惺	4	4	岩尾 健琉	DF	16	0	0
1	1	16	DF	中島 悠吾	5	5	相澤 瑛心	DF	16	0	0
0	0	⓰	MF	山本 天翔	6	6	森下 太陽	MF	16	1	0
0	1	16	MF	朝賀 渉	7	7	髙澤 海志	MF	16	0	0
0	2	16	MF	増田 瑛心	8	8	川合 亜門	MF	16	0	0
1	4	16	MF	當野 泰生	10	11	土居 佑至	MF	16	1	1
1	3	15	FW	久永 虎次郎	9	15	泉 孝太郎	MF	15	1	1
1	5	15	FW	中積 爲	11	10	山下 輝大	FW	⓰	5	0

【交代】（大阪府）伏見晄永→阿児尚哉（41分）、増田瑛心→芝田琉真（46分）、中積爲→芋縄叶翔（60分）／（静岡県）土居佑至→中野遥翔（HT）、泉孝太郎→土橋陽（HT）、橘風芽→市川幸優（49分）、岩尾健琉→甲斐佑蒼（63分）
【警告】（静岡県）橘風芽（35分）、荒明斗空（43分）
【得点】（大阪府）當野泰生（5分）、中積爲（19分）、中島悠吾（28分）、久永虎次郎（35+1分）／（静岡県）土居佑至（3分）、泉孝太郎（29分）、中野遥翔（37分）

第2回戦

10月13日 鹿児島県立吹上浜海浜公園運動広場 主 中村吉伸 副 山口麗弥、萩原雅貴

★ 佐賀県 4（0-0 / 4-0）0 福島県

得	S	年齢			背	背			年齢	S	得
0	0	16	GK	田中 皓惺	1	1	野田 馨	GK	16	0	0
0	0	16	DF	後藤 光喜	2	2	榎本 司	DF	15	0	0
0	0	16	DF	田中 佑磨	3	3	西村 圭人	DF	15	0	0
0	0	16	DF	甲斐 桜助	5	4	西館 優真	DF	⓰	0	0
0	0	16	MF	古賀 稜麻	7	5	福島 騎士	DF	16	0	0
1	2	16	MF	山村 チーディ賢斗	8	6	阿部 大翔	MF	16	0	0
0	0	⓰	MF	東口 藍太郎	10	7	斎藤 星輝	MF	16	0	0
1	4	16	MF	水巻 時飛	11	16	田上 真大	MF	16	2	0
1	2	16	MF	原口 幸之助	12	9	根木 翔大	FW	15	2	0
0	0	16	MF	池田 季礼	14	10	矢崎 レイス	FW	16	3	0
0	2	16	FW	新川 志音	9	13	塩谷 隼都	FW	15	0	0

【交代】（佐賀県）新川志音→鈴木悠希（47分）、池田季礼→下田優太（59分）、水巻時飛→田中佑和（65分）、田中皓惺→鶴丸蓮（70+2分）／（福島県）斎藤星輝→佐野哲太（35+2分）、塩谷隼都→日比野修吾（42分）、日比野修吾→小曽納奏（55分）、田上真大→臼井蒼悟（58分）
【得点】（佐賀県）原口幸之助（40分）、山村チーディ賢斗（52分）、水巻時飛（57分）、田中佑和（70分）

第2回戦

10月13日 加世田運動公園多目的広場 主 藏田圭太 副 白石隆晃、岩川雄大

広島県 0（0-0 / 0-0）0 愛知県 ★

3 PK 0

得	S	年齢			背	背			年齢	S	得
0	0	16	GK	小川 煌	1	1	萩 裕陽	GK	16	0	0
0	0	15	DF	児玉 司	2	2	山本 陽暉	DF	16	0	0
0	0	16	DF	野崎 光汰	3	3	小室 秀太	DF	15	2	0
0	0	16	DF	林 詢大	5	4	森 壮一朗	DF	16	1	0
0	0	15	DF	梅田 大翔	13	5	神戸 間那	DF	15	0	0
0	0	15	MF	山里 謙心	6	6	鶴田 周	MF	16	1	0
0	1	⓰	MF	長村 星波	7	7	神田 龍	MF	16	3	0
0	2	15	MF	小林 志紋	8	8	八色 真人	MF	16	3	0
0	3	15	FW	宗田 椛生	9	10	野村 勇仁	MF	⓰	1	0
0	0	16	FW	上岡 士恩	10	9	野中 祐吾	FW	16	4	0
0	2	16	FW	土井川 遥人	11	11	大西 利都	FW	16	1	0

【交代】（広島県）土井川遥人→長沼聖明（HT）／（愛知県）大西利都→平松大雅（59分）
【警告】（広島県）林詢大（43分）／（愛知県）神田龍（70+4分）

第2回戦

10月13日 鹿児島県立吹上浜海浜公園運動広場 主 三田隆幸 副 市川航輔、中村博典

★ 京都府 2（0-0 / 2-0）0 青森県

得	S	年齢			背	背			年齢	S	得
0	0	16	GK	本多 敦	1	12	松田 駿	GK	16	0	0
0	0	15	DF	関谷 巧	2	2	夏井 琉汰	DF	16	0	0
0	1	16	DF	尾根 碧斗	3	3	島津 亮太	DF	16	0	0
0	0	16	DF	原山 颯	4	4	菱田 一清	DF	16	1	0
0	0	16	DF	村井 駿斗	5	5	福井 史弥	DF	16	0	0
0	0	16	MF	小鷹 天	6	6	長谷川 滉亮	MF	16	0	0
0	0	⓰	MF	尹 星俊	7	7	杉山 大起	MF	16	0	0
0	1	16	MF	昌山 勇	8	8	今田 匠	MF	15	0	0
0	1	16	MF	酒井 滉生	9	10	石川 大也	FW	⓰	0	0
1	4	16	MF	立川 遼翔	11	11	藤井 維咲	FW	16	0	0
0	0	16	FW	阿部 亮馬	10	15	井上 慎太	FW	16	0	0

【交代】（京都府）酒井滉生→升田颯真（53分）、阿部亮馬→田村龍大朗（60分）、尹星俊→寺本雄登（70+1分）、昌山勇→松本悠臣（70+4分）／（青森県）石川大也→上林晃大（HT）、杉山大起→麓莱凜（45分）、井上慎太→桑原唯斗（45分）、今田匠→日髙翔太（57分）、松田駿→佐竹虹輝（69分）
【得点】（京都府）立川遼翔（42分）、田村龍大朗（68分）

準々決勝戦　10月14日　鹿児島県立吹上浜海浜公園運動広場
主 山口麗弥　副 三田隆幸、田中雄

徳島県 0（0-0 / 0-0）0 茨城県 ★
4 PK 5

得	S	年齢		徳島県	背	背	茨城県		年齢	S	得
0	0	15	GK	武知 莱陽	1	1	菊田 修斗	GK	16	0	0
0	0	15	DF	宮村 璃玖	3	2	朝比奈 叶和	DF	16	0	0
0	0	15	DF	藤原 一途	4	4	近藤 大祐	DF	16	0	0
0	0	16	DF	東 桂吾	5	6	大川 佑梧	DF	16	0	0
0	0	16	DF	増井 哲平	6	7	佐藤 海宏	DF	⓰	0	0
0	1	⓯	MF	福田 武玖	8	5	岩永 佳樹	MF	16	0	0
0	2	16	MF	宮川 陸斗	9	9	長 疾風	MF	16	1	0
0	0	16	MF	山口 凜太朗	10	14	中川 天蒼	MF	16	1	0
0	1	16	MF	橋本 悠希	16	15	木下 永愛	MF	15	1	0
0	2	16	FW	長村 嶺央	13	10	徳田 誉	FW	16	3	0
0	1	15	FW	大坂 嵐	14	13	正木 裕翔	FW	15	2	0

【交代】(徳島県)橋本悠希→岸孝亮(45分)、大坂嵐→原水智弘(47分)、宮川陸斗→平尾海斗(57分)／(茨城県)正木裕翔→髙木輝人(44分)、朝比奈叶和→清水朔玖(50分)、木下永愛→殿岡諒大(58分)
【警告】(徳島県)橋本悠希(11分)／(茨城県)木下永愛(8分)、大川佑梧(25分)

準々決勝戦　10月14日　加世田運動公園多目的広場
主 市川航輔　副 渡邊駿、藏田圭太

東京都 4（3-0 / 1-1）1 北海道 ★

得	S	年齢		東京都	背	背	北海道		年齢	S	得
0	0	16	GK	長谷川 宗大	12	1	唯野 鶴眞	GK	16	0	0
0	1	⓰	DF	佐々木 将英	3	2	宮浦 叶翔	DF	⓰	0	0
0	0	16	DF	田中 玲音	4	3	窪田 圭吾	DF	16	0	0
0	1	16	DF	関 德晴	5	5	手塚 渓心	DF	16	1	1
0	0	16	DF	坂井 倖大	13	15	佐々木 太一	DF	16	1	0
0	0	15	DF	今井 宏亮	14	6	丸井 陽人	MF	16	0	0
0	0	16	MF	鈴木 楓	6	8	川崎 幹大	MF	16	1	0
2	3	15	MF	仲山 獅恩	7	11	小松 隼士	MF	16	0	0
0	0	16	MF	髙橋 裕哉	8	14	髙橋 海大	MF	16	0	0
1	1	16	MF	今井 颯大	16	7	北原 昊虎	FW	16	1	0
1	2	16	FW	前田 勘太朗	10	16	簗詰 夕喜	FW	16	5	0

【交代】(東京都)今井颯大→杉山まはろ(HT)、田中玲音→渡邊大貴(49分)、前田勘太朗→尾谷ディヴァインチネドゥ(57分)／(北海道)北原昊虎→市田蒼葉(44分)、小松隼士→牧野岳(46分)、丸井陽人→大石蓮斗(57分)
【警告】(東京都)髙橋裕哉(65分)
【得点】(東京都)今井颯大(17分)、前田勘太朗(20分)、仲山獅恩(29、70分)／(北海道)手塚渓心(48分)

準々決勝戦　10月14日　加世田運動公園多目的広場
主 宮城修人　副 新田琢人、山本雄大

★ 大阪府 6（4-0 / 2-0）0 佐賀県

得	S	年齢		大阪府	背	背	佐賀県		年齢	S	得
0	0	16	GK	イシボウ 拳	1	1	田中 皓惺	GK	16	1	0
0	0	16	DF	竹村 咲登	3	2	後藤 光喜	DF	16	0	0
0	0	16	DF	中島 悠吾	5	3	田中 佑磨	DF	⓰	3	0
0	0	16	DF	前田 陵汰	13	5	甲斐 桜助	DF	16	0	0
0	0	16	DF	阿児 尚哉	15	6	鈴木 悠希	MF	15	0	0
0	1	⓰	MF	山本 天翔	6	8	山村 チーディ 賢斗	MF	16	1	0
0	0	16	MF	朝賀 渉	7	11	水巻 時飛	MF	16	3	0
0	0	16	MF	當野 泰生	10	12	原口 幸之助	MF	16	2	0
0	1	16	MF	芝田 琉真	14	14	池田 季礼	MF	16	1	0
0	1	15	FW	久永 虎次郎	9	16	田中 佑和	MF	16	0	0
5	6	15	FW	中積 爲	11	9	新川 志音	FW	16	2	0

【交代】(大阪府)竹村咲登→重村心惺(HT)、芝田琉真→芋縄叶翔(51分)、イシボウ拳→岩瀬颯(60分)、阿児尚哉→増田瑛心(60分)／(佐賀県)田中佑和→下田優太(67分)
【警告】(佐賀県)水巻時飛(43分)
【得点】(大阪府)中積爲(9、21、32、35、57分)、増田瑛心(62分)

準々決勝戦　10月14日　鹿児島県立吹上浜海浜公園運動広場
主 斎藤雅也　副 中川琢士、中村吉伸

広島県 3（1-0 / 2-2）2 京都府 ★

得	S	年齢		広島県	背	背	京都府		年齢	S	得
0	0	16	GK	小川 煌	1	1	本多 敦	GK	16	0	0
0	0	15	DF	児玉 司	2	2	関谷 巧	DF	15	1	0
0	0	16	DF	野崎 光汰	3	3	尾根 碧斗	DF	16	0	0
0	2	16	DF	林 詢大	5	4	原山 颯	DF	16	1	0
0	0	15	DF	梅田 大翔	13	5	村井 駿斗	DF	16	0	0
0	1	15	MF	山里 謙心	6	6	小鷹 天	MF	16	2	1
0	0	⓰	MF	長村 星波	7	7	尹 星俊	MF	⓰	1	0
2	2	15	MF	小林 志紋	8	8	昌山 勇	MF	16	2	1
0	2	15	MF	長沼 聖明	14	9	酒井 滉生	MF	16	1	0
0	1	15	FW	宗田 椛生	9	11	立川 遼翔	MF	16	2	0
1	2	16	FW	上岡 士恩	10	10	阿部 亮馬	FW	16	0	0

【交代】(広島県)長沼聖明→土井川遥人(56分)、上岡士恩→安井智哉(70+2分)、小林志紋→渡邉楓太(70+4分)／(京都府)酒井滉生→田村龍大朗(46分)、尾根碧斗→松本悠臣(50分)、阿部亮馬→升田颯真(58分)
【警告】(広島県)児玉司(29分)／(京都府)尹星俊(40分)
【得点】(広島県)小林志紋(35+2、44分)、上岡士恩(66分)／(京都府)小鷹天(47分)、昌山勇(54分)

準決勝戦　10月15日　OSAKO YUYA stadium(加世田運動公園陸上競技場)
主 伊勢裕介　副 中井恒、上野優人

★ 茨城県 0（0-0 / 0-0）0 東京都
4 PK 1

得	S	年齢		茨城県	背	背	東京都		年齢	S	得
0	0	16	GK	菊田 修斗	1	1	松澤 成音	GK	15	0	0
0	0	16	DF	朝比奈 叶和	2	2	渡邊 大貴	DF	16	0	0
0	0	16	DF	近藤 大祐	4	3	佐々木 将英	DF	⓰	0	0
0	0	16	DF	大川 佑梧	6	4	田中 玲音	DF	16	0	0
0	1	⓰	DF	佐藤 海宏	7	5	関 德晴	DF	16	0	0
0	0	16	MF	岩永 佳樹	5	14	今井 宏亮	DF	15	0	0
0	0	16	MF	長 疾風	9	6	鈴木 楓	MF	16	0	0
0	1	16	MF	中川 天蒼	14	7	仲山 獅恩	MF	15	1	0
0	0	15	MF	木下 永愛	15	8	髙橋 裕哉	MF	16	0	0
0	5	16	FW	徳田 誉	10	16	今井 颯大	MF	16	0	0
0	1	15	FW	正木 裕翔	13	10	前田 勘太朗	FW	16	1	0

【交代】(茨城県)朝比奈叶和→清水朔玖(HT)／(東京都)髙橋裕哉→尾谷ディヴァインチネドゥ(58分)、今井宏亮→杉山まはろ(68分)
【警告】(茨城県)正木裕翔(42分)

準決勝戦　10月15日　OSAKO YUYA stadium(加世田運動公園陸上競技場)
主 加藤正和　副 堀善仁、白石隆晃

★ 大阪府 5（3-0 / 2-0）0 広島県

得	S	年齢		大阪府	背	背	広島県		年齢	S	得
0	0	16	GK	イシボウ 拳	1	1	小川 煌	GK	16	0	0
0	0	16	DF	重村 心惺	4	2	児玉 司	DF	15	0	0
0	1	16	DF	中島 悠吾	5	3	野崎 光汰	DF	16	0	0
0	1	16	DF	前田 陵汰	13	5	林 詢大	DF	16	0	0
0	0	16	DF	阿児 尚哉	15	13	梅田 大翔	DF	15	0	0
1	1	⓰	MF	山本 天翔	6	6	山里 謙心	MF	15	0	0
0	0	16	MF	朝賀 渉	7	7	長村 星波	MF	⓰	1	0
0	0	16	MF	増田 瑛心	8	8	小林 志紋	MF	15	1	0
2	2	16	MF	當野 泰生	10	9	宗田 椛生	FW	15	2	0
0	1	15	FW	久永 虎次郎	9	10	上岡 士恩	FW	16	0	0
2	5	15	FW	中積 爲	11	11	土井川 遥人	FW	16	2	0

【交代】(大阪府)久永虎次郎→芋縄叶翔(58分)、中島悠吾→竹村咲登(62分)、重村心惺→芝田琉真(65分)、イシボウ拳→岩瀬颯(70分)／(広島県)上岡士恩→長沼聖明(55分)、土井川遥人→安井智哉(65分)
【警告】(大阪府)中島悠吾(26分)、重村心惺(61分)
【得点】(大阪府)山本天翔(8分)、中積爲(12、56分)、當野泰生(35+1、69分)

3位決定戦　10月16日　OSAKO YUYA stadium(加世田運動公園陸上競技場)
主 中井恒　副 加藤正和、小川稜

★ 東京都 2（0-1 / 2-0）1 広島県

得	S	年齢		東京都	背	背	広島県		年齢	S	得
0	0	15	GK	松澤 成音	1	1	小川 煌	GK	16	0	0
0	0	16	DF	渡邊 大貴	2	2	児玉 司	DF	15	0	0
0	0	⓰	DF	佐々木 将英	3	3	野崎 光汰	DF	16	0	0
0	0	16	DF	田中 玲音	4	5	林 詢大	DF	16	0	0
1	2	16	DF	坂井 倖大	13	13	梅田 大翔	DF	15	0	0
1	1	16	MF	鈴木 楓	6	6	山里 謙心	MF	15	0	0
0	3	16	MF	仲山 獅恩	7	7	長村 星波	MF	⓰	0	0
0	1	16	MF	髙橋 裕哉	8	8	小林 志紋	MF	15	2	0
0	1	16	MF	今井 颯大	16	9	宗田 椛生	FW	15	2	0
0	0	15	FW	杉山 まはろ	9	10	上岡 士恩	FW	16	4	1
0	2	16	FW	尾谷 ディヴァイン チネドゥ	11	11	土井川 遥人	FW	16	2	0

【交代】(東京都)松澤成音→長谷川宗大(HT)、髙橋裕哉→今井宏亮(HT)、杉山まはろ→前田勘太朗(HT)、今井颯大→関德晴(70+2分)、尾谷ディヴァインチネドゥ→二階堂凜太郎(70+2分)
【得点】(東京都)坂井倖大(39分)、鈴木楓(43分)／(広島県)上岡士恩(29分)

決勝戦　10月16日　OSAKO YUYA stadium(加世田運動公園陸上競技場)
主 堀善仁　副 伊勢裕介、山口大輔

★ 茨城県 2（2-0 / 0-0）0 大阪府

得	S	年齢		茨城県	背	背	大阪府		年齢	S	得
0	0	16	GK	菊田 修斗	1	1	イシボウ 拳	GK	16	0	0
0	0	16	DF	朝比奈 叶和	2	4	重村 心惺	DF	16	0	0
0	0	16	DF	近藤 大祐	4	5	中島 悠吾	DF	16	0	0
1	2	16	DF	大川 佑梧	6	13	前田 陵汰	DF	16	0	0
0	0	⓰	DF	佐藤 海宏	7	15	阿児 尚哉	DF	16	0	0
0	0	16	MF	岩永 佳樹	5	6	山本 天翔	MF	⓰	1	0
0	1	16	MF	長 疾風	9	7	朝賀 渉	MF	16	0	0
0	1	16	MF	中川 天蒼	14	10	當野 泰生	MF	16	3	0
0	1	15	MF	木下 永愛	15	14	芝田 琉真	MF	16	0	0
1	7	16	FW	徳田 誉	10	9	久永 虎次郎	FW	15	2	0
0	2	15	FW	正木 裕翔	13	11	中積 爲	FW	15	7	0

【交代】(茨城県)木下永愛→殿岡諒大(60分)／(大阪府)芝田琉真→増田瑛心(42分)、朝賀渉→竹村咲登(56分)、阿児尚哉→芋縄叶翔(67分)
【警告】(茨城県)朝比奈叶和(51分)、正木裕翔(59分)／(大阪府)重村心惺(35+1分)
【得点】(茨城県)徳田誉(7分)、大川佑梧(33分)

E N T R Y

登録選手一覧

特別国民体育大会サッカー競技少年男子の部

北海道選抜

背番号	位置	氏	名	年齢	身長	所属チーム
	監督	森川	拓巳	—	—	北海道コンサドーレ札幌U-18
1	GK	唯野	鶴眞	16	192	北海道コンサドーレ札幌U-18
2	DF	宮浦	叶翔	16	167	北海道大谷室蘭高校
3	DF	窪田	圭吾	16	179	北海道コンサドーレ札幌U-18
4	DF	大石	蓮斗	15	181	札幌大谷高校
5	DF	手塚	渓心	16	173	北海道コンサドーレ札幌U-18
6	MF	丸井	陽人	16	177	北海道コンサドーレ札幌U-18
7	FW	北原	昊虎	16	172	旭川実業高校
8	MF	川崎	幹大	16	167	北海道コンサドーレ札幌U-18
9	FW	市田	蒼葉	15	172	北海道コンサドーレ札幌U-18
10	FW	安達	朔	16	168	北海道コンサドーレ札幌U-18
11	MF	小松	隼士	16	180	北海道コンサドーレ札幌U-18
12	GK	数馬田	舜	16	182	札幌第一高校
13	MF	牧野	岳	16	169	北海道コンサドーレ札幌U-18
14	MF	髙橋	海大	16	176	札幌光星高校
15	DF	佐々木	太一	16	173	北海道コンサドーレ札幌U-18
16	FW	簗詰	夕喜	16	166	札幌大谷高校

青森県選抜

背番号	位置	氏	名	年齢	身長	所属チーム
	監督	島谷	仁寿	—	—	青森県立十和田工業高校
1	GK	佐竹	虹輝	16	178	青森山田高校
2	DF	夏井	琉汰	16	171	青森山田高校
3	DF	島津	亮太	16	176	青森山田高校
4	DF	菱田	一清	16	173	青森山田高校
5	DF	福井	史弥	16	173	青森山田高校
6	MF	長谷川	滉亮	16	170	青森山田高校
7	MF	杉山	大起	16	168	青森山田高校
8	MF	今田	匠	15	170	青森山田高校
9	FW	桑原	唯斗	16	175	青森山田高校
10	FW	石川	大也	16	168	青森山田高校
11	FW	藤井	維咲	16	176	青森山田高校
12	GK	松田	駿	16	182	青森山田高校
13	DF	上林	晃大	15	177	青森山田高校
14	MF	麓	莱凛	16	168	青森山田高校
15	FW	井上	愼太	16	167	青森山田高校
16	MF	日髙	翔太	16	172	青森山田高校

宮城県選抜

背番号	位置	氏	名	年齢	身長	所属チーム
	監督	柴田	充	—	—	宮城県サッカー協会
1	GK	小川	陽海	16	176	仙台育英学園高校
2	DF	上野	遥羽	16	175	塩釜ＦＣユース
3	DF	吉田	理央	16	177	ベガルタ仙台ユース
4	DF	川上	壱也	16	180	聖和学園高校
5	DF	永井	大義	15	182	ベガルタ仙台ユース
6	DF	似内	久穏	16	173	ベガルタ仙台ユース
7	MF	阿部	琉海	16	168	ベガルタ仙台ユース
8	MF	藤原	京司	16	173	ベガルタ仙台ユース
9	MF	古川	柊斗	15	167	ベガルタ仙台ユース
10	FW	松田	匠未	16	164	ベガルタ仙台ユース
11	MF	安原	知希	16	171	聖和学園高校
12	GK	千葉	恒大	15	178	東北学院高校
13	MF	浅尾	涼太朗	16	165	ベガルタ仙台ユース
14	MF	横山	琉偉	16	172	ベガルタ仙台ユース
15	FW	向中野	伊吹	16	157	聖和学園高校
16	FW	永守	大宙	16	181	ベガルタ仙台ユース

福島県選抜

背番号	位置	氏	名	年齢	身長	所属チーム
	監督	渡邉	幹夫	—	—	福島県立磐城高校
1	GK	野田	馨	16	177	尚志高校
2	DF	榎本	司	15	174	尚志高校
3	DF	西村	圭人	15	175	尚志高校
4	DF	西館	優真	16	180	尚志高校
5	DF	福島	騎士	16	173	学法石川高校
6	MF	阿部	大翔	16	175	尚志高校
7	MF	斎藤	星輝	16	169	福島県立福島東高校
8	MF	日比野	修吾	16	164	尚志高校
9	FW	根木	翔大	15	175	尚志高校
10	FW	矢崎	レイス	16	181	尚志高校
11	FW	臼井	蒼悟	16	171	尚志高校
12	DF	小曽納	奏	16	170	尚志高校
13	FW	塩谷	隼都	15	165	福島ユナイテッドＦＣ U-18
14	MF	佐野	哲太	16	169	尚志高校
15	GK	赤根	啓太	16	180	尚志高校
16	MF	田上	真大	16	170	尚志高校

茨城県選抜

背番号	位置	氏	名	年齢	身長	所属チーム
	監督	赤須	能尚	—	—	茨城県立日立北高校
1	GK	菊田	修斗	16	186	鹿島アントラーズユース
2	DF	朝比奈	叶和	16	177	鹿島アントラーズユース
3	DF	清水	朔玖	16	172	鹿島学園高校
4	DF	近藤	大祐	16	183	鹿島アントラーズユース
5	MF	岩永	佳樹	16	175	鹿島アントラーズユース
6	DF	大川	佑梧	16	182	鹿島アントラーズユース
7	DF	佐藤	海宏	16	174	鹿島アントラーズユース
8	MF	殿岡	諒大	16	165	鹿島アントラーズユース
9	MF	長	疾風	16	168	鹿島アントラーズユース
10	FW	徳田	誉	16	185	鹿島アントラーズユース
11	FW	髙木	輝人	16	178	鹿島アントラーズユース
12	GK	上山	海翔	16	198	水戸ホーリーホックユース
13	FW	正木	裕翔	15	163	鹿島アントラーズユース
14	MF	中川	天蒼	16	167	鹿島アントラーズユース
15	MF	木下	永愛	15	167	鹿島学園高校
16	MF	齊藤	空人	16	170	鹿島学園高校

群馬県選抜

背番号	位置	氏	名	年齢	身長	所属チーム
	監督	中島	慶介	—	—	群馬県立太田高校
1	GK	大垣	昊士郎	16	180	前橋育英高校
2	DF	長尾	弥裕	15	168	桐生第一高校
3	DF	千明	竜希	16	175	高崎健康福祉大学高崎高校
4	DF	鈴木	快	16	180	前橋育英高校
5	DF	久保	遥夢	16	181	前橋育英高校
6	MF	瀧口	眞大	16	170	前橋育英高校
7	MF	柴野	快仁	16	170	前橋育英高校
8	MF	大嶋	風山	16	165	ザスパクサツ群馬U-18
9	FW	田野	央哩波	15	170	前橋育英高校
10	MF	平林	尊琉	16	166	前橋育英高校
11	FW	大岡	航未	16	177	前橋育英高校
12	GK	坂井	祐登	16	180	桐生第一高校
13	MF	牧野	奨	16	172	前橋育英高校
14	MF	田村	裕希	15	171	前橋育英高校
16	MF	中川	希汐	15	174	前橋育英高校
18	DF	水野	楽生	16	170	前橋育英高校

東京都選抜

背番号	位置	氏	名	年齢	身長	所属チーム
	監督	石川	創人	—	—	東京農業大学第一高校
1	GK	松澤	成音	15	180	川崎フロンターレU-18
2	DF	渡邊	大貴	16	173	東京ヴェルディユース
3	DF	佐々木	将英	16	183	FC東京U-18
4	DF	田中	玲音	16	187	東京実業高校
5	DF	関	徳晴	16	182	川崎フロンターレU-18
6	MF	鈴木	楓	16	178	FC東京U-18
7	MF	仲山	獅恩	15	170	東京ヴェルディユース
8	MF	髙橋	裕哉	16	174	FC東京U-18
9	FW	杉山	まはろ	15	175	東京ヴェルディユース
10	FW	前田	勘太朗	16	176	横浜FCユース
11	FW	鵬	ディヴァインチネドゥ	16	188	FC東京U-18
12	GK	長谷川	宗大	16	180	三菱養和SCユース
13	DF	坂井	倖大	16	171	東京ヴェルディユース
14	DF	今井	宏亮	15	171	東京ヴェルディユース
15	MF	二階堂	凜太郎	16	170	FC東京U-18
16	MF	今井	颯大	16	170	三菱養和SCユース

神奈川県選抜

背番号	位置	氏	名	年齢	身長	所属チーム
	監督	粕谷	啓介	—	—	神奈川県立秦野高校
1	GK	大亀	司	15	181	横浜FCユース
2	DF	佃	颯太	16	173	横浜FCユース
3	DF	宮川	空	16	174	日本大学藤沢高校
4	DF	林	駿佑	16	177	川崎フロンターレU-18
5	DF	布施	克真	16	173	日本大学藤沢高校
6	MF	今井	健人	15	170	東京ヴェルディユース
7	MF	岩崎	亮佑	15	172	横浜FCユース
8	MF	渡邊	周	16	165	湘南ベルマーレU-18
9	FW	葛西	夢吹	15	177	湘南ベルマーレU-18
10	MF	齊藤	芭流	15	168	横浜F・マリノスユース
11	DF	松尾	蒼大	15	162	横浜FCユース
12	GK	斎藤	准也	15	186	桐光学園高校
13	DF	柏村	涼太	16	172	川崎フロンターレU-18
14	DF	奥寺	湊	16	176	横浜F・マリノスユース
15	MF	恩田	裕太郎	16	176	川崎フロンターレU-18
16	FW	牧田	拓大	16	175	湘南ベルマーレU-18

新潟県選抜

背番号	位置	氏	名	年齢	身長	所属チーム
	監督	古寺	広幸	—	—	新潟工業高校
1	GK	森末	壱晴	16	180	日本文理高校
2	DF	安田	陽平	16	166	アルビレックス新潟U-18
3	DF	稲垣	純	16	175	帝京長岡高校
4	DF	木間	司	16	176	新潟明訓高校
5	DF	池田	遼	16	178	帝京長岡高校
6	DF	芹澤	飛勇	16	175	アルビレックス新潟U-18
7	MF	倉茂	竜馬	16	177	アルビレックス新潟U-18
8	MF	小林	優大	16	168	上越高校
9	FW	冨岡	洸仁	16	168	帝京長岡高校
10	MF	高村	大翔	16	164	アルビレックス新潟U-18
11	FW	長谷川	龍神	16	168	東京学館新潟高校
12	GK	松浦	大翔	15	181	アルビレックス新潟U-15
13	MF	竹ノ谷	颯優スベディ	15	170	アルビレックス新潟U-18
14	FW	渡邉	颯	16	172	帝京長岡高校
15	MF	井本	修都	15	175	アルビレックス新潟U-18
16	MF	吉原	巧也	15	170	帝京長岡高校

長野県選抜

背番号	位置	氏	名	年齢	身長	所属チーム
	監督	大羽	亮平	—	—	長野県田川高校
1	GK	外村	駿成	16	181	AC長野パルセイロU-18
2	DF	宮下	正剛	15	177	松商学園高校
3	DF	柴田	陸	16	175	松本山雅FC U-18
4	DF	永泉	瑠大	16	162	長野市立長野高校
5	DF	塩入	尚悟	15	165	AC長野パルセイロU-18
6	MF	北澤	快都	16	160	松本山雅FC U-18
7	MF	松田	琥珀	15	165	松本山雅FC U-18
8	FW	鎌﨑	蔵	16	175	AC長野パルセイロU-18
9	MF	田中	鈴磨	15	163	松本第一高校
10	MF	唐澤	利哉	15	162	AC長野パルセイロU-18
11	FW	赤川	修吾	16	175	AC長野パルセイロU-18
12	DF	中垣	尚都	15	174	松商学園高校
13	FW	吾妻	俐玖	16	175	AC長野パルセイロU-18
14	MF	菅	紀人	16	170	AC長野パルセイロU-18
15	GK	星	涼太	16	178	長野市立長野高校
16	FW	久保木	雄太	15	172	長野俊英高校

静岡県選抜

背番号	位置	氏	名	年齢	身長	所属チーム
	監督	大塚	智紀	—	—	静岡県立焼津中央高校
1	GK	宮崎	真心	16	177	静岡県立藤枝東高校
2	DF	橘	風芽	16	175	浜松開誠館高校FC
3	DF	荒明	斗空	16	175	浜松開誠館高校FC
4	DF	岩尾	健琉	16	176	清水エスパルスユース
5	DF	相澤	瑛心	16	165	磐田東高校
6	MF	森下	太陽	16	175	浜松開誠館高校FC
7	MF	髙澤	海志	16	169	ジュビロ磐田U-18
8	MF	川合	亜門	16	174	浜松開誠館高校FC
9	MF	中野	遥翔	15	178	アスルクラロ沼津U18
10	FW	山下	輝大	16	177	静岡学園高校
11	MF	土居	佑至	16	169	清水エスパルスユース
12	GK	吉岡	幹太	15	177	ジュビロ磐田U-18
13	DF	甲斐	佑蒼	16	177	ジュビロ磐田U-18
14	MF	土橋	陽	16	177	アスルクラロ沼津U18
15	MF	泉	孝太郎	15	170	静岡県立藤枝東高校
16	DF	市川	幸優	16	171	清水エスパルスユース

愛知県選抜

背番号	位置	氏	名	年齢	身長	所属チーム
	監督	三井	陽介	—	—	愛知教育大学附属高校
1	GK	萩	裕陽	16	188	名古屋グランパスU-18
2	DF	山本	陽暉	16	178	名古屋グランパスU-18
3	DF	小室	秀太	15	185	名古屋グランパスU-18
4	DF	森	壮一朗	16	180	名古屋グランパスU-18
5	DF	神戸	間那	15	177	名古屋グランパスU-18
6	MF	鶴田	周	16	178	名古屋グランパスU-18
7	MF	神田	龍	16	168	名古屋グランパスU-18
8	MF	八色	真人	16	168	名古屋グランパスU-18
9	FW	野中	祐吾	16	168	名古屋グランパスU-18
10	MF	野村	勇仁	16	172	名古屋グランパスU-18
11	FW	大西	利都	16	178	名古屋グランパスU-18
12	GK	長尾	拓磨	16	180	東邦高校
13	DF	伊藤	洵太	16	168	東邦高校
14	MF	平松	大雅	16	168	豊川高校
15	FW	永井	望夢	16	174	東邦高校
16	DF	利田	耕基	16	177	豊川高校

京都府選抜

背番号	位置	氏	名	年齢	身長	所属チーム
	監督	斉藤	大介	—	—	京都サンガF.C.
1	GK	本多	敦	16	187	京都サンガF.C. U-18
2	DF	関谷	巧	15	175	京都サンガF.C. U-18
3	DF	尾根	碧斗	16	176	東山高校
4	DF	原山	颯	16	175	京都サンガF.C. U-18
5	DF	村井	駿斗	16	177	京都橘高校
6	MF	小鷹	天	16	171	京都サンガF.C. U-18
7	MF	尹	星俊	16	170	京都サンガF.C. U-18
8	MF	昌山	勇	16	173	京都サンガF.C. U-18
9	MF	酒井	滉生	16	169	京都サンガF.C. U-18
10	FW	阿部	亮馬	16	177	京都サンガF.C. U-18
11	MF	立川	遼翔	16	180	京都サンガF.C. U-18
12	GK	岩元	歩夢	16	180	履正社高校
13	DF	升田	颯真	16	172	京都橘高校
14	MF	松本	悠臣	16	163	京都サンガF.C. U-18
15	MF	寺本	雄登	16	175	京都サンガF.C. U-18
16	FW	田村	龍大朗	15	173	東山高校

大阪府選抜

背番号	位置	氏	名	年齢	身長	所属チーム
	監督	坂元	博晃	—	—	大阪府立摂津高校
1	GK	イシボウ	拳	16	195	セレッソ大阪U-18
2	DF	伏見	晄永	16	175	セレッソ大阪U-18
3	DF	竹村	咲登	16	178	興國高校
4	DF	重村	心惺	16	185	興國高校
5	DF	中島	悠吾	16	169	ガンバ大阪ユース
6	MF	山本	天翔	16	173	ガンバ大阪ユース
7	MF	朝賀	渉	16	172	阪南大学高校
8	MF	増田	瑛心	16	167	セレッソ大阪U-18
9	FW	久永	虎次郎	15	175	ガンバ大阪ユース
10	MF	當野	泰生	16	170	ガンバ大阪ユース
11	FW	中積	爲	15	171	ガンバ大阪ユース
12	GK	岩瀬	颯	15	184	興國高校
13	DF	前田	陵汰	16	183	阪南大学高校
14	MF	芝田	琉真	16	168	セレッソ大阪U-18
15	DF	阿児	尚哉	16	167	ガンバ大阪ユース
16	FW	芋縄	叶翔	16	175	興國高校

兵庫県選抜

背番号	位置	氏	名	年齢	身長	所属チーム
	監督	眞鍋	利治	—	—	尼崎市立成良中学校
1	GK	堀口	裕暉	16	177	関西大学北陽高校
2	DF	寺岡	佑真	16	164	ヴィッセル神戸U-18
3	DF	高嶋	蒼和	15	184	ヴィッセル神戸U-18
4	DF	原	蒼汰	16	181	ヴィッセル神戸U-18
5	MF	谷口	央和	16	178	ヴィッセル神戸U-18
6	MF	西川	亜郁	16	165	ヴィッセル神戸U-18
7	MF	梅原	良弥	15	173	神戸弘陵学園高校
8	MF	瀬口	大翔	15	172	ヴィッセル神戸U-18
9	FW	渡辺	隼斗	16	177	ヴィッセル神戸U-18
10	MF	藤本	陸玖	16	170	ヴィッセル神戸U-18
11	FW	大西	湊太	16	170	ヴィッセル神戸U-18
12	GK	鹿屋	舷	15	172	神戸弘陵学園高校
14	FW	宮城	丸	16	170	相生学院高校
15	DF	吉井	悠	16	173	滝川第二高校
18	MF	片山	航汰	16	166	ヴィッセル神戸U-18
20	DF	坂口	佑樹	14	178	神戸FCジュニアユース

鳥取県選抜

背番号	位置	氏	名	年齢	身長	所属チーム
	監督	下屋敷	恒太郎	—	—	倉吉北高校
1	GK	土居	慶斗	16	180	ガイナーレ鳥取U-18
2	DF	竹内	晴太	15	172	米子北高校
3	DF	藤原	大空	15	173	米子北高校
4	DF	河中	奏翔	15	167	ガイナーレ鳥取U-18
5	DF	平田	玖来佑	16	176	米子北高校
6	MF	佐田	喜恒	16	170	ガイナーレ鳥取U-18
7	MF	落合	翔覇	16	173	米子北高校
8	MF	久徳	庵道	16	167	米子北高校
9	FW	長谷川	夢叶	16	175	ガイナーレ鳥取U-18
10	MF	山田	士雄	16	165	ガイナーレ鳥取U-18
11	MF	中井	奏	16	172	ガイナーレ鳥取U-18
12	MF	横山	通生	15	169	米子北高校
13	FW	福本	翔	16	164	鳥取県立米子西高校
14	MF	山下	一圭	15	170	米子北高校
15	FW	石飛	五光	15	172	米子北高校
16	GK	酒井	律輝	16	181	米子北高校

※年齢は2023年10月12日時点

島根県選抜

背番号	位置	氏	名	年齢	身長	所属チーム
	監督	中村	展久	—	—	島根県立益田高校
1	GK	中尾	南智	16	170	島根県立大社高校
2	DF	大西	成海	16	177	島根県立大社高校
3	MF	坂田	幸大	16	180	島根県立大社高校
4	DF	栗原	貫志	16	181	島根県立大社高校
5	MF	今岡	煌星	16	170	島根県立大社高校
6	DF	日野	遼生	16	167	島根県立大社高校
7	FW	池田	龍心	16	176	明誠高校
8	DF	川上	大翔	16	172	島根県立大社高校
9	MF	中林	雄英	16	167	島根県立大社高校
10	FW	石川	晄	16	165	島根県立大社高校
11	DF	武信	瑛大	16	175	島根県立大社高校
12	GK	梅木	琢磨	16	182	島根県立大社高校
13	MF	藤原	伊吹	16	169	島根県立大社高校
14	MF	水津	拓朗	16	176	島根県立大社高校
15	FW	松﨑	悠生	16	171	島根県立大社高校
16	MF	石川	虎之介	16	176	島根県立大社高校

広島県選抜

背番号	位置	氏	名	年齢	身長	所属チーム
	監督	甲田	大二	—	—	広島県立広島工業高校
1	GK	小川	煌	16	189	サンフレッチェ広島F.Cユース
2	DF	児玉	司	15	170	サンフレッチェ広島F.Cユース
3	DF	野崎	光汰	16	174	サンフレッチェ広島F.Cユース
4	DF	渡邉	楓太	16	173	広島県瀬戸内高校
5	DF	林	詢大	16	175	サンフレッチェ広島F.Cユース
6	MF	山里	謙心	15	170	サンフレッチェ広島F.Cユース
7	MF	長村	星波	16	175	広島県瀬戸内高校
8	MF	小林	志紋	15	161	サンフレッチェ広島F.Cユース
9	FW	宗田	椛生	15	168	サンフレッチェ広島F.Cユース
10	FW	上岡	士恩	16	179	広島県瀬戸内高校
11	FW	土井川	遥人	16	168	サンフレッチェ広島F.Cユース
12	GK	田平	悠斗	16	180	広島県瀬戸内高校
13	DF	梅田	大翔	15	173	サンフレッチェ広島F.Cユース
14	MF	長沼	聖明	15	172	サンフレッチェ広島F.Cユース
15	MF	濱	陽斗	15	168	広島県瀬戸内高校
16	FW	安井	智哉	16	163	広島市立沼田高校

徳島県選抜

背番号	位置	氏	名	年齢	身長	所属チーム
	監督	佐藤	瞬	—	—	徳島ヴォルティスユース
1	GK	武知	莱陽	15	175	徳島ヴォルティスユース
2	MF	岸	孝亮	16	163	徳島市立高校
3	DF	宮村	璃玖	15	189	徳島ヴォルティスユース
4	DF	藤原	一途	15	185	徳島ヴォルティスユース
5	DF	東	桂吾	16	175	徳島ヴォルティスユース
6	DF	増井	哲平	16	177	徳島ヴォルティスユース
7	MF	原水	智弘	16	169	徳島市立高校
8	MF	福田	武玖	15	172	徳島ヴォルティスユース
9	MF	宮川	陸斗	16	163	徳島ヴォルティスユース
10	MF	山口	凜太朗	16	178	徳島市立高校
11	FW	平尾	海斗	16	173	徳島市立高校
12	GK	松下	夏季	16	182	徳島県立徳島商業高校
13	FW	長村	嶺央	16	175	徳島ヴォルティスユース
14	FW	大坂	嵐	15	159	徳島ヴォルティスユース
15	DF	森田	颯佑	16	175	徳島市立高校
16	MF	橋本	悠希	16	174	徳島ヴォルティスユース

高知県選抜

背番号	位置	氏	名	年齢	身長	所属チーム
	監督	小田	悟司	—	—	高知商業高校
1	GK	橋本	悠	16	182	高知県立中村高校
2	DF	片岡	蒼空	16	174	高知高校
3	DF	常川	敬央	16	177	高知県立高知国際高校
4	DF	横田	陽向	15	174	高知高校
5	DF	天野	慈穏	16	176	明徳義塾高校
6	MF	前田	悠惺	16	168	高知高校
7	MF	市原	大羅	16	166	高知高校
8	MF	三井	虎翔	16	165	高知中央高校
9	MF	横谷	隼人	16	158	高知県立高知小津高校
10	FW	松田	翔空	16	165	高知高校
11	FW	大西	貫太	16	161	高知高校
12	GK	高田	飛空	16	175	高知高校
13	DF	笹村	時空	15	185	高知県立中村高校
14	MF	森田	柊磨	16	163	高知県立岡豊高校
15	MF	葛籠	聖斗	15	158	明徳義塾高校
16	MF	山本	滉太	16	172	高知県立高知小津高校

福岡県選抜

背番号	位置	氏	名	年齢	身長	所属チーム
	監督	手嶋	俊介	—	—	ギラヴァンツ北九州
1	GK	小林	大	16	178	東福岡高校
2	DF	樺島	勇波	16	176	アビスパ福岡U-18
3	DF	小浦	拓実	16	172	アビスパ福岡U-18
4	MF	奥井	星宇	16	177	福岡大学附属若葉高校
5	DF	重松	怜音	16	180	福岡大学附属若葉高校
6	MF	鶴元	銀乃介	15	168	飯塚高校
7	MF	星山	大河	16	164	ギラヴァンツ北九州U-18
8	DF	永田	覚都	16	175	東海大学付属福岡高校
9	FW	井上	雄太	16	166	アビスパ福岡U-18
10	MF	廣田	陸人	16	177	アビスパ福岡U-18
11	FW	山口	倫生	16	172	東福岡高校
12	GK	小松	洸士	16	180	飯塚高校
13	DF	三善	悠翔	16	174	東福岡高校
14	MF	剛﨑	琉碧	16	171	東福岡高校
15	FW	齊藤	琉稀空	16	174	東福岡高校
16	MF	新垣	類	16	165	飯塚高校

佐賀県選抜

背番号	位置	氏	名	年齢	身長	所属チーム
	監督	末藤	崇成	—	—	サガン鳥栖U-18
1	GK	田中	皓惺	16	184	サガン鳥栖U-18
2	DF	後藤	光喜	16	175	佐賀県立佐賀東高校
3	DF	田中	佑磨	16	178	佐賀県立佐賀東高校
4	DF	黒木	雄也	15	181	サガン鳥栖U-18
5	DF	甲斐	桜助	16	176	佐賀県立佐賀東高校
6	MF	鈴木	悠希	15	179	サガン鳥栖U-18
7	MF	古賀	稜麻	16	181	サガン鳥栖U-18
8	MF	山村チーディ	賢斗	16	181	サガン鳥栖U-18
9	FW	新川	志音	16	168	サガン鳥栖U-18
10	MF	東口	藍太郎	16	158	サガン鳥栖U-18
11	MF	水巻	時飛	16	166	サガン鳥栖U-18
12	MF	原口	幸之助	16	168	サガン鳥栖U-18
13	MF	下田	優太	16	165	サガン鳥栖U-18
14	MF	池田	季礼	16	172	サガン鳥栖U-18
15	GK	鶴丸	蓮	15	174	佐賀県立佐賀東高校
16	MF	田中	佑和	16	170	サガン鳥栖U-18

熊本県選抜

背番号	位置	氏	名	年齢	身長	所属チーム
	監督	大塚	翔太	—	—	熊本県立熊本工業高校
1	GK	上村	朋生	16	183	ロアッソ熊本ユース
2	DF	迎田	洸	16	180	ロアッソ熊本ユース
3	DF	前川	晟真	16	172	ロアッソ熊本ユース
4	DF	松野	秀亮	16	184	大津高校
5	DF	髙村	颯太	16	183	ロアッソ熊本ユース
6	DF	村上	慶	16	181	大津高校
7	MF	山口	空飛	16	173	ロアッソ熊本ユース
8	MF	堤	隼誠	16	168	ロアッソ熊本ユース
9	FW	神代	慶人	15	178	ロアッソ熊本ユース
10	MF	末松	煌生	16	182	大津高校
11	FW	松元	海斗	16	176	熊本国府高校
12	GK	村上	葵	15	177	大津高校
13	FW	元松	蒼太	16	172	ロアッソ熊本ユース
14	FW	山下	虎太郎	16	159	大津高校
15	FW	岩﨑	天利	16	169	大津高校
16	MF	鶴	響輝	15	164	荒尾FC

鹿児島県選抜

背番号	位置	氏	名	年齢	身長	所属チーム
	監督	大久保	毅	—	—	鹿児島県サッカー協会
1	GK	久米田	聖海	16	178	鹿児島ユナイテッドFC U-18
2	MF	佐々木	順士	16	172	神村学園高等部
3	DF	浮邉	泰士	15	178	鹿児島城西高校
4	DF	中村	大志	16	162	神村学園高等部
5	DF	中野	陽斗	16	179	神村学園高等部
6	MF	花城	瑛汰	15	160	神村学園中等部
7	MF	堀ノ口	瑛太	16	172	神村学園高等部
8	MF	佐々木	悠太	16	170	神村学園高等部
9	FW	大石	脩斗	15	183	鹿児島城西高校
10	MF	福島	和毅	16	162	神村学園高等部
11	MF	日髙	元	15	162	神村学園高等部
12	GK	江田	優大	16	177	神村学園高等部
13	FW	西村	朋倭	15	180	神村学園中等部
14	FW	德村	楓大	15	166	神村学園高等部
15	DF	丸山	哲新	15	175	鹿児島ユナイテッドFC U-18
16	MF	伏原	俐空	15	168	神村学園中等部

ブロック大会対戦結果

【東　北】 代表：青森県・宮城県・福島県

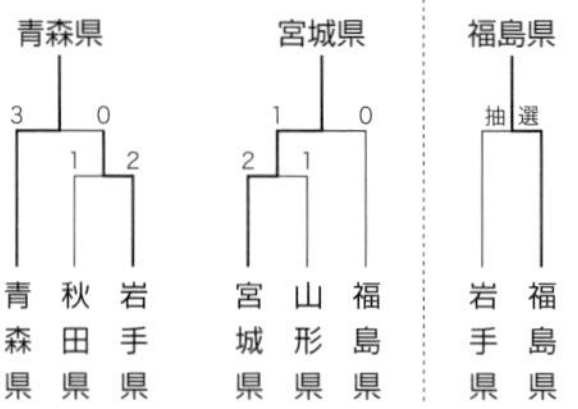

【関　東】 代表：茨城県・群馬県・東京都・神奈川県

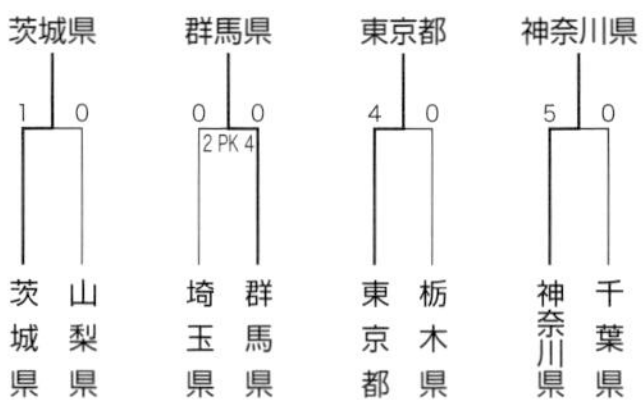

【北信越】 代　表：新潟県・長野県

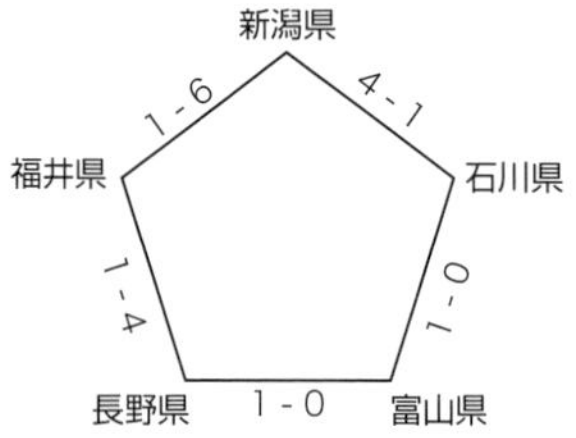

【東　海】 代表：静岡県・愛知県

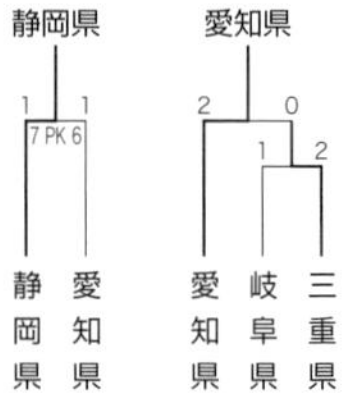

【近　畿】 代表：大阪府・京都府・兵庫県

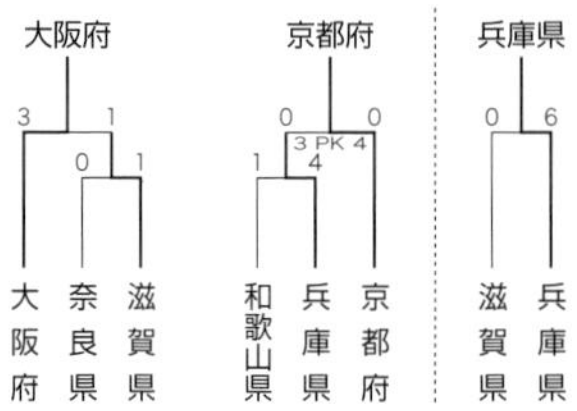

【中　国】 代　表：広島県・鳥取県・島根県

【四　国】 代表：徳島県・高知県

	愛媛県	高知県	徳島県	香川県	順位
愛媛県		0●1	0●3	1○0	3
高知県	1○0		2●5	0△0	2
徳島県	3○0	5○2		3△3	1
香川県	0●1	0△0	3△3		4

【九　州】 代表：佐賀県・福岡県・熊本県

Aパート	佐賀県	福岡県	長崎県	宮崎県	順位
佐賀県		4○0	5○0	4○1	1
福岡県	0●4		3○1	2○0	2
長崎県	0●5	1●3		4○2	3
宮崎県	1●4	0●2	2●4		4

Bパート	熊本県	沖縄県	大分県	順位
熊本県		2○1	2○1	1
沖縄県	1●2		1△1	2
大分県	1●2	1△1		2

国体 少年女子 1回戦

前回大会の上位3チームが準々決勝進出

北海道・東北勢は全て初戦敗退に

東京都 5-0 北海道

連覇を狙う東京都は前半25、29分にいずれもCKからDF伊勢が連続ゴール。快勝発進した

大阪府 4-0 福島県

▼大阪府は前半10分にMF中野が先制ゴール。所属チームや代表チームではDFだが、攻撃力を発揮して勝利に貢献

▶大阪府は集中した守備も。DF安東（美）がスライディングタックルを決める

▲広島県は後半35＋３分に交代出場のDF中谷が決勝ゴール。国体初白星を挙げた
▼愛知県は試合終了間際の失点で涙の敗退となった

広島県 2 愛知県 1

岡山県は前回大会に続く初戦突破。FW田中が後半28分に決勝点を決め、逆転勝ち

岡山県 2-1 大分県

国体少年女子 1回戦

鹿児島県 5
香川県 0

◀点差は開いたものの、香川県も最後まで全力プレー
▶開催地の鹿児島県は快勝。後半18分、MF山野が右足シュートを決め、ゴールラッシュを締めた

新潟県 1 [4 PK 2]
宮城県 1

先 宮城県	PK	新潟県
渡邊 ×	1	○ 楠本
津田 ○	2	○ 松川
菅原 ○	3	○ 金本
菊地 ×	4	○ 更級
瀬戸	GK	坂田

▶少年女子初出場の宮城県は初勝利まであと一歩
◀新潟県がPK方式の末、初戦突破。主将のGK坂田を中心に喜びを爆発させる

宮崎県 3 [5 PK 4]
千葉県 3

前半7分、宮崎県FW田中が左足シュートを叩き込む。3-3の撃ち合いをPK方式で制し、準々決勝へ

先 宮崎県	PK	千葉県
田中 ○	1	○ 川西
徳永 ○	2	○ 松谷
鳥越 ○	3	○ 伊達
森 ○	4	○ 押井
籔内 ○	5	× 井上
宮田	GK	足立(楓)

静岡県 0 [5 PK 4] 0 福岡県

◀福岡県は相手に11本のシュートを撃たれながらも、無失点と健闘

先 福岡県	PK	静岡県
ムカダンゲイ ○	1	○ 榊
楢崎 ○	2	○ 望月
榎嶋 ○	3	○ 旭田
富沢 ×	4	○ 松浦
山田 ○	5	○ 弟子丸
弓立	GK	福田

▶前回大会準優勝の静岡県はPK方式でGK福田が好セーブ。準々決勝へ駒を進めた

国体 少年女子 準々決勝

東京都、静岡県、鹿児島県が2大会連続準決勝進出

岡山県に雪辱の大阪府は初の４強

東京都 3-0 広島県

東京都は2試合連続無失点でベスト4進出。相手選手を挟み込んでボールを奪う

大阪府 3 岡山県 2

◀岡山県は前半31分、左CKからFW田中が頭でゴール。だが、2年連続準々決勝敗退に

▼後半6分、大阪府はFW枚田が右足で追加点。この1点が決勝点となった

鹿児島県 5-1 新潟県

鹿児島県は2試合連続5得点。FW安田は前半2分の先制点に続き、4分にも右CKから頭でゴール

静岡県 5-2 宮崎県

▶静岡県はMF松井がハットトリックの活躍。前半8分、ドリブルから1点目のゴール

◀宮崎県は初戦の3得点に続き、準々決勝でもMF森のゴールなどで2得点。攻撃力の高さを示した

国体 少年女子 準決勝

いずれもPK方式で決着。大阪府と鹿児島県が決勝進出

大阪府 0 [5 PK 4] 東京都 0

先 東京都		PK		大阪府
川口	×	1	○	太田
伊勢	○	2	○	枚田
伊藤	○	3	○	松川
高野	○	4	○	安東(優)
明	○	5	○	安東(美)
辛嶋		GK		横山

▶大阪府はPK方式の末に初の決勝進出。前回大会優勝の東京都撃破に喜びを爆発させる

▲大阪府のDF太田主将が相手の攻撃を阻止する。東京都は無失点で敗退が決まった

先 静岡県		PK		鹿児島県
榊	○	1	○	安田
望月	○	2	○	新原
鈴木	×	3	×	春園
松浦	×	4	○	原口
弟子丸	○	5	○	舟之川
福田		GK		西

鹿児島県 2 [4 PK 3] 静岡県 2

◀鹿児島県は2点差を追いつかれたものの、初の決勝進出。前回大会の3位を超えた

▶鹿児島県はPK方式突入直前に投入されたGK西が見事なシュートストップ

静岡県が前回大会決勝の雪辱果たし、3位に

3位決定戦

静岡県 1
東京都 0

◀静岡県は後半24分、右CKからFW松浦が決勝点となるヘディングシュートを決める

▲前回大会優勝の東京都は無失点のまま準決勝敗退。だが、切り替えて3位を目指した

第3位

静岡県

福田真央、望月寧々、旭田好里、坪井蛍、小澤瑠奈、榊愛花、林椿、弟子丸紗羽、松井望花、松浦芽育子、鈴木由真、ンワデイル ヴィクトリア、西川鈴子、佐野杏花、岩田琳香

女子 優勝監督 手記

U-16大阪府監督 井尻真文
星翔高校

「優勝」という宿題

国民体育大会サッカー競技は、それまでの女子の部（成年）から、昨年より少年女子の部が創設されました。我々も少年女子の大阪府代表チームとして「優勝」を目標に挑んだ大会でしたが、残念ながら1回戦敗退という結果に終わりました。新たなカテゴリーでの選手選考をはじめ、チーム作りの難しさを痛感した一年でした。
「優勝」の宿題を残してコーチングスタッフも同じメンバーで挑んだ今年の特別国民体育大会では、それぞれのスタッフが100%以上の力でその役割を果たしてくれたことが素晴らしく、チームのまとまりも含めて良い準備ができました。コーチ陣の選手に対する言葉がけや働きかけのタイミング、GKコーチの専門的なコーチング、テクニカルスタッフの映像分析、トレーナーの感染防止対策を含めた選手のコンディション管理、主務のスケジュール調整や的確なマネジメントなど、様々な要素がマッチしたチーム作りができました。関西トレセン女子U-16リーグから近畿ブロック大会まで、関係者とコーチングスタッフの大きな力でスムーズなチーム運営ができたことに深く感謝を申し上げます。

明るく元気なチーム

そして迎えた2023年の「燃ゆる感動 かごしま国体」では、直前までそれぞれのチームの公式戦がありましたが、競技開始前々日に鹿児島入りさせていただき、選手たちのコンディションやチームの雰囲気がとても良くなりました。それにより1回戦の福島県との試合では、昨年とは違い、ゲームコントロールが上手く、また選手個人の力も存分に発揮され勝利できました。

大会初日から4連戦というハードな日程によって疲労との戦いもありましたが、スタッフの雰囲気作りも含めて選手たちがとにかく明るく元気なチームとなり、初優勝という結果に結びついたと感じています。厳しい試合の連続ではありましたが、期間中ドキドキ、ワクワクした時間も含め、皆で楽しく大会を過ごすことができました。

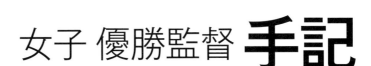

歴史を作ろう

最後になりましたが、少年女子という新たなカテゴリーで「~歴史を作ろう~」をテーマに掲げ、2度目の挑戦で優勝できたことは、選手たちの競技に取り組む真摯な姿勢はもちろんのこと、日頃から選手たちを御指導いただいております所属チームの関係者の皆さまのおかげであり、また大阪府サッカー協会のバックアップも我々のパワーとなりました。改めまして深く感謝いたしますとともに、心より御礼を申し上げます。最後になりましたが開催地の地元、鹿児島県霧島市での大会の運営など、様々な素晴らしい環境を作っていただきまして誠にありがとうございました。大会関係者の皆さまに深く御礼を申し上げます。

特別国民体育大会少年女子の部記録一覧

70分 PK方式(決勝のみ70分 延長20分 PK方式)

第1回戦 10月13日 霧島市国分運動公園多目的広場
主 濱崎覚美 副 柳彩乃、磯口敬介

★ 東京都 5(3-0、2-0)0 北海道

得	S	年齢		東京都	背	背	北海道		年齢	S	得
0	0	15	GK	辛嶋 心結	1	1	丸山 彩	GK	16	0	0
0	0	16	DF	高野 彩音	2	2	有賀 紗穂	DF	16	0	0
0	0	16	DF	久山 紗季	4	5	山下 可暖	DF	16	0	0
0	1	⑯	DF	明 詩音梨	13	7	笹森 日和	DF	15	0	0
2	4	16	DF	伊勢 はな	14	12	秋山 真花	DF	16	0	0
0	1	15	MF	木田 遥	6	6	佐藤 友来	MF	⑯	0	0
1	2	16	MF	中野 杏奈	7	8	一ノ瀬 茉月	MF	15	0	0
0	2	16	MF	川口 歩奏	10	9	小笠原 ひなの	MF	16	1	0
1	4	16	FW	上川路 遥	8	10	築館 捺美	MF	16	0	0
0	2	15	FW	伊藤 芽紗	9	11	髙橋 彩羽	MF	16	0	0
1	2	16	FW	谷田 柚	11	15	本間 夢衣菜	MF	15	0	0

【交代】(東京都)中野杏奈→末岡美嘉(HT)、谷田柚→廣川果歩(43分)、辛嶋心結→梅澤ひかり(47分)、伊藤芽紗→谷田柚(53分)、上川路遥→伊藤芽紗(63分)、木田遥→中野杏奈(66分)/(北海道)有賀紗穂→飛澤知佳(22分)、築館捺美→清水川明里(22分)、秋山真花→有賀紗穂(HT)、本間夢衣菜→橘彩珠(HT)、山下可暖→小松菜奈(HT)、笹森日和→築館捺美(HT)、小笠原ひなの→本間夢衣菜(45分)、一ノ瀬茉月→笹森日和(65分)
【得点】(東京都)伊勢はな(25、29分)、中野杏奈(35+2分)、上川路遥(39分)、谷田柚(61分)

第1回戦 10月13日 まきのはら運動公園多目的広場
主 横田碧 副 東能央、樋之口教志

★ 広島県 2(0-0、2-1)1 愛知県

得	S	年齢		広島県	背	背	愛知県		年齢	S	得
0	0	15	GK	河内山 命音	1	1	今井 詠子	GK	16	0	0
0	0	15	DF	小田 咲花	2	2	元土肥 妙子	DF	16	0	0
0	0	15	DF	竹原 優佳	4	3	佐々木 日和	DF	16	0	0
0	2	15	DF	宮武 つぐみ	14	4	村松 風花	DF	15	1	0
0	0	15	MF	森山 佳乃	3	6	藤白 結香	DF	16	0	0
0	2	15	MF	川崎 和奏	7	7	渡辺 愛未	DF	15	1	0
1	5	16	MF	臼井 利依	8	18	大島 美森	DF	15	0	0
0	0	16	MF	大木 彩葵	9	8	塩川 十鈴星	MF	16	1	0
0	1	⑯	MF	藤永 梨花	10	9	杉浦 天	MF	⑯	1	0
0	0	15	FW	吉田 真心	6	16	髙田 理乃	MF	14	1	0
0	2	16	FW	大木 優奈	11	10	小澤 しいな	FW	15	1	1

【交代】(広島県)吉田真心→金子なのは(18分)、宮武つぐみ→中谷日青(65分)、金子なのは→枝廣吏音(70+1分)/(愛知県)藤白結香→佐藤翠(30分)、髙田理乃→松田夏芽(47分)、佐藤翠→山本遥(47分)、山本遥→佐藤翠(57分)、佐藤翠→髙田理乃(63分)
【得点】(広島県)臼井利依(42分)、中谷日青(70+3分)/(愛知県)小澤しいな(47分)

第1回戦 10月13日 まきのはら運動公園多目的広場
主 山崎真菜 副 久保祐成、堀ノ内大介

★ 福島県 0(0-3、0-1)4 大阪府

得	S	年齢		福島県	背	背	大阪府		年齢	S	得
0	0	15	GK	飯干 璃音	12	1	横山 環南	GK	16	0	0
0	0	16	DF	森川 若葉	2	2	太田 美月	DF	⑯	1	1
0	0	⑯	DF	郡司 玲奈	4	3	松川 陽加里	DF	16	0	0
0	0	16	DF	遠藤 綾乃	5	4	河村 斐織	DF	16	0	0
0	0	16	MF	宇都木 碧衣	6	10	安東 美那	DF	16	1	0
0	1	16	MF	荒川 遥瑠海	7	5	中野 梨緒	MF	16	2	1
0	0	16	MF	徳丸 凛音	8	6	安東 優那	MF	16	3	0
0	0	16	MF	菊池 莉央	10	14	岡本 奈生	MF	16	0	0
0	0	16	FW	齋藤 佳歩	9	15	中西 茉里奈	MF	15	1	0
0	0	16	FW	橋本 侑楽	13	8	枚田 乙愛	FW	16	2	0
0	1	15	FW	渡部 月輝	15	11	佐藤 ももサロワンウエキ	FW	16	3	1

【交代】(福島県)橋本侑楽→荒井梗花(46分)、遠藤綾乃→吉田明依(52分)、飯干璃音→八矢奏美(55分)、荒川遥瑠海→池田琉花(67分)、吉田明依→遠藤綾乃(68分)、荒井梗花→橋本侑楽(70分)/(大阪府)横山環南→山内れな(HT)、太田美月→新西和花(HT)、枚田乙愛→笠崎愛乃(HT)、佐藤ももサロワンウエキ→高山よぞら(HT)、中西茉里奈→枚田乙愛(56分)、松川陽加里→太田美月(56分)、中野梨緒→佐藤ももサロワンウエキ(63分)
【得点】(大阪府)中野梨緒(10分)、佐藤ももサロワンウエキ(18分)、太田美月(23分)、オウンゴール(70+3分)

第1回戦 10月13日 霧島市国分運動公園陸上競技場
主 大村美詞 副 別府朋香、末吉叶愛

大分県 1(1-0、0-2)2 岡山県 ★

得	S	年齢		大分県	背	背	岡山県		年齢	S	得
0	0	16	GK	大野 菜緒	1	1	青木 凛羽	GK	16	0	0
1	1	16	DF	田中 莉那	2	2	山田 乃愛	DF	16	0	0
0	0	⑯	DF	園 ひなの	3	3	佐野 柚希	DF	16	0	0
0	0	16	DF	清水 李々那	5	4	藤井 いろは	DF	15	0	0
0	1	16	DF	髙田 紋叶	13	5	小野 心	DF	16	0	0
0	0	16	DF	秋月 来望	15	6	小久保 里望	MF	15	0	0
0	1	14	MF	東 美月	4	7	堀江 昂央	MF	16	2	0
0	0	15	MF	田淵 聖那	8	15	森定 万弥	MF	15	1	0
0	0	15	MF	松田 吏真	10	10	安部 美琴	FW	⑯	0	0
0	0	14	MF	中溝 桃	11	11	田中 沙羅	FW	15	2	1
0	2	15	FW	村上 凜果	7	14	矢野 七夢	FW	15	2	0

【交代】(大分県)秋月来望→榮森結菜(16分)、田淵聖那→與倉萌生(38分)、與倉萌生→田淵聖那(49分)/(岡山県)安部美琴→賀田愛(16分)、佐野柚希→佐野由奈(HT)、森定万弥→佐野柚希(60分)、佐野柚希→吉田芽生菜(70+2分)、佐野由奈→森定万弥(70+3分)
【得点】(大分県)田中莉那(27分)/(岡山県)賀田愛(47分)、田中沙羅(63分)

第1回戦 10月13日 霧島市国分運動公園陸上競技場
主 小野田伊佐子 副 千蔵るり、宮井麗央

鹿児島県 5(3-0、2-0)0 香川県 ★

得	S	年齢		鹿児島県	背	背	香川県		年齢	S	得
0	0	16	GK	津曲 和美	1	1	有木 心詩	GK	16	0	0
0	1	16	DF	春園 虹天	2	2	伊藤 白羽	DF	14	0	0
0	0	16	DF	土山 紗也佳	3	3	田渡 由奈	DF	16	0	0
0	0	16	DF	折田 陽和	5	4	西尾 佳花	DF	⑯	0	0
0	0	16	DF	中地 沙里	12	6	森江 喜子	DF	15	0	0
0	0	15	MF	漆島 祐衣	6	7	佐藤 由奈	MF	15	0	0
1	5	15	MF	山野 蒼空	7	9	祖一 寧音	MF	14	0	0
0	0	16	MF	舟之川 桃果	10	10	菅 苺羽	MF	15	1	0
0	2	16	MF	新原 由菜	14	11	伊藤 亜里紗	MF	15	0	0
1	2	⑯	FW	安田 美泉	9	13	中村 蒼空	MF	14	0	0
1	1	16	FW	原口 鈴音	11	14	松村 菜那	MF	15	0	0

【交代】(鹿児島県)漆島祐衣→一木知華(19分)、中地沙里→坂元めい(19分)、山野蒼空→松山みらい(28分)、土山紗也佳→中地沙里(HT)、春園虹天→漆島祐衣(HT)、舟之川桃果→山野蒼空(HT)、新原由菜→土山紗也佳(44分)、安田美泉→春園虹天(48分)、原口鈴音→舟之川桃果(54分)、坂元めい→新原由菜(54分)/(香川県)中村蒼空→平田心音(42分)、祖一寧音→藤貫愛祢(48分)、伊藤亜里紗→祖一寧音(58分)、松村菜那→中村蒼空(58分)、藤貫愛祢→香西柚羽(62分)、有木心詩→阿部美海(64分)、伊藤白羽→伊藤亜里紗(64分)
【得点】(鹿児島県)原口鈴音(6分)、安田美泉(7分)、一木知華(26分)、坂元めい(41分)、山野蒼空(53分)

第1回戦 10月13日 まきのはら運動公園多目的広場
主 大堂清香 副 川崎悟、高木秀信

★ 宮城県 1(1-0、0-1)1 新潟県
2 PK 4

得	S	年齢		宮城県	背	背	新潟県		年齢	S	得
0	0	15	GK	瀬戸 如紗	1	1	坂田 湖琳	GK	⑯	0	0
0	1	⑯	DF	菅原 千嘉	2	2	那須 陽帆	DF	16	0	0
0	0	16	DF	岩城 恋音美	3	3	岩崎 朱里	DF	15	1	0
0	0	15	DF	伊藤 里保	4	4	稲垣 遙	DF	16	0	0
0	0	15	DF	宮崎 優那	5	15	米野 紗良	DF	15	0	0
0	2	16	MF	渡邊 衣織	6	6	更級 一花	MF	16	0	0
1	1	16	MF	井ノ瀬 玲緒奈	7	7	牧野 カレン	MF	16	1	0
0	2	16	MF	伊藤 花恋	8	8	松川 そら	MF	15	1	1
0	1	16	MF	菊地 花奈	9	10	高山 杏々葉	FW	15	1	0
0	6	15	FW	津田 愛乃音	10	11	瀬川 こころ	FW	15	1	0
0	0	16	FW	山田 葵	11	14	楠本 樹里	FW	16	0	0

【交代】(宮城県)菊地花奈→木村かの(42分)、山田葵→菊地花奈(54分)、伊藤花恋→山田葵(65分)、山田葵→伊藤花恋(70+2分)/(新潟県)高山杏々葉→小林杏佳(19分)、瀬川こころ→金本愛実瑠(19分)、楠本樹里→高山杏々葉(31分)、那須陽帆→吉田琉愛(HT)、小林杏佳→瀬川こころ(HT)、牧野カレン→楠本樹里(HT)、瀬川こころ→小林杏佳(54分)、岩崎朱里→瀬川こころ(64分)
【得点】(宮城県)井ノ瀬玲緒奈(20分)/(新潟県)松川そら(59分)

第1回戦 10月13日 霧島市国分運動公園多目的広場
主 柿本麻希 副 藤本真樹、篠原浩司

★ 千葉県 3(2-2、1-1)3 宮崎県
4 PK 5

得	S	年齢		千葉県	背	背	宮崎県		年齢	S	得
0	0	15	GK	足立 楓	1	1	宮田 紗果	GK	16	0	0
0	0	15	DF	足立 梓	2	2	徳永 華乃	DF	16	1	1
1	1	16	DF	押井 美羽	3	3	鳥越 愛音	DF	16	2	1
0	0	16	DF	斉藤 真心	4	4	瀬ノ口 紗瑛	DF	16	0	0
1	4	⑮	DF	川西 伶奈	5	5	倉田 悠愛	DF	16	0	0
0	0	14	DF	久保田 真帆	13	7	森 千晴	MF	⑮	1	0
1	2	16	MF	井上 果鈴	6	8	村田 愛桜	MF	16	0	0
0	0	16	MF	小合 葉月	8	12	籔内 瑠那	MF	15	0	0
0	0	16	MF	松谷 星来	9	13	青山 未歩	MF	15	0	0
0	0	15	MF	吉野 心	11	10	税田 琳花	FW	16	1	0
0	0	16	FW	伊達 香花	7	14	田中 娃李	FW	15	3	1

【交代】(千葉県)伊達香花→出口詩雪(21分)、斉藤真心→永田真帆(24分)、足立梓→宮澤沙織那(26分)、出口詩雪→伊達香花(35+2分)、小合葉月→出口詩雪(60分)/(宮崎県)村田愛桜→矢野百笑(20分)、青山未歩→小山海憂(34分)、小山海憂→青山未歩(43分)、森千晴→川畑凜(44分)、矢野百笑→村田愛桜(57分)、田中娃李→森千晴(61分)、川畑凜→武石真奈(62分)、村田愛桜→田中娃李(67分)、武石真奈→矢野百笑(70+2分)
【得点】(千葉県)井上果鈴(28分)、川西伶奈(33分)、押井美羽(64分)/(宮崎県)田中娃李(7分)、徳永華乃(19分)、鳥越愛音(55分)

第1回戦 10月13日 霧島市国分運動公園多目的広場
主 國師えりな 副 倉山武文、瀧口学

福岡県 0(0-0、0-0)0 静岡県 ★
4 PK 5

得	S	年齢		福岡県	背	背	静岡県		年齢	S	得
0	0	16	GK	進藤 真奈花	12	1	福田 真央	GK	16	0	0
0	0	16	DF	柴田 羅夢	2	2	望月 寧々	DF	16	0	0
0	0	15	DF	神田 心未	3	3	旭田 好里	DF	16	0	0
0	0	16	DF	村上 愛依	4	5	小澤 瑠奈	DF	16	0	0
0	0	16	DF	富沢 侑和	5	13	西川 鈴子	DF	16	0	0
0	0	15	MF	中谷 百音	7	7	林 椿	MF	15	0	0
0	0	16	MF	榎嶋 あかり	8	8	弟子丸 紗羽	MF	⑯	3	0
0	1	16	MF	山田 愛実	10	9	松井 望花	MF	15	3	0
0	0	⑯	MF	ムカダンゲイ 恵玲奈	11	14	佐野 杏花	MF	15	1	0
0	0	15	MF	楢崎 綾香	14	15	岩田 琳香	MF	15	1	0
0	1	16	FW	井手 穂花	9	10	松浦 芽育子	FW	16	2	0

【交代】(福岡県)山田愛実→草原愛莉(22分)、井手穂花→山田愛実(35分)、中谷百音→福田陽莉(43分)、草原愛莉→井手穂花(54分)、柴田羅夢→草原愛莉(61分)、進藤真奈花→弓立詩菜(70+2分)/(静岡県)林椿→鈴木由真(HT)、佐野杏花→榊愛花(48分)

準々決勝戦

10月14日 まきのはら運動公園多目的広場
主 山崎真菜 副 小野田伊佐子、千蔵るり

東京都 3 (1-0 / 2-0) 0 広島県 ★

得	S	年齢			背	背			年齢	S	得
0	0	15	GK	辛嶋 心結	1	1	河内山 命音	GK	15	0	0
0	0	16	DF	高野 彩音	2	2	小田 咲花	DF	15	0	0
0	0	16	DF	久山 紗季	4	4	竹原 優佳	DF	15	0	0
0	0	⑯	DF	明 詩音梨	13	13	枝廣 吏音	DF	16	1	0
0	1	16	DF	伊勢 はな	14	3	森山 佳乃	MF	15	0	0
0	0	15	MF	木田 遥	6	7	川崎 和奏	MF	15	1	0
0	0	16	MF	中野 杏奈	7	8	臼井 利依	MF	16	1	0
0	0	16	MF	川口 歩奏	10	9	大木 彩葵	MF	16	0	0
0	0	16	FW	上川路 遥	8	10	藤永 梨花	MF	⑯	3	0
1	1	15	FW	伊藤 芽紗	9	11	大木 優奈	FW	16	1	0
0	0	16	FW	谷田 柚	11	16	横井 希凛	FW	16	0	0

【交代】(東京都)谷田柚→末岡美嘉(29分)、中野杏奈→谷田柚(58分)、伊藤芽紗→廣川果歩(62分)、川口歩奏→中野杏奈(63分)、久山紗季→本多桃華(66分)／(広島県)小田咲花→宮武つぐみ(22分)、横井希凛→吉田真心(22分)、大木優奈→金子なのは(25分)、臼井利依→大木優奈(HT)、金子なのは→中谷日青(HT)、大木彩葵→小田咲花(HT)、中谷日青→臼井利依(46分)、吉田真心→大木彩葵(49分)、大木優奈→中谷日青(65分)、小田咲花→横井希凛(65分)
【得点】(東京都)伊藤芽紗(4分)、末岡美嘉(48分)、廣川果歩(70+2分)

準々決勝戦

10月14日 霧島市国分運動公園多目的広場
主 横田碧 副 柿本麻希、柳彩乃

鹿児島県 5 (4-1 / 1-0) 1 新潟県 ★

得	S	年齢			背	背			年齢	S	得
0	0	16	GK	津曲 和美	1	1	坂田 湖琳	GK	⑯	0	0
0	0	16	DF	春園 虹天	2	2	那須 陽帆	DF	16	0	0
0	0	16	DF	土山 紗也佳	3	3	岩崎 朱里	DF	15	0	0
0	0	16	DF	折田 陽和	5	4	稲垣 遙	DF	16	1	0
0	0	16	DF	中地 沙里	12	15	米野 紗良	DF	15	0	0
0	0	15	MF	漆島 祐衣	6	6	更級 一花	MF	16	2	0
2	5	15	MF	山野 蒼空	7	7	牧野 カレン	MF	16	0	0
0	2	16	MF	舟之川 桃果	10	8	松川 そら	MF	15	0	0
0	0	⑯	MF	新原 由菜	14	10	高山 杏々葉	FW	15	2	1
2	5	16	FW	安田 美泉	9	11	瀬川 こころ	FW	15	0	0
1	3	16	FW	原口 鈴音	11	14	楠本 樹里	FW	16	0	0

【交代】(鹿児島県)土山紗也佳→坂元めい(22分)、漆島祐衣→松山みらい(28分)、山野蒼空→一木知華(29分)、折田陽和→土山紗也佳(HT)、中地沙里→漆島祐衣(HT)、安田美泉→山野蒼空(HT)、土山紗也佳→中地沙里(46分)、春園虹天→折田陽和(55分)、新原由菜→安田美泉(62分)、舟之川桃果→春園虹天(63分)／(新潟県)高山杏々葉→小林杏佳(26分)、瀬川こころ→金本愛実瑠(26分)、牧野カレン→吉田琉愛(HT)、米野紗良→高山杏々葉(HT)、松川そら→瀬川こころ(43分)、岩崎朱里→米野紗良(45分)、那須陽帆→松川そら(55分)
【得点】(鹿児島県)安田美泉(2、4分)、山野蒼空(20、64分)、原口鈴音(31分)／(新潟県)高山杏々葉(10分)

準決勝戦

10月15日 霧島市国分運動公園陸上競技場
主 小野田伊佐子 副 大堂清香、柿本麻希

★ 東京都 0 (0-0 / 0-0) 0 大阪府

4 PK 5

得	S	年齢			背	背			年齢	S	得
0	0	15	GK	辛嶋 心結	1	1	横山 環南	GK	16	0	0
0	1	16	DF	高野 彩音	2	2	太田 美月	DF	⑯	2	0
0	0	16	DF	久山 紗季	4	3	松川 陽加里	DF	16	1	0
0	0	⑯	DF	明 詩音梨	13	4	河村 斐織	DF	16	0	0
0	0	16	DF	伊勢 はな	14	10	安東 美那	DF	16	1	0
0	1	15	MF	木田 遥	6	5	中野 梨緒	MF	16	2	0
0	2	16	MF	中野 杏奈	7	6	安東 優那	MF	16	2	0
0	0	16	MF	川口 歩奏	10	14	岡本 奈生	MF	16	0	0
0	1	16	FW	上川路 遥	8	15	中西 茉里奈	MF	15	0	0
0	0	15	FW	伊藤 芽紗	9	8	枚田 乙愛	FW	16	1	0
0	0	16	FW	谷田 柚	11	11	佐藤 ももサロワンウエキ	FW	16	2	0

【交代】(東京都)谷田柚→廣川果歩(20分)、高野彩音→末岡美嘉(26分)、廣川果歩→本多桃華(HT)、久山紗季→高野彩音(51分)、伊藤芽紗→谷田柚(60分)、木田遥→久山紗季(65分)、末岡美嘉→伊藤芽紗(65分)／(大阪府)安東優那→高山よぞら(55分)、高山よぞら→安東優那(58分)

3位決定戦

10月16日 霧島市国分運動公園陸上競技場
主 國師えりな 副 小野田伊佐子、山崎真菜

★ 東京都 0 (0-0 / 0-1) 1 静岡県

得	S	年齢			背	背			年齢	S	得
0	0	15	GK	辛嶋 心結	1	1	福田 真央	GK	16	0	0
0	0	16	DF	高野 彩音	2	2	望月 寧々	DF	16	0	0
0	0	16	DF	久山 紗季	4	3	旭田 好里	DF	16	0	0
0	0	⑯	DF	明 詩音梨	13	4	坪井 蛍	DF	16	0	0
0	0	16	DF	伊勢 はな	14	5	小澤 瑠奈	DF	16	0	0
0	0	16	MF	末岡 美嘉	5	6	榊 愛花	MF	16	0	0
0	1	15	MF	木田 遥	6	7	林 椿	MF	15	0	0
0	0	16	MF	中野 杏奈	7	8	弟子丸 紗羽	MF	⑯	2	0
0	0	16	MF	川口 歩奏	10	9	松井 望花	MF	15	3	0
0	0	15	MF	廣川 果歩	15	15	岩田 琳香	MF	15	0	0
0	0	16	FW	上川路 遥	8	10	松浦 芽育子	FW	16	2	1

【交代】(東京都)末岡美嘉→本多桃華(HT)、廣川果歩→谷田柚(50分)、中野杏奈→末岡美嘉(55分)、木田遥→中野杏奈(62分)、谷田柚→木田遥(66分)／(静岡県)林椿→鈴木由真(HT)
【得点】(静岡県)松浦芽育子(59分)

準々決勝戦

10月14日 霧島市国分運動公園多目的広場
主 濱崎覚美 副 大堂清香、厚地梨央

★ 大阪府 3 (2-1 / 1-1) 2 岡山県

得	S	年齢			背	背			年齢	S	得
0	0	16	GK	横山 環南	1	1	青木 凛羽	GK	16	0	0
0	1	⑯	DF	太田 美月	2	2	山田 乃愛	DF	16	0	0
0	0	16	DF	松川 陽加里	3	4	藤井 いろは	DF	15	0	0
0	1	16	DF	河村 斐織	4	5	小野 心	DF	16	1	0
0	2	16	DF	安東 美那	10	6	小久保 里望	MF	15	1	1
1	2	16	MF	中野 梨緒	5	7	堀江 昂央	MF	⑯	0	0
0	0	16	MF	安東 優那	6	8	賀田 愛	MF	16	0	0
0	0	16	MF	岡本 奈生	14	9	吉田 芽生菜	MF	16	0	0
0	2	15	MF	中西 茉里奈	15	15	森定 万弥	MF	15	0	0
1	1	16	FW	枚田 乙愛	8	11	田中 沙羅	FW	15	1	1
1	3	16	FW	佐藤 ももサロワンウエキ	11	13	佐野 由奈	FW	16	1	0

【交代】(大阪府)佐藤ももサロワンウエキ→高山よぞら(HT)、岡本奈生→新西和花(54分)、枚田乙愛→笠崎愛乃(60分)／(岡山県)吉田芽生菜→矢野七夢(29分)、佐野由奈→後藤のぞみ(HT)、堀江昂央→佐野柚希(50分)、青木凛羽→佐野由奈(56分)、矢野七夢→堀江昂央(62分)
【得点】(大阪府)佐藤ももサロワンウエキ(2分)、中野梨緒(17分)、枚田乙愛(41分)／(岡山県)田中沙羅(31分)、小久保里望(70+2分)

準々決勝戦

10月14日 まきのはら運動公園多目的広場
主 大村美詞 副 國師えりな、別府朋香

★ 宮崎県 2 (2-4 / 0-1) 5 静岡県

得	S	年齢			背	背			年齢	S	得
0	0	16	GK	宮田 紗果	1	1	福田 真央	GK	16	0	0
0	0	16	DF	徳永 華乃	2	2	望月 寧々	DF	16	0	0
0	1	16	DF	鳥越 愛音	3	3	旭田 好里	DF	16	0	0
0	0	16	DF	瀬ノ口 紗瑛	4	4	坪井 蛍	DF	16	2	0
0	1	16	DF	倉田 悠愛	5	5	小澤 瑠奈	DF	16	1	0
1	3	⑮	MF	森 千晴	7	8	弟子丸 紗羽	MF	⑯	0	0
0	0	16	MF	村田 愛桜	8	9	松井 望花	MF	15	3	3
0	0	15	MF	籔内 瑠那	12	11	鈴木 由真	MF	16	2	1
0	0	15	MF	青山 未歩	13	14	佐野 杏花	MF	15	0	0
0	0	16	FW	税田 琳花	10	15	岩田 琳香	MF	15	4	1
1	2	15	FW	田中 娃李	14	10	松浦 芽育子	FW	16	1	0

【交代】(宮崎県)青山未歩→矢野百笑(9分)、村田愛桜→川畑凜(HT)、矢野百笑→武石真奈(HT)、瀬ノ口紗瑛→青山未歩(48分)、川畑凜→小山海憂(50分)、森千晴→村田愛桜(61分)、小山海憂→矢野百笑(64分)、青山未歩→瀬ノ口紗瑛(67分)、武石真奈→森千晴(69分)／(静岡県)松井望花→林椿(HT)、佐野杏花→榊愛花(HT)、岩田琳香→松井望花(52分)、小澤瑠奈→西川鈴子(52分)、松浦芽育子→ンワデイル ヴィクトリア(59分)
【得点】(宮崎県)森千晴(11分)、田中娃李(14分)／(静岡県)松井望花(8、24、34分)、岩田琳香(29分)、鈴木由真(57分)

準決勝戦

10月15日 霧島市国分運動公園陸上競技場
主 横田碧 副 山崎真菜、大村美詞

★ 鹿児島県 2 (1-0 / 1-2) 2 静岡県

4 PK 3

得	S	年齢			背	背			年齢	S	得
0	0	16	GK	津曲 和美	1	1	福田 真央	GK	16	0	0
0	0	16	DF	春園 虹天	2	2	望月 寧々	DF	16	0	0
0	0	15	DF	松山 みらい	4	3	旭田 好里	DF	16	0	0
0	0	16	DF	折田 陽和	5	4	坪井 蛍	DF	16	0	0
0	0	15	MF	漆島 祐衣	6	5	小澤 瑠奈	DF	16	0	0
1	4	15	MF	山野 蒼空	7	6	榊 愛花	MF	16	1	1
0	2	16	MF	舟之川 桃果	10	7	林 椿	MF	15	0	0
0	2	16	MF	中地 沙里	12	8	弟子丸 紗羽	MF	⑯	1	0
0	1	16	MF	新原 由菜	14	9	松井 望花	MF	15	2	1
1	5	⑯	FW	安田 美泉	9	15	岩田 琳香	MF	15	1	0
0	0	16	FW	原口 鈴音	11	10	松浦 芽育子	FW	16	3	0

【交代】(鹿児島県)松山みらい→坂元めい(27分)、坂元めい→一木知華(49分)、一木知華→坂元めい(60分)、中地沙里→松山みらい(67分)、津曲和美→西結来(69分)／(静岡県)岩田琳香→鈴木由真(HT)、林椿→岩田琳香(46分)
【得点】(鹿児島県)山野蒼空(20分)、安田美泉(36分)／(静岡県)松井望花(53分)、榊愛花(59分)

決勝戦

10月16日 霧島市国分運動公園陸上競技場
主 横田碧 副 濱崎覚美、柿本麻希

★ 大阪府 3 (1-0 / 2-2) 2 鹿児島県

得	S	年齢			背	背			年齢	S	得
0	0	16	GK	横山 環南	1	1	津曲 和美	GK	16	0	0
0	0	⑯	DF	太田 美月	2	2	春園 虹天	DF	16	1	0
0	1	16	DF	松川 陽加里	3	4	松山 みらい	DF	15	0	0
0	0	16	DF	河村 斐織	4	5	折田 陽和	DF	16	1	0
0	0	16	DF	安東 美那	10	6	漆島 祐衣	MF	15	0	0
2	3	16	MF	中野 梨緒	5	7	山野 蒼空	MF	15	1	0
0	0	16	MF	安東 優那	6	10	舟之川 桃果	MF	16	3	0
0	0	16	MF	岡本 奈生	14	12	中地 沙里	MF	16	0	0
0	0	15	MF	中西 茉里奈	15	14	新原 由菜	MF	⑯	0	0
1	2	16	FW	枚田 乙愛	8	9	安田 美泉	FW	16	2	2
0	1	16	FW	佐藤 ももサロワンウエキ	11	11	原口 鈴音	FW	16	1	0

【交代】(大阪府)佐藤ももサロワンウエキ→笠崎愛乃(27分)、笠崎愛乃→佐藤ももサロワンウエキ(44分)、松川陽加里→新西和花(70分)、枚田乙愛→高山よぞら(70+2分)／(鹿児島県)松山みらい→坂元めい(18分)、中地沙里→松山みらい(70分)
【得点】(大阪府)枚田乙愛(13分)、中野梨緒(37、63分)／(鹿児島県)安田美泉(41、58分)

※少年女子の部は選手交代に関し、再交代が認められています。

ENTRY

登録選手一覧

特別国民体育大会
サッカー競技
少年女子の部

北海道選抜

背番号	位置	氏	名	年齢	身長	所属チーム
	監督	藤代	隆介	—	—	北海道サッカー協会
1	GK	丸山	彩	16	163	クラブフィールズ・リンダ
2	DF	有賀	紗穂	16	164	北海道リラ・コンサドーレ
3	DF	小松	菜奈	16	165	函館ＢＰキルティ
4	FW	飛澤	知佳	15	169	帯広大谷高校
5	DF	山下	可暖	16	160	旭川実業高校
6	MF	佐藤	友来	16	158	北海道文教大学附属高校
7	DF	笹森	日和	15	152	クラブフィールズ・リンダ
8	MF	一ノ瀬茉月		15	163	北海道リラ・コンサドーレ
9	MF	小笠原ひなの		16	165	北海道文教大学附属高校
10	MF	築館	捺美	16	161	帯広大谷高校
11	MF	髙橋	彩羽	16	167	北海道リラ・コンサドーレ
12	DF	秋山	真花	16	161	旭川実業高校
13	FW	橘	彩珠	15	164	AreareaFC U-15
14	MF	清水川明里		16	155	クラブフィールズ・リンダ
15	MF	本間夢衣菜		15	152	北海道リラ・コンサドーレ

宮城県選抜

背番号	位置	氏	名	年齢	身長	所属チーム
	監督	山本	清治	—	—	宮城県サッカー協会
1	GK	瀬戸	如紗	15	166	マイナビ仙台レディースユース
2	DF	菅原	千嘉	16	166	マイナビ仙台レディースユース
3	DF	岩城恋音美		16	168	マイナビ仙台レディースユース
4	DF	伊藤	里保	15	169	マイナビ仙台レディースユース
5	DF	宮崎	優那	15	158	マイナビ仙台レディースユース
6	MF	渡邊	衣織	16	163	マイナビ仙台レディースユース
7	MF	井ノ瀬玲緒奈		16	165	マイナビ仙台レディースユース
8	MF	伊藤	花恋	16	160	聖和学園高校
9	MF	菊地	花奈	16	163	マイナビ仙台レディースユース
10	FW	津田愛乃音		15	170	マイナビ仙台レディースユース
11	FW	山田	葵	16	151	聖和学園高校
12	GK	福田	知未	16	171	聖和学園高校
13	MF	伊藤	三冬	16	151	聖和学園高校
14	MF	木村	かの	15	157	聖和学園高校
15	MF	三浦	月音	16	164	マイナビ仙台レディースユース

福島県選抜

背番号	位置	氏	名	年齢	身長	所属チーム
	監督	目黒	祐太	—	—	福島県立ふたば未来学園高校
1	GK	八矢	奏美	16	156	福島県立磐城桜が丘高校
2	DF	森川	若葉	16	161	尚志高校
3	FW	荒井	梗花	16	159	尚志高校
4	DF	郡司	玲奈	16	157	尚志高校
5	DF	遠藤	綾乃	16	159	福島県立ふたば未来学園高校
6	MF	宇都木碧衣		16	154	尚志高校
7	MF	荒川遥瑠海		16	165	尚志高校
8	MF	徳丸	凛音	16	162	尚志高校
9	FW	齋藤	佳歩	16	169	尚志高校
10	MF	菊池	莉央	16	154	尚志高校
11	FW	吉田	明依	16	164	尚志高校
12	GK	飯干	璃音	15	162	尚志高校
13	FW	橋本	侑楽	16	154	尚志高校
14	MF	池田	琉花	16	165	福島県立ふたば未来学園高校
15	FW	渡部	月輝	15	154	会津サントスFCジュニアユース

千葉県選抜

背番号	位置	氏	名	年齢	身長	所属チーム
	監督	縄田	健司	—	—	FC千葉なのはな
1	GK	足立	楓	15	163	ジェフユナイテッド市原・千葉レディースU-18
2	DF	足立	梓	15	166	ジェフユナイテッド市原・千葉レディースU-18
3	DF	押井	美羽	16	164	暁星国際高校
4	DF	斉藤	真心	16	157	流通経済大学付属柏高校
5	DF	川西	伶奈	15	165	暁星国際高校
6	MF	井上	果鈴	16	160	ジェフユナイテッド市原・千葉レディースU-18
7	FW	伊達	香花	16	162	暁星国際高校
8	MF	小合	葉月	16	156	流通経済大学付属柏高校
9	MF	松谷	星来	16	162	暁星国際高校
10	FW	出口	詩雪	14	160	ジェフユナイテッド市原・千葉レディースU-15
11	MF	吉野	心	15	159	ジェフユナイテッド市原・千葉レディースU-15
12	GK	佐藤	菜実	14	166	クラッキスメニーナ
13	DF	久保田真帆		14	164	ジェフユナイテッド市原・千葉レディースU-15
14	MF	永田	真帆	15	159	ジェフユナイテッド市原・千葉レディースU-15
15	DF	宮澤沙織那		14	163	ジェフユナイテッド市原・千葉レディースU-15

東京都選抜

背番号	位置	氏	名	年齢	身長	所属チーム
	監督	野田	明弘	—	—	十文字学園女子大学
1	GK	辛嶋	心結	15	168	十文字高校
2	DF	高野	彩音	16	161	修徳高校
3	DF	本多	桃華	16	167	十文字高校
4	DF	久山	紗季	16	160	ノジマステラ神奈川相模原ドゥーエ
5	MF	末岡	美嘉	16	157	大宮アルディージャVENTUS U18
6	MF	木田	遥	15	157	十文字高校
7	MF	中野	杏奈	16	162	三菱重工浦和レッズレディースユース
8	FW	上川路	遥	16	167	十文字高校
9	FW	伊藤	芽紗	15	160	十文字高校
10	MF	川口	歩奏	16	155	十文字高校
11	FW	谷田	柚	16	164	三菱重工浦和レッズレディースユース
12	GK	梅澤ひかり		16	167	十文字高校
13	DF	明	詩音梨	16	152	ノジマステラ神奈川相模原ドゥーエ
14	DF	伊勢	はな	16	177	三菱重工浦和レッズレディースユース
15	MF	廣川	果歩	15	156	ちふれASエルフェン埼玉マリU-18

新潟県選抜

背番号	位置	氏	名	年齢	身長	所属チーム
	監督	影山	啓自	—	—	開志学園JAPANサッカーカレッジ高等部
1	GK	坂田	湖琳	16	169	開志学園JAPANサッカーカレッジ高等部
2	DF	那須	陽帆	16	164	開志学園JAPANサッカーカレッジ高等部
3	DF	岩崎	朱里	15	149	開志学園JAPANサッカーカレッジ高等部
4	DF	稲垣	遙	16	160	アルビレックス新潟レディースU-18
5	DF	吉田	琉愛	16	163	開志学園JAPANサッカーカレッジ高等部
6	MF	更級	一花	16	161	アルビレックス新潟レディースU-18
7	MF	牧野カレン		16	164	開志学園JAPANサッカーカレッジ高等部
8	MF	松川	そら	15	152	開志学園JAPANサッカーカレッジ高等部
9	FW	小林	杏佳	16	154	長岡Joias
10	FW	高山杏々葉		15	150	開志学園JAPANサッカーカレッジ高等部
11	FW	瀬川こころ		15	165	開志学園JAPANサッカーカレッジ高等部
12	GK	松田	莉杏	15	164	アルビレックス新潟レディースU-18
13	MF	金本愛実瑠		16	165	帝京長岡高校
14	FW	楠本	樹里	16	154	開志学園JAPANサッカーカレッジ高等部
15	DF	米野	紗良	15	162	アルビレックス新潟レディースU-15

静岡県選抜

背番号	位置	氏	名	年齢	身長	所属チーム
	監督	一木	太郎	—	—	静岡県立清流館高校
1	GK	福田	真央	16	167	JFAアカデミー福島
2	DF	望月	寧々	16	157	常葉大学附属橘高校
3	DF	旭田	好里	16	170	JFAアカデミー福島
4	DF	坪井	蛍	16	170	磐田東高校
5	DF	小澤	瑠奈	16	159	常葉大学附属橘高校
6	MF	榊	愛花	16	161	JFAアカデミー福島
7	MF	林	椿	15	160	JFAアカデミー福島
8	MF	弟子丸紗羽		16	152	藤枝順心高校
9	MF	松井	望花	15	157	JFAアカデミー福島
10	FW	松浦芽育子		16	163	常葉大学附属橘高校
11	MF	鈴木	由真	16	157	藤枝順心高校
12	GK	ソワデイル ヴィクトリア		16	166	藤枝順心高校
13	DF	西川	鈴子	16	162	藤枝順心高校
14	MF	佐野	杏花	15	162	常葉大学附属橘高校
15	MF	岩田	琳香	15	156	FC時之栖U-15

愛知県選抜

背番号	位置	氏	名	年齢	身長	所属チーム
	監督	永井	響介	—	—	至学館高校
1	GK	今井	詠子	16	163	豊川高校
2	DF	元土肥妙子		16	166	FC刈谷al-futuroレディースU-18
3	DF	佐々木日和		16	158	至学館高校
4	DF	村松	風花	15	168	至学館高校
5	MF	佐藤	翠	16	165	聖カピタニオ女子高校
6	DF	藤白	結香	16	152	至学館高校
7	DF	渡辺	愛未	15	163	豊川高校
8	MF	塩川十鈴星		16	150	聖カピタニオ女子高校
9	MF	杉浦	天	16	161	FC刈谷al-futuroレディースU-18
10	FW	小澤しいな		15	163	聖カピタニオ女子高校
11	FW	山本	遥	16	153	至学館高校
12	GK	柿添	彩良	16	162	聖カピタニオ女子高校
15	FW	松田	夏芽	15	158	朝日インテック・ラブリッジ名古屋スターチス
16	MF	高田	理乃	14	156	F.C.DIVINE
18	DF	大島	美森	15	168	FC.フェルボール.MIMOSA

大阪府選抜

背番号	位置	氏	名	年齢	身長	所属チーム
	監督	井尻	真文	—	—	星翔高校
1	GK	横山	環南	16	166	大阪桐蔭高校
2	DF	太田	美月	16	169	大商学園高校
3	DF	松川陽加里		16	166	大阪学芸高校
4	DF	河村	斐織	16	164	大阪桐蔭高校
5	MF	中野	梨緒	16	160	大商学園高校
6	MF	安東	優那	16	159	大阪桐蔭高校
7	DF	新西	和花	16	163	大阪学芸高校
8	FW	枚田	乙愛	16	154	大商学園高校
9	FW	高山よぞら		15	165	大商学園高校
10	DF	安東	美那	16	159	大阪桐蔭高校
11	FW	佐藤ももサロワンウエキ		16	160	大商学園高校
12	GK	山内	れな	14	162	クラベリーナ東住吉
13	FW	笠崎	愛乃	16	165	大商学園高校
14	MF	岡本	奈生	16	158	大阪桐蔭高校
15	MF	中西茉里奈		15	152	大阪桐蔭高校

岡山県選抜

背番号	位置	氏	名	年齢	身長	所属チーム
	監督	山川莉々加		—	—	作陽学園高校
1	GK	青木	凛羽	16	159	作陽学園高校
2	DF	山田	乃愛	16	156	Solfiore FC作陽
3	DF	佐野	柚希	16	165	Solfiore FC作陽
4	DF	藤井いろは		15	164	Solfiore FC作陽
5	DF	小野	心	16	156	Solfiore FC作陽
6	MF	小久保里望		15	160	Solfiore FC作陽
7	MF	堀江	昂央	16	158	作陽学園高校
8	MF	賀田	愛	16	153	作陽学園高校
9	MF	吉田芽生菜		16	157	Solfiore FC作陽
10	FW	安部	美琴	16	165	作陽学園高校
11	FW	田中	沙羅	15	154	作陽学園高校
12	GK	後藤のぞみ		15	155	Solfiore FC作陽
13	FW	佐野	由奈	16	160	Solfiore FC作陽
14	FW	矢野	七夢	15	169	フライアFCウェネス
15	MF	森定	万弥	15	161	岡山学芸館高校

広島県選抜

背番号	位置	氏	名	年齢	身長	所属チーム
	監督	向井	祐介	—	—	広島経済大学
1	GK	河内山命音		15	160	AICグラーロス広島レディース
2	DF	小田	咲花	15	152	AC.CAVATINA.ⅢY
3	MF	森山	佳乃	15	155	AICJ高校
4	DF	竹原	優佳	15	168	青崎FC U-15
5	FW	金子なのは		15	159	サンフレッチェ広島レジーナジュニアユース
6	FW	吉田	真心	15	151	サンフレッチェ福山レジーナジュニアユース
7	MF	川崎	和奏	15	158	AICJ高校
8	MF	臼井	利依	16	173	AICJ高校
9	MF	大木	彩葵	16	158	AICJ高校
10	MF	藤永	梨花	16	160	AICJ高校
11	FW	大木	優奈	16	156	AICJ高校
13	DF	枝廣	吏音	16	160	広島文教大学附属高校
14	DF	宮武つぐみ		15	161	AICJ高校
15	DF	中谷	日青	16	165	AICJ高校
16	FW	横井	希凛	16	153	AICJ高校

香川県選抜

背番号	位置	氏	名	年齢	身長	所属チーム
	監督	三木	敏弘	—	—	MOMOKO F.C
1	GK	有木	心詩	16	157	四国学院大学香川西高校
2	DF	伊藤	白羽	14	172	F.C.コーマレディースアザレア
3	DF	田渡	由奈	16	150	四国学院大学香川西高校
4	DF	西尾	佳花	16	164	四国学院大学香川西高校
5	MF	平田	心音	15	150	MOMOKO F.C
6	DF	森江	喜子	15	168	F.C.コーマレディースアザレア
7	MF	佐藤	由奈	15	164	四国学院大学香川西高校
8	FW	藤貫	愛祢	14	151	MOMOKO F.C
9	MF	祖一	寧音	14	155	MOMOKO F.C
10	MF	菅	苺羽	15	156	F.C.コーマレディースアザレア
11	MF	伊藤亜里紗		15	158	四国学院大学香川西高校
12	GK	阿部	美海	15	165	MOMOKO F.C
13	MF	中村	蒼空	14	153	F.C.コーマレディースアザレア
14	MF	松村	菜那	15	159	さぬき市立さぬき南中学校
15	DF	香西	柚羽	15	161	MOMOKO F.C

福岡県選抜

背番号	位置	氏	名	年齢	身長	所属チーム
	監督	山本ひろな		—	—	東海大学付属福岡高校
1	GK	弓立	詩菜	16	167	東海大学付属福岡高校
2	DF	柴田	羅夢	16	155	筑陽学園高校
3	DF	神田	心未	15	160	東海大学付属福岡高校
4	DF	村上	愛依	16	159	八女学院高校
5	DF	富沢	侑和	16	153	東海大学付属福岡高校
6	FW	福田	陽莉	16	161	八女学院高校
7	MF	中谷	百音	15	163	東海大学付属福岡高校
8	MF	榎嶋あかり		16	151	八女学院高校
9	FW	井手	穂花	16	162	東海大学付属福岡高校
10	MF	山田	愛実	16	162	東海大学付属福岡高校
11	MF	ムカダンゲイ惠玲奈		16	159	筑陽学園高校
12	GK	進藤真奈花		16	167	ANCLASノーヴァ
13	DF	草原	愛莉	16	155	東海大学付属福岡高校
14	MF	楢崎	綾香	15	156	東海大学付属福岡高校
15	MF	濱田	莉那	15	156	八女学院女子FC

大分県選抜

背番号	位置	氏	名	年齢	身長	所属チーム
	監督	林	和志	—	—	柳ヶ浦高校
1	GK	大野	菜緒	16	161	柳ヶ浦高校
2	DF	田中	莉那	16	156	柳ヶ浦高校
3	DF	園	ひなの	16	159	柳ヶ浦高校
4	MF	東	美月	14	161	大分トリニータ レディース
5	DF	清水李々那		16	159	柳ヶ浦高校
6	MF	宝珠	咲羽	15	153	大分トリニータ レディース
7	FW	村上	凜果	15	160	大分トリニータ レディース
8	MF	田淵	聖那	15	148	柳ヶ浦高校
9	FW	松山	七菜	16	160	柳ヶ浦高校
10	MF	松田	吏真	15	162	柳ヶ浦高校
11	MF	中溝	桃	14	153	大分トリニータ レディース
12	MF	榮森	結菜	15	160	大分トリニータ レディース
13	DF	髙田	紋叶	16	164	柳ヶ浦高校
14	DF	與倉	萌生	16	158	稲葉学園高校
15	DF	秋月	来望	16	160	大分トリニータ レディース

宮崎県選抜

背番号	位置	氏	名	年齢	身長	所属チーム
	監督	富髙	充	—	—	聖心ウルスラ学園高校
1	GK	宮田	紗果	16	155	宮崎学園高校
2	DF	徳永	華乃	16	161	都城聖ドミニコ学園高校
3	DF	鳥越	愛音	16	157	都城聖ドミニコ学園高校
4	DF	瀬ノ口紗瑛		16	159	宮崎学園高校
5	DF	倉田	悠愛	16	166	宮崎学園高校
6	MF	小山	海憂	16	160	宮崎学園高校
7	MF	森	千晴	15	163	宮崎学園高校
8	MF	村田	愛桜	16	148	宮崎学園高校
9	MF	矢野	百笑	14	159	ヴィアマテラス宮崎Soreina
10	FW	税田	琳花	16	158	宮崎学園高校
11	MF	川畑	凜	15	165	宮崎学園高校
12	MF	籔内	瑠那	15	161	宮崎学園高校
13	MF	青山	未歩	15	157	都城聖ドミニコ学園高校
14	FW	田中	娃李	15	153	宮崎学園高校
15	MF	武石	真奈	16	159	宮崎学園高校

鹿児島県選抜

背番号	位置	氏	名	年齢	身長	所属チーム
	監督	寺師	勇太	—	—	神村学園高等部
1	GK	津曲	和美	16	163	神村学園高等部
2	DF	春園	虹天	16	160	神村学園高等部
3	DF	土山紗也佳		16	167	神村学園高等部
4	DF	松山みらい		15	157	神村学園中等部
5	DF	折田	陽和	16	152	神村学園高等部
6	MF	漆島	祐衣	15	160	神村学園中等部
7	MF	山野	蒼空	15	154	神村学園中等部
8	MF	一木	知華	15	151	神村学園高等部
9	FW	安田	美泉	16	158	神村学園高等部
10	MF	舟之川桃果		16	168	神村学園高等部
11	FW	原口	鈴音	16	153	神村学園高等部
12	MF	中地	沙里	16	159	神村学園高等部
13	MF	坂元	めい	15	157	神村学園中等部
14	MF	新原	由菜	16	162	神村学園高等部
15	GK	西	結来	15	157	モゼーラ鹿児島FC

※年齢は2023年10月13日時点

ブロック大会対戦結果

【東　北】代表：宮城県・福島県

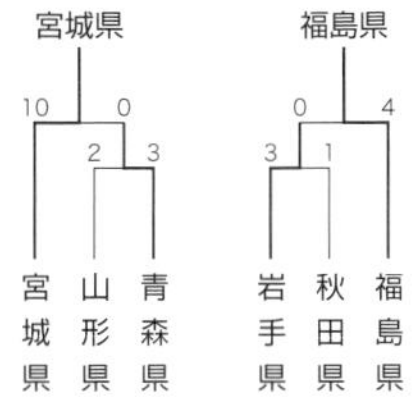

【関　東】代表：東京都・千葉県

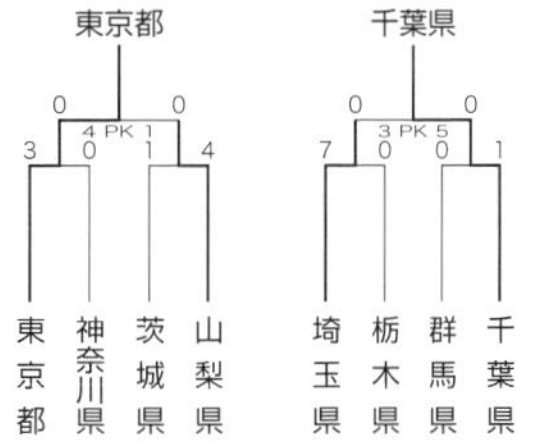

【北信越】代表：新潟県

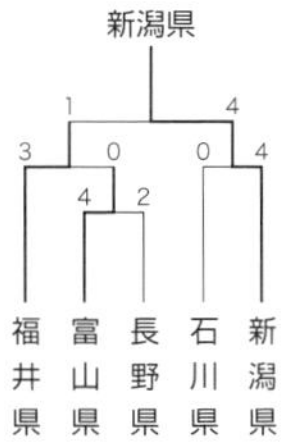

【東　海】代表：静岡県・愛知県

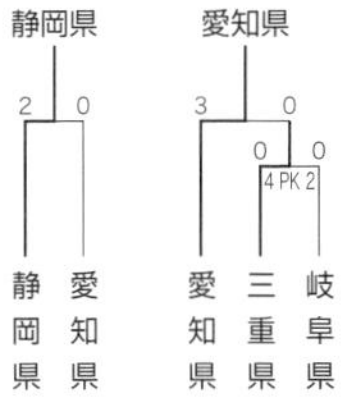

【近　畿】代表：大阪府

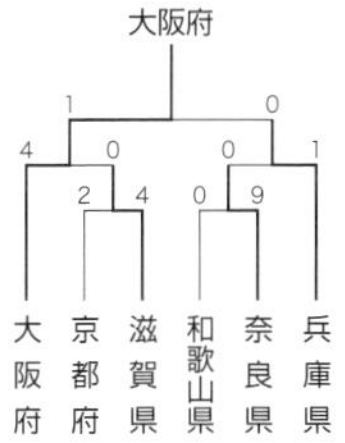

【中　国】代表：広島県・岡山県

【四　国】代表：香川県

	愛媛県	高知県	香川県	徳島県	順　位
愛媛県		1●2	0△0	1○0	3
高知県	2○1		1●2	1●3	4
香川県	0△0	2○1		0△0	1
徳島県	0●1	3○1	0△0		2

【九　州】代表：大分県・宮崎県・福岡県

Aパート	大分県	宮崎県	長崎県	沖縄県	順　位
大分県		3○0	1○0	2○1	1
宮崎県	0●3		5○0	5○0	2
長崎県	0●1	0●5		2○1	3
沖縄県	1●2	0●5	1●2		4

Bパート	福岡県	熊本県	佐賀県	順　位
福岡県		2○0	3○0	1
熊本県	0●2		1○0	2
佐賀県	0●3	0●1		3

国民体育大会記録

回(開催年)	1（21年）	2（22年）	3（23年）	4（24年）	5（25年）	6（26年）	7（27年）	8（28年）	9（29年）	10（30年）	11（31年）	12（32年）
開催地	西宮（兵庫県）	金沢（石川県）	福岡（福岡県）	武蔵野（東京都）	刈谷（愛知県）	広島（広島県）	仙台（宮城県）	松山（愛媛県）	岩見沢（北海道）	藤沢（神奈川県）	西宮（兵庫県）	藤枝（静岡県）
優勝	**湘南中$_1$**		**広島高師附属$_1$**	**浦和$_1$**	**修道$_1$**	**浦和$_2$**	**韮崎$_1$**	**修道$_2$**	**刈谷$_1$**	**刈谷$_2$**	**修道$_3$**	**藤枝東$_1$**
準優勝	神戸一中$_1$		湘南$_1$	宇都宮$_1$	浦和$_1$	三国丘$_1$	**明星$_1$**	韮崎$_1$	甲府一$_1$	神戸$_2$	藤枝東$_1$	山陽$_1$
三位			浜松一$_1$	修道$_1$	三国丘$_1$	甲府一$_1$	東千田$_1$	明星$_1$	修道$_2$	日立一$_1$	函館東$_1$	刈谷$_2$
四位			仙台一$_1$	池田$_1$	刈谷$_1$	国泰寺$_1$	鶴岡工$_1$	宇都宮工$_1$	上野$_1$	島原$_1$	遠野$_1$	関西学院$_1$
参加数	（2）	（0）	（8）	（16）	（12）	（12）	（24）	（30）	（22）	（29）	（32）	（32）
北海道			函館商$_1$	室蘭商$_1$	函館中部$_1$	函館中部$_2$	函館東$_1$	北海$_1$	函館商$_2$	北海$_2$	函館東$_2$	函館東$_3$
青森												弘前$_1$
岩手										遠野$_1$	遠野$_2$	盛岡一$_1$
秋田							秋田商$_1$	秋田商$_2$	秋田商$_3$	秋田商$_4$	秋田$_1$	秋田商$_5$
山形				鶴岡二$_1$	鶴岡$_1$	鶴岡工$_2$	鶴岡工$_3$	鶴岡工$_4$			鶴岡南$_2$	
宮城			仙台一$_1$					仙台育英$_1$	宮城工$_1$	宮城工$_2$	仙台育英$_2$	仙台育英$_3$
福島												
新潟												
長野							上田松尾$_1$	上田松尾$_2$	大町南$_1$	松本県ヶ丘$_1$	上田松尾$_3$	
富山				富山中部$_1$	富山中部$_2$	富山中部$_3$	入善$_1$	富山商$_1$		富山中部$_4$	富山中部$_5$	富山中部$_6$
石川							金沢大附属$_1$	金沢大附属$_2$	金沢大附属$_3$			
福井												福井農林$_1$
茨城								日立一$_1$		日立一$_2$	日立一$_3$	
栃木				宇都宮$_1$			宇都宮工$_1$	宇都宮工$_2$	真岡$_1$	宇都宮農$_1$	宇都宮工$_3$	喜連川$_1$
群馬									館林$_1$			館林$_2$
埼玉				浦和$_1$	浦和$_2$	浦和$_3$	浦和$_4$	浦和$_5$	浦和$_6$	浦和$_7$	浦和$_8$	浦和市立$_1$
東京				都立九高$_1$	大泉$_1$	北園$_2$	桐朋$_1$	教大附属$_1$	石神井$_1$	青山学院$_1$	教大附属$_2$	上井草$_1$
千葉							千葉一$_1$			長生一$_1$	長生一$_2$	千葉商$_1$
神奈川	湘南中$_1$		湘南$_2$					小田原$_1$		翠嵐$_1$	横浜商$_1$	鎌倉学園$_1$
山梨				甲府一$_1$		甲府一$_2$	韮崎$_1$	韮崎$_2$	甲府一$_3$	日川$_1$	甲府一$_4$	韮崎$_3$
静岡			浜松一$_1$		浜松北$_2$			藤枝$_1$		藤枝東$_2$	藤枝東$_3$	藤枝東$_4$
愛知				刈谷$_1$	刈谷$_2$	刈谷$_3$	刈谷$_4$	挙母$_1$	刈谷$_5$	刈谷$_6$	刈谷$_7$	刈谷$_8$
岐阜								岐阜商$_1$				岐阜工$_1$
三重			上野北$_1$				上野$_2$		上野$_3$	上野商工$_1$	上野商工$_2$	
滋賀								大津東$_1$	八幡$_1$	大津$_1$	甲賀$_1$	甲賀$_2$
京都				堀川$_1$			山城$_1$	城南$_1$	日吉ヶ丘$_1$	山城$_2$	山城$_3$	山城$_4$
奈良												
和歌山							桐蔭$_1$	桐蔭$_2$		桐蔭$_3$	桐蔭$_4$	古座$_1$
大阪				池田$_1$	三国丘$_1$	三国丘$_2$	明星$_1$	明星$_2$	明星$_3$	明星$_4$	追手門学院$_1$	天王寺$_1$
兵庫	神戸一中$_1$			神戸$_2$	長田$_1$	芦屋$_1$	神戸$_3$	兵庫工$_1$	神戸$_4$	神戸$_5$	神戸$_6$	関西学院$_1$
岡山				関西$_1$							関西$_2$	関西$_3$
鳥取												
島根											浜田$_1$	
広島			広島高師附属$_1$	修道$_1$	修道$_2$	国泰寺$_1$	東千田$_2$	修道$_3$	修道$_4$	国泰寺$_2$	修道$_5$	山陽$_1$
山口							多々良学園$_1$	多々良学園$_2$	山口$_1$	多々良学園$_3$		多々良学園$_4$
香川												高松商$_1$
徳島			富岡一$_1$	川島$_1$			富岡西$_2$	富岡西$_3$	徳島商$_1$	徳島商$_2$		徳島商$_3$
高知							高知農$_1$	高知農$_2$			高知農$_3$	
愛媛					松山東$_1$	松山南$_1$		松山南$_2$	松山商$_2$	松山工$_1$	南宇和$_1$	
福岡					山田$_1$		筑紫丘$_1$	筑紫丘$_2$	福岡商$_1$	福岡商$_2$		筑紫丘$_3$
佐賀								小城$_1$				
長崎				島原$_1$		島原$_2$				島原$_3$	島原商$_1$	島原商$_2$
大分								大分工$_1$		大分工$_2$	大分工$_3$	大分工$_4$
宮崎							富島$_1$				延岡向洋$_1$	
熊本				済々黌$_1$			八代$_1$	熊本工$_1$	熊本工$_2$	熊本工$_3$	松橋$_1$	熊本工$_4$
鹿児島			鹿児島$_1$								鶴丸$_1$	鹿児島$_2$
沖縄												
備考	中等学校の部としてスタート。東西対抗戦の形で二チームのみ参加	一般の部のみ実施され、中等学校の部は行われず	学制改革により高校の部となる　湘南←湘南中	三位決定戦行わず（5回まで）　神戸←神戸一中	浜松北←浜松一	北園←都立九高　鶴岡工←鶴岡二　三位決定戦が実施される	決勝戦引き分け、両校優勝　三位決定戦実施されず　東千田←広島高師附属　上野←上野北　富岡西←富岡一	以後、毎回三位決定戦が実施される	松山商←松山東	藤枝東←藤枝	鶴岡南←鶴岡	三位決定戦引き分け

13（33年）	14（34年）	15（35年）	16（36年）	17（37年）	18（38年）	19（39年）	20（40年）	21（41年）	22（42年）	23（43年）	24（44年）
高岡 （富山県）	東京 （東京都）	八代，松橋 （熊本県）	仁賀保，西目 （秋田県）	津山 （岡山県）	小野田 （山口県）	新潟 （新潟県）	岐阜 （岐阜県）	別府 （大分県）	浦和 （埼玉県）	三国，芦原 （福井県）	島原 （長崎県）
清水東$_1$ 山陽$_2$ 宇都宮工$_1$ 館林$_1$	**浦和市立$_1$** 広島大附属$_1$ 藤枝東$_1$ 宇都宮工$_2$	**山城$_1$** 秋田商$_1$ 浦和市立$_1$ 遠野$_2$	**修道$_4$** 浦和市立$_1$ 秋田商$_1$ 藤枝東$_1$	**浦和市立$_2$** 明星$_1$ 山陽$_1$ 藤枝東$_2$	**浦和市立$_3$** 上野$_1$ 藤枝東$_2$ 山城$_1$	**明星$_2$** 藤枝東$_2$ 広島市立商$_1$ 都立駒場$_1$	**浦和西$_1$** **仙台育英$_1$** 明星$_2$ 京都商$_1$	**藤枝東$_2$** 浦和南$_1$ 大分工$_1$ 秋田商$_2$	**浦和南$_1$** 韮崎$_2$ 帝京$_1$ 仙台育英$_1$	**韮崎$_2$** 遠野$_1$ 山陽$_2$ 中津工$_1$	**浦和南$_2$** 大垣工$_1$ 藤枝東$_3$ 韮崎$_1$
(29)	(32)	(28)	(28)	(32)	(32)	(32)	(32)	(32)	(32)	(32)	(33)
函館有斗$_1$	美唄工$_1$	岩見沢東$_1$	室蘭清水丘$_1$	釧路工$_1$	室蘭工$_1$	函館工$_1$	函館工$_2$	釧路工$_2$	室蘭工$_2$	函館有斗$_2$	函館東$_4$
		五戸$_1$			五戸$_2$	三本木農$_1$			五戸$_3$		五戸$_4$
遠野$_3$	盛岡商$_1$	遠野$_4$	盛岡商$_2$	盛岡商$_3$		盛岡商$_4$	盛岡商$_5$	盛岡商$_6$		遠野$_5$	
秋田商$_6$	秋田商$_7$	秋田商$_8$	秋田商$_9$	船川水産$_1$	秋田商$_{10}$	西目農$_1$	秋田商$_{11}$	秋田商$_{12}$	秋田商$_{13}$	秋田商$_{14}$	
鶴岡南$_3$	興譲館$_1$		鶴岡工$_5$								
	宮城工$_3$		宮城工$_4$	石巻商$_1$	仙台育英$_4$	仙台育英$_5$	仙台育英$_6$	仙台育英$_7$	仙台育英$_8$	仙台育英$_9$	仙台育英$_{10}$
						安積$_1$	安積$_2$		安積$_3$	郡山西工$_1$	郡山商$_1$
						柏崎$_1$					
穂高$_1$	穂高$_2$	穂高$_3$	上田$_4$	松本県ヶ丘$_2$			穂高$_4$	松本県ヶ丘$_3$	上田$_5$	松本県ヶ丘$_4$	上田東$_1$
富山中部$_7$	富山商$_2$	富山北$_1$	富山北$_2$	富山一$_1$	高岡工芸$_1$	富山中部$_8$	富山中部$_9$	高岡工芸$_2$	富山中部$_{10}$		
						金沢商$_1$				金沢泉丘$_1$	
					小浜水産$_1$					坂井農$_1$	坂井農$_2$
日立一$_4$	日立一$_5$	日立一$_6$	日立工$_1$	日立一$_7$			水戸商$_1$	水戸商$_2$	水戸商$_3$		
宇都宮工$_4$	宇都宮工$_5$			宇都宮工$_6$	宇都宮工$_7$	宇都宮学園$_1$	宇都宮商$_1$	宇都宮工$_8$	宇都宮学園$_2$	宇都宮学園$_3$	宇都宮工$_9$
館林$_3$	館林$_4$	館林$_5$	館林$_6$		館林$_7$	新島学園$_1$	新島学園$_2$	館林$_8$	新島学園$_3$	高崎$_1$	新島学園$_4$
浦和市立$_2$	浦和市立$_3$	浦和市立$_4$	浦和市立$_5$	浦和市立$_6$	浦和市立$_7$	浦和市立$_8$	浦和西$_1$	浦和南$_1$	浦和南$_2$	浦和市立$_9$	浦和南$_3$
教大附属$_3$	教大附属$_4$	私立城北$_1$	私立城北$_2$	私立城北$_3$		都立駒場$_1$	帝京$_1$	私立城北$_4$	帝京$_2$		帝京$_3$
		長生一$_3$		習志野$_1$	習志野$_2$	習志野$_3$	習志野$_4$	習志野$_5$	千葉$_2$	習志野$_6$	習志野$_7$
鎌倉学園$_2$	鎌倉学園$_3$		湘南$_3$	湘南$_4$	鎌倉学園$_4$	鎌倉学園$_5$				相模工大附属$_1$	相模工大附属$_2$
甲府商$_1$	韮崎$_4$	日川$_2$	甲府商$_2$		甲府工$_1$	石和$_1$	韮崎$_5$	甲府工$_2$	韮崎$_6$	韮崎$_7$	韮崎$_8$
清水東$_1$	藤枝東$_5$	清水東$_2$	藤枝東$_6$	藤枝東$_7$	藤枝東$_8$	藤枝東$_9$	静岡工$_1$	藤枝東$_{10}$		藤枝東$_{11}$	藤枝東$_{12}$
挙母$_2$	豊田西$_3$		中京商$_1$	豊田西$_4$	豊田西$_5$			刈谷$_9$	刈谷$_{10}$	刈谷$_{11}$	熱田$_1$
	岐阜工$_2$					大垣工$_1$	大垣工$_2$	大垣工$_3$	大垣工$_4$	大垣工$_5$	大垣工$_6$
上野$_4$		上野商工$_3$	上野商工$_4$	上野$_5$	上野$_6$	上野$_7$	上野工$_5$		上野工$_6$		
甲賀$_3$	甲賀$_4$	甲賀$_5$	甲賀$_6$	甲賀$_7$	甲賀$_8$	甲賀$_9$	瀬田工$_1$	草津$_1$	甲賀$_{10}$	甲賀$_{11}$	甲賀$_{12}$
山城$_5$	山城$_6$	山城$_7$	山城$_8$	京都商$_1$	山城$_9$	京都商$_2$	京都商$_3$	京都商$_4$	山城$_{10}$	京都教大附属$_1$	洛北$_1$
									正強$_1$		
星林$_1$	古座$_2$			串本$_1$	新宮$_1$		新宮$_2$	串本$_2$		新宮$_3$	新宮$_4$
明星$_5$	明星$_6$	明星$_7$	明星$_8$	明星$_9$	明星$_{10}$	明星$_{11}$	明星$_{12}$	明星$_{13}$	明星$_{14}$	初芝$_1$	初芝$_2$
神戸$_7$	神戸$_8$	神戸$_9$	関西学院$_2$	兵庫工$_2$	神戸$_{10}$	関西学院$_3$	鳴尾$_1$	神戸$_{11}$	関西学院$_4$	関西学院$_5$	関西学院$_6$
	関西$_4$			久世$_1$	関西$_5$	津山工$_1$			玉島商$_1$		
大社$_1$		大社$_2$	大社$_3$	浜田$_2$	浜田$_3$		大社$_4$	益田産業$_1$		益田農林$_2$	益田農林$_3$
山陽$_2$	広島大附属$_3$	広島大附属$_4$	修道$_6$	山陽$_3$	修道$_7$	広島市立商$_1$	広島県工$_1$	山陽$_4$	修道$_8$	山陽$_5$	広島市立商$_2$
	山口$_2$	山口$_3$		多々良学園$_5$	小野田工$_1$	小野田工$_2$	小野田工$_3$	小野田工$_4$	小野田工$_5$	多々良学園$_6$	小野田工$_6$
									高松商$_2$	高松商$_3$	高松南$_1$
撫養$_1$	徳島商$_4$	徳島商$_5$		徳島商$_6$	徳島商$_7$		徳島商$_8$	徳島商工$_1$	徳島商$_9$	徳島商$_{10}$	
			高知農$_4$	追手前$_1$	追手前$_2$	追手前$_3$	追手前$_4$	高知商$_1$			高知農$_5$
南宇和$_2$	松山北$_1$	松山商$_3$	新居浜東$_1$	松山北$_2$	松山商$_4$	松山工$_2$	松山工$_3$	内子$_1$	新田$_1$	八幡浜工$_1$	壬生川$_1$
	嘉穂$_1$	福岡商$_3$		福岡商$_4$				山田$_2$			山田$_3$
	小城$_2$						小城$_3$	小城$_4$			多久$_1$
島原商$_3$	島原商$_4$	島原商$_5$	島原商$_6$		島原商$_7$	島原商$_8$	島原商$_9$	島原商$_{10}$	島原商$_{11}$	島原工$_1$	島原工$_2$
大分工$_5$		中津東$_1$	中津東$_2$	中津東$_3$	中津南$_1$	中津東$_4$	大分工$_6$	大分工$_7$	中津工$_1$	中津工$_2$	大分工$_8$
延岡向洋$_2$		延岡向洋$_3$	延岡向洋$_4$	延岡$_1$	延岡$_2$			宮崎商$_1$	延岡工$_5$		
熊本商$_1$	熊本商$_2$	松橋$_2$	熊本工$_5$	熊本商$_3$	熊本商$_4$	熊本工$_6$	熊本商$_5$		八代一$_1$	八代一$_2$	熊本一$_1$
	玉竜$_1$			蒲生$_1$	鹿児島商$_1$	蒲生$_2$				鹿児島工$_1$	
											那覇$_1$
	広島大附属←東千田 豊田西←挙母		上田←上田松尾				上野工←上野商工 決勝戦引き分け、両校優勝	三位決定戦引き分け	延岡工←延岡向洋 千葉←千葉一	益田農林←益田産業	

第25回大会より選抜チームが出場することに。次ページ以降「○」は選抜チーム、単独チームは校名を表記しています。

回(開催年)	25(45年)	26(46年)	27(47年)	特別(48年)	28(48年)	29(49年)	30(50年)	31(51年)	32(52年)	33(53年)	34(54年)	35(55年)	36(56年)	37(57年)	38(58年)	39(59年)	40(60年)	41(61年)	42(62年)	43(63年)	44(元年)	45(2年)	46(3年)
開催地	遠野 (岩手県)	新宮 (和歌山県)	鹿児島 (鹿児島県)	コザ (沖縄県)	市原 (千葉県)	日立 (茨城県)	伊賀上野 (三重県)	多久 (佐賀県)	十和田 (青森県)	大町 (長野県)	延岡 (宮崎県)	矢板 (栃木県)	水口 (滋賀県)	益田 (島根県)	藤岡 (群馬県)	橿原、大淀 (奈良県)	米子 (鳥取県)	韮崎 (山梨県)	那覇 (沖縄県)	宇治 (京都府)	室蘭 (北海道)	福岡 (福岡県)	金沢 (石川県)
優勝	**埼玉1**	**静岡2**	**埼玉2**	**埼玉**	**静岡3**	**茨城1**	**静岡4**	**静岡5**	**静岡6**	**東京1**	**東京2**	**静岡7**	**長崎1**	**兵庫1**	**長崎2**	**神奈川1**	**静岡9**	**東京3**	**静岡10**	**静岡11**	**徳島1**	**埼玉3**	**静岡12**
準優勝	**静岡1**	大阪1	静岡1	静岡	埼玉1	東京1	兵庫1	広島1	京都1	静岡2	茨城1	東京2	埼玉2	**静岡8**	静岡3	静岡4	長崎1	埼玉3	滋賀1	埼玉4	神奈川1	**千葉1**	千葉1
三位	広島1	広島2	鹿児島1	鹿児島	大阪1	静岡1	埼玉1	東京1	埼玉2	兵庫1	千葉1	栃木1	滋賀1	東京2	埼玉3	奈良1	三重1	栃木2	埼玉4	徳島1	北海道1	鹿児島2	福井1
四位	山口1	千葉1	秋田1	高知	東京1	栃木1	東京2	埼玉1	茨城1	神奈川1	神奈川2	長崎1	茨城2	富山1	京都1	茨城1	茨城2	岩手1	東京3	群馬1	長崎2	静岡2	茨城3
参加数	(32)	(32)	(32)	(8)	(32)	(32)	(32)	(32)	(32)	(32)	(32)	(32)	(32)	(32)	(32)	(32)	(32)	(32)	(32)	(32)	(32)	(32)	(32)
北海道	○	○	○		○	○	○	○	○	室蘭大谷1	室蘭大谷2	○	○	○	○	○	○	○	○	○	○	○	○
青森						○	○		○	○	○	○	○		○	○			○		○	○	
岩手	○			○							○	○	○	○	○	○	○	○	○	○	○	○	○
秋田	○	○	○		○	○	○	○	○	○							○	○					○
山形			○		○	○		○	○					○		○				○			
宮城	○	○	○			○	○	○	○	○	○			○			○	○	○	○	○	○	○
福島	○	○			○							○	○		○								
新潟					○					○	○	○			○	○			○		○	○	
長野	○	○	○		○		○	○	○	○	○	○	○	○	○		○				○	○	○
富山			○						○				○	○		○		○	○	○	○	○	○
石川		○				○			○					○	○	○	○	○	○	○			○
福井	○				○	○	○	○		○							○	○		○			○
茨城	○	○	○		○	○	○	○	○	○	○		○		○	○	○	○	○	○		○	○
栃木	○	○	○		○	○	○	○	○	○	○	○	○	○		○	○	○		○	○		○
群馬							○		○			○		○	○		○		○	○	○		○
埼玉	○	○	○	○	○	○	○	○	○	○	○	○	○	○	○	○	○	○	○	○	○	○	
東京	○	○	○		○	○	○	○	○	○	○	○	○	○	○	○	○	○	○			○	
千葉	○	○	○		○	○	○	○	○	○	○	○	○	○	○		○	○		○	○	○	○
神奈川	○	○	○		○	○		○	○	○	○	○	○	○	○	○		○	○	○	○	○	○
山梨	○	○	○		○	○	○	○		○	○	○	○		○	○		○	○		○	○	○
静岡	○	○	○	○	○	○	○	○	○	○	○	○	○	○	○	○	○	○	○	○	○	○	○
愛知	○	○	○		○	○	○	○	○	○		○		○	○	○	○	○	○	○	○	○	○
岐阜		○	○					○	○		○		○							○	○	○	
三重	○				○	○	○			四日市中央工1	○	○	○	○	○	○	○	○	○		○		○
滋賀	○	○	○		○	○	○	○		○	○	○	○	○	○	○	○	○	○	○	○	○	○
京都	○	○	○	○	○	○	○	○	○	○	○	○	○	○	○	○		○	○	○	○	○	○
奈良			○						○	○		○			○	○	○			○			
和歌山	○	○			○	○	○	○	○		○	○	○										
大阪	○	○	○		○	○	○	○	○	○	○	○	○	○	○	○	○	○	○	○	○	○	○
兵庫	○	○	○		○	○	○	○	○	○	○		○	○		○	○	○	○	○	○	○	○
岡山	○	○	○	○	○	○			○		○	○	○	○		○	○		○	○		○	
鳥取								○	○	○		○		○		○	○			○	○		
島根		○			○	○	○			○				○	○			○					○
広島	○	○	○		○	○	○	○	○	○	○	○	○	○	○	○	○	○	○		○	○	○
山口	○		○				○	○			○		○		○		○	○	○	○	○	○	○
香川	○						○	○	○				○				○			○		○	
徳島	○	○					○	○	○	○	○	○		○	○	○		○	○	○	○	○	○
高知		○	○	○	○	○					○			○									
愛媛	○	○	○		○	○	○	○		○		○	○		○	○	○	○	○		○		○
福岡			○		○	○	○	○	○	○	○	○		○	○	○	○	○		○	○	○	○
佐賀		○				○	○	○		佐賀学園1	○		○		○	○	○	○	○		○		
長崎	○	○	○		○	○	○	○	○	○	○	○	○	○	○	○	○	○	○	○	○	国見1	国見2
大分	○	○	○		○	○	○	○	○	○		○	○	○	○		○	○	○		○	○	○
宮崎		○	○		○		○				○	○		○	○		○	○	○	○		○	○
熊本	○	○	○			○					○	○	○	○		○			○	○	○	○	○
鹿児島			○	○	○			○	○	○	○	○	○	○	○	○	○	○	○	○	○	○	○
沖縄	○			○									○			○			○	○		○	
備考	決勝戦引き分け、両県優勝。各都道府県選抜チームが参加する形になる			沖縄本土復帰を記念する特別国体のため三位決定戦実施されず			高校の部から少年の部となる			単独校の出場も可能となる			外国籍の選手の参加も認められるようになる	決勝戦引き分け、両県優勝		三位決定戦引き分け	三位決定戦引き分け			成年二部実施のため登録選手が一チーム15名となる 三位決定戦引き分け	昭和天皇崩御のため、元号が「平成」となる	決勝戦、三位決定戦ともに引き分け。両県優勝	三位決定戦引き分け

47 (4年)	48 (5年)	49 (6年)	50 (7年)	51 (8年)	52 (9年)	53 (10年)	54 (11年)	55 (12年)	56 (13年)	57 (14年)	58 (15年)	59 (16年)	60 (17年)	61 (18年)	62 (19年)	63 (20年)	64 (21年)	65 (22年)	66 (23年)	67 (24年)	68 (25年)	69 (26年)	70 (27年)
鶴岡 (山形県)	高松, 三木 (香川県)	刈谷 (愛知県)	郡山 (福島県)	広島 (広島県)	高槻, 吹田 (大阪府)	横浜 (神奈川県)	大津 (熊本県)	富山 (富山県)	七ヶ浜, 松島, 利府, 鳴瀬 (宮城県)	南国, 野市 (高知県)	静岡 (静岡県)	さいたま (埼玉県)	倉敷, 岡山 (岡山県)	三木, 淡路, 洲本 (兵庫県)	にかほ (秋田県)	大分, 別府 (大分県)	新潟 (新潟県)	市原 (千葉県)	山口, 山陽小野田 (山口県)	飛騨 (岐阜県)	北区, 文京区, 府中, 調布 (東京都)	雲仙 (長崎県)	田辺, 上富田 (和歌山県)
静岡$_{13}$	**静岡**$_{14}$	**静岡**$_{15}$	**千葉**$_{2}$	**静岡**$_{16}$	**静岡**$_{17}$	**千葉**$_{3}$	**千葉**$_{4}$	**国見**$_{1}$	**埼玉**$_{4}$	**千葉**$_{5}$	**神奈川**$_{2}$	**静岡**$_{19}$	**千葉**$_{6}$	**沖縄**$_{1}$	**東京**$_{4}$	**神奈川**$_{3}$	**神奈川**$_{4}$	**東京**$_{5}$	**千葉**$_{8}$	**兵庫**$_{2}$	**東京**$_{6}$	**神奈川**$_{5}$	**神奈川**$_{6}$
岡山$_{1}$	兵庫$_{2}$	東京$_{3}$	静岡$_{5}$	熊本$_{1}$	熊本$_{2}$	大阪$_{2}$	静岡$_{6}$	静岡$_{7}$	**静岡**$_{18}$	静岡$_{8}$	群馬$_{1}$	千葉$_{2}$	群馬$_{2}$	**千葉**$_{7}$	神奈川$_{2}$	大阪$_{3}$	大阪$_{4}$	大阪$_{5}$	**静岡**$_{20}$	福岡$_{1}$	大阪$_{6}$	群馬$_{3}$	**福岡**$_{1}$
茨城$_{4}$	長崎$_{1}$	群馬$_{2}$	東京$_{3}$	大阪$_{2}$	千葉$_{2}$	岡山$_{1}$	広島$_{3}$	福岡$_{1}$	広島$_{4}$	長崎$_{2}$	岡山$_{2}$	埼玉$_{5}$	滋賀$_{2}$	兵庫$_{2}$	京都$_{1}$	京都$_{2}$	兵庫$_{3}$	兵庫$_{4}$	広島$_{5}$	大阪$_{4}$	京都$_{3}$	京都$_{4}$	和歌山$_{1}$
埼玉$_{2}$	千葉$_{2}$	千葉$_{3}$	北海道$_{1}$	福岡$_{1}$	大阪$_{3}$	東京$_{4}$	国見$_{1}$	宮城$_{1}$	東京$_{5}$	埼玉$_{3}$	静岡$_{1}$	石川$_{1}$	東京$_{6}$	石川$_{2}$	宮崎$_{1}$	兵庫$_{1}$	京都$_{2}$	神奈川$_{3}$	大阪$_{1}$	静岡$_{2}$	福島$_{1}$	新潟$_{1}$	兵庫$_{2}$
(32)	(32)	(32)	(32)	(32)	(32)	(32)	(32)	(32)	(32)	(32)	(32)	(32)	(32)	(24)	(24)	(24)	(24)	(24)	(24)	(24)	(24)	(24)	(24)
○	○	○	○	○	○	○	○	○	○	○	○	○	○	○	○	○	○	○	○	○	○	○	○
	○		○	○		○		○		○	○		青森山田$_{1}$	○		○	○	青森山田$_{2}$	○		青森山田$_{3}$	○	青森山田$_{4}$
○	○	○	○	○	○	○	○		○	○		○		○	○		○		○	○			
○		○			○		○		○		○				○	○							
○									○				○										
	○		○			○	○	○	○	○		○	○	○	○			○		○	○	○	○
○		○	○	○	○			○			○	○				○	○	○	○	○	○	○	○
○	○							○		○	○	○	○		○	○	○	○	○	○	○	○	○
○		○	○	○	○	○	○		○		○		○	○						○			
	○	○	○		○		○	○	○	○					○		○			○	○	○	
○		○	○	○	○	○	○	○		○	○	○	○	○	○	○	○	星稜$_{1}$	○			○	○
	○			○		○		○	○			○											
○	○				○	○	○	○		○		○	○							○			○
○	○		○	○		○			○		○	○					○					○	
○	○	○			○	○	○	○	○	○	○	○	○			○						○	
○		○	○	○		○	○	○	○	○	○	○	○	○	○	○	○	○	○	○	○	○	
○	○	○	○	○	○	○	○	○	○	○	○	○	○		○	○		○	○	○	○		○
○	○	○	○	○	○	○	○		○	○	○	○	○	○	○		○	○	○	○			
	○	○	○	○	○	○	○	○	○	○	○	○	○	○	○	○	○	○			○	○	○
		○	○	○	○			韮崎$_{9}$						○					○		○		○
○	○	○	○	○	○	○	○	○	○	○	○	○	○	○	○	○	○	○	○	○	○	○	○
○		○	○	○	○	○	○			○	○	○	○		○		○		○		○	○	○
	○	○	○		○	○		○	○		○		○	○		○				○			
○	○	○		○			○	○	○	○	○	○						○					
○			○	○	○			○	○	○	○	○	○									○	
○	○			○	○	○		○	○	○		○		○	○	○	○	○	○	○	○	○	
		○	○	○	○	○	○		奈良育英$_{1}$	○	○	○	○		○								
	○	○					○					○											○
○	○	○	○	○	○	○	○	○		○	○		○	○		○	○	○	○	○	○	○	○
○	○	○	○		○	○	○	○	○		○		○	○	○	○	○	○	○	○	○		○
○	○		○	○	○	○	○	○	○	○	○		○	○	○		○	○	○		○	○	○
			○													○					○		○
○		○		○					○			○	○	○				○		○	○		
○	○	○		○	○	○	○	○	○	○	○	○	○	○	○	○	○	○	○	○		○	○
	○	○	○	○	○	○	○	○		○	○	○	○			○			○				
	○	○					○	○	○	○	○			○					○				
○	○		○	○	○	○	○		○	○			○		○			○		○	○	○	○
		○								○		○			○	○	○		○			○	○
○	○		○	○	○	○		○			○	○	○	○		○	○	○		○	○		
○	○	○	○	○	○	○	○	○	○		○	○	○		○	○			○	○	○	○	○
○	○						○			○					○	○		○		○			○
○	○	国見$_{3}$	○	○	国見$_{4}$	○	国見$_{5}$	国見$_{6}$	国見$_{7}$	○	国見$_{8}$	○	○				○	○			○	○	
○		○	○	○	○	○	○	○	○	○	○	○	○	○		○	○		○			○	○
○	○	○	○	○	○	○	○	○	○	○	○	○			○		○	○	○	○	○		
○	○		○	○	○	○	○	○		○	○	○	○	○				○		○	○		○
	鹿児島実$_{1}$	○	○	○	○	○	○		○	○	○	○	○	○	○	○						○	
		○						○	○				○	○			○		○				
				五位～八位決定戦が廃止される。延長戦にVゴール方式が導入される	三位決定戦引き分け				決勝戦引き分け、両県優勝	夏季大会で実施。登録人数が一人ふえ16名となる。決勝戦延長Vゴール		決勝戦延長Vゴール		少年の部がU－16で実施され参加チームが24に。決勝戦引き分け。両県優勝					決勝戦引き分け、両県優勝				決勝戦引き分け、両県優勝

少年女子

回(開催年)	71(28年)	72(29年)	73(30年)	74(元年)	75(2年)	76(3年)	77(4年)	特別(5年)		77(4年)	特別(5年)
開催地	遠野(岩手県)	新居浜,西条(愛媛県)	坂井(福井県)	鹿嶋(茨城県)	南さつま(鹿児島県)	四日市(三重県)	真岡,下野,益子(栃木県)	南さつま(鹿児島県)		矢板,那須塩原(栃木県)	霧島(鹿児島県)
優勝	**広島$_{1}$**	**神奈川$_{7}$**	**埼玉$_{5}$**	**静岡$_{21}$**	——	——	**神奈川$_{8}$**	**茨城$_{2}$**		**東京$_{1}$**	**大阪$_{1}$**
準優勝	大阪$_{7}$	広島$_{2}$	石川$_{1}$	広島$_{3}$	——	——	青森$_{1}$	大阪$_{8}$		静岡$_{1}$	鹿児島$_{1}$
三位	神奈川$_{1}$	大阪$_{5}$	千葉$_{3}$	山口$_{1}$	——	——	大阪$_{6}$	東京$_{4}$		鹿児島$_{1}$	静岡$_{1}$
四位	東京$_{7}$	青森$_{1}$	青森$_{2}$	香川$_{1}$	——	——	北海道$_{2}$	広島$_{1}$		埼玉$_{1}$	東京$_{1}$
参加数	(24)	(24)	(24)	(24)	——	——	(24)	(24)		(16)	(16)
北海道	○	○	○	○	——	——	○	○		○	○
青森	青森山田$_{5}$	○	○	青森山田$_{6}$	——	——	青森山田$_{7}$	青森山田$_{8}$			
岩手	○				——	——					
秋田					——	——					
山形			○		——	——					
宮城	○	○		○	——	——	○	○			○
福島		○	○	○	——	——	○	○		○	○
新潟	○	○	○		——	——	帝京長岡$_{1}$	○		○	○
長野	○				——	——	○	○		○	
富山	○			○	——	——	○				
石川		○	○	○	——	——					
福井			○		——	——					
茨城	○	○	○	○	——	——		○			
栃木					——	——	○			○	
群馬		○			——	——		○			
埼玉			○		——	——				○	
東京	○			○	——	——	○	○		○	○
千葉	○	○	○	○	——	——	○				○
神奈川	○	○		○	——	——	○	○			
山梨			○		——	——				○	
静岡	○	○	○	○	——	——	○	○		○	○
愛知	○			○	——	——	○	○			○
岐阜		○	○		——	——					
三重					——	——					
滋賀				○	——	——					
京都	○	○	○	○	——	——	○	○		○	
奈良					——	——					
和歌山					——	——					
大阪	○	○	○	○	——	——	○	○		○	○
兵庫	○	○	○		——	——	○	○			
岡山		○		○	——	——	○			○	○
鳥取					——	——		○			
島根					——	——		○			
広島	○	○	○	○	——	——	○	○			○
山口	○	○	○	○	——	——					
香川	○			○	——	——	○			○	○
徳島		○	○	○	——	——		○			
高知					——	——		○			
愛媛	○	○	○		——	——	○			○	
福岡	○	○	○		——	——	○	○		○	○
佐賀	○		○	○	——	——	○	○			
長崎					——	——	○				
大分		○		○	——	——					○
宮崎	○	○			——	——					○
熊本	○	○	○	○	——	——		○			
鹿児島			○	○	——	——	○	○		○	○
沖縄					——	——					
備考				元号が「令和」となる	新型コロナウイルス感染拡大の影響で令和5年の特別大会へ延期	新型コロナウイルス感染拡大の影響で中止		特別国民体育大会		少年女子の部始まる	特別国民体育大会

JFA U-18 女子サッカーファイナルズ2023

2回目となった今大会は、総体王者と日本クラブユース女子サッカー大会（U-18）王者によるワンマッチでの対決となった。

▶前半アディショナルタイム、藤枝順心はMF久保田からのパスを受けたFW辻澤が右足を振り抜きゴール。同点に追いつく

藤枝順心、クラブ王者と真っ向勝負

◀日本女子サッカーの発展を目指し創設された、U-18年代女子チームの真の王者を決める大会も2回目。今回はNACK5スタジアム大宮で、高体連とクラブ、両王者による一発勝負に

▼チーム最多のシュート3本を放った藤枝順心のMF久保田。U-17日本代表、そしてDF大川とWキャプテンを務める責任感をプレーで見せる

▼総体優勝の歓喜から1ヵ月半後に味わう悔しさ。この敗戦を糧に、藤枝順心は冬の選手権へ向かう。真剣勝負の繰り返しが、選手たちの成長をより促す

9月18日（月・祝）NACK5スタジアム大宮（晴時々曇）
（主）勝又美沙希　（副）田嶌うらら、田中真輝
［試合形式］70分 PK戦

藤枝順心 1（1-1 / 0-3）4 日テレ・東京ヴェルディメニーナ（キックオフ）

（高校総体優勝）　（JCY女子優勝）

得	S			背	背			S	得
0	0	菊地	GK	1	22	GK	永井	0	0
0	0	大川	DF	⑤	③	DF	青木	0	0
0	0	松本	DF	15	4	DF	池上	0	0
0	1	永田	DF	16	6	DF	朝生	0	0
0	0	（弟子丸）	MF	13	12	DF	鈴木	0	0
0	0	柘植	DF	20	15	DF	式田	1	1
0	0	下吉	MF	6	10	MF	眞城	4	1
0	3	久保田	MF	10	11	MF	松永	2	0
0	0	植本	MF	19	20	MF	伊藤	2	0
0	0	（曾根）	DF	7	25	MF	米倉	1	0
0	0	中出	FW	8	9	FW	樋渡	4	2
0	1	（藤原）	FW	17					
0	0	高岡	FW	9					
0	0	（岡村）	DF	26					
1	1	辻澤	FW	11					
1	6							14	4

5	GK	4
1	CK	6
7	FK	8
0	PK	1

【得点経過】
前半　35分　〔メ〕（相手クリア）**式田～S**
　35+1分　〔藤〕下吉→久保田→**辻澤S**
後半　8分　〔メ〕朝生～→松永→**眞城S**
　13分　〔メ〕CK朝生→青木H→**樋渡S**
　30分　〔メ〕米倉（インターセプト）→**樋渡～S**

【警告】
〔藤〕大川、植本

令和5年度 第32回全日本高等学校

女子サッカー選手権大会

主催：（公財）日本サッカー協会、神戸市　　共催：（公財）全国高等学校体育連盟

女王・藤枝順心 大会連覇＆夏冬連覇

十文字は2年連続決勝で涙

［優勝］藤枝順心

1回戦
- 藤枝順心［東海①／静岡］ 7－1 神戸弘陵［関西③／兵庫］
- 筑陽学園［九州③／福岡］ 1－1（PK 5-4） 姫路女学院［関西④／兵庫］
- 開志学園JSC［北信越③／新潟］ 1－2 高知［四国②／高知］
- 神村学園［九州②／鹿児島］ 4－0 北海道文教大附［北海道①］
- 東海大福岡［九州①／福岡］ 0－1 AICJ［中国②／広島］
- 日ノ本学園［開催県／兵庫］ 3－2 宇都宮文星女子［関東⑦／栃木］
- 聖カピタニオ女子［東海③／愛知］ 2－1 星槎国際湘南［関東④／神奈川］
- 作陽学園［中国③／岡山］ 0－4 大阪学芸［関西①／大阪］
- 高川学園［中国①／山口］ 1－2 福井工大福井［北信越②／福井］
- 十文字［関東②／東京］ 3－1 京都精華学園［関西②／京都］
- 佐久長聖［北信越①／長野］ 0－1 暁星国際［関東③／千葉］
- 旭川実［北海道②］ 0－9 鳴門渦潮［四国①／徳島］
- 常盤木学園［東北①／宮城］ 0－4 常葉大橘［東海②／静岡］
- 霞ヶ浦［関東⑥／茨城］ 1－2 柳ヶ浦［九州④／大分］
- 流経大柏［関東⑤／千葉］ 0－2 聖和学園［東北②／宮城］
- 専大北上［東北③／岩手］ 0－4 修徳［関東①／東京］

2回戦
- 藤枝順心 5－0 筑陽学園
- 高知 0－7 神村学園
- AICJ 3－1 日ノ本学園
- 聖カピタニオ女子 0－3 大阪学芸
- 福井工大福井 0－6 十文字
- 暁星国際 2－1 鳴門渦潮
- 常葉大橘 0－1 柳ヶ浦
- 聖和学園 2－3 修徳

準々決勝
- 藤枝順心 1－0 神村学園
- AICJ 0－2 大阪学芸
- 十文字 3－1 暁星国際
- 柳ヶ浦 1－1（PK 5-3） 修徳

準決勝
- 藤枝順心 1－0 大阪学芸
- 十文字 2－0 柳ヶ浦

決勝
- 藤枝順心 3－0 十文字

決勝

藤枝順心	3
十文字	0

▲MF植本からのスルーパスで「狙っていた」裏に抜け出したFW辻澤。前回大会はケガで出場できなかったFWがカウンターから2点目を決め、前半ラストプレーで大仕事

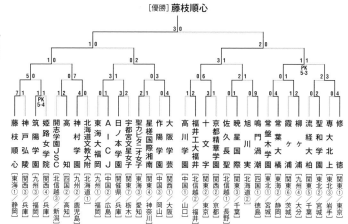

◀前半4分、FW高岡のパスに走りこんだ辻澤がダイレクトシュート。GKが弾いたところをMF久保田が押し込み先制。U-17女子W杯メンバーの3人で「GKのこぼれ球を狙う」形を実現

ハイプレスとカウンターに分析力も加わった藤枝順心サッカー

▲後半30分、ゴール前中央の高岡がつぶれ役になりボールは途中出場MF葛西の足元へ。これを豪快に決め3点目

負けから学び積み上げてきた十文字

▶総体に出場できなかった十文字は敗戦から学び、整理、修正を経て選手権ファイナリストに。MF早間は積極的にロングシュートを狙った
▼十文字は多彩に準備したセットプレーで反撃。しかし、藤枝順心GK菊地が指先でボールの軌道を変えゴールならず

戦評

昨年度と同じカードの決勝戦。ゲームの序盤よりお互いに守備強度が高く、時間とスペースを消した攻防となった。藤枝順心の攻撃はGKも含みながら2CBとMF下吉で相手を見てボールを動かしながら丁寧なビルドアップでボールを持ち出す。ミドルサードからは前線の3人が相手と駆け引きをしながらタイミング良く抜け出してゴールを目指す。相手のハイラインの守備に対しては2列目からMF植本、久保田が抜けるなどの工夫も見られた。守備はボールを中心とした全体がハードワークするコンパクトな守備であった。攻守にわたり下吉が上手くコントロールをしていた部分が印象的であった。対する十文字の攻撃は相手と同様に2CBとMF川口、新井が関わりながらゲームコントロールをする。両SBは攻撃的なポジショニングをとりながらFW本多を起点に両サイドへと第3の動きからサイド攻撃を中心にゴールへと迫る。MF早間のセットプレーを含めた高い質のキックも印象的であった。守備は全体としてハードワークする守備をし、最終ラインはハイラインを敷いた戦術行動が特徴的であった。さらにボールに対するプレッシャーを強めることで効果的になったであろう。試合は藤枝順心がタイミングの良い相手の背後のとり方からサイド攻撃を含めて3点を奪い勝利し、史上最多の7度目の優勝を決めた。どのゴールも素晴らしい高い質のフィニッシュであった。90分間ハードワークして戦い抜いた両チームの健闘を称えたい。

井尻真文（星翔高校）

▲ハイプレスをベースに話し合い分析を共有し、新たなサッカーを身につけた藤枝順心。これで冬、夏、冬と3季連続の日本一

劇的ゴールで藤枝順心、7度目の日本一へ

藤枝順心 1-0 大阪学芸

◀後半アディショナルタイム、藤枝順心はMF下吉の裏へのパスをFW藤原がダイレクトでループシュート。値千金の決勝点を挙げる

大阪学芸は総体のリベンジならず

▶大阪学芸MF北川はボランチとして攻守の中心。果敢にゴールも狙った

▲藤枝順心のアンカー、MF下吉は相手の攻撃の芽を摘みつつ攻撃の起点に

▲総体では初戦で藤枝順心にPK方式の末惜敗。この試合も球際の強さで接戦に持ち込むが、またも悔しい結果に

戦評

序盤から藤枝順心のペースで試合が進む。藤枝順心は、前線から組織的な守備でエリアを絞り込み、大阪学芸の攻撃の芽を摘む。相手の間でボールを受け、テンポの良いボール回しで的を絞らせず、時折見せる効果的なドリブルで切り込み、大阪学芸のDFを翻弄する。大阪学芸も最後のところはしっかりと身体を張り、奪ったボールは意図的なロングフィードで相手の背後を狙う。また、個の技術を活かしたドリブルはスピードに溢れており、チャンスを演出している。大阪学芸にもリズムが生まれ、ボールを動かし、藤枝順心のDFを引き出し、空いたスペースに人が入るようになり、ボールを保持する時間帯が増え、前半を終了する。後半、大阪学芸が前線からボールを奪いにいきリズムを生み出す。流動的な動きと前半から見せていた空いたスペースへの飛び出しで藤枝順心のゴールを脅かす。その中心となっているのが、キャプテンMF江口と北川であり、上手く藤枝順心の選手を引き出している。北川はドリブルでのチャンスメイクもある。藤枝順心もショートカウンターからチャンスを作り出し、MF下吉、久保田、植本がボールを揺さぶり、大阪学芸の隙を狙う。下吉は守備においてもポジショニングが良く、相手の攻撃の芽を摘んでいる。お互い集中力を切らさず、ボールを大事にする組織的なサッカーで攻守共に戦い続けたが、アディショナルタイムにゴールを挙げた藤枝順心が勝利し、決勝戦に駒を進めた。

中野進治（成立学園）

▼前半25分、十文字は右サイドを突破した右SB受川のクロスをMF福島がダイレクトで合わせ先制

十文字、2大会連続の決勝進出
十文字 2 - 0 柳ヶ浦

▶前半29分、十文字は自ら切り込んで獲得したPKをDF安西が決め追加点

◀前半は守備的になった柳ヶ浦。高松らDF陣も奮戦したが失点は防げず

初ベスト4の柳ヶ浦、後半シュート8本

戦評

立ち上がりから十文字はピッチを縦横無尽に長短のパスを織り交ぜながらゴールを目指すが、柳ヶ浦はCBである高松と重松を中心にDFラインとMFがブロックを作って良い距離間を保つことで粘り強く相手の攻撃を跳ね返す攻防が続く。柳ヶ浦のGK大山は勇気をもって前に出て良いクロスへの対応を見せ、MF松岡もハードワークしながらボールを受け続け、見事なドリブルで活路を見出すがシュートまでには至らない。相手の粘り強い守備に手を焼く十文字は攻撃のリズムが悪い時間帯も続いたが、前半25分に右サイドを突破したDF受川のグラウンダーのクロスを、マーカーの背後からニアに走り込んだMF福島が合わせて先制点を挙げる。攻撃のリズムを取り戻した十文字はその後もポゼッション率を高め、PKにて追加点を挙げ、前半を終える。後半に入っても互いの特長を活かし、めまぐるしく攻守が入れ替わる展開が続いたが、十文字が2年連続で決勝戦へコマを進めた。敗れはしたが、持っている力全てを出し切った柳ヶ浦にも心より拍手を送る。

翠 茂樹（横浜翠陵高校）

◀初めて4強に進出した柳ヶ浦も後半に意地の攻撃。MF松岡は、ロングシュートを含む5本のシュートを放った

女子選手権 1回戦

8試合が1点差内の接戦に

名門・常盤木学園、作陽学園が敗退

藤枝順心 7-1 神戸弘陵

▶藤枝順心は前半アディショナルタイム、ショートカウンターからのクロスをFW高岡が頭で合わせ先制

◀筑陽学園はPK方式で5人全員が成功。初出場（第27回大会）以来の1勝を挙げた

筑陽学園 1 [5 PK 4] 姫路女学院 1

先 筑陽学園	PK	姫路女学院
山本 ○	1	○ 三輪
熊谷 ○	2	○ 木虎
有吉 ○	3	○ 川又
檜室 ○	4	○ 辰巳
橘 ○	5	× 藤本
山下	GK	垣本

▶姫路女学院は後半アディショナルタイム、サイドのクロスから混戦状態の中、後半途中出場のFW奥本が押し込み同点のオウンゴールを誘発

神村学園 4 北海道文教大附 0

▶両チーム最多の6本のシュートを放った神村学園のMF三冨は、前半4分に幸先の良い先制ゴールも記録

▼前半、左CKに合わせサインプレーを見せるAICJ

◀18本のシュートを浴びながら必死に粘った東海大福岡だったが、AICJのFW岸波のスーパーミドルによる1点に涙

AICJ 1
東海大福岡 0

▲高知MF大野はともに裏への絶妙な抜け出しからワンタッチでシュートを決め2ゴール。高知の初出場初勝利に貢献

◀後半10分、開志学園JSCは右CKの場面で、トルメンタからDF熊坂が頭で決め先制

高知 2-1 開志学園JSC

▼日ノ本学園MF上田はミドルシュートとこぼれ球への反応で価値ある2得点

日ノ本学園 3
宇都宮文星女子 2

▼宇都宮文星女子はMF福田のゴールなどで一時、2点リードに成功するが……

聖カピタニオ女子 2
星槎国際湘南 1

▶星槎国際湘南は後半、MF宮本が同点ゴールを挙げ試合を五分に戻したが最後に涙

▲後半アディショナルタイムに決勝ゴールの聖カピタニオ女子MF小澤。1点目のPKも小澤の突破から獲得していた

女子選手権1回戦

▶先制点アシストの福井工大福井FW松永は両チーム最多のシュート6本を記録
◀前半4分に先制ヘッドを決めた福井工大福井DF木村は試合後、満面の笑み

▼後半27分、高川学園はロングボールからの速攻で最後はMF石村が押し込み1点差に詰め寄る

福井工大福井 2-1 高川学園

大阪学芸 4
作陽学園 0

▶後半34分、右CKから最後はMF山田が押し込んで大阪学芸が4点目。大阪学芸は後半だけでシュート12本を放った
▼16大会連続出場中の作陽学園。主将のFW福岡はシュート2本でチームを牽引も悔しい結果に

十文字 3
京都精華学園 1

◀後半39分、左CKのボールをファーで待っていたDF受川が折り返してダメ押しの3点目をアシスト。この試合1ゴール1アシストの活躍

▲後半7分、右CKからゴール前が混戦に。いち早く足を出した暁星国際FW立花が決勝ゴール
▶佐久長聖は2大会連続2度目の出場。前回大会は0-0でPK方式敗退。この試合も1点が遠かった

暁星国際 1-0 佐久長聖

▶前半23分、鳴門渦潮はMF岡本が超ロングシュートを決め旭川実を突き放す
▼鳴門渦潮はMF武田（背番号4）が2得点、FW松本（背番号11）が2得点など6人がゴールを記録

鳴門渦潮 9
旭川実 0

◀選手権26年連続出場の常盤木学園。ハードワークと粘りが身上の名門だが悔しい4失点

常葉大橘 4-0 常盤木学園

▶後半32分、左サイドMF中村からのパスをフリーで受けたFW伊藤が落ち着いてシュート。これが決まり2点目

柳ヶ浦 2
霞ヶ浦 1

▼霞ヶ浦は後半、MF佐藤が同点弾を決めた。しかし後半アディショナルタイムの失点で選手権初勝利はならず

▲前半23分、ロングスローから最後はMF松岡が押し込んで柳ヶ浦が先制する

聖和学園 2
流経大柏 0

◀聖和学園FW米村は、巧みなボールさばきから先制ゴール。伝統のドリブルからのアタックは健在
▼聖和学園MF本田はゴール前で落ち着き払ったプレーから2点目を決めた。初出場の流経大柏を突き放す

修徳 4
専大北上 0

▶修徳FW那須野は圧巻の4ゴール。右足で2点、左足で2点を決めてみせた
▼専大北上は、主将のMF白石がシュート2本と奮戦も、これで出場した直近4大会連続初戦敗退に

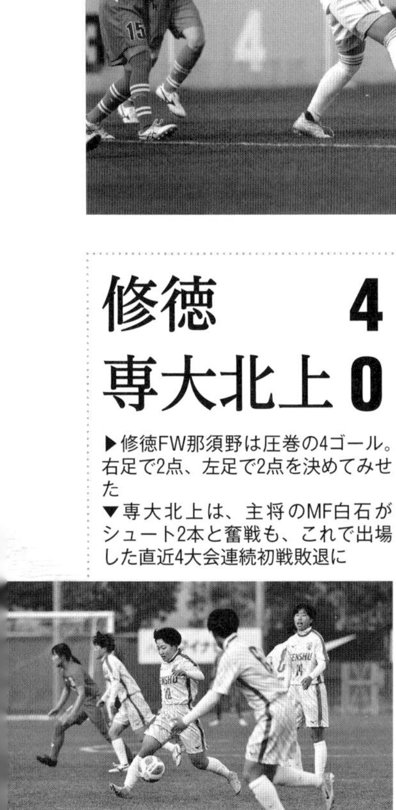

女子選手権 2回戦

総体準優勝の聖和学園敗れる

AICJは3大会連続のベスト8へ

▲筑陽学園は試合を通じてシュート0本。1回戦で1得点のFW山本も封じられた

◀前半36分、藤枝順心はCKからDF柘植が頭で合わせ4点目。この試合、5人での5ゴールはすべて前半に記録

藤枝順心 5
筑陽学園 0

神村学園 7 - 0 高知

◀前半25分、神村学園はMF上田が右足でシュートを決め4点目。前半で勝負を決める

▶1回戦で初出場初勝利を挙げた高知だったが、この試合では神村学園の推進力を止められず

AICJ 3
日ノ本学園 1

▼試合を通じてシュート2本に抑えられた日ノ本学園。AICJの粘り強い守備を前に自由にプレーできず

▼後半13分、相手DFのバックパスに反応したAICJのFW岸波がGKを抜く浮き球シュートを決め追加点を挙げる

十文字 6
福井工大福井 0

▼前半24分、十文字主将のMF三宅が右サイドから抜け出し豪快にシュートを決める
◀福井工大福井もシュート7本と攻撃したが、十文字の集中した守備がゴールを許さなかった

▲なかなか追加点が奪えなかった大阪学芸だが終盤に攻略。後半38分、DF木村がダメ押しの3点目で勝負あり
◀持ち味の力強いドリブル突破で相手守備の重心を下げさせ、主導権を握った大阪学芸

▶U-19日本女子代表候補にもなった聖カピタニオ女子のオーライリー。1年生から3大会連続で得点を記録も、この試合はシュート0本だった

大阪学芸 3
聖カピタニオ女子 0

暁星国際 2-1 鳴門渦潮

▼前半23分、暁星国際MF石田がカウンターでボールを持ち込み、最後もアシストから右足シュートを決め追加点

▲鳴門渦潮FW松本はチーム一の長身。しかし空中戦ではなく、巧みなドリブルから1ゴールを記録

▲後半26分、柳ヶ浦は激しい中盤の攻防からボールをつなぎ、最後はGKのこぼれ球をFW濵田が押し込んで決勝ゴール

柳ヶ浦　1
常葉大橋 0

▶押し込まれる場面もあったが積極さを失わなかった柳ヶ浦。同校史上初の2回戦突破

▶柳ヶ浦はCB高松ら守備陣の奮闘もあり、常葉大橋のシュートを試合を通じて1本に抑えた

修徳 3－2 聖和学園

▼後半34分、修徳は中盤の高い位置でカットしたボールからMF矢野がシュートを決める。矢野はこの試合2得点で勝利に貢献

▲聖和学園は試合開始早々の前半3分にMF櫻井が先制点を挙げるが、後半崩れた

▼夏の総体は準優勝だった聖和学園。悔しい敗戦も後半アディショナルタイムに意地の1点を返してみせた

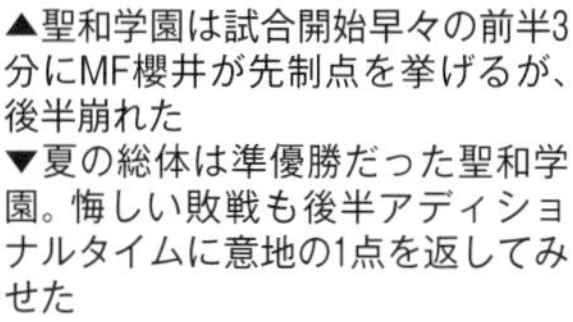

女子選手権 準々決勝

接戦は後半40分に決着
藤枝順心 1-0 神村学園

▲神村学園も守備の頑健さが強み。シュートは許すも失点は後半40分まで許さなかった
▼後半40分、ペナルティエリア内でFW辻澤が倒され藤枝順心がPKを獲得。PKに自信のあるMF下吉が落ち着いて決め決勝点

◀藤枝順心の武器でもあるハイプレス。相手を囲い込む守備で2試合11得点の神村学園の攻撃力を封じた

大阪学芸が2度目のベスト4
大阪学芸 2-0 AICJ

▲大阪学芸の2トップの一人、FW菊山。嬉しい今大会初ゴールはチームにも貴重な先制点だった
▼AICJは3大会連続でベスト8止まり。初の4強へ「3度目の正直」とはならず

▼大阪学芸の攻めの中心、MF北川はFKからもゴールを貪欲に狙う。チームシュート15本のうち5本を放った

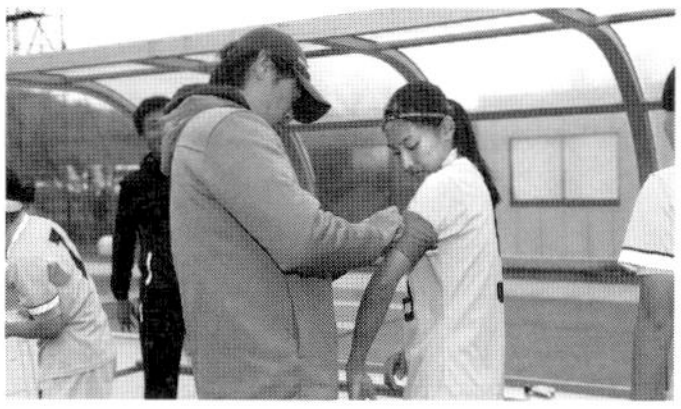

▲試合前にキャプテンマークを巻いてもらう十文字MF三宅。前半3分に先制点を決めチームを勢いづかせた
▼十文字左SBの安西は積極的に攻撃参加。前半9分には上げたクロスがそのままゴールインして追加点に

▲後半18分、十文字MF早間は右サイドでボールを奪うと、そのまま得意の左足ロングシュート。これが決まり3点目

関東対決を制した十文字
十文字 3-1 暁星国際

▶後半20分、暁星国際は相手GKが弾いたボールをMF松谷が左足シュートでゴールネットを揺らし反撃の1点を挙げる

先 柳ヶ浦	PK	修徳
重松 ○	1	○ 白城
濵田 ○	2	× 筒井
中村 ○	3	○ 矢野
松﨑 ○	4	○ 加藤
松岡 ○	5	
大山	GK	五十嵐

快進撃の柳ヶ浦、初4強
柳ヶ浦 1 [5 PK 3] 1 修徳

▼柳ヶ浦は前半11分、右サイドへのロングパスからMF中村がセンタリング。これを走り込んできたMF江﨑がジャンピングヘッドで決め、スピーディな攻撃を結実させた

▲後半開始早々の2分、修徳は右サイドの深い位置からFW宇田川が切り込み左足シュートを決め同点に
▼PK方式では5人全員が決めた柳ヶ浦が同校の歴史をさらに塗り替える4強に進出

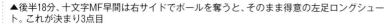

第32回全日本高等学校女子サッカー選手権大会

優勝監督 手記

中村 翔

藤枝順心高校サッカー部監督

「一瞬も一生も美しく輝けるように」

総体優勝の後

総体で優勝はしたものの、選手たちはパフォーマンスに納得していませんでした。なので結果に慢心することは一切なく、逆にもう一度自分たちを見つめ直して一年間の後半戦、冬の選手権に臨んでいこうとする気持ちが強く見えました。たとえば試合を支配するうえでのポジショニングなど、細かな部分にこだわり、相手ボールの時間を少なくして主導権を握り、ゲームを通して優位に立つための動きを細かく確認していきました。

9月には皇后杯の東海予選などがありましたが、まだ実戦を通して成長をうかがう時期で、思うようにやり切れていない印象でした。その中で、U-18女子サッカーファイナルズでの日テレ・東京ヴェルディメニーナ戦はひとつのきっかけとなりました。メニーナとはこの試合やトレーニングマッチも含め一年で3度対戦し、2度勝っている相手です。当然この試合も選手たちは勝ちたかったと思いますが、夏からの成長を目指すうえで、課題にチャレンジしました。結果は点差が開いての敗戦。選手たちは悔しかったでしょうが、このタイミングでメニーナとやれたことで、ここからさらに成長していく兆しをスタッフは感じることができました。

その後、選手権静岡県大会などを通して徐々に形になってきたところで、皇后杯の3回戦でなでしこリーグ1部のオルカ鴨川FCに勝利します。この試合で取り組んできたことの成長を見ることができました。続く4回戦では、これもなでしこリーグ1部の愛媛FCレディースと対戦しました。結果は敗れましたが、後半の内容は相手を圧倒するものでした。オルカ鴨川FC戦で攻撃の部分、そして愛媛FCレディース戦の後半でプレッシングの部分の手ごたえを得ました。いい準備をして取り組むことで、なでしこリーグ所属チームを相手にしても主導権を握ることができる。精神的な成長に加えて、夏以降抱えていた課題のより細部が見えてきました。

1、2回戦をセットとして

神戸弘陵との選手権1回戦は、緊張した総体初戦とはまた違い、逆に気合が入りすぎていました。その点が空回りする原因になっていたので、意図や根拠、狙いを冷静に考えたうえで勢いをもっと前面に押し出していこうという話をハーフタイムにしました。結果、後半に6点を挙げることで、選手たちもゲームの入り方に大事なものがなにかを改めて感じ取れたかと思います。

2回戦の筑陽学園戦はゲームの入り方と、狙いどころをしっかり考えて入ったことで前半に5ゴール。1回戦と2回戦は連戦になるので、この2試合をセットにして考えよう、とは言っていました。1回戦の流れのまま入っていけたのもあるかもしれません。そして前半で大きくリードできたことでリザーブの選手——藤枝順心では「インパクトプレイヤー」「クローザー」と呼んでいますが——も多く選手権の舞台に立つことができました。途中から入る選手は試合の流れを見てインパクトを与えるプレーをしなければならない。落ち着いてゲームを締めるクローザーにならなければならない。これは総体時から言い続けてきたことです。この試合、後半は無得点でしたが、実際に交代出場した選手たちは、モチベーションの保ち方や頭の中を整理して試合に入っていく大切さを実感できました。1回戦と2回戦で多くの選手が選手権に出場することで、その後の試合につながっていったと思います。

地味でも怠らず

中2日で迎えた準々決勝。神村学園戦での選手たちのパフォーマンスは非常に高いものがありました。僅差にはなると思っていましたが、必ず得点は生まれると考えていました。今年度の藤枝順心は、前線の選手の活躍が注目されがちですが、その攻撃を支えているボランチの下吉、大川、中出ら後方の選手たちの存在が大事になってき

ます。彼女たちが、いかに相手の攻撃の芽を摘む準備ができているか。地味でも怠らずにやり続けること。そして攻められている時は、ハードワークしながらチャンスを狙うこと。その継続が最後に勝利を手繰り寄せるポイントになる、という話をしていました。実際にその通りの結果になりましたが、攻守両面で地味なことでもやり続けたことが奏功した準々決勝だったと思います。

この神村学園戦が準決勝の大阪学芸戦にも大きく影響しました。同じように接戦にはなりましたが、一見ピンチに見えるシーンも良いディフェンスの準備ができていました。自分としては焦りもなく、後半はより押し込めたことで勝利するイメージはできていました。後半アディショナルタイムに決勝点を挙げた藤原ですが、総体初戦でスタメン出場し途中交代しています。その時の相手は大阪学芸でした。以来スタメンに定着できなくなり、それでも徐々に結果を残すことで選手権ではスタメンに戻ってきた選手です。試合中、この藤原を交代させる意見が出ました。いつもならスタッフの意見を尊重するところですが、私はこの試合にかける並々ならぬオーラを藤原から感じていたので、ポジションだけ変えてもう少し様子を見る判断をしました。そしてポジションを変えた直後にゴール。スタッフ全員で下した決断がことごとく当たる、という感覚がこの大会ではあったかもしれません。

決勝は2年連続同じカードになりました。準決勝の大阪学芸も"総体のリベンジ"という気持ちで来ると予想していましたが、決勝の相手、十文字もまた"前回大会決勝のリベンジ"を狙って気持ちを込めて戦ってくることが予想されました。一方で、選手たちには「今年度のチームがどう成長したいのか、それを突き詰めて最後の最後、選手権の決勝まで来た。だからこの一年間のベストゲームにしよう」と話しました。「最後は気持ち」とはよく言いますが、気持ちだけでサッカーをする、ということではなく、これまで培った技術、フィジカル、戦術などの全てを冷静に判断することにプラス、気持ちを上乗せして最高のパフォーマンスを発揮するものだ、と理解させて送り出しました。

結果、相手の特徴をよく理解したうえでプレーしてくれたこと、加えて選手個々が最も得意とするプレーをしてくれたことで前半に2ゴール。総体の時と同じく、決勝がベストゲームになったと思います。今回の選手権全試合の中で一番安心して見ていられるゲームでした。

先を見据えて

自分を含めたスタッフ全員で下した決断がよく当たったことについて、それは日頃のコミュニケーション量の圧倒的な多さにあるかもしれません。試合中もトレーニング中も常に話をしています。様々な情報を共有していくうえで、どちらの選択が正解か不正解かではなく、どちらの可能性が高いか低いか、ということを互いに認め合える信頼関係があります。選手もそんな我々をよく見ていて、後日聞いた話だと主将の大川はテレビ放送用アンケートで「チーム内のベストコンビは誰ですか」という質問に、選手名でなく「スタッフ陣」と書いたそうです。サッカーと無関係な話題も含めて、膨大なコミュニケーションの積み重ねが選手権の舞台でも一喜一憂せず、先を見据えながら成果を出せている理由かもしれません。

先を見据えるという意味では、藤枝順心高校は学校として生徒をエレガントな女性に育て次のステージに送り出すことを理念としています。その理念に基づいてサッカー部も活動しています。この先サッカーを続けても続けなくても、それぞれのステージで藤枝順心で取り組んだ3年間の経験が発揮できることを願っています。出場メンバーばかりが注目されますが、メンバー外の選手たちも非常によくやってくれています。コロナ禍が明け思い切り応援できるようになった今大会、まとまりある大声援をピッチに送ってくれることで、メンバーの背中を強く押してくれました。僕にも「ツキが回ってくるな」と思わせてくれました。彼女たちも含め、次のステージで活躍してくれることが何よりの喜びです。もちろん選手たちが目指している優勝を勝ち取ったことは誇りですが、卒業後の活躍を知れることはそれ以上に嬉しいことです。

普段から藤枝順心を支えてくださる皆さま、藤枝順心を信じて送り出してくださった選手の保護者の皆さま、選手たちがサッカーを続けてきた中で関わってくださった指導者の皆さまに感謝いたします。藤枝順心に携わってくれる選手たちの一瞬も一生も美しく輝けるように、これからも取り組んでいきたいと思います。

第32回全日本高等学校女子サッカー選手権大会

第1回戦 12月30日 三木総合防災公園陸上競技場 主 稲葉里美 副 岡宏道、竹内秀豊

★藤枝順心（東海1／静岡） **7（1-0 6-1）1** **神戸弘陵**（関西3／兵庫）

得	S	学		藤枝順心	背	背	神戸弘陵		学	S	得
0	0	③	GK	菊地 優杏	1	1	重松 あいり	GK	②	0	0
1	1	❸	DF	大川 和流	5	3	黒木 和香	DF	③	0	0
1	1	③	DF	中出 朱音	8	4	鷲見 優心	DF	③	1	1
0	1	②	DF	松本 琉那	15	5	河本 法紀	DF	③	0	0
1	1	②	DF	柘植 沙羽	18	6	大場 舞咲	DF	③	1	0
0	1	③	MF	下吉 優衣	6	7	金 璃央	MF	③	0	0
0	1	③	MF	久保田 真生	10	8	有木 心花	MF	③	0	0
0	0	①	MF	鈴木 由真	27	10	中西 美羽	MF	❸	1	0
2	6	③	FW	高岡 澪	9	18	佐治 椋花	MF	②	0	0
1	4	③	FW	辻澤 亜唯	11	21	鈴木 梨花	MF	①	1	0
0	0	②	FW	藤原 凛音	17	20	山田 愛実	FW	①	0	0

【交代】（藤枝順心）鈴木由真→植本愛実（HT）、藤原凛音→鈴木巴那（59分）、高岡澪→葛西唯衣（70分）、久保田真生→望月歓那（73分）、辻澤亜唯→石野柚良（73分）／（神戸弘陵）有木心花→横井睦（49分）、山田愛実→藤井結菜（55分）、金璃央→兵頭楓菜（70分）、重松あいり→西村佐笑子（70分）
【警告】（藤枝順心）藤原凛音（46分）
【得点】（藤枝順心）高岡澪（40＋1分、69分）、柘植沙羽（54分）、大川和流（64分）、辻澤亜唯（71分）、鈴木巴那（73分）、中出朱音（77分）／（神戸弘陵）鷲見優心（80+1分）

第1回戦 12月30日 みきぼうパークひょうご第2球技場 主 大西英里 副 中村翔太、兵庫信行

★筑陽学園（九州3／福岡） **1（1-0 0-1）1** **姫路女学院**（関西4／兵庫） 5 PK 4

得	S	学		筑陽学園	背	背	姫路女学院		学	S	得
0	0	❸	GK	山下 美優	1	21	垣本 茉奈香	GK	②	0	0
0	0	②	DF	檜室 里絆嬉	2	2	藤本 織羽	DF	③	1	0
0	0	②	DF	栁原 菖	3	4	林田 真心	DF	②	1	0
0	0	③	DF	熊谷 桃菜	4	5	中井 星良	DF	②	0	0
0	0	③	DF	西村 久瑠実	5	3	木虎 小茉美	MF	③	1	0
0	1	③	MF	有吉 優里菜	7	7	桃柄 来夏	MF	②	0	0
0	1	③	MF	別當 映彩	9	8	孝橋 日瑶里	MF	③	0	0
0	3	③	MF	橘 百華	10	9	長谷 莉心	MF	②	0	0
0	0	②	MF	ムカダンゲイ 恵玲奈	12	10	川又 柚月	MF	③	3	0
0	0	③	MF	関 智美	15	14	三輪 愛梨	FW	❸	0	0
1	1	②	FW	山本 來怜愛	13	24	寺澤 汐梨	FW	①	1	0

【交代】（筑陽学園）別當映彩→岩谷湊堵（62分）、関智美→高尾春乃（62分）、ムカダンゲイ恵玲奈→小川華（80+3分）／（姫路女学院）中井星良→朝山瑞希（HT）、長谷莉心→井上夢菜（50分）、寺澤汐梨→奥本愛生（61分）、桃柄来夏→佐野美優羽（74分）、孝橋日瑶里→辰巳奈々羽（74分）
【警告】（姫路女学院）三輪愛梨（50分）
【得点】（筑陽学園）山本來怜愛（24分）／（姫路女学院）オウンゴール（80+1分）

第1回戦 12月30日 いぶきの森球技場Aグラウンド 主 田中真輝 副 大槻隼人、山本学史

開志学園JSC（北信越3／新潟） **1（0-0 1-2）2** **高知★**（四国2／高知）

得	S	学		開志学園JSC	背	背	高知		学	S	得
0	0	①	GK	坂田 湖琳	17	1	掛水 朝陽	GK	③	0	0
0	0	②	DF	石田 琉南	2	4	鎌倉 琉音	DF	③	0	0
0	2	③	DF	斉藤 百音	3	5	和田 彩愛	DF	②	0	0
1	1	②	DF	熊坂 妃奈乃	4	6	間城 海月	DF	③	0	0
0	0	①	DF	那須 陽帆	16	19	黒岩 美羽	DF	②	0	0
0	1	①	MF	高山 杏々葉	6	7	西山 実希	MF	❸	0	0
0	1	①	MF	松川 そら	8	9	大森 桜花	MF	①	2	0
0	2	❸	MF	柚留木 咲希	10	11	大野 羽愛	MF	①	5	2
0	0	②	MF	大西 楓來	11	15	濱田 楓果	MF	②	2	0
0	3	②	FW	清川 海七	7	10	市川 ひまり	FW	③	1	0
0	5	①	FW	楠本 樹里	14	14	矢壁 真恵子	FW	②	0	0

【交代】（開志学園JSC）石田琉南→三野彩音（HT）、熊坂妃奈乃→吉田琉愛（60分）、大西楓來→瀬川こころ（60分）、清川海七→大宮永波（71分）／（高知）矢壁真恵子→池西麗蘭（73分）
【得点】（開志学園JSC）熊坂妃奈乃（50分）／（高知）大野羽愛（55分、58分）

第1回戦 12月30日 三木総合防災公園第2陸上競技場 主 吉田瑞希 副 道山悟至、小畑裕作

神村学園（九州2／鹿児島） **4（2-0 2-0）0** **北海道文教大附★**（北海道1／北海道）

得	S	学		神村学園	背	背	北海道文教大附		学	S	得
0	0	③	GK	後藤 未来	1	1	河瀬 望乃加	GK	③	0	0
0	0	③	DF	工藤 凪紗	2	2	生井 千晶	DF	③	1	0
0	1	③	DF	岩下 心々愛	3	5	澤野 帆乃佳	DF	③	0	0
0	0	③	DF	幸福 征良	4	13	齊藤 瑠唯	DF	②	0	0
0	0	❸	DF	黒岩 沙羽	10	7	牛嶋 心海	MF	②	0	0
0	2	②	MF	岡部 光流	6	8	佐藤 友来	MF	②	0	0
0	4	③	MF	山田 怜愛	8	10	小林 悠夏	MF	❸	0	0
1	1	②	MF	上田 彩葉	11	17	國井 麻耶	MF	③	0	0
1	6	③	MF	三冨 りりか	14	21	吉川 育夢	MF	②	0	0
1	2	①	MF	春園 虹天	23	9	成田 咲蘭	FW	②	0	0
0	2	②	FW	安田 美泉	9	11	清家 音々	FW	③	0	0

【交代】（神村学園）岡部光流→吉満凜（HT）、上田彩葉→原田真心（49分）、山田怜愛→上田麻莉（49分）、春園虹天→久保百果（54分）、工藤凪紗→成田夢愛（62分）／（北海道文教大附）佐藤友来→鈴木彩日香（56分）、清家音々→小笠原ひなの（56分）、小林悠夏→曽部妃加里（68分）
【得点】（神村学園）三冨りりか（4分）、上田彩葉（16分）、春園虹天（46分）、上田麻莉（58分）

第1回戦 12月30日 五色台運動公園サブグラウンド 主 西嶋咲音 副 別處大輝、小林顕太

★東海大福岡（九州1／福岡） **0（0-1 0-0）1** **AICJ**（中国2／広島）

得	S	学		東海大福岡	背	背	AICJ		学	S	得
0	0	③	GK	久本 千紗	1	21	濱田 留寧	GK	③	0	0
0	0	③	DF	大隈 夏凛	3	2	森山 佳乃	DF	①	1	0
0	0	②	DF	林 南花	5	3	加藤 咲貴	DF	③	1	0
0	0	③	DF	今村 涼凪	9	5	宮武 つぐみ	DF	①	0	0
0	0	①	DF	富沢 侑和	28	6	樋口 三夏	DF	③	1	0
0	1	③	MF	黒野 美虹	7	9	髙井 更紗	MF	②	0	0
0	0	③	MF	梶原 仁那	14	7	川崎 和奏	MF	①	1	0
0	1	②	MF	朝比 雪華	20	14	打田 もえ	MF	❸	1	0
0	0	①	MF	楢崎 綾香	30	4	柏原 凪沙	FW	②	2	0
0	1	❸	MF	山名 映理	10	10	岸波 美采	FW	②	6	1
0	0	①	FW	井手 穂花	24	11	臼井 利依	FW	①	5	0

【交代】（東海大福岡）井手穂花→山田愛実（HT）、朝比雪華→神田心未（52分）、梶原仁那→横田ひまり（70分）／（AICJ）臼井利依→安部羽南（80+1分）
【得点】（AICJ）岸波美采（24分）

第1回戦 12月30日 五色台運動公園メイングラウンド 主 曽我忍 副 木村翔太、堤有司

★日ノ本学園（開催県／兵庫） **3（2-2 1-0）2** **宇都宮文星女子**（関東7／栃木）

得	S	学		日ノ本学園	背	背	宇都宮文星女子		学	S	得
0	0	❸	GK	久田 優里愛	1	1	山神 七海	GK	③	0	0
0	0	③	DF	渡邊 絢音	3	3	飯田 怜唯	DF	②	0	0
0	0	③	DF	今井 双葉	5	7	中島 麗来	DF	③	0	0
0	0	②	DF	田村 來愛	8	13	佐藤 初音	DF	③	1	0
0	0	①	DF	大塚 理紗子	19	27	増山 結菜	DF	①	0	0
0	0	②	MF	森實 葵	4	8	須賀 美由希	MF	❸	1	0
0	0	③	MF	丸山 星	6	12	鏑木 百恵	MF	③	1	0
1	1	③	MF	本多 瑠己	7	15	佐々木 玲愛	MF	③	2	1
0	0	③	MF	高城 青空	10	25	福田 莉子	MF	①	2	1
2	3	①	MF	上田 妃茉里	17	10	廣瀬 乃愛	FW	③	0	0
0	0	②	FW	栗原 都来穂	30	11	佐藤 優良々	FW	③	1	0

【交代】（日ノ本学園）森實葵→藤原良（12分）、栗原都来穂→小林結望（17分）、丸山星→木下奈南（61分）／（宇都宮文星女子）中島麗来→前林凜花（HT）、佐々木玲愛→鹿沼亜美（68分）、鏑木百恵→金久保美羽（75分）
【得点】（日ノ本学園）本多瑠己（20分）、上田妃茉里（30分、63分）／（宇都宮文星女子）佐々木玲愛（2分）、福田莉子（17分）

第1回戦 12月30日 三木総合防災公園第2陸上競技場 主 大村琴美 副 佐藤浩太、高安航平

聖カピタニオ女子★（東海3／愛知） **2（0-0 2-1）1** **星槎国際湘南**（関東4／神奈川）

得	S	学		聖カピタニオ女子	背	背	星槎国際湘南		学	S	得
0	0	②	GK	梅村 心陽	22	1	内海 佑南	GK	②	0	0
0	0	②	DF	江﨑 絢羽	2	2	坪井 茉凛	DF	③	0	0
0	0	③	DF	坂下 利里奈	3	3	朝倉 麗	DF	①	0	0
0	0	❸	DF	浦前 遥楓	8	5	中野 希音	DF	③	0	0
0	0	①	DF	高瀬 未愛	27	13	駒澤 茉歩	DF	③	0	0
0	0	③	MF	熊﨑 せり乃	7	4	小石川 叶夢	MF	③	0	0
0	0	①	MF	畠山 結佳	23	6	鈴木 碧華	MF	③	0	0
0	0	①	MF	佐藤 翠	24	10	宮本 和心	MF	③	3	1
1	4	①	MF	小澤 しいな	26	17	望月 心咲	MF	③	2	0
0	0	①	MF	塩川 十鈴星	29	9	中島 咲友莱	FW	③	2	0
1	1	③	FW	オーライリー 詩奈	10	11	国吉 花吏埜	FW	❸	1	0

【交代】（聖カピタニオ女子）畠山結佳→森星空（78分）／（星槎国際湘南）駒澤茉歩→斉藤麻琴（22分）、朝倉麗→安岡若葉（76分）
【得点】（聖カピタニオ女子）オーライリー詩奈（54分）、小澤しいな（80+1分）／（星槎国際湘南）宮本和心（61分）

第1回戦 12月30日 三木総合防災公園陸上競技場 主 田嶌うらら 副 福吉海偉、土田直紀

作陽学園（中国3／岡山） **0（0-1 0-3）4** **大阪学芸★**（関西1／大阪）

得	S	学		作陽学園	背	背	大阪学芸		学	S	得
0	0	②	GK	石田 ひなは	1	1	宜野座 令愛	GK	③	0	0
0	1	③	DF	新城 琴美	2	3	木村 衣那	DF	③	0	0
0	0	②	DF	原 望恵	5	4	西嶋 桃花	DF	③	1	1
0	1	②	DF	浜本 夕愛	17	22	松川 陽加里	DF	①	0	0
0	0	②	DF	村上 和愛	18	28	中村 柚仁	DF	②	1	0
0	0	③	MF	甲木 湖冬羽	3	6	江口 碧華	MF	❸	1	0
0	1	③	MF	大野 凜果	4	8	滑川 藍	MF	③	1	1
0	1	③	MF	弓場 麗華	9	10	北川 愛唯	MF	③	2	0
0	0	②	MF	安部 美琴	11	11	山田 実来	MF	③	5	1
0	2	❸	FW	福岡 結	7	7	菊山 裕衣	FW	③	5	0
0	0	②	FW	森原 日胡	8	9	佐藤 美優	FW	③	1	0

【交代】（作陽学園）森原日胡→竹内あり（48分）、大野凜果→阿間見茜（53分）、村上和愛→川上友愛（68分）／（大阪学芸）佐藤美優→中村優月（53分）、菊山裕衣→西濃華（68分）、滑川藍→難波奏（68分）、山田実来→三納咲希（80分）
【得点】（大阪学芸）滑川藍（19分）、西嶋桃花（46分）、中村優月（64分）、山田実来（74分）

第1回戦　12月30日　五色台運動公園サブグラウンド　主 大森啓子　副 藤田和昭、瀬田順矢

★ 高川学園（中国１／山口）　**1**（0-2 / 1-0）**2**　**福井工大福井**（北信越２／福井）

得	S	学			背	背			学	S	得
0	0	②	GK	倉光 里奈	17	12	下川 陽南多	GK	③	0	0
0	0	②	DF	三戸 萌百花	4	2	留木 未々	DF	③	0	0
0	1	②	DF	菅 南月	6	3	上村 怜	DF	①	0	0
0	0	②	DF	下村 聖奈	14	4	神野 真凜	DF	②	0	0
0	1	①	DF	香川 真緒	15	5	木村 ゆず	DF	③	1	1
0	2	②	MF	石原 百華	5	7	河合 結月	MF	❸	2	0
0	0	②	MF	河村 菜々海	7	8	濵井 小町	MF	①	0	0
1	1	②	MF	石村 心夢	9	18	岩嵜 心	MF	③	2	0
0	0	③	MF	堀 美風	2	9	松永 亜巳	FW	③	6	0
0	1	③	MF	井下 舞櫻	11	10	秋田 萌絵	FW	③	3	0
0	0	①	FW	石川 理緒	20	11	西尾 唯花	FW	②	2	0

【交代】（高川学園）堀美風→兼崎心里（19分）、石川理緒→田頭侑奈（38分）、井下舞櫻→茂庭朋幹（HT）、香川真緒→今田桃香（64分）
【得点】（高川学園）石村心夢（67分）／（福井工大福井）木村ゆず（4分）、オウンゴール（33分）

第1回戦　12月30日　いぶきの森球技場Bグラウンド　主 大谷美瑛　副 金森一真、矢嶋洋晃

佐久長聖（北信越１／長野）　**0**（0-0 / 0-1）**1**　**暁星国際**（関東３／千葉）★

得	S	学			背	背			学	S	得
0	0	②	GK	植松 結菜	1	1	竹下 咲那	GK	❸	0	0
0	1	②	DF	加藤 真実	2	2	熊原 ななみ	DF	②	1	0
0	0	❷	DF	鈴木 こなつ	3	3	大澤 歌鈴	DF	③	0	0
0	0	①	DF	新井 陽彩	5	4	三輪 乙葉	DF	②	0	0
0	0	②	DF	伊藤 百花	6	5	石川 楓	DF	③	0	0
0	0	①	MF	西尾 碧海	7	8	岩本 未颯	MF	②	1	0
0	1	②	MF	山﨑 莉歩	8	10	角田 莉夏	MF	③	2	0
0	0	③	MF	道繁 煌	10	13	石田 千華	MF	②	3	0
0	1	②	MF	馬崎 仁菜	14	16	松谷 星来	MF	①	3	0
0	2	③	FW	川渕 碧空	11	7	立花 芽唯	FW	③	3	1
0	0	②	FW	西澤 千帆	16	14	杉山 咲和	FW	②	0	0

【交代】（佐久長聖）西澤千帆→山下琴遥（48分）、道繁煌→金谷彩花（58分）／（暁星国際）石川楓→押井美羽（HT）、杉山咲和→黒川夢（73分）
【警告】（暁星国際）石田千華（80分）
【得点】（暁星国際）立花芽唯（47分）

第1回戦　12月30日　みきぼうパークひょうご第2球技場　主 梶山芙紗子　副 西村隆宏、後藤新一朗

★ 常盤木学園（東北１／宮城）　**0**（0-1 / 0-3）**4**　**常葉大橘**（東海２／静岡）

得	S	学			背	背			学	S	得
0	0	③	GK	佐々木 心	1	1	田尻 結菜	GK	②	0	0
0	1	❸	DF	岩川 雛	2	5	笠井 寧々	DF	❸	0	0
0	0	③	DF	柴山 華奈	4	12	浅倉 悠里奈	DF	②	0	0
0	0	③	DF	岸 仁美	6	20	小澤 瑠奈	DF	①	0	0
0	0	②	DF	岡村 まどか	22	23	望月 寧々	DF	①	0	0
0	3	③	MF	葛西 彩	5	8	松尾 侑芽実	MF	②	2	1
0	0	②	MF	髙木 沙都	14	10	後藤 真生	MF	③	1	1
0	1	②	MF	菱沼 みずき	23	13	中村 幸来	MF	②	0	0
0	3	③	FW	佐藤 瑞希	9	22	小島 あのん	MF	①	3	0
0	1	③	FW	白木 珠奈	10	9	伊藤 朱莉	FW	②	6	2
0	1	②	FW	東堂 正枝	20	19	松浦 芽育子	FW	①	1	0

【交代】（常盤木学園）東堂正枝→伊藤そら（61分）、白木珠奈→小笠原妃世（77分）、菱沼みずき→田井海音（77分）、髙木沙都→藤井愛梨（80+1分）、岡村まどか→中島曖莉（80+1分）／（常葉大橘）後藤真生→田中綾芽（73分）、中村幸来→脇川あかり（78分）、小島あのん→芝田美妃（80分）
【警告】（常盤木学園）岸仁美（75分）、葛西彩（76分）
【得点】（常葉大橘）後藤真生（24分）、伊藤朱莉（72分、80+3分）、松尾侑芽実（77分）

第1回戦　12月30日　いぶきの森球技場Bグラウンド　主 荒木裕里香　副 久保雅範、金野晋

★ 流経大柏（関東５／千葉）　**0**（0-2 / 0-0）**2**　**聖和学園**（東北２／宮城）

得	S	学			背	背			学	S	得
0	0	③	GK	阿部 麗奈	1	1	男鹿 藍里	GK	③	0	0
0	0	③	DF	川上 葵	3	4	我那覇 凛	DF	③	0	0
0	0	❸	DF	師岡 奈央	4	7	佐々木 はるか	DF	❸	1	0
0	0	③	DF	内山 莉依夏	13	16	倉品 渚南	DF	②	1	0
0	0	①	DF	大林 奈央	24	26	佐野 美尋	DF	①	0	0
0	0	③	MF	安達 凛花	6	8	益子 由愛	MF	③	4	0
0	0	③	MF	石原 愛理	8	9	遠藤 瑚子	MF	③	2	0
0	0	③	MF	加藤 あやめ	10	10	本田 悠良	MF	③	6	1
0	1	②	MF	昆 ひなの	11	15	石川 麗奈	MF	②	2	0
0	0	②	MF	田中 悠菜	20	18	櫻井 梨里花	MF	②	3	0
0	0	①	FW	市野 瑛瑠奈	23	11	米村 歩夏	FW	③	3	1

【交代】（流経大柏）市野瑛瑠奈→飯塚有咲（HT）、内山莉依夏→伊東憧（HT）、昆ひなの→清水彩華（63分）、田中悠菜→本間寧音（76分）／（聖和学園）遠藤瑚子→佐藤実玖（63分）、米村歩夏→田辺心愛（80+2分）、本田悠良→佐藤眞桜（80+2分）、石川麗奈→紺谷あろえ（80+2分）、櫻井梨里花→加藤春佳（80+2分）
【得点】（聖和学園）米村歩夏（14分）、本田悠良（20分）

第1回戦　12月30日　みきぼうパークひょうご第1球技場　主 小野田伊佐子　副 野澤陽介、久世繁輝

十文字（関東２／東京）　**3**（1-0 / 2-1）**1**　**京都精華学園**（関西２／京都）★

得	S	学			背	背			学	S	得
0	0	③	GK	中村 菫	1	1	内田 璃紅	GK	②	0	0
0	0	③	DF	米口 和花	3	4	宮前 すずな	DF	②	0	0
0	1	③	DF	山﨑 亜沙	5	15	森野 彩	DF	①	0	0
1	4	③	DF	受川 琴未	6	18	小原 美月	DF	②	0	0
0	0	③	DF	安西 愛	8	22	吉岡 百亜	DF	②	0	0
0	2	②	MF	新井 萌禾	7	6	松本 華波	MF	③	0	0
0	1	❸	MF	三宅 万尋	9	8	池田 柚季	MF	③	0	0
0	8	③	MF	早間 美空	10	20	谷田 瑠愛	MF	②	1	0
0	2	①	MF	川口 歩奏	12	11	前田 柊	FW	③	1	0
0	1	②	MF	梅本 恵	17	13	高田 琉那	FW	②	0	0
1	8	①	FW	本多 桃華	4	17	梶田 燈莉	FW	❸	0	0

【交代】（十文字）梅本恵→福島茉莉花（53分）、安西愛→小島世里（80+2分）、川口歩奏→伊藤芽紗（80+2分）／（京都精華学園）谷田瑠愛→鈴木萌翔（49分）、高田琉那→山田奈緒（58分）、小原美月→小畠空楽（76分）
【得点】（十文字）受川琴未（19分）、本多桃華（63分）、福島茉莉花（79分）／（京都精華学園）山田奈緒（65分）

第1回戦　12月30日　五色台運動公園メイングラウンド　主 小西悠子　副 朝井隆浩、竹内大典

旭川実（北海道２／北海道）　**0**（0-3 / 0-6）**9**　**鳴門渦潮**（四国１／徳島）★

得	S	学			背	背			学	S	得
0	0	②	GK	冨田 桃華	21	1	佐木 双葉	GK	③	0	0
0	0	❸	DF	佐野 智尋	2	2	立野 姫愛	DF	①	0	0
0	0	②	DF	眞壁 幸来	3	5	松村 実春	DF	③	0	0
0	0	①	DF	秋山 真花	15	10	古田 彩瑛	DF	❸	0	0
0	0	①	DF	葛西 藍菜	19	3	岡本 かがり	MF	②	3	1
0	0	②	MF	西潟 胡花	4	4	武田 もえ	MF	③	3	2
0	0	③	MF	紺野 千咲	5	8	田中 歩乃羽	MF	②	3	0
0	0	③	MF	山下 可鈴	6	9	村井 沙帆	MF	①	3	0
0	0	②	MF	佐藤 千幸	8	6	髙山 夢歩	FW	②	0	0
0	0	③	FW	山本 静果	10	11	松本 柚葉	FW	②	8	2
0	0	②	FW	中村 杏夏	11	19	石田 萌華	FW	③	3	1

【交代】（旭川実）秋山真花→山下可暖（HT）、紺野千咲→田中葵（61分）、山下可鈴→大居希実（80+1分）／（鳴門渦潮）石田萌華→林千乃（54分）、田中歩乃羽→杉本雪奈（54分）、松本柚葉→由藤きらら（67分）、岡本かがり→露原直央（67分）、髙山夢歩→富田翔保（72分）
【得点】（鳴門渦潮）武田もえ（7分、58分）、岡本かがり（23分）、石田萌華（37分）、松本柚葉（54分、64分）、林千乃（70分）、露原直央（71分、79分）

第1回戦　12月30日　いぶきの森球技場Aグラウンド　主 吉永真紀　副 石原良徳、原健二

★ 霞ヶ浦（関東６／茨城）　**1**（0-1 / 1-1）**2**　**柳ヶ浦**（九州４／大分）

得	S	学			背	背			学	S	得
0	0	③	GK	芦澤 彩	1	1	大山 姫星	GK	②	0	0
0	0	❸	DF	地島 愛彩	2	3	能田 未愛	DF	②	1	0
0	0	③	DF	上野 心	6	4	高松 芹羽	DF	②	0	0
0	0	③	DF	足立 陽菜	7	5	重松 日菜	DF	❸	1	0
0	0	②	DF	増原 希美	18	17	村上 安奈	DF	②	0	0
1	3	①	MF	佐藤 マイカ	4	6	松﨑 陽菜	MF	③	2	0
0	0	③	MF	折田 澪	5	10	松岡 優空	MF	③	5	1
0	2	①	MF	中川 椎	23	16	中村 沙愛	MF	③	0	0
0	0	①	MF	矢内 杏奈	24	20	田淵 聖那	MF	①	0	0
0	0	③	FW	鎌上 真緒	9	8	濵田 若那	FW	③	1	0
0	4	③	FW	五十嵐 和郁	10	14	江﨑 悠乃	FW	②	2	1

【交代】（霞ヶ浦）鎌上真緒→後藤咲幸（59分）、折田澪→梅澤芙羽香（72分）、矢内杏奈→大信田茉依（72分）、後藤咲幸→原田華花（80+1分）／（柳ヶ浦）中村沙愛→徳重花恋（52分）、能田未愛→松田吏真（57分）
【得点】（霞ヶ浦）佐藤マイカ（75分）／（柳ヶ浦）松岡優空（23分）、江﨑悠乃（80+1分）

第1回戦　12月30日　みきぼうパークひょうご第1球技場　主 廣田奈美　副 奥村勇磨、呉志成

★ 専大北上（東北３／岩手）　**0**（0-1 / 0-3）**4**　**修徳**（関東１／東京）

得	S	学			背	背			学	S	得
0	0	③	GK	千葉 玲奈	1	1	五十嵐 憂美	GK	②	0	0
0	0	③	DF	高橋 莉奈	4	3	荻島 美空	DF	②	1	0
0	1	③	DF	金井 日和	5	4	高野 彩音	DF	②	0	0
0	0	③	DF	大竹 夏姫	6	5	加藤 麗	DF	③	0	0
0	0	②	DF	加川 凛	16	22	徳江 はる	DF	①	1	0
0	0	③	MF	八鍬 ゆり亜	7	6	榎戸 りおな	MF	③	0	0
0	0	③	MF	工藤 蒼生	8	7	筒井 まつり	MF	②	0	0
0	2	❸	MF	白石 朝香	10	10	白城 璃々花	MF	❸	1	0
0	0	②	MF	昆野 杏梨	14	11	矢野 幌	MF	③	0	0
0	0	③	FW	佐藤 なごみ	9	9	那須野 陽向	FW	③	8	4
0	0	②	FW	大野 妃菜	13	30	宇田川 果歩	FW	①	0	0

【交代】（専大北上）大野妃菜→高鹿沙紀（48分）、工藤蒼生→中鉢茉弥（48分）、高橋莉奈→佐々木こころ（57分）、中鉢茉弥→平山梨暖（76分）／（修徳）宇田川果歩→青木梨緒奈（59分）、榎戸りおな→星野玖羅々（59分）、矢野幌→八木陽（69分）、加藤麗→黒川煌（69分）、高野彩音→増子百花（76分）
【得点】（修徳）那須野陽向（2分、44分、54分、57分）

第2回戦

12月31日 三木総合防災公園第2陸上競技場
主 梶山芙紗子 副 大西英里、相宮和真

藤枝順心 5（5-0 / 0-0）0 筑陽学園

（東海1／静岡） （九州3／福岡）★

得	S	学			背	背			学	S	得
0	0	③	GK	菊地 優杏	1	1	山下 美優	GK	❸	0	0
0	0	❸	DF	大川 和流	5	2	檜室 里絆嬉	DF	②	0	0
0	0	③	DF	中出 朱音	8	3	柳原 菖	DF	②	0	0
1	1	②	DF	松本 琉那	15	4	熊谷 桃菜	DF	③	0	0
1	1	②	DF	柘植 沙羽	18	18	柴田 羅夢	DF	①	0	0
0	0	③	MF	下吉 優衣	6	6	岩谷 湊堵	MF	③	0	0
1	1	③	MF	久保田 真生	10	7	有吉 優里菜	MF	③	0	0
1	1	②	MF	植本 愛実	19	8	小川 華	MF	③	0	0
0	0	③	FW	望月 歓那	2	10	橘 百華	MF	③	0	0
1	1	③	FW	高岡 澪	9	13	山本 來怜愛	FW	②	0	0
0	0	③	FW	辻澤 亜唯	11	14	米良 俐音	FW	②	0	0

【交代】（藤枝順心）辻澤亜唯→佐藤ふう（HT）、高岡澪→鈴木巴那（HT）、中出朱音→曾根育美（64分）、久保田真生→弟子丸紗羽（71分）、下吉優衣→永田優奈（71分）／（筑陽学園）岩谷湊堵→ムカダンゲイ恵玲奈（30分）、米良俐音→関智美（HT）、柴田羅夢→西村久瑠実（HT）、山本來怜愛→仲佐彩花（47分）、小川華→別當映彩（53分）
【得点】（藤枝順心）松本琉那（4分）、植本愛実（24分）、高岡澪（26分）、柘植沙羽（36分）、久保田真生（40+1分）

第2回戦

12月31日 三木総合防災公園陸上競技場
主 荒木裕里香 副 吉永真紀、井城直人

高知 0（0-6 / 0-1）7 神村学園

★（四国2／高知） （九州2／鹿児島）

得	S	学			背	背			学	S	得
0	0	③	GK	掛水 朝陽	1	1	後藤 未来	GK	③	0	0
0	0	③	DF	鎌倉 琉音	4	2	工藤 凪紗	DF	③	4	1
0	0	②	DF	和田 彩愛	5	3	岩下 心々愛	DF	③	1	1
0	0	③	DF	間城 海月	6	4	幸福 征良	DF	③	0	0
0	0	②	DF	黒岩 美羽	19	10	黒岩 沙羽	DF	❸	0	0
0	0	❸	MF	西山 実希	7	6	岡部 光流	MF	②	1	0
0	0	①	MF	大森 桜花	9	8	山田 怜愛	MF	③	3	1
0	0	①	MF	大野 羽愛	11	11	上田 彩葉	MF	②	2	1
0	0	②	MF	濵田 楓果	15	14	三冨 りりか	MF	③	6	2
0	1	③	FW	市川 ひまり	10	23	春園 虹天	MF	①	1	1
0	0	②	FW	矢壁 真恵子	14	9	安田 美泉	FW	②	1	0

【交代】（高知）黒岩美羽→山本あいり（HT）、矢壁真恵子→掛橋結（63分）、大森桜花→池西麗蘭（63分）、濵田楓果→菊﨑妃南（71分）、大野羽愛→嘉新心来（71分）／（神村学園）幸福征良→森田こころ（HT）、春園虹天→吉満凜（HT）、岡部光流→久保百果（57分）、上田彩葉→原田真心（57分）、山田怜愛→上田麻莉（71分）
【得点】（神村学園）岩下心々愛（7分）、三冨りりか（17分、20分）、上田彩葉（25分）、工藤凪紗（30分）、春園虹天（38分）、山田怜愛（59分）

第2回戦

12月31日 みきぼうパークひょうご第2球技場
主 吉田瑞希 副 寺岡大輔、高木陽介

AICJ 3（1-0 / 2-1）1 日ノ本学園

★（中国2／広島） （開催県／兵庫）

得	S	学			背	背			学	S	得
0	0	③	GK	濱田 留寧	21	1	久田 優里愛	GK	❸	0	0
0	2	①	DF	森山 佳乃	2	3	渡邊 絢音	DF	③	0	0
0	0	③	DF	加藤 咲貴	3	5	今井 双葉	DF	③	0	0
0	0	①	DF	宮武 つぐみ	5	11	岡林 柚葉	DF	②	0	0
1	2	③	DF	樋口 三夏	6	19	大塚 理紗子	DF	①	0	0
0	0	①	MF	川崎 和奏	7	6	丸山 星	MF	③	0	0
0	3	②	MF	高井 更紗	9	7	本多 瑠己	MF	③	0	0
0	2	❸	MF	打田 もえ	14	8	田村 來愛	MF	②	1	1
0	1	②	FW	柏原 凪沙	4	10	高城 青空	MF	③	0	0
1	2	②	FW	岸波 美采	10	17	上田 妃茉里	MF	①	0	0
1	2	①	FW	臼井 利依	11	9	高橋 亜優	FW	③	0	0

【交代】（AICJ）臼井利依→原田柚葵（77分）、宮武つぐみ→出村爽菜（80分）／（日ノ本学園）大塚理紗子→木下奈南（HT）、本多瑠己→森實葵（HT）、高城青空→高橋あすか（HT）、丸山星→藤原良（58分）、高橋亜優→小林結望（71分）
【警告】（日ノ本学園）上田妃茉里（67分）
【得点】（AICJ）樋口三夏（15分）、岸波美采（53分）、臼井利依（71分）／（日ノ本学園）田村來愛（61分）

第2回戦

12月31日 みきぼうパークひょうご第1球技場
主 大谷美瑛 副 堀善仁、和田雄次

聖カピタニオ女子 0（0-1 / 0-2）3 大阪学芸

★（東海3／愛知） （関西1／大阪）

得	S	学			背	背			学	S	得
0	0	②	GK	梅村 心陽	22	1	宜野座 令愛	GK	③	0	0
0	0	②	DF	江﨑 絢羽	2	3	木村 衣那	DF	③	2	1
0	0	③	DF	坂下 利里奈	3	4	西嶋 桃花	DF	③	0	0
0	0	❸	DF	浦前 遥楓	8	22	松川 陽加里	DF	①	0	0
0	0	①	DF	高瀬 未愛	27	28	中村 柚仁	DF	②	0	0
0	0	③	MF	熊崎 せり乃	7	6	江口 碧華	MF	❸	0	0
0	0	①	MF	畠山 結佳	23	8	滑川 藍	MF	③	1	0
0	0	①	MF	田内 友梨	25	10	北川 愛唯	MF	③	2	1
0	3	①	MF	小澤 しいな	26	11	山田 実来	MF	③	0	0
0	0	①	MF	塩川 十鈴星	29	7	菊山 裕衣	FW	③	1	0
0	0	③	FW	オーライリー 詩奈	10	9	佐藤 美優	FW	③	2	1

【交代】（聖カピタニオ女子）田内友梨→佐藤翠（35分）、畠山結佳→森星空（67分）／（大阪学芸）滑川藍→難波奏（59分）、佐藤美優→中村優月（59分）、菊山裕衣→西凜華（64分）、中村柚仁→三納咲希（76分）
【得点】（大阪学芸）佐藤美優（30分）、北川愛唯（75分）、木村衣那（78分）

第2回戦

12月31日 みきぼうパークひょうご第1球技場
主 田嶌うらら 副 田中真輝、福田峻平

福井工大福井 0（0-3 / 0-3）6 十文字

（北信越2／福井） （関東2／東京）★

得	S	学			背	背			学	S	得
0	0	③	GK	下川 陽南多	12	1	中村 菫	GK	③	0	0
0	1	③	DF	留木 未々	2	2	小島 世里	DF	②	0	0
0	0	①	DF	上村 怜	3	3	米口 和花	DF	③	2	1
0	0	②	DF	神野 真凜	4	5	山﨑 亜沙	DF	③	1	0
0	1	③	DF	木村 ゆず	5	6	受川 琴未	DF	③	0	0
0	0	❸	MF	河合 結月	7	7	新井 萌禾	MF	②	0	0
0	0	①	MF	濵井 小町	8	9	三宅 万尋	MF	❸	3	2
0	1	③	MF	岩嵜 心	18	10	早間 美空	MF	③	3	1
0	2	③	FW	松永 亜巳	9	12	川口 歩奏	MF	①	0	0
0	0	③	FW	秋田 萌絵	10	13	福島 茉莉花	MF	②	0	0
0	2	②	FW	西尾 唯花	11	4	本多 桃華	FW	①	2	0

【交代】（福井工大福井）岩嵜心→鈴木亜音（53分）、上村怜→寺田こころ（60分）、西尾唯花→後藤璃胡（80+2分）、松永亜巳→名倉幸希（80+2分）／（十文字）小島世里→安西愛（37分）、新井萌禾→伊藤芽紗（64分）、本多桃華→澤田さくらアリーヤ（64分）、早間美空→長行司百杏（69分）、福島茉莉花→菊池真唯子（69分）
【退場】（福井工大福井）下川陽南多（56分）
【得点】（十文字）オウンゴール（4分）、三宅万尋（24分、80+1分）、早間美空（34分）、米口和花（61分）、菊池真唯子（74分）

第2回戦

12月31日 みきぼうパークひょうご第2球技場
主 小野田伊佐子 副 大村琴美、冨田浩司

暁星国際 2（2-0 / 0-1）1 鳴門渦潮

★（関東3／千葉） （四国1／徳島）

得	S	学			背	背			学	S	得
0	0	❸	GK	竹下 咲那	1	1	佐木 双葉	GK	③	0	0
1	2	②	DF	熊原 ななみ	2	2	立野 姫愛	DF	①	0	0
0	1	③	DF	大澤 歌鈴	3	5	松村 実春	DF	③	0	0
0	0	②	DF	三輪 乙葉	4	10	古田 彩瑛	DF	❸	0	0
0	0	③	DF	石川 楓	5	3	岡本 かがり	MF	②	1	0
0	1	②	MF	齋藤 色	6	4	武田 もえ	MF	③	1	0
0	0	③	MF	角田 莉夏	10	8	田中 歩乃羽	MF	②	2	0
1	3	②	MF	石田 千華	13	9	村井 沙帆	MF	①	0	0
0	0	①	MF	松谷 星来	16	6	髙山 夢歩	FW	②	0	0
0	2	③	FW	立花 芽唯	7	11	松本 柚葉	FW	②	2	1
0	1	②	FW	杉山 咲和	14	19	石田 萌華	FW	③	1	0

【交代】（暁星国際）杉山咲和→黒川夢（64分）／（鳴門渦潮）石田萌華→杉本雪奈（HT）、髙山夢歩→露原直央（76分）
【警告】（暁星国際）齋藤色（8分）
【得点】（暁星国際）熊原ななみ（17分）、石田千華（23分）／（鳴門渦潮）松本柚葉（45分）

第2回戦

12月31日 三木総合防災公園第2陸上競技場
主 廣田奈美 副 木下博史、山口堅志

常葉大橘 0（0-0 / 0-1）1 柳ヶ浦

★（東海2／静岡） （九州4／大分）

得	S	学			背	背			学	S	得
0	0	②	GK	田尻 結菜	1	1	大山 姫星	GK	②	0	0
0	0	❸	DF	笠井 寧々	5	3	能田 未愛	DF	②	0	0
0	0	②	DF	浅倉 悠里奈	12	4	高松 芹羽	DF	②	0	0
0	0	①	DF	小澤 瑠奈	20	5	重松 日菜	DF	❸	0	0
0	0	①	DF	望月 寧々	23	19	徳重 花恋	DF	③	1	0
0	0	②	MF	松尾 侑芽実	8	6	松﨑 陽菜	MF	③	0	0
0	0	③	MF	後藤 真生	10	10	松岡 優空	MF	③	4	0
0	0	②	MF	中村 幸来	13	16	中村 沙愛	MF	③	0	0
0	0	①	MF	小島 あのん	22	20	田淵 聖那	MF	①	1	0
0	1	②	FW	伊藤 朱莉	9	8	濵田 若那	FW	③	2	1
0	0	①	FW	松浦 芽育子	19	14	江﨑 悠乃	FW	②	0	0

【交代】（常葉大橘）後藤真生→脇川あかり（72分）／（柳ヶ浦）中村沙愛→松田吏真（79分）
【得点】（柳ヶ浦）濵田若那（66分）

第2回戦

12月31日 三木総合防災公園陸上競技場
主 稲葉里美 副 中本早紀、西尾憲太

聖和学園 2（1-0 / 1-3）3 修徳

★（東北2／宮城） （関東1／東京）

得	S	学			背	背			学	S	得
0	0	③	GK	男鹿 藍里	1	1	五十嵐 憂美	GK	②	0	0
0	0	③	DF	我那覇 凛	4	3	荻島 美空	DF	②	1	1
0	2	❸	DF	佐々木 はるか	7	4	高野 彩音	DF	②	0	0
0	0	②	DF	倉品 渚南	16	5	加藤 麗	DF	③	0	0
0	0	①	DF	佐野 美尋	26	22	徳江 はる	DF	①	0	0
0	0	③	MF	益子 由愛	8	6	榎戸 りおな	MF	③	1	0
0	0	③	MF	遠藤 瑚子	9	7	筒井 まつり	MF	②	2	0
1	1	③	MF	本田 悠良	10	10	白城 璃々花	MF	❸	1	0
0	0	②	MF	石川 麗奈	15	11	矢野 幌	MF	③	4	2
1	1	②	MF	櫻井 梨里花	18	9	那須野 陽向	FW	③	3	0
0	0	③	FW	米村 歩夏	11	30	宇田川 果歩	FW	①	1	0

【交代】（聖和学園）遠藤瑚子→佐藤実玖（57分）、石川麗奈→佐藤眞桜（63分）／（修徳）宇田川果歩→青木梨緒奈（62分）、榎戸りおな→八木陽（80+2分）
【得点】（聖和学園）櫻井梨里花（3分）、本田悠良（80+2分）／（修徳）矢野幌（53分、74分）、荻島美空（64分）

準々決勝戦

1月3日 三木総合防災公園陸上競技場 主 山本真理 副 勝又美沙希、山崎真菜

★ **藤枝順心**（東海1／静岡） **1（0-0／1-0）0** **神村学園**（九州2／鹿児島）

得	S	学		藤枝順心	背	背	神村学園		学	S	得
0	0	③	GK	菊地 優杏	1	1	後藤 未来	GK	③	0	0
0	1	❸	DF	大川 和流	5	2	工藤 凪紗	DF	③	0	0
0	0	③	DF	中出 朱音	8	3	岩下 心々愛	DF	③	0	0
0	1	②	DF	松本 琉那	15	4	幸福 征良	DF	③	0	0
0	1	②	DF	栢植 沙羽	18	10	黒岩 沙羽	DF	❸	0	0
1	3	③	MF	下吉 優衣	6	6	岡部 光流	MF	②	0	0
0	2	③	MF	久保田 真生	10	8	山田 怜愛	MF	③	1	0
0	2	②	MF	植本 愛実	19	11	上田 彩葉	MF	②	1	0
0	4	③	FW	高岡 澪	9	14	三冨 りりか	MF	③	1	0
0	2	③	FW	辻澤 亜唯	11	23	春園 虹天	MF	①	0	0
0	2	②	FW	藤原 凛音	17	9	安田 美泉	FW	②	1	0

【交代】（神村学園）上田彩葉→原田真心（57分）、原田真心→上田麻莉（74分）、春園虹天→成田夢愛（79分）
【得点】（藤枝順心）下吉優衣（80分）

準々決勝戦

1月3日 三木総合防災公園第2陸上競技場 主 梶山美紗子 副 小野田伊佐子、田中真輝

★ **AICJ**（中国2／広島） **0（0-0／0-2）2** **大阪学芸**（関西1／大阪）

得	S	学		AICJ	背	背	大阪学芸		学	S	得
0	0	③	GK	濱田 留寧	21	1	宜野座 令愛	GK	③	0	0
0	0	①	DF	森山 佳乃	2	3	木村 衣那	DF	③	0	0
0	0	③	DF	加藤 咲貴	3	4	西嶋 桃花	DF	③	2	0
0	0	①	DF	宮武 つぐみ	5	22	松川 陽加里	DF	①	0	0
0	0	③	DF	樋口 三夏	6	28	中村 柚仁	DF	②	0	0
0	0	①	MF	川崎 和奏	7	6	江口 碧華	MF	❸	0	0
0	0	②	MF	高井 更紗	9	8	滑川 藍	MF	③	1	0
0	1	❸	MF	打田 もえ	14	10	北川 愛唯	MF	③	5	1
0	1	②	FW	柏原 凪沙	4	11	山田 実来	MF	③	2	0
0	1	②	FW	岸波 美采	10	7	菊山 裕衣	FW	③	2	1
0	2	①	FW	臼井 利依	11	9	佐藤 美優	FW	③	3	0

【交代】（AICJ）川崎和奏→松尾瑠樹レイラニ（56分）、宮武つぐみ→原田柚葵（74分）、臼井利依→安部羽南（80+1分）、森山佳乃→出村爽菜（80+1分）、加藤咲貴→北川紗羽（80+1分）／（大阪学芸）滑川藍→難波奏（68分）、佐藤美優→西凜華（68分）、菊山裕衣→三納咲希（76分）
【得点】（大阪学芸）菊山裕衣（53分）、北川愛唯（76分）

準々決勝戦

1月3日 三木総合防災公園第2陸上競技場 主 小泉朝香 副 田嶌うらら、柿本麻希

★ **十文字**（関東2／東京） **3（2-0／1-1）1** **暁星国際**（関東3／千葉）

得	S	学		十文字	背	背	暁星国際		学	S	得
0	0	③	GK	中村 董	1	1	竹下 咲那	GK	❸	0	0
0	0	③	DF	米口 和花	3	2	熊原 ななみ	DF	②	0	0
0	0	③	DF	山﨑 亜沙	5	3	大澤 歌鈴	DF	③	0	0
0	2	③	DF	受川 琴未	6	4	三輪 乙葉	DF	②	1	0
1	1	③	DF	安西 愛	8	5	石川 楓	DF	③	0	0
0	2	②	MF	新井 萌禾	7	6	齋藤 色	MF	②	0	0
1	1	❸	MF	三宅 万尋	9	10	角田 莉夏	MF	③	0	0
1	1	③	MF	早間 美空	10	13	石田 千華	MF	②	2	0
0	0	①	MF	川口 歩奏	12	16	松谷 星来	MF	①	1	1
0	1	②	MF	福島 茉莉花	13	7	立花 芽唯	FW	③	2	0
0	2	①	FW	本多 桃華	4	14	杉山 咲和	FW	②	0	0

【交代】（十文字）福島茉莉花→梅本恵（51分）、梅本恵→澤田さくらアリーヤ（68分）、新井萌禾→伊藤芽紗（80+1分）、本多桃華→菊池真唯子（80+1分）、安西愛→宮崎日詩（80+1分）／（暁星国際）石川楓→押井美羽（HT）、杉山咲和→黒川夢（55分）
【得点】（十文字）三宅万尋（3分）、安西愛（9分）、早間美空（58分）／（暁星国際）松谷星来（60分）

準々決勝戦

1月3日 三木総合防災公園陸上競技場 主 桐原純子 副 一木千広、大谷美瑛

柳ヶ浦（九州4／大分） **1（1-0／0-1）1 5 PK 3** **修徳**（関東1／東京） ★

得	S	学		柳ヶ浦	背	背	修徳		学	S	得
0	0	②	GK	大山 姫星	1	1	五十嵐 憂美	GK	②	0	0
0	0	②	DF	能田 未愛	3	3	荻島 美空	DF	②	0	0
0	0	②	DF	高松 芹羽	4	4	高野 彩音	DF	②	0	0
0	0	❸	DF	重松 日菜	5	5	加藤 麗	DF	③	0	0
0	0	③	DF	徳重 花恋	19	22	徳江 はる	DF	①	0	0
0	0	③	MF	松﨑 陽菜	6	6	榎戸 りおな	MF	③	1	0
1	1	②	MF	江﨑 悠乃	14	7	筒井 まつり	MF	②	1	0
0	0	③	MF	中村 沙愛	16	10	白城 璃々花	MF	❸	0	0
0	0	①	MF	田淵 聖那	20	11	矢野 幌	MF	③	3	0
0	0	③	FW	濵田 若那	8	9	那須野 陽向	FW	③	4	0
0	4	③	FW	松岡 優空	10	30	宇田川 果歩	FW	①	1	1

【交代】（修徳）宇田川果歩→青木梨緒奈（72分）
【警告】（柳ヶ浦）松岡優空（46分）
【得点】（柳ヶ浦）江﨑悠乃（11分）／（修徳）宇田川果歩（42分）

準決勝戦

1月5日 ノエビアスタジアム神戸 主 稲葉里美 副 佐々木陽美、吉永真紀

★ **藤枝順心**（東海1／静岡） **1（0-0／1-0）0** **大阪学芸**（関西1／大阪）

得	S	学		藤枝順心	背	背	大阪学芸		学	S	得
0	0	③	GK	菊地 優杏	1	1	宜野座 令愛	GK	③	0	0
0	0	❸	DF	大川 和流	5	3	木村 衣那	DF	③	0	0
0	1	③	DF	中出 朱音	8	4	西嶋 桃花	DF	③	0	0
0	0	②	DF	松本 琉那	15	22	松川 陽加里	DF	①	0	0
0	0	②	DF	栢植 沙羽	18	28	中村 柚仁	DF	②	0	0
0	2	③	MF	下吉 優衣	6	6	江口 碧華	MF	❸	0	0
0	3	③	MF	久保田 真生	10	8	滑川 藍	MF	③	0	0
0	0	②	MF	植本 愛実	19	10	北川 愛唯	MF	③	2	0
0	3	③	FW	高岡 澪	9	11	山田 実来	MF	③	0	0
0	1	③	FW	辻澤 亜唯	11	7	菊山 裕衣	FW	③	2	0
1	3	②	FW	藤原 凛音	17	9	佐藤 美優	FW	③	1	0

【交代】（大阪学芸）中村柚仁→小柳夏姫（HT）、滑川藍→三納咲希（65分）、菊山裕衣→西凜華（76分）、佐藤美優→中村優月（76分）
【警告】（藤枝順心）辻澤亜唯（28分）／（大阪学芸）小柳夏姫（53分）
【得点】（藤枝順心）藤原凛音（90+1分）

準決勝戦

1月5日 ノエビアスタジアム神戸 主 岩本毬花 副 大谷美瑛、丸本明奈

★ **十文字**（関東2／東京） **2（2-0／0-0）0** **柳ヶ浦**（九州4／大分）

得	S	学		十文字	背	背	柳ヶ浦		学	S	得
0	0	③	GK	中村 董	1	1	大山 姫星	GK	②	0	0
0	0	③	DF	米口 和花	3	3	能田 未愛	DF	②	0	0
0	1	③	DF	山﨑 亜沙	5	4	高松 芹羽	DF	②	0	0
0	1	③	DF	受川 琴未	6	5	重松 日菜	DF	❸	0	0
1	1	③	DF	安西 愛	8	19	徳重 花恋	DF	③	0	0
0	0	②	MF	新井 萌禾	7	6	松﨑 陽菜	MF	③	1	0
0	1	❸	MF	三宅 万尋	9	10	松岡 優空	MF	③	5	0
0	2	③	MF	早間 美空	10	16	中村 沙愛	MF	③	0	0
0	0	①	MF	川口 歩奏	12	20	田淵 聖那	MF	①	0	0
1	3	②	MF	福島 茉莉花	13	8	濵田 若那	FW	③	1	0
0	4	①	FW	本多 桃華	4	14	江﨑 悠乃	FW	②	1	0

【交代】（十文字）福島茉莉花→梅本恵（69分）、本多桃華→澤田さくらアリーヤ（90分）、新井萌禾→伊藤芽紗（90分）、安西愛→山崎美乃（90+2分）、早間美空→長行司百杏（90+2分）／（柳ヶ浦）中村沙愛→松田吏真（76分）
【警告】（十文字）米口和花（38分）
【得点】（十文字）福島茉莉花（25分）、安西愛（29分）

決勝戦

1月7日 ノエビアスタジアム神戸 主 馬場成美 副 横田碧、廣田奈美

藤枝順心（東海1／静岡） **3（2-0／1-0）0** **十文字**（関東2／東京） ★

得	S	学		藤枝順心	背	背	十文字		学	S	得
0	0	③	GK	菊地 優杏	1	1	中村 董	GK	③	0	0
0	0	❸	DF	大川 和流	5	3	米口 和花	DF	③	0	0
0	0	③	DF	中出 朱音	8	5	山﨑 亜沙	DF	③	1	0
0	0	②	DF	松本 琉那	15	6	受川 琴未	DF	③	1	0
0	0	②	DF	栢植 沙羽	18	8	安西 愛	DF	③	0	0
0	1	③	MF	下吉 優衣	6	7	新井 萌禾	MF	②	1	0
1	3	③	MF	久保田 真生	10	9	三宅 万尋	MF	❸	2	0
0	1	②	MF	植本 愛実	19	10	早間 美空	MF	③	5	0
0	2	③	FW	高岡 澪	9	12	川口 歩奏	MF	①	1	0
1	5	③	FW	辻澤 亜唯	11	13	福島 茉莉花	MF	②	1	0
0	0	②	FW	藤原 凛音	17	4	本多 桃華	FW	①	0	0

【交代】（藤枝順心）藤原凛音→葛西唯衣（69分）、葛西唯衣→青井麻衣（90+1分）、高岡澪→曾根育美（90+1分）、植本愛実→鈴木巴那（90+3分）／（十文字）福島茉莉花→梅本恵（66分）、受川琴未→伊藤芽紗（71分）、安西愛→澤田さくらアリーヤ（71分）、山崎亜沙→小島世里（77分）
【警告】（藤枝順心）葛西唯衣（79分）
【得点】（藤枝順心）久保田真生（4分）、辻澤亜唯（45分）、葛西唯衣（75分）

全日本高校女子選手権大会
【地区・地域大会記録】

北海道

●決勝トーナメント

大谷室蘭、函館白百合、帯広大谷、旭川実、札幌大谷、北照、帯広北、旭川南、函館商、合同※、北海道文教大附

優勝：北海道文教大附

※合同＝札幌東商・札幌北斗

青森県

●決勝トーナメント

八戸学院光星、三沢・三本木、青森南、三本木農恵拓、八戸工大二

優勝：八戸学院光星

〈3位決定戦〉

三沢・三本木 9－2 三本木農恵拓 → 三沢・三本木

岩手県

●決勝トーナメント

専大北上 13－0 不来方 → 専大北上

●予選リーグ

	不来方	水沢	花北青雲	順位
不来方		0－0	9－0	1
水沢	0－0		0－0	2
花北青雲	0－9	0－0		3

秋田県

明桜

山形県

●決勝トーナメント

鶴岡東、山形西、山形商、鶴岡中央、酒田南、米沢中央、惺山、山形城北、山形明正

優勝：鶴岡東

宮城県

●決勝トーナメント

聖和学園、聖ウルスラ学院英智、仙台大明成、仙台育英、合同※、常盤木学園

優勝：常盤木学園

※合同＝広瀬・東北・古川黎明・大崎中央・宮城第一

〈第3シード決定戦〉

仙台大明成 2－0 仙台育英 → 仙台大明成

福島県

●決勝リーグ

	尚志	桜の聖母学院	ふたば未来学園	順位
尚志		4－0	4－0	1
桜の聖母学院	0－4		0－2	3
ふたば未来学園	0－4	2－0		2

茨城県

●決勝トーナメント

鹿島学園、水戸第三、※合同、愛国学園大附龍ケ崎、常磐大高、明秀日立、土浦第二、大成女子、霞ケ浦

優勝：鹿島学園

※合同＝石岡第二・水海道第二

〈3位決定戦〉

※合同 0－9 明秀日立 → 明秀日立

〈5位決定戦〉

常磐大高 0－1 土浦第二 → 土浦第二

〈7位決定戦〉

水戸第三 3－0 愛国学園大附龍ケ崎、大成女子 → 水戸第三

群馬県

●決勝トーナメント

前橋育英、高崎女子、桐生第一、共愛学園、館林女子、伊勢崎清明、市立太田、高崎商大附、渋川女子、※合同、前橋女子、太田女子、関東学園大附、健大高崎

優勝：前橋育英

※合同＝大間々・沼田女子・桐生

〈3位決定戦〉

市立太田 7－0 高崎商大附 → 市立太田

栃木県

●決勝トーナメント

宇都宮文星女子、※合同A、小山城南、白鷗大足利、宇都宮女子、大田原女子、※合同B、宇都宮短大附

優勝：宇都宮文星女子

※合同A＝益子芳星・佐野東・鹿沼

※合同B＝宇都宮中央・宇都宮中央女子

〈3位決定戦〉

白鷗大足利 4－0 宇都宮女子 → 白鷗大足利

●グループステージ

A	宇都宮文星女子	大田原女子	順位
宇都宮文星女子		14－0	1
大田原女子	0－14		2

B	宇都宮短大附	※合同A	栃木翔南	順位
宇都宮短大附		11－0	16－0	1
※合同A	0－11		4－0	2
栃木翔南	0－16	0－4		3

C	宇都宮女子	小山城南	栃木女子	順位
宇都宮女子		3－2	9－0	1
小山城南	2－3		3－0	2
栃木女子	0－9	0－3		3

D	白鷗大足利	※合同B	作新学院	順位
白鷗大足利		5－0	15－1	1
※合同B	0－5		2－2	2
作新学院	1－15	2－2		3

千葉県

●決勝トーナメント

暁星国際、千葉南・大網、成田北・若松、船橋法典、市立船橋、成田国際、市立柏、拓大紅陵、流経大柏、※合同、市立松戸、幕張総合、八千代松陰、柏の葉、日体大柏、千葉明徳

優勝：暁星国際

※合同＝船橋芝山・市川東

〈3位決定戦〉

市立船橋 3－1 日体大柏 → 市立船橋

●予選リーグ

A	千葉明徳	成田北・若松	※合同	市川・県立千葉	順位
千葉明徳		1－1	7－0	10－0	1
成田北・若松	1－1		6－0	6－0	2
※合同	0－7	0－6		4－0	3
市川・県立千葉	0－10	0－6	0－4		4

B	日体大柏	松戸国際	千葉南・大網	拓大紅陵	順位
日体大柏		11－1	5－0	3－4	2
松戸国際	1－11		0－1	0－9	4
千葉南・大網	0－5	1－0		0－4	3
拓大紅陵	4－3	9－0	4－0		1

C	幕張総合	成田国際	千葉経済大附	順位
幕張総合		9－0	25－0	1
成田国際	0－9		7－0	2
千葉経済大附	0－25	0－7		3

D	船橋法典	流山おおたかの森	市立松戸	順位
船橋法典		7－0	3－0	1
流山おおたかの森	0－7		0－0	3
市立松戸	0－3	0－0		2

E	柏の葉	市立柏	千葉西	順位
柏の葉		1－4	2－1	2
市立柏	4－1		2－0	1
千葉西	1－2	0－2		3

埼玉県

●決勝トーナメント

花咲徳栄、浦和学院、浦和実、大宮武蔵野、正智深谷、川口市立、川越南、寄居城北、入間向陽、本庄第一、大宮開成、和光国際、淑徳与野、宮代、叡明、熊谷女子、松山女子、南稜、※合同A、本庄、市立浦和、※合同B、所沢、埼玉平成、浦和西、埼玉栄、久喜、秋草学園、浦和一女、大宮南、山村学園、自由の森学園、庄和、昌平

優勝：花咲徳栄

※合同A＝大妻嵐山・狭山ケ丘・日高

※合同B＝杉戸農・越ケ谷・明の星

〈3位決定戦〉

本庄第一 0－1 南稜 → 南稜

東京都

●決勝トーナメント

十文字、王子総合、※合同A、東大和、※合同B、佼成学園女子、駒沢女子、第五商、芦花、国際、国分寺、東京成徳、日体大桜華、※合同C、飛鳥、杉並総合、吉祥女子、日大櫻丘、文京学院女子、ICU、晴海総合、成立学園、世田谷総合、狛江、戸山、東京実、若葉総合、清瀬、東久留米総合、帝京、修徳

優勝：修徳

〈3位決定戦〉

飛鳥 3－1 杉並総合 → 飛鳥

※合同A＝日大三・八王子学園

※合同B＝共立女子第二・品川エトワール

※合同C＝赤羽北桜・岩倉・大泉

神奈川県

●決勝トーナメント

星槎国際湘南、横浜翠陵、白鵬女子、三浦学苑、伊勢原、慶應湘南藤沢、桐蔭学園、大和、相模女子大高、藤沢清流、相洋、相模原弥栄、二宮、湘南学院

優勝：星槎国際湘南

〈3位決定戦〉

桐蔭学園 4－1 藤沢清流 → 桐蔭学園

●予選リーグ

A	大和	相模女子大高	湘南台	順位
大和		4－0	1－0	1
相模女子大高	0－4		2－1	2
湘南台	0－1	1－2		3

B	桐蔭学園	白鵬女子	※合同	順位
桐蔭学園		5－0	14－0	1
白鵬女子	0－5		4－0	2
※合同	0－14	0－4		3

※合同＝厚木東・厚木商・市立幸・旭

C	横浜翠陵	慶應湘南藤沢	法政国際	順位
横浜翠陵		2－0	16－0	1
慶應湘南藤沢	0－2		2－1	2
法政国際	0－16	1－2		3

D	三浦学苑	伊勢原	多摩	順位
三浦学苑		2－1	12－0	1
伊勢原	1－2		5－0	2
多摩	0－12	0－5		3

E	相模原弥栄	相洋	海老名	順位
相模原弥栄		1－0	6－0	1
相洋	0－1		9－0	2
海老名	0－6	0－9		3

F	藤沢清流	二宮	神奈川総合	順位
藤沢清流		5－0	10－0	1
二宮	0－5		10－0	2
神奈川総合	0－10	0－10		3

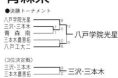

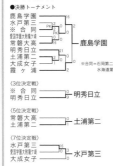

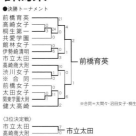

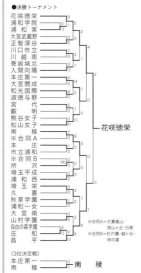

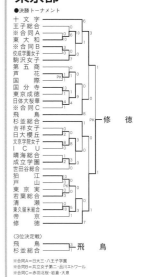

山梨県

●決勝トーナメント

- 日本航空 32－0 富士北稜・日大明誠
- 甲府商 0－6 帝京第三
- 日本航空 3－0 帝京第三

優勝：日本航空

〈3位決定戦〉

- 富士北稜・日大明誠 0－12 甲府商 → 甲府商

新潟県

●決勝トーナメント

- 北越 0－5 開志学園JSC
- 帝京長岡 3－0 開志学園JSC

優勝：帝京長岡

長野県

●決勝トーナメント

- 上田西 0－15 松本国際
- 佐久長聖 15－0 松本国際
- 松商学園 20－0 ※合同
- 松商学園 1－3 東海大諏訪
- 佐久長聖 4－2 東海大諏訪

優勝：佐久長聖

※合同＝大町岳陽・塩尻志学館

富山県

●決勝トーナメント

- 富山国際大付 31－0 呉羽
- 富山第一 0－10 高岡商
- 富山国際大付 1－0 高岡商

優勝：富山国際大付

〈3位決定戦〉

- 呉羽 0－25 富山第一 → 富山第一

石川県

●決勝トーナメント

- 星稜 12－0 七尾
- ※合同 0－0（PK）金沢伏見
- 星稜 2－1 金沢伏見

優勝：星稜

※合同＝野々市明倫・金沢市立工

福井県

福井工大福井

静岡県

●決勝トーナメント

- 藤枝順心 20－0 磐田北
- 桐陽 2－1 磐田東
- 東海大静岡翔洋 6－0 静岡大成
- 清流館 0－11 常葉大橘
- 藤枝順心 17－0 桐陽
- 東海大静岡翔洋 0－3 常葉大橘
- 藤枝順心 2－2（PK）常葉大橘

優勝：藤枝順心

●シード順位決定戦（第3シード以降）

- 磐田東 0－4 東海大静岡翔洋 → 東海大静岡翔洋
- 桐陽 3－0 静岡大成 → 桐陽
- 清流館 3－0 磐田北 → 清流館

●ブロック予選リーグ

A	桐陽	聖隷クリストファー	※合同	富士市立	清流館	浜松聖星	順位
桐陽		6－0	16－0	9－0	1－1	オープン参加	1
聖隷クリストファー	0－6		10－0	1－0	0－2	オープン参加	3
※合同	0－16	0－10		0－4	0－13	オープン参加	5
富士市立	0－9	0－1	4－0		0－5	オープン参加	4
清流館	1－1	2－0	13－0	5－0		オープン参加	2
浜松聖星	0－35	棄権	棄権	0－15	棄権		

※合同＝沼津西・清水国際

B	静岡大成	藤枝西	清水南	吉原	磐田北	順位
静岡大成		4－0	21－0	9－0	10－0	1
藤枝西	0－4		6－0	5－0	0－1	3
清水南	0－21	0－6		0－2	0－5	5
吉原	0－9	0－5	2－0		0－6	4
磐田北	0－10	1－0	5－0	6－0		2

愛知県

●決勝リーグ

	聖カピタニオ女子	豊川	安城学園	同朋	順位
聖カピタニオ女子		5－0	7－0	5－0	1
豊川	0－5		4－0	6－0	2
安城学園	0－7	0－4		2－1	3
同朋	0－5	0－6	1－2		4

●予選トーナメント

〈Aブロック代表〉

- 岡崎商 5－0 東邦
- 岡崎商 0－3 清林館
- 清林館 2－0 松蔭
- 聖カピタニオ女子 14－0 清林館

代表：聖カピタニオ女子

〈Bブロック代表〉

- 高蔵寺 0－0（PK）岩倉総合
- 岩倉総合 0－11 若宮商・刈谷北
- 若宮商・刈谷北 0－14 至学館
- 豊川 3－1 至学館

代表：豊川

〈Cブロック代表〉

- 南山 0－2 旭丘
- 旭丘 2－0 椙山女学園
- 旭丘 1－3 時習館
- 安城学園 8－0 時習館

代表：安城学園

〈Dブロック代表〉

- 小坂井 0－4 日福大付
- 日福大付 0－2 金城学院
- 金城学院 0－2 愛知啓成
- 同朋 4－0 愛知啓成

代表：同朋

岐阜県

帝京大可児

三重県

●決勝トーナメント

- ※合同 10－0 津西
- 高田 20－0 ※合同
- 津田学園 20－0 四日市西
- 津田学園 0－2 三重
- 高田 1－1（PK）三重

優勝：高田

※合同＝四日市南・稲生

〈3位決定戦〉

- ※合同 0－8 津田学園 → 津田学園

滋賀県

●決勝

- 近江兄弟社 14－0 八幡商 → 近江兄弟社

京都府

●決勝トーナメント

- 京都翔英 0－5 京都西山
- 京都橘 0－1 京都西山
- ※合同 0－7 京都精華学園
- 京都西山 0－3 京都精華学園

優勝：京都精華学園

※合同＝向陽・京都文教

奈良県

●決勝トーナメント

- 高取国際 10－0 ※合同
- 国際 1－4 高取国際

優勝：高取国際

※合同＝奈良育英・桜井

和歌山県

●決勝トーナメント

- 和歌山北 12－0 神島
- 近大和歌山 2－3 新宮
- 和歌山北 3－0 新宮

優勝：和歌山北

〈3位決定戦〉

- 神島 1－4 近大和歌山 → 近大和歌山

大阪府

●決勝リーグ

	大阪学芸	大商学園	大阪偕星学園	追手門学院	順位
大阪学芸		0(13 PK 12)0	8－0	0－0	2
大商学園	0(12 PK 13)0		3－0	3－0	1
大阪偕星学園	0－8	0－3		0－5	4
追手門学院	0－0	0－3	5－0		3

●1次トーナメント

- リベルテ 5－1 ※合同A
- リベルテ 1－15 星翔
- 大阪学芸 4－1 星翔

代表：大阪学芸

- 高槻北 6－3 ※合同B
- 山田 4－0 大阪女学院
- 高槻北 5－0 山田
- 高槻北 0－7 大商学園

代表：大商学園

- 汎愛 0－1 ※合同C
- ※合同C 0－3 桜宮
- 大阪偕星学園 5－0 桜宮

代表：大阪偕星学園

- 帝塚山学院 1－6 ※合同D
- 追手門学院 21－0 ※合同D
- 追手門学院 0－0（PK）大阪桐蔭

代表：追手門学院

※合同A＝大阪国際滝井・山本・花園・八尾北・八尾
※合同B＝茨木西・柴島
※合同C＝千里青雲・大阪ビジネスフロンティア・梅花・教大平野・大阪緑涼・大冠
※合同D＝東住吉総合・大阪教育C附・登美丘・泉鳥取

兵庫県

●決勝ラウンド

	日ノ本学園	神戸弘陵	姫路女学院	六甲アイランド	順位
日ノ本学園		0－0	0－2	6－0	3
神戸弘陵	0－0		0－0	4－1	2
姫路女学院	2－0	0－0		2－0	1
六甲アイランド	0－6	1－4	0－2		4

●1次ラウンド

- 日ノ本学園 → 日ノ本学園

- 神戸 0－5 蒼開
- 神戸弘陵 6－0 蒼開
- ※合同 1－0 三田祥雲館
- 神戸弘陵 13－0 ※合同

代表：神戸弘陵

※合同＝三田西陵・宝塚東

- 姫路女学院 18－0 啓明
- 北須磨 3－0 夢野台
- 姫路女学院 3－0 北須磨

代表：姫路女学院

- 六甲アイランド 10－0 社
- 有馬 0－0（PK）明石南
- 六甲アイランド 8－0 明石南

代表：六甲アイランド

岡山県

●決勝トーナメント

- おかやま山陽 不戦勝 総社
- 岡山学芸館 14－0 岡山芳泉
- おかやま山陽 0－43 岡山学芸館
- 作陽学園 4－0 岡山学芸館

優勝：作陽学園

〈3決出場戦〉

- 総社／岡山芳泉（不戦勝）→ 岡山芳泉

〈3位決定戦〉

- おかやま山陽 1－23 岡山芳泉 → 岡山芳泉

広島県

●決勝トーナメント

- AICJ 9－0 広島皆実
- 山陽 1－1（PK）広島文教大附
- AICJ 7－1 山陽

優勝：AICJ

〈3位決定戦〉

- 広島皆実 0－4 広島文教大附 → 広島文教大附

●予選トーナメント

- 山陽 30－0 ※合同A
- ※合同B 13－0 広陵
- 山陽 0－0（PK）※合同B
- 山陽女学園 23－0 廿日市
- 沼田 2－5 広島皆実
- 山陽女学園 0－5 広島皆実
- 山陽 6－0 広島皆実

代表：山陽

※合同A＝祇園北・高陽東
※合同B＝福山明王台・盈進

鳥取県

●決勝トーナメント

- 鳥取西 0－9 鳥取東
- 鳥取城北 14－0 鳥取東

優勝：鳥取城北

島根県

松江商

山口県

●決勝トーナメント

- 防府西 1－2 熊毛南
- 高川学園 5－0 熊毛南
- 聖光 0－25 長門
- 高川学園 7－0 長門

優勝：高川学園

香川県

●決勝

- 四学大香川西 18－0 津田 → 四学大香川西

徳島県

●決勝トーナメント

- 徳島北 0－4 徳島市立
- 鳴門渦潮 24－0 徳島市立
- 城北 1－0 鳴門
- 城北 2－0 徳島商
- 鳴門渦潮 16－0 城北

優勝：鳴門渦潮

〈3位決定戦〉

- 徳島市立／徳島商（不戦勝）→ 徳島市立

愛媛県

●決勝トーナメント

- 松山東雲 9－0 小松
- 宇和島南中等 1－0 松山東雲
- 南宇和 0－2 新居浜商
- 新居浜商 0－4 済美
- 宇和島南中等 1－0 済美

優勝：宇和島南中等

高知県

●決勝リーグ

	高知	高知商	大方・高知東	順位
高知		5－0	14－0	1
高知商	0－5		6－1	2
大方・高知東	0－14	1－6		3

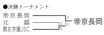

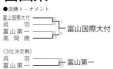

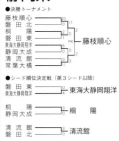

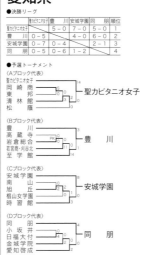

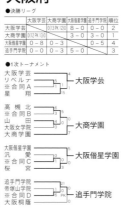

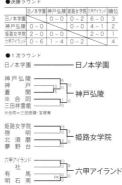

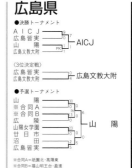

福岡県

●決勝トーナメント

- 東海大福岡 13-0 福翔
- 九産大九州 0-7 八女学院
- 福岡女学院 14-0 西日本短大附
- 福工大城東 0-10 筑陽学園
- 東海大福岡 3-1 八女学院
- 福岡女学院 0-2 筑陽学園
- 東海大福岡 0-0 (PK) 筑陽学園 → 東海大福岡

〈3位決定戦〉

- 八女学院 0-4 福岡女学院 → 福岡女学院

●予選リーグ

〈Aブロック〉

- 福岡農 0-3 福工大城東
- 福工大城東 2-1 福岡女子・中村学園女子
- 福岡女子・中村学園女子 0-1 福岡女子商
- 九産大九州 2-1 福岡女子商
- 福岡農 0-3 九産大九州

〈Bブロック〉

- 純真 0-4 福岡海星女子学院
- 福岡海星女子学院 0-1 北九州・明光学園
- 北九州・明光学園 0-1 西日本短大附
- 福翔 3-3 (8 PK 9) 西日本短大附
- 純真 0-8 福翔

佐賀県

●決勝

- 神埼 7-0 武雄 → 神埼

長崎県

●決勝トーナメント

- 鎮西学院 13-0 活水
- 島原商 0-5 海星
- 鎮西学院 6-0 海星 → 鎮西学院

大分県

●決勝

- 柳ヶ浦 4-0 稲葉学園 → 柳ヶ浦

熊本県

●決勝トーナメント

- 大津・松橋 1-0 玉名女子
- 大津・松橋 0-4 熊本農
- 秀岳館 21-0 熊本農
- ルーテル学院 1-1 (PK) 球磨中央
- 慶誠 3-0 (ルーテル学院・球磨中央の勝者)
- 慶誠 0-12 東海大熊本星翔
- 秀岳館 2-1 東海大熊本星翔 → 秀岳館

〈3位決定戦〉

- 熊本農 0-10 慶誠 → 慶誠

宮崎県

●決勝トーナメント

- 宮崎日大 8-2 ※合同
- 都城聖ドミニコ学園 3-0 宮崎日大
- 妻 24-0 都城商
- 妻 0-6 宮崎学園
- 都城聖ドミニコ学園 0-2 宮崎学園 → 宮崎学園

※合同＝日南学園・聖心ウルスラ

鹿児島県

●決勝トーナメント

- 鹿屋女子 0-0 (PK) 合同※
- 神村学園 28-0 鹿屋女子
- 鹿児島女子 2-3 鳳凰
- 神村学園 10-0 鳳凰 → 神村学園

〈3位決定戦〉

- 鹿屋女子 0-17 鹿児島女子 → 鹿児島女子

※合同＝明桜館・鹿児島城西・出水中央

沖縄県

●決勝トーナメント

- 球陽 0-3 ※合同A
- コザ 4-0 ※合同A
- 豊見城 0-4 糸満
- コザ 8-1 糸満
- 西原 1-0 小禄
- 宮古 3-4 那覇商
- 那覇商 0-6 那覇西
- 西原 2-1 那覇西
- コザ 7-0 西原
- 向陽 0-15 美里
- 前原 1-9 美里
- 北中城 1-5 読谷
- 美里 10-0 読谷
- 首里 0-4 ※合同B
- 名護 5-0 那覇国際
- 名護 1-0 那覇
- ※合同B 3-0 名護
- 美里 1-0 ※合同B
- コザ 5-0 美里 → コザ

※合同A＝浦添商・浦添・陽明・興南
※合同B＝八重山・普天間・久米島

地域大会対戦結果

【北海道】(出場枠：1～2位)

優勝：北海道文教大附

- 函館白百合 0-15 帯広大谷
- 大谷室蘭 5-0 帯広大谷
- 旭川実 1-1 (PK) 札幌大谷
- 大谷室蘭 1-1 (PK) 旭川実
- 帯広北 5-0 旭川南
- 北照 18-0 帯広北
- 函館商 0-6 合同※
- 合同※ 0-20 北海道文教大附
- 北照 0-3 北海道文教大附
- 決勝 0-4 北海道文教大附

※合同＝札幌東商・札幌北斗

※250ページのトーナメント表と同一です

【東　北】(出場枠：1～3位)

優勝：常盤木学園

出場校：常盤木学園(宮城県①)、山形明正(山形県②)、ふたば未来学園(福島県②)、八戸学院光星(青森県①)、専大北上(岩手県①)、聖和学園(宮城県②)、明桜(秋田県)、八戸工大二(青森県②)、鶴岡東(山形県①)、不来方(岩手県②)、尚志(福島県①)

- 山形明正 3-4 ふたば未来学園
- 常盤木学園 2-0 ふたば未来学園
- 八戸学院光星 0-5 専大北上
- 常盤木学園 6-1 専大北上
- 明桜 7-0 八戸工大二
- 聖和学園 9-0 明桜
- 鶴岡東 12-0 不来方
- 鶴岡東 0-4 尚志
- 聖和学園 5-1 尚志
- 常盤木学園 5-3 聖和学園

〈3位決定戦〉専大北上

- 専大北上 1-1 (PK) 尚志

【関　東】(出場枠：1～7位)

優勝：修徳

出場校：修徳(東京都①)、昌平(埼玉県②)、宇都宮文星女子(栃木県①)、帝京第三(山梨県②)、暁星国際(千葉県①)、湘南学院(神奈川県②)、霞ヶ浦(茨城県②)、前橋育英(群馬県①)、星槎国際湘南(神奈川県①)、健大高崎(群馬県②)、花咲徳栄(埼玉県①)、宇都宮短大附(栃木県②)、鹿島学園(茨城県①)、流経大柏(千葉県②)、十文字(東京都②)、日本航空(山梨県①)

- 修徳 2-1 昌平
- 宇都宮文星女子 2-0 帝京第三
- 修徳 9-1 宇都宮文星女子
- 暁星国際 2-1 湘南学院
- 霞ヶ浦 1-0 前橋育英
- 暁星国際 4-0 霞ヶ浦
- 修徳 4-1 暁星国際
- 星槎国際湘南 3-0 健大高崎
- 花咲徳栄 3-0 宇都宮短大附
- 星槎国際湘南 4-0 花咲徳栄
- 鹿島学園 0-1 流経大柏
- 十文字 3-0 日本航空
- 流経大柏 0-7 十文字
- 星槎国際湘南 1-3 十文字
- 修徳 3-2 十文字

〈3位決定戦〉暁星国際

- 暁星国際 2-1 星槎国際湘南

〈5位決定戦〉流経大柏

- 霞ヶ浦 0-1 流経大柏

〈7位決定戦〉宇都宮文星女子

- 宇都宮文星女子 2-1 花咲徳栄

【北信越】(出場枠：1～3位)

優勝：佐久長聖

出場校：帝京長岡(新潟県①)、東海大諏訪(長野県②)、星稜(石川県①)、福井工大福井(福井県)、開志学園JSC(新潟県②)、富山国際大付(富山県)、金沢伏見(石川県②)、佐久長聖(長野県①)

- 帝京長岡 4-0 東海大諏訪
- 星稜 0-8 福井工大福井
- 帝京長岡 1-1 (PK) 福井工大福井
- 開志学園JSC 8-0 富山国際大付
- 金沢伏見 0-14 佐久長聖
- 開志学園JSC 0-1 佐久長聖
- 決勝 0-1 佐久長聖

〈3位決定戦〉開志学園JSC

- 帝京長岡 0-1 開志学園JSC

【東　海】(出場枠：1～3位)

優勝：藤枝順心

出場校：藤枝順心(静岡県①)、帝京大可児(岐阜県)、豊川(愛知県②)、聖カピタニオ女子(愛知県①)、高田(三重県)、常葉大橘(静岡県②)

- 帝京大可児 0-1 豊川
- 藤枝順心 6-2 豊川
- 聖カピタニオ女子 6-1 高田
- 聖カピタニオ女子 0-2 常葉大橘
- 藤枝順心 4-0 常葉大橘

〈3位決定戦〉聖カピタニオ女子

- 豊川 1-3 聖カピタニオ女子

【関　西】(出場枠：1～4位)

優勝：大阪学芸

出場校：大商学園(大阪府①)、神戸弘陵(兵庫県②)、和歌山北(和歌山県)、京都精華学園(京都府)、大阪学芸(大阪府②)、近江兄弟社(滋賀県)、高取国際(奈良県)、姫路女学院(兵庫県①)

- 大商学園 0-2 神戸弘陵
- 和歌山北 0-4 京都精華学園
- 神戸弘陵 0-0 (PK) 京都精華学園
- 大阪学芸 8-0 近江兄弟社
- 高取国際 0-9 姫路女学院
- 大阪学芸 6-0 姫路女学院
- 決勝 0-1 大阪学芸

〈3位決定戦〉神戸弘陵

- 神戸弘陵 3-2 姫路女学院

開催県代表：日ノ本学園

【中　国】(出場枠：1～3位)

優勝：高川学園

出場校：作陽学園(岡山県①)、松江商(島根県)、鳥取城北(鳥取県)、高川学園(山口県①)、山陽(広島県②)、岡山学芸館(岡山県②)、長門(山口県②)、AICJ(広島県①)

- 作陽学園 3-0 松江商
- 鳥取城北 0-1 高川学園
- 作陽学園 0-1 高川学園
- 山陽 0-0 (PK) 岡山学芸館
- 長門 0-16 AICJ
- 準決勝 0-11 AICJ
- 高川学園 1-0 AICJ

〈3位決定戦〉作陽学園

- 作陽学園 2-0 山陽

【四　国】(出場枠：1～2位)

優勝：鳴門渦潮

出場校：鳴門渦潮(徳島県①)、津田(香川県②)、高知商(高知県②)、宇和島南中等(愛媛県①)、高知(高知県①)、城北(徳島県②)、済美(愛媛県②)、四学大香川西(香川県①)

- 鳴門渦潮 18-1 津田
- 高知商 0-1 宇和島南中等
- 鳴門渦潮 17-0 宇和島南中等
- 高知 24-0 城北
- 済美 0-11 四学大香川西
- 高知 3-2 四学大香川西
- 鳴門渦潮 5-0 高知

〈3位決定戦〉四学大香川西

- 宇和島南中等 0-5 四学大香川西

【九　州】(出場枠：1～4位)

優勝：東海大福岡

出場校：神村学園(鹿児島県①)、稲葉学園(大分県②)、宮崎学園(宮崎県①)、美里(沖縄県②)、秀岳館(熊本県①)、武雄(佐賀県②)、筑陽学園(福岡県②)、鎮西学院(長崎県①)、東海大福岡(福岡県①)、東海大熊本星翔(熊本県②)、コザ(沖縄県①)、海星(長崎県②)、神埼(佐賀県①)、鳳凰(鹿児島県②)、都城聖ドミニコ学園(宮崎県②)、柳ヶ浦(大分県①)

- 神村学園 6-0 稲葉学園
- 宮崎学園 12-0 美里
- 神村学園 6-0 宮崎学園
- 秀岳館 19-0 武雄
- 筑陽学園 2-0 鎮西学院
- 秀岳館 0-1 筑陽学園
- 神村学園 2-0 筑陽学園
- 東海大福岡 2-0 東海大熊本星翔
- コザ 0-0 (PK) 海星
- 東海大福岡 6-0 (コザ・海星の勝者)
- 神埼 0-1 鳳凰
- 都城聖ドミニコ学園 0-15 柳ヶ浦
- 鳳凰 1-4 柳ヶ浦
- 東海大福岡 2-2 (PK) 柳ヶ浦
- 神村学園 1-1 (PK) 東海大福岡

〈3位決定戦〉筑陽学園

- 筑陽学園 2-0 柳ヶ浦

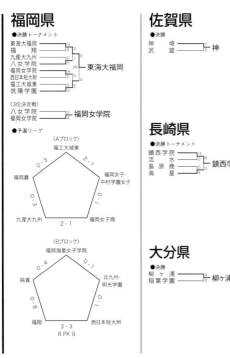

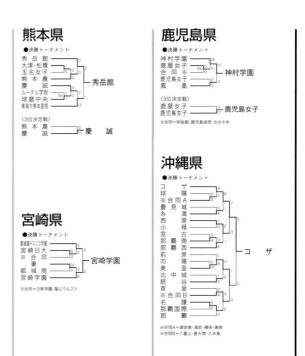

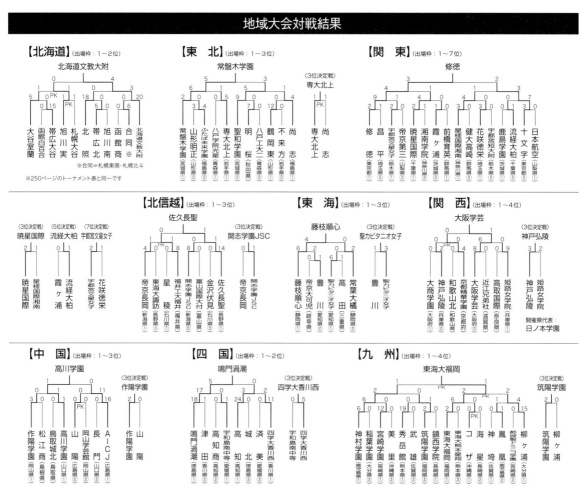

全日本高等学校女子サッカー選手権大会優勝校および本大会出場校

回数	1	2	3	4	5	6	7	8	9	10	11	12	13
年	平成4年	5年	6年	7年	8年	9年	10年	11年	12年	13年	14年	15年	16年
優勝校	**聖和学園1**	**本庄第一1**	**埼　玉1**	**埼玉栄1**	**埼　玉2**	**啓明女学院1**	**聖和学園2**	**湘南女子1**	**啓明女学院2**	**聖和学園3**	**常盤木学園1**	**鳳　凰1**	**神村学園1**
準優勝	**埼　玉1**	**啓明女学院1**	**啓明女学院2**	**埼　玉2**	**啓明女学院3**	**埼　玉3**	**神村学園1**	**神村学園2**	**湘南学院1**	**湘南学院2**	**聖和学園1**	**常盤木学園1**	**常盤木学園2**
三　位	**入間向陽1 埼玉栄1**	**石巻市立女子商1 聖和学園1**	**石巻市立女子商2 広島皆実1**	**西　山1 啓明女学院1**	**石巻市立女子商3 聖和学園2**	**京都橘女子1 本庄第一1**	**啓明女学院2 埼　玉1**	**藤枝西1 聖和学園3**	**東経短大村田女子1 聖和学園4**	**藤枝西2 神村学園1**	**本庄第一2 鳳　凰1**	**聖和学園5 日ノ本学園1**	**聖和学園6 文教大明清1**
参加校	16	16	16	16	16	16	16	16	16	16	16	16	16
北海道	札幌明清1	札幌明清2	札幌明清3	札幌明清4	札幌明清5	札幌明清6	札幌明清7	文教大札幌明清8	文教大明清9	文教大明清10	文教大明清11	文教大明清12	文教大明清13
青　森													
岩　手													
秋　田													
山　形													
宮　城	聖和学園1	石巻市立女子商1 聖和学園2	石巻市立女子商2 聖和学園3	石巻市立女子商3 聖和学園4	石巻市立女子商4 聖和学園5	石巻市立女子商5 聖和学園6	常盤木学園1 聖和学園7	常盤木学園2 聖和学園8	常盤木学園3 聖和学園9	常盤木学園4 聖和学園10	常盤木学園5 聖和学園11	常盤木学園6 聖和学園12	常盤木学園7 聖和学園13
福　島													
東　京									東経短大村田女子1		東経短大村田女子2	東経短大村田女子3 十文字1	
千　葉													
茨　城													
群　馬				高崎商科短大附1									
栃　木								宇都宮文星女子1			宇都宮文星女子2		
埼　玉	入間向陽1 埼　玉1 本庄第一1 埼玉栄1	松山女子1 埼　玉2 本庄第一2	埼　玉3 松山女子2 本庄第一3	埼　玉4 埼玉栄2	埼　玉5 埼玉栄3 本庄第一4	埼　玉6 本庄第一5	埼玉栄4 本庄第一6 埼　玉7	埼玉栄5	本庄第一7	本庄第一8 埼玉平成8	本庄第一9	埼玉栄6	埼玉栄7 埼玉平成9
神奈川						湘南女子1		湘南女子2	湘南学院3	湘南学院4		横浜国際翠陵1	横浜国際翠陵2
山　梨													
静　岡	桐　陽1	清水南1	桐　陽2	桐　陽3 榛　原1	桐　陽4 榛　原2	桐　陽5	藤枝西1 榛　原3	藤枝西2 沼津西1	藤枝西3 吉　原1	藤枝西4 吉　原2	藤枝西5 吉　原3	桐　陽6 吉　原4	吉　原5 藤枝順心1 桐　陽7
愛　知	春日井商1	春日井商2	春日井商3										
岐　阜													
三　重						四日市西1							
新　潟													
長　野													
富　山	呉　羽1	呉　羽2	呉　羽3	呉　羽4	呉　羽5	呉　羽6	呉　羽7	呉　羽8	高岡商1	高岡商2	高岡商3	高岡商4	
福　井													福井工大福井1
石　川													
大　阪													
和歌山											田辺商1		
奈　良	登美ヶ丘1								登美ヶ丘2				
滋　賀													
京　都	西　山1	京都橘女子1 西　山2	西　山3	西　山4	京都橘女子2 西　山5	京都橘女子3	京都橘女子4 西　山6	京都橘女子5	京都橘6	京都橘7			
兵　庫	啓明女学院1 塩原女子1	啓明女学院2	日ノ本学園1 啓明女学院3	須　磨1 啓明女学院4	啓明女学院5	啓明女学院6 塩原女子2	啓明女学院7	啓明女学院8 日ノ本学園2	啓明女学院9	啓明女学院10 日ノ本学園3	日ノ本学園4 啓明女学院11	日ノ本学園5 啓明女学院12	日ノ本学園6 啓明女学院13
岡　山								総　社1	総　社2				総　社3
鳥　取													
島　根													
山　口													
広　島	廿日市1	広島皆実1	広島皆実2	広島皆実3	廿日市2	廿日市3	広島皆実4			広島皆実5	広島皆実6	山陽女子1	
愛　媛	宇和島南1	宇和島南2	宇和島南3	済　美1	宇和島南4	宇和島南5	済　美2	済　美3	宇和島南6	済　美4	宇和島南7	宇和島南8	宇和島南9
香　川													
高　知													
徳　島													
福　岡							不知火女子1						豊国学園1
大　分													
長　崎													
佐　賀													
熊　本	大　津1	大　津2	大　津3		大　津4								
宮　崎													
鹿児島		鹿屋女子1	神村学園1	神村学園2 鹿児島女子1	神村学園3	神村学園4	神村学園5	神村学園6 鳳　凰1	神村学園7 鳳　凰2	神村学園8 鳳　凰3	神村学園9 鳳　凰4	神村学園10 鳳　凰5	神村学園11
沖　縄						那覇西1							
校名変更および備考	第1回から10回まで会場は神戸							文教大札幌明清←札幌明清	文教大明清←文教大札幌明清 湘南学院←湘南女子 京都橘←京都橘女子	埼玉平成←埼玉	会場は磐田に	グループリーグと決勝トーナメントの形式に 会場は越谷・妻沼に	会場は磐田に

回数	14	15	16	17	18	19	20	21	22	23	24	25	26
年	17年	18年	19年	20年	21年	22年	23年	24年度	25年度	26年度	27年度	28年度	29年度
優勝校	**神村学園2**	**藤枝順心1**	**鳳　凰2**	**常盤木学園2**	**常盤木学園3**	**日ノ本学園1**	**常盤木学園4**	**常盤木学園5**	**日ノ本学園2**	**日ノ本学園3**	**藤枝順心2**	**十文字1**	**藤枝順心3**
準優勝	**常盤木学園3**	**常盤木学園4**	**神村学園3**	**鳳　凰1**	**神村学園4**	**常盤木学園5**	**大阪桐蔭1**	**神村学園5**	**藤枝順心1**	**常盤木学園6**	**神村学園6**	**大商学園1**	**作　陽1**
三位	**桐　陽1** **鳳　凰2**	**鳳　凰3** **湘南学院1**	**聖和学園7** **常盤木学園1**	**十文字1** **日ノ本学園2**	**十文字2** **日本航空1**	**日本航空2** **神村学園2**	**十文字3** **修　徳1**	**日ノ本学園3** **京都精華女子1**	**常盤木学園2** **神村学園3**	**村田女子2** **藤枝順心1**	**大商学園1** **修　徳2**	**神村学園4** **修　徳3**	**福井工大福井1** **大商学園2**
参加校	24	24	24	32	32	32	32	32	32	32	32	32	32
北海道	文教大明清14 室蘭大谷1	文教大明清15 室蘭大谷2	文教大明清16	文教大明清17 室蘭大谷3	文教大明清18 室蘭大谷4	文教大明清19 室蘭大谷5	文教大明清20 室蘭大谷6	文教大明清21 大谷室蘭7	文教大明清22 大谷室蘭8	文教大明清23 大谷室蘭9	文教大明清24 大谷室蘭10	文教大明清25 大谷室蘭11	文教大明清26 大谷室蘭12
青森						千葉学園1	千葉学園2	千葉学園3					
岩手												専大北上1	専大北上2
秋田											明　桜1		
山形	山形西1	山形西2						山形城北1					
宮城	常盤木学園8 聖和学園14	常盤木学園9 聖和学園15	常盤木学園10 聖和学園16	常盤木学園11 聖和学園17 東　北1	常盤木学園12 聖和学園18 東　北2	常盤木学園13 聖和学園19	常盤木学園14 聖和学園20 明　成1	常盤木学園15 聖和学園21 明　成2	常盤木学園16 聖和学園22 仙台育英1 東　北3	常盤木学園17 聖和学園23	常盤木学園18 聖和学園24	常盤木学園19 聖和学園25	常盤木学園20 聖和学園26
福島			富　岡1	富　岡2	富　岡3	富　岡4				富　岡5			
東京	十文字2	村田女子4	飛　鳥1 十文字3 村田女子5	飛　鳥2 十文字4 晴海総合1	村田女子6 十文字5 成立学園1	修　徳1 十文字6 村田女子7 成立学園2	修　徳2 十文字7 村田女子8 成立学園3 晴海総合2	村田女子9 十文字8 修　徳3	飛　鳥3 十文字9 修　徳4	修　徳5 村田女子10	修　徳6 十文字10	修　徳7 十文字11	修　徳8 十文字12
千葉		成田北1				幕張総合1		幕張総合2			幕張総合3		
茨城													
群馬								健大高崎1		前橋育英1	健大高崎2 前橋育英2	前橋育英3	前橋育英4
栃木					宇都宮文星女子3	宇都宮文星女子4	宇都宮文星女子5						
埼玉	埼玉栄8 埼玉平成10	埼玉栄9 埼玉平成11 本庄第一10	埼玉栄10 埼玉平成12	本庄第一11 埼玉平成13	本庄第一12			久　喜1	本庄第一13			花咲徳栄1	花咲徳栄2
神奈川	湘南学院5	湘南学院6	湘南学院7	湘南学院8	湘南学院9			湘南学院10	湘南学院11	湘南学院12 星槎国際湘南1	湘南学院13 星槎国際湘南2	湘南学院14 星槎国際湘南3	星槎国際湘南4
山梨			日本航空1	日本航空2	日本航空3	日本航空4	日本航空5		日本航空6	日本航空7		日本航空8	帝京第三1 日本航空9
静岡	清水南2 藤枝順心2 桐　陽8	吉　原6 藤枝順心3 桐　陽9	藤枝順心4 桐　陽10 常葉橘1	藤枝順心5 藤枝西6 常葉橘2 桐　陽11	藤枝順心6 磐田東1 常葉橘3	藤枝順心7 磐田東2 常葉橘4	藤枝順心8 磐田東3 常葉橘5	藤枝順心9 磐田東4 常葉橘6	藤枝順心10 常葉橘7	藤枝順心11 常葉橘8	藤枝順心12 常葉橘9	藤枝順心13 磐田東5	藤枝順心14 常葉大橘10
愛知					聖カピタニオ女子1	聖カピタニオ女子2	聖カピタニオ女子3	聖カピタニオ女子4	聖カピタニオ女子5 椙山女学園1			聖カピタニオ女子6	聖カピタニオ女子7
岐阜													
三重										三　重1	三　重2		
新潟									開志学園JSC1	開志学園JSC2	開志学園JSC3	開志学園JSC4	開志学園JSC5
長野								大町北1		松商学園1	松商学園2		松商学園3
富山	高岡商5			高岡商6	高　岡1	高岡商7	富山国際大付1					高岡商8	
福井	福井工大福井2	福井工大福井3	福井工大福井4	福井工大福井5	福井工大福井6	福井工大福井7	福井工大福井8	福井工大福井9	福井工大福井10	福井工大福井11	福井工大福井12	福井工大福井13	福井工大福井14
石川									星　稜1				
大阪			大阪桐蔭1	大商学園1	大商学園2	大阪桐蔭2 大商学園3	大阪桐蔭3 大商学園4	大阪桐蔭4 大商学園5	大阪桐蔭5 大商学園6	大阪桐蔭6 大商学園7	大阪桐蔭7 大商学園8	大阪桐蔭8 大商学園9	大阪学芸1 大商学園10
和歌山													
奈良													
滋賀				八幡商1									
京都	京都橘8				京都精華女子1			京都精華女子2		京都精華女子3	京都精華女子4		
兵庫	日ノ本学園7 啓明学院14	日ノ本学園8 啓明学院15	日ノ本学園9	日ノ本学園10	日ノ本学園11	日ノ本学園12	日ノ本学園13	日ノ本学園14	日ノ本学園15	日ノ本学園16 神戸第一1	日ノ本学園17 神戸弘陵1	日ノ本学園18 北須磨1 神戸弘陵2	日ノ本学園19 六甲アイランド1 神戸弘陵3
岡山				作　陽1	作　陽2	総　社4 作　陽3	作　陽4	作　陽5	作　陽6	作　陽7 高梁日新1	作　陽8 高梁日新2	作　陽9	作　陽10
鳥取													
島根	松江商1						松江商2	松江商3					
山口													
広島	山陽女学園2	広島文教女子1 山陽女学園3	広島文教女子2 山陽女学園4	広島文教女子3 山陽女学園5	広島文教女子4 山陽女学園6	広島文教女子5	広島文教女子6	広島文教女子7	広島文教女子8 山陽女学園7	広島文教女子9	広島文教女子10	広島文教女子11 山　陽1	広島文教女子12 山　陽2
愛媛	済　美5	済　美6	済　美7	宇和島南中等10 済　美8	宇和島南中等11	宇和島南中等12 松山東雲1	宇和島南中等13 松山東雲2	松山東雲3	松山東雲4	松山東雲5			
香川									津　田1	津　田2	津　田3	四学大香川西1	四学大香川西2
高知													
徳島	城　東1	城　東2	城　東3	城　東4	徳島市立1 鳴　門1	鳴　門2	鳴　門3	鳴門渦潮1	鳴門渦潮2	鳴門渦潮3	鳴門渦潮4	鳴門渦潮5	鳴門渦潮6
福岡	豊国学園2	豊国学園3	豊国学園4	豊国学園5	豊国学園6						東海大第五1	福岡女学院1	東海大福岡2
大分								柳ヶ浦1	柳ヶ浦2	柳ヶ浦3		柳ヶ浦4	
長崎				鎮西学院1	鎮西学院2	鎮西学院3 島原商1	鎮西学院4	鎮西学院5	鎮西学院6	鎮西学院7	鎮西学院8	島原商2	
佐賀													
熊本													秀岳館1
宮崎									宮崎日大1	宮崎日大2			
鹿児島	神村学園12 鳳　凰6	神村学園13 鳳　凰7	神村学園14 鳳　凰8	神村学園15 鳳　凰9	神村学園16 鳳　凰10	神村学園17 鳳　凰11	神村学園18 鳳　凰12	神村学園19	神村学園20	神村学園21	神村学園22 鳳　凰13	神村学園23	神村学園24 鳳　凰14
沖縄							美　里1						
校名変更および備考	参加校が24校に 啓明学院←啓明女学院 山陽女学園←山陽女子		村田女子←東経短大村田女子	参加校が32校にトーナメント方式に 宇和島南中等←宇和島南						会場は神戸に			東海大福岡←東海大第五 常葉大橘←常葉橘

27	28	29	30	31	32	33	34	35	36	37	38	39	40
30年度	令和元年度	2年度	3年度	4年度	5年度								
星槎国際湘南1	**藤枝順心4**	**藤枝順心5**	**神村学園3**	**藤枝順心6**	**藤枝順心7**								
常盤木学園7	**神村学園7**	**作　陽2**	**日ノ本学園1**	**十文字1**	**十文字2**								
東海大福岡1	**修　徳4**	**帝京長岡1**	**常盤木学園3**	**作　陽1**	**大阪学芸1**								
十文字4	**大阪学芸1**	**大商学園3**	**藤枝順心2**	**日ノ本学園4**	**柳ヶ浦1**								
32	32	32	32	32	32								
文教大明清27 大谷室蘭13	文教大明清28 大谷室蘭14	文教大明清29 大谷室蘭15	北海道文教大附30 大谷室蘭16	大谷室蘭17 旭川実1	北海道文教大附31 旭川実2								
専大北上3	専大北上4	専大北上5	専大北上6		専大北上7								
常盤木学園21 聖和学園27	常盤木学園22 聖和学園28	常盤木学園23 聖和学園29	常盤木学園24 聖和学園30	常盤木学園25 聖和学園31	常盤木学園26 聖和学園32								
				尚　志1									
修　徳9 十文字13	修　徳10 十文字14	修　徳11	修　徳12	十文字15 修　徳13	修　徳14 十文字16								
		暁星国際1	暁星国際2	暁星国際3	暁星国際4 流経大柏1								
鹿島学園1		鹿島学園2	鹿島学園3	霞ヶ浦1	霞ヶ浦2								
前橋育英5	健大高崎3 前橋育英6	前橋育英7	前橋育英8	前橋育英9									
	宇都宮文星女子6	宇都宮文星女子7			宇都宮文星女子8								
花咲徳栄3													
星槎国際湘南5	星槎国際湘南6	湘南学院15 星槎国際湘南7	星槎国際湘南8	星槎国際湘南9	星槎国際湘南10								
日本航空10	日本航空11		日本航空12 帝京第三2	日本航空13									
藤枝順心15 磐田東6	藤枝順心16 常葉大橘11	藤枝順心17 常葉大橘12	藤枝順心18 常葉大橘13	藤枝順心19 常葉大橘14	藤枝順心20 常葉大橘15								
聖カピタニオ女子8	聖カピタニオ女子9		聖カピタニオ女子10	聖カピタニオ女子11	聖カピタニオ女子12								
		神村学園伊賀1											
開志学園JSC6 帝京長岡1	開志学園JSC7 帝京長岡2	開志学園JSC8 帝京長岡3	開志学園JSC9 帝京長岡4	開志学園JSC10 帝京長岡5	開志学園JSC11								
				佐久長聖1	佐久長聖2								
福井工大福井15	福井工大福井16	福井工大福井17	福井工大福井18		福井工大福井19								
大商学園11	大阪学芸2 大商学園12	大阪桐蔭9 大商学園13	大阪学芸3 追手門学院1	大阪学芸4 追手門学院2	大阪学芸5								
京都精華学園5	京都精華学園6		京都精華学園7	京都精華学園8	京都精華学園9								
日ノ本学園20 播　磨1 神戸弘陵4	日ノ本学園21 神戸弘陵5	日ノ本学園22 姫路女学院2 神戸弘陵6	日ノ本学園23 姫路女学院3	日ノ本学園24 姫路女学院4	神戸弘陵7 姫路女学院5 日ノ本学園25								
作　陽11	作　陽12	作　陽13	作　陽14	作　陽15	作陽学園16								
		鳥取城北1											
松江商4													
				高川学園1	高川学園2								
広島文教女子13	AICJ1 広島文教大附14	AICJ2	AICJ3 広島文教大附15	AICJ4	AICJ5								
四学大香川西3	四学大香川西4	四学大香川西5	四学大香川西6	四学大香川西7									
					高知1								
鳴門渦潮7	鳴門渦潮8	鳴門渦潮9	鳴門渦潮10	鳴門渦潮11	鳴門渦潮12								
筑陽学園1 東海大福岡3	東海大福岡4	東海大福岡5	東海大福岡6 筑陽学園2	東海大福岡7	東海大福岡8 筑陽学園3								
		柳ヶ浦5	柳ヶ浦6	柳ヶ浦7	柳ヶ浦8								
	鎮西学院9			鎮西学院10									
秀岳館2	秀岳館3	秀岳館4											
神村学園25	神村学園26	神村学園27	神村学園28	神村学園29	神村学園30								
京都精華学園↑ 京都精華女子	元号が「令和」に 広島文教大附↑ 広島文教女子	姫路女学院↑播磨	北海道文教大附 ↑文教大明清		作陽学園↑作陽								

選手権 総体 国体 歴代記録

全国高校サッカー選手権大会 歴代記録

優勝回数

	校名	県名	回数
1	御影師範	兵庫	11
2	帝京	東京	6
	国見	長崎	6
4	神戸一中（神戸）	兵庫	5
	市立船橋	千葉	5

勝利数

	校名	県名	回数
1	帝京	東京	78
2	国見	長崎	68
3	市立船橋	千葉	63
4	青森山田	青森	61
5	四日市中央工	三重	60

連続優勝

	校名	県名	回数
1	御影師範	兵庫	7
	期間 1918～1924年		
2	御影師範	兵庫	2
	期間 1931、1932年		
	浦和	埼玉	2
	期間 1955、1956年		
	浦和市立（市立浦和）	埼玉	2
	期間 1960、1961年		
	藤枝東	静岡	2
	期間 1963、1964年		
	浦和南	埼玉	2
	期間 1975、1976年度		
	帝京	東京	2
	期間 1983、1984年度		
	東福岡	福岡	2
	期間 1997、1998年度		
	国見	長崎	2
	期間 2000、2001年度		

連続ベスト4

	校名	県名	回数
1	御影師範	兵庫	9
	期間 1918～1926年		
2	韮崎	山梨	5
	期間 1979～1983年度		
	国見	長崎	5
	期間 1989～1993年度		
	国見	長崎	5
	期間 2000～2004年度		
5	姫路師範	兵庫	4
	期間 1918～1921年		
	神戸一中	兵庫	4
	期間 1922～1925年		
	星稜	石川	4
	期間 2012～2015年度		
	青森山田	青森	4
	期間 2018～2021年度		

連続初戦突破

	校名	県名	回数
1	国見	長崎	20
	期間 1986～2005年度		
2	明星	大阪	10
	期間 1958年～1966年 1966年度		
3	御影師範	兵庫	9
	期間 1918～1926年		
	韮崎	山梨	9
	期間 1975～1983年度		
	青森山田	青森	9
	期間 2015年度～（継続中）		
5	神戸一中（神戸）	兵庫	8
	期間 1918～1925年		

出場回数

	校名	県名	回数
1	秋田商	秋田	46
2	徳島商	徳島	40
3	仙台育英	宮城	37
4	四日市中央工	三重	35
5	帝京	東京	34
	韮崎	山梨	34
	富山第一	富山	34
	丸岡	福井	34

連続出場

	校名	県名	回数
1	青森山田	青森	27
	期間 1997年度～（継続中）		
2	国見	長崎	21
	期間 1986～2006年度		
3	星稜	石川	17
	期間 1999～2015年度		
4	丸岡	福井	15
	期間 1992～2006年度		
	高川学園（多々良学園）	山口	15
	期間 1993～2007年度		

※昭和21年度（1946年度）の第25回大会は臨時大会のため数えず

全日本高校女子サッカー選手権大会 歴代記録

優勝回数

	校名	県名	回数
1	藤枝順心	静岡	7
2	常盤木学園	宮城	5
3	聖和学園	宮城	3
	日ノ本学園	兵庫	3
	神村学園	鹿児島	3

勝利数

	校名	県名	回数
1	常盤木学園	宮城	73
	神村学園	鹿児島	73
3	藤枝順心	静岡	62
4	日ノ本学園	兵庫	53
5	聖和学園	宮城	50

連続出場

	校名	県名	回数
1	聖和学園	宮城	32
	期間 1992年度～（継続中）		
2	北海道文教大附（札幌明清～）	北海道	30
	期間 1992～2021年度		
	神村学園	鹿児島	30
	期間 1994年度～（継続中）		
4	常盤木学園	宮城	26
	期間 1998年度～（継続中）		
5	日ノ本学園	兵庫	23
	期間 2001年度～（継続中）		

連続ベスト4

	校名	県名	回数
1	常盤木学園	宮城	13
	期間 2002～2014年度		
2	聖和学園	宮城	7
	期間 1998～2004年度		
3	啓明学院（啓明女学院）	兵庫	6
	期間 1993～1998年度		
4	埼玉平成（埼玉）	埼玉	5
	期間 1994～1998年度		
	藤枝順心	静岡	5
	期間 2019年度～（継続中）		

連続初戦突破

	校名	県名	回数
1	聖和学園	宮城	23
	期間 1992～2014年度		
2	神村学園	鹿児島	19
	期間 1995～2013年度		
3	常盤木学園	宮城	16
	期間 2001～2016年度		
4	日ノ本学園	兵庫	14
	期間 2001～2014年度		
	藤枝順心	静岡	14
	期間 2004～2017年度		

出場回数

	校名	県名	回数
1	聖和学園	宮城	32
2	北海道文教大附（札幌明清～）	北海道	31
3	神村学園	鹿児島	30
4	常盤木学園	宮城	26
5	日ノ本学園	兵庫	25

国民体育大会（少年男子の部）歴代記録 U-18時代（※第25～60回）

優勝回数

	都道府県名	回数
1	静岡県	19
2	千葉県	6
3	埼玉県	3
	東京都	3
	長崎県 ※国見単独チーム含む	3

勝利数

	都道府県名	回数
1	静岡県	141
2	東京都	79
3	埼玉県	76
	千葉県	76
5	長崎県 ※国見単独チーム含む	53

連続優勝

	都道府県名	回数
1	静岡県	4
	期間 1991～1994年	
2	静岡県	3
	期間 1975～1977年	
3	静岡県	2
	期間 1970、1971年	
	東京都	2
	期間 1978、1979年	
	静岡県	2
	期間 1987、1988年	
	静岡県	2
	期間 1996、1997年	
	千葉県	2
	期間 1998、1999年	

※昭和48年（1973年）の特別大会は記録に数えず

連続ベスト4

	都道府県名	回数
1	静岡県	9
	期間 1970～1978年	
2	静岡県	8
	期間 1990～1997年	
3	静岡県	6
	期間 1999～2004年	
4	東京都	4
	期間 1973～1976年	
	静岡県	4
	期間 1982～1985年	

連続初戦突破

	都道府県名	回数
1	東京都	12
	期間 1973～1984年	
2	静岡県	11
	期間 1987～1997年	
3	埼玉県	9
	期間 1970～1978年	
	静岡県	9
	期間 1970～1978年	
5	福岡県	8
	期間 1993～2000年	

出場回数

	都道府県名	回数
1	北海道 ※室蘭大谷単独チーム含む	36
	静岡県	36
	長崎県 ※国見単独チーム含む	36
4	大阪府	34
	広島県	34

連続出場

	都道府県名	回数
1	北海道 ※室蘭大谷単独チーム含む	36
	期間 1970～2005年	
	静岡県	36
	期間 1970～2005年	
	長崎県 ※国見単独チーム含む	36
	期間 1970～2005年	
4	大阪府	31
	期間 1970～2000年	
5	埼玉県	21
	期間 1970～1990年	
	岩手県	21
	期間 1979～1999年	

全国高校総体（男子）歴代記録

優勝回数

	校名	県名	回数
1	市立船橋	千葉	9
2	国見	長崎	5
3	清水東	静岡	4
	清水商	静岡	4
5	帝京	東京	3
	東福岡	福岡	3

出場回数

	校名	県名	回数
1	秋田商	秋田	34
	高松商	香川	34
	丸岡	福井	34
4	帝京	東京	33
5	韮崎	山梨	30
	星稜	石川	30
	四日市中央工	三重	30
	市立船橋	千葉	30
	富山第一	富山	30

勝利数

	校名	県名	回数
1	市立船橋	千葉	93
2	帝京	東京	81
3	国見	長崎	62
4	韮崎	山梨	58
5	清水商	静岡	48

連続出場

	校名	県名	回数
1	青森山田	青森	23
	期間 2000年度～（継続中）		
2	米子北	鳥取	15
	期間 2008年度～（継続中）		
3	尚志	福島	13
	期間 2010年度～（継続中）		
4	武南	埼玉	12
	期間 1983～1994年度		
	丸岡	福井	12
	期間 2002～2013年度		

連続優勝

	校名	県名	回数
1	清水東	静岡	2
	期間 1980、1981年度		
	四日市中央工	三重	2
	期間 1983、1984年度		
	市立船橋	千葉	2
	期間 1987、1988年度		
	清水商	静岡	2
	期間 1989、1990年度		
	国見	長崎	2
	期間 2003、2004年度		
	市立船橋	千葉	2
	期間 2007、2008年度		
	東福岡	福岡	2
	期間 2014、2015年度		

連続ベスト4

	校名	県名	回数
1	児玉	埼玉	4
	期間 1972～1975年度		
2	水戸商	茨城	3
	期間 1978～1980年度		
	市立船橋	千葉	3
	期間 1997～1999年度		
	国見	長崎	3
	期間 2002～2004年度		
	市立船橋	千葉	3
	期間 2015～2017年度		

連続初戦突破

	校名	県名	回数
1	帝京	東京	11
	期間 1993年～2003年度		
2	青森山田	青森	10
	期間 2000年～2009年度		
3	韮崎	山梨	8
	期間 1971～1978年度		
	市立船橋	千葉	8
	期間 1994～2001年度		
	国見	長崎	8
	期間 1997～2004年度		
	立正大淞南	島根	8
	期間 2008～2015年度		

全国高校総体（女子）歴代記録

優勝回数

	校名	県名	回数
1	日ノ本学園	兵庫	5
2	藤枝順心	静岡	2

出場回数

	校名	県名	回数
1	藤枝順心	静岡	11
	日ノ本学園	兵庫	11
3	作陽学園（作陽）	岡山	9
4	常盤木学園	宮城	8
	神村学園	鹿児島	8

連続出場

	校名	県名	回数
1	藤枝順心	静岡	11
	期間 2012年度～（継続中）		
	日ノ本学園	兵庫	11
	期間 2012年度～（継続中）		
3	作陽学園（作陽）	岡山	8
	期間 2013～2021年度		
4	前橋育英	群馬	6
	期間 2015～2021年度		

勝利数

	校名	県名	回数
1	日ノ本学園	兵庫	30
2	藤枝順心	静岡	19
3	作陽学園（作陽）	岡山	13
4	常盤木学園	宮城	11
5	十文字	東京	10

連続優勝

	校名	県名	回数
1	日ノ本学園	兵庫	4
	期間 2012～2015年度		

連続ベスト4

	校名	県名	回数
1	日ノ本学園	兵庫	8
	期間 2012～2019年度		
2	藤枝順心	静岡	3
	期間 2016～2018年度		
3	作陽学園（作陽）	岡山	2
	期間 2013、2014年度		
	作陽学園（作陽）	岡山	2
	期間 2016、2017年度		

連続初戦突破

	校名	県名	回数
1	日ノ本学園	兵庫	10
	期間 2012～2022年度		
2	作陽学園（作陽）	岡山	6
	期間 2013～2018年度		

国民体育大会（少年男子の部）歴代記録 U-16時代（※第61回以降）

優勝回数

	都道府県名	回数
1	神奈川県	6
2	東京都	3
3	千葉県	2
	静岡県	2
5	沖縄県	1
	兵庫県	1
	福岡県	1
	広島県	1
	埼玉県	1
	茨城県	1

出場回数

	都道府県名	回数
1	北海道	16
	静岡県	16
3	京都府	15
	大阪府	15
	広島県	15

勝利数

	都道府県名	回数
1	大阪府	37
2	神奈川県	35
3	東京都	26
4	広島県	22
5	静岡県	21
	兵庫県	21

連続出場

	都道府県名	回数
1	北海道	16
	期間 2006年～（継続中）	
	静岡県	16
	期間 2006年～（継続中）	
3	大阪府	14
	期間 2008年～（継続中）	
4	新潟県	12
	期間 2007～2018年	
5	埼玉県	9
	期間 2006～2014年	
	京都府	9
	期間 2006～2014年	

連続優勝

	都道府県名	回数
1	神奈川県	2
	期間 2008、2009年	
	神奈川県	2
	期間 2014、2015年	

連続ベスト4

	都道府県名	回数
1	大阪府	6
	期間 2008～2013年	
2	神奈川県	4
	期間 2007～2010年	
	神奈川県	4
	期間 2014～2017年	
4	京都府	3
	期間 2007～2009年	
	兵庫県	3
	期間 2008～2010年	

連続初戦突破

	都道府県名	回数
1	大阪府	14
	期間 2008年～（継続中）	
2	神奈川県	5
	期間 2006～2010年	
	兵庫県	5
	期間 2006～2010年	
	神奈川県	5
	期間 2013～2017年	
5	静岡県	4
	期間 2009～2012年	
	東京都	4
	期間 2010～2013年	

高円宮杯

高円宮杯 JFA U-18 サッカープレミアリーグ 2023

高円宮杯 JFA U-18 サッカープレミアリーグ 2023 プレーオフ

チーム	1回戦	2回戦	勝ち上がり
ファジアーノ岡山U-18	3	1	ファジアーノ岡山U-18
北海道コンサドーレ札幌U-18	1		
京都サンガF.C.U-18	4	0	
日章学園高校	3		
ベガルタ仙台ユース	3	0	鹿島アントラーズユース
清水エスパルスユース	1		
鹿島アントラーズユース	5	7	
瀬戸内高校	1		
鹿児島城西高校	2	1	鹿児島城西高校
アルビレックス新潟U-18	1		
北海高校	Ex 1	0	
近江高校	2		
帝京長岡高校	2	2	帝京長岡高校
岡山学芸館高校	1		
徳島ヴォルティスユース	5 PK 2	1	
浦和レッズユース	5 PK 4		

EAST

チーム名	青森山田	尚志	フロンターレ	レイソル	市立船橋	流経大柏	昌平	前橋育英	アルディージャ	FC 東京	マリノス	旭川実	勝点	得点	失点	得失点差	順位
青森山田高校		3○1 0●2	2○1 2△2	3●5 5○0	2○0 1△1	2○1 3○2	5○1 2△2	2○1 2○1	3○0 3○1	0●2 2○0	2○0 4○1	3○1 3○0	51	54	25	+29	1
尚志高校	2○0 1●3		1●3 2○1	1○0 0●3	1△1 1△1	2○1 0△0	2○1 2○1	4○2 3○0	2○0 1○0	1○0 4○0	4○3 0△0	9○0 3○0	49	46	20	+26	2
川崎フロンターレU-18	2△2 1●2	1●2 3○1		1○0 2△2	2△2 2●3	1△1 1○0	3○0 1●2	3○0 3○0	3○0 1○0	1○0 2○0	4○0 3○0	8○0 9○0	46	57	17	+40	3
柏レイソルU-18	0●5 5○3	3○0 0●1	2△2 0●1		2○1 3○0	4○0 2●4	1△1 1△1	5○0 1●2	2○0 3○0	4○1 1△1	0△0 1●3	7○1 3△3	36	50	30	+20	4
市立船橋高校	1△1 0●2	1△1 1△1	3○2 2△2	0●3 1●2		1△1 0△0	2○0 1○0	2○0 1●3	1△1 2△2	2△2 0△0	3○2 2○1	2○1 6○1	34	34	28	+6	5
流通経済大学付属柏高校	2●3 1●2	0△0 1●2	0●1 1△1	4○2 0●4	0△0 1△1		2○0 3○1	0●1 2△2	1●2 0●1	1△1 1○0	2○1 1●3	5○0 2○1	27	30	29	+1	6
昌平高校	2△2 1●5	1●2 1●2	2○1 0●3	1△1 1△1	0●1 0●2	1●3 0●2		2○1 1○0	2○0 1●2	6○0 1△1	2△2 0●2	2○1 3○0	26	30	34	−4	7
前橋育英高校	1●2 1●2	0●3 2●4	0●3 0●3	2○1 0●5	3○1 0●2	2△2 1○0	0●1 1●2		1●2 1●3	4○3 0△0	2○0 3○2	3○0 1○0	26	28	41	−13	8
大宮アルディージャ U18	1●3 0●3	0●1 0●2	0●1 0●3	0●3 0●2	2△2 1△1	1○0 2○1	2○1 0●2	3○1 2○1		2△2 0●1	1△1 1△1	1●2 3○1	23	22	35	−13	9
FC東京U-18	0●2 2○0	0●4 0●1	0●2 0●1	1△1 1●4	0△0 2△2	0●1 1△1	1△1 0●6	0△0 3●4	1○0 2△2		2○1 1●2	7○0 2○1	22	26	36	−10	10
横浜F・マリノスユース	1●4 0●2	0△0 3●4	0●3 0●4	3○1 0△0	1●2 2●3	3○1 1●2	2○0 2△2	2●3 0●2	1△1 1△1	2○1 1●2		0●2 1●2	17	26	42	−16	11
旭川実業高校	0●3 1●3	0●3 0●9	0●9 0●8	3△3 1●7	1●6 1●2	1●2 0●5	0●3 1●2	0●1 0●3	1●3 2○1	1●2 0●7	2○1 2○0		10	17	83	−66	12

WEST

チーム名	サンフレッチェ	ヴィッセル	静岡学園	大津	横浜 FC	東福岡	米子北	グランパス	サガン	神村学園	ジュビロ	履正社	勝点	得点	失点	得失点差	順位
サンフレッチェ広島F.Cユース		3○0 1○0	1△1 2●3	2○1 1●2	3○0 1△1	4○0 2△2	3○2 1○0	2●5 4○1	4○2 1△1	3○2 4○0	3○2 1●2	3○0 1○0	46	50	27	+23	1
ヴィッセル神戸U-18	0●1 0●3		5○0 0●2	1○0 3(中止)0	5○2 1△1	1○0 2○1	2○0 0●1	3○0 0△0	2△2 1○0	5○0 2○0	2●3 3○2	2○1 2○0	45	42	19	+23	2
静岡学園高校	3○2 1△1	2○0 0●5		0●2 5○1	3○1 1●2	1○0 2△2	0●4 1●3	1○0 1△1	2△2 0●3	3○0 3○1	2○1 4○1	2○1 3○0	40	40	33	+7	3
大津高校	2○1 1●2	0(中止)3 0●1	1●5 2○0		5○3 0(中止)3	0(中止)3 2△2	0●2 4○2	2○0 2△2	2○1 4○2	3●5 0△0	1●3 4○0	6○3 6○0	33	47	43	+4	4
横浜FCユース	1△1 0●3	1△1 2●5	2○1 1●3	3(中止)0 3●5		3○1 1○0	2○1 2○1	0●2 1●2	2○1 0●2	5○3 2△2	3△3 0●1	0△0 3○2	32	37	40	−3	5
東福岡高校	2△2 0●4	1●2 0●1	2△2 0●1	2△2 3(中止)0	0●1 1●3		2○0 0△0	1○0 2●3	1○0 2●3	3○2 1●2	1○0 3○1	4○1 3○1	31	34	31	+3	6
米子北高校	0●1 2●3	1○0 0●2	3○1 4○0	2●4 2○0	1●2 1●2	0△0 0●2		3○2 0△0	4○1 0●1	1○0 2●4	4○3 1△1	3○0 1●2	30	35	31	+4	7
名古屋グランパスU-18	1●4 5○2	0△0 0●3	1△1 0●1	2△2 0●2	2○1 2○0	3○2 0●1	0△0 2●3		2○0 0●2	1●2 1△1	2○1 2○0	2△2 2○1	30	30	31	−1	8
サガン鳥栖U-18	1△1 2●4	0●1 2△2	3○0 2△2	2●4 1●2	2○0 1●2	3○2 0●1	1○0 1●4	2○0 0●2		3○2 1●3	1○0 1●4	1●2 1○0	27	31	38	−7	9
神村学園高等部	0●4 2●3	0●2 0●5	1●3 0●3	0△0 5○3	2△2 3●5	2○1 2●3	4○2 0●1	1△1 2○1	3○1 2●3		5○2 0●3	4○1 2○0	27	40	49	−9	10
ジュビロ磐田U-18	2○1 2●3	2●3 3○2	1●4 1●2	0●4 3○1	1○0 3△3	1●3 0●1	1△1 3●4	0●2 1●2	4○1 0●1	3○0 2●5		2○1 3●4	23	38	48	−10	11
履正社高校	0●1 0●3	0●2 1●2	0●3 1●2	0●6 3●6	2●3 0△0	1●3 1●4	2○1 0●3	1●2 2△2	0●1 2○1	0●2 1●4	4○3 1●2		11	22	56	−34	12

北海道大会

地域大会記録2023

6月15日～16日、20日～21日／於・札幌市東雁来公園サッカー場ほか

（北海道大会は、総体の北海道予選決勝トーナメントを兼ねています。トーナメント表は170ページを参照ください）

決勝

6月21日（水）札幌市東雁来公園サッカー場西グラウンド（晴）

（主）増田裕之　（副）岩垣翔平、蛇子拓海

旭川実 3（0-1 2-1 0-0 1-0）2 札幌創成

（旭川）　（札幌）★

得	S	学		背		背		学	S	得
0	0	❸	杉谷	17	GK	12	名取	②	0	0
1	2	②	佐々木	20	DF	2	須貝	②	0	0
0	0	②	藤木	21		6	（山﨑）	③	0	0
0	0	②	峯村	22		3	米田	②	0	0
1	1	③	（岡本）	3		16	白石	②	0	0
0	0	③	米澤	23		15	（吉田）	③	0	0
						22	秋田	②	0	0
						5	（大坂）	②	0	0
0	2	②	澁谷	8	MF	11	丸山	③	0	0
0	2	③	（柴田）	11		19	中西	③	0	0
0	2	③	山口	9		24	佐藤	❸	0	0
0	1	③	（敦賀）	19		8	（佐野）	②	0	0
1	2	③	小川	12						
0	1	②	高杉	24						
0	4	③	三上	2	FW	7	近藤	③	0	0
0	0	③	（今村）	15		21	（岩佐）	②	0	0
0	0	③	百々	16		18	阿部	②	3	2
0	1	③	（清水）	18		20	米澤	②	0	0
3	18			8	GK	13			3	2
				10	CK	2				
				3	FK	13				
				0	PK	0				

【得点経過】

前半12分〔札〕白石→**阿部HS**

後半23分〔旭〕敦賀→**佐々木HS**

〃 24分〔札〕**阿部S**

〃 35+6分〔旭〕**岡本HS**

延後 2分〔旭〕**小川S**

▼警告

〔札〕佐野

決勝 戦評

旭川実が劇的逆転優勝

天候は晴れ。風が緩やかに吹くコンディション。両チームのシステムは旭川実1-4-4-2、札幌創成は1-4-1-4-1。立ち上がりは互いに守備のブロックの背後をロングボールで狙う形が目立つ。前半12分、札幌創成が左サイドを抜け出しDF白石のクロスにFW阿部がヘディングで合わせて先制。その後は札幌創成のロングボールを旭川実がしっかりと弾き、攻撃の機会を増やしリズムを摑むも、札幌創成もしっかりと守り切り前半を0-1で折り返す。

後半、旭川実がCKから敦賀の折り返しをDF佐々木が押し込み1-1とするが、すぐに札幌創成も右サイドDF米田からのクロスを阿部が決めて1-2。試合終了間際の後半35+6分に旭川実がロングスローからDF岡本がヘディングで決めて2-2となり延長戦に突入する。延長後半2分、旭川実MF小川が振り向きざまに見事なシュートを決めて3-2とした。

戦評　佐々木佑季（市立札幌藻岩高校）

総評

令和5年度第76回北海道高等学校サッカー選手権大会兼全国高等学校総合体育大会サッカー競技北海道予選会、令和5年度第12回北海道高等学校総合体育大会女子サッカー競技兼全国高等学校総合体育大会サッカー競技北海道予選会は、札幌サッカーアミューズメントパーク（SSAP）、札幌市東雁来公園サッカー場、札幌創成高等学校石狩グラウンドの計5面で、北海道札幌英藍高校を当番校として、令和5年6月15日（木）・16日（金）・20日（火）・21日（水）の4日間の日程で実施されました。全日程天候にも恵まれ、予定していた全ての試合を実施することができました。

3年を超える新型コロナウイルスの感染拡大をはじめ、現在に至るまでの生活様式や世界状況の変化は、いずれも私たちの想像を遥かに超えたものでありました。日常に存在しているさまざまな組織や人・モノ・時間が奪われ、当たり前のことが当たり前ではなくなる世界に一変しました。しかし、5月8日から新型コロナウイルス感染症の感染症法上の位置づけが2類相当から5類へ移行となり、日本全体がコロナ禍の長く険しい道のりから抜け出したように感じます。

開会式においては、北海道札幌英藍高校サッカー部の菅澤幸哉主将の選手宣誓の一節で、「置かれている状況は違う。しかし、サッカーが好きでどんな時も希望を失わずに努力してきた点は一緒です。今までお世話になった先生や家族、そして応援してくれる仲間のためにも最後まで全力でプレーします」と、長く暗いコロナ禍の世の中に一筋の光が見えたような、心に響く見事な宣誓から今大会は開幕しました。また、翌月から、令和5年度全国高等学校総合体育大会『翔び立て若き翼　北海道総体 2023 轟かせ魂の鼓動　北の大地へ 大空へ』が、ここ、北海道の地で36年ぶりに開催されるということもあり、より一層力が込められたメモリアルな大会となりました。

女子の部では、高体連北海道予選会において過去優勝回数が5回と肩を並べる北海道文教大附と大谷室蘭の伝統校同士の決勝戦となりました。北海道文教大附の質の高いボールポゼッションに苦戦していた大谷室蘭ではありましたが、懸命に守備に徹し、少しでも高い位置でボールを奪いにいく意識が強く出ていました。

大谷室蘭は、ボールを奪った後、MFの選手にスルーパスを出し、幾度もカウンターを試み相手ゴールに迫ろうとしましたが、なかなかゴールを奪うことができずにいました。拮抗した試合状況の中、前半33分、北海道文教大附のゴールキックを大谷室蘭が中盤で弾き、一瞬の隙を突いてそのボールに抜け出したFWがシュートし先制点を決めました。

後半、北海道文教大附は、DFの選手をFWに上げポジションチェンジを試み、更には、巧みな技術とFWの鋭い嗅覚を武器にゲームを優位に進めようとしていましたが、試合終了間際、大谷室蘭がCKのこぼれ球を押し込み追加点となりました。昨年度の同大会では惜しくも決勝で敗れた大谷室蘭。相手チームの特徴を継続的に細部まで分析し、それに応じた戦術を採り入れた見事な勝利であったことは、観ている私たちにも伝わってきました。

試合終了後、大谷室蘭の石井一矢監督が報道インタビューで「どうしても勝ちたかった。純粋に代表1位をとりたかった」と語る様子からも、伝統校同士の意地と意地とのぶつかり合いであったことが窺えました。今大会3試合を通じて1点も失わず、リベンジを達成した大谷室蘭に、心より賛辞を送りたいと思います。

男子の部では、プレミアリーグに所属する旭川実、迫力のある攻撃を終始展開することができる札幌創成、プリンスリーグ北海道出場校を破り勝利した札幌第一と、とわの森三愛の4校がベスト4に駒を進めました。2回戦では、公立高校である札幌東がプリンスリーグ所属の北海を破りベスト8に進出するなど波乱の展開となりました。これは、チーム力に応じた戦略や戦術を長期にわたって計画的に準備するチームが増えてきたためではないかと感じます。

勝ち上がったチームを見てみますと、勝因は日頃からのリーグ戦の定着により、一人ひとりに求められる個人のタフネスやコンパクトな状況下での判断速度、ハイプレッシャーに耐えうるスキルなどが、日常的に磨き続けられたことによるものであると考えられます。北海道の力が拮抗している状況を目の当たりにし、全国総体上位進出の期待も膨らみました。

炎天下の中、最終日2試合目となる旭川実と札幌創成。誰もが注目する決勝戦となりました。試合開始からお互いに守備のブロックを崩そうと牽制し、背後を突くパスが多く見受けられました。しかし、その均衡を破ったのは札幌創成でした。サイドからのクロスに上手く中で合わせてへ

※各地域大会女子の結果は193ページを参照ください。

ディングシュート。これが先制点となりました。その後も一進一退の攻防が続きましたが、そのまま前半終了。後半が始まり23分を経過したところで、旭川実のCK。折り返しを押し込み1-1の同点。すると1分後、すぐに札幌創成はまたもゴール前へのクロスからシュートを決めて1-2。このまま札幌創成が勝利するかと思われるなか、試合終了間際に旭川実のロングスロー。これをヘディングで合わせて2-2の同点で延長戦へ。札幌創成は守備を崩そうと果敢に攻撃を仕掛けますが、旭川実の堅い守備に阻まれ得点には至りません。延長後半、旭川実MFの見事な振り向きざまのシュートがネットを揺らし3-2で旭川実が優勝となりました。連戦の疲労が蓄積している両校でしたが、意地とプライドをかけた一戦は、決勝戦に相応しい激闘で一瞬も見逃すことができない展開でした。今回代表権を獲得した3校においては、今後、選手・チームにより一層の磨きをかけ、総体開催地北海道で北海道代表として進取果敢に戦っていただきたいと願っております。

審判員については、ユース審判員6名（男子4名、女子2名）の参加となり、これまでの高体連北海道予選会で最多の参加人数となりました。このことについては、審判員自身の努力はもとより、所属する学校や支部、各地区サッカー協会の日頃からのご指導の賜物と感じます。参加人数が多いだけでなく、一人ひとり実際の試合における判断・判定基準についても、素早く的確に実践されていて、選手がプレーに集中できるよう上手くゲームをコントロールすることができていました。今後は、各種大会において今よりも更にユース審判員の活動する機会と実践できる場が増えていくことを期待します。

昨年度の無観客試合から、高校サッカーを愛する全ての方々の熱い声援が戻り、コロナ禍前の姿に少しでも近づけた大会であったと感じます。ここまでご尽力いただきました、札幌市、札幌市教育委員会、北海道新聞社、NHK札幌放送局、各種協賛企業の皆さま、北海道サッカー協会並びに札幌地区サッカー協会、SSAP職員の皆さま、地区2種委員の皆さま、お忙しいなか全道各地からお集まりいただいた審判員の皆さま、当番校である札幌英藍高校の教職員と生徒の皆さん、協力校として運営補助に尽力いただいた札幌白石高校、札幌東陵高校、札幌創成高校の皆さん、全ての関係者の皆さまに深く感謝を申し上げまして、今大会の総評とさせていただきます。

総評　武田健介（札幌工業高校）

東北大会

地域大会記録2023
6月16日～19日／於・Jヴィレッジ

決勝

6月19日（月）　Jヴィレッジ（晴）
（主）勝又美沙希　（副）橋本真光、名取洋典

青森山田　0（0-1 / 0-0）1　遠　野
（青森県1位）　（岩手県1位）★

得	S	学	青森山田	背		背	遠野	学	S	得
0	0	③	長谷川	1	GK	17	浅　沼	③	0	0
0	1	②	伊藤(柊)	3	DF	3	佐々木	③	0	0
0	0	③	関　口	4		6	戸　羽	③	0	0
0	1	②	小　沼	5		12	菊池(晃)	②	0	0
						14	右　近	③	0	0
0	1	❸	柿　谷	6	MF	5	菊池(遥)	③	0	0
0	1	③	齊　藤	8		7	馬　場	②	1	0
0	0	③	(衣川)	14		8	高橋(優)	③	0	0
0	0	③	池　田	10		10	昆　野	❸	1	0
0	0	③	(武田)	7						
0	1	②	別　府	11						
0	2	②	斎　藤	13						
0	0	③	山　下	9	FW	9	照　井	②	0	0
0	0	③	(小川)	2		11	池　口	③	1	0
0	1	②	三　浦	17						
0	1	③	(伊藤(義))	20						
0	9			5	GK	8			3	0
				9	CK	2				
				14	FK	11				
				0	PK	0				

【得点経過】
前半 8分〔遠〕オウンゴール

▼警告
〔青〕武田
〔遠〕昆野

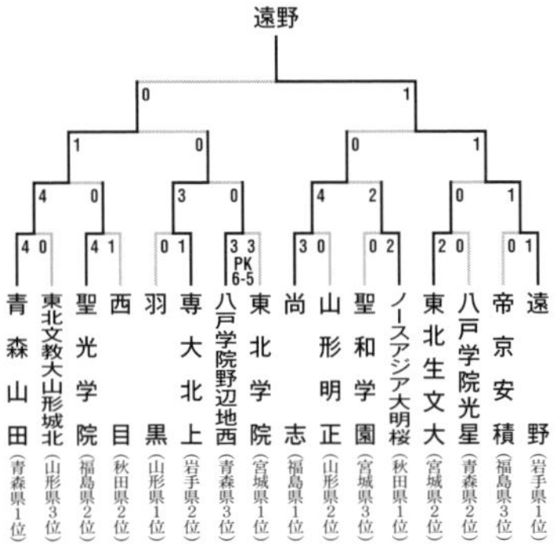

決勝 戦評

遠野が大会無失点優勝

1月の東北新人大会の決勝戦と同じカードとなった青森山田対遠野。立ち上がりからアグレッシブに前進した遠野が、前半8分にDF戸羽が左サイドを突破しMF馬場とのワンツーでペナルティエリアに侵入し、シュート性のクロスが相手のオウンゴールを誘って先制に成功した。その後もMF昆野、菊池（遥）のダブルボランチがボールを受けて丁寧にさばき、テンポ良くボールを動かして相手のDFラインの背後を狙う攻撃は、チーム連係の高さを表していた。一方、県大会を通じて初めて先制された青森山田は、慌てずに自分たちのリズムで力強いサイド攻撃やロングスローなどを続け、再三クロスをペナルティエリアに入れるものの、遠野はGK浅沼を中心にした守備陣が奮闘し、CB佐々木、菊池（晃）が何度もはじき返して、70分間守り切った。今大会、全ての試合を1-0で勝利した遠野は、19年ぶり5度目の東北選手権制覇となった。

戦評　小林幸大（安積高校）

総評

第65回東北高等学校サッカー選手権大会兼河北新報旗争奪サッカー選手権大会は、6月16日（金）から19日（月）まで、福島県楢葉町（Jヴィレッジ）で開催された。東北選手権が福島県で開催されるのは、2006年以来17年ぶりのことであり、東日本大震災以降では初めてのことであった。また、令和6年から総体男子サッカー競技が福島県で固定開催されることとなり、その主会場であるJヴィレッジ（天然芝8面）を全面利用しての大会運営では、記録システムを全国大会と同じ形式で用いるなど、プレ大会として福島県の多くの教員が運営に携わった。

男子の出場16校の内訳は、プレミアリーグ2（青森山田、尚志）、プリンスリーグ4（東北学院、聖和学園、帝京安積、専大北上）、県リーグ10であり、公立2・私立14の構図となった。ベスト8には5県の学校が勝ち残り、さらにベスト4にはプレミアの2校と岩手県勢が2校残った。

優勝した遠野は、20名の登録選手ほとんどが中体連に所属していた選手でありながら、落ち着いて持ち前の技術力と

連係を発揮した素晴らしいチームであった。インターハイでも旋風を巻き起こす可能性が十分ある。また、準優勝の青森山田はセカンドチームで出場した今大会も、選手たちの意識やモチベーションの高さは他チームを圧倒しており、力強い球際と素早いセカンドボールの回収、展開が徹底されていた。尚志は同時期にU-19日本代表へ2名が選ばれ、今大会はベストメンバーではなかったこともあり、準決勝で遠野に惜敗した。全国高校総体に向け、課題が明確となった内容だった。また、プリンスリーグで苦戦が続いていた専大北上は今大会で2勝し、準決勝の青森山田に対して何度もゴール前に迫るなど、攻撃の形が見えてきたので、今後の躍進が期待される。

女子は、各県1校ずつの6校が参加して行われ、準決勝を勝った聖和学園と専大北上がインターハイの出場権を獲得した。特に専大北上と尚志の準決勝は午後に行われたが、午前中に両チームの男子が準決勝で敗れていたこともあり、男子部員の応援が会場を大いに盛り上げたのは、東北大会ならではであった。また、試合も0-2から後半終了間際に2-2に追いついた尚志の粘りは目を見張るものがあり、特に2点目のゴールは、CKの守備から素晴らしいカウンターアタックであった。しかし追いつかれた専大北上の切り替えもまた素晴らしく、延長戦で個人技を発揮して奪った2ゴールは、力強いものであった。その見応えのあった準決勝翌日の決勝で、5-0と圧勝した聖和学園は、東北王者に相応しい内容のサッカーを展開しており、全国大会でも上位進出が期待される。

最後に、河北新報社をはじめ多くの関係者のご尽力のお陰で無事に大会が終了できたことに感謝申し上げ、今大会の総評といたします。

総評　小林幸大（安積高校）

関東大会

地域大会記録2023

5月26日～29日／於・AGFフィールドほか

決勝

5月29日（月）　AGF フィールド（雨）

（主）日比健人　（副）高田直人、横山鮎夢

八千代 3（3-1 0-2 0-0 0-2）5 修徳

★（千葉県1位）　（東京都1位）

得	S	学		背		背		学	S	得
0	0	③	徳田	1	GK	1	小森	③	0	0
0	0	③	横山	3	DF	2	高橋	③	0	0
0	0	②	小西	4		18	（澤田）	①	0	0
0	0	③	吉野	5		3	富樫	③	0	0
0	3	❸	吾妻	8		5	山口	③	0	0
1	1	③	土屋	21		14	島田	❸	0	0
0	0	②	（押見）	6		4	（平山）	③	2	1
1	1	③	松尾	23						
0	1	②	（須堯）	12						
1	4	③	西村	7	MF	6	小俣	③	0	0
0	0	②	平川	14		24	（坪田）	①	0	0
0	0	①	（小金谷）	25		8	橋本	③	0	0
						23	（望月）	③	1	0
						15	髙島	②	2	1
0	3	③	田中	9	FW	9	ンワディケ	③	1	0
0	1	②	（佐々木）	15		10	田島	③	1	1
0	0	③	井上	10		13	（牧村）	③	3	1
0	0	②	（中西）	13		11	大畑	③	2	1
3	14			10	GK	11			12	5
				3	CK	7				
				15	FK	12				
				1	PK	0				

【得点経過】

前半 5分〔八〕吾妻→→西村～×**土屋S**

〃 11分〔八〕松尾→田中S×（混戦）田中→**西村S**

〃 15分〔八〕横山→井上H田中～→**松尾S**

〃 18分〔修〕大畑～×**田島S**

後半40+1分〔修〕澤田→×**髙島S**

〃 40+4分〔修〕CK望月→×**平山S**

延後 2分〔修〕CK望月→**大畑HS**

延後10+1分〔修〕小森→**牧村～S**

▼警告

〔八〕小西

〔修〕富樫

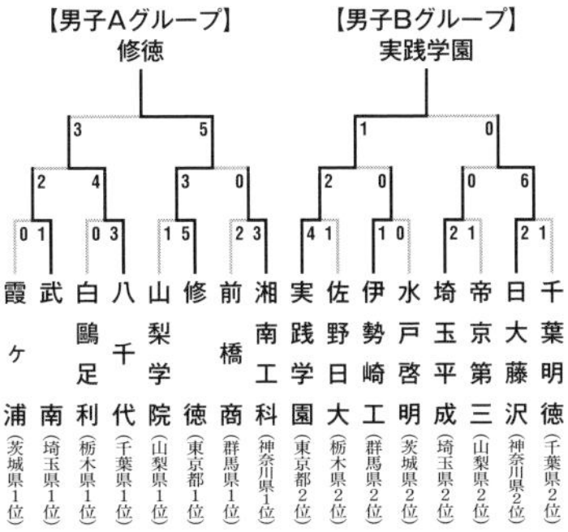

決勝 戦評

修徳、後半怒濤の反撃実る

3連戦目となった決勝戦は、八千代1-4-4-2、修徳1-3-5-2のシステムでのスタートとなった。前半立ち上がり、八千代はDF吾妻の精度の高いロングフィードにスピードを活かしたMF西村が抜け出しクロス。その折り返しを受けたDF土屋がシュートを放ちDFに当たりながらも先制点を奪う。その後も八千代が攻撃の手を緩めずPKを獲得するが、これは修徳GK小森がストップしピンチを脱する。しかし八千代の勢いは止まらず、コンビネーションを活かしたサイド攻撃により西村、DF松尾が追加点を決める。流れを摑みたい修徳は、小森を加えたビルドアップから効果的にボールを前進させようと試み、前線のFWンワディケが中央で存在感を放ち、空いた裏のサイドのスペースにはFW大畑がスピードを活かして積極的に仕掛けていきゴールを狙う。前半途中、修徳は狙い続けた形で小森のロングフィードに抜け出した大畑がサイドを崩し、中で待っていたFW田島がゴールを奪う。その後はお互い譲らず3-1と八千代リードで折り返す。両チーム共にハーフタイムに2枚ずつ交代してスタートした後半、修徳は前半同様小森を含めたビルドアップから前進を図り、ンワディケのポストプレーを軸としてゴールに迫っていく。対する八千代は素早い切り替えと球際の粘り強さを武器に相手にシュートを許さない。試合終盤、パワープレーを仕掛けた修徳は、クロスからのこぼれ球をMF髙島がしっかりと決め1点差。勢いを増した修徳はラストワンプレーのCK、混戦の中から最後は途中出場DF平山がゴールを奪い同点に追いつく。延長戦は疲労からオープンな展開となり両チーム共にゴール前でのシーンが多くなる。延長後半、修徳はCKから大畑が頭で合わせ勝ち越しに成功する。追いつきたい八千代は果敢にゴールを目指すが、ゴール前での高い集中力と粘り強さを見せる修徳を崩しきれない。試合終了間際、修徳は一瞬の隙を突いて抜け出したMF牧村が追加点。そのまま試合終了となり3点差をひっくり返した修徳が優勝を飾った。連戦の中でも100分間を通して球際での闘いも激しく、最後まで死力を尽くして闘った両チームの健闘を称えると共に今後の活躍に期待したい。

戦評　三神弘輔（泉高校）

総評

第66回関東高等学校サッカー大会は5月26日（金）にJFAハウスにて開会式が行われ、翌5月27日（土）より3日間の日程で開催された。男子はAGFフィールドを決勝会場とし、味の素フィールド西が丘、多摩市立陸上競技場、稲城長峰ヴェ

ルディフィールド、清瀬内山運動公園A面、赤羽スポーツの森公園競技場の計6会場で実施した。女子は駒沢第二球技場を決勝会場に、赤羽スポーツの森公園競技場、清瀬内山運動公園B面・C面の4会場で実施した。

出場チームのゲーム環境を考慮し、開催日程を例年より1週早めた。その結果、本大会終了後の翌週にインターハイ予選を行う過密日程を回避することができ、出場チームは目の前の冠を純粋に目指しやすくなった。一方でシーズンを通してみると、通過点ともなる本大会を通じて、大味なダイレクトプレーや意図のないロングボールなどのシーンは少なく、判断を伴う的確なプレーが随所に見られた。また、「機動力のあるチーム」、「サイドを起点とするチーム」、「ショートパス主体のテクニカルなチーム」、「粘り強い守備からゴールを目指すチーム」など、各チームの目指すゲームモデルが発揮された大会でもあった。

初戦を勝ち上がった8チームは、準決勝ではターンオーバーで臨むチームは少なかったが、試合経過と共に交代カード5枚を戦術的な意図及び、選手のプレー時間で考慮した交代も見られた。3連戦目となった決勝戦の舞台では、雨天の中メンバー交代や試合展開に伴う戦術的な変更など、80分（Aグループ決勝は延長計100分）の試合を通して、プレーの質を維持し、ゲームをデザインしていくことの難しさを印象づけた2試合であった。

Aグループで優勝した修徳（東京）は、機動力ある八千代（千葉）を相手に前半に3失点するも、セットプレーを中心に空中戦で強さを見せ、それをひっくり返す攻撃力を見せつけ優勝した。Bグループ決勝では、実践学園（東京）が、日大藤沢（神奈川）の攻撃を凌ぎ、数少ないチャンスを活かす粘り強さで勝利し、結果として東京の2代表が優勝を飾り、大会の幕を閉じた。

第12回関東高等学校女子サッカー大会は、全国総体出場（上位3チーム）をかけ、白熱した戦いが繰り広げられた。1点差、PK方式等、僅差の試合が多く見られ、どのチームにも全国総体出場の可能性があった大会だった。また、交代選手のクオリティが非常に高く、交代枠を上手く使って選手起用をしていたチームがほとんどだった。

優勝候補であった十文字（東京）をPK方式の末破った星槎国際湘南（神奈川）は、準決勝でも延長戦で勝利を収め、全国総体の切符を手に入れた。鹿島学園（茨城）も3位決定戦において、前橋育英（群馬）をPK方式で破り、2年連続全国総体出場を果たした。決勝戦は、2年連続優勝を目指す日本航空（山梨）と星槎国際湘南の対戦となった。両チームともに、GKがビルドアップに関わり、DFラインから丁寧に組み立てる展開が多く見られ、また、統率された守備からボールを奪う等、早い段階でチーム作りができている印象を持った。ゴール前での崩しやシュートの精度等、課題はあったものの、レベルの高い試合内容だった。結果はPK方式にて日本航空が2連覇を達成したが、関東代表となった3チームが総体でどのような結果を出すことができるか、非常に楽しみである。

最後に、本大会が出場チームのゲーム環境を考慮しながら実施されている一方で、東京の大会過密日程の事情により、インターハイ東京都予選を同日に他会場で実施しながらの運営となったが、事前準備から当日の運営まで携わられた協会スタッフをはじめ、競技役員、補助生徒の皆さんのご協力及びご尽力に対し、感謝の意を伝えたい。

総評　髙松 慎（駒場東邦高校）

北信越大会

地域大会記録2023

6月16日～18日／於・長岡ニュータウン運動公園

決勝

6月18日（日）　長岡ニュータウン運動公園サッカー場Ｂ（晴）

（主）田中陽達　（副）榎木大夢、竹本琉飛

帝京長岡 4（1-1 / 3-2）3 富山第一

（新潟県１位）　（富山県１位）★

得	S	学		背		背		学	S	得
0	0	③	斯波	17	GK	21	中前	③	0	0
0	0	③	松岡	2	DF	2	小西	③	0	0
0	0	②	池田	4		3	岡田	③	0	0
0	0	❸	内山	5		4	福光	③	0	0
						5	大居	③	0	0
1	1	③	山村	7	MF	6	多賀	❸	2	1
0	0	③	平澤	8		7	平田	③	0	0
0	2	③	原	10		8	松井	③	1	1
1	1	②	（浅井）	22		10	稲垣	③	1	1
0	1	③	安部	12		11	川原	③	1	0
0	0	②	（山本）	15		19	羽根	③	1	0
0	2	②	水川	18						
0	0	②	（永井）	14						
1	6	②	新納	9	FW					
1	3	②	安野	16						
4	16			3	GK	13			6	3
				2	CK	2				
				9	FK	11				
				0	PK	1				

【得点経過】

前半26分〔帝〕安野→**新納～S**

〃 35分〔富〕**PK多賀S**

後半 4分〔帝〕山村→**安野S**

〃 16分〔帝〕内山→**山村S**

〃 23分〔富〕多賀→**松井～S**

〃 29分〔富〕大居～→**稲垣S**

〃 35+3分〔帝〕山村→**浅井HS**

▼警告

〔富〕岡田

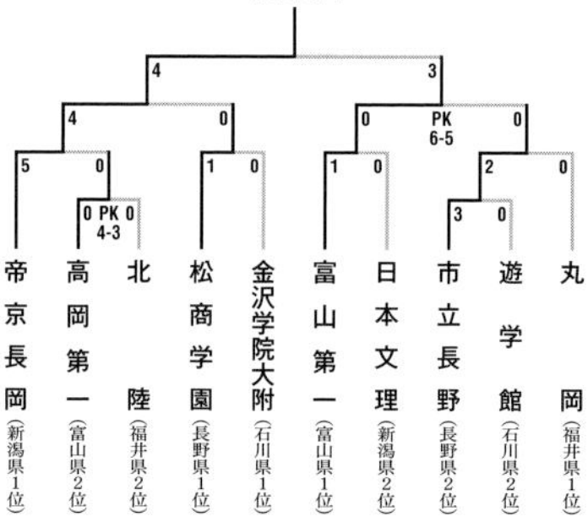

決勝 戦評

富山第一の粘りを退けた帝京長岡

両チーム共に攻守の切り替えと集結が早く、前半開始から激しい中盤の攻防が繰り広げられる。富山第一は、素早いパス交換からタイミング良く帝京長岡DFラインの背後を突き、パワーをもって進入してくる。富山第一はボールを失うと、すぐに高い位置からプレスをかけるが、帝京長岡も正確なボールコントロールとパスワークでボールを渡さない。帝京長岡は、富山第一のプレスを回避しながら前進すると、縦パスに連動しながらFW安野、新納がシュートまで持ち込むが、得点できない。飲水タイム後、帝京長岡は左右のクロスから押し込み始め、相手ボールになっても高い位置からプレッシャーをかけてボールを奪い返し、連続した攻撃を展開する。前半26分、帝京長岡は縦パスの連動から新納が中央を突破して先制すると、守備強度をさらに高め、富山第一を簡単には前進させない。しかし、富山第

一も帝京長岡のプレスを回避すると、MF稲垣やDF大居がスピードに乗った仕掛けを見せ、35分に獲得したPKをMF多賀が決めて同点とし、前半を折り返す。

後半、ミドルサードの競り合いで、帝京長岡がボールを保持する回数が増える。帝京長岡は選択肢を持ちながらボールを運び、富山第一DFラインの背後を突く。富山第一は前線でのプレスがかからず、なかなか良い形でボールを奪えない。帝京長岡が見事な崩しから2得点し、試合を決定づけたかのように見えたが、富山第一もアタッキングサードでのスピードと決定力があり、猛追して同点とする。帝京長岡は選手を交代しながら、試合終盤になっても攻守における強度を維持し続け、富山第一DFラインの背後を執拗に突く。そして後半アディショナルタイム、帝京長岡は左サイド深くで起点となったMF山村のクロスを途中出場のDF浅井がヘディングでゴールを決め、これが決勝点となった。

戦評　原 伸洋（長岡高校）

総評

令和5年度北信越高等学校体育大会サッカー競技（男子・女子）兼第59回北信越高等学校サッカー選手権大会（男子）が6月16日（金）～18日（日）の3日間、新潟県長岡市の長岡ニュータウン運動公園にて開催された。

男子の部は、攻撃面では相手を見て選択肢を持ちながら攻撃しようとするチームが多く、それぞれのチームに特徴があった。守備面では攻撃から守備への切り替えを早くし、即時奪回を狙うと共に、高い位置からの守備でボールを奪おうとするチームが多かった。特に優勝を争った帝京長岡と富山第一は、攻守における強度が他チームとは一線を画しており、各試合で見応えのある攻防を展開した。また、敗れはしたが松商学園（長野県1位）と市立長野（長野県2位）が準決勝に進出し、長野県のレベルの高さを示した。

女子の部は、各県代表の5チームが、優勝チームに付与される全国総体の出場権を争った。各チームが個の力で局面を打開できる選手を擁し、対戦チームは組織力と激しいフィジカルコンタクトで対抗していた。決勝戦は福井工大福井と佐久長聖の対戦となった。福井工大福井は、正確なボールコントロールとパスでサイドを広く使いながら佐久長聖DFを広げ、中央の突破やクロスからゴールへ迫った。佐久長聖は、ボールを即時奪回できない時はリトリートしてサイドでのボール奪取を狙い、ボールを奪うと、中盤で保持しながらスルーパスで突破を図った。試合は両チーム無得点で延長戦となり、延長前半に福井工大福井がCKの混戦からヘディングシュートで得点し、これが決勝点となった。

最後に、今大会で熱戦を繰り広げた男女全ての チームの益々の発展を祈念すると共に、大会の開催にご尽力いただいた全ての関係者の皆さまに深く感謝を申し上げ、大会の総評とさせていただきます。

総評　原 伸洋（長岡高校）

東海大会

地域大会記録2023

6月17日～18日／於・藤枝市民グランドほか

決勝

6月18日（日）　藤枝総合運動公園陸上競技場（曇）

（主）田中雄　（副）櫻井大輔、海瀬滝

静岡学園 ★（静岡県1位）　**0**（0-0 / 0-0）**0**　**清水桜が丘**（静岡県2位）

4 PK 5

得	S	学		背		背		学	S	得
0	0	③	若　尾	17	GK	17	高　田	②	0	0
0	1	③	田　村	3	DF	2	岡　谷	❸	0	0
0	1	❸	菅　井	5		4	木　村	③	0	0
0	1	③	中　村	19		5	藤　田	③	0	0
0	0	②	岩　田	20		14	山　下	③	0	0
0	0	③	野　瀬	6	MF	7	相　川	③	1	0
0	0	③	庄	8		8	中　澤	③	1	0
0	3	③	小　山	10		16	（五十嵐）	③	0	0
0	0	③	（宮嵜）	15		19	佐　野	③	0	0
0	1	③	椙　澤	12		13	（柴田）	③	0	0
0	4	③	加　藤	9	FW	6	瀧	②	0	0
0	1	③	（福地）	7		10	遠　藤	②	1	0
0	2	③	石　川	11		18	竹　澤	③	2	0
0	14			10	GK	14			5	0
				10	CK	1				
				7	FK	10				
				0	PK	0				

▼警告

〔静〕石川

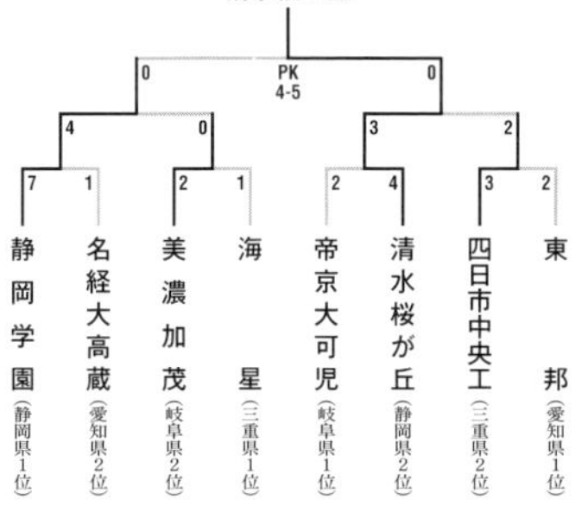

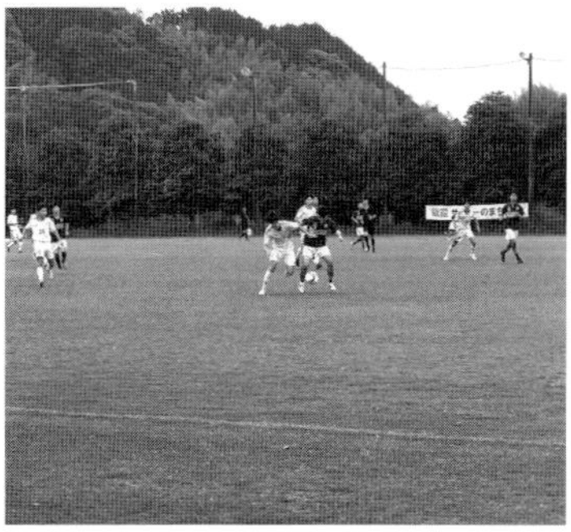

決勝 戦評

清水桜が丘、県総体決勝の雪辱を果たす

蒸し暑い2日間での3試合目という疲労が隠せない中、決勝の笛が鳴った。静岡学園は1-4-2-3-1、清水桜が丘は1-4-4-2のシステムで静岡県勢同士の戦いとなった。

立ち上がりから高い技術力、ラテン系の独特な香り漂うドリブル突破でボールを支配したのは静岡学園であった。しかし、県総体決勝の雪辱に燃える清水桜が丘も伝統的な球際の強さ、打点の高いヘディングで応戦し、見応えのあるゲーム展開が繰り広げられた。

中央エリアでのワンツーから何度も抜け出した静岡学園、サイド攻撃から何度もシュートまで持ち込んだ清水桜が丘であったが、互いに決定機をものにできず、また互いのGKのファインセーブもあり、0-0のままPK方式もサドンデスまでもつれこむ。そして、落ち着いてPK方式を制した清水桜が丘の見事な優勝で幕を閉じた。

最後まで戦い抜いた両チームに拍手を送りたい。

戦評　大石知宏（島田商業高校）

総評

第70回東海高等学校総合体育大会サッカー競技は、6月17日（土）～18日（日）の2日間にわたり、静岡県の藤枝市民グラウンド、静清高田グラウンド、藤枝総合運動公園多目的広場（人工芝）、同陸上競技場において行われた。

東海4県（静岡・岐阜・三重・愛知）の総体予選上位2チームがトーナメント方式で優勝を争った。晴天高温の中始まった1回戦は、2試合が1点差での決着と拮抗した展開となる一方、静岡学園は個人の高いテクニックとインテリジェンスを存分に発揮して名経大高蔵を圧倒し、準決勝に進出した。

準決勝は、前日とはうって変わり、梅雨空の比較的涼しい中での試合となった。清水桜が丘と四日市中央工の試合は、清水桜が丘が先手をとれば四日市中央工が追いつくシーソーゲームとなった。後半、スピードを活かしたカウンターから決勝点を奪った清水桜が丘が決勝進出を決めた。静岡学園と美濃加茂の試合は、前半開始早々に先制した静岡学園が着実に追加点を挙げ、決勝に進んだ。初めて東海総体に出場した美濃加茂は、堅い守備ブロックとパスワークで対抗し善戦したが準決勝敗退となった。

静岡県総体決勝の再戦となった決勝戦は、一人一人のスキルが高く、多彩な攻撃を仕掛ける静岡学園と、粘り強い守備から素早いカウンターを仕掛ける清水桜が丘という展開となった。両チームとも疲労の色が濃い中でも、最後まで局面での激しい攻防が繰り広げられ、PK方式により清水桜が丘が優勝を果たした。

最後に、本大会開催にあたり、ご尽力いただいた全ての関係者の皆さまに深く感謝申し上げ、大会の総評といたします。

総評　増田雄也（榛原高校）

近畿大会

地域大会記録2023

※近畿大会は男子が翌年2月開催となったため、第76回近畿高等学校サッカー選手権大会以降の男子の部の結果は次年度の高校サッカー年鑑に掲載します。今年度は同大会女子の部の総評のみ掲載します。

女子 総評

第76回近畿高等学校サッカー選手権大会女子の部は各府県予選1位の6チームが参加して、インターハイの出場枠2枠を巡り熾烈な戦いが繰り広げられた。6月10日（土）に1回戦の2試合が大阪府のJ-GREEN堺で開催。6月17日（土）・6月18日（日）に準決勝2試合と決勝が兵庫県の三木総合防災公園第2陸上競技場で開催された。

1回戦の第1試合、京都精華学園vs.国際は京都精華学園のテンポの良いパスワークから得点を重ねたゲームとなった。ボールを動かしながら相手の変化を見て組み立てるサッカーは素晴らしいものがあった。第2試合の近江兄弟社vs.和歌山北はゲーム序盤より終始、拮抗した試合展開の中で前半6分に決定機を決め切った近江兄弟社が逃げ切り、準決勝へと駒を進めた。両チーム共に攻守にハードワークを見せ拮抗したゲーム展開は見応えのある試合であった。

準決勝がインターハイ出場を決定するゲームとなり、第1試合の日ノ本学園vs.京都精華学園は好ゲームとなった。相手を意図的に動かしながらゲームを作り、テンポの良いコンビネーションでゴールへと迫る日ノ本学園に対して、京都精華学園は良い守備からのショートカウンターを仕掛け、ゴールへと迫る。特徴的な両チームの攻防は見応えのあるゲームとなった。拮抗したゲームは前半に2点を奪い、優勢にゲームを進めた日ノ本学園が3-1で勝利し、インターハイの出場権を手に入れた。

第2試合の大阪学芸vs.近江兄弟社は引き込んだ守備でワンチャンスを窺う近江兄弟社に対して、大阪学芸は相手を見ながらボールを動かして、サイドを起点にゴール前の崩しからゴールへと迫る展開となった。試合はチーム力、個々の力で勝る大阪学芸が6点を奪い、インターハイの出場権を手に入れた。

大阪学芸と日ノ本学園の決勝戦は翌日で連戦となったが、両チームともに質の高いゲームであった。丁寧にボールを動かしながら相手を意図的に動かして変化させながらゴールへと迫るチーム同士の素晴らしい試合展開となった。試合は攻守に白熱した展開の中、2-0で大阪学芸が優勝して今大会の幕を閉じた。

女子サッカーの活動も年々変化していく中、リーグ戦の導入や国体少年女子の活動など、過密なスケジュールとなってきている。今後、拮抗したゲーム環境を求めていくうえでもプレーの質やパフォーマンスの向上が課題となってくる。インターハイに出場する2チームの戦いは非常に楽しみであり、夏場の連戦に対しての準備をしっかりとしていただいて『翔び立て若き翼　北海道総体 2023』での活躍に期待したい。

最後になりましたが、本大会を開催するにあたり、ご尽力をいただきました大阪府高体連、兵庫県高体連の役員・補助員、大会関係者の皆さまに深く感謝を申し上げ、大会の総評とさせていただきます。

総評　井尻真文（星翔高校）

中国大会

地域大会記録2023

6月17日～19日／於・維新百年記念公園ラグビー・サッカー場ほか

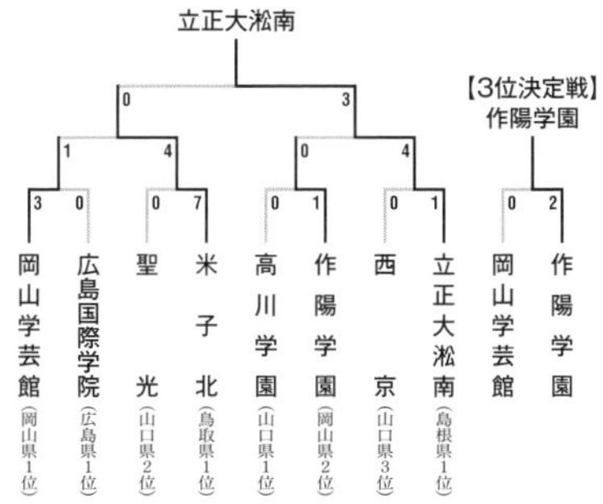

決勝

6月19日（月） 維新百年記念公園ラグビー・サッカー場（晴）

（主）藤田亮 （副）大野晃史、森翔斗

米子北 0（0-1 0-2）3 立正大淞南

（鳥取県1位） （島根県1位）★

得	S	学		背		背		学	S	得
0	0	③	尾崎	1	GK	1	塚田	③	0	0
0	0	③	梶	2	DF	2	柴田	③	0	0
0	3	③	藤原	3		4	坂本	③	0	0
0	0	③	石倉	4		5	西口	❸	0	0
0	1	②	樋渡	6		6	植田	③	2	1
0	1	③	城田	25						
0	2	①	（湯月）	24						
0	4	❸	仲田	8	MF	8	野澤	③	1	1
0	1	③	濱口	12		14	（山田）	②	1	0
0	1	③	（小村）	14		9	久島	③	0	0
0	2	③	田村	19		15	（大橋）	③	0	0
0	0	②	（西尾）	10		16	西田	②	0	0
0	1	①	田中	27		7	（中谷）	③	0	0
0	1	③	（愛須）	11		26	升井	③	0	0
0	1	②	鈴木	9	FW	10	三島	②	4	0
0	0	①	（熊谷）	15		11	永澤	③	2	1
						12	（廣田）	③	0	0
0	18			7	GK	10			10	3
				7	CK	0				
				22	FK	9				
				0	PK	0				

【得点経過】

前半 7分〔立〕升井→**植田S**

後半 3分〔立〕永澤→**野澤～S**

〃 13分〔立〕**永澤～S**

▼警告

〔立〕中谷

決勝 戦評

バランスの良さが際立った立正大淞南

3連戦で疲労がピークを迎える中での決勝戦。試合開始と同時に米子北がロングボールをDFの背後に放り込み、ハイプレスをかける。米子北ペースで試合が進みかけた矢先、一瞬の隙を突き、立正大淞南のDF植田の狙いすましたミドルシュートが決まり先制する。米子北は先制されて以降、前線への速い縦パスとサイド攻撃により猛攻を仕掛けるも、立正大淞南の堅い守備によりゴールを奪うことができない。徐々に立正大淞南のペースとなり、MF野澤の中央突破から2点目が生まれる。更にDFのクリアミスに反応したFW永澤が3点目を奪った。今大会、立正大淞南は攻守にバランスのとれた試合運びのうまさが際立ち、無失点で優勝した。

戦評 宮成 昇（防府西高校）

総評

第70回中国高等学校サッカー選手権大会、第12回中国高等学校女子サッカー選手権大会兼令和5年度全国高等学校総合体育大会サッカー競技女子中国地域予選会が、6月17日（土）～19日（月）の3日間の日程で行われた。開催地は山口県、男子会場は山口市の維新百年記念公園ラグビー・サッカー場、同補助陸上競技場、女子会場は山陽小野田市のおのサンサッカーパークであった。すべて天然芝グラウンドを使用した。梅雨時期の大会ではあったが、天気は良好で、蒸し暑さや日差しの強い日が続く3日間であった。

出場チームは、各県1位、開催県枠（山口県）、中国新人大会決勝戦進出枠（山口県・岡山県）の計8チームである。1回戦は初戦ということで、選手のコンディションが整っていないチームもあり、大差がついた試合もあったが、全体的には各試合、攻守の切り替えが非常に早く、強度の高い内容であった。準決勝は2試合とも早い時間での得点、追加点でゲームの流れが決まってしまい、プレミアリーグに所属する米子北と、立正大淞南がそれぞれ勝利し、翌日の決勝戦に駒を進めた。また昨年の大会と同じ対戦となった（昨年は米子北が優勝）。決勝戦では立正大淞南の試合前の真剣なミーティングや熱の入ったウォーミングアップの姿を見て、この大会にかける強い意気込みを感じさせた。試合では米子北はチーム戦術を徹底し、対する立正大淞南もチーム一丸で、テンポ良くボールを動かし、相手ゴールに迫る。特に競り合った後のセカンドボールへの反応が早く、こぼれ球を自チームボールにし、次の攻撃へと繋げていた。その中、立正大淞南が早い時間でミドルシュートから得点を奪い、試合の主導権を握った。米子北も縦に速い攻撃からシュートを何度も撃つが、なかなかゴールを奪うことができない。後半、立正大淞南が一瞬の隙を突き、相手DFラインの裏をとってドリブル突破から追加点を奪った。その後も一進一退の内容であったが、さらに追加点を挙げた立正大淞南が勝利し、昨年のリベンジを果たし4回目の優勝を手にした。

女子は各県1位の5チームが出場し、今大会優勝チームにインターハイ出場権が与えられる戦いであった。決勝は、男子と同じく昨年と同じカード、広島県代表のAICJと岡山県代表の作陽学園となり、一進一退の内容となった。更に昨年同様、今大会も延長戦に入ったがそれでも決着がつかず、PK方式での勝負となった。昨年PK方式で涙した作陽学園が勝利し、9回目の優勝を果たした。

最後に本大会を開催するにあたり、ご尽力いただいた全ての関係者の皆さまに深く感謝を申し上げ、大会の総評といたします。

総評　大和健一（南陽工業高校）

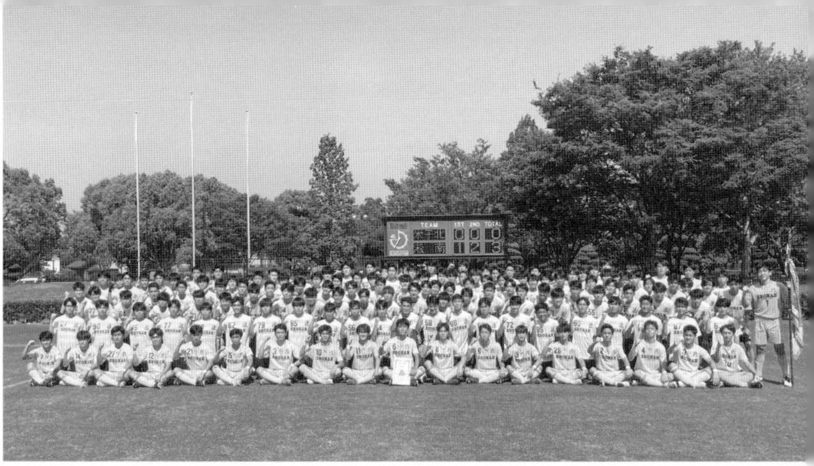

四国大会

地域大会記録2023

6月17日～19日／於・愛媛県総合運動公園球技場ほか

決勝

6月19日（月）　愛媛県総合運動公園球技場（晴）

（主）藏田圭太　（副）瀬野明、栗林倫也

徳島市立 5（1-0 4-2）2 高知

★（徳島県1位）　（高知県1位）

得	S	学		背		背		学	S	得
0	0	③	安藝	1	GK	1	東	③	0	0
0	0	③	川村	3	DF	2	酒井	③	0	0
0	0	③	山本	4		3	濱口	③	0	0
0	0	③	（瀬口）	2		4	森	❸	4	2
0	1	③	麻植	5		5	田辺	③	0	0
0	0	②	（岸）	19						
0	0	③	池田	6						
1	1	②	（尾形）	13						
1	2	②	上田	7	MF	6	岡﨑	③	1	0
1	3	③	山座	11		15	（竹﨑）	②	0	0
0	0	③	太田	14		8	大久保	③	1	0
0	0	②	（好浦）	12		10	市原	③	1	0
0	2	②	岡	8	FW	11	足達	②	3	0
1	1	❸	笠原	9		12	（中葉）	③	0	0
0	0	②	（原水）	15		14	亀岡	②	1	0
1	2	②	鈴木	10		13	（久松）	②	0	0
						20	西森	②	0	0
						7	（岡村）	③	0	0
5	12			6	GK	8			11	2
				3	CK	1				
				10	FK	6				
				0	PK	1				

【得点経過】

前半24分〔徳〕笠原S（こぼれ球）**笠原S**

後半 1分〔徳〕山座→**上田S**

〃 7分〔徳〕**山座→S**

〃 16分〔徳〕池田→**鈴木S**

〃 24分〔高〕**PK森S**

〃 32分〔徳〕山座→**尾形→S**

〃 35分〔高〕**森～S**

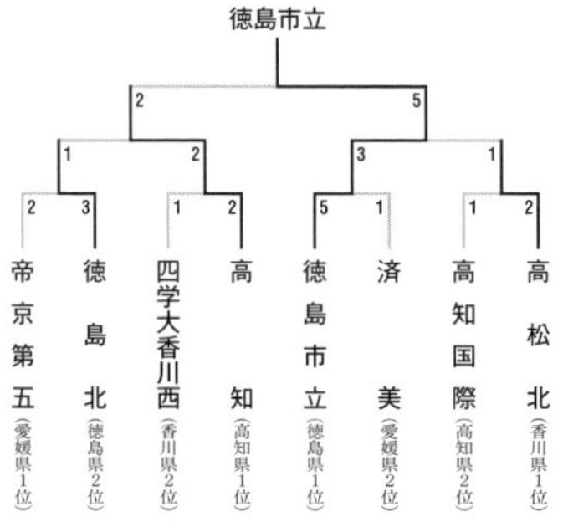

決勝 戦評

徳島市立、3試合で13得点

立ち上がりからサイドを使った攻撃で主導権を握る徳島市立に対し、攻守の切り替えの早さで応戦する高知という試合展開であった。前半は、高知が個の判断により、徳島市立ゴールを脅かしたが、徳島市立の堅い守備やGKのファインセーブにより、得点には至らなかった。その後、徳島市立は、テンポの良いボールまわしやミドルシュートにより、効果的に得点を重ねた。後半、PKやサイドからの突破により、2点を返した高知であったが、反撃及ばず、5-2で徳島市立が勝利を収め、四国を制覇した。

戦評　山口善道（北条高校）

総評

第72回四国高等学校サッカー選手権大会（男子）が6月17日（土）～19日（月）の3日間、愛媛県総合運動公園球技場、同補助競技場にて、各県予選2位までの8チームで実施された。また、女子の第11回大会は6月17日～18日の2日間、北条スポーツセンター球技場にて各県1位の4チームが集い、インターハイ出場を決する大会が開催された。

男子1回戦は、開催県の愛媛代表（帝京第五、済美）が地の利を活かせず敗戦となり、高松北、高知、徳島北、徳島市立が準決勝に進んだ。準決勝はどのチームも自チームの特徴を活かしたサッカーを展開したが高知と徳島市立が勝利し、決勝戦に勝ち進んだ。

決勝では徳島市立が要所で得点を重ね、5-2で高知に勝利し、優勝を飾った。高知も後半2点を挙げ反撃したが及ばなかった。優勝した徳島市立は個人スキル、チーム戦術に優れ、試合ごとにレベルの高さを証明した。ロースピードからトップスピードへの切り替えからゴールに迫るサッカーは全国で上位を狙える集団のように感じた。

女子は優勝チームに総体出場権が与えられる大会であり、一戦一戦が緊張感のある試合となった。1回戦、四学大香川西

vs.宇和島南中等は2-0で四学大香川西が勝利し、高知vs.鳴門渦潮は1-0で鳴門渦潮が決勝進出を果たした。決勝はここ数年何度も見てきた両校の対戦となり、お互い意地と意地がぶつかり合う相手である。勝敗が決したのは後半に入ってからで鳴門渦潮の攻撃が相手守備を破り、3-1で勝利し総体出場を果たした。

今大会は天候に恵まれ、出場チームの選手たち、各指導者などが大会運営に協力してくださり、大きなトラブルもなく無事に終えることができた。大会の開催にあたりご尽力いただいた四国各県の高体連サッカー専門部の方々、審判委員の方々、補助員を務めていただいた高校サッカー部の皆さまに心より感謝し、大会責任者としての総評とします。

総評　藤本賢二（小松高校）

九州大会

地域大会記録2023

6月17日～19日／於・えがお健康スタジアムほか

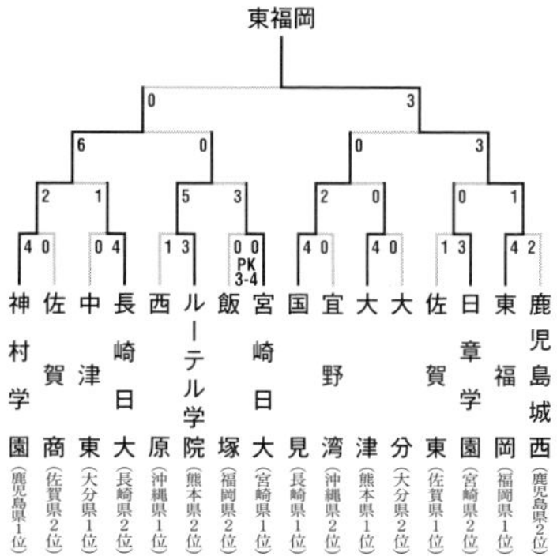

決勝

6月19日（月）　えがお健康スタジアム（晴）

（主）上田隆生　（副）宮原一也、野際祐史

神村学園 0（0-3 / 0-0）3 **東福岡**

（鹿児島県1位）　（福岡県1位）★

得	S	学		背		背		学	S	得
0	0	③	川路	1	GK	1	笈西	③	0	0
0	0	②	鈴木	4	DF	2	杉山	③	0	0
0	0	③	難波	5		3	秋	③	0	0
0	0	③	長沼	6		13	（宮永）	③	0	0
						5	保科	③	3	0
						12	倉岡	③	0	0
0	0	③	下川	2	MF	6	西田	❸	2	1
0	0	③	高橋	8		10	榊原	③	2	1
0	0	③	内匠	10		16	中山	③	1	0
0	0	③	（益山）	12		15	（掛橋）	③	0	0
0	2	②	大成	14						
0	1	③	平野	18						
0	1	③	平木	19						
0	0	❸	西丸	13	FW	7	對馬	③	0	0
						9	阿部	③	1	1
						8	（野田）	③	1	0
						11	吉岡	③	0	0
						17	（竹下）	③	0	0
0	4			4	GK	7			10	3
				1	CK	7				
				5	FK	13				
				0	PK	2				

【得点経過】

前半12分〔東〕相手FP→（ミス）**榊原S**

〃 30分〔東〕**PK阿部S**

〃 35+6分〔東〕**PK西田S**

決勝 戦評

連戦も運動量豊富な東福岡

梅雨晴れの暑さの中で行われた男子決勝は、神村学園が1-3-4-3、東福岡は1-4-1-4-1のシステム。立ち上がりから互いに激しいアプローチと球際の競り合いを見せ、攻守の切り替えの早い展開となる。やや守備的な布陣を見せる神村学園は、意図的に東福岡のサイド攻撃を封じ、ボールを奪取するとFW西丸を中心に縦への鋭い攻撃を見せる。一方、東福岡は巧みなパスワークから神村学園のプレスを打開すると、MF西田を起点にサイドに展開し、FW吉岡、對馬が積極的なドリブル突破を見せ応戦する。効果的に得点を奪いリードした東福岡に対し、神村学園は後半、攻撃的な布陣へのスイッチと4バックへのシフトチェンジを行い活性化を図るが、東福岡の献身的な守備の前に得点を奪うことができない。結局、豊富な運動量と高いスキルを発揮した東福岡が優勝を手にした。連戦という日程の中で最後まで走り切った両チームに拍手を送りたい。

戦評　重本浩光（熊本北高校）

総評

令和5年度全九州高等学校体育大会、男子第75回・女子第12回全九州高等学校サッカー競技大会兼全国高等学校総合体育大会女子サッカー競技九州地区予選会が、えがお健康スタジアム、大津町運動公園競技場、COSMOS熊本県フットボールセンター、益城町総合運動公園陸上競技場にて3日間の日程で開催された。ピッチコンディションも良く、天候にも恵まれ、選手にとって力を発揮しやすい環境での大会となった。女子では、各県1位チームが出場し、九州大会上位2チームに与えられるインターハイへの出場権をかけた熱い戦いが繰り広げられた。今大会を通して、スピーディな展開の中での切り替えの早さや、組織的な守備のレベルの向上が随所に見られる大会であったと感じている。決勝は地元・秀岳館（熊本）と東海大福岡（福岡）の対戦。開始早々、先制に成功した東海大福岡が優位に立った。対する秀岳館も失点したものの前線からのプレッシングを行い、ピッチを広く使いサイドから攻撃を仕掛ける。ゲームが落ち着き始めると、互いに後方から丁寧なビルドアップにより主導権を握り合う展開となり、一進一退の攻防が続いた。その後、東海大福岡に追加点が生まれ、アディショナルタイムに秀岳館が得点を奪うものの、東海大福岡リードのまま試合終了のホイッスルとなった。

男子では、全体的にコンパクトにコレクティブな守備を徹底するチームが多く、意図的かつ組織的な守備が随所に見られた。その中でも、攻守の切り替えの早さ、ボールポゼッションから縦に仕掛けるタイミングと速さを持ち合わせているチームが上位進出を果たしていた。決勝戦は、神村学園（鹿児島）と東福岡（福岡）の対戦となった。プレミアリーグ所属の両チームの戦いは、プレースピード、プレー強度の高さ、攻守における質の高さが突出しており、レベルの高いゲームが展開された。立ち上がりから互いに激しいアプローチと球際の攻防、攻守の切り替えの早い展開となる。やや守備的な布陣を見せる神村学園は意図的に東福岡のサイド攻撃を封じ、ボールを奪取すると縦への鋭い攻撃を見せる。一方、東福岡は巧みなパスワークから神村学園のプレスを打開すると、積極的なドリブル突破を見せて応戦し、効果的に得点を奪った。リードを広げた東福岡が最後まで運動量を落とさず、優勝を手にした。連戦という過密日程の中での両チームのパフォーマンスは素晴らしいものであった。

最後に、本大会の開催にあたり、多大なるご協力とご尽力をいただいた関係者の皆さま、出場チームの皆さまに深く感謝し、大会の総評といたします。

総評　時田剛二（熊本商業高校）

全国高体連サッカー専門部だより

全国委員長会議議事録

2023年7月28日／北海道旭川市・旭川市民文化会館大会議室
司会：石川勝利（総務委員長）

日本サッカー協会より

林義規JFA副会長よりご挨拶

1 JFA医学委員会より
◉メディカルチェックの結果、熱中症対策、薬剤に対する対応

2 JFA国内競技運営部、戦略企画部より
◉シーズン移行について現状の議論の進捗状況共有

審議事項

1 選手権第102回大会について
◉感染症対策申し合わせ事項廃止、宿泊補助、交代回数制限（後半3回まで）
◉時間の浪費を防ぐ。大会間のレギュレーションを合わせる
◉地方大会のレギュレーションは各地の事情に合わせる
◉2024年度JFA補助金配分（案）
◉2025年度以降、U-17W杯代表選手の所属する高校への対応

2 2024年度　北海道・福島総体（固定開催）について
◉全国総体固定開催確認事項
◉徴収金の説明とお願い
◉来年度インターハイ男子実施要項案
◉事務局より予算など詳細説明
◉来年度インターハイ女子実施要項案

3 全国高体連サッカー専門部表彰者候補案について

4 ユニフォームの裾出しについて
◉裾を出すか出さないかは各チームの判断に委ねる

報告事項

1 （公財）全国高等学校体育連盟関係
◉体罰根絶（令和4年度）について
◉総体検討委員会（4/13）、総体中央委員会（4/25）
U-17W杯代表選手の所属する高校を、都道府県予選免除で全国大会から出場できるように要望→不承認
◉2024年度以降、全国総体固定開催の徴収金について
◉ユニフォームスポンサーについて
◉合同チームについて

2 選手権第102回大会について
◉スケジュール
地区大会決勝は11月19日（日）までに終了を原則
監督会議、組み合わせ抽選会、代表者会議はリモートで実施予定
開会式・開幕戦は国立競技場
準々決勝会場は埼玉県会場と千葉県会場
準決勝・決勝会場は国立競技場
◉未来検討委員会
90分化、準決勝の会場（埼玉スタジアム2〇〇2）
日本テレビおよび民間43社より説明とアンケートのお願い

3 （公財）日本サッカー協会関係
◉代表関係

4 技術部より
◉全国総体組み合わせ抽選会について
◉日本高校サッカー選抜U-18　ヨーロッパ遠征について
◉日本高校サッカー選抜U-17について

5 審判部より
◉福島総体審判派遣案について（ユース含む）
◉その他

6 記録部より
◉『高校サッカー年鑑』について

7 女子専門部より
◉2026年度より各都道府県より1代表ずつでの選手権実施。ただし2024、2025年度に関しては52代表にて実施（地域ごとの事情を考慮して）

8 その他
◉慶弔費領収書について
◉次回、常任委員会・委員長会議について

全国委員長会議議事録

2023年12月30日／東京都文京区・JFAハウスPitch2
司会：上山圭一（広島県委員長）

日本サッカー協会より

田嶋幸三JFA会長、林義規JFA副会長よりご挨拶

1 JFAフットボール本部より
◉シーズン移行について

審議事項

1 2024年度　全国総体固定開催について
◉交代回数について
◉男子組み合わせについて
◉男子・福島総体について（要項、予算など）
◉派遣技術について
◉女子・北海道総体について（要項、予算など）
◉負担金について

2 人事について
◉技術委員長が蔵森紀昭先生から高松慎先生に交代

報告事項

1 （公財）全国高等学校体育連盟関係
◉総体中央委員会について
◉基本問題検討委員会について
◉2024年度 北海道・福島総体（固定開催）について
【男子】　福島県楢葉町、広野町、いわき市
7/26（金）全国委員長会議、代表者会議、開会式
7/27（土）~8/3（土）競技　7/29、8/1に休養日
【女子】　北海道室蘭市
7/29（月）9地域委員長会議、代表者会議、開会式
7/30（火）~8/3（土）競技　8/1に休養日
◉体罰根絶について

2 全国高等学校選手権大会関係
◉第102回大会の大きな変更点について
◉第103回大会について
地区大会　11月17日（日）終了予定
組み合わせ抽選会　11月18日（月）予定

開会式 開幕戦	1回戦	2回戦	3回戦	準々決勝	準決勝	決勝
12/28 （土）	12/29 （日）	12/31 （火）	1/2 （木）	1/4 （土）	1/11 （土）	1/13 （月・祝）

準々決勝会場は千葉県、神奈川県会場。準決勝・決勝会場は国立競技場の予定

◉今後の課題
90分化、U-17代表選手の所属する高校への対応

3 技術部より
◉選手権テクニカルレポートについて
◉日本高校サッカー選抜U-18、日本高校サッカー選抜U-17について
◉選手権都道府県大会決勝戦90分化アンケートについて

4 審判部より
◉ユース審判員の募集について
◉交代回数について

5 記録部より
◉来年度『高校サッカー年鑑』編集に向けての変更点について
◉オンラインでの編集会議について

6 女子専門部より
◉女子高校選手権について
プラス5枠の決め方、来年度以降のカレンダーについて

7 その他

8 功労者表彰

都道府県レポート

「ありがとうを強さに変えて 北部九州総体 2024」を控えて

福島県高体連サッカー専門部委員長
小林幸大 福島県立安積高校

はじめに

「ありがとうを強さに変えて 北部九州総体 2024」の男子サッカー競技が2024年7月27日（土）から8月3日（土）まで、福島県楢葉町、広野町、いわき市で開催されます。1978年に郡山市で行われた「53インターハイ」以来、実に46年ぶりの福島県開催となります。本来であれば2017年度の南東北インターハイで、サッカーは福島県開催の予定でしたが、東日本大震災・原発事故の影響もあり、隣県の宮城県に引き受けていただいた経緯があります。また以前から検討されていた冷涼地での固定開催ということで、Jヴィレッジを含めた福島県浜通り地域が、その対象となりました。その中で福島大会では、従来の7日間開催から2021年度の福井大会を参考に8日間開催へ日程を広げ、3連戦の解消による選手の負担減なども含めた暑熱対策を講じながら、大会の計画をしております。初の固定開催ということで、2024年度の大会準備をしながら、2025年度の日程調整、また2026年度以降の見通しを立てるなど、初めての作業に追われながら、実行委員会を中心に準備を進めているところです。

福島県の現状

福島県は、会津地方・中通り（福島や郡山）・浜通り（相馬やいわき）と大きく3つに分けられる地域特性があり、高校総体も高校サッカー選手権も、その県代表校は様々な地域の公立高校で争われていた歴史があります。しかし2006年に選手権に初出場を果たして以来、尚志高校の躍進は目覚ましく、近年では女子も全国大会出場を果たすなど、福島県のみならず、東北をリードする存在となってきました。また、それに続く私立高校の台頭も激しく、古豪と呼ばれる公立高校は、入試制度の変更などの影響もあり、徐々に厳しい立場になっているのが現状です。一方、サッカー界全体を見渡すと、Jリーグ勢が2チーム存在するのは、東北では福島県だけで、いわきFCと福島ユナイテッドFCの活躍が、県民にも大きな刺激を与えています。ユースチームも着実に力をつけ、来年度は県1部リーグでプリンスリーグ昇格を狙った戦いが繰り広げられます。高体連と切磋琢磨しながら盛り上げていくことが、福島県の2種年代の底上げにも繋がるものと思っています。

終わりに

2011年の東日本大震災の際は、Jヴィレッジが自衛隊の拠点基地となり、サッカー場として復活するのは絶望的だと思われましたが、多くの方々のご支援とご協力により、2019年に全面再開を果たすことができました。そして2024年度からは高校総体が固定開催されることとなり、新しい歴史が刻まれようとしています。高校野球の甲子園、高校ラグビーの花園のように、高校サッカーはJヴィレッジがその聖地となれるよう、高校日本一を決めるにふさわしい試合環境を整えると共に、福島県や東北地方にとって「レガシー」となるものが残るような、素晴らしい大会にしていきたいと考えております。東日本大震災の時に、多くの方々に支えていただいた恩返しと思い、福島県の人間は「おもてなし」の精神をしっかりと持って、皆さまをお迎えしたいと思います。来県をお待ちしております。

「SAGA2024 国スポ」を控えて

佐賀県サッカー協会2種委員長
野田一成 佐賀県立鳥栖工業高校

はじめに

2023年に開催が計画されていた国民スポーツ大会（以下国スポ）でしたが、2020年から新型コロナウイルス感染症が流行し、実施が予定されていた大会などが軒並み延期や中止になる中、佐賀県での開催に関しても2024年に延期開催とされました。他競技と同様に国スポでの躍進を義務付けられ、強化策も5年前から2023年世代をターゲットエイジとして強化を進めてきておりましたが、この延期により計画が大幅に狂い、修正を余儀なくされました。幸い、少年男子・少年女子・成年女子の開催は変わらず、強化についてはさらに1年の延期をすることで成績に繋げていくことを確認しました。

佐賀県の現状

少年男子についてはサガン鳥栖のアカデミーを中心として強化がうまく進んでいます。U-15、U-18については全国大会でもトップクラスの成績を収め、国スポに関しても好影響を与えています。しかしながら、佐賀県の課題である「女子選手の育成」が少年女子や成年女子の強化に影を落としています。4種年代で良い選手が育成されているのですが、3種年代で引き続き競技を行う環境が乏しく、3種はもとより2種年代では県外への流出に繋がってきています。2020年から佐賀県みやき町を中心とした女子クラブ「みやきなでしこクラブ」が創設され、流出に歯止めをかけ、強化に力を入れてきました。2022年に佐賀県初となる女子U-15の全国大会へ出場も果たし、環境整備は進んできており、国スポを機にさらに発展してくれるものと思っています。

終わりに

審判員の育成や役員の確保など、解決しなければならない課題もまだまだありますが、2024年9月には何とか解決してその日を迎えられるよう準備を進めています。会場についても幾度となく検討しましたが、最終的には佐賀市（少年女子、成年女子）及び鳥栖市（少年男子）にて既存施設のリニューアルに頼る形となり、2023年10月下旬に行われたリハーサル大会でも宿舎や会場設営に関する課題が見えてきました。今後いろいろな課題を共有しつつ、その解決を図っていき、皆さんに満足していただける大会が開催できるように、オール佐賀で頑張ります！

令和6年度各都道府県　年間計画一覧

県名	総体予選	国スポ予選	選手権予選	地域大会予選	新人大会	総会（※）	技術研修会	県選抜強化	U-18リーグ	その他
北海道	5月下、6月中	6月中、7月上	8月下～9月上、10月中～11月上	6月中		—	6月中	7月中、8月中、9月上、11月上	4月下～10月上	専門委員会4月中、6月中、10月／室内2月中
青森	5月下～6月上	—	一次8月下、二次10月中～11月上	—	地区8月下～9月中、県11月中	5月上、7月中、9月上、10月中、2月中	6月中	6月中	4月中～9月中	春季大会4月下～5月上
岩手	5月下～6月上	—	10月上～11月上	—	11月中	4月中、8月下、3月中	—	7月上、3月中	4月中～9月下	選抜交流大会3月中
秋田	5月下、6月上	—	10月上～下	—	地区9月上、11月上～中	5月中、2月上	—	6月中～7月中、8月上	4月中～9月下	
山形	地区4月下～5月上、県5月下～6月上	8月中	10月上～下	—	—	—	11月上	4月～6月中～7月上～8月上	4月上～11月下	
宮城	5月下～6月上	—	県10月上～11月上	—	県11月上～下	4月中、2月中	—	8月中、9月下、12月下、3月下	4月上～12月中	
福島	地区5月中、県5月下～6月上	—	9月下～11月上	—	地区11月中～下、12月上	5月中、2月下	—	4月下~8月上、9月上~10月中、2月中~3月中	4月上～10月上	県総体4月中
東北	総会（6月中）／東北選手権（6月中）／国スポ予選（8月中）／東北新人大会（1月下）／プリンスリーグ東北（4月中～9月中）									
茨城	地区5月下、県6月上～下	—	9月下～11月上	地区4月中、県4月下～5月中	地区11月下～12月上県1月中～下	4月下、6月上、9月下、1月上、2月中、3月中	8月上、12月上、1月下	5月~10月各上、11月中、12月~1月各上、2月下、3月中	4月～12月	
栃木	5月下～6月下	—	10月上～11月中	4月下～5月中	1月中～2月上	4月中、5月中、9月上、12月上、3月中	—	7月上～中、12月下、3月中	4月～12月	
群馬	5月下～6月中	—	一次8月下～9月中、二次10月中～11月上	4月下～5月中	1月中～2月上	4月中、7月上、2月上	2月中	3月中～下	3月中～11月下	
埼玉	支部5月上、県6月上～下	—	一次8月下、二次10月中～11月中	4月中～下	支部1月中～下、県2月中～下	支部4月中、県5月上	3月中	4月上~7月上、8月中、9月上~11月下、1月~3月下	4月～12月	U-16リーグ6月～9月
千葉	地区4月下～5月上、県6月上～下	8月中	一次6月中～9月上、決勝10月上～11月下	4月下～5月上	地区11月中～12月上、県1月中～2月上	2月中	10月上	6月下～8月上	4月上～12月下	U-16ブロック対抗戦2月
東京	地区4月下～5月上、都5月上～6月下	5月	一次8月下～9月中、二次9月下～11月中	4月上～5月上	11月中、2月	4月上	12月	6月上、8月上、9月上	4月～12月	
神奈川	4月下～6月中	8月中	一次T7月中、二次T9月中～11月中	4月上～5月上	地区9月下～1月下	3月上	9月上、12月上	4~6月下、7月上、9~11月下、12月上、1~3月下	3月中～12月下	
山梨	6月	8月中	10月上～11月上	4月下～5月中	1月中～2月上	4月上、5月上、6月下、8月下、10月下、12月上、2月下	—	—	4月上～12月上	
関東	総会（6月上）／関東大会（6月上、12月上）／国スポ予選（8月中）／U-18関東リーグ（4月上～12月上）									
長野	地区5月上～中、県5月下～6月上	—	8月下～11月中	—	12月上～中	2月上	—	7月上～8月上、1月中、2月中、3月下	4月上～9月下	
新潟	5月下～6月上	—	9月上～11月中	—	9月中、11月中	4月中	2月下	6月中、7月下、8月中、9～12月各下、1,2月各中、3月下	4月下～10月上	春季大会5月上
富山	5月中～6月上	—	9月下～11月上	—	11月中～下	3月上	—	6月中、7月下、8月中、2月中、3月中	4月上～9月中	
石川	5月下～6月上	—	9月下～11月上	—	11月中	5月中、8月中、10月下、11月下、2月下	—	4月～9月	4月上～9月下	春季大会4月上～5月上
福井	5月下～6月上	—	9月中～11月上	—	11月中	4月上、10月下	2月下	4月下～5月上、6月中～7月中、8月上～中	4月中～9月中	
北信越	北信越大会（6月中）／国スポ予選（8月中）／U-18北信越リーグ（4月上～10月上）									
静岡	支部4月中～5月上、県5月中～6月上	8月中	一次T9月中～10月中、決勝T10月下～11月上	—	12月中～1月下	支部4月上、12月上	2月上	4月下～9月下、12月下～3月中	4月上～12月上	SBSカップ8月下／フェスティバル3月下
愛知	支部4月中～5月上、県5月中～6月上	8月中	地区8月下～9月上県10月上～11月中	—	支部1月上～中、県1月下～2月中	2月	7月中、3月下	4月～3月	4月上～7月上8月下～12月上	
岐阜	5月中～6月上	8月中	9月下～11月上	5月中～6月上	1月中～2月上	1月中	—	4月下、7月~8月各下、10月下、12月下、1~3月各下	4月～12月	U-16リーグ6月～2月
三重	5月上～6月上	8月中	10月上～11月中	—	1月中～2月上	4月中、11月下	11月下	4月～3月	4月～12月	伊勢市長杯4月上
東海	東海総体（6月中）／国スポ予選（8月中）／技術研修会（3月）／U-16リーグ（6月下～7月下、2月中）									
滋賀	5月中～6月上	8月中	10月下～11月中	—	12月中～1月下	4月下、9月下、11月下、2月下	11月下	5月上、7月下～8月中、3月下	4月上～11月下	
京都	5月上～6月上	8月中	地区7月下、府10月上～11月中	—	地区11月下、1月上～2月下	4月中	—	4月中～8月上	2月中～9月下	
奈良	5月上～6月上	8月中	10月上～11月中	—	1月上～2月上	4月中	—	4月～9月、11月、2月～3月	4月上～11月下	U-16ユースサッカー9月
和歌山	5月下～6月上	8月中	10月下～11月中	—	1月上～2月中	5月上、9月中、2月下	2月下	7月下、8月中、3月下	2月中～10月上	
大阪	4月中～6月上	8月中	8月中～11月中	4月中～6月上	—	7月中、12月中、3月上	6月下、7月上、12月中	4月上、6月中、8月中、3月下	4月上～12月上	
兵庫	5月上～6月上	8月中	10月上～11月中	1月中～2月上	12月上～中	4月中	11月上	6月中～7月下、8月上～9月中	4月～12月中	
近畿	近畿大会（女子6月、男子2月）／国スポ予選（8月中）／U-18関西リーグ（4月上～12月中）									
鳥取	5月下～6月上	8月下	10月中～下	—	11月中～下	4月下、9月中、2月中	3月上、6月下、11月下、12月上	4月下～8月上	4月上～10月上	
岡山	5月中～6月中	6月中～下	9月上～11月上	—	地区12月上～1月上、県1月下～2月中	2月下	12月下	7月下、8月中、3月中	4月上～12月上	U-16大会8月下
広島	地区4月上～下、県5月下～6月中	—	一次8月下～9月上、決勝T10月下～11月中	—	県1月中～2月上	2月中	7月下、8月中、12月下、2月中	6月下、8月上、12月下、2月上、3月下	4月上～12月上	
島根	5月下～6月上	—	10月下～11月上	—	2月上	2月中	—	7月下、8月中	4月～10月	
山口	5月下～6月中	—	10月下～11月中	—	1月、2月	9月下、2月下	12月	4月、5月下、6月中、7月、8月	4月～12月	
中国	中国大会（6月下）／国スポ予選（8月下）／ユース（8月下）／全国大会出場校研修大会（12月上）／U-18中国リーグ（3月下～7月中）									
香川	5月下～6月上	—	10月中～11月上	—	1月中～2月上	4月上	12月上	4月下～8月上	4月～12月	
愛媛	地区4月、県6月上	8月中	9月下～11月中	—	地区12月下、県1月下～2月上	2月下	2月中	7月、11月、2月	4月～12月	
徳島	5月下～6月上	—	10月上～11月上	—	1月中～2月上	4月上	—	5月上、6月中	4月上～12月下	
高知	5月	—	10月上～11月中	5月	12月中～1月下	2月中	7月上、12月上	4月上、一次6月、二次7月下、8月上～中、3月中	4月上～12月上	
四国	四国大会（6月下）／国スポ予選（7月下）／ユース（8月中）／U-18プリンスリーグ四国（4月上～12月上）									
福岡	地区4月中～5月上、県5月中～6月上	—	一次8月下、二次10月上～11月中	—	地区12月上～1月上、県1月中～2月上	4月、11月	11月	4月～7月、8月中、9月中	4月上～12月上	九州高校フェスティバル3月下／サニックス杯国際ユース3月下
佐賀	6月上	—	10月上～11月中	—	1月上～2月上	2月中	—	4月上～9月中、11月中、3月中	4月～12月	
熊本	5月下～6月上	—	10月中～11月中	—	1月中～2月上	4月上、11月下	3月上	4月中～5月中、6月中～7月中	4月上～12月上	熊本フェスティバル8月上
長崎	6月上	—	地区8月上～9月上、10月上～11月中	—	地区12月下～1月上、県1月下～2月上	4月中、7月上、12月上	9月下	—	4月上～11月下	島原フェスティバル4月
大分	5月中～6月上	—	10月上～11月中	—	1月中～2月上	5月上、7月上、3月上	—	7, 8月各中、9月中～下、10月、1月下、2月上、3月中～下	4月上～12月	FAリーグ8月下（U-16）
宮崎	5月下～6月上	—	10月上～11月上	—	1月下	5月上	—	6月下、11月中	4月上～12月上	1年生大会12月中
鹿児島	5月下	—	県10月下～11月上	—	1月下	—	3月下	4月～3月	4月上～12月上	地区強化大会5月、12月下／1年生県大会7月下／招待サッカー12月上
沖縄	5月下～6月上	—	9月中、10月中～11月中	—	1月中～下	4月上	—	4月上～下、6月上～7月下、8月上～下、9月上～下	4月中～12月上	県サッカー祭7月下／地域強化リーグ12月中～下／招待サッカー3月下
九州	九州大会（6月下）／国スポ予選（8月下）／新人大会（2月中）／九州高校フェスティバル（3月下）／サニックス杯国際ユース大会（3月下）／U-18プリンスリーグ九州（4月上～12月中）									

※部または顧問・監督

注）北海道は地域と道の年間計画が重なるため、一つにまとめて表示しています。

高校サッカー師弟対談

師弟であり好敵手

山田耕介

篠原利彦

2017年度に選手権を制し、インターハイ優勝２回を誇る群馬県の雄・前橋育英。全国に名を轟かせる強豪校に育て上げたのが、就任42年目、現在は学監を務める山田耕介先生だ。同校が初めて選手権で４強に進出したのが1998年度。そのメンバーであった篠原利彦先生は、群馬県で一大勢力になった高崎健康福祉大学高崎（健大高崎）を率いて、打倒・前橋育英を掲げている。前橋育英創立60周年を迎えた2023年度に、前橋育英を育てた山田先生と、前橋育英に育てられた篠原先生の対談が実現した。

８度目の選手権で初めて国立の舞台へ

1982年、法政大学を経て前橋育英に赴任した山田耕介先生は、それまで全国大会への出場歴がなかった同校を１年目でインターハイ、５年目で選手権へと導く。Jリーガーも次々と輩出し、1998年に日本が初めてFIFAワールドカップに出場したフランス大会では、OBの山口素弘氏（現・名古屋グランパス執行役員ゼネラルマネジャー兼アカデミーダイレクター）が全３試合で先発フル出場を果たした。前橋育英が全国区の強豪への階段を登りはじめていた1996年に入学してきたのが篠原利彦先生だった。

篠原　中学２年生のときに選手権県予選決勝を見に行ったのですが、前橋育英の黄色と黒のユニフォームがかっこよかったんです。そのときに中心選手だったのが14番を背負っていた松田直樹さんで、強烈なインパクトがありましたね。

山田　前橋商業との決勝で、2-2だったかな。

篠原　はい、PK方式で前橋育英が勝って。

山田　前橋商業もいい選手がいっぱいいた代でね。

篠原　前橋商業も人気があって、進学を希望していた中学の同級生もいたので、自分は前橋育英に行って対戦したいと思っていたんです。それで前橋育英の体育科への入学を希望しました。

山田　当時のサッカー部は、ほとんどが県内の選手だったかな。

篠原　そうでした。

山田　県内で強いチームでサッカーをやるとなると、前橋商業か、前橋育英か、で二分されているころだったね。

篠原　僕の中では、とにかく前橋育英の印象が強烈で。中学３年生のときに、前橋育英の１年生チームと練習試合をさせてもらったんですけど、１学年しか変わらないとは思えないほど強くて（笑）。いま横浜F・マリノスでアシスタントコーチをされている大島秀夫さんや、当時U-17日本代表にも選ばれていた板橋裕也さんといった先輩方がいて、ボールを全然奪えないくらい力の差がありました。

山田　篠原先生がうちに来るときに、テニスの家系の篠原家の３兄弟の真ん中だけがサッカーをやっているって、群馬県中の人が知っていたから。

篠原　父も高校の教員で、ソフトテニスをやっていて。兄は小学校までサッカー、中学校の部活動からはテニスをはじめて、高校ではインターハイにも出ていましたね。自分は小学１年生くらいからサッカーをはじめて、仲のいい友達もみんなサッカーをやっていたのでサッカー一択でした。高校生になったら、黄色と黒のユニフォームを着たいと思っていましたし。

山田　最初は黄色だけだったんだけど、高校サッカーのユニフォームは縦縞がいいよねと思ってね。白と黒の縦縞だと小嶺（忠敏）先生から怒られちゃうし（編集部注：山田先生は白黒の縦縞のユニフォームである島原商業出身。小嶺先生のもとでプレーした）。いろいろな色を試して黄色と黒の縦縞にしたのが、山口素弘がキャプテンのときだから前橋育英に来て５年目。その年に初めて選手権に出られて、それ以来黄色と黒になったんだよね。

憧れの黄色と黒のユニフォームに袖を通すことになった篠原少年。部員が100名近くいることもあって、１～２年生のころはメンバー入りもままならない状況だったが、研鑽を積んでいった。最高学年になると、スタメンを奪取、２年ぶりに夏のインターハイ出場の切符をつかむ。秋には群馬県代表として国体メンバーに選出。そして、迎えた高校年代最

第77回全国高校サッカー選手権大会で初の4強入りを果たした前橋育英。篠原先生は前列左から３番目　写真／小林洋

❶1998年度の選手権準決勝は帝京と激突。2-3で敗れて涙をのんだ　❷当時39歳の山田監督。選手権への出場は8回目　❸2017年度の選手権で日本一に輝き宙を舞った山田監督　写真／小林洋

後の冬の選手権で、前橋育英は過去最高成績の８強を塗り替える快進撃を見せる——。

篠原　遠征に追加メンバーで行かせてもらったり、県大会のラウンドが低いときに25番目（※編集部注：当時の登録メンバーは25名）以降で行かせてもらったりとかはあったんですけど、３年生まではトップチームには入れなかったですね。前橋育英に入りたてのときは本当に実力が足りていないと感じていたので、「練習を積み重ねて３年生になったら試合に出てやるぞ」という気持ちでいました。下級生のときは、フィジカルのトレーニングが多かったですけど、そこでベースを作ってもらったと思っています。

山田　フィジカルトレーニングはブラジル人のコーチに見てもらっていたときだったね。

篠原　いま振り返ってみると、プレーで目立ちたがるタイプといいますか、余分なことをしたがっていました。

山田　あんまりうまくできていなかったけどね（笑）。

篠原　全くできなくて（笑）。そこで山田先生に「こういうプレーをやればいいんだ」と指導していただいて、自分のスタイルに導いてくださいました。

山田　ポジションはボランチ、今風に言えばアンカー的な役割。篠原先生のようなプレースタイルの選手は評価されにくい時代だったけど、予測やボールを奪いきる能力はチームにとっては絶対に必要だから。ものすごく走れる選手でもあったし、頑張りきれる選手。人ができないようなところができていて、そういう選手はあまりいないから。上手い選手はいっぱいいるけど、スペースを埋めてくれたり、攻撃の芽を摘んでくれる選手はそうはいない。見る人によっては評価が低いかもしれないけど、いい選手だったよね。

篠原　当時もいい選手だと言っていただけたので、それが本当にうれしかったです。３年生になる春先くらいからは、先発で使っていただけるようになりました。

山田　そういえば、選手権の前にインフルエンザになって調子を落としたんじゃなかったかな。

篠原　インフルエンザにはかかったんですけど、それだけが原因じゃなかったですね。選手権予選の準決勝と決勝では、ボランチからコンバートされてCBでプレーすることになって。あまり器用なタイプじゃなかったので、選手権予選で優勝した後に、ボランチに戻ったときに全然うまくいかなかったんですよね。それで自主練をやりまくったらコンディションを落としてしまって……。選手権の前日練習でスタメンから外れてしまって、そうしたら涙が止まらなくなって（苦笑）。チームが大事な時期に相当迷惑をかけました。指導者になったいまとなっては、そんな選手がいたら……。

山田　「選手権に出たい!」という気持ちはわかる。でも、コンディション的に良くないんだから、それはチームのプラスにはならないよね、という話をしたのは覚えてる。それで１回戦は途中から出たんだっけ?

篠原　CBの一人が退場してしまって、

途中出場させてもらいました。逆転勝ちできたんですけど、自分としては心ここにあらずで、試合後の態度が良くなかったと怒られました（苦笑）。

山田　思い出した。「ふてくされているからダメだ」と（笑）。

篠原　２回戦は出場停止の選手の代わりに出させてもらって。前向きに気持ちを切り替えることができたので、自分の中では最高のパフォーマンスを出せました。相手は岐阜工業で、その年のインターハイ準優勝のチーム。いつもだったらCKでは自分は上がらないんですけど、出場停止の選手の代わりに上がっていったら、先制点を取ることができました。

山田　篠原先生の代で、選手権で初めて国立（準決勝）に行けて。当時は39歳だったかな。「国立なんてたいしたことない」なんて思っていたんだけど、実際にグラウンドに立つと大歓声で地響きがして。監督が一番緊張しちゃってた。もちろん、選手も緊張していたのだろうけど……。篠原先生は累積警告で出られなかった（苦笑）。

篠原　はい……。相当ショックでした。3回戦はボランチとして先発していたんですけど、相手の丸岡がすごくいいチームで。

山田　いいチームだったね。

篠原　「カウンターでいかれたらやばいな」という場面で、１回目の警告を受けてしまって。続く準々決勝では、対戦した熊本国府のストライカーである富田誠也選手と競り合う指示を山田先生からは受けていたんですけど、競り合いのセカンドボールを拾われて１失点してしまって。

山田　それでも3-1でリードしていたんだけどね。

篠原　当時は頭が堅い性格だったので、「もうやられたくない」と思ってファウルをしてしまい、警告をもらっちゃいました……。大会２度目の警告で、準決勝は出場停止。いま思うと後悔しかないです。

山田　うちも結構いいチームで、決勝までいけるかなと思っていたんだけど、帝京に負けちゃってね……。監督の力量の差が出たな、という感じだった。

教師の立場だから わかる恩師の金言

1982年、法政大学の卒業を控えていた山田先生は、Jリーグの前身である日本サッカーリーグでのプレーを模索していたが急転、前橋育英へと赴任した。翌年に控えた「あかぎ国体」に向けて群馬県が強化を図っていたタイミング。「とりあえず」「国体が終わるまで」という気持ちで、縁もゆかりもない群馬県の私立高校の教師となった山田先生だが、この決断が人生のターニングポイントになった——。

山田　高校は育成年代だから、選手にとっては環境がものすごく大事だよ。

クラスにサッカー部の生徒も、野球部の生徒も、バスケットボール部の生徒もいたとして、どの生徒も部活に対するモチベーションが高かったらクラス全体の意識が高くなる。何年か前に、野球部の髙橋光成（現・埼玉西武ライオンズ）が授業中に居眠りをしていたら、サッカー部の鈴木徳真（現・ガンバ大阪）が寝るなって怒っていたこともあった。でも、モチベーションが低いクラスだったら寝ていても咎められない。環境が異なる中での365日は、ものすごく大きな差が出るよね。だから学校生活は本当に大事。

篠原　僕が１年生のときは山田先生が担任でしたけど、隠れていろいろなことをしようという知恵のある生徒が多かったですよね。

山田　それは先生が何を考えているかを考えているっていうことだから、サッカー選手としてはいいことだと思うよ。サッカーって、相手の頭の中を覗かないといけないから。

篠原　山田先生の政経の授業のときには、サッカー部以外の生徒がサッカーの質問をして……。

山田　それに僕が乗っちゃう（笑）。

篠原　山口素弘さんはこうだったとかいろいろ話をしてくださって。自分としては同じポジションで憧れだった山口さんの話を聞けたので刺激を受けていました（笑）。山田先生のことはみんな怖かったと思うんですけど、愛情深い先生なので、みんな大好きでした。

山田　篠原先生のころは生徒もだいぶ変わっていたけど、僕が新卒で前橋育英に来たころは大変だったよ。格好から中身まで不良。ただ、不良少年だけど非行少年ではなかった。弱い者いじめはしないし、仲間思いで、男気があるんだよね。本当は「あかぎ国体」が終わったら地元の長崎に帰ってこいと小嶺先生に誘われていて。でも、やんちゃだけどいい生徒たちばかりだから、「小嶺先生、こいつらが卒業したら帰ります」と言い続けて、もう40年以上経つね。

篠原　僕はいまでも山田先生から学ばせていただくことばかりなんですけど、最近でもすごく響いた言葉があって。飲みの席である人が、「山田先生はなんで前橋育英でずっと指導者をやっているんですか?」と質問したときに、山田先生が「自分は前橋育英が大好きなんだ」とおっしゃっていたじゃないですか。すごい言葉だなと思いました。それがサラッと出てくるのもすごい。情熱を超えた愛情と言いますか、それが人を惹きつけたり、運を引きつけたりしているんだろうなと思いました。

山田　嫌いになったら、パッションも湧かないよ。だから、サッカーも嫌いになってはダメだし、選手たちがサッカーを嫌いにならないようにしなくちゃいけない。「高校３年間でサッカーを嫌いになりました」なんて生徒がいたら、それが一番よくない。「サッカーが好きで、好きで、これからももっとやりたい」。そういう気持ちで卒業させたいね。高校まででサッカーはやめようという生徒がいても、嫌いにはさせないようにしないと。

2017年度には群馬県勢として初の選手権制覇。山田先生の胴上げも記憶に新しい前橋育英だが、1982年当時は、全国大会出場はおろか、県大会の１回戦で敗退してしまうような弱小チームだった。新人教師・山田耕介は、まるで青春ドラマのように、生徒たちと正面からぶつかりながらサッカー部の指導にあたっていった――。

山田　監督１年目の練習は、生徒と１対１をやって、僕に負けたらもう１回。彼らも悔しいから、「サッカーだと負けるから、相撲で勝負」と言ってきて実際相撲をとっていた。まわりからは「山田先生、何をやっているんですか?」と言われたけど、おもしろかったね。

篠原　そういう時代だったんですね。

山田　１～２ヵ月はそうやっていたんだけど、２年生と３年生に練習をボイコットされちゃって。それでインターハイ予選は１年生だけで戦ったらPK方式で勝ってしまった。そうなったら２年生と３年生が謝りに来て、上級生も起用したらまぐれで県大会で優勝しちゃった。まだ群馬県がそれくらいのレベルだったんだけど、「生徒の意識を変えればやれるんだ」と勉強になった。

篠原　僕はプロサッカー選手になりたかったんですけど、一方で教員にもなりたかったんです。自分が選手権で国立のピッチに立つことができなかったので、今度は監督として国立に行きたいという新しい夢ができました。

群馬県予選決勝で実現した師弟対決

2001年、群馬女子短期大学附属高校が共学となり、校名は高崎健康福祉大学高崎（健大高崎）へと変更された。2004年、篠原先生は同校に赴任し、サッカー部の監督に。「部員も11人揃わない、イチからのスタート」となったが、指導の甲斐もあって健大高崎は徐々に群馬県内で存在感を示すようになっていく。しかし、健大高崎が全国大会出場に王手をかけた４度の決勝。そのすべてで高い壁として立ちはだかったのは、山田監督率いる前橋育英だった――。

篠原　2016年に選手権予選（1回戦）で山田先生と対戦したときは、1-5-3-2にしてペナルティエリアのラインくらいまで引いて守って、カウンターを狙うという作戦でした。前橋育英の強みである攻守の切り替えでは、絶対に上回れない。それなら攻守の切り替えをさせなきゃいい、という発想です。

山田　引いてブロック敷いてくるか、ここ数年のように前線からガンガンくるか。

篠原　転機はインターハイと選手権の県予選決勝で対戦した2019年のときで、引いて勝てたとしてもこの先はないなと思ってしまって。５年先、10年先まで考えたときに、前からプレスをかけて対等に戦っていこうとチャレンジしました。選手権予選決勝ではシュート数が3対23くらい力の差があったんですけど、ようやく前橋育英と決勝で戦えるようになったことがうれしかったんです。ただ、そのときの僕は39歳くらいで、同じ年ごろの山田先生は僕らの代

山田耕介（やまだ・こうすけ）
1959年12月３日、長崎県生まれ。島原商業時代にインターハイで優勝。法政大学を経て、1982年に前橋育英へ社会科教諭として赴任。初年度に同校初となるインターハイ出場に導くなど強化に努め、以降選手権優勝１回、インターハイ優勝２回を数え、100人以上の教え子をプロの世界に送り込んでいる。前橋育英では校長職を務め、現在は学監職に。2020年には、J2・ザスパ群馬の取締役会長に就任した。

が３年生のときで、選手権のベスト４にいっていたんですよね。山田先生に少し近づいたと思っていたんですけど、全然追いついてないと感じました。

山田　いまや健大高崎はうちのライバルだからね。同じ県内でライバルがいないと、県のレベルは上がっていかない。健大高崎だけじゃなくて、桐生第一もそうだし、前橋商業もそう。お互いに切磋琢磨していかないと。とはいえ、前提として育成だから、どういうサッカーをするか考えながらやっていくと、もっといい選手も増えるだろうし、もっといいチームになってくる。それは群馬県にとっても、すごくプラスになるよね。

篠原　まだまだライバルだなんて言えるチームじゃないんですけど、昨年度からプリンスリーグに参入できたのは大きかったです。ただ、本当に運に恵まれたところがあって、コロナ禍で試合数が減ったときに県１部リーグで優勝して、プリンスリーグ関東に２部ができる年だったこともあって参入できました。プリンスリーグをどうやって戦おうと考えたときに、相手の良さを消しながら守っていても、今度は県大会になったときに影響が出るのではと危惧して、だったら前からガンガンプレスする攻めの姿勢で戦っていこうと決めました。

山田　体力がものすごくて、最後まで落とさずにやりきっちゃうからね。

篠原　僕が前橋育英と戦うときは、山田先生が想像していないようなことをやろうと思っています。後ろにブロックを敷いたのもそうですけど、ほかには試合に出ていなかった選手をいきなり先発させたり。考えれば考えるほど、やらなくちゃいけないことが増えてきちゃいますけどね。

山田　あそこがこういうサッカーをしてくるからうちはこうしよう、とかいろいろ駆け引きが出てくる。それは指導者だけではなくて、選手たちも同じだから。

篠原　いまは相手の対策は最低限のところだけ押さえて、自分たちのスタイルを出していこうとしています。考えすぎると要求も細かくなってしまって、うちの選手はそのことばかりを意識してしまうので。

山田　あとは、やっぱり優勝しないと。

篠原　今年度はプリンスリーグ関東１部で戦いましたけど、２部も含めて参加している高体連のチームで都道府県チャンピオンになっていないのは健大高崎だけなんです。何か不思議な状況だなと思っているんですけど……。

山田　プリンスリーグ関東1部に健大高崎、桐生第一、プレミアリーグEASTにうちがいて、プリンスリーグ関東２部にうちのBチームがいて。前橋商業も来年度から上がってくるし。群馬県はレベルが高いよ。

篠原　前橋育英をはじめとした群馬県の高校に育ててもらいましたし、強くさせてもらったと思っています。山田先生にもよく練習試合をしていただいて。健大高崎のいまのグラウンドができる前の、縦90m×横50mしかないグラウンドにも来てくださいました。

山田　自転車ですぐに行ける距離にあるからね。

篠原　飲みに行ってサッカーの話をさせていただくこともあるんですけど、山田先生は常にアップデートされていますよね。本当に指導者の鑑です。

山田　いやいや（笑）。ただ、学ぶという姿勢が大事だというのは本当。「まだまだだろう」と思うのが、指導者にとっては必要なんだよね。

篠原利彦（しのはら・としひこ）
1980年７月20日、群馬県生まれ。1996年、渋川中学から前橋育英に入学。３年時はインターハイ、国体、選手権に出場。選手権では４強入りに大きく貢献した。卒業後は東海大学を経て教員の道へ。2004年からは高崎健康福祉大学高崎に赴任し、サッカー部の監督に。2022年には初のJリーガーを輩出、2023年度現在、群馬県大会では４強の常連となり、プリンスリーグ関東１部に所属するまでにチームを引き上げた。

司会進行／嶋野雅春、池邉左千夫（全国高等学校体育連盟サッカー専門部）　撮影／小林洋　構成／奥山典幸
この取材は、2024年1月30日に、前橋育英高校にて行いました。

北海道
札幌工業
札幌西
札幌南
市立札幌清田
市立札幌旭丘
(私)札幌龍谷学園
札幌北
札幌北陵
市立札幌新川
札幌国際情報
札幌英藍
(私)札幌創成
札幌手稲
札幌西陵
札幌稲雲
(私)札幌山の手
市立札幌藻岩
札幌丘珠
札幌東陵
札幌東豊
札幌琴似工業
札幌啓成
札幌東
札幌白石
札幌厚別
札幌月寒
札幌平岡
市立札幌平岸
(私)北嶺
(私)札幌新陽
市立札幌啓北商業
(私)立命館慶祥
(私)東海大学付属札幌
(私)札幌光星
(私)札幌北斗
(私)北星学園大学附属
(私)北海
(私)北海学園札幌
(私)北海道科学大学
(私)希望学園札幌第一
(私)札幌大谷
石狩翔陽
石狩南
江別
大麻
(私)酪農学園大学付属とわの森三愛
札幌白陵
市立札幌開成中等教育
(私)札幌静修
(私)クラーク記念国際 札幌大通キャンパス
函館工業
函館西
函館中部
市立函館
函館商業
(私)函館大学付属有斗
(私)函館大谷
(私)函館ラ・サール
(私)函館大学付属柏稜
江差
上磯
檜山北
七飯
森
函館水産
知内
大野農業
(国)函館高専
八雲
旭川東
旭川西
旭川北
旭川永嶺
旭川工業
旭川農業
旭川商業
(国)旭川高専
(私)旭川志峯
旭川南
(私)旭川実業
(私)旭川龍谷
(私)旭川明成
留萌
富良野
小樽水産
小樽潮陵
小樽桜陽
小樽未来創造
倶知安
岩内
(私)北照
蘭越
高等聾
室蘭栄
室蘭清水丘
室蘭工業
室蘭東翔
(私)北海道大谷室蘭
登別青嶺
伊達開来
苫小牧工業
苫小牧東
苫小牧南
(私)駒澤大学附属苫小牧
(国)苫小牧高専
浦河
静内
静内農業
鵡川
(私)苫小牧中央
(私)北海道栄
千歳
千歳北陽
恵庭北
恵庭南
(私)北海道文教大学附属
北広島
北広島西
(私)札幌日本大学
岩見沢東
岩見沢農業
岩見沢緑陵
滝川
市立滝川西
稚内
(私)稚内大谷
士別翔雲
名寄
枝幸
利尻
帯広農業
帯広柏葉
帯広三条
帯広緑陽
帯広工業
(私)白樺学園
(私)帯広北
(私)帯広大谷
音更
芽室
池田
鹿追
帯広南商業
清水
更別農業
上士幌
幕別清陵
北見北斗
北見柏陽
北見緑陵
北見工業
網走桂陽
網走南ケ丘
佐呂間
紋別
遠軽
津別
釧路北陽
釧路明輝
(私)武修館
釧路湖陵
釧路工業
釧路江南
(国)釧路高専
厚岸翔洋
根室
中標津
別海
中標津農業
羅臼

青森県
青森
青森工
青森商業
青森北
青森南
青森東
青森西
(私)青森山田
(私)東奥学園
弘前
弘前工業
弘前実業
弘前南
弘前中央
(私)東奥義塾
(私)弘前学院聖愛
(私)弘前東
八戸
八戸工業
八戸水産
八戸北
八戸西
八戸東
(私)八戸学院光星
(私)八戸工業大学第一
(私)八戸工業大学第二
五所川原
五所川原農林
五所川原工科
(私)五所川原第一
黒石
三本木
三本木農業恵拓
十和田工業
三沢商業
田名部
大湊
むつ工業
木造
柏木農業
(私)八戸学院野辺地西
名久井農業
三沢
六ケ所
(国)八戸高専
(私)八戸聖ウルスラ学院
(私)青森明の星
(私)向陵
(私)柴田学園

岩手県
盛岡第一
盛岡第三
盛岡第四
盛岡北
盛岡南
不来方
盛岡農業
盛岡商業
盛岡市立
(私)岩手
(私)江南義塾盛岡
(私)盛岡誠桜
(私)盛岡大学附属
(私)盛岡中央
(私)盛岡スコーレ
花巻北
花巻南
花北青雲
(私)花巻東
遠野
遠野緑峰
黒沢尻北
北上翔南
(私)専修大学北上
金ケ崎
水沢
水沢工業
岩谷堂
一関第一
一関第二
一関工業
(私)一関学院
千厩
釜石
釜石商工
大槌
高田
大船渡
大船渡東
岩泉
宮古
宮古商工
久慈
久慈東
葛巻
福岡
福岡工業
(国)一関高専
水沢農業

秋田県
秋田
秋田南
秋田工業
新屋
市立秋田商業
市立御所野学院
(私)ノースアジア大学明桜
(国)秋田高専
能代
能代松陽
横手
横手清陵学院
大曲
大曲農業
大曲工業
大館鳳鳴
大館桂桜
本荘
由利工業
西目
男鹿工業
湯沢
秋田西
秋田北鷹
仁賀保
角館
西仙北
大館国際情報学院

山形県
山形東
山形南
山形工業
山形中央
山形市立商業
(私)山形学院
(私)日本大学山形
(私)東海大学山形
(私)山形明正
(私)山形城北
寒河江
寒河江工業
上山明新館
(私)惺山
天童
(私)創学館
米沢興譲館
米沢工業
米沢商業
米沢東
(私)米沢中央
(私)九里学園
長井
長井工業
南陽
高畠
新庄北
新庄神室産業
(私)新庄東
鶴岡南
鶴岡工業
鶴岡中央
(私)鶴岡東
(国)鶴岡高専
(私)羽黒
庄内総合
酒田東
酒田西
(私)酒田南
酒田光陵
村山産業
東桜学館

宮城県
仙台第一
仙台第二
仙台第三
仙台向山
仙台南
仙台西
仙台東
宮城工業
松島
宮城広瀬
泉
泉松陵
泉館山
市立仙台
市立仙台工業
市立仙台商業
塩釜
多賀城
利府
(私)東北学院
(私)仙台育英学園
(私)東北
(私)仙台城南
富谷
(私)仙台大学附属明成
(私)東北学院榴ケ岡
(私)聖和学園
(私)東北生活文化大学
仙台二華
(私)聖ウルスラ学院英智
市立仙台青陵中等教育
(私)尚絅学院
宮城第一
宮城農業
名取
名取北
亘理
白石
白石工業
柴田農林
柴田
角田
村田
大河原産業
石巻
石巻商業
石巻工業
石巻北
石巻西
(私)日本ウェルネス宮城
古川
古川工業
中新田
涌谷
小牛田農林
鹿島台商業
(私)古川学園
黒川
古川黎明
(私)大崎中央
加美農業
築館
佐沼
登米総合産業
迫桜
気仙沼
南三陸
本吉響
(私)東陵

福島県
福島
福島商業
福島明成
福島工業
福島東
福島南
福島西
橘
(私)福島成蹊
(私)福島
(私)聖光学院
伊達
安達
二本松実業
本宮
安積
郡山商業
郡山北工業
郡山
郡山東
あさか開成
(私)尚志
安積黎明
須賀川創英館
清陵情報
須賀川桐陽
岩瀬農業
白河
白河実業
白河旭
船引
(私)帝京安積
(私)日本大学東北
(私)石川
(私)会津北嶺
会津
若松商業
会津工業
葵
喜多方
喜多方桐桜
会津学鳳
(私)会津若松ザベリオ学園
ふたば未来学園
相馬
相馬総合
原町
相馬農業
小高産業技術
磐城
平工業
平商業
磐城桜が丘
いわき総合
いわき光洋
いわき湯本
勿来
勿来工業
福島高専
小名浜海星
(私)いわき秀英
(私)東日本国際大学付属昌平

茨城県
水戸第一
水戸商業
水戸工業
緑岡
水戸桜ノ牧
(私)茨城
(私)水戸啓明
(私)水城
(私)水戸葵陵
(私)常磐大学
笠間
那珂
水戸農業
常陸大宮
茨城東
中央
大子清流

日立第一
日立工業
多賀
日立商業
日立北
(私)茨城キリスト教学園
(私)明秀学園日立
(私)科学技術学園日立
太田第一
太田西山
那珂湊
海洋
勝田工業
勝田
佐和
(国)茨城高専
高萩清松
(私)第一学院
麻生
玉造工業
潮来
鉾田第一
鉾田第二
鹿島
(私)鹿島学園
(私)清真学園
波崎
波崎柳川
神栖
土浦第一
土浦第二
土浦第三
土浦湖北
土浦工業
(私)土浦日本大学
(私)土浦日本大学中等教育
(私)常総学院
石岡第一
石岡第二
竜ケ崎第一
竜ケ崎第二
竜ケ崎南
取手第一
取手松陽
(私)江戸川学園取手
藤代
藤代紫水
江戸崎総合
牛久
牛久栄進
(私)東洋大学附属牛久
(私)霞ヶ浦
つくば工科・つくばサイエンス
(私)茗溪学園
(私)つくば秀英
伊奈
古河第一
古河第二
古河第三
古河中等教育
下館第一
下館第二
下館工業
鬼怒商業
結城第一
結城第二
下妻第一
下妻第二
水海道第一
水海道第二
坂東清風
境
総和工業
三和
友部
岩瀬
(私)岩瀬日本大学
石下紫峰
八千代
竹園
並木中等教育
(私)つくば国際大学
(私)つくば国際大学東風
守谷
筑波
明野
(私)茨城朝鮮初中高級

栃木県

宇都宮
宇都宮東
宇都宮南
宇都宮北
宇都宮商業
宇都宮白楊
宇都宮工業
宇都宮清陵
(私)文星芸術大学附属
(私)作新学院
(私)宇都宮短期大学附属
足利
足利工業
足利清風
足利南
(私)白鷗大学足利
(私)足利大学附属
真岡
真岡工業
真岡北陵
大田原
栃木
栃木工業
栃木農業
栃木翔南
(私)國學院大學栃木
小山
小山南
小山西
小山北桜
(私)佐野日本大学
(私)佐野日本大学中等教育
佐野松桜
佐野
佐野東
鹿沼
鹿沼東
鹿沼南
今市
今市工業
矢板
矢板東
(私)矢板中央
黒磯
黒磯南
茂木
益子芳星
高根沢
さくら清修
石橋
壬生
烏山
那須拓陽
那須清峰
那須
黒羽
馬頭
上三川
(私)幸福の科学学園
(私)青藍泰斗
小山城南
宇都宮中央

群馬県

前橋
前橋東
前橋南
前橋西
市立前橋
前橋工業
前橋商業
(私)前橋育英
(私)共愛学園
勢多農林
高崎
高崎北
高崎東
高崎工業
高崎商業
中央中等教育
(私)東京農業大学第二
市立高崎経済大学附属
(私)高崎健康福祉大学高崎
(私)高崎商科大学附属
桐生
桐生清桜
桐生工業
桐生市立商業
(私)桐生第一
(私)樹徳
伊勢崎商業
伊勢崎工業
市立四ツ葉学園中等教育
伊勢崎清明
伊勢崎
太田
太田東
市立太田
太田工業
(私)常磐
沼田
利根実業
館林
(私)関東学園大学附属
渋川
渋川工業
渋川青翠
藤岡工業
藤岡中央
富岡
(私)新島学園
安中総合学園
榛名
(私)明和県央
大間々
西邑楽
館林商工
板倉
吾妻中央
新田暁
尾瀬
利根商業
吉井
玉村

埼玉県

浦和
浦和西
浦和商業
浦和工業
浦和北
浦和東
市立浦和
市立浦和南
(私)浦和実業学園
(私)浦和学院
(私)浦和ルーテル学院
(私)浦和麗明
与野
いずみ
(私)開智中高
蕨
(私)武南
上尾
上尾南
上尾橘
(私)秀明英光
上尾鷹の台
川口
川口工業
川口北
川口東
川口青陵
川口市立
大宮
大宮武蔵野
大宮工業
市立大宮北
大宮東
大宮南
大宮光陵
(私)埼玉栄
(私)栄東
(私)大宮開成
(私)栄北
桶川西
北本
南稜
伊奈学園総合
桶川
(私)国際学院
鳩ケ谷
岩槻
岩槻北陵
(私)開智
岩槻商業
三郷
三郷北
三郷工業技術
春日部
春日部東
春日部工業
(私)春日部共栄
不動岡
(私)花咲徳栄
羽生実業
羽生第一
杉戸
幸手桜
栗橋北彩
吉川美南
庄和
松伏
鷲宮
(私)昌平
越ケ谷
越谷北
越谷南
越谷西
越谷東
越谷総合技術
(私)獨協埼玉
久喜工業
久喜北陽
白岡
宮代
草加
草加南
草加東
草加西
八潮
八潮南
蓮田松韻
(私)開智未来
川越
川越工業
市立川越
川越南
川越西
川越初雁
(私)川越東
(私)城西大付属川越
(私)秀明
(私)城北埼玉
(私)星野
(私)山村学園
所沢
所沢商業
所沢北
所沢西
所沢中央
飯能
(私)聖望学園
(私)自由の森学園
狭山工業
狭山清陵
狭山経済
(私)西武学園文理
松山
(私)東京農業大学第三
豊岡
入間向陽
(私)狭山ヶ丘
(私)東野
坂戸
(私)山村国際
富士見
坂戸西
(国)筑波大学附属坂戸
和光
和光国際
志木
(私)慶應義塾志木
(私)細田学園
新座
新座柳瀬
新座総合技術
(私)立教新座
(私)西武台
朝霞西
朝霞
鳩山
日高
ふじみ野
鶴ヶ島清風
(私)武蔵越生
(私)埼玉平成
小川
滑川総合
熊谷
熊谷農業
熊谷商業
熊谷工業
熊谷西
本庄
(私)本庄東
(私)早稲田大学本庄
深谷商業
深谷第一
深谷
(私)正智深谷
秩父
秩父農工科学
児玉
寄居城北
進修館
鴻巣
(私)本庄第一
(私)東京成徳大学深谷
(私)叡明
(私)松栄学園
大宮国際中等教育

千葉県

市原
京葉
市原緑
姉崎
市原八幡
(私)市原中央
(私)東海大学付属市原望洋
袖ケ浦
木更津
(私)木更津総合
(私)拓殖大学紅陵
(私)暁星国際
(私)志学館
(国)木更津高専
君津
(私)翔凜
君津商業
天羽
安房
館山総合
安房拓心
長狭
大原
大多喜
一宮商業
(私)茂原北陵
長生
茂原
茂原樟陽
東金
東金商業
千葉学芸
大網
成東
松尾
(私)横芝敬愛
八街
(私)千葉黎明
匝瑳
(私)敬愛大学八日市場
佐原白楊
旭農業
東総工業
銚子商業
市立銚子
多古
小見川
下総
佐原
成田西陵
成田国際
成田北
(私)成田
印旛明誠
(私)東京学館
富里
佐倉
佐倉西
四街道
四街道北
(私)千葉敬愛
八千代
八千代東
八千代西
(私)八千代松陰
(私)千葉英和
(私)秀明八千代
佐倉南
千葉
千葉工業
千葉南
若松
千城台
生浜
泉
(私)千葉明徳
土気
桜林
千葉東
千葉商業
京葉工業
検見川
千葉北
磯辺
柏井
犢橋
千葉西
市立千葉
市立稲毛
(私)千葉経済大学附属
(私)敬愛学園
幕張総合
(私)昭和学院秀英
(私)渋谷教育学園幕張
(私)明聖
市立習志野
津田沼
実籾
(私)東邦大学付属東邦
船橋
市立船橋
薬園台
船橋東
船橋芝山
船橋二和
船橋古和釜
船橋啓明
船橋法典
船橋豊富
船橋北
(私)日本大学習志野
(私)千葉日本大学第一
鎌ヶ谷
鎌ヶ谷西
白井
(私)東京学館船橋
柏
市立柏
(私)流通経済大学付属柏
我孫子
我孫子東
(私)中央学院
(私)我孫子二階堂

沼南
関宿
私二松學舎大学附属柏
柏の葉
東葛飾
柏南
柏陵
柏中央
私麗澤
私日本体育大学柏
私芝浦工業大学柏
沼南高柳
流山
流山おおたかの森
流山南
流山北
清水
野田中央
私西武台千葉
小金
松戸
松戸国際
松戸六実
松戸馬橋
松戸向陽
市立松戸
私専修大学松戸
国府台
私千葉商科大学付属
国分
行徳
市川東
市川工業
市川南
私市川
市川昴
私日出学園
私昭和学院
浦安
浦安南
私東海大学付属浦安
私東京学館浦安

東 京 都

江戸川
小松川
葛西南
小岩
篠崎
葛西工科
私関東第一
東
深川
城東
紅葉川
墨田工科
第三商業
科学技術
私芝浦工業大学附属
私中央学院大学中央
江東商業
葛飾野
南葛飾
葛飾商業
農産
私修徳
私共栄学園
葛飾総合
両国
墨田川
本所
橘
私安田学園
私日本大学第一
私立志舎
日本橋
荒川工科
竹台
私開成
私かえつ有明
江北
足立
足立西
青井
足立東
淵江
足立新田
足立工科
私足立学園
国筑波大学附属
竹早
向丘
小石川中等教育
私日本大学豊山
私獨協
私郁文館
私駒込
私京華
私東洋大学京北
私昭和第一
私京華商業
私中央大学
豊島
文京
千早
私学習院高等科
私豊島学院
私豊南
私本郷
私巣鴨
私城西大学附属城西
私淑徳巣鴨
私立教池袋
晴海総合
私貞静学園
私広尾学園小石川
私開智日本橋学園
板橋
北園
板橋有徳
大山
高島
北豊島工科
私城北
私帝京
私大東文化大学第一
私淑徳
上野
白鷗
私岩倉
私上野学園
飛鳥
王子総合
私駿台学園
私聖学院
私成立学園
私順天
私東京成徳大学
私桜丘
私武蔵野
戸山
新宿
私海城
私成城
私早稲田
私保善
私大智学園
私目白研心
広尾
青山
第一商業
私國學院
私青山学院高等部
私渋谷教育学園渋谷
私クラーク記念国際 東京キャンパス
日比谷
千代田区立九段中等教育
私暁星
私東洋
私正則学園
私二松學舎大学附属
私錦城学園
私大原学園
私武蔵野大学附属千代田
国東京工業大学附属科学技術
芝商業
三田
私芝
私明治学院
私麻布
私高輪
私正則
私東海大学付属高輪台
私広尾学園
小山台
大崎
私文教大学付属
私立正大学付属立正
私攻玉社
私青稜
私朋優学院
私品川翔英
八潮
大森
雪谷
田園調布
蒲田
美原
私東京
私日本体育大学荏原
私大森学園
私東京実業
つばさ総合
六郷工科
大田桜台
大島海洋国際
八丈
神津
大島
三宅
小笠原
国東京学芸大学附属国際中等教育
井草
練馬
大泉
石神井
光丘
練馬工科
田柄
第四商業
私武蔵
私早稲田大学高等学院
国東京大学教育学部附属中等教育
富士
鷺宮
武蔵丘
中野工科
私明治大学付属中野
私東亜学園
私堀越
私実践学園
私宝仙学園
杉並
豊多摩
西
杉並工科
農芸
杉並総合
私専修大学附属
私佼成学園
私日本大学鶴ヶ丘
私中央大学杉並
私日本大学第二
私國學院大學久我山
私杉並学院
私東京立正
私文化学園大学杉並
田無工科
田無
保谷
私武蔵野大学
桜修館中等教育
目黒
駒場
国際
私目黒学院
私日本工業大学駒場
私多摩大学目黒
私目黒日本大学
私自由が丘学園
国東京学芸大学附属
国筑波大学附属駒場
芦花
松原
千歳丘
私大東学園
桜町
深沢
世田谷総合
総合工科
私駒場東邦
私成城学園
私日本大学櫻丘
私東京都市大学付属
私駒澤大学
私日本学園
私世田谷学園
私駒場学園
私東京農業大学第一
私国士舘
私東京都市大学等々力
私三田国際学園
町田
野津田
町田工科
山崎
成瀬
小川
町田総合
私玉川学園
私桜美林
私和光
私日本大学第三
狛江
若葉総合
私八雲学園
園芸
三鷹中等教育
私大成
私法政大学
神代
調布北
調布南
私明治大学付属明治
府中東
府中
府中西
府中工科
私明星学園
私明星
国立
私桐朋
立川
立川国際中等教育
私昭和第一学園
日野
日野台
南平
永山
私多摩大学附属聖ヶ丘
私帝京大学
富士森
片倉
南多摩中等教育
八王子東
八王子北
松が谷
翔陽
八王子桑志
私工学院大学附属
私八王子学園八王子
私八王子実践
私帝京八王子
私明治大学付属中野八王子
私穎明館
私ドルトン東京学園
第五商業
私星槎国際八王子
武蔵
武蔵野北
私成蹊
私聖徳学園
私中央国際
小金井北
多摩科学技術
私中央大学附属
私国際基督教大学
私東京電機大学
小平
小平西
小平南
私錦城
私創価
国分寺
私早稲田実業
清瀬
東久留米総合
久留米西
私自由学園
東村山
東村山西
私明治学院東村山
私明法
東大和
東大和南
武蔵村山
私拓殖大学第一
上水
秋留台
私東海大学菅生
五日市
多摩
青梅総合
羽村
昭和
拝島
私啓明学園
福生
多摩工科

神奈川県

鶴見
鶴見総合
市立東
市立横浜サイエンスフロンティア
横浜翠嵐
神奈川工業
城郷
私浅野
神奈川総合
私横浜創英
磯子工業
横浜氷取沢
横浜平沼
横浜緑ケ丘
横浜立野
私聖光学院
市立南
永谷
横浜南陵
市立横浜商業
横浜清陵
横浜国際
私関東学院
希望ケ丘
旭
私横浜商科大学
市立桜丘
光陵
商工
保土ケ谷
私横浜清風
市立金沢
金沢総合
釜利谷
私関東学院六浦
私横浜創学館
私横浜
川和
霧が丘
私森村学園
私神奈川大学附属
白山
荏田
私サレジオ学院
市ケ尾
田奈
元石川
私桐蔭学園
私桐蔭学園中等教育
港北
新羽
新栄
岸根
私武相
私慶應義塾
私日本大学
市立戸塚
上矢部
舞岡
私公文国際学園
柏陽
金井
横浜栄
私山手学院
横浜桜陽
松陽
横浜修悠館
横浜緑園
横浜瀬谷
私横浜隼人
私秀英
私横浜学園
私橘学苑
私神奈川朝鮮中高級
私横浜翠陵
私鶴見大学附属
私中央大学附属横浜
横浜旭陵
横須賀
横須賀工業
追浜
私横須賀学院
私三浦学苑
横須賀大津
津久井浜
私湘南学院
市立横須賀総合
私逗子開成
逗子葉山
横須賀南
三浦初声
川崎
大師
市立高津
市立川崎
市立川崎総合科学
川崎工科
市立橘
住吉
新城
川崎北
向の岡工業
生田
百合丘
生田東
多摩
菅
麻生総合
麻生
私桐光学園
私法政大学第二
市立幸
鎌倉
七里ガ浜
大船
深沢
私鎌倉学園
私栄光学園
藤沢西
湘南
藤沢清流
湘南台
藤沢総合
藤沢工科
私藤沢翔陵
私日本大学藤沢
私藤嶺学園藤沢
私藤嶺学園鵠沼
私湘南工科大学附属
私慶應義塾湘南藤沢
私湘南学園
茅ケ崎

茅ケ崎北陵
茅ケ崎西浜
鶴嶺
私アレセイア湘南
寒川
平塚江南
平塚工科
平塚湘風
平塚中等教育
高浜
私平塚学園
二宮
私星槎学園
大磯
足柄
小田原城北工業
小田原
西湘
私相洋
私旭丘
小田原東
山北
大井
私立花学園
秦野
秦野総合
秦野曽屋
厚木
厚木北
厚木東
厚木商業
厚木西
厚木清南
海老名
有馬
愛川
大和
大和南
大和東
大和西
私柏木学園
綾瀬
綾瀬西
座間
座間総合
伊勢原
伊志田
私向上
私自修館中等教育
津久井
相模原城山
橋本
相原
上溝南
上溝
相模原弥栄
相模田名
麻溝台
上鶴間
相模原中等教育
相模原
中央農業
私光明学園相模原
私麻布大学附属
私東海大学付属相模
私青山学院横浜英和

山梨県

甲府第一
甲府西
甲府工業
市立甲府商業
甲府南
甲府東
甲府城西
私駿台甲府
私東海大学付属甲府
私山梨学院
私甲斐清和
日川
都留
韮崎
韮崎工業
吉田
富士北稜
都留興譲館
塩山
北杜
私日本航空
私帝京第三
笛吹
青洲
甲府昭和
白根
農林
巨摩
上野原
私日本大学明誠
富士河口湖

新潟県

新潟
新潟商業
新潟西
新潟工業
新潟南
新潟江南
新潟東
市立万代
私新潟第一
市立高志中等教育
新潟北
私新潟青陵
私新潟明訓
私北越
私東京学館新潟
私日本文理
私敬和学園
新津
新津工業
新潟向陽
新津南
長岡
長岡工業
長岡商業
長岡
長岡向陵
長岡農業
私帝京長岡
私中越
高田
上越総合技術
高田商業
私関根学園
有恒
久比岐
新井
柏崎
柏崎工業
柏崎総合
私新潟産業大学附属
柏崎常盤
柏崎翔洋中等教育
三条
三条東
新潟県央工業
三条商業
見附
新発田
西新発田
新発田南
新発田商業
新発田農業
私新発田中央
加茂
加茂農林
私加茂暁星
十日町
五泉
栃尾
糸魚川
糸魚川白嶺
村上桜ヶ丘
村上
小千谷
小千谷西
豊栄
阿賀黎明
巻
巻総合
分水
吉田
村松
私開志学園JSC
阿賀野
津南中等教育
小出
国際情報
六日町
中条
正徳館
塩沢商工
佐渡
佐渡総合
十日町総合
村上中等教育
燕中等教育
直江津中等教育
佐渡中等教育
私上越
私開志国際

長野県

長野
長野工業
長野東
長野吉田
篠ノ井
更級農業
松代
長野南
長野西
私長野俊英
私長野日本大学
長野市立長野
松本深志
松本県ヶ丘
松本蟻ヶ崎
松本工業
松本美須々ヶ丘
私松商学園
私松本第一
私松本秀峰中等教育
上田
上田染谷丘
上田東
上田千曲
私上田西
岡谷工業
岡谷南
岡谷東
飯田OIDE長姫
飯田
飯田風越
下伊那農業
諏訪清陵
諏訪二葉
諏訪実業
須坂
須坂東
須坂創成
北部
小諸商業
大町岳陽
伊那北
伊那弥生ヶ丘
中野立志館
中野西
飯山
赤穂
駒ヶ根工業
塩尻志学館
田川
私東京都市大学塩尻
私エクセラン
屋代
私東海大学付属諏訪
私佐久長聖
佐久平総合技術
野沢北
野沢南
梓川
明科
木曽青峰
軽井沢
豊科
南安曇農業
穂高商業
辰野
箕輪進修
上伊那農業
高遠
松川
丸子修学館
富士見
下諏訪向陽
私松本国際
国長野工業高等専門
岩村田
私文化学園長野
東御清翔
私日本ウェルネス長野
池田工業
小諸

富山県

入善
桜井
魚津
魚津工業
滑川
上市
雄山
富山北部
富山東
富山南
富山
富山いずみ
富山中部
富山工業
富山商業
呉羽
富山西
八尾
中央農業
私不二越工業
私富山第一
私富山国際大学付属
私龍谷富山
高岡
高岡工芸
伏木
新湊
高岡南
大門
高岡商業
私高岡第一
私高岡向陵
私高岡龍谷
氷見
砺波
砺波工業
南砺福野
福岡
私片山学園
国富山高専 本郷キャンパス
国富山高専 射水キャンパス

石川県

大聖寺
小松工業
小松
小松明峰
小松市立
私小松大谷
松任
翠星
野々市明倫
金沢錦丘
金沢泉丘
金沢二水
金沢伏見
金沢辰巳丘
県立工業
金沢商業
私金沢
私星稜
私金沢龍谷
私金沢学院大学附属
私遊学館
金沢桜丘
金沢市立工業
金沢西
金沢北陵
金沢向陽
津幡
羽咋
羽咋工業
鹿西
七尾
七尾東雲
私鵬学園
輪島
私日本航空石川
飯田
内灘
志賀
寺井
国石川高専
私北陸学院

福井県

羽水
科学技術
藤島
福井農林
高志
足羽
三国
坂井
丸岡
金津
勝山
大野
奥越明成
鯖江
武生
武生工業
武生商業
武生東
敦賀
敦賀工業
私敦賀気比
美方
若狭
福井商業
丹生
私福井工業大学附属福井
私北陸
私啓新

静岡県

下田
伊豆伊東
伊豆総合
伊豆中央
韮山
田方農業
三島南
三島北
私日本大学三島
私知徳
小山
御殿場
御殿場南
私御殿場西
裾野
沼津東
沼津城北
沼津西
沼津工業
沼津商業
市立沼津
私飛龍
私加藤学園
私加藤学園暁秀
私沼津中央
私桐陽
国沼津高専
私富士見
富士市立
吉原工業
富士
富士東
吉原
富士宮北
富士宮西
富岳館
富士宮東
私星陵
清水東
清水西
市立清水桜が丘
私東海大学付属静岡翔洋
私清水国際
静岡
静岡東
静岡西
科学技術
静岡商業
静岡城北
静岡市立
駿河総合
静岡中央
私静岡北
私常葉大学附属橘
私静岡学園
私静岡聖光学院
私静岡大成
私城南静岡
藤枝東
藤枝北
藤枝西
私静清
私藤枝明誠
焼津中央
焼津水産
島田
島田商業
島田工業
私島田樟誠
清流館
榛原
相良
川根
掛川西
掛川工業
掛川東
小笠
池新田
横須賀
私常葉大学附属菊川
遠江総合
袋井
袋井商業
天竜
磐田南
私磐田東
磐田西
磐田農業
磐田北
浜松北
浜松西
浜松南
浜松湖東
浜松湖南
浜松江之島
浜松東
浜松大平台
浜松工業
浜松城北工業
浜松商業
私浜松学院
私浜松日体
私聖隷クリストファー
私中野学園オイスカ浜松国際
私浜松学芸
私浜松修学舎
浜松市立
私浜松開誠館
私浜松啓陽
浜名

浜北西
新居
湖西
浜松湖北
私浜松聖星

愛知県

瑞陵
昭和
私名古屋大谷
私享栄
市立富田
市立向陽
私名古屋工業
私南山
私中京大学附属中京
天白
市立桜台
名古屋工科
名古屋南
私大同大学大同
熱田
市立工業
中川青和
惟信
南陽
市立緑
鳴海
私名古屋経済大学市邨
私名古屋国際
東郷
豊明
私星城
私愛知朝鮮
松蔭
中村
私名城大学附属
私同朋
私中部大学第一
私東海学園
私東海工業専門学校熱田校
私名古屋情報専門学校高等課程
私名古屋経済大学高蔵
私愛知みずほ大学瑞穂
日進
日進西
半田
半田東
半田工科
半田農業
常滑
東海商業
東海南
大府
大府東
内海
知多翔洋
東浦
武豊
阿久比
私日本福祉大学付属
横須賀
時習館
豊橋東
豊橋商業
豊橋工科
豊丘
豊橋南
豊橋西
私豊橋中央
私桜丘
国府
豊川工科
私豊川
蒲郡
蒲郡東
小坂井
吉良
一色
岡崎
岡崎北
岡崎工科
岡崎東
私愛知産業大学三河
私岡崎城西
岡崎西
碧南
碧南工科
国愛知教育大学附属
刈谷
刈谷北
刈谷工科
豊田
豊田西
衣台
豊田工科
松平
豊田南
豊田北
私杜若
豊野
私豊田大谷
私科学技術学園豊田
安城
安城東
安城南
安城農林
私安城学園
西尾
西尾東
知立
知立東
高浜
三好
足助
幸田
御津
千種
市立菊里
私愛知
私愛知工業大学名電
私東邦
市立名東
旭丘
明和
市立工芸
私至学館
私東海
私名古屋
市立北
名古屋西
市立山田
私菊華
瀬戸
瀬戸西
瀬戸北総合
瀬戸工科
旭野
長久手
私栄徳
春日井
春日井南
春日井泉
春日井西
春日井東
高蔵寺
春日井工科
私中部大学春日丘
一宮
一宮西
一宮工科
一宮北
一宮南
一宮興道
私大成
津島
津島東
私清林館
佐屋
犬山
犬山南
江南
私滝
尾北
木曽川
小牧
小牧南
小牧工科
私誉
稲沢東
私愛知啓成
岩倉総合
五条
愛西工科
美和
私愛知黎明
西春
新川
丹羽
私誠信
豊田東
杏和
海陽中等教育
鶴城丘
愛知総合工科
三谷水産
新城有教館
私南山国際
緑丘
私修文学院
稲沢緑風館

岐阜県

岐阜
加納
岐阜北
長良
岐山
岐阜商業
岐阜工業
各務原
各務原西
羽島北
羽島
山県
私岐阜聖徳学園
私岐阜東
私岐阜第一
私富田
私鶯谷
華陽フロンティア
国岐阜高専
岐阜清流高等特別支援
私クラーク記念国際 岐阜キャンパス
大垣北
大垣東
大垣南
大垣西
大垣工業
大垣商業
池田
揖斐
大垣養老
私大垣日本大学
不破
関
武義
郡上
関有知
加茂
加茂農林
可児工業
東濃実業
可児
八百津
東濃
市立関商工
私美濃加茂
私帝京大学可児
多治見北
多治見
私多治見西
土岐紅陵
土岐商
恵那
中津
中津川工業
私中京
私麗澤瑞浪
飛騨高山 岡本本部校舎
飛騨高山 山田校舎
斐太
高山工業
吉城
飛騨神岡
私高山西

三重県

津
津工業
津西
津東
私高田
四日市
四日市工業
四日市西
四日市南
四日市中央工業
四日市四郷
私海星
私暁
宇治山田
伊勢
宇治山田商業
伊勢工業
私皇學館
私伊勢学園
松阪
松阪工業
私三重
桑名
桑名工業
桑名西
桑名北
私津田学園
上野
伊賀白鳳
神戸
白子
石薬師
稲生
私鈴鹿
尾鷲
名張
名張青峰
私桜丘
国鳥羽商船高専
木本
亀山
久居農林
久居
白山
私青山
いなべ総合学園
志摩
相可
昴学園
川越
私近畿大学工業高専
国鈴鹿工業高専
私大橋学園
私代々木 志摩夏草本校

滋賀県

堅田
北大津・北大津高等養護
私幸福の科学学園
私比叡山
大津商業
私滋賀短期大学附属
膳所
大津
石山
瀬田工業
東大津
玉川
草津
草津東
湖南農業
私光泉カトリック
私綾羽
栗東
国際情報
甲西
水口
水口東
甲南
守山
守山北
私立命館守山
野洲
八幡
八幡商業
八幡工業
私近江兄弟社
日野
八日市
八日市南
私滋賀学園
河瀬
彦根工業
私彦根総合
彦根翔西館
彦根東
私近江
米原
伊吹
伊香
長浜農業
長浜北
長浜北星
虎姫
高島
安曇川

京都府

国京都教育大学附属
市立紫野
山城
私立命館
私洛星
洛北
北稜
私同志社
私東山
私京都朝鮮高級
鴨沂
私京都産業大学附属
嵯峨野
北嵯峨
桂
洛西
私京都明徳
私京都先端科学大学附属
私花園
私京都外大西
市立西京
市立堀川
朱雀
私京都両洋
私洛陽総合
洛東
市立日吉ヶ丘
私大谷
私龍谷大学付属平安
鳥羽
洛水
市立塔南・開建
私洛南
市立京都工学院
桃山
東稜
京都すばる
私京都橘
西舞鶴
東舞鶴
国舞鶴工業高専
福知山
京都府立工業
私福知山成美
私京都共栄学園
宮津天橋 宮津学舎
宮津天橋 加悦谷学舎
海洋
綾部
城南菱創
東宇治
莵道
私京都翔英
私立命館宇治
亀岡
南丹
乙訓
西乙訓
向陽
城陽
木津
南陽
私京都廣学館
園部
農芸
峰山
丹後緑風 網野学舎
丹後緑風 久美浜学舎
田辺
京都八幡
私同志社国際
久御山
大江
私京都文教
私京都聖カタリナ
私京都精華学園
私京都西山

奈良県

国奈良女子大学附属中等教育
奈良
市立一条
高円芸術
私奈良育英
私奈良大学附属
私東大寺学園
私帝塚山
私奈良学園登美ヶ丘
高田
市立高田商業
郡山
私奈良学園
二階堂
私天理
畝傍
橿原
桜井
御所実業
五條
生駒
奈良北
法隆寺国際
西和清陵
王寺工業
大和広陵
香芝
私西大和学園
高取国際
奈良南
山辺
私日本教育学院
私智辯学園
国際
商業

和歌山県

橋本
紀北工業
私初芝橋本
私高野山
笠田
那賀
粉河
貴志川
和歌山商業
向陽
桐蔭
市立和歌山
星林
和歌山工業
和歌山北
和歌山東
国和歌山工業高等専門
私近畿大学附属和歌山

(私)開智
海南
耐久
日高
紀央館
(私)和歌山南陵
田辺
神島
田辺工業
新翔
新宮
串本古座
(私)近畿大学附属新宮

大阪府

(国)大阪教育大学附属池田校舎
芥川
阿武野
池田
茨木
茨木西
園芸
春日丘
北千里
北野
淀川清流
桜塚
渋谷
大冠
吹田
吹田東
摂津
千里
高槻北
豊島
刀根山
豊中
東淀川
福井
三島
箕面
箕面東
山田
東淀工業
(私)追手門学院
(私)大阪
(私)大阪学院大学
(私)大阪青凌
(私)関西大倉
(私)関西大学高等部
(私)関西大学第一
(私)金蘭千里
(私)金光大阪
(私)早稲田摂陵
(私)高槻
(私)大商学園
(私)星翔
(私)関西大学北陽
(私)箕面学園
(私)箕面自由学園
(私)履正社
(私)英真学園
槻の木
柴島
千里青雲
北摂つばさ
(私)アサンプション国際
旭
芦間
市岡
大手前
交野
門真なみはや
門真西
香里丘
四條畷
城東工科
成城
長尾
西寝屋川
西野田工科
寝屋川
野崎
枚方
枚方津田
牧野
港
守口東
淀川工科
泉尾工業
いちりつ
桜宮
汎愛
東
都島工業
淀商業
(私)追手門学院大手前
(私)常翔学園
(私)大阪産業大学附属
(私)大阪電気通信大学
(私)開明
(私)関西創価
(私)常翔啓光学園
(私)太成学院大学
(私)東海大学付属大阪仰星
(私)同志社香里
大阪公立大学工業高専
(私)大阪桐蔭
枚方なぎさ
緑風冠
大阪国際
北かわち皐が丘
咲くやこの花
(私)昇陽
(私)香里ヌヴェール学院
桜和
(国)大阪教育大学附属天王寺校舎
生野
枚岡樟風
今宮
今宮工科
大塚
河南
高津
金剛
清水谷
天王寺
富田林
長吉
農芸
花園
東住吉
東住吉総合
平野
藤井寺
布施
布施北
布施工科
松原
八尾
山本
八尾翠翔
夕陽丘
市立日新
(私)上宮
(私)上宮太子
(私)大阪商業大学
(私)大阪星光学院
(私)近畿大学附属
(私)興國
(私)大阪偕星学園
(私)清風
(私)初芝富田林
(私)阪南大学
(私)東大阪大学柏原
(私)東大阪大学敬愛
(私)明星
(私)金光藤蔭
(私)関西福祉科学大学
かわち野
八尾北
(私)大阪朝鮮中高級
みどり清朋
懐風館
大阪ビジネスフロンティア
(国)大阪教育大学附属平野校舎
(私)あべの翔学
(私)大阪緑涼
(私)四天王寺東
阿倍野
和泉
泉大津
泉鳥取
鳳
貝塚
貝塚南
金岡
岸和田
久米田
堺上
堺工科
堺西
堺東
佐野
日根野
佐野工科
狭山
信太
住吉
泉北
泉陽
高石
登美丘
長野
西成
阪南
東百舌鳥
三国丘
大阪府教育センター附属
岸和田市立産業
(私)大阪体育大学浪商
(私)大阪商業大学堺
(私)大阪学芸
(私)清教学園
(私)清風南海
(私)帝塚山学院泉ヶ丘
(私)浪速
(私)桃山学院
(私)精華
(私)清明学院
成美
福泉
(私)近畿大学泉州
堺市立堺
(私)初芝立命館
伯太
(私)賢明学院
(私)東大谷
住吉商業
(私)羽衣学園
岬
りんくう翔南

兵庫県

尼崎
尼崎小田
尼崎工業
尼崎西
尼崎北
尼崎稲園
武庫荘総合
市立尼崎
市立尼崎双星
伊丹
伊丹北
伊丹西
市立伊丹
川西明峰
川西緑台
川西北陵
猪名川
宝塚
宝塚東
宝塚西
宝塚北
西宮
西宮北
西宮南
鳴尾
西宮今津
西宮甲山
市立西宮
市立西宮東
(私)仁川学院
(私)関西学院
(私)甲陽学院
(私)報徳学園
芦屋
芦屋国際中等教育
(私)甲南
(私)雲雀丘学園
(私)芦屋学園
東灘
御影
市立六甲アイランド
(国)神戸大学附属中等教育
(私)灘
神戸
(私)六甲学院
市立葺合
市立科学技術
(私)神港学園
(私)神戸龍谷
(私)神戸第一
神戸鈴蘭台
神戸甲北
(私)神戸弘陵学園
神戸北
兵庫工業
市立神港橘
(私)神戸学院大学附属
兵庫
夢野台
長田
(私)彩星工科
(私)育英
北須磨
須磨東
市立須磨翔風
須磨友が丘
(私)滝川
(私)須磨学園
(私)啓明学院
(私)神戸星城
星陵
舞子
(私)神戸国際大学附属
伊川谷
伊川谷北
市立工業高専
(私)神戸朝鮮高級
(私)滝川第二
神戸高塚
(私)夙川
明石
明石南
明石西
明石北
明石清水
明石城西
市立明石商業
(国)明石高専
加古川東
加古川西
加古川北
加古川南
農業
東播工業
(私)相生学院
東播磨
播磨南
高砂
高砂南
(私)白陵
松陽
三木
三木東
三木北
吉川
社
小野
小野工業
北条
西脇
西脇工業
多可
姫路東
姫路西
姫路工業
姫路商業
姫路別所
姫路南
網干
飾磨工業
市立姫路
市立琴丘
市立飾磨
(私)淳心学院
(私)東洋大学附属姫路
太子
夢前
香寺
福崎
龍野
龍野北
相生
相生産業
赤穂
上郡
佐用
山崎
姫路飾西
兵庫県立大学附属
有馬
北摂三田
(私)三田学園
三田西陵
三田祥雲館
(私)三田松聖
篠山鳳鳴
篠山産業
柏原
氷上
八鹿
豊岡
豊岡総合
(私)近畿大学附属豊岡
出石
和田山
洲本
洲本実業
(私)蒼開
津名
淡路
淡路三原

岡山県

岡山朝日
岡山操山
岡山大安寺
岡山芳泉
岡山工業
東岡山工業
高松農業
西大寺
興陽
岡山一宮
岡山城東
市立岡山後楽館
(私)岡山理科大学附属
(私)関西
(私)岡山
(私)岡山商科大学附属
(私)岡山学芸館
(私)明誠学院
(私)就実
(私)創志学園
(私)吉備高原学園
(私)山陽学園
和気閑谷
邑久
備前緑陽
(私)岡山白陵
玉野
市立玉野商工
玉野光南
倉敷鷲羽
瀬戸
倉敷青陵
倉敷天城
倉敷南
倉敷工業
水島工業
玉島
玉島商業
倉敷古城池
(私)倉敷
(私)おかやま山陽
(私)金光学園
(私)倉敷翠松
笠岡
笠岡商業
笠岡工業
(私)岡山龍谷
井原
(私)興譲館
矢掛
総社
総社南
高梁
高梁城南
新見
津山
津山商業
津山工業
津山東
(私)岡山県作陽学園
(私)岡山県美作
(私)朝日塾中等教育
勝山
真庭
勝間田
林野

鳥取県

鳥取東
鳥取工業
鳥取商業
鳥取西
鳥取湖陵
(私)鳥取城北
倉吉東
倉吉総合産業
倉吉西
(私)倉吉北
米子東
米子西
米子工業
(私)米子北
(私)米子松蔭
米子
境
境港総合技術
八頭
(私)鳥取敬愛
鳥取中央育英
(私)米子北斗

島根県

情報科学
松江北
松江南
松江東
松江商業
松江工業
松江農林
(私)立正大学淞南
(私)松江西
(私)開星
三刀屋
平田
浜田商業
浜田
出雲
出雲農林
出雲工業
出雲商業
(私)出雲西
(私)出雲北陵
益田
益田翔陽
(私)益田東

私明誠
大田
江津工業
私石見智翠館
江津
大社
吉賀
隠岐水産
国松江工業高専

広島県

国広島大学附属
広島皆実
広島国泰寺
広島観音
広島工業
市立広島商業
広島市立基町
広島商業
広島市立舟入
市立広島工業
可部
高陽東
広島中等教育
安古市
安西
祇園北
広島市立沼田
高陽
広島井口
安芸南
五日市
広島市立美鈴が丘
私広島学院
私崇徳
私広陵
私山陽
私瀬戸内
私広島工業大学
私修道
私広島城北
私広島朝鮮高級
広
呉宮原
呉三津田
呉工業
呉昭和
呉市立呉
私呉港
国広島大学附属福山
福山誠之館
松永
福山工業
福山葦陽
福山市立福山
大門
福山商業
福山明王台
私盈進
私近畿大学附属福山
私銀河学院
三原
三原東
総合技術
私如水館
尾道東
尾道北
尾道商業
私尾道
府中
府中東
三次
三次青陵
庄原格致
庄原実業
東城
竹原
忠海
広島
西条農業
賀茂
私近畿大学附属東広島
海田
熊野
安芸府中
私広島国際学院
廿日市
廿日市西
宮島工業
私広島なぎさ
私広島新庄
吉田
向原
黒瀬
世羅
神辺
神辺旭
戸手
油木
日彰館
私広島翔洋
西城紫水
大崎海星
千代田
私並木学院
国呉高専
私広島桜が丘
私星槎国際広島
私広島修道大学ひろしま協創
私清水ヶ丘
広島商船

山口県

山口
西京
私野田学園
山口中央
豊浦
下関西
市立下関商業
下関工科
私早鞆
宇部
宇部工業
宇部中央
私慶進
私宇部鴻城
私宇部フロンティア大学付属香川
徳山
徳山商工
南陽工業
私山口県桜ケ丘
防府
防府西
私高川学園
下松
下松工業
岩国
岩国工業
私高水
岩国総合
小野田
小野田工業
光
私聖光
私長門
私成進
山口農業
私山口県鴻城
厚狭
下関北
田布施農工
私柳井学園
防府商工
萩
国大島商船高専
国徳山高専
国宇部高専
私下関国際

香川県

高松
高松工芸
高松商業
高松東
高松南
高松第一
高松西
高松桜井
私大手前高松
私高松中央
私香川誠陵
私英明
丸亀
丸亀城西
私藤井
坂出
坂出商業
善通寺第一
私尽誠学園
観音寺第一
観音寺総合
志度
三本松
石田
私藤井学園寒川
小豆島中央
農業経営
飯山
多度津
琴平
高瀬
私四国学院大学香川西
高松北
三木
香川中央
私坂出第一

徳島県

城北
城東
城南
徳島科学技術
徳島商業
徳島市立
城ノ内
徳島北
私生光学園
私徳島文理
鳴門
鳴門渦潮
富岡西
富岡東
阿南光
小松島
海部
阿波
板野
川島
吉野川
脇町
穴吹
つるぎ
池田
池田辻
名西
城西

高知県

高知小津
高知追手前
高知国際
高知工業
市立高知商業
高知東
私土佐
私高知
私高知学芸
私高知中央
私土佐塾
高知丸の内
須崎総合
私明徳義塾
安芸
宿毛
宿毛工業
中村
幡多農業
清水
大方
岡豊
高知農業
高知東工業
山田
伊野商業
春野
城山

愛媛県

川之江
三島
土居
新居浜東
新居浜西
新居浜工業
新居浜商業
西条
小松
東予
丹原
今治東中等教育
今治西
今治北
今治工業
北条
松山東
松山西中等教育
松山南
松山北
松山工業
松山商業
松山中央
私新田
私愛光
私松山聖陵
私松山学院
私済美
東温
伊予農業
伊予
内子
大洲
大洲農業
私帝京第五
八幡浜工業
野村
宇和島東
宇和島南中等教育
宇和島水産
吉田
北宇和
南宇和
私済美平成中等教育
宇和
新居浜工業高専
弓削商船高専

福岡県

福岡
筑紫丘
修猷館
福岡工業
市立福岡西陵
福岡講倫館
早良
城南
筑前
香椎工業
市立福翔
市立博多工業
宇美商業
新宮
光陵
宗像
糸島
筑紫
武蔵台
筑紫中央
春日
福岡魁誠
玄界
玄洋
須恵
太宰府
香住丘
福岡農業
柏陵
糸島農業
私純真
私福岡第一
私西南学院
私上智福岡
私福岡大学附属大濠
私東福岡
私博多
私九州産業大学付属九州
私福岡工業大学附属城東
私筑陽学園
私筑紫台
私東海大学付属福岡
私福岡舞鶴
私中村学園三陽
私九州産業大学付属九州産業
私福岡常葉
私福岡大学附属若葉
門司学園
門司大翔館
小倉南
小倉商業
北九州
小倉
小倉工業
小倉東
若松
八幡
八幡中央
八幡工業
東筑
北筑
八幡南
私折尾愛真
戸畑
戸畑工業
育徳館
苅田工業
京都
行橋
青豊
築上西
北九州市立
ひびき
中間
遠賀
私高稜
私希望が丘
私自由ケ丘
私豊国学園
私敬愛
私常磐
私九州国際大学付属
私東筑紫学園
私明治学園
私星琳
国北九州工業高専
三池
三池工業
ありあけ新世
大牟田北
明善
久留米
市立南筑
三井
伝習館
福島
八女農業
八女
八女工業
浮羽究真館
浮羽工業
三潴
山門
朝倉
朝倉東
朝倉光陽
久留米筑水
小郡
市立久留米商業
私西日本短期大学附属
私久留米大学附設
私柳川
私大牟田
私誠修
私祐誠
私八女学院
私久留米学園
国有明工業高専
田川
国久留米工業高専
東鷹
田川科学技術
嘉穂総合
鞍手
直方
嘉穂
嘉穂東
稲築志耕館
私近畿大学附属福岡
鞍手竜徳
私福智
私飯塚
私久留米信愛
私真颯館

佐賀県

鳥栖
鳥栖工業
三養基
神埼
私東明館
佐賀北
佐賀東
佐賀西
佐賀商業
佐賀工業
致遠館
高志館
私佐賀学園
私龍谷
私北陵
私弘学館
私佐賀清和
小城
多久
唐津工業
唐津東
唐津西
唐津商業
唐津南
唐津青翔
厳木
私早稲田佐賀
伊万里
私敬徳
有田工業
嬉野
鹿島
武雄
白石
佐賀農業

長崎県

長崎東
長崎西
長崎南
長崎北
長崎工業
長崎鶴洋
私海星
私長崎南山
私瓊浦
私長崎総合科学大学附属
私精道三川台
佐世保北
佐世保東翔
佐世保工業
佐世保西
佐世保南
佐世保商業

私西海学園
島原
島原商業
島原工業
諫早
諫早商業
私鎮西学院
私長崎日本大学
私創成館
大村
大村工業
五島海陽
猶興館
平戸
長崎明誠
長崎北陽台
西彼農業
西陵
私青雲
波佐見
口加
国見
上五島
鹿町工業
清峰
壱岐
対馬
私佐世保実業
国口之津海上技術
国佐世保工業高専
私島原中央
私九州文化学園
五島

大分県

大分上野丘
大分舞鶴
大分商業
大分工業
大分鶴崎
鶴崎工業
大分雄城台
大分南
大分豊府
情報科学
大分西
私岩田
私楊志館
私大分
私大分東明
別府鶴見丘
別府翔青
私別府溝部学園
国東
杵築
中津南
中津東
中津北
安心院
宇佐
私柳ヶ浦
日田
日田林工
臼杵
日出総合
津久見
佐伯鶴城
佐伯豊南
私日本文理大学附属
国大分工業高専
私昭和学園
玖珠美山
竹田
私藤蔭
私東九州龍谷

宮崎県

宮崎大宮
宮崎工業
宮崎商業
宮崎農業
宮崎南
宮崎西
宮崎北
宮崎海洋
本庄
日南
日南振徳
都城泉ヶ丘
都城農業
都城工業
都城西
小林
小林秀峰
飯野
妻
佐土原
高鍋
高鍋農業
延岡
延岡星雲
延岡工業
延岡商業
富島
日向工業
日向
五ヶ瀬中等教育
高千穂
私日向学院
私宮崎日本大学
私宮崎第一
私日章学園
私鵬翔
私延岡学園
私都城
私日南学園
高城
私都城東

熊本県

済々黌
熊本
第一
第二
熊本商業
熊本工業
熊本農業
熊本西
東稜
熊本北
湧心館
市立必由館
市立千原台
私熊本国府
私九州学院
私鎮西
私真和
私開新
私熊本学園大学付属
私東海大学付属熊本星翔
私熊本マリスト学園
私文徳
私ルーテル学院
私慶誠
岱志
私有明
玉名
北稜
玉名工業
私専修大学熊本玉名
菊池
大津
翔陽
菊池農業
阿蘇中央
鹿本
鹿本農業
私城北
鹿本商工
御船
矢部
宇土
松橋
小川工業
八代
八代工業
八代農業
八代清流
私秀岳館
水俣
芦北
球磨中央
球磨工業
南稜
人吉
天草
天草工業
天草拓心
上天草

鹿児島県

甲南
鹿児島工業
鶴丸
鹿児島南
市立鹿児島玉龍
市立鹿児島商業
鹿児島中央
錦江湾
武岡台
私鹿児島
私樟南
私鹿児島実業
私ラ・サール
私鹿児島情報
私志學館
私池田
明桜館
枕崎
鹿児島水産
加世田
私鳳凰
私神村学園
川内
川内商工
私れいめい
鶴翔
出水工業
出水
市立出水商業
私出水中央
大口
伊佐農林
国鹿児島工業高専
国分
市立国分中央
私鹿児島第一
鹿屋工業
鹿屋
鹿屋農業
私鹿屋中央
指宿
市立指宿商業
大島
奄美
薩南工業
川薩清修館
加治木
加治木工業
隼人工業
蒲生
志布志
曽於
私尚志館
吹上
伊集院
松陽
私育英館
私鹿児島城西
頴娃
屋久島
古仁屋
沖永良部
私樟南第二
徳之島
与論
種子島
種子島中央
喜界
楠隼
串木野

沖縄県

名護
名護商工
石川
前原
具志川
中部農林
普天間
宜野湾
中部商業
浦添
浦添工業
陽明
私昭和薬科大学附属
首里
那覇
真和志
小禄
首里東
私沖縄尚学
那覇西
私興南
那覇国際
沖縄工業
糸満
宮古
八重山農林
八重山商工
八重山
美来工科
コザ
美里工業
美里
球陽
宜野座
知念
豊見城
豊見城南
南部商業
南風原
開邦
向陽
読谷
北谷
西原
与勝
具志川商業
北中城
嘉手納
本部
沖縄水産
私KBC学園未来
南部農林
私日本ウェルネス 沖縄キャンパス
宮古総合実業
久米島

全国高等学校女子サッカー部加盟校(高体連登録)

北海道
(私)北海道文教大学附属
(私)北海道大谷室蘭
(私)帯広北
札幌東商業
帯広南商業
(私)札幌北斗
(私)北照
旭川南
(私)旭川実業
(私)帯広大谷
(私)函館白百合学園中高
函館商業
(私)札幌大谷
(私)函館大谷
稚内

青森県
三本木
三本木農業恵拓
三沢
青森南
(私)八戸工業大学第二
(私)八戸学院光星

岩手県
水沢
(私)専修大学北上
不来方
花北青雲

宮城県
(私)聖ウルスラ学院英智
(私)聖和学園
(私)仙台育英学園
(私)大崎中央
(私)常盤木学園
(私)東北
(私)仙台大学附属明成
宮城第一
古川黎明
宮城広瀬

秋田県
(私)ノースアジア大学明桜

山形県
鶴岡北
鶴岡中央
山形西
(私)山形城北
(私)羽黒
(私)米沢中央
(私)鶴岡東
(私)酒田南
(私)山形明正
酒田光陵
山形市立商業
(私)惺山

福島県
磐城桜が丘
(私)桜の聖母学院
ふたば未来学園
(私)尚志

茨城県
水海道第二
(私)常磐大学
水戸第三
(私)鹿島学園
土浦第二
(私)大成女子
石岡第二
(私)霞ヶ浦
(私)愛国学園大学附属龍ケ崎
(私)明秀学園日立

栃木県
宇都宮女子
(私)宇都宮文星女子
(私)作新学院
佐野東
栃木翔南
小山城南
大田原女子
栃木女子
宇都宮中央女子
(私)宇都宮短期大学附属
(私)白鷗大学足利
益子芳星
鹿沼
(私)矢板中央

群馬県
館林女子
渋川女子
市立太田
(私)高崎商科大学附属
桐生
(私)高崎健康福祉大学高崎
太田女子
沼田女子
前橋女子
高崎女子
伊勢崎清明
(私)新島学園
(私)前橋育英
(私)関東学園大学附属
(私)桐生第一
(私)共愛学園
大間々

埼玉県
庄和
大宮南
(私)山村学園
入間向陽
(私)埼玉平成
和光国際
(私)埼玉栄
熊谷女子
越ヶ谷
久喜
川口市立
(私)淑徳与野
(私)大宮開成
松山女子
(私)本庄第一
(私)浦和明の星女子
杉戸農業
北本
浦和西
浦和第一女子
南稜
市立浦和
(私)花咲徳栄
(私)浦和実業学園
所沢
(私)昌平
(私)狭山ヶ丘
本庄
大宮武蔵野
(私)大妻嵐山
(私)自由の森学園
宮代
(私)秋草学園
寄居城北
川越南
日高
(私)叡明
(私)正智深谷
(私)東野
(私)浦和学院

千葉県
成田北
成田国際
(私)八千代松陰
市立松戸
千葉
千葉南
流山おおたかの森
幕張総合
柏の葉
(私)市川
市川東
(私)千葉明徳
(私)流通経済大学付属柏
船橋法典
市立船橋
(私)暁星国際
市立柏
千葉西
(私)千葉経済大学附属
船橋芝山
(私)日本体育大学柏
若松
松戸国際
大網
(私)拓殖大学紅陵

東京都
(私)江戸川女子
(私)大妻多摩
(私)神田女学園
(私)吉祥女子
(私)共立女子第二
(私)恵泉女学園
(私)佼成学園女子
(私)国際基督教大学
(私)品川エトワール女子
(私)修徳
(私)十文字
(私)成城学園
(私)成立学園
(私)東京成徳大学
(私)中村
(私)日本大学櫻丘
(私)八王子学園八王子
(私)文京学院大学女子
飛鳥
青梅総合
大泉
大泉桜
国際
狛江
上水
杉並総合
第四商業
第五商業
戸山
野津田
晴海総合
東久留米総合
松原
芦花
若葉総合
(私)日本大学第三
世田谷総合
(私)広尾学園
(私)広尾学園小石川
(私)日本体育大学桜華
国分寺
(私)八王子実践
王子総合
(私)駒沢学園女子
(私)渋谷教育学園渋谷
清瀬
千早
(私)東京実業
(私)中央国際
東大和
(私)帝京
赤羽北桜
(私)日本ウェルネス(東京キャンパス)

神奈川県
(私)慶應義塾湘南藤沢
(私)法政大学国際
市立幸
(私)横浜翠陵
多摩
伊勢原
相模原弥栄
海老名
藤沢清流
(私)湘南学院
神奈川総合
秦野曽屋
大和
厚木東
湘南台
(私)相模女子大学高等部
(私)白鵬女子
(私)星槎国際湘南
(私)森村学園
二宮
(私)桐蔭学園
(私)相洋
(私)横浜学園
(私)三浦学苑
旭
百合丘

山梨県
市立甲府商業
富士北稜
(私)日本航空
(私)帝京第三
(私)日本大学明誠

新潟県
柏崎総合
国際情報
高田
(私)帝京長岡
(私)開志学園JSC
(私)関根学園
(私)北越
小千谷
高田商業
市立高志中等教育
十日町総合
(私)中越
長岡
村上
長岡商業
十日町
三条東

長野県
諏訪二葉
大町岳陽
(私)東海大学付属諏訪
塩尻志学館
(私)松商学園
(私)上田西
(私)佐久長聖
(私)長野日本大学
(私)松本国際

富山県
呉羽
高岡商業
(私)富山国際大学付属
(私)富山第一

石川県
金沢伏見
(私)星稜
金沢市立工業
内灘
七尾
野々市明倫

福井県
(私)福井工業大学附属福井

静岡県
(私)静岡大成
沼津西
(私)桐陽
吉原
(私)磐田東
磐田北
藤枝西
(私)常葉大学附属橘
(私)藤枝順心
(私)清水国際
清水南
(私)東海大学付属静岡翔洋
(私)聖隷クリストファー
(私)浜松聖星
清流館
富士市立

愛知県
(私)椙山女学園
岩倉総合
小坂井
松蔭
旭丘
時習館
春日井泉
(私)名古屋経済大学市邨
(私)金城学院
(私)同朋
(私)愛知啓成
(私)聖カピタニオ女子
(私)安城学園
岡崎商業
(私)南山高等部女子
高蔵寺
(私)至学館
一宮商業
(私)清林館
刈谷北
(私)豊川
(私)日本福祉大学付属
市立若宮商業
(私)東邦

岐阜県
(私)富田
(私)帝京大学可児

三重県
津西
四日市南
四日市西
(私)三重
桑名
(私)津田学園
(私)高田
稲生

滋賀県
八幡商業
国際情報
(私)近江兄弟社

京都府
(私)京都聖母学院
(私)京都橘
(私)京都精華学園
(私)京都文教
向陽
(私)京都聖カタリナ
(私)京都西山
(私)京都翔英

奈良県
国際
(私)奈良育英
高取国際
桜井

和歌山県
和歌山北
神島
新宮
(私)近畿大学附属和歌山

大阪府
(私)大阪桐蔭
(私)大商学園
茨木西
柴島
(私)星翔
東住吉総合
千里青雲
(私)大阪国際滝井
市立鶴見商業
(私)帝塚山学院
(私)香ヶ丘リベルテ
(私)追手門学院
(私)大阪女学院
市立大阪ビジネスフロンティア
(私)梅花
大阪府教育センター附属
(私)大阪学芸
市立桜宮
(国)大阪教育大学附属平野校舎
山本
(私)大阪偕星学園
高槻北
市立東
山田
(私)大阪緑涼
市立汎愛
(私)東大阪大学敬愛
花園
港
大冠
登美丘
泉鳥取
八尾北
八尾

兵庫県
(私)啓明学院
播磨南
三田西陵
(私)日ノ本学園
有馬
西宮
夢野台
三田祥雲館
宝塚東
社
明石南
北須磨
(私)神戸学院大学附属
(私)蒼開
神戸
市立六甲アイランド
(私)神戸弘陵学園
(私)姫路女学院

鳥取県
鳥取東
鳥取西
米子
鳥取湖陵
(私)鳥取敬愛
(私)鳥取城北

島根県
松江商業

岡山県
総社
岡山芳泉
(私)岡山県作陽学園
(私)高梁日新
(私)岡山学芸館
林野

広島県
廿日市
広島皆実
広島市立沼田
祇園北
(私)山陽女学園
(私)広島文教大学附属
高陽東
福山明王台
(私)山陽
(私)盈進
(私)広陵
(私)AICJ
(私)広島国際学院

山口県
熊毛南
防府西
(私)サビエル
(私)高川学園
(私)長門
(私)聖光

香川県
津田
(私)四国学院大学香川西

徳島県
徳島商業
城北
徳島市立
鳴門
徳島北
鳴門渦潮

高知県
市立高知商業
高知東
[私]高知
大方

愛媛県
南宇和
新居浜商業
小松
宇和島南中等教育
[私]済美
[私]松山東雲

福岡県
[私]福岡女子商業
市立福岡女子
市立福翔
[私]福岡女学院
[私]西日本短期大学附属
[私]九州産業大学付属九州
[私]東海大学付属福岡
[私]福岡海星女子学院
[私]福岡工業大学附属城東
福岡農業
[私]筑陽学園
北九州
[私]明光学園
[私]純真
[私]八女学院

佐賀県
神埼
武雄
[私]佐賀女子短期大学付属佐賀女子
[私]佐賀学園

長崎県
[私]海星
[私]鎮西学院
島原商業
[私]長崎玉成
[私]佐世保実業
[私]活水
[私]聖和女子学院

熊本県
大津
熊本農業
球磨中央
[私]東海大学付属熊本星翔
[私]慶誠
[私]秀岳館
松橋
[私]ルーテル学院
[私]玉名女子

宮崎県
都城商業
都城農業
[私]都城聖ドミニコ学園
[私]日南学園
[私]宮崎日本大学
妻
[私]聖心ウルスラ学園
[私]宮崎学園

大分県
[私]柳ヶ浦
[私]稲葉学園

鹿児島県
市立鹿児島女子
[私]鳳凰
[私]神村学園
市立鹿屋女子
明桜館
[私]鹿児島城西

沖縄県
名護
浦添
那覇国際
小禄
那覇商業
読谷
那覇
那覇西
糸満
豊見城
首里
美里
球陽
前原
コザ
宮古
西原
北中城
普天間
嘉手納
向陽
[私]興南
浦添商業
八重山

2023-24 高校サッカー年鑑

CONTENTS

STAFF CREDIT

■取材撮影
小林洋(編集総括)
長濱耕樹(本社写真部)
清水和良
渡辺伸雄
加藤誠夫
長尾亜紀
各務あゆみ
村井詩都
佐藤明
川本学(女子選手権チーフ)
小善薫
佐藤真一
後藤大樹

■表紙写真
長濱耕樹
■校閲
講談社 校閲第二部
KPSプロダクツ 校閲課
■装丁・レイアウト
タケウチクマヒコ(Espe-Runser)
■編集
伊藤亮(編集総括)
吉田太郎
奥山典幸
折戸岳彦

Printed in Japan ISBN978-4-06-533129-3 定価は表紙に表示してあります。

2023-24 高校サッカー年鑑

KODANSHA 2024年3月7日 第1刷発行

■編著者 (公財)全国高等学校体育連盟サッカー専門部

■発行者 森田浩章
■発行所 株式会社講談社
東京都文京区音羽2-12-21 (〒112-8001)
電話 編集 03-5395-3735
販売 03-5395-4415
業務 03-5395-3615
■印刷所 株式会社東京印書館
■製本所 株式会社若林製本工場

2020 高校サッカー年鑑

CONTENTS

STAFF CREDIT

■取材撮影
小林洋（編集総括）
長濱耕樹（本社写真部）
清水和良・藤田孝夫（スピリット・フォトス）
各務あゆみ
渡辺伸雄
加藤誠夫
長尾亜紀
村井詩都
川本学
佐藤明
川畑公平

■表紙写真
小林洋（編集総括）

■装丁・レイアウト
竹内くま彦
土屋哲人（デュオトーン）

■編集
伊藤亮（編集総括）
吉田太郎
奥山典幸

■選手権スタッフ
(市立銚子高校)
[3 年] 菅谷友香
[2 年] 安藤暖果
西本有希
中村安来
[1 年] 佐々木遥生
[OG] 西山春風

2020 高校サッカー年鑑

2020 年 2 月 12 日 第 1 刷発行

■編著者 (公財) 全国高等学校体育連盟サッカー専門部

■発行者 渡瀬昌彦
■発行所 株式会社講談社
東京都文京区音羽 2-12-21(〒 112-8001)
電話 編集 03-5395-3735
販売 03-5395-4415
業務 03-5395-3615
■印刷所 株式会社東京印書館
■製本所 株式会社若林製本工場

Printed in Japan ISBN978-4-06-517020-5 定価は表紙に表示してあります。

●校名 ●郵便番号 ●所在地 ●電話

宮崎県

都城商業 885-0053 都城市上東町31街区25 0986(22)1758
都城農業 885-0019 都城市祝吉1—5—1 0986(22)4280
[私]都城聖ドミニコ学園 885-0061 都城市下長飯町881 0986(39)1303
[私]日南学園 887-0041 日南市吾田東3—5—1 0987(23)1311
[私]宮崎日本大学 880-0121 宮崎市島之内6822—2 0985(39)1121
妻 881-0003 西都市右松2330 0983(43)0005
宮崎大宮 880-0056 宮崎市神宮東1—3—10 0985(22)5191
[私]日章学園 880-0813 宮崎市丸島町2—36 日章学園会館 0985(20)2071

大分県

[私]柳ヶ浦 872-0032 宇佐市江須賀939 0978(38)0033

鹿児島県

市立鹿児島女子 890-0012 鹿児島市玉里町27—1 099(223)8341
[私]鳳凰 897-1121 南さつま市加世田唐仁原1202 09(9353)3633
[私]神村学園 896-8686 いちき串木野市別府4460 0996(32)3232
市立鹿屋女子 893-0064 鹿屋市西原1—24—35 099(443)2584
明桜館 891-1105 鹿児島市郡山町100 099(298)4124
[私]鹿児島城西 899-2593 日置市伊集院町清藤1938 099(273)1234

沖縄県

名護 905-0018 名護市大西5—17—1 0980(52)2615
浦添 901-2121 浦添市内間3—26—1 098(877)4970
那覇国際 900-0005 那覇市天久1—29—1 098(860)5931
陽明 901-2113 浦添市字大平488 098(879)3062
首里東 903-0804 那覇市首里石嶺町3—178 098(886)1578
小禄 901-0151 那覇市鏡原町22—1 098(857)0481
那覇商業 900-0032 那覇市松山1—16—1 098(866)6555
開邦 901-1105 島尻郡南風原町字新川646 098(889)1715
読谷 904-0303 中頭郡読谷村伊良皆198 098(956)2157
那覇 900-0014 那覇市松尾1—21—44 098(867)1623
那覇西 901-0155 那覇市金城3—5—1 098(858)8274
糸満 901-0361 糸満市糸満1696—1 098(994)2012
豊見城 901-0201 豊見城市真玉橋217 098(850)5551
首里 903-0816 那覇市首里真和志町2—43 098(885)0028
美里 904-2151 沖縄市松本2—5—1 098(938)5145
球陽 904-0035 沖縄市南桃原1—10—1 098(933)9301
前原 904-2213 うるま市田場1827 098(973)3249
コザ 904-0011 沖縄市照屋5—5—1 098(937)3563
宮古 906-0012 宮古島市平良字西里718—1 0980(72)2118
西原 903-0117 中頭郡西原町翁長610 098(945)5418
北中城 901-2302 中頭郡北中城村字渡口1997—13 098(935)3377
普天間 901-2202 宜野湾市普天間1—24—1 098(892)3354
嘉手納 904-0202 中頭郡嘉手納町字屋良806 098(956)3336
中部農林 904-2213 うるま市字田場1570 098(973)3578
向陽 901-0511 島尻郡八重瀬町字港川150 098(998)9324
豊見城南 901-0223 豊見城市字翁長520 098(850)1950
南風原 901-1117 島尻郡南風原町字津嘉山1140 098(889)4618
[私]興南 902-0061 那覇市古島1—7—1 098(884)3293

●校名 ●郵便番号 ●所在地 ●電話

令和元年度 高校サッカー年鑑
編集委員会名簿

顧問	横田 智雄	都立武蔵丘
部長	滝本 寛	都立南葛飾
副部長	玉生 謙介	学習院高等科
	田内 成人	府立富田林
	床爪 克至	文京学院大女子
編集委員長	池邉左千夫	都立足立工業
編集副委員長	長山 拓郎	都立狛江
総務委員長	小川伸太郎	大森学園
技術委員長	蔵森 紀昭	成城学園
編集委員	北原 由	都立武蔵
	小尾 敏明	都立新宿
	横尾 智治	筑波大附属駒場
	嶋野 雅春	城西大附属城西
	梅原 聖和	杉並総合
編集総括	小林 洋	スタジオO_2
	伊藤 亮	
北海道	二川 毅	白樺学園
青森県	齋藤 康弘	五所川原
岩手県	工藤 竜也	不来方
宮城県	鈴木 哲	鹿島台商
秋田県	高橋 佳照	西仙北
山形県	松浦 俊治	鶴岡工
福島県	小林 幸大	安積
茨城県	関野 昌彦	取手松陽
栃木県	小田林宏至	宇都宮
群馬県	橋本 知宜	伊勢崎清明
埼玉県	谷 直樹	浦和
千葉県	平塚 智	薬園台
東京都	玉生 謙介	学習院高等科
神奈川県	茂木 拓郎	上溝
山梨県	穴水 史彦	甲府西
長野県	塩入 孝一	松本深志
新潟県	今野 茂	長岡大手
富山県	高島 武士	福岡
石川県	山上 茂信	小松工
福井県	小阪 康弘	丸岡
静岡県	大川 晃広	科学技術
愛知県	吉岡 建二	名古屋
三重県	平松蒼一朗	四日市西
岐阜県	川村真太朗	帝京大可児
滋賀県	渡部 和彦	大津
京都府	和田 栄一	東稜
大阪府	下鶴 大悟	刀根山
和歌山県	山東 憲司	日高
奈良県	山岡 敬弘	五條
兵庫県	笠原 弘樹	御影
鳥取県	中林 直樹	八頭
島根県	神門 良博	松江工
岡山県	吉田 賢二	美作
広島県	六郎 真暁	舟入
山口県	藤井 清久	成進
香川県	小林 秀彰	丸亀城西
徳島県	村山 孝博	川島
愛媛県	藤本 賢二	小松
高知県	松本 一雄	高知商
福岡県	古川 淳	伝習館
佐賀県	野田 一成	佐賀工
長崎県	渡邉 健	猶興館
熊本県	新生 恒治	小川工
大分県	友成 義朗	大分工
宮崎県	寺澤 嘉晃	宮崎西
鹿児島県	鳥越美智人	甲南
沖縄県	金城 武治	浦添工